Physique-chimie
collège

ISBN : 2-84410-023-6

Michel Chevalet
Consultant scientifique

Physique Chimie
collège

ÉDITIONS DE LA CITÉ
MANUEL+

DIRECTEUR DE LA COLLECTION
Bernard Lecherbonnier,
Agrégé des Lettres, Docteur ès Lettres

CONCEPTION ÉDITORIALE
Original BD System

CONCEPTION GRAPHIQUE ET DIRECTION ARTISTIQUE
ELSE

CONCEPTION DE LA COUVERTURE
Atelier Didier Thimonier
Illustration de Patrick Morin

RÉALISATION ÉDITORIALE
Atelier d'édition européen,
sous la direction de Serge Cosseron
Philippe Faverjon

ÉDITION
Hélène Darche,
avec la collaboration de Françoise Malvezin et Thomas Schmutz

RÉDACTEURS
René Gentric (agrégé de physique), Michèle Andro (professeur certifié de physique-chimie), Christian Lucas (professeur certifié de physique-chimie), Alain Ricordel (professeur certifié de physique-chimie), Monique Goffard (professeur certifié de physique chimie), Michèle Tirard-Mullié (docteur en chimie nucléaire), Laurence Brunel

CORRECTION
Marie-Odile Garnier, Simon Kohn, Frédéric Perroud.

RECHERCHE ET GESTION DE L'ICONOGRAPHIE
Visual Arts Library ; Colette Laporte, Joëlle Ostallier

MAQUETTE
Anna Klykova,
assistée par Christian Fey, Carlos Sanchez, Pierre Derible

ILLUSTRATION
Thierry Chauchat

COORDINATION ET MARKETING ÉDITIONS DE LA CITÉ
Hélène Genin, Amélie Lambert, Agnès Jullien

PRÉSIDENT-DIRECTEUR GÉNÉRAL
Pierre Dutilleul

Avant-propos de l'auteur

De la science et de la technique, vous n'en connaissez que le reflet, que les manifestations extérieures. C'est l'actualité qui éclaire une découverte, c'est un article dans un magazine ou dans une revue spécialisée. C'est un résumé, mais comment pourrait-il en être autrement, une vision fugace, éphémère de notre univers. Bien souvent, faute de connaissances suffisantes, faute de repères, l'information ne pénètre pas en profondeur. On croit avoir vu, on croit avoir compris, et finalement, il ne reste rien. Alors, déçu, on lui tourne le dos.

Il y a quelques années encore, le monde de nos grands-parents n'était guère différent de celui de nos parents et du nôtre. Aujourd'hui, avec la multiplication foudroyante des connaissances, avec la facilité de circulation des connaissances, nos grands-parents se sentent étrangers. Ils ne se reconnaissent plus dans le monde de leurs petits enfants. Eux qui ont connu les postes de radio à lampes et le téléphone à manivelle qui était à l'époque un luxe, admirent la facilité avec laquelle où que vous soyez, 300 grammes d'électronique vous permettent de téléphoner. Ils admirent, mais rechignent à taper sur un clavier d'ordinateur ou appréhendent toujours de prendre l'avion, car ils n'ont pas intégré les bases nécessaires.

Ce cheminement des idées, cette évolution des connaissances, cette maîtrise de la technique au quotidien, cette aventure est le fil rouge que nous devons suivre. Après tout, le mot « comprendre » ne trouve-t-il pas son origine dans « prendre avec ». Comprendre notre société c'est prendre à bras le corps ses avancées scientifiques et techniques. En un mot, c'est vivre intensément le présent, pour se préparer au futur.

Michel Chevalet

Avant-propos de l'éditeur

Le collège vous invite à une nouvelle vie. Vous avez des professeurs différents. Vous découvrez des disciplines inconnues. De la 5ᵉ à la 3ᵉ, vous aurez à parcourir un itinéraire riche en découvertes passionnantes.

Comment profiter pleinement de ces quatre années d'apprentissage et de formation ? Deux conditions sont indispensables ; premièrement, vous devez comprendre l'esprit et les objectifs des programmes, discipline par discipline ; deuxièmement, il vous faut maîtriser les méthodes, les règles, le vocabulaire, tout ce qui sert à réussir les exercices et les contrôles.

Manuel+ est conçu pour remplir ces deux fonctions en même temps. Le programme vous est présenté dans **le fil rouge,** qui explique tout ce que vous apprendrez au collège ; le cours est ensuite détaillé, sujet par sujet, classe par classe, dans **les points clés** ; **les fiches pratiques** vous orienteront parmi les livres documentaires, les films et le multimédia pour compléter vos connaissances et préparer des exposés ; enfin, **le dictionnaire** vous indique le sens de tous les mots spécialisés et notions difficiles. Les collégiens débutants s'aideront enfin des **bases** qui, dans les premières pages de l'ouvrage, résument tout ce qu'on doit savoir avant d'entrer en 5ᵉ. Nul ne pourra plus vous reprocher : «Tu manques de bases...».

Vous réussirez vos études si vous en possédez bien la règle du jeu. Les auteurs de **Manuel+,** de grandes personnalités qui connaissent bien les difficultés des élèves, ont mis toute leur science et tout leur cœur à réussir le pari de faire aimer les études par les élèves en leur livrant cette règle du jeu.

Le secret de **Manuel+,** qui réunit en un seul livre toutes les classes du collège, c'est que chacun pourra progresser à son rythme, revenir en arrière, pousser plus loin un raisonnement ou un questionnement. Nous sommes tous différents dans nos manières d'apprendre, de mémoriser et de nous passionner.

Bernard Lecherbonnier

Sommaire

Bases *Pour se rappeler les acquis du primaire*

Fil rouge *Pour comprendre le programme dans son ensemble*

Sommaire

Points clés *Pour maîtriser les sujets de cours*

5 *programme de cinquième* 4 *programme de quatrième* 3 *programme de troisième*

Sommaire

5 *programme de cinquième* 4 *programme de quatrième* 3 *programme de troisième*

Sommaire

5 programme de cinquième *4 programme de quatrième* *3 programme de troisième*

Fiches pratiques *Pour se documenter*

Dico *Pour retrouver une définition, une notion*

BASES

Ce qu'il faut savoir à l'entrée en 5[e]

Les connaissances acquises en primaire indispensables pour être prêt à suivre les cours de physique et de chimie au collège.

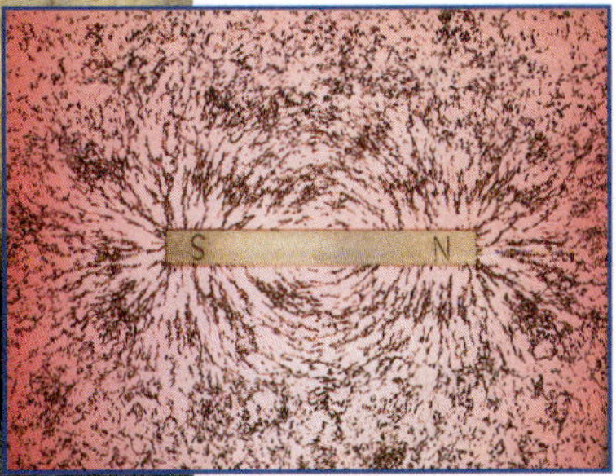

L'eau dans tous ses états

L'eau : ce mot désigne en général le liquide. Mais l'eau est aussi un solide, la glace, ou un gaz, la vapeur d'eau. Ainsi, on dit que l'eau se présente sous trois états.

Ne cassez pas les bouteilles en plastique !

De l'eau, placée au congélateur, se transforme en glace. Par refroidissement, aux environs de 0 °C, l'eau liquide devient solide. Elle le reste à toute température inférieure à 0 °C. Cette transformation liquide-solide est un changement d'état et s'appelle la congélation. Tant que solide et liquide coexistent, la température est de 0 °C. Lorsque tout le liquide s'est transformé en glace, celle-ci prend la température du congélateur. Mais l'eau présente une particularité : lorsqu'elle se refroidit, à une température proche de 0 °C, son volume augmente même si sa masse ne change pas. Une bouteille en plastique pleine d'eau mise au congélateur se brise. La transformation inverse, solide-liquide, s'appelle la fusion. Pour l'eau, elle a lieu à 0 °C. La glace fond dès que cette température est atteinte et à toute température supérieure à 0 °C. L'eau est liquide entre 0 °C et 100 °C.

◀ ▶ *Deux états bien connus : les glaçons solides qui flottent à la surface de l'eau et le liquide que nous utilisons tous les jours.*

La bouilloire siffle et le linge sèche...

Dans une bouilloire, l'eau bout vers 100 °C et se transforme en vapeur. Celle-ci s'échappe par le sifflet ! Il faut chauffer pour que l'eau se transforme en gaz : c'est la vaporisation, qui a lieu vers 100 °C. Si on arrête de chauffer, l'ébullition s'arrête. Tant que l'eau se transforme en vapeur, la température est de 100 °C. Mais l'eau peut se transformer en gaz même si l'on ne chauffe pas : c'est l'évaporation. C'est ainsi que le linge sèche. L'évaporation a lieu à toute température. Mais le linge sèche plus vite s'il fait chaud. La vapeur d'eau est un gaz invisible.

Ce qu'il faut savoir

L'eau, la glace, la vapeur d'eau, ne sont pas des substances différentes.

Du gaz à l'eau

En se refroidissant, la vapeur d'eau se condense et devient liquide. Cette transformation s'appelle la liquéfaction. Elle a lieu quand de la buée se forme sur les vitres. La vapeur d'eau contenue dans l'air se transforme en liquide qui se dépose sur les parois froides. Lorsqu'il fait froid, que l'on rejette l'air contenu dans ses poumons, il se forme aussi de la buée.

L'eau dans la nature

Les nuages, la pluie, la neige manifestent la présence des trois états de l'eau dans la nature. Le passage de l'eau d'un état à un autre se fait continuellement et constitue le cycle de l'eau.

Le cycle de l'eau

L'eau s'évapore des mers, des lacs, des rivières, du sol, des plantes. Dans la haute atmosphère, où la température est basse, la vapeur d'eau se condense. Elle forme les nuages constitués de gouttelettes. Celles-ci sont le plus souvent liquides. Ces nuages donnent la pluie. Mais, si la température est très basse, les nuages sont constitués de glace, c'est la neige. L'eau qui tombe sous forme de pluie ou de neige pénètre dans le sol ou alimente les rivières et les mers. Le cycle de l'eau se reproduit à nouveau.

Le brouillard, la brume, la grêle

Le brouillard se forme souvent après la pluie et près des forêts et des marécages. L'eau s'évapore, vers l'atmosphère, des végétaux et des régions humides du sol. Celles-ci, lorsqu'elles sont au soleil, se réchauffent plus vite que leurs voisines.
La grêle est de l'eau solide qui se forme lors des orages quand les gouttes de pluie quittent les nuages. Les gouttes ne tombent pas directement, mais sont entraînées par le vent vers les parties froides de l'atmosphère. Elles se transforment alors en glace avant de retomber au sol.

◄ *Le brouillard est un nuage qui se forme juste au-dessus du sol.*

▲ *La rosée du matin se dépose sur les fleurs.*

La rosée, la gelée

Après une chaude journée et une nuit fraîche, des gouttes d'eau se forment sur l'herbe : c'est la rosée. Elle résulte de la condensation de la vapeur d'eau qui s'est formée dans l'air durant la journée et s'est refroidie pendant la nuit. Quand la nuit est très froide, la vapeur d'eau devient solide : c'est la gelée formée de cristaux de glace.

Ce qu'il faut savoir

La vapeur d'eau, bien qu'invisible, est présente partout dans l'atmosphère.

Bases

Quand les solides deviennent liquides ou gaz

Toutes les substances, ou presque, peuvent être solides, liquides ou gazeuses. C'est souvent une question de température. Si l'on élève progressivement la température d'un solide, il devient liquide puis gazeux.

Des solides que l'on coule

Si l'on chauffe du sucre, il devient du caramel liquide. Pour faire fondre de l'acier, il faut élever la température aux alentours de 1 500 °C : on peut alors le mouler à loisir. De même, les jouets en plastique sont moulés à chaud, lorsque le plastique est liquide. La fusion du sel est difficile à réaliser : la température doit être d'environ 800 °C. Chaque substance solide fond à une température différente. Un solide possède une forme propre, mais un liquide épouse la forme du récipient qui le contient. Attention, lorsqu'on dit que le sel « fond » dans l'eau c'est un abus de langage. En réalité, il se dissout.

Ce qu'il faut savoir

Toutes les substances, à quelques exceptions près, peuvent changer d'état.

Des solides aux gaz

Le gaz carbonique peut se présenter sous forme solide à basse température : c'est de la neige carbonique utilisée dans des extincteurs. La neige carbonique, à température ordinaire, se transforme en gaz. Les boules d'antimites sont des solides qui se transforment lentement en gaz.

◄ *On coule l'acier à très haute température.*

Des liquides qui s'évaporent

L'alcool et l'éther sont des liquides volatils : ils s'évaporent facilement. Si on laisse une bouteille d'éther ouverte, l'odeur se répand tandis que la bouteille se vide. L'éther se transforme en gaz et ses vapeurs parviennent à notre nez. Le même phénomène se produit pour les parfums. Mais même s'il n'y a pas d'odeur, le gaz peut exister. C'est le cas du butane qui remplit les briquets ou les bouteilles à la campagne. L'air est un gaz invisible et sans odeur ; il peut être liquide si on abaisse sa température bien au-dessous de 0 °C. Les gaz sont souvent invisibles. Ils occupent tout l'espace qui leur est offert : ils n'ont pas de forme propre. Les gaz, comme les liquides et les solides, sont pesants.

◄ *Les parfums s'évaporent en dégageant une odeur agréable.*

Des solides, des liquides et des gaz dans l'eau

On peut dissoudre dans l'eau des solides, des liquides ou des gaz. Mais les corps dissous ne disparaissent pas pour autant : on peut les récupérer.

De la saumure aux marais salants

Du sel, mis dans l'eau, semble disparaître, il n'est plus visible : il est dissous. Le liquide obtenu est limpide. C'est un mélange homogène. Si l'on chauffe l'eau salée ou si on laisse l'eau s'évaporer, les cristaux de sel réapparaissent et on retrouve exactement la masse de sel que l'on avait mise au début. On dit qu'il y a conservation de la masse. On peut dissoudre jusqu'à 360 grammes de sel ; dans un litre d'eau à la température ordinaire. On obtient une solution saturée appelée la saumure. Quand on ne peut plus dissoudre de sel, celui-ci se dépose au fond du récipient. L'eau de mer contient beaucoup de sel, on le récupère dans les marais salants. On peut obtenir de l'eau douce à partir de l'eau de mer : la vapeur d'eau obtenue par ébullition est condensée et l'eau que l'on récupère ne contient plus de sel.

▲ *Dans les marais salants, le soleil et l'air facilitent l'évaporation de l'eau.*

Solubles ou non

On peut dissoudre des liquides dans l'eau. L'alcool, le vinaigre sont solubles dans l'eau : ce sont des solutions aqueuses. D'autres liquides, comme l'huile, sont peu solubles dans l'eau. L'huile forme de minuscules gouttelettes qui ne se mélangent pas avec l'eau. Les solides sont plus ou moins solubles dans l'eau : le sucre est soluble, l'aspirine l'est moins, le verre, le riz, la farine, le fer ne le sont pas du tout. De même, les gaz sont plus ou moins solubles dans l'eau. Le gaz de ville ou celui des bouteilles de gaz est insoluble ; l'air est en partie soluble.

De l'eau qui fait des bulles

L'air se dissout aussi dans l'eau : sa présence permet, entre autres, aux poissons de respirer grâce à leurs branchies. Le dioxyde de carbone dissous dans l'eau donne de l'eau gazeuse. Les bulles du champagne sont constituées de gaz carbonique dissous dans le vin. Le vin est un mélange d'eau, d'alcool et de différentes substances dissoutes.

Ce qu'il faut savoir

Les solides, les liquides et les gaz sont plus ou moins solubles dans l'eau. Lorsqu'on les dissout, on obtient un mélange.

L'eau pure n'est pas potable

L'eau pure ne contient pas de substances dissoutes et possède des propriétés caractéristiques mais elle n'est pas potable. Une eau potable contient des substances dissoutes, elle n'est pas pure.

L'eau pure

Une eau pure ne contient aucune substance dissoute : ce n'est que de l'eau. L'eau pure possède des caractéristiques bien spécifiques. Elle se solidifie exactement à 0 °C et la fusion de la glace obtenue a lieu aussi à 0 °C. Cette température de fusion caractérise l'eau pure. Si l'eau contient des corps dissous, même s'ils sont invisibles, sa température de solidification n'est plus exactement 0 °C. Il est difficile de garder une eau pure car elle dissout vite le dioxyde de carbone de l'air. On ne la prépare et on ne l'utilise que dans les laboratoires de recherches ou d'analyses médicales. Une eau potable est une eau qui ne doit pas présenter de danger pour l'homme à plus ou moins long terme. L'eau pure n'est pas potable car elle ne contient pas les sels minéraux nécessaires à l'organisme.

▲ *L'eau du robinet est potable mais non pure.*

Ce qu'il faut savoir

Les eaux potables ne sont pas des eaux pures, ce sont des mélanges qui contiennent des substances dissoutes invisibles. Il ne faut pas confondre pure et potable.

Eau sulfatée calcique et magnésienne. Minéralisation en mg/l :

calcium : 486	magnésium : 84	sodium : 9,1	potassium : 3,2
sulfate : 1187	hydrogénocarbonate : 403	chlorure : 8,6	nitrate : 2,7

Source Pavillon. Résidu sec à 180°C : 2125 mg/l.

▲ *L'étiquette d'une bouteille d'eau de Contrexéville.*

Les eaux potables

L'eau du robinet est en général potable. Elle provient de nappes souterraines ou de rivières. Avant d'arriver à notre robinet, elle a été traitée dans une usine. Trouble ou limpide, elle est débarrassée des substances dissoutes nocives qu'elle peut contenir, par exemple les nitrates ou les phosphates lorsque ceux-ci sont en quantité importante. Les virus ou les bactéries qui peuvent provoquer des maladies sont aussi éliminés. Une fois traitée, l'eau est mise en réserve dans des châteaux d'eau. Quand elle arrive au robinet, l'eau ne contient plus que des substances dissoutes inoffensives qui se déposent au fond d'une casserole si on la chauffe. L'eau du robinet a un prix, elle ne doit pas être gaspillée. Les eaux minérales sont des eaux de source ; elles contiennent des substances dissoutes, indiquées sur les étiquettes des bouteilles. Leur composition est régulièrement vérifiée. Ces eaux ne sont pas pures mais elles sont potables.

L'air que nous respirons

Nous vivons sur Terre et dans l'air. L'air est le gaz invisible qui nous entoure. Nous pouvons penser qu'il n'existe pas, mais, sans lui, nous ne pourrions pas respirer.

◀ *L'air gonfle la voile du véliplanchiste.*

L'air est un gaz

Contrairement aux solides qui ont une forme propre, les gaz comme l'air adoptent la forme du récipient qui les contient et occupent tout le volume qui leur est offert.
Une couche d'air entoure la Terre et constitue l'atmosphère terrestre. L'air est soluble dans l'eau. Comme tous les gaz, l'air est pesant : un litre d'air pèse environ 1000 fois moins qu'un litre d'eau. La masse d'un litre de gaz est, d'une manière générale, très inférieure à celle d'un litre de liquide.

Attention aux courants d'air !

On peut se rendre compte que l'air existe lorsqu'il y a des courants d'air et que les portes claquent, quand les voiles d'un bateau sont gonflées par le vent ou quand les girouettes tournent. Même s'il est immobile, l'air existe. Essayez d'enfoncer un verre retourné dans l'eau, ce n'est pas facile : l'air contenu dans le verre résiste à la pression. On peut quand même y arriver, mais le fond du verre n'est pas mouillé, l'air empêchant l'eau d'arriver jusqu'au fond du verre.

Ce qu'il faut savoir

La Terre est entourée d'une couche d'air qui constitue l'atmosphère. L'air n'est jamais pur.

Paris sous un nuage de pollution. ▶

L'air est-il pur ?

L'air pur n'existe pas. C'est toujours un mélange de différents gaz. Les deux principaux constituants de l'air sont le dioxygène qui nous permet de respirer et le diazote. L'air, rarement sec, contient aussi de la vapeur d'eau et du dioxyde de carbone que nous rejetons en respirant ou qui provient aussi des gaz d'échappement des voitures. L'augmentation de la quantité de dioxyde de carbone dans l'air provoque un réchauffement de l'atmosphère qui pourrait entraîner des changements climatiques. L'air contient aussi des gaz comme les oxydes d'azote ou de soufre et des particules très fines. Ces polluants, provenant des gaz émis par les voitures et les usines, nuisent à la santé et à l'environnement.

Le circuit électrique : une boucle fermée

Un circuit électrique comprend au moins un générateur, un récepteur, un interrupteur et des fils. Tous les éléments d'un circuit sont conducteurs de l'électricité.

Conducteurs et isolants

Les corps qui conduisent l'électricité sont dits conducteurs. Les métaux, les solutions aqueuses comme l'eau du robinet, le corps humain sont des conducteurs.
Les isolants ne laissent pas passer le courant électrique. Les matières plastiques, le bois, le papier, l'air sont des isolants.

Le tour du circuit

Un circuit électrique est constitué d'une suite d'objets conducteurs reliés entre eux en boucle fermée. Parmi ces objets on trouve obligatoirement un générateur qui permet de faire circuler le courant électrique : les piles, les batteries d'accumulateurs des voitures ou la prise du secteur sont des générateurs. On trouve aussi des récepteurs, ampoules ou moteurs, des fils électriques pour relier les appareils entre eux et un interrupteur pour ouvrir le circuit en cas de besoin.
Lorsque l'interrupteur est ouvert, aucun courant ne passe dans le circuit. Lorsque l'interrupteur est fermé, le courant peut circuler. Quand on éteint la lumière, on ouvre le circuit.

◄ *Les deux pôles d'une pile plate n'ont pas la même longueur.*

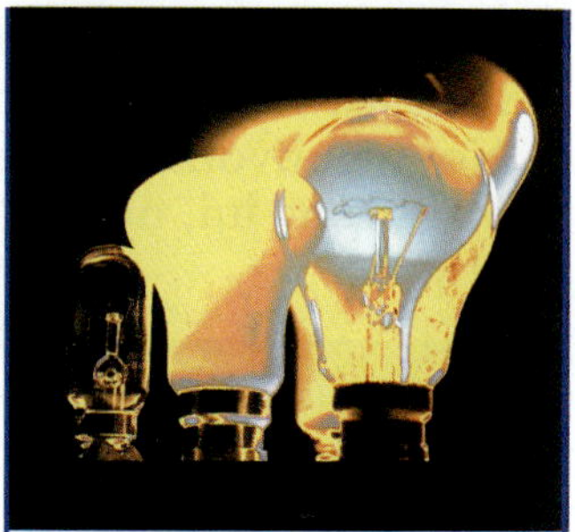

▲ *Les deux bornes d'une ampoule sont situées dans le culot.*

Pôles et bornes

Tout élément électrique possède deux bornes. Les pôles d'une pile sont repérés par les signes (+) et (−). Une ampoule possède aussi deux bornes situées dans le culot et isolées l'une de l'autre. Une pile permet de faire circuler le courant dans un sens. Tout au long d'un circuit, le courant circule dans le sens imposé par la pile. À l'extérieur de celle-ci, il se dirige du pôle positif vers le pôle négatif.

Ce qu'il faut savoir

Tout le long d'un circuit électrique, le courant circule dans le même sens.

Comment réaliser un circuit électrique ?

Pour qu'un circuit électrique fonctionne correctement, il faut relier les appareils entre eux et vérifier qu'ils sont bien adaptés les uns aux autres. Il faut prendre des précautions de sécurité.

Bien relier les appareils

Lorsqu'on réalise un circuit électrique, il faut toujours repérer les pôles (+) et (−) de la pile. Certains récepteurs doivent être branchés dans un sens déterminé. Un moteur, suivant le branchement, tourne dans un sens ou dans un autre. Une diode, composant de nombreux circuits électroniques, ne laisse passer le courant que lorsqu'elle est branchée dans un sens ; montée en inverse, elle fonctionne alors comme un interrupteur. Une ampoule laisse passer le courant quel que soit son sens de branchement. Quand des piles sont mises dans un boîtier, il faut les placer selon les indications du constructeur. Certaines piles, montées en inverse, sont dangereuses.

Respecter les tensions

Une tension est indiquée sur tous les appareils électriques. Sur une pile, la tension en Volt annoncée par le fabricant est la tension maximale que l'on peut obtenir. Sur un récepteur, la tension mentionnée est celle qui permet un fonctionnement correct du récepteur. Pour que les appareils fonctionnent sans problèmes, la tension du générateur doit être voisine de celle du récepteur. Les deux tensions sont alors adaptées.

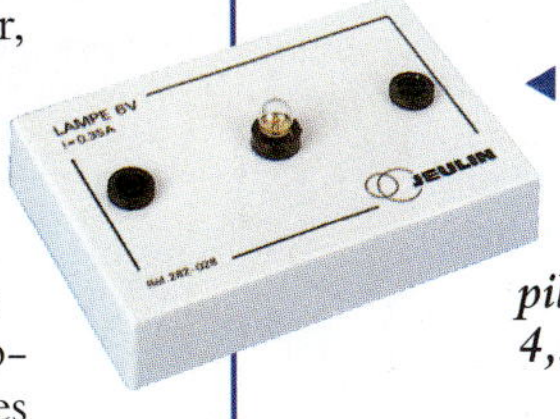

◄ *Une lampe de 6 Volts est adaptée à une pile délivrant 4,5 Volts.*

Électricité et sécurité

Si l'on relie les deux bornes d'un générateur par un fil, le courant qui traverse le fil est très important : le fil fond, provoque un court circuit et peut entraîner un incendie.
Un appareil qui fonctionne avec des piles ne délivrant que quelques volts ne peut pas être branché directement sur le secteur fournissant 220 V.

▼ *Une tension supérieure à 20 Volts est dangereuse pour l'homme.*

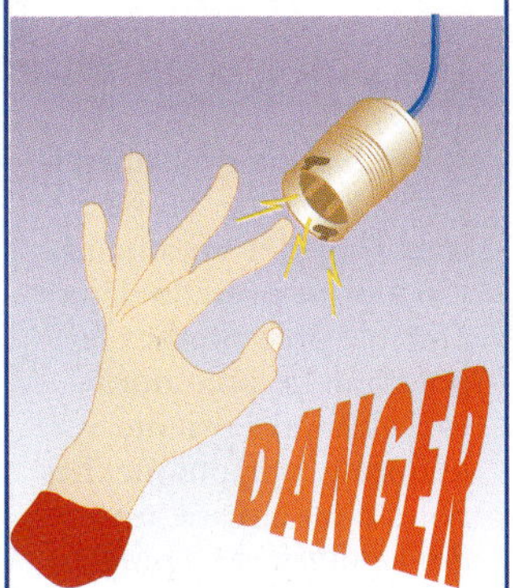

Ce qu'il faut savoir

Pour réaliser un circuit électrique, il faut connaître quelques règles de sécurité.

S'orienter avec des aimants

Une boussole est une aiguille aimantée. Elle permet de repérer la direction du Nord magnétique et celle des autres points cardinaux. Un aimant possède deux pôles.

S'orienter sur Terre

Sur Terre, l'aiguille d'une boussole indique la direction sud-nord. La perpendiculaire à l'aiguille donne la direction est-ouest. Si le boitier est bien orienté, la partie foncée de l'aiguille indique le nord. Quand on regarde vers le nord, le sud est derrière soi, l'est à droite et l'ouest à gauche.
Le soleil se lève à l'est et se couche à l'ouest.

▲ *Pour s'orienter avec une boussole, il faut bien placer le boîtier.*

Les pôles d'un aimant

Une boussole est une aiguille aimantée, on peut aussi l'appeler un aimant. Un aimant possède deux pôles, le pôle nord et le pôle sud. Le pôle nord est celui qui s'oriente vers le nord géographique. Les pôles d'un aimant attirent des aiguilles, des épingles, des clous, les objets en fer et en acier, mais ils n'attirent ni le bois ni le plastique. Deux pôles nord d'aimants se repoussent, de même que deux pôles sud. Le pôle nord et le pôle sud de deux aimants s'attirent. L'aiguille d'une boussole s'oriente parce que la Terre agit sur elle comme un aimant.

Quand la boussole perd le nord !

Une boussole, placée au voisinage d'un fil électrique parcouru par un courant, tourne et s'oriente comme si elle se trouvait simplement sur Terre. Une bobine de fil électrique parcourue par un courant se comporte comme un aimant. Elle présente deux faces, l'une appelée nord et l'autre appelée sud.
Si l'on change le sens du courant, les faces s'inversent. Du fer placé dans une bobine parcourue par un courant électrique s'aimante. Le fer est aimanté tant que le courant passe dans la bobine. Si une boussole est placée près d'un circuit électrique, elle n'indique plus correctement le nord. Pour repérer le nord il faut placer la boussole loin d'un circuit électrique.

Ce qu'il faut savoir

Une boussole est un aimant. Elle permet de s'orienter à la surface de la Terre.

La limaille de fer, au voisinage d'un aimant, dessine des courbes. ▶

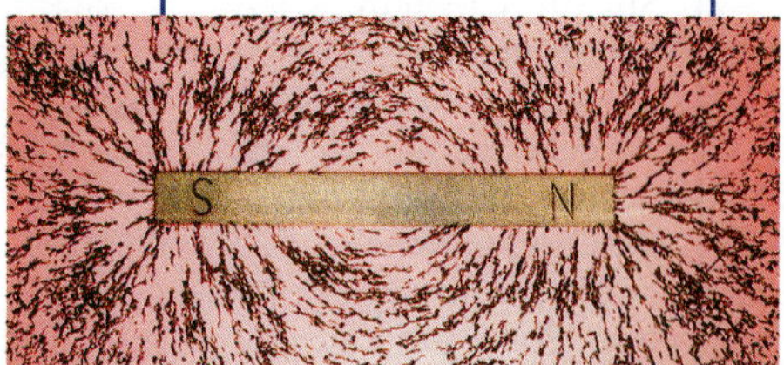

De l'électricité : pour quoi faire ?

La production industrielle de courant électrique commence au XIXe siècle. Aujourd'hui, l'électricité fait totalement partie de notre vie quotidienne.

Produire du courant

Si l'on déplace un aimant devant une bobine, un courant passe dans la bobine. Ce phénomène, découvert par Faraday en 1831, est à l'origine de la production d'électricité. La génératrice de bicyclette produit du courant alternatif. Le galet, en contact avec la roue, tourne et entraîne un aimant situé au-dessus d'une bobine. Aux bornes de celle-ci apparaît une tension. Si l'aimant tourne vite, la tension est plus grande.

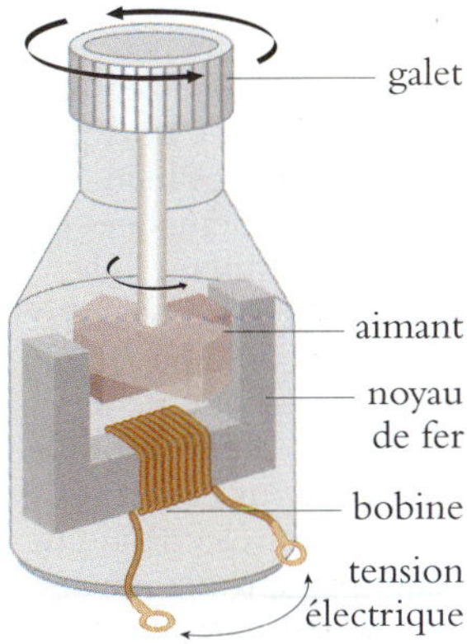

▲ *La génératrice de bicyclette.*

La production industrielle d'électricité se fait suivant le même principe.

L'électroaimant

Un électroaimant est constitué d'une bobine de fil électrique entourant un morceau de fer. Celui-ci s'aimante lorsque le courant passe dans la bobine de l'électroaimant. Il peut attirer des objets en fer ou en acier. Dès que le courant cesse, le fer perd son aimantation. L'électroaimant est plus puissant si les tours de fil sont nombreux ou si le courant est plus grand dans la bobine. Dans des grues de levage, des électroaimants permettent de soulever des objets lourds. Des électroaimants servent souvent à commander à distance les voitures téléguidées, par exemple.

Un électroaimant peut remplacer des hommes. ▶

Ce qu'il faut savoir

Il est mortel de toucher un fil à haute tension.

Les moteurs

Dans beaucoup de moteurs simples, un électroaimant, appelé rotor, tourne devant un aimant fixe, appelé stator. Lorsque le courant passe dans la bobine de l'électroaimant, des faces nord et sud apparaissent sur le noyau de fer. Une bobine de fil électrique parcourue par un courant se comporte comme un aimant. Ses faces sont attirées ou repoussées par les pôles sud ou nord du stator. Pour que le moteur tourne, il faut ajouter un dispositif qui change le sens du courant dans les bobines et inverse les faces nord et sud. Les moteurs de TGV fonctionnent ainsi.

Bases — Associer des piles et des ampoules

Pour obtenir une tension plus élevée, on peut associer des piles. Pour obtenir plus de lumière, on peut associer des ampoules. Ces associations sont réalisées en série ou en parallèle.

Empiler des éléments

En 1800, le savant italien Alessandro Volta invente la première source de courant électrique : une pile. Elle porte ce nom car les éléments qui la constituent sont « empilés ». Un élément de la pile ne donne qu'une tension de quelques volts. Les piles sont branchées en série ou en parallèle. Quand deux piles sont en série, le pôle (≤) de l'une est reliée au pôle (-) de l'autre et les deux tensions s'ajoutent.
Une pile qui délivre 4,5 V est, en fait, une association en série de trois piles de 1,5 V.
Quand deux piles sont en parallèle, leurs pôles (≤) sont reliés entre eux et leurs pôles (-) également. Si les piles sont identiques, la tension aux bornes de l'association est la même que s'il n'y avait qu'une seule pile. Une tension supérieure ou égale à une vingtaine de volts est dangereuse pour le corps humain.

Associer des ampoules

Les récepteurs peuvent aussi être montés en série ou en parallèle. Lorsque deux ampoules identiques sont branchées en série sur la même pile, elles brillent toutes les deux de la même façon mais moins que ne le ferait une seule ampoule branchée sur cette pile. Le courant électrique ne s'use pas après le passage par la première ampoule ; si c'était le cas, les deux ampoules ne brilleraient pas de manière identique.
Plusieurs appareils, branchés sur une prise multiple, sont montés en parallèle sur le secteur qui délivre une tension de 220V.
Si l'on branche un appareil et que ses fils sont dénudés, il peut se produire un court-circuit. Un fusible ou un disjoncteur, situé dans l'installation électrique de la maison, ouvre alors automatiquement le circuit.

> **Ce qu'il faut savoir**
>
> **Quand on met plusieurs piles en série dans un appareil électrique, leurs tensions s'additionnent.**

▼ *Pour que l'appareil photographique fonctionne, il faut associer plusieurs piles en série.*

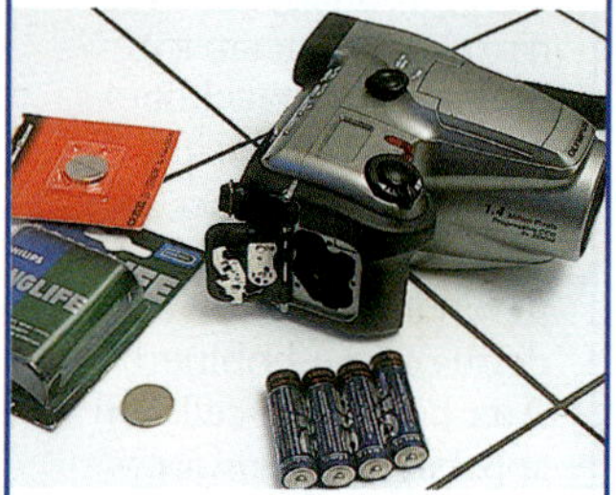

Une pile, c'est chimique

La pile Volta est formée d'un empilement de disques de zinc et d'argent entre lesquels sont intercalés des tissus imbibés d'eau salée.
Les piles du commerce comportent toujours au moins un métal et d'autres produits chimiques. Ces substances chimiques sont consommées quand la pile produit du courant électrique.

Balance et leviers

Une balance sert à peser. Elle doit être à l'équilibre pour indiquer la masse. Un levier permet de soulever facilement des objets lourds.

Peser avec une balance

Peser, c'est mesurer une masse. Il existe des balances de différents types : électroniques, à ressort comme les pèse-personnes, à fléau comme la balance Roberval ou la balance romaine. On peut comparer les masses de deux objets avec une balance, comme celles de deux enfants assis à chaque extrémité d'une balançoire et dire alors quel est l'enfant le plus lourd. Une balance Roberval indique la masse lorsqu'elle est à l'équilibre, c'est-à-dire lorsque les plateaux de la balance sont sur la même horizontale. L'unité internationale de masse est le kilogramme.

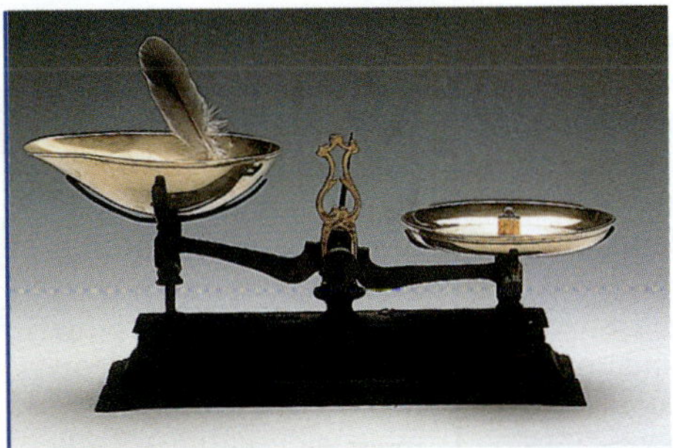

◀ *Le fléau de la balance Roberval descend du côté de l'objet le plus lourd.*

Ce qu'il faut savoir

On mesure la masse des objets en utilisant une balance et en choisissant des unités.

Soulever, découper, déformer

Un levier permet, en exerçant une petite force, d'obtenir un grand effet : on peut soulever, déformer ou découper un objet. Un décapsuleur permet d'ôter facilement le bouchon d'une bouteille. Une barre à mine sert à soulever de lourdes pierres, un pied de biche permet d'extraire un clou d'une planche, une cisaille facilite la découpe d'une plaque de tôle. Dans un levier, le point d'appui sert d'axe de rotation. L'axe de rotation est une droite imaginaire par rapport à laquelle s'effectue le mouvement du levier. Dans un décapsuleur, le point d'appui est situé sur la capsule. L'efficacité du levier est plus grande si la force que l'on exerce est plus loin du point d'appui ou si l'objet à déplacer (à couper ou à déformer) est plus près du point d'appui.

▲ *Le levier de la cisaille, tenu par la main droite, permet de découper le métal.*

Qu'est-ce qu'un engrenage ?

Pour provoquer simplement un mouvement de rotation, on utilise des courroies et des engrenages.

Les courroies

Une courroie, bande de plastique tendue entre deux roues ou deux poulies, permet de transmettre un mouvement de rotation. Dans une cassette de baladeur, la bande magnétique sert de courroie quand elle passe d'une roue à l'autre. Les deux roues du baladeur n'ont pas toujours le même diamètre. Il existe une relation entre le nombre de tours *n* que fait la roue et son diamètre D. Soit deux roues A et B, on peut écrire : $n_A \times D_A = n_B \times D_B$.

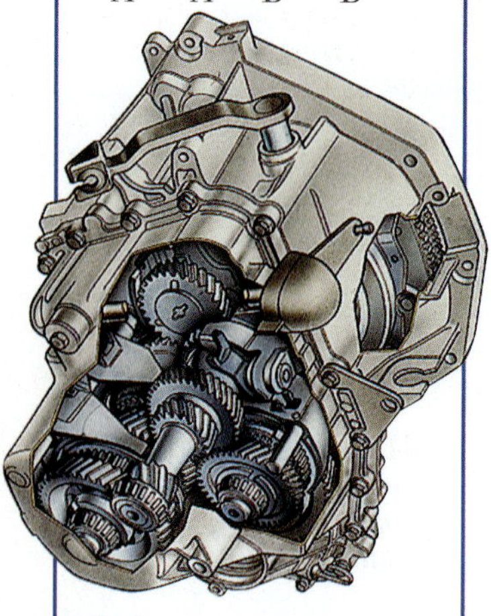

Les engrenages

Un engrenage est constitué de deux roues dentées imbriquées. Les dents sont identiques mais leurs nombres ne sont pas les mêmes pour les deux roues. On peut transmettre un mouvement de rotation à l'aide d'engrenages. Les roues n'ont pas la même vitesse de rotation. Dans une essoreuse à salade, le panier qui est en contact avec la petite roue tourne plus vite que la poignée qui est en relation avec la grande roue. On peut changer le sens de rotation avec des engrenages. La boîte de vitesses d'une voiture comprend de nombreux engrenages. Ils permettent d'augmenter ou de réduire le nombre de tours du moteur en fonction de la vitesse du véhicule. Ils permettent aussi, en marche arrière, d'inverser le sens de rotation des roues.

◀ *L'arbre de vitesse d'une voiture possède différents engrenages.*

▲ *Les deux roues d'un engrenage ne font pas le même nombre de tours.*

Ce qu'il faut savoir

Quand on transmet un mouvement, il existe une relation entre le diamètre et le nombre de tours des roues.

Dans un engrenage, il existe une relation entre le nombre de dents *n* des roues et le nombre de tours N qu'elles font. Si n_1 est le nombre de dents de la petite roue, n_2 celui de la grande roue, si N_1 est le nombre de tours de la petite roue et N_2 celui de la grande, on peut écrire la relation suivante :

$$\frac{n_1}{n_2} = \frac{N_2}{N_1}.$$

Utiliser des courroies et des engrenages

Pour faire avancer un vélo, on doit pédaler. La chaîne ressemble à une courroie et le pédalier à un engrenage.

Le vélo

Les pédales d'un vélo sont fixées au pédalier. Le plateau est un ensemble de roues dentées, il est relié au pédalier. Le pignon est aussi un ensemble de roues dentées, il est fixé à la roue arrière. Les pédales et le plateau font le même nombre de tours, de même que le pignon et la roue arrière. Le plateau a plus de dents que le pignon. Une dent du plateau entraîne une dent du pignon par l'intermédiaire de la chaîne. Le pédalier et les roues ont des mouvements de rotation.

◄ *Le plateau d'un VTT : un ensemble de grandes roues dentées.*

Pédaler plus vite ou plus fort

Si le pignon tourne d'un tour, le vélo avance d'une distance égale au périmètre de la roue. Quand on change de vitesse, on choisit un autre pignon. On modifie le nombre de dents de la roue dentée et donc la distance parcourue pour un tour de pédale. Avec un grand plateau et un petit pignon, on va plus vite mais on se fatigue : on peut rouler sur une route horizontale ou faire une descente. Avec un grand pignon et un petit plateau, on va moins vite mais il est plus facile de pédaler : on peut monter une côte sans se fatiguer.

Ce qu'il faut savoir

Avec un grand pignon et un petit plateau, on fournit un petit effort de pédalage.

La machine à vapeur

Dans une machine à vapeur, on transforme un mouvement de translation en mouvement de rotation. Or, les engrenages et des courroies ne changent pas les mouvements. On utilise donc pour cela, un système tige-bielle-roue. Le fuel brûle dans la chaudière de la locomotive et chauffe de l'eau. Celle-ci se transforme en vapeur et pénètre dans un cylindre fermé par un piston. La vapeur d'eau pousse alors le piston qui entraîne avec lui la tige. L'ensemble effectue un mouvement de va-et-vient : c'est un mouvement de translation.
La bielle, articulée à ses deux extrémités avec la tige et la roue, se met en mouvement et permet à la roue de tourner.

▲ *Le système tige-bielle-roue d'une locomotive à vapeur.*

Mesurer le temps d'hier

Depuis l'Antiquité, les hommes ont éprouvé le besoin de mesurer le temps. Ils ont construit des cadrans solaires et des instruments de plus en plus perfectionnés.

Les cadrans solaires

Un cadran solaire est constitué d'une tige, appelée style, placée sur une surface graduée appelée table. On repère l'heure grâce à l'ombre du style laissée par le soleil sur la table. Pour qu'un cadran solaire fonctionne correctement, l'ombre de la tige doit avoir la même orientation chaque jour, à la même heure. Pour cela, la tige doit être inclinée dans la direction de l'étoile polaire.
Un cadran solaire donne l'heure solaire mais il n'est utilisable ni par temps couvert, ni la nuit, ni à l'intérieur des bâtiments.

Les clepsydres

On trouve des traces de ces objets en 1500 avant notre ère. Les clepsydres sont des horloges à eau. L'écoulement de l'eau se reproduit toujours de la même façon et permet de mesurer des durées. Une clepsydre comprend un réservoir, un trou d'écoulement et une graduation. Les traits de la graduation correspondent à des durées constantes. Ils dépendent de la forme du récipient qui se vide, de la taille du trou d'écoulement et du niveau de l'eau au départ. La vitesse d'écoulement de l'eau diminue quand le niveau de l'eau dans le réservoir diminue. Ainsi, les traits sont plus resserrés vers le bas que vers le haut du récipient. Si l'on connaît le moment où l'eau commence à s'écouler, la clepsydre permet alors de connaître l'heure.

◀ *Un cadran solaire vertical dans une ville du Queyras.*

▲ *Clepsydre du Ve siècle avant notre ère (musée de l'Agora, Athènes).*

Les sabliers

Dans un sablier, des grains solides s'écoulent régulièrement par un petit trou entre deux récipients identiques en verre.
La durée totale de l'écoulement du solide en grains dépend du diamètre du trou, de la quantité de solide et de la taille des grains. Le sablier sert à mesurer une durée déterminée, toujours la même.

Ce qu'il faut savoir

Pour mesurer une durée, on peut utiliser un phénomène qui évolue de manière régulière.

Mesurer le temps d'aujourd'hui

De nos jours, le fonctionnement des montres et des horloges utilise les oscillations d'un objet. Ces oscillations ont une durée constante. Un dispositif permet d'afficher l'heure, à la seconde près.

Les horloges mécaniques

Dans une horloge à balancier, le mouvement des aiguilles est réglé par le pendule (le balancier) qui oscille régulièrement, toujours au même rythme. Celui-ci entraîne dans son mouvement une roue dentée munie d'une ancre, appelée roue d'échappement. À chaque aller-retour du balancier, une dent s'échappe. Pour que le mouvement du balancier dure longtemps, une source d'énergie est nécessaire sinon le balancier s'arrête. Cette source est constituée par un « poids » qui descend chaque fois qu'une dent s'échappe. Le tic-tac de l'horloge est dû au son produit par les chocs successifs des dents de la roue sur l'ancre. Il faut aussi faire tourner des aiguilles qui indiqueront l'heure. Pour cela, la roue d'échappement est en contact avec des engrenages qui entraînent les aiguilles. On démultiplie par ces engrenages le mouvement de la roue pour que les aiguilles tournent à la bonne vitesse. La petite aiguille des heures doit faire un tour pendant que la grande aiguille des minutes en fait 60. La petite aiguille doit faire un tour en 12 heures. Le principe est le même dans une montre à ressort mais c'est un ressort que l'on retend qui sert de source d'énergie.

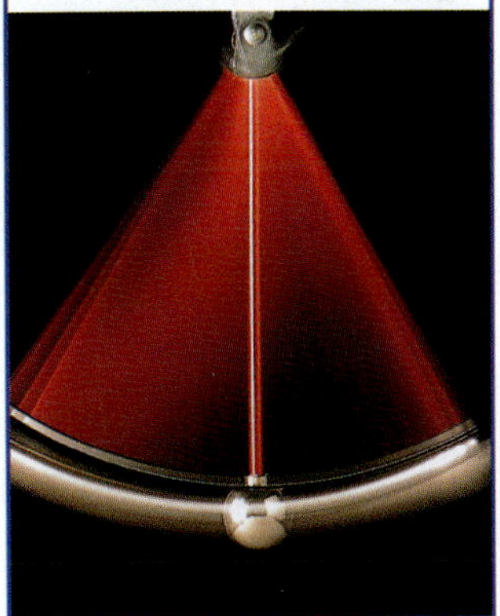

▲ *Les oscillations d'un pendule peuvent servir à mesurer le temps.*

Les montres à quartz

Dans ces montres, l'oscillateur est un cristal de quartz. Il vibre à un rythme régulier, très élevé, sous l'action de la tension électrique fournie par une pile. Celle-ci alimente une puce électronique qui permet de transformer les oscillations du quartz et d'obtenir une vibration par seconde. Un micromoteur électrique permet l'entraînement des aiguilles ou l'affichage numérique de l'heure.

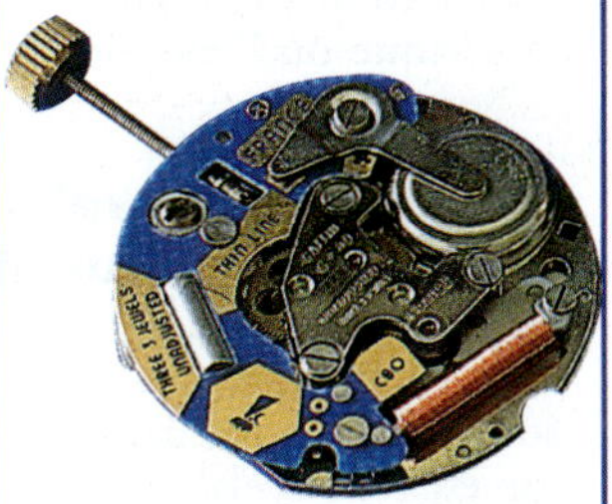

▲ *Le mécanisme d'une montre à quartz.*

Ce qu'il faut savoir

Pour mesurer le temps, on utilise des phénomènes qui se reproduisent régulièrement de manière identique.

Bases Les différentes sources d'énergie

Pour mettre en mouvement un véhicule, pour obtenir de la chaleur ou de la lumière, on utilise de l'énergie. Il existe différentes sources d'énergie permettant d'obtenir ces effets.

L'énergie au quotidien

Des sources d'énergie différentes peuvent produire le même effet et différents effets peuvent être obtenus avec la même source. On peut mettre en mouvement un véhicule en utilisant l'énergie d'un animal ou celle du mélange essence et air dans un moteur à explosion ou bien encore celle du vent. On peut se chauffer avec l'énergie du charbon, l'énergie électrique ou l'énergie du Soleil. De même, on peut s'éclairer avec une lampe à gaz ou une lampe électrique. L'électricité sert à se chauffer, s'éclairer, mettre en mouvement.

◄ ▼ *On peut utiliser différentes sources d'énergie pour obtenir la mise en mouvement d'un véhicule.*

Énergies renouvelables et énergies naturelles

On peut classer les sources d'énergie. L'énergie est renouvelable ou non, naturelle ou non. Les énergies fossiles sont le charbon, le pétrole et le gaz naturel. Ces substances sont utilisées comme ombustibles : elles dégagent de la chaleur lorsqu'elles brûlent. Elles se sont formées au cours des temps géologiques, ce sont des énergies non renouvelables. D'autres sources d'énergie sont renouvelables car on peut les reconstituer ou sont inépuisables : l'énergie des êtres vivants, celle de l'eau, du vent ou du soleil. L'énergie musculaire ou la biomasse, l'énergie hydraulique, l'énergie géothermique, l'énergie du soleil, celle du vent, l'énergie nucléaire sont des énergies naturelles. Il n'y a pas de source naturelle d'énergie électrique directement utilisable.

Une unité pour comparer

Pour comparer les quantités d'énergies, on utilise, dans l'industrie et le commerce, la tonne équivalent pétrole (TEP). C'est l'énergie que l'on peut obtenir à partir d'une tonne de pétrole.

Ce qu'il faut savoir

Pour satisfaire nos différents besoins en énergie, nous utilisons diverses sources d'énergie.

Produire de l'électricité

Le courant électrique est produit dans des usines appelées centrales. Il est ensuite transporté jusqu'aux prises de courant pour être utilisé par le consommateur.

De la centrale à l'utilisateur

▲ *L'alternateur d'une centrale électrique.*

Toutes les centrales possèdent une turbine et un alternateur. Une turbine est constituée d'une ou plusieurs roues. Une source d'énergie naturelle fait tourner la turbine. Cette dernière entraîne la rotation de l'alternateur : il apparaît alors, comme dans l'alternateur de bicyclette, une tension aux bornes de celui-ci. L'électricité produite est ensuite transportée sous haute tension dans des câbles. Des transformateurs abaissent sa tension pour qu'elle puisse parvenir aux disjoncteurs des habitations et alimenter les prises de secteur.

Les centrales hydrauliques

Ces centrales utilisent l'eau d'un barrage pour produire du courant électrique. L'alternateur et la turbine sont situés en contrebas du barrage. La turbine est entraînée par l'énergie des chutes d'eau. L'eau dans les barrages ne doit pas manquer. Le niveau de l'eau dépend des pluies qui tombent durant l'hiver.

◀ *La retenue d'eau d'une centrale hydraulique.*

Les centrales thermiques

On distingue les centrales thermiques classiques et les centrales nucléaires. Dans une centrale classique la chaleur obtenue par la combustion de charbon ou de fuel permet de chauffer de l'eau : celle-ci se transforme en vapeur et fait tourner la turbine. Les centrales classiques utilisent une source d'énergie non renouvelable. Elles ne peuvent donc pas être alimentées indéfiniment.
Dans une centrale nucléaire, l'énergie des réactions nucléaires chauffe l'eau.
Le combustible utilisé est l'uranium. L'énergie nucléaire est dangereuse : les corps radioactifs émettent des rayonnements mortels. Les déchets radioactifs posent des problèmes d'environnement..

Ce qu'il faut savoir

Dans une centrale, une turbine entraîne un alternateur qui produit du courant électrique.

Bases Des énergies inépuisables

Le soleil ou le vent sont utilisés pour produire de l'énergie. Ces sources sont inépuisables. Elles présentent des avantages mais leur utilisation reste encore limitée.

L'énergie du soleil et du vent

L'énergie du soleil est utilisée dans des fours et des centrales solaires. L'énergie du vent fait tourner les éoliennes qui produisent de l'électricité. Sources d'énergies inépuisables, renouvelables et gratuites, elles ont leurs limites. Le soleil ne brille pas continuellement. La nuit et quand les journées d'hiver sont courtes, il faut le remplacer pour se chauffer. Le vent doit souffler à une vitesse suffisante mais pas trop importante car il peut alors détruire l'hélice de l'éolienne.

▲ *Les capteurs solaires individuels permettent de chauffer de l'eau.*

L'énergie géothermique

Dans les profondeurs de la Terre, on trouve des réservoirs d'eau ou de vapeur. Ils constituent ce qu'on appelle l'énergie géothermique. Ils peuvent être utilisés pour chauffer des habitations ou faire fonctionner la turbine d'une centrale. Dans les Ardennes, on puise, à une profondeur de 3 900 mètres, de l'eau à 168 °C. En Guadeloupe, la centrale de Bouillante est alimentée par de la vapeur d'eau puisée à 300 mètres de profondeur. La centrale fournit 2 % de l'électricité consommée en Guadeloupe.

▶ *Une centrale géothermique en activité en Italie.*

L'énergie des êtres vivants

Certains végétaux créés à partir du soleil, de l'eau et du dioxyde de carbone peuvent être utilisés comme combustibles. À partir de la betterave ou de la canne à sucre, on peut, par exemple, obtenir des biocarburants utilisés pour les transports.

Ce qu'il faut savoir

**Les énergies solaire, éolienne et géothermique ne sont pas polluantes.
Elles servent essentiellement au chauffage des habitations individuelles.
On tente de développer leurs utilisations.**

Énergie : consommer et économiser

L'homme consomme de l'énergie pour se déplacer, se chauffer et s'éclairer. L'industrie en est aussi une grande consommatrice. Les sources d'énergie sont souvent épuisables : il est nécessaire de les économiser.

La consommation d'énergie

Les différents pays ne consomment pas la même quantité d'énergie par année et par habitant. Les plus gros consommateurs sont les États-Unis et le Canada, puis l'Australie et la Russie, et enfin l'Europe. Les pays d'Afrique sont les plus petits consommateurs après le Japon, les pays de l'Amérique latine et la Chine. Les pays du tiers-monde représentent les trois quarts de la population mondiale et consomment seulement un quart de l'énergie électrique. Mais la consommation ne cesse d'augmenter. En France, par exemple, la consommation d'électricité journalière la plus forte était de 938 milliards de wattheures en 1981 et de 1 473 milliards en 1991. En 1990, la consommation mondiale d'énergie était de 8 728 millions de tonnes équivalent pétrole. On prévoit 15 370 millions de TEP en 2 020.

Consommer et payer

Les utilisateurs payent l'énergie en fonction de leur consommation. Plus une voiture va vite, plus elle consomme de carburant, plus cela coûte cher. Sur les quittances de gaz et d'électricité sont indiqués la quantité d'énergie consommée en kilowattheures (kWh) et le prix à payer. Plus on consomme de kWh, plus la facture est élevée. La puissance en watts (W) est indiquée sur les appareils électriques. Cette puissance n'est pas la même pour tous les appareils. Un lave-linge ou un lave-vaisselle consomment environ 3 000 W, une télévision 70 W et un magnétoscope 30 W. Une lampe de 100 W qui fonctionne pendant une heure consomme 100 Wh et 200 Wh si elle fonctionne deux heures. Dans le même temps, un lave-linge consomme 6 kWh.
La consommation est proportionnelle au temps d'utilisation d'un appareil.

Ce qu'il faut savoir

Le charbon, le pétrole sont épuisables. Les sources d'énergie inépuisables ne sont pas assez développées. Il faut donc économiser.

Économiser

Le changement d'heure en été permet d'économiser 300 000 TEP, c'est ce que consomme une ville comme Strasbourg en un an. Le transport d'un passager seul dans une voiture est plus coûteux que le transport de plusieurs voyageurs dans un autobus.

▼ *Une isolation des toits avec de la laine de verre permet d'économiser l'énergie.*

La lumière

La lumière qui nous éclaire est produite par diverses sources. Pour voir un objet, il faut qu'il soit éclairé et que la lumière qu'il renvoie entre dans l'œil de l'observateur.

Sources de lumières et objets lumineux

Dans une chambre obscure, nous ne voyons pas les objets qui nous entourent. Dès qu'on allume une lampe, tout devient visible, les objets sont lumineux. La lumière provient de l'ampoule de la lampe. C'est une source de lumière artificielle. Le soleil, les étoiles, les éclairs sont des sources de lumière naturelle.

Les néons sont ▶ des sources de lumière artificielle.

Les bougies, les lampes à gaz sont des sources artificielles de lumière. La Lune n'est pas une source de lumière, c'est un objet lumineux éclairé par le Soleil. La Terre et les planètes sont aussi éclairées par le Soleil : ce sont des objets lumineux.

De la lumière dans l'œil

Si l'on voit les objets éclairés par une lampe, c'est qu'ils renvoient la lumière dans toutes les directions. On dit qu'ils diffusent de la lumière. Pour voir un objet, la lumière diffusée doit entrer dans l'œil. Un faisceau laser n'est pas visible s'il ne contient ni poussières ni particules dans le faisceau. Celles-ci renvoient en effet la lumière dans toutes les directions et donc dans l'œil : on peut voir le faisceau. On lit mal dans une demi-obscurité, mais si l'on éclaire la page, les caractères renvoient de la lumière dans l'œil.

Ce qu'il faut savoir

C'est parce que les objets renvoient de la lumière vers nos yeux que nous pouvons les voir.

Le parcours de la lumière

La lumière qui part du Soleil ou d'une lampe avance en ligne droite. Quand les phares d'une voiture, dans la nuit, diffusent de la lumière, la trace visible des rayons lumineux est rectiligne. On peut ainsi utiliser des faisceaux laser pour tracer des tunnels ou des routes en ligne droite. Lorsqu'un rayon provenant d'un objet lumineux rencontre un miroir, il est renvoyé, toujours selon une droite, dans une direction bien déterminée.

◀ Les faisceaux des projecteurs ont des bords rectilignes.

Les ombres

Lorsqu'un objet opaque est éclairé, il se forme une ombre. La forme de l'ombre dépend de celle de l'objet et de la position de la source lumineuse.

Ombre portée, ombre propre

Un corps transparent, comme une vitre, se laisse traverser par la lumière et permet de voir au travers. Un corps translucide est traversé par la lumière, mais on ne distingue pas les objets au travers.
Un corps opaque ne laisse pas passer la lumière, il l'arrête. La partie de l'objet qui reçoit la lumière est éclairée, l'autre partie de l'objet est dans l'ombre, cette zone s'appelle l'ombre propre. Un objet opaque laisse aussi une trace sur un mur, sur le sol ou sur un écran : c'est l'ombre portée.

▲ *Sur l'écran, on peut voir les ombres portées de la sphère éclairée.*

Même forme, même ombre ?

Des objets de même forme n'ont pas toujours la même ombre portée. Des objets de formes différentes peuvent avoir la même ombre. La forme de l'ombre dépend des positions de l'objet et de la source lumineuse. L'ombre d'un cube, par exemple, peut être un carré ou un bâton. Une lampe fixe donne, d'un même objet fixe, une ombre plus ou moins grande : la dimension de l'ombre augmente avec la distance de l'objet à l'écran.
Si les distances entre l'objet, la source et l'écran restent fixes, la longueur de l'ombre est proportionnelle à la longueur de l'objet.

Le visage du personnage est dans l'ombre : c'est l'« ombre propre ». ▶

Un bâton pour mesurer la Terre

La première mesure de la circonférence de la Terre a été réalisée par Ératosthène en l'an 230 de notre ère. Il s'est aperçu qu'à midi, au solstice d'été, la lumière du Soleil arrive au fond d'un puits à Syène, en Égypte. À la même heure, le même jour, il mesure la longueur de l'ombre d'un obélisque d'Alexandrie, une autre ville d'Égypte. Un calcul, utilisant la distance de Syène à Alexandrie, lui permet de trouver 40 000 km pour la longueur de la circonférence terrestre, valeur très voisine de celle admise aujourd'hui.

Ce qu'il faut savoir

L'ombre d'un objet est la zone située derrière lui, qui ne reçoit pas la lumière de la source.

Le jour et la nuit

L'alternance du jour et de la nuit est liée à la rotation de la Terre sur elle-même et à son mouvement autour du Soleil.

Les mouvements du Soleil et de la Terre

La Terre tourne autour du soleil qui est lui-même presque immobile. Dans la journée, on voit le soleil se déplacer dans le ciel d'est en ouest : il se lève à l'est et se couche à l'ouest. En réalité, la Terre tourne sur elle-même autour de l'axe des pôles, en un jour : nous tournons avec elle et nous avons l'impression que le soleil se déplace. L'axe des pôles est comme une droite imaginaire qui traverse la Terre du pôle Sud au pôle Nord. La nuit, on peut photographier le déplacement apparent des étoiles autour de l'étoile polaire. Ce mouvement s'appelle le mouvement diurne. En fait, c'est la Terre qui tourne sur elle-même, alors que les étoiles paraissent presque fixes à un observateur terrestre.

◄ *Chaque trace lumineuse correspond à la rotation apparente d'une étoile autour de l'étoile polaire.*

Ce qu'il faut savoir

La Terre met un jour pour faire un tour sur elle-même. Il ne fait pas nuit pour tous les habitants de la Terre au même moment.

Le jour et la nuit

Durant la journée, le soleil, au cours de sa rotation, culmine au sud. Un jour solaire dure 24 heures : c'est le temps qui sépare deux passages successifs du soleil par le sud. Il ne faut pas confondre jour solaire et journée. Sur la partie de la Terre éclairée par le soleil, c'est la journée. Sur celle qui est dans l'ombre, c'est la nuit. Quand c'est la journée pour certains des habitants de la Terre, il fait nuit pour d'autres. Journée et nuit n'ont pas toujours la même durée ; celle-ci dépend des saisons.

◄ *La Terre, vue d'un satellite, montre une partie éclairée et une autre dans l'ombre.*

Au fil des saisons

La Terre tourne autour du Soleil en un an. Ce mouvement est responsable des saisons. Les solstices marquent les débuts de l'hiver et de l'été, les équinoxes ceux de l'automne et du printemps.

La Terre tourne autour du Soleil

En une année, soit en 365 jours un quart, la Terre fait un tour complet autour du soleil en décrivant une trajectoire presque circulaire, appelée ellipse. C'est le mouvement de la Terre autour du soleil qui est responsable de l'alternance des saisons. Celles-ci existent parce que, durant la rotation de la Terre autour du soleil, l'axe des pôles de la Terre est incliné d'environ 20° par rapport à sa trajectoire. Les saisons changent environ tous les trois mois.

Ce qu'il faut savoir

L'hiver et l'été ne dépendent pas de la distance de la Terre au Soleil mais de l'inclinaison des rayons du Soleil par rapport à l'axe des pôles.

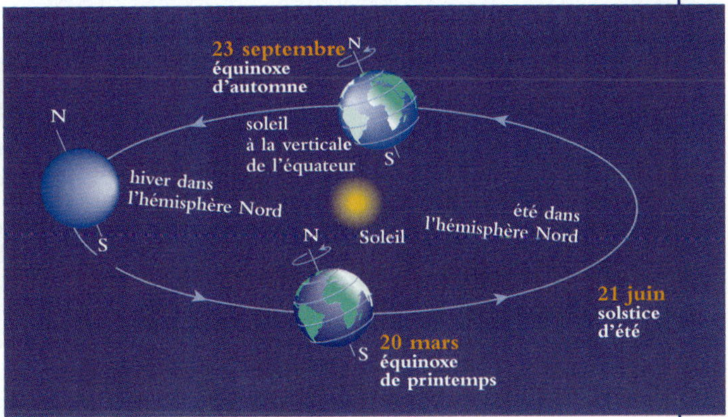

Équinoxes et solstices

Les durées des journées changent avec les saisons. Dans l'hémisphère Nord, l'hiver débute le 22 décembre. C'est aussi le solstice d'hiver, la journée la plus courte : le soleil monte peu dans le ciel et ses rayons sont très inclinés sur l'axe des pôles.
À partir de cette date, les journées augmentent. Le 22 mars, début du printemps, c'est l'équinoxe de printemps : les durées de la journée et de la nuit sont égales pour une ville de latitude 45° comme Bordeaux.
Le 21 juin, c'est le solstice d'été, la journée la plus longue : le soleil monte haut dans le ciel et ses rayons sont presque verticaux. La durée des journées décroît ensuite jusqu'au solstice d'hiver, en passant par l'équinoxe d'automne le 21 septembre. Dans l'hémisphère Sud, les saisons, les équinoxes et les solstices sont inversés par rapport à l'hémisphère Nord.
Les pôles sont durant la moitié de l'année dans l'ombre : les nuits durent les six mois d'hiver.
En été, les nuits sont blanches.

La Terre a-t-elle changé de place au XVIe siècle ?

▲ *Copernic : des idées révolutionnaires.*

Les hommes n'ont pas toujours pensé que la Terre était ronde et qu'elle tournait autour du Soleil. Les connaissances évoluent avec le développement des sciences et des techniques.

La Terre au centre du monde

Les anciens pensaient que la Terre était au centre du monde. Le soleil était une planète et tous les corps célestes tournaient autour de la Terre. On connaissait Mercure, Vénus, Mars, Jupiter et Saturne mais leur mouvement était difficile à décrire. Jusqu'au XVe siècle, le système de représentation du monde de l'astronome Ptolémée était adopté. Ce système comportait des défauts : s'il expliquait le mouvement des planètes, il n'était plus en concordance avec les mesures précises faites sur les positions des corps célestes. Il était inutilisable pour les expéditions de Christophe Colomb.

Ce qu'il faut savoir

Jusqu'au milieu du XVIe siècle, on croit que la Terre est au centre du monde.

La Terre tourne autour du Soleil

Une révolution a lieu en 1543. Les études menées par le savant Copernic le conduisent à écrire que la Terre et les planètes décrivent des cercles autour du soleil. Le système proposé permet d'expliquer des faits qui ne l'étaient pas et de développer les recherches. Le mathématicien Kepler, utilisant les mesures faites par l'astronome Tycho Brahé, énonce les lois sur le mouvement des corps célestes.

Qui cherche trouve...

À l'époque où il est admis que Dieu a créé la Terre au centre du monde, les idées de Copernic ne sont pas acceptées par les ecclésiastiques. Mais, le physicien Galilée veut prouver qu'elles sont justes. Il découvre avec sa lunette des phases de Vénus et des satellites de Jupiter. Ces faits justifient les hypothèses de Copernic, mais ils ne sont pas convaincants pour le Saint Office : Galilée doit abjurer ses idées.

◄ *Une peinture de R. Fleury (1633) :* Galilée devant le Saint Office. *Il n'aura aucun succès et devra se rétracter.*

La Lune

La Lune tourne autour de la Terre en nous présentant toujours la même face. Mais cette face visible change de forme au cours de la rotation.

Le satellite de la Terre

La Lune est éclairée par le Soleil, a une température de 110 °C le jour. Quand la Lune fait un tour autour de la Terre, elle fait, en même temps, un tour sur elle-même. Ainsi, de la Terre, on voit toujours la même face de la Lune. Elle est située à environ 380 000 km de la Terre et son diamètre est d'environ 3 500 km. Sur la Lune, il n'y a pas d'atmosphère pour arrêter les météorites : leur choc sur le sol lunaire crée des cratères.

L'exploration lunaire

En juillet 1969, après 4 jours et 9 heures de voyage les astronautes d'Apollo 11 débarquèrent sur la Lune et installèrent plusieurs appareils. Ils rapportèrent sur Terre de nombreuses roches lunaires. Les missions Apollo ont permis de mieux connaître les substances qui constituent la Lune. La sonde américaine Lunar Prospector qui tourne autour de la Lune, depuis janvier 1998, à 100 km d'altitude, renseigne sur les quantités d'eau présentes sur la lune. Cela peut sembler curieux, mais l'exploration de la Lune nous permet de mieux connaître la Terre. Des recherches actuelles portent sur l'origine de la Lune. Quel est son âge ? S'est-elle formée en même temps que la Terre ? Se serait-elle détachée quand la Terre a été bombardée par un corps de la taille de Mars ?

Ce qu'il faut savoir

La Lune est le seul objet céleste à avoir été exploré par des astronautes.

Les phases de la Lune

La Lune présente des aspects différents selon sa position par rapport à la Terre et au Soleil. Lorsqu'elle tourne sa face éclairée par le Soleil vers la Terre, elle a la forme d'un disque, c'est la pleine lune. Au contraire, lorsqu'elle tourne vers nous sa face non éclairée, on ne la voit pas : c'est la nouvelle Lune. La Lune a aussi la forme de demi-disques : on parle de quartiers. Le cycle de ces phases dure de 29 à 30 jours.

◄▲ *La Lune dans son premier quartier (à gauche) et son dernier quartier (ci-dessus).*

Planètes et comètes

Le système solaire est constitué du Soleil et des neuf planètes qui gravitent autour de lui. Il comprend aussi des comètes, des astéroïdes et des poussières.

Les planètes du système solaire

On appelle planètes les principaux corps célestes qui tournent autour d'une étoile. Les planètes ne sont pas des sources de lumière, comme les étoiles, mais elles renvoient la lumière. On peut distinguer les planètes des étoiles : les étoiles scintillent alors que les planètes ont un éclat fixe. Avec une lunette, les étoiles apparaissent comme des points, et les planètes comme des disques. Les neuf planètes sont, de la plus proche du Soleil à la plus éloignée : Mercure, Vénus, appelée aussi à tort « l'étoile du berger », la Terre, Mars, Jupiter, Saturne entourée de ses anneaux, Uranus, Neptune et Pluton. Mercure, Vénus, Mars, Jupiter et Saturne, proches de la Terre, sont visibles à l'œil nu. Les planètes les plus grosses sont entourées de satellites : Jupiter en a seize.

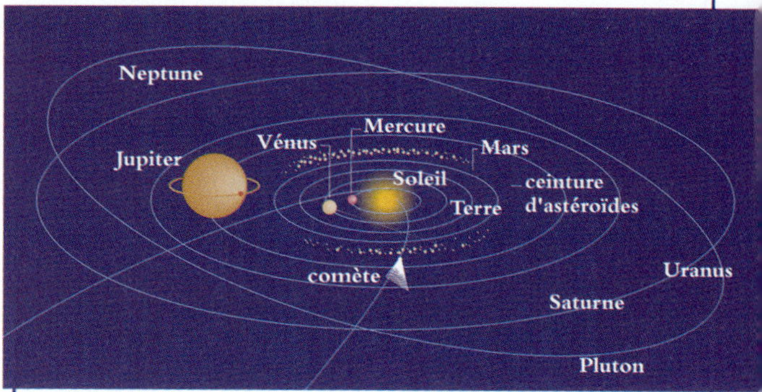

▲ *Le système solaire : planètes, comètes et astéroïdes.*

Les comètes et les astéroïdes

Le système solaire comprend aussi des comètes et des corps rocheux comme les astéroïdes et les étoiles filantes. Les comètes sont constituées de glace et de roches. Quand elles s'approchent du Soleil, elles libèrent des gaz et des poussières qui forment une queue longue de plusieurs millions de kilomètres.

Ce qu'il faut savoir

Les planètes, les comètes et les astéroïdes sont visibles quand le Soleil les éclaire.

Les étoiles filantes ont moins de 10 m de diamètre. Lorsqu'elles entrent dans l'atmosphère terrestre, elles sont désintégrées et deviennent lumineuses. Le diamètre des astéroïdes est supérieur à 10 m. Quand les astéroïdes parviennent sur Terre, leur chute cause des dégâts et laisse la place à des cratères. La Terre est protégée par son atmosphère et ne compte qu'environ 150 impacts de chocs ; la Lune, en revanche, en est couverte. Il existe de nombreux astéroïdes entre Mars et Jupiter.

Le Soleil et les constellations

Le Soleil est l'étoile la plus proche de la Terre. Les autres étoiles, plus éloignées, forment dans le ciel des constellations.

Le Soleil

Le Soleil est une étoile comme les autres.
Si nous le voyons aussi gros, c'est qu'il est relativement proche de nous. Toutes les autres étoiles sont si lointaines qu'on exprime leurs distances en années-lumières (al).
L'année-lumière est la distance parcourue par la lumière en un an, soit environ 9 500 milliards de km. La lumière met 8 minutes à nous parvenir du Soleil ; on dit que la Terre est à une distance de 8 minutes-lumières soit à environ 150 millions de km du Soleil. Le Soleil est une boule de gaz, essentiellement constituée de dihydrogène.
Sa température, très élevée, est de l'ordre de 15 millions de degrés.
Le Soleil, en envoyant de la lumière, brûle son dihydrogène : quand il n'aura plus de gaz, il aura atteint la fin de sa vie.
La durée de vie du Soleil est estimée à 10 milliards d'années et son âge est de 4,6 milliards d'années : il est à peu près au milieu de sa vie.

Les constellations

Les savants de l'Antiquité ont rassemblé les étoiles en constellations. Ils les utilisaient pour s'orienter. Les constellations que nous voyons sont celles que les anciens observaient.
Elles semblent être en des positions proches les unes des autres, mais on sait qu'elles sont très éloignées. La Terre tourne autour du Soleil, c'est pourquoi on ne voit pas, à deux dates différentes, les mêmes constellations au même endroit, dans la même direction.
Les constellations les plus connues sont celle de la Petite Ourse qui contient l'étoile polaire et celle de la Grande Ourse : elles dessinent des casseroles dans le ciel… On peut aussi observer Orion, en forme de bouclier, et Cassiopée, en forme de W.

Ce qu'il faut savoir

Chaque étoile, visible dans le ciel, est en fait un soleil, c'est-à-dire une gigantesque boule de gaz incandescents qui envoie de la lumière dans l'espace.

▼ *La constellation de Cassiopée : le W visible dans un ciel étoilé.*

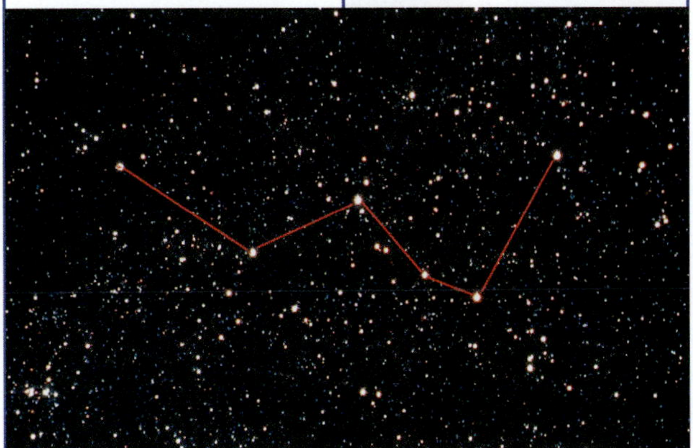

La vie des étoiles

Les étoiles ne sont pas toutes idendiques. Elles naissent, se développent, se transforment et finissent par mourir.

Lumières d'étoiles

Les étoiles émettent de la lumière, ce sont des sources de lumière naturelle. Toutes nos connaissances sur les étoiles viennent de l'étude de la lumière qu'elles envoient. Cette lumière permet de déterminer la composition, les dimensions, la température de surface de l'étoile, et sa distance à la Terre. Leur température, en surface, varie entre 1 000 °C et 30 000 °C environ. Plus une étoile est massive, plus elle est chaude. La lumière des étoiles n'a pas toujours la même couleur. Plus une étoile est massive plus elle nous paraît bleue et lumineuse. Mais plus une étoile est éloignée de la Terre, moins elle nous semble lumineuse, les calculs sur les étoiles ne sont donc pas faciles. L'étoile la plus proche de la Terre, après le Soleil, est à 4 années-lumière.

▲ *Une étoile très massive explose en supernova à la fin de sa vie.*

Des étoiles bleues ▶ et chaudes dans la constellation d'Orion.

Vies d'étoiles

Les étoiles naissent dans des nébuleuses. Les nébuleuses sont des nuages de gaz situés dans les galaxies. La formation des étoiles dure des centaines de milliers d'années, mais ce temps est court par rapport à celui de leur vie qui est de plusieurs milliards d'années. Selon leurs dimensions, les étoiles évoluent de façons différentes. Plus une étoile est massive, plus sa vie est courte. On appelle séquence principale la période la plus longue de la vie d'une étoile. Le Soleil se trouve actuellement dans cette période-là. À la fin de sa vie, il grossira et deviendra une géante rouge, une étoile très grande, très brillante et très lumineuse. Son diamètre englobera tout le système solaire. Les étoiles peu massives terminent leur vie en naines, étoiles petites et peu lumineuses.

Ce qu'il faut savoir

Les étoiles sont situées à des distances considérables, exprimées en années-lumière.

Explorer l'Univers

Aujourd'hui, les astrophysiciens observent le ciel à l'aide de puissants télescopes. On découvre ainsi des millions d'étoiles rassemblées en galaxies.

Les galaxies

Une galaxie est un ensemble d'étoiles proches les unes des autres. Autour de la Terre, la galaxie s'appelle la Voie lactée. Quand le ciel est pur, durant une nuit d'été sans lune, on peut voir une traînée blanche : c'est la Voie lactée. Notre galaxie contient environ 100 milliards d'étoiles. Elle a une forme de spirale. Le Soleil n'est pas au centre de la galaxie mais dans un de ses bras.

◄ *Le télescope Hubble nous envoie de précieux renseignements sur l'Univers.*

Ce qu'il faut savoir

Les galaxies ont des formes variables. Elles sont très éloignées et peu visibles.

Les télescopes actuels

L'utilisation des télescopes au sol permet de mieux comprendre la structure de l'Univers. Celui-ci est organisé en galaxies ; les galaxies sont regroupées en amas et les amas en superamas. Les télescopes permettent aussi de mieux connaître l'histoire de l'Univers. Plus on voit loin, plus on voit dans le passé. Quand un objet est à 4 al, cela veut dire que la lumière qu'il envoie a mis quatre ans à nous parvenir. On le voit tel qu'il était il y a quatre ans. Quand il est à 10000 al on le voit tel qu'il était il y a 10000 ans. Le télescope spatial Hubble a permis de confirmer certaines hypothèses sur la formation des étoiles. Grâce à un télescope au sol, les astrophysiciens ont découvert que la Voie lactée était en train d'absorber des galaxies plus petites. Les connaissances sur l'Univers évoluent grâce au développement des techniques et plusieurs théories s'affrontent sur l'évolution de l'Univers.

▲ *La galaxie d'Andromède ressemble à la Voie lactée sa voisine.*

Bases

Partir dans l'espace

Pour envoyer du matériel ou des hommes dans l'espace on utilise des fusées ou des navettes. La propulsion à réaction permet de se déplacer dans l'espace.

Navettes et fusées

Pour envoyer des objets dans l'espace, il faut les faire parvenir au dessus de l'atmosphère terrestre. L'air y est absent, la pression atmosphérique y est à peu près nulle. On utilise pour cela deux types de lanceurs: les fusées et les navettes. Une fusée permet de placer des satellites sur orbite et d'envoyer des sondes pour explorer les planètes. Une navette permet d'expérimenter dans l'espace. Contrairement aux fusées actuelles, les navettes retournent sur Terre.

◀ *Le lancement d'une fusée: des gaz sont éjectés vers le sol et la fusée décolle.*

Lancer une fusée

Une fusée possède deux ou trois étages constitués chacun de réservoirs de carburant et de moteurs. Lors du lancement, des gaz sont émis par combustion dans les moteurs et éjectés dans une direction: la fusée décolle alors dans la direction opposée. Cela s'appelle la propulsion à réaction. Quand un étage n'a plus de carburant, il est éjecté et le suivant s'allume : la fusée devient plus légère et va plus vite.

Ce qu'il faut savoir

Notre siècle a vu les débuts de l'exploration spatiale. En 1999, Russes et Américains installent dans l'espace une station internationale.

Quelques dates

1957 : Spoutnik, le premier satellite mis sur orbite.

1961 : Youri Gagarine, premier homme dans l'espace.

1962 : 1er satellite de télécommunications.

1966 : 1re sonde qui se pose sur la Lune.

1969 : Les premiers hommes marchent sur la Lune.

1971 : La station Soliout prépare de longs séjours dans l'espace.

1976 : Viking 2 est envoyé sur Mars.

Vivre dans l'espace

L'homme envoie des satellites et des sondes spatiales destinés à rester dans l'espace. Les conditions de vie dans l'espace nécessitent un entraînement intensif.

Les satellites

Les satellites tournent en orbite autour d'une planète ou d'un autre corps céleste. Leur vitesse autour de la Terre peut atteindre 30000 km.h^{-1}. Placés en dehors de l'atmosphère terrestre, ils permettent d'effectuer des observations et de transmettre immédiatement des informations. Les satellites de télécommunications permettent de communiquer d'un continent à l'autre car ils sont géostationnaires : ils font le tour de la Terre au même rythme que la Terre tourne sur elle-même. D'autres satellites observent la surface du globe, prévoient le temps qu'il fera. D'autres enfin scrutent l'Univers et y découvrent des astres.

▲ *Le satellite Hubble : le plus gros télescope lancé dans l'espace.*

Ce qu'il faut savoir

Les satellites artificiels servent aussi bien à l'observation de la Terre qu'aux télécommunications.

Les sondes spatiales

Les sondes s'éloignent indéfiniment de la Terre. Elles permettent d'étudier les planètes. Par exemple, Voyager 2 lancée en 1977, a survolé Jupiter en 1979, Saturne en 1981, Uranus en 1986 et Neptune en 1989 ; ensuite elle a quitté le système solaire.

Vivre dans une navette

Les astronautes appelés à participer à un vol spatial subissent une sélection rigoureuse : ils doivent avoir une excellente santé et un bon équilibre mental. Dans un vaisseau spatial, la vie est conditionnée par l'impesanteur : les objets flottent, les astronautes ne peuvent plus marcher. Pour dormir ou effectuer des travaux, ils sont attachés. La vie dans l'espace entraîne des perturbations : vomissements, atrophie des muscles, fragilisation des os, problèmes circulatoires. Pour sortir de la navette, les astronautes sont revêtus d'une combinaison spéciale, le scaphandre, qui permet les sorties dans le vide.

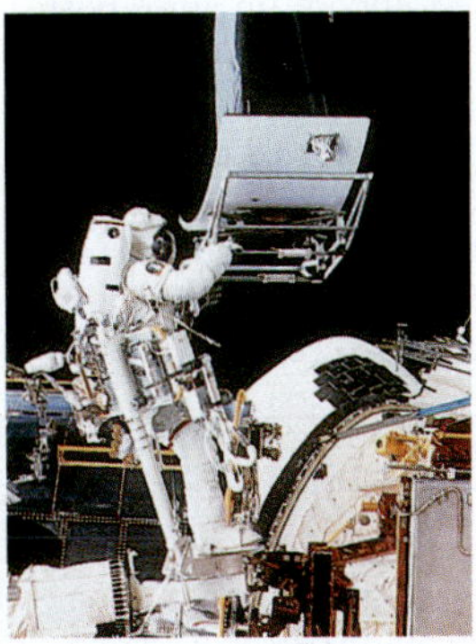

▲ *Les astronautes, protégés par leur combinaison, peuvent réparer Hubble.*

Un ordinateur organisé

Un ordinateur recueille et fournit des informations. Composé d'une unité centrale et de périphériques, l'ordinateur possède plusieurs mémoires. On peut relier des ordinateurs en réseau.

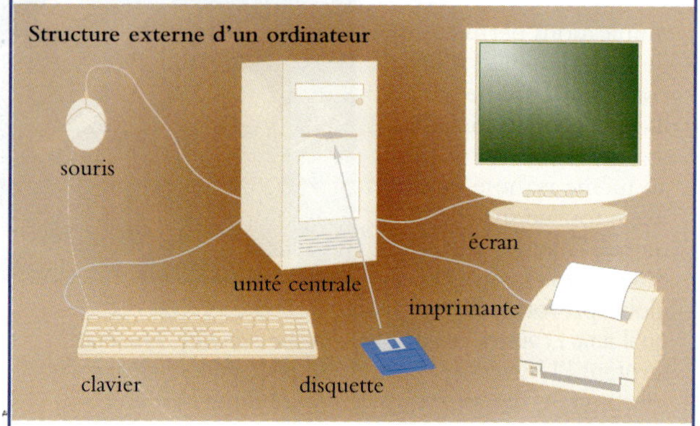

L'unité centrale et les périphériques

L'unité centrale traite et mémorise toutes les informations, fait des calculs, exécute des ordres, grâce à une puce ou microprocesseur. Tous les éléments de l'ordinateur reliés à l'unité centrale sont appelés des périphériques. Les périphériques d'entrée sont le clavier et la souris. En les manipulant, l'utilisateur fournit des informations à l'unité centrale. L'écran, l'imprimante, le haut-parleur, sont les périphériques de sortie. Ils reçoivent les informations sortant de l'unité centrale. Les périphériques d'entrée/sortie, disque dur et disquettes, permettent à l'information de circuler dans les deux sens. Le lecteur de DOC (disque optique compact) est encore un autre périphérique d'entrée. Il permet d'accéder aux images et aux sons. Les informations visuelles et sonores sont stockées sur un disque de la taille d'un disque compact.

Ce qu'il faut savoir

Si l'on sauvegarde son travail sur une disquette, on peut transporter des informations d'un ordinateur à un autre.

Les mémoires

La mémoire vive contient les informations fournies par l'utilisateur et stockées temporairement. Lorsque l'on écrit un texte, il apparaît sur l'écran : si on le modifie, on travaille avec la mémoire vive. La mémoire morte comprend les programmes de fonctionnement de l'ordinateur. Ils permettent de copier un texte, de le transformer, de l'imprimer, de changer les caractères, de faire des tableaux, etc. Quand on éteint l'ordinateur, si l'on veut garder le texte, il faut l'enregistrer sur le disque dur ou sur une disquette. C'est la mémoire de masse variable qui permet de sauvegarder sur le disque dur les travaux réalisés par l'utilisateur.

Un modem

Plusieurs ordinateurs peuvent être reliés en réseau. Si la communication se fait par téléphone, on peut échanger des informations avec d'autres ordinateurs reliés au réseau téléphonique. Chaque ordinateur est alors relié à un modem, boîtier électronique, qui ouvre l'accès à l'Internet.

L'ordinateur autour de nous

Aujourd'hui, les ordinateurs occupent une place importante dans notre vie quotidienne. Leurs applications comme le code-barres, le Minitel ou les robots sont si nombreuses que nous ne pouvons les citer toutes.

▲ *Une caisse enregistreuse et son scanner.*

Le code-barres

Les produits achetés dans un supermarché possèdent une étiquette avec un ensemble de barres. La caissière utilise un clavier ou un scanner. Ceux-ci lisent le code-barres et, grâce à un programme, lui font correspondre un prix qui s'affiche sur l'écran puis s'imprime sur le ticket. Quand on veut modifier le prix d'un article muni d'un code-barres, on doit le modifier dans la mémoire de l'ordinateur. L'ordinateur facilite aussi la gestion des stocks du magasin. Il décompte, au fur et à mesure, les articles vendus.

La carte à puce

Une carte bancaire permet de retirer de l'argent dans un distributeur. Elle comporte une puce électronique qui possède, en mémoire, le nom et le numéro de code du propriétaire. Lorsque la carte est introduite dans un distributeur, un lecteur magnétique lit le numéro de code et le nom. Il transmet ensuite l'information à l'ordinateur de la banque, compare le code tapé au numéro qu'il possède et qui identifie le client puis vérifie que le retrait peut être effectué. L'ordinateur délivre alors un message ou l'argent demandé. D'autres cartes à puce permettent, par exemple, de téléphoner.

Ce qu'il faut savoir

Les ordinateurs sont omniprésents dans les bureaux, les usines, les magasins, les laboratoires de recherche et la vie quotidienne.

Dans les bureaux et l'industrie

L'ordinateur a modifié le travail des employés car il effectue, à leur place, de nombreuses tâches répétitives ou dangereuses. Plus de classeurs, moins de papier, tout s'organise dans l'ordinateur. Dans l'industrie, les robots effectuent des opérations de soudure ou d'assemblage. Une voiture qui était montée en plusieurs jours l'est maintenant en deux heures avec l'aide de robots. Des robots remplissent des fûts de pétrole, peinture, vernis, etc. Dans l'industrie pharmaceutique, ils confectionnent les comprimés.

▼ *Un robot monte une voiture sur la chaîne.*

FIL ROUGE

Pour comprendre
le programme dans
son ensemble

Le sens des programmes de la 5e à la 3e, leur objectif, leur intérêt au travers d'un récit de Michel Chevalet.

L'avenir : la voiture électrique

C'est toujours la même histoire : plus les choses sont simples, efficaces et faciles à utiliser, plus il est difficile de s'en passer. C'est le cas de l'automobile. Mais c'est également le cas des carburants dérivés du pétrole. Et pourtant, il va bien falloir y renoncer, dans les années qui viennent, au profit de l'électricité. Elle seule permet d'apporter une solution à la situation actuelle : plus de voitures oui, mais plus propres et plus silencieuses.

«Si les choses étaient si faciles, il y aurait bien longtemps qu'on les aurait réalisées», ont l'habitude de dire les ingénieurs. Tenez, prenez le cas de la voiture électrique. Après tout, l'idée est simple : à la place du réservoir on loge des batteries. À la place du moteur diesel ou à essence on installe un moteur électrique et... ça roule tout seul. C'est vrai ! Rien de plus simple dans le principe. Nos grands-pères, qui n'étaient pas si sots que cela, y ont immédiatement pensé. En 1899, Camille Jenatzy, un pilote belge, a bourré de piles un gros fuseau d'aluminium monté sur quatre roues. Un moteur électrique entraînait les roues arrière au moyen d'une chaîne. Et comme le moteur électrique peut tourner plus vite qu'un moteur à essence, on a tout de suite battu des records de vitesse. Le seuil psychologique pour l'époque de 100 km/h a été atteint, et même dépassé de 6 km/h. Presque 30 mètres à chaque seconde. Pour nous, qui vivons entourés de Peugeot, de Renault et de TGV, cela nous fait sourire. Mais revenez un instant en arrière. En cette fin de siècle, pour se déplacer il n'y avait que la marche à pied : 5 km/h. La carriole tirée par le cheval atteignait la vitesse de pointe de 20 km/h. Le train à vapeur en ligne droite filait à 100 km/h. Mais, en vitesse normale, cela tournait plutôt autour des 60 km/h. Pour les voitures à pétrole, qui commençaient à pétarader, rouler à la vitesse d'un cheval au galop semblait de la folie. Et d'un seul coup, grâce à la magie de l'électricité, un véhicule sur roues conduit par un homme atteignit les 100 km/h. Et encore avec quelques améliorations aurait-on pu faire mieux. Elle fut affublée du surnom de «Jamais contente».

Avec un tel acte de naissance, il y avait gros à parier que la «Jamais contente» allait connaître de nombreux enfants. Hélas ! L'électricité et l'automobile n'ont pas fait bon ménage pendant près d'un siècle. Seuls quelques milliers de modèles ont été construits.

C'était la fausse bonne idée. Pourquoi ? Pour deux raisons : technique et économique. Le problème majeur de l'énergie électrique est qu'elle ne se stocke pas. Ou plutôt que pour la stocker, il faut beaucoup de matière et de poids, donc de place.

En 1899, la voiture de Camille Jenatzy, la «Jamais contente», a atteint la vitesse record de 106 km/heure.

Les véhicules électriques offrent pour l'instant une autonomie limitée par la capacité de charge relativement faible des batteries d'accumulateurs. Mais d'importants progrès sont prévus pour accroitre cette capacité ; ce type de véhicule devrait connaître un essort urbain.

Essayons de bien poser le problème. Que fait un moteur de voiture ? Il fait exploser un mélange d'air et d'essence. Autrement dit, il transforme en un millième de seconde quelques milligrammes d'essence en chaleur. La température monte d'un seul coup à plus de 1200 degrés. Et une petite partie de ces calories est transformée en travail, sous la forme du déplacement d'un piston. Et cela marche ! Et même très bien.

On n'a pas fait mieux depuis cent ans. Même avec un rendement de l'ordre du tiers, c'est-à-dire qu'un tiers du carburant brûlé sert à faire avancer la voiture, les deux autres tiers transformés en chaleur étant éliminés par le radiateur, on arrive tout de même à une grande efficacité.

Avec un litre d'essence, aujourd'hui, vous transportez quatre personnes bien au chaud à 90 km/h sur 15 km. Et comme on nous promet une consommation de 3 litres aux 100 avec les nouveaux moteurs diesel, avec le même litre on pourra rouler pendant près de 30 km. Stupéfiant d'efficacité.

Le secret : il réside dans l'énorme quantité d'énergie potentielle que représente 1 kg d'essence. Grosso modo, compte tenu du rendement du moteur et de la transmission on arrive à 350 Wattheures par kg. Qui dit mieux ? Certainement pas l'électricité. Car pour la stocker il faut des batteries. Et là, les lois de l'électrochimie sont terribles. Les chimistes ont bien sûr étudié tous les métaux qui permettent de fabriquer de l'électricité. Le plus ancien, parce que le plus simple et le moins cher à fabriquer, reste le plomb. Bien que l'on ait fait d'énormes progrès, il faut 350 kg de batteries pour faire 100 km.

Plus chères, mais plus légères, les batteries cadmium-nickel. Mais il faut encore 300 kg pour parcourir la même distance.

Avec la prochaine génération, les piles lithium-ion permettront à la science de faire un bond spectaculaire puisqu'il faudra 100 kg de batteries pour parcourir les 100 km. Un saut technologique sera alors franchi puisqu'il permettra de construire des voitures électriques ayant une autonomie de 250 km entre deux recharges. Un petit Paris-Tours, alors qu'avec nos bonnes vieilles batteries au plomb on peut seulement espérer faire Paris-Rouen.

Après avoir lu ces lignes, vous penserez : la voiture électrique, c'est foutu ! Pour reprendre une phrase célèbre : « Cela ne marchera jamais ! »

C'est vrai que si on ne dispose que des produits existant aujourd'hui sur le marché, il faudra être fortuné ou aimer les pannes sèches pour rouler à l'électricité. En fait, le problème est mal posé. Ou plutôt, comme c'est bien souvent le cas en économie, les données sont incomplètes. À l'équation : poids de batterie égale autonomie, il faut désormais ajouter la pollution de l'air, le bruit, les économies d'énergie. Et là, la voiture électrique devient imbattable. Mieux, elle deviendra obligatoire. Roulez un jour ne serait-ce qu'avec un scooter électrique, et vous serez enthousiasmé. Pas de bruit, du nerf à revendre et pas de pollution.

Dès lors, si on décide dans nos villes de donner la priorité au cadre de vie, on pourrait exiger, par exemple, que seuls les véhicules électriques aient le droit de rouler. L'avenir leur appartient.

UNE DÉCEPTION

On est hélas encore bien loin des 3 kg d'essence pour faire le même travail. Qui plus est, à cette faible consommation, il faut ajouter le fait qu'on peut quasiment faire Paris-Marseille, soit 800 km, avec un seul plein !

LA RECHERCHE ET LE DÉVELOPPEMENT
La recherche d'économies d'énergie et l'étude de l'impact de l'automobile sur l'environnement urbain et rural constituent actuellement les axes majeurs du développement de l'industrie automobile et des secteurs d'activité qui en dépendent.

Bien sûr, cela ne se fera pas d'un seul coup. Bien sûr, tout ceci a un coût pour la société. Mais c'est dans la logique du progrès technique.

Alors, à quand le tout-électrique ? Difficile de répondre. Reste que peut-être le passage de l'essence à l'électricité va se faire progressivement, au moyen de véhicules dits bi-modes, ou encore hybrides.

Petite explication : nous avons vu qu'avec 300 kg de batteries on stockait juste de quoi rouler 100 km. Et encore ! C'est vrai pour de la route, à vitesse constante. Mais en ville, avec des démarrages et des accélérations, vous ne dépasserez pas les 60 km. C'est peu, voire insuffisant. En fait, si on observe bien quel usage font les automobilistes de leurs voitures, on s'aperçoit qu'en ville, quotidiennement, ils ne parcourent pas cette distance. Rares sont ceux qui dépassent les 100 km. Au-delà, c'est la panne.

D'où l'idée d'un véhicule fonctionnant à deux énergies. En ville, il roule sur ses batteries. Il ne pollue pas. Sorti de la ville, il roule encore à l'électricité, mais qui lui est fournie par un groupe électrogène. Autrement dit, un petit moteur à essence, peu polluant, entraîne un alternateur qui fournit le courant nécessaire à la traction et le surplus sert à recharger les batteries. Astucieux, non ? Et cela marche. Toyota au Japon, Renault en France, Mercedes en Allemagne, ont inscrit un modèle à leur catalogue. Inconvénient : c'est plus complexe et plus cher qu'un véhicule à essence ou tout électrique. Mais c'est la seule solution pour passer astucieusement du carburant classique à l'électricité sans risquer de tomber en panne.

Mais aussi séduisant soit-il, l'avenir des voitures électriques passe par un accord du consommateur. Sa position se résume à la formule suivante : « L'électricité oui, mais aussi simple et moins chère que l'essence ». Simple, elle l'est grâce aux progrès de l'électronique. Pas chère, ce n'est pas encore le cas. Il faut compter aujourd'hui sur un prix oscillant autour de 90 000 francs pour des modèles comme la Clio ou la 106. En somme, c'est le prix de la voiture de catégorie supérieure. Patience disent les constructeurs. Avec la construction en chaîne, les prix vont chuter. Souvenons-nous : à ses débuts, en 1968, un téléviseur couleur valait autant qu'un petite Renault 4. Aujourd'hui, trente ans après, on en trouve à 2 000 francs, de quoi se payer les quatre pneumatiques de cette même voiture si elle existait encore. Alors patience. L'avenir appartient à l'électricité.

DES PROJETS
Les principaux constructeurs d'automobile participent à des programmes de recherches à long terme, comme c'est le cas des projets Euréka dans le cadre européen.

Demain, les trains rouleront à 360 km/heure

S'il fallait écrire l'histoire du chemin de fer et ne retenir que quelques dates, on devrait avoir présent à l'esprit trois repères. 1823, une locomotive à vapeur tire quelques wagons entre Stockton et Darlington, en Angleterre, à la vitesse de 40 km/h. Cent quarante ans après, en 1964, le premier train à grande vitesse, le Shinkansen, roule à 220 km/h entre Tokyo et Osaka. Ensuite, les choses s'accélèrent. Dix-sept ans après en 1981, le TGV français atteint une vitesse de croisière de 270 km/h. Aux alentours de 2010, le cap des 100 m/s, soit 360 km/h, sera atteint. Et on pense un jour rouler à 400 km/h rien que sur des rails. C'est la renaissance du chemin de fer qui commence.

Revenons un instant en arrière : fin mars 1955, sur une longue ligne droite dans les Landes, la SNCF procédait à une tentative de record. À cette époque, seul un bon millier de personnes recevaient la télévision. La radio était reine.

Et coup sur coup, les 28 et 29 mars, deux locomotives tirant un convoi de trois voitures de voyageurs pulvérisaient

La SNCF avait établi le record mondial de vitesse avec deux locomotives électriques (BB-9004 et CC-7111) qui avaient atteint 330,8 km/h. Avec l'avènement des trains à grande vitesse, on a atteint des records : dès février 1981, une rame du TGV Sud-Est atteignait 380,4 km/h, puis en 1988 l'ICE allemand parvenait à 406,9 km/h, vitesse dépassée l'année suivante de 80 km/h. On franchit le mur des 500 km/heure, le 9 mai 1990.

le record mondial de vitesse sur rail. Le cap des 300 km/h était franchi. 331 km/h ! Inimaginable pour l'époque, où la plupart des trains étaient encore tirés par des locomotives à vapeur : les rapides, c'est ainsi qu'on les appelait, roulaient à 120 km/h, voire 140 km/h. Le record de vitesse sur rail, 240 km/h, était détenu par les Allemands depuis 1938 avec un autorail à moteur diesel, le « Hambourgeois volant ».

Autrement dit, fin mars 1955, les ingénieurs de la SNCF faisaient la démonstration que l'on était loin d'avoir atteint les limites du chemin de fer. Encore fallait-il en avoir l'idée et oser le faire. Et tout de suite, trois idées clés apparurent. Pour aller vite, il fallait de la puissance, beaucoup de chevaux ; pour aller vite, il fallait une voie en parfait état avec des courbes de très grands rayons ; enfin, pour aller vite il fallait être le plus léger possible. Cela vous semble évident aujourd'hui, vous qui êtes habitués au TGV, mais pour l'époque, il y a environ un demi-siècle, c'était une révolution. À la fin du deuxième parcours d'essais, le 29 mars 1955, la voie ferrée était tellement déformée qu'il a fallu la refaire. Alors que dans les années 90, après les 515 km/h du TGV, on a pu autoriser le passage des rames commerciales entre Paris et Tours comme si rien ne s'était passé. Voilà qui vous montre les formidables progrès techniques réalisés par le chemin de fer, qui lui ont permis d'accéder au domaine de la grande vitesse commerciale jusque-là réservée à l'avion.

Tout a commencé dans les années 50. L'automobile entrait dans l'ère industrielle. On devinait bien qu'elle allait concurrencer sérieusement le chemin de fer si on ne faisait rien en offrant plus de confort, plus de vitesse et plus de souplesse. Pour survivre, le chemin de fer se devait d'aller plus vite.

Dans les années 70, avec le développement des lignes aériennes intérieures, un autre concurrent plus redoutable encore pour les grandes distances faisait son apparition : l'avion à réaction. La machine ferroviaire ne faisait pas le poids. Pour aller plus vite, il lui fallait trois choses : disposer de beaucoup plus de puissance avec un petit volume, faire une ligne rapide sans s'arrêter et maîtriser la stabilité des wagons.

Restait cependant la grande question : aller plus vite oui, mais jusqu'où ? Quelles étaient les vraies limites du chemin de fer ? N'allait-on pas dérailler souvent ? La voie, toujours elle, n'allait-elle pas s'user et se déformer trop vite après le passage de trains rapides ? En 1955, lors du premier record de la SNCF, on ne pouvait pas répondre à ces questions. D'où ce programme de recherches et d'essais quasiment unique au monde qui a été mené pendant près de vingt-cinq ans par la SNCF et les grands constructeurs comme Alsthom.

L'une des solutions à ces problèmes, car il y en a d'autres dans le monde, porte le nom de TGV. C'est l'aboutissement d'un programme qui continue aujourd'hui avec la prochaine génération de trains capables de rouler à 360 km/h.

Reprenons un à un les problèmes posés. D'abord, que se passe-t-il au contact entre une roue en acier et un rail ? On a cru un moment qu'il n'y aurait plus d'adhérence, autrement

CHRONOLOGIE
1804 : la première locomotive de Richard Trevithick et Andrew Vivian fonctionne au Pays de Galles.
1842 : la première locomotive électrique de Robert Davidson atteint 6 km/h sur la ligne Edimbourg-Glasgow.
1900 : premiers trains à traction électrique sur la ligne Paris-Invalides aux Moulineaux.
1946 : première série de locomotives à vapeur chauffées au fuel.
1980 : premières automotrices électriques Z2 pour déssertes régionales.

LE PRINCIPE DE LA SUSTENTATION MAGNÉTIQUE.
L'opposition de deux champs magnétiques générés l'un par des aimants supraconducteurs placés sous le train, l'autre par des bobines disposées sur la voie, crée une force répulsive qui fait flotter le train au-dessus du sol.

dit que, passé un certain seuil, que l'on estimait à 400 km/h, la roue ne pourrait plus transmettre d'effort. En un mot, elle patinerait. Fort heureusement, on estime aujourd'hui que jusqu'à 600 km/h tout fonctionnera bien. En revanche, des vibrations nées de la déformation du métal au point de contact se propagent dans le rail et sont la source d'un bruit au roulement de plus en plus fort.

Côté stabilité, là encore, à voir comment se dodelinaient les antiques machines à vapeur, et les bonnes vieilles BB, on estimait qu'au-delà de 200 km/h les véhicules ferroviaires allaient être pris d'un mouvement dit de lacet qui pourrait devenir incontrôlable. Entendez par là que de par sa conception, parce qu'il a des roues coniques, un essieu est animé d'un mouvement transversal de droite à gauche, puis de gauche à droite. La suite, vous la comprenez. L'essieu décrit en quelque sorte de grands S. Il en est de même pour le bogie qui porte deux essieux, puis pour la caisse portée par les deux bogies situés aux extrémités. Elle se dandine sur la voie, puis, de proche en proche, c'est tout le train qui se tord comme une chenille.

Voilà où on en était en 1950. Pour aller plus vite, il a fallu faire deux choses : alléger au maximum le matériel pour limiter les efforts et freiner cette tendance naturelle au lacet à l'aide d'amortisseurs très rigides.

Restait le dernier point : la puissance. C'est bien connu, pour rouler, le chemin de fer exige peu d'énergie. Mais à mesure que la vitesse augmente, la résistance à l'air croît vertigineusement. D'où la nécessité de profiler le nez et les parois des véhicules, autrement dit de donner une forme aérodynamique à ce qui n'étaient alors que des caisses à savon, taillées à coups de serpe. Et pour en arriver au museau du TGV, il a fallu multiplier les essais en soufflerie, comme pour les automobiles et les avions.

Résultats, aujourd'hui, il faut seulement 8000 CV pour emmener un TGV de 500 tonnes à 300 km/h, entre Paris et Lyon, alors qu'il y a quarante-cinq ans, pour rouler quasiment à la même vitesse, la BB et CC, avec une rame pesant deux fois moins, en demandait déjà 6000! Et qui dit meilleure utilisation de la puissance dit bien sûr moins de kw/h d'électricité achetés à EDF. Et oui, la SNCF paye son courant !

Puissance plus importante grâce aux nouveaux moteurs électriques et surtout à leur électronique de commande, matériel plus léger, donc fatiguant moins la voie, meilleur amortissement des mouvements du bogie et profil plus aérodynamique, sont les recettes qui firent le succès du TGV. Du coup, le chemin de fer prenait un nouveau visage. Il devenait compétitif non seulement par rapport à l'automobile, mais surtout par rapport à l'avion pour des distances moyennes comprises entre 500 et 800 km. Paris-Lyon en 2 heures, et le train reprend l'avantage sur l'avion et achemine 10 fois plus de voyageurs. À l'horizon 2001, Paris-Marseille en 3 heures verra le triomphe du rail. Et ce phénomène n'est pas propre à la France. Les Japonais avaient ouvert la voie en 1964 avec leur Shinkansen, la France a suivi en 1981 avec le TGV Paris-Lyon. Puis l'Allemagne, l'Italie et l'Espagne ont emboîté le pas. Aux 2500 km de voies nouvelles en service actuellement, il faut ajouter les 1300 km en cours de construction, ce qui portera le réseau grande vitesse européen à près de 4000 km.

Depuis la construction de cette locomotive par William Hedley, en 1813, du chemin a été parcouru.

Et les experts se prennent à rêver de liaisons à travers toute l'Europe. Bref, c'est le second souffle du chemin de fer, le renouveau du rail, que l'on disait moribond il y a dix ans !

Et l'avenir ? La logique économique veut que la prochaine génération de trains à grande vitesse roule couramment à 360 km/h, chiffre fatidique qui correspond au seuil psychologique des 100 mètres par seconde.

Et tous les spécialistes sont formels : en surveillant le profil des roues, en améliorant encore l'aérodynamisme grâce à un nez plus pointu et à des carénages de roue, c'est techniquement réalisable. 360 km/h de porte à porte, jusqu'à l'entrée des villes, cela vous change une géographie. C'est toutes les grandes capitales d'Europe à 2 ou 3 heures, à condition de poser des voies nouvelles. Et c'est bien là aujourd'hui l'obstacle au développement d'un réseau à grande vitesse : tout le monde veut un TGV à condition qu'il ne le paie pas et que cela ne se voit pas ni ne s'entende. Voilà qui vous explique que les plus gros travaux de recherche aujourd'hui portent sur la réduction du bruit des longs fuseaux gris et bleu, sur leur possibilité de rouler dans de longs tunnels ou dans des tranchées, revêtus de matériaux insonorisants, bien à l'abri des regards. Une autre façon de voyager !

À l'aube du XXIe siècle les temps de parcours ont diminué considérablement. On réalise la distance Paris-Bordeaux (581 km) en 2h54, celle de Paris à Lyon (427 km) en 2h et celle de Paris à Marseille (863 km) en 4h23.

L'avion de demain : une aile volante

Imaginez un instant que l'on n'ait pas inventé le moteur à réaction. Quel aurait été, à votre avis, le développement de l'aviation ? Sûrement pas celui que nous lui connaissons aujourd'hui. Même en améliorant les moteurs et les hélices, jamais nous n'aurions connu des engins comme le Boeing 747 ou le Concorde. Jamais on ne nous aurait proposé Paris-New York aller-retour à moins de 3 000 francs. Aujourd'hui, l'aviation commerciale est face à un nouveau défi. Comment transporter encore plus de monde pour moins cher.

Réponse : avec des avions encore plus gros. Et là, la forme classique de l'avion avec un fuselage, deux ailes et un empennage arrière semble avoir vécu. L'avenir est à l'aile volante qui transportera de 800 à 1 000 personnes, avec pour hublots des écrans de télévision.

Quand on y regarde bien, depuis les débuts de l'aviation, la forme des appareils a peu évolué dans son principe. La portance est assurée par deux ailes, la propulsion fournie par une ou plusieurs hélices, un ou plusieurs réacteurs. La stabilité est assurée par la voilure arrière. Au centre, il y a une salle dans laquelle on loge les passagers et le personnel navigant. En prime, sous les pieds des voyageurs, on loge plus ou moins de colis. Ne souriez pas à cette description. Elle a pour but de bien comprendre les limites d'une technique. Car, tel qu'il est dans son principe, l'avion a franchi victorieusement un siècle, avec les immenses progrès que nous lui connaissons. Mais cette technique semble aujourd'hui avoir atteint ses limites. Car les données économiques ont changé. Pour faire face à l'augmentation du trafic, que souhaitent les compagnies ? Transporter le plus de monde et payer le moins cher possible l'appareil. Retenez ce chiffre : un avion s'achète non pas au poids comme une loco-

LES PROGRÈS DE L'AVIATION

Les progrès en matière d'études et d'essais, ainsi que ceux effectués dans les domaines de l'outillage et de la métallurgie, donnent naissance à des moteurs moins lourds, plus puissants, qui offrent aux avions un plus grand rayon d'action. Le perfectionnement de certains éléments, comme le compresseur ou l'hélice à pas variable, permet un emploi plus rationnel des moteurs et contribue à leur longévité.

motive, mais au prix du siège. Aujourd'hui, le cours du marché est aux alentours de 360 000 dollars le fauteuil, soit environ 2 160 000 francs. Autrement dit, une compagnie a intérêt à augmenter encore plus le nombre de passagers transportés par appareil. Mais qui dit plus de monde dit avion plus gros, et donc appareil plus complexe, moteur plus gros et avion plus cher. Telle est l'équation d'achat. Côté exploitation, ce sont les postes consommation et entretien qui sont les plus gourmands. D'où la recherche de gros porteurs, dont les coûts d'exploitation seront 15 % moins chers que ceux des appareils actuellement en service, à commencer par le Boeing 747-400. Enfin plaide en faveur du très gros porteur le fait que, pour les aéroports, mieux vaut recevoir quelques gros avions qu'une flotte de petits, et ce dans le but de réduire les embouteillages.

Bref, tout milite en faveur du lancement d'une nouvelle gamme d'avions très gros porteurs, disons pour fixer les idées au-dessus de 500 passagers. Cela, c'est le fruit d'une logique économique basée sur un accroissement du trafic et une baisse du prix du billet due à une concurrence acharnée.

Que répondent les constructeurs? Pour être plus précis, quelle est l'offre des deux seuls restant en lice : Boeing et Airbus. Côté Boeing, il était logique de faire grandir le 747, dont la cellule, déjà ancienne, se prête toujours bien, et à un moindre coût, à une augmentation de capacité. Disons qu'en allongeant la bosse sur le dos de l'engin, on atteindrait 500 sièges puis 600 sièges pour les modèles 747-500 et 747-600. Des appareils très sécurisants

Un Airbus 330. Malgré la construction des avions supersoniques, l'évolution des avions s'oriente vers le transport de masse à bord d'appareils subsoniques.

pour les compagnies puisqu'il s'agirait d'engins dérivés très proches de ceux existant. Mais tout de même de jolis monstres puisque la longueur passerait de 70 à 85 m, leur envergure de 64 à 77 m et le poids maximum au décollage de 400 à 530 tonnes. Retenez bien ces chiffres car ils constituent la limite acceptable par les infrastructures au sol. Mais ces deux projets sont pour l'instant remisés dans les cartons, faute de marché semble-t-il. Côté Airbus, la perception est tout autre. Les experts de Toulouse estiment qu'il y a une demande pour de très gros porteurs à 500 sièges et plus. Et là, on croit dur comme fer à un appareil entièrement nouveau : l'A3XX. En fait, ce n'est pas un avion, mais une famille qui va du 555 places au 1000 places sur deux niveaux. Pari audacieux et défi technologique qui font dire qu'on atteint les limites raisonnables du système classique fuselage-aile-moteur.

D'abord la taille du fuselage : 7 m de large, 8,5 m de haut. De par sa surface, il doit résister à d'énormes efforts dus à la différence de pression entre l'intérieur et l'extérieur. Rien que sur une porte s'exerce une poussée de 1,5 tonne ! Ensuite, le poids. On franchit allègrement le cap des 500 tonnes au décollage. Le modèle le plus évolué pour 700 passagers atteint 600 tonnes, le poids d'un train corail de 12 voitures. Et là, on atteint les limites du raisonnable : pour supporter un tel mastodonte et ne pas défoncer les pistes, il faut multiplier les roues des trains d'atterrissage. Ce qui conduit à un atterrisseur d'une masse de 20 tonnes ! L'équivalent de 200 passagers avec leurs bagages ! ou encore celui d'un avion à hélices comme l'ATR !

Autrement dit, ce qu'on gagne d'un côté en emportant plus de passagers, on le perd de l'autre. D'où une formidable course à l'allègement en employant des matériaux nouveaux comme l'aluminium-lithium, en collant les tronçons, ce qui économise des tonnes de rivets, en recourant aux matériaux conjoints formés de fibres de graphite noyées dans une résine polymère. On prolongera la vie de ces matériaux en noyant dans leur masse de minuscules capteurs qui mesureront les contraintes subies.

LE PROJET AIRBUS

Dans les années 60, pour faire face à la croissance du trafic aérien entre les grandes villes d'Europe, les compagnies européennes formulèrent le besoin d'un avion court- et moyen-courrier à haute capacité. Après quelques projets menés séparément ou par regroupements de constructeurs naquit le projet Airbus. Le groupement d'intérêt économique (GIE) Airbus Industrie a été créée en 1970 associant à parts égales la SNIAS (Aérospatiale) et Deutsche Airbus. D'autres partenaires devaient rejoindre ultérieurement le nouveau groupe.

Autrement dit, on connaîtra leur histoire. Pour supporter une telle charge, de grandes ailes. Avec une envergure qui frôle les 80 m, non seulement on est aux limites de l'encombrement au sol pour le parking, mais on se trouve confronté à un redoutable problème d'aéroélasticité. Entendez par là qu'en vol, l'extrémité de l'aile se met à vibrer. Ce qui implique de limiter la vitesse aux alentours de 850 km/h.

LES AILES D'UN AVION
Les ailes constituent le système sustentateur principal de l'avion. Leurs qualités aérodynamiques, qui dépendent essentiellement de leur position par rapport au fuselage, de leurs caractéristiques géométriques (forme, surface, profil) et de leur état de surface, sont fortement influencées par la vitesse de l'avion et la densité de l'air.

Dans le but d'augmenter cette portance et de réduire la « traîne », c'est-à-dire la résistance à l'avancement, on va chercher à recoller les filets d'air sur le dessus de l'aile. Rappelons en effet que la portance est due à une différence de vitesse entre l'air qui circule sur le dessus de l'aile et l'air qui circule en dessous. Plus l'air va vite, plus la pression chute. Ce qui fait qu'un avion n'est pas porté par le dessous des ailes, mais aspiré par le dessus. Voilà pourquoi on a intérêt à ce que ces filets d'air suivent le plus possible le contact de l'air, sans en décrocher. Ce qui est générateur de tourbillons et donc de perte d'énergie. L'une des solutions envisagées est de recouvrir le bord d'attaque et le dessus de l'aile d'un revêtement poreux. En créant à l'intérieur de l'aile une légère dépression, on aspirerait ainsi ce qu'on appelle la couche limite et recollerait les filets sur le profil. Astucieux ! Mais terriblement compliqué et cher à mettre en œuvre.

Enfin, un tel gros porteur va poser de redoutables problèmes de contrôle en raison de sa masse et de son inertie, c'est-à-dire de son temps de réponse aux gouvernes. Il va falloir par exemple le doter d'une queue, disons d'une dérive verticale, aussi haute qu'un immeuble de trois étages !

Bref, le gros porteur, c'est d'abord un ensemble de défis technologiques qu'il va falloir relever. C'est un formidable challenge pour toute l'industrie aéronautique européenne et même mondiale. C'est le pari du début du siècle prochain puisque ce type d'appareil, s'il voit le jour, restera en service

La société Northrop construisit l'aile volante qui est capable de transporter la bombe atomique sur plusieurs milliers de kilomètres.

durant un bon quart de siècle. Mais à l'énoncé de ces quelques données techniques, et encore avons-nous passé sous silence le problème des moteurs, celui de l'évacuation en urgence en 90 secondes de 1 000 passagers..., on sent bien que l'avion dans sa forme la plus classique a atteint ses propres limites. D'où l'idée de se tourner vers un autre concept : l'aile volante. Plus de fuselage en forme de tube, plus d'empennage. Non! Rien qu'une aile très épaisse, dans laquelle on loge les passagers, le carburant et le fret avec, à l'avant ou au-dessus, le poste de pilotage.

L'aile volante, de par sa simplicité, est un vieux rêve de concepteurs d'avions. Arnoux en France, dès 1913, puis Messerschmitt en 1943, en Allemagne, furent les précurseurs et cherchèrent à imiter le vol des oiseaux. L'Américain Jack Northrop fit voler avec succès une série d'ailes expérimentales qui donnèrent naissance en 1946 à l'étonnant XB 36. Imaginez une aile de 52 m d'envergure, propulsée par quatre doubles hélices placées non pas devant ou au-dessous de l'aile, mais à l'envers, à l'arrière. Et cela a marché. Quinze appareils furent construits. L'un d'entre eux fut converti à la propulsion par réaction. Mais Northrop, s'il

UNE GRANDE ENVERGURE
Le concept d'aile volante implique de très grands allongements. Ainsi, dans le projet d'Aérospatiale, pour une cabine centrale de 1 000 passagers répartis sur deux étages de 7 m de hauteur, l'envergure est de 90 m. Les Russes envisagent même une aile de 104 m, ce qui implique que les extrémités soient repliables pour faciliter les manœuvres au sol. Sinon notre avion risque de se transformer en albatros, incapable de se mouvoir au sol en raison de la taille de ses ailes.

avait vu juste, a buté sur un redoutable problème : celui de la stabilité. Petite explication. L'empennage arrière d'un avion est composé de deux petites ailes horizontales et d'un plan vertical appelé dérive, ou encore gouvernail et improprement queue. Cet ensemble permet de contrôler le tangage, c'est-à-dire l'angle que fait l'appareil par rapport aux filets d'air et la stabilité longitudinale. Privé de sa queue, un Boeing ou un Airbus ne peut pas voler. Voilà qui vous explique qu'il a fallu attendre les années 80, avec l'apparition des commandes électriques de vol, pour envisager de contrôler ces avions sans fuselage et sans queue que sont les ailes volantes. La plus belle réussite du genre a été le bombardier furtif B 2, toujours de chez Northrop. Une merveille qui a coûté 125 milliards de francs, dont le secret réside dans le contrôle automatique de la stabilité à l'aide d'ailerons « crocodiles » placés en bout d'aile.

Demain, le succès du B 2 va profiter à l'aviation civile puisqu'on saura contrôler la stabilité d'un engin qui se réduira à une simple aile. Et on comprend tout de suite les avantages : plus de fuselage ni d'empennage arrière, ce qui réduit la résistance à sa progression dans l'air ; une simplicité de construction ; une meilleure répartition de la charge emportée puisque les passagers, le fret et le carburant sont répartis dans la totalité de la structure qui est l'aile elle-même. Inconvénient, en revanche, de cette forme aplatie, une plus grande difficulté à résister à la différence de pression due à la pressurisation. D'où des renforcements structuraux relativement lourds. Comme quoi, ce que l'on gagne d'un côté, on risque encore une fois de le perdre de l'autre !

Tout ceci vous laisse rêveur et a des allures de science-fiction ! Certes ! mais c'est la réponse au défi technologique du XXIe siècle : comment transporter 1 000 passagers sur un quart de tour de Terre en consommant moins de carburant qu'aujourd'hui.

Le téléviseur de demain sera à écran plat

Le groupe chimiste américain Dupont de Nemours s'est interrogé sur les innovations qui ont marqué pour le public le XXe siècle. Il a donc fait procéder à un sondage avec tout ce que cela comporte de vrai et bien sûr de faux dans les résultats, dans la mesure où le public a une très mauvaise mémoire et ne retient que les événements les plus récents. Assurément, la plus grande découverte de ce siècle qui a permis l'apparition et l'explosion de nouvelles technologies est l'électricité, suivie par le moteur à explosion qui a donné à l'humanité sa mobilité. En réponse à ce sondage, c'est la télévision qui fut classée première. Avouons qu'il y avait de quoi.

Mais si en un demi-siècle d'existence elle s'est considérablement améliorée, son principe est resté le même. Aujourd'hui, elle est en train de subir une mutation comparable à ce qu'a connu la radio avec le passage de la lampe au transistor. On quitte le tube à vide pour l'écran à plasma.

Ce qu'il y a de terrible avec le progrès, c'est l'étonnante facilité avec laquelle on s'habitue aux choses. Ce qui est aujourd'hui une nouveauté sera demain une banalité. Les exemples ne manquent pas. En quelques années, le CD a détrôné le disque en vinyle. On ne se retourne plus pour voir passer un TGV. On ne lève plus le nez au décollage d'un Concorde et, tout récemment, le téléphone cellulaire est devenu un objet de consommation courante. Pour la télévision, il en va de même. Et pourtant, quels bouleversements elle a apportés. Quelles merveilles de technique elle représente. On a parlé d'une fenêtre ouverte en permanence sur le monde. Grâce à elle, les guerres nous deviennent plus insupportables en nous prenant à témoin de la détresse des populations. Grâce à elle toute la planète connaît le visage de Boris Eltsine, et chacun d'entre nous le reconnaîtrait dans la rue, alors que, il y a cin-

Fini le tube cathodique, l'écran du futur est ultra-plat, 5 cm d'épaisseur pour le verre, monté dans son cadre prêt à être fixé au mur.

quante ans, le Français moyen n'aurait pas reconnu le président de la République française et encore moins son Premier ministre. Demandez à un enfant où se trouve la Chine, comment y vivent les gens, il vous le dira avec d'autant plus de précision qu'il aura suivi à la télévision un magazine. Enfin, c'est parce que sur le petit robot martien Rocky on avait placé une caméra de télévision que toute la planète a pu suivre quasiment en direct la découverte du premier panorama de la planète rouge. Bref, il ne saurait y avoir aujourd'hui d'événement sans transmission et réception d'images par chacun d'entre nous à domicile.

Mais c'est du côté technique qu'il convient également de s'émerveiller. Transmettre par les ondes des signaux, qui une fois remis en forme recréent une image, cela tient encore de la magie. Et pourtant, c'est ce que les hommes ont perfectionné depuis un demi-siècle. Du noir et blanc à la couleur, du petit écran blafard à l'image sautillante aux grands écrans d'aujourd'hui à la vision lumineuse et panoramique, il y a un fossé. Mais le principe reste le même. C'est celui que nous retiendrons pour bien comprendre le saut technologique que représente l'arrivée des écrans plats.

La télévision, c'est l'enfant chéri des électroniciens. Elle doit tout à sa grande devancière la radio avec ses lampes dans lesquelles on faisait le vide. Car, à bien y regarder, quelle est la pièce essentielle si ce n'est cette énorme ampoule sur la face avant de laquelle se dessine vingt-cinq fois par seconde une image. Le principe est le suivant : il concerne l'avant du tube de télévision, ce que nous appelons l'écran, en fait, vu son épaisseur de près de 5 cm, on appelle cela une dalle. Sur sa face interne on a déposé des séries de petites pastilles rectangulaires alternativement rouges, vertes et bleues. Elles sont séparées par de fines bandes noires en graphite. Trois pastilles, côte à côte, lorsqu'elles sont illuminées, recomposent la lumière blanche. Et plus elles sont petites, plus l'image est fine. Sur un téléviseur grand écran on en compte près de 600 dans la longueur sur 625 lignes dans la largeur, soit près de 400 000 pastilles. Munissez-vous d'une loupe et regardez de près votre écran. Vous y verrez nettement les rangées verticales de pastilles constituées par de minuscules rectangles de 0,8 mm de haut sur 0,5 mm de large. Une vraie merveille de la technique lorsque l'on pense qu'ils sont déposés sur la face interne de la dalle par photogravure. Et force est de reconnaître qu'on est arrivé aujourd'hui aux limites de la technique. Car pour illuminer avec précision ces pastilles rouges, vertes ou bleues, on se sert de trois crayons magiques, trois jets d'électrons, un pour chaque couleur. Lorsqu'il frappe une pastille, il déclenche un phénomène de luminescence. La suite, vous la comprenez. À l'arrière du tube de télévision, se loge un canon dans lequel on fabrique trois faisceaux d'électrons extrêmement fins.

Des bobines vont assurer leur dérivation dans le sens vertical ou horizontal. Et nos pinceaux vont donc balayer ligne après ligne toute la surface de l'écran pour constituer une image. Ils n'illuminent leurs pastilles que si l'ordre leur en a été donné. Voilà comment se fabrique une image de télévision. Et ainsi de suite, ligne après ligne, il y en a 625 dans notre standard, comme lorsqu'on écrit une page de la première ligne en haut et à gauche à la dernière en bas et à droite, et ce à raison de 50 fois par seconde sans que l'œil n'y voit rien. Un dernier détail qui a son importance : pour que les électrons puissent parcourir librement les 30 à 40 cm qui les séparent du canon à la face avant du téléviseur, on a fait le vide à l'intérieur de l'ampoule. Conséquence : il s'exerce sur la dalle une force de près de 2 tonnes due à la pres-

PREMIÈRES DATES DE L'HISTOIRE DU TÉLÉVISEUR

1900 : apparition du mot télévision à l'exposition universelle.

1907 : première photo transmise entre Verdun et Paris.

1907-1911 : conception par le Russe Boris Rosing du tube cathodique qui prévoit un balayage électronique de l'image à transmettre.

1926 : naissance officielle de la TV. Baird, à la Royal Institution, transmet l'image d'une figure humaine d'une pièce à l'autre.

1928 : premiers essais de TV couleurs par Baird.

1930 : retransmission d'une pièce de Pirandello.

sion atmosphérique. C'est le risque, très rare d'ailleurs, d'implosion.Voilà pourquoi cette pièce de verre est volumineuse et lourde. C'est elle qui constitue la limite technologique dans la fabrication d'écrans encore plus grands. Le poste deviendrait monstrueux, trop lourd pour être porté par un seul homme, incapable de passer par les portes de nos appartements.

D'où cette idée de s'affranchir du tube à vide que représente l'ampoule. On a imaginé toutes sortes de solutions. Cela marche en théorie sur le papier, à la rigueur en laboratoire. Mais quand il faut envisager la fabrication en très grande série, sans panne, et à des prix qui ne cessent de chuter, bien peu de solutions franchissent les épreuves. La seule qui semble aujourd'hui s'imposer est le plasma. Le principe de base du téléviseur reste le même : l'image va être découpée en une multitude de petits points, les pixels. Jusqu'à 600 000 ou 700 000, ces points seront toujours constitués par trois pastilles, rouges, vertes et bleues. Mais pour les illuminer, plus de jets d'électrons qui les frappent, simplement de minuscules tubes fluorescents. Chaque pastille est en fait une minuscule alvéole remplie d'un mélange d'argon et de xénon. Dans le fond de l'alvéole une électrode verticale. Sur la face avant, celle que nous regardons, une autre électrode, horizontale mais transparente. La suite, vous la comprenez. Lorsqu'on applique un courant simultanément dans une électrode verticale et une électrode horizontale, on joue aux mots croisés. Dans l'alvéole concernée naît une petite étincelle qui illumine le gaz. Les rayons ultraviolets produits excitent alors le revêtement qui nous apparaît rouge, vert ou bleu. Et ainsi de suite d'alvéole en alvéole, on reconstitue point par point l'image entière. En somme, c'est de l'adressage pur et simple. On illumine directement le point que l'on souhaite voir et non pas ligne après ligne. C'est plus simple, plus rapide, cela se prête mieux à la télévision numérique.

Côté téléviseur, hormis l'électronique de commande qui est terriblement complexe, le tube se résume à un écran fait d'un sandwich de feuilles de plastique entre deux plaques de verre sur lesquelles on a imprimé les électrodes. À l'intérieur, on fait le vide pour chasser l'air. Ensuite, on remplit les microscopiques alvéoles avec le mélange gazeux argon-xénon. C'est tout.

En théorie, bien sûr! Car la fabrication en série, à très grande échelle, pose encore de nombreux problèmes. Mais le résultat est là : le téléviseur se résume à un écran de moins de 10 cm d'épaisseur. C'est la télévision que l'on accroche au mur comme un vulgaire tableau. Qui plus est, comme on n'est plus limité par des considérations de poids imposées par l'épaisseur du verre, on peut envisager des écrans de plus d'1 m de diagonale. Les prochains modèles en préparation atteindront 1,25 m.

Mais ce qui semble le plus prometteur dans cette technologie, c'est sa faculté de mise en œuvre. Qui a visité une usine de fabrication de tubes de télévision en est convaincu.

C'est une industrie très lourde, avec une multitude d'opérations, nécessitant des robots, des chaînes de convoyages et, en prime, une très grande précision. Avec les écrans à plasma, l'ensemble des opérations élémentaires est réduit. Seule partie vraiment délicate, l'impression des électrodes sur les plaques de verre et leur positionnement de façon à définir au dixième de millimètre près l'alvéole qui sera illuminée. Mais nous n'en sommes qu'au début d'une technique. De par son attrait, de par sa simplicité, elle va s'imposer. À la maison, dans les halls d'exposition et partout où la place et le poids sont chèrement comptés.

Reste encore un obstacle : le prix. Très cher, près de 100 000 francs pour un écran grand format. Mais souvenons-nous, le

Plat, d'une meilleure définition de l'image, d'une brillance et d'un contraste supérieurs, l'écran du futur n'a qu'un défaut : son prix. Un téléviseur coûtera en moyenne 60 000 F.

premier téléviseur couleur en 1968 valait le prix d'une Renault 4L. Aujourd'hui, un téléviseur à plasma vaut celui d'une Mégane ou d'une 405. Demain, il sera divisé par 10 ! Juste de quoi se payer le moteur de la voiture !

L'énergie du XXIe siècle sera l'électricité

Tourner un bouton, basculer un interrupteur, le geste est devenu si simple, si banal, que nous en avons oublié la portée. Chacun d'entre nous aujourd'hui dispose chez lui au minimum de 2 kilowatts de puissance, et tout cela en mettant sous tension son installation électrique. Cela nous paraît ridicule. Mais c'est déjà une puissance énorme par rapport à ce que développe un homme : 75 watts.

Autrement dit, nous avons chez nous rien qu'avec deux fils métalliques, l'équivalent de 25 esclaves, infatigables, disponibles 24 heures sur 24 sans aucune servitude. Louis XIV n'en avait pas autant. Cette simple considération nous fait comprendre tout le problème et toute la complexité de la course à l'énergie dans laquelle notre société s'est engagée : toujours plus, toujours moins cher. Y en aura-t-il pour tout le monde dans cinquante, voire cent années. Et peut-être plus que la perspective de manquer, ce sont les contraintes liées à l'environnement, à la préservation de notre atmosphère et de notre couche d'ozone qui vont nous faire changer nos modes de production et nos habitudes de consommation.

Ce qu'il y a de terrible quand on parle d'énergie, c'est la complexité des unités employées et l'étendue des ordres de grandeur. Allez vous y retrouver dans ce fouillis des kilowattheure, des TEP, tonne équivalent pétrole, sans parler des thermies ou des BTU, British Thermal Unit ! Quel point commun peut-il y avoir entre la puissance moyenne d'un être humain, 75 Watts, et celle d'une centrale nucléaire qui s'exprime en gigawatts, un milliard de Watts, ou même en térawatts, qui vaut mille milliards de Watts !

Un petit retour en arrière s'impose. La première source d'énergie a pour origine l'homme. C'est lui qui déplaçait des masses, qui développait des forces. Il n'y a qu'à regarder autour de nous. Dans certaines régions d'Afrique, c'est encore l'homme qui tire la charrue. Exprimé en puissance mécanique, on situe celle d'un homme entre 75 et 100 Watts. Ce qui est très faible. En domestiquant les animaux, en utilisant leur force motrice il a accédé aux kilowatts, c'est-à-dire 10 fois plus. Mais de l'énergie au sens mécanique, il n'en consomme pas. Seul le bois constituait une source de chaleur, pour se chauffer et cuire ses aliments. Sans le savoir, l'homme du néolithique utilisait une source d'énergie stockée. Et déjà les besoins étaient énormes : c'est le bois qui a fait naître la première civilisation industrielle avec la cuisson des briques, de la chaux, du verre. C'est encore avec du bois que l'on a fait fonctionner les premiers fours pour la fusion du bronze, puis du fer. On estime que, à la fin du XVIIIe siècle, en 1796, les 28 millions de Français consommaient 40 millions de stères, disons de mètres cubes de bois. En somme, chaque Français brûlait 1,4 stère par an, ce qui représenterait aujourd'hui 300 kg de pétrole ou 500 kg de charbon. Enfin, un dernier chiffre qui va tout de suite vous faire comprendre le sens de l'évolution des techniques : Il fallait 500 stères de bois pour faire une tonne de fer. Et à ce rythme, s'il n'y avait eu que le bois comme source d'énergie, il y aurait eu déboisement complet de toute l'Europe. Des régions en portent encore des traces : les Cévennes, le pourtour du Bassin méditerranéen, le Sud de l'Angleterre, la plaine du Pô. Elles ont vu leurs magnifiques forêts partir en fumée pour chauffer les fours. Parallèlement au

LA MAÎTRISE DE L'ÉNERGIE

Derrière toutes les théories possibles se cachent la complexité du problème et son évolution au fil du développement de nos connaissances techniques. Un fait cependant s'impose : notre civilisation industrielle n'a pu se développer que parce qu'elle a su maîtriser l'énergie et l'utiliser de façon de plus en plus efficace. Niveau de vie et production vont de pair avec une augmentation de la consommation d'énergie. Et toute la question aujourd'hui est de savoir jusqu'où nous pouvons raisonnablement aller. Et surtout, si tous les hommes de la planète accèdent, et on le souhaite, à notre niveau, comment allons nous pouvoir faire face à la consommation mondiale d'énergie ?

développement de l'énergie bois, l'homme a appris à utiliser l'énergie mécanique du vent et de l'eau. Là encore, l'humanité faisait un bond et passait du kilowatt fourni par le cheval à la dizaine de kilowatts. Le vent, capricieux, changeant, fut utilisé pour des productions stockables, c'est-à-dire des produits dont on n'avait pas l'utilisation immédiate : pompage de l'eau pour assécher les polders en Hollande, broyage du blé pour le pain. L'eau, moins aléatoire, grâce à l'établissement de petites retenues, fournissait l'énergie mécanique nécessaire à beaucoup de petites entreprises artisanales : forges, tanneries… Reste que, à la fin du XVIIe siècle, Vauban avait recensé en France 80 500 moulins à eau. Et curieusement, il en restait 35 000 en 1933. Mais si notre humanité n'avait disposé pour seule source d'énergie que du bois, du vent et de l'eau, elle n'aurait jamais connu l'essor que nous lui connaissons. Le premier tournant est apparu avec l'emploi du charbon de bois, qui procurait plus du double de calories par unité de masse. Si un gramme de bois libère en brûlant 3 000 calories, avec le charbon de bois, qui est un concentré de carbone pur, on passe à 7 800 calories. La civilisation de l'acier pouvait démarrer et avec elle la course aux énergies de plus en plus concentrées et performantes.

Malheureusement, le charbon de bois provenait encore du bois lui-même.

Alors, faute de bois, les Anglais se mirent à brûler du «charbon de terre» qui procurait semblablement la même densité énergétique. Si l'Angleterre voulait développer son industrie et assurer sa suprématie sur l'Europe, il lui fallait éliminer le charbon de bois au profit de la houille dont l'extraction devenait de plus en plus difficile à cause des inondations. Les moulins à vent et à eau, leurs dizaines de kilowatts d'énergie n'arrivant plus à évacuer l'eau des puits de mine et à assurer la ventilation, il fallait trouver un moteur puissant. Ce fut à la fin du XVIIe siècle la machine à vapeur. Pour la première fois, l'homme fabriquait une énergie mécanique, là ou il en avait besoin, quand il en avait besoin. Mais toutes ces révolutions ne se font pas instantanément, il faut construire des machines, les perfectionner, les vendre, les installer, former des ouvriers pour les fabriquer et les entretenir. Et là, on découvre une loi quasi immuable qui va dicter la révolution de l'énergie: Il faut une génération pour qu'une nouvelle source d'énergie devienne concurrentielle. Il faut un siècle pour qu'elle prenne la place d'une autre. C'est ce qui s'est passé avec le charbon et la machine à vapeur. Entre les premières pompes à feu de Newcomen et Watt et les locomobiles des campagnes et les locomotives des trains, il s'est écoulé un siècle. Du coup, l'énergie faisait un bond spectaculaire. On passait de la dizaine de kilowatts pour les moulins à eau à la centaine et même au millier avec les locomotives. De plus, fait extrêmement important, avec la diminution de la taille des engins, on fabriquait l'énergie à l'endroit même où on la consommait. L'industrie quittait le bord des cours d'eau. Chaque usine avait sa machine à vapeur. On transportait le charbon et les produits fabriqués à travers les campagnes grâce aux chemins de fer. La troisième révolution énergétique est arrivée avec le pétrole. La petite histoire raconte qu'en 1858, dans une vallée de Pennsylvanie, qui bien sûr deviendra tout naturellement Oil Creek, un certain Edwin Laurentine Drake, en faisant forer un puits artésien, vit jaillir une huile noirâtre, visqueuse et nauséabonde : le pétrole. Avec le pétrole on gagnait encore un facteur 1,5 dans la densité énergétique. Si

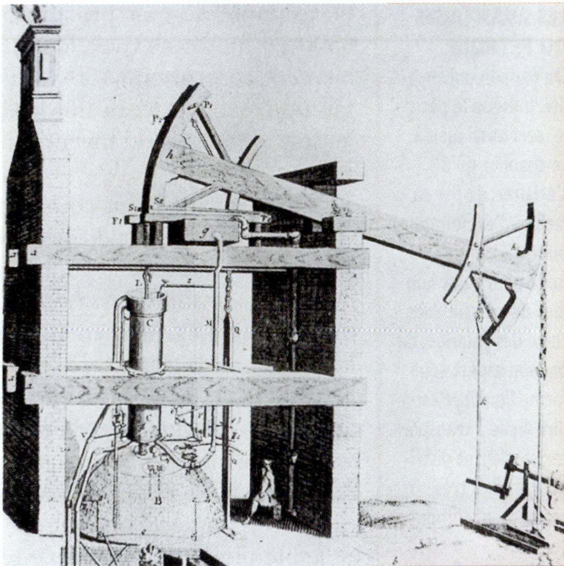

Cette première machine à vapeur servait en Angleterre, au début du XVIIIe siècle, à pomper l'eau des mines de charbon.

LES AVANTAGES DU PÉTROLE

De par son universalité, puisque le pétrole sert aussi bien à se chauffer qu'à s'éclairer, de par sa facilité d'exploitation, puisqu'il suffit de forer un trou et non plus de creuser sous terre des galeries, de par son aspect sous forme liquide, c'est-à-dire facile à transporter, stocker et distribuer, il allait très rapidement s'imposer.

un gramme de bois procure 3000 calories, 1 kg de charbon 6500 en moyenne, avec le pétrole, on respecte la loi du doublement et on atteint 10000 calories par gramme. Mais à énergie nouvelle, nouveau mode d'emploi. Son succès, le pétrole le doit avant tout à l'invention du moteur à explosion.

Et là encore, il faut comprendre le sens des progrès qui ont été réalisés. Au début du siècle dernier, une machine à vapeur, c'était une masse de 5 tonnes pour une puissance d'une cinquantaine de kilowatts. Avec le moteur à explosion, c'était la même puissance, mais en 10 fois moins lourd. Tout le secret de la réussite est là. Ajoutons qu'un moteur à pétrole, c'est comme cela qu'on les appelait alors, était plus compact, plus propre et avait plus de souplesse d'utilisation qu'une lourde machine à vapeur qui nécessitait une réserve d'eau, un tas de charbon et rejetait un autre tas de cendres. Grosso modo, il aura fallu encore une fois un siècle pour que le pétrole se substitue au charbon. Si le premier puits de pétrole remonte en effet à 1858, ce n'est qu'à la fin de la Deuxième Guerre mondiale que l'on verra l'essor de l'automobile, les bateaux abandonner le charbon pour le fuel lourd. Ce n'est que dans les années 60 que nos habitations ont abandonné le chauffage au charbon pour le poêle à mazout. Encore une fois, rien ne sert de disposer d'une nouvelle énergie si on n'a pas mis en place le réseau de distribution et si on n'a pas développé les techniques pour l'utiliser. L'autre tournant dans la production d'énergie et surtout sa diffusion a été l'apparition de l'électricité. En fait, la révolution portera plus sur les moyens de transport que sur celui de la production, jusqu'à l'arrivée du nucléaire. Car c'est à partir de barrages et de chaudières chauffées au charbon puis au fuel que l'on produit les kilowatts. En revanche, grâce à un réseau de fils, on peut vous distribuer dans les contrées les plus reculées du plus petit kilowatt à la centaine de milliers. Conséquences : tout le paysage industriel a changé. Tous les moyens de production ont été bouleversés en un demi-siècle. L'électricité sert à faire tourner des moteurs électriques, permet aux trains de rouler, donne à la demande du chaud ou du froid, offre la possibilité de s'éclairer partout et donc de travailler et vivre la nuit. Pour sa simplicité d'emploi, sa propreté d'utilisation, et surtout son étonnant rendement de conversion, elle s'impose de plus en plus. Si le XIXe siècle a été le siècle du charbon et de la machine à vapeur, le XXe celui du pétrole, le XXIe sera celui de l'électricité. C'est une logique implacable dans laquelle notre humanité est engagée. Reste à produire cette énergie. Et là, une mention particulière doit être faite au nucléaire. Sans entrer dans le détail, rappelons que l'énergie nucléaire marque une rupture dans la logique de production d'énergie. Cette fois, on ne brûle plus un combustible sous forme de réactions chimiques d'oxydation, mais on récupère l'énergie produite par la dissociation de noyaux d'atomes. C'est un phénomène naturel que l'homme a appris à maîtriser.

L'URANIUM
Avec la découverte des propriétés de l'uranium, on fait un bond spectaculaire au niveau densité énergétique, puisque, en théorie 1 kg d'uranium 235 en se dissociant complètement libèrera autant d'énergie que 2 500 tonnes de charbon !

Pour conserver nos équivalences, si le passage du bois au charbon, puis du charbon au pétrole, a permis à chaque fois de doubler la production d'énergie par unité, avec la fission des atomes, on ne double plus, on fait un bond spectaculaire, on multiplie par 160. C'est une rupture dans l'histoire des techniques. Avantage : une production colossale d'énergie dans un petit volume. Inconvénient : comme il s'agit d'un changement profond, il faut concevoir et développer de nouvelles technologies. C'est long et c'est cher. Un dernier chiffre pour bien comprendre ce qu'a apporté l'atome : chaque jour, une centrale nucléaire brûle, disons utilise, 80 kg d'uranium, libérant de la chaleur qui sert à produire de la vapeur. Pour obtenir la même quantité d'énergie, il faudrait brûler dans d'énormes chaudières l'équivalent d'un train de 2 500 tonnes de charbon. qui libèreraient des centaines de tonnes de gaz carbonique. La France, avec 57 réacteurs nucléaires en fonctionnement, produit ainsi 80 % de son énergie électrique. C'est un taux unique au monde. Reste maintenant à se demander quelle sera l'évolution de nos besoins dans les prochaines années et comment nous arriverons à les satisfaire. Curieusement, jusqu'en 2010, pas de grands changements, et ce, vous l'avez compris, en raison de l'inertie des moyens de production. Les centrales

nucléaires seront toujours en fonctionnement et commenceront seulement à arriver en bout de course. Par quoi les remplacer ? Réponse par d'autres centrales, car on ne sait toujours pas aujourd'hui comment produire autant d'énergie et au même prix. Les transferts de consommation d'une énergie vers l'autre sont forcément des phénomènes lents à l'échelle d'une génération. Simplement, la part du nucléaire va baisser au profit du gaz, qui va passer de 13% à 17% en 2010, puis 21% en 2020. Et oui, voilà le gaz qui retrouve la place qu'il aurait toujours dû avoir en France et assurer grosso modo un bon quart de notre énergie. Avantage de cette énergie fossile : son abondance. Il y a plus de réserve de gaz à la surface du globe que de pétrole et, qui plus est, les principaux pays producteurs ne sont pas les mêmes que ceux du pétrole. Quant au pétrole lui-même, sa part va rester stable, avec 38% de nos besoins en énergie en 2010, contre 41% aujourd'hui. Est-ce à dire que rien ne va changer jusqu'en 2010 ? Pas tout à fait. Mais encore une fois, ces changements seront lents. On va voir la part du charbon décroître de 6% aujourd'hui à seulement 3% ou 4% de nos besoins en énergie. En revanche, et c'est là le plus intéressant, on va voir peu à peu monter en puissance d'autres sources d'énergie : le solaire et l'énergie éolienne. La plus prometteuse en raison des progrès réalisés sur le plan technique étant l'énergie en provenance du vent. Car on sait aujourd'hui construire des aérogénérateurs de 1 500 kilowatts, de quoi alimenter une ville de 2 500 personnes. Par comparaison, une centrale nucléaire en délivre 900 000 à 1,3 million, soit environ 1000 fois plus.

Le développement des éoliennes amène deux remarques : d'une part il traduit un changement dans la fourniture d'énergie. L'ère du gigantisme est révolue, mieux vaut développer les petites unités. C'est l'éclatement du marché avec de multiples fournisseurs, au détriment de quelques grosses unités et d'un seul fournisseur, EDF. D'autre part, c'est toujours de l'énergie électrique que l'on produit, en raison de sa facilité d'emploi, de son excellent rendement et de l'absence de pollution.

S'il n'y a pas de pénurie d'énergie en vue à l'horizon 2010-2015, car on découvre plus de pétrole que l'on n'en consomme, ce sont les contraintes d'environnement qui vont dicter les choix, plus que les considérations économiques. Imaginez un instant que l'on doive diviser par deux nos rejets en gaz carbonique, pour éviter l'effet de serre qui conduit au réchauffement de la planète. Il faudrait alors immédiatement renoncer à une bonne part du pétrole, du gaz et du charbon. Pour les remplacer par ...? De l'énergie nucléaire ? Oui, à condition que le public l'accepte.

Reste, et vous l'avez compris, que le dernier mot reviendra toujours à l'électricité.

L'homme façonne sa planète à coups de gigantesques chantiers

Les grands ouvrages de génie civil ont ceci de particulier qu'ils fascinent le public par leur audace, leurs prouesses techniques. Il n'est qu'à voir le nombre de visiteurs pour le pont de Tancarville et tout dernièrement pour le magnifique pont de Normandie. Et il faut reconnaître que, en cette fin de XXe siècle, les hommes se sont surpassés avec des ouvrages toujours plus grands, toujours plus longs.

Grosso modo, le génie civil aura connu trois époques : celle des grands ponts, celle des grandes tours et maintenant celle des grands tunnels. Grands ponts : Danois, Français, Japonais rivalisent d'audace. Le dernier en date étant le pont suspendu sur le Grand Belt entre le Danemark et la Suède avec 1 624 m de portée, aussitôt battu par les Japonais entre les îles Honshu et Awaj-Shima avec 1 990 m ! Côté tunnel, ce sont les 37 km sous la Manche du tunnel franco-anglais qui marquent un tournant et permettent aujourd'hui d'envisager des ouvrages souterrains de près de 50 kilomètres sous les Alpes. Derrière cette fuite en avant de la technique et des hommes se cache un double défi : celui de l'homme face à la technologie qui le pousse depuis les pyramides à réaliser des ouvrages de plus en plus audacieux, et celui de l'humanité face aux éléments naturels : résister au vent, aux tremblements de terre, franchir des bras de mer, passer sous les montagnes. Arrêtons-nous un instant, le temps d'admirer deux magnifiques réalisations : le tunnel sous la Manche et le pont de Normandie, qui ont à leur époque battu deux records.

Bien que la France et l'Angleterre soient à portée de vue, que les côtes soient visibles par beau temps, la distance à parcourir impose un changement d'échelle dans les moyens à mettre en œuvre. Grosso modo, entre le cap Gris-Nez et les falaises de Folkestone, il y a un bras de mer de 33 km de large. Ce n'est pas seulement un défi technique, c'est également un défi politique : ce fossé rempli d'eau, à l'échelle de la planète ne représente que peu de chose avec sa profondeur moyenne de 40 m, mais il a joué le rôle d'une barrière protectrice et créé le mythe de l'inviolabilité de la Grande-Bretagne. Là-bas, on est sur une autre planète, se plaisent encore à dire les continentaux.

Toujours est-il que, entre 1882 et 1975, pas moins de 139 projets ont été présentés. À deux reprises, en 1882 et 1975, un début de forage du tunnel a commencé, puis à chaque fois été abandonné par les Britanniques. La première fois par crainte d'une invasion des continentaux. Il faut dire qu'à cette époque l'Europe n'avait pas la stabilité politique que nous lui connaissons. La deuxième parce que les Anglais refusaient de financer l'investissement d'une nouvelle ligne de chemin de fer reliant le tunnel à Londres. À noter qu'il a fallu attendre 1998, soit cinq ans après la mise en service du tunnel, pour voir la Grande-Bretagne accepter enfin la pose d'une nouvelle ligne à grande vitesse entre l'extrémité du tunnel et la capitale anglaise !

Le projet de relier la France à l'Angleterre ne date pas d'hier. Cette photographie nous montre les travaux de pose des infrastructures ferroviaires du tunnel sous la Manche.

Il y a 8 000 ans, l'Angleterre et la France étaient reliées par une bande de terre où s'écoulait la Seine qui obliquait vers l'Ouest et allait se jeter dans l'océan Atlantique entre la Bretagne et le sud de l'Ecosse. On retrouve aujourd'hui dans les sédiments de la Manche le tracé de son ancien lit. L'érosion sédimentaire, la montée des eaux de près de 100 m à la fonte des glaces à la fin de la dernière glaciation, ont fait le reste : un bras de mer pas très profond a relié l'Océan Atlantique à la mer du Nord. Et comme la mer du Nord se vidange et se remplit en fonction des marées de l'océan, c'est un courant de chasse très violent qui parcourt la Manche, rendant la navigation si difficile. Mais cette continuité géologique entre les deux pays a eu pour conséquence heureuse de faciliter le travail des géologues. Bien vite, ils se sont aperçus qu'une couche de craie bleue, disons plutôt grise en raison de sa couleur réelle, déposée pendant l'ère secondaire, formait une nappe homogène d'une trentaine de mètres d'épaisseur entre les deux pays, et ce à une profondeur moyenne de 40 m sous le fond de la mer. C'était le terrain idéal pour y creuser un tunnel. Mais encore fallait-il en avoir la volonté politique, les ressources financières et surtout les moyens techniques.

Parmi tous les projets, plus fantaisistes les uns que les autres, qui virent le jour, c'est celui de Thomé de Gamond, en 1857, qui était le plus réaliste. Surtout, il donnait au tunnel une réelle crédibilité par rapport à des projets de ponts et de viaducs gigantesques. Apôtre visionnaire, ingénieur infatigable, il conçoit un ouvrage qui s'appuie sur des données géologiques sérieuses avec relevé de terrain. Pour la petite histoire, on retient le fait qu'il fallait construire en pleine mer 13 îlots artificiels avec puits pour assurer la ventilation du tunnel et le déblai des matériaux. Face à cette approche réaliste, d'autres idées fleurissent entre 1840 et 1880 : tubes posés au fond de la mer et solidement ancrés ! tubes flottants entre deux eaux ; digues gigantesques ; ponts sur piles ; ponts suspendus de 1 000 m de portée. Il faut dire que nous sommes dans les années 1860 et que les ingénieurs s'enhardissaient avec des constructions métalliques de plus en plus audacieuses. L'apothéose de cette époque ayant été, en 1889, la tour Eiffel. Si, techniquement, le pont était réalisable, la faible profondeur de la Manche restait un obstacle majeur : l'installation de piles en pleine mer auraient créé un réel danger pour la circulation des bâteaux, surtout dans une zone réputée dangereuse en raison du courant, des bancs de sable vagabonds et du brouillard. Si l'idée du tunnel semblait gagner du terrain dans tous les esprits, restait à surmonter un obstacle majeur : avec quoi forer la craie bleue ? Pas question d'employer l'explosif. L'homogénéité du terrain a orienté les recherches vers une sorte de foret horizontal monté sur rail : on le doit à deux ingénieurs anglais, le colonel Frédéric Baumont et encore le colonel Thomas English. En 1880, ils présentent un engin qui s'apparente à nos tunneliers modernes. Au printemps 1882, la machine de Baumont a creusé plus de 1 100 mètres de galeries à partir de Shakespeare Cliff près de Folkestone. Mais le risque militaire présenté comme un épouvantail par la presse britannique stoppa net ces prémices du percement, ce qui redonna confiance aux tenants du pont. Nouveaux projets, nouveaux échecs. La volonté politique n'y était pas. Finalement, il a fallu en passer par un traité politique, celui de Canterbury, le 12 février 1986, pour approuver la création d'un lien fixe entre la France et l'Angleterre, sous la forme d'un double tunnel ferroviaire.

LA DÉCISION

Pourquoi en 1986 le percement d'un tunnel devenait-il possible ? Bien sûr, parce qu'il y avait une volonté politique à l'aube d'une Europe naissante ; parce qu'il y avait également un montage financier entièrement privé auprès d'investisseurs, de banques et du public; mais surtout parce qu'on avait acquis l'expérience de gestion de très grands chantiers comme les centrales nucléaires, et que l'on maîtrisait la technique du tunnelier.

Arrêtons-nous un instant sur ces étonnantes machines sans lesquelles le percement du tunnel sous la Manche n'aurait pu se faire en un temps record. Imaginez une énorme roue de 9 m de diamètre pour les tunnels ferroviaires et 6 m de diamètre pour le tunnel de service situé entre les deux premiers. C'est la tête. Elle porte des molettes et des griffes qui vont racler et broyer la craie. Elle tourne à 3,3 tours par minute avec une poussée atteignant 4 200 tonnes.

À mesure qu'il avance, le tunnelier pose derrière lui le revêtement définitif du tunnel. C'est un anneau en béton armé constitué de 6 à 8 voussoirs, boulonnés les uns aux autres. À chaque fois qu'un anneau est posé, le tunnel avance de 1,4 m côté français et de 1,5 m côté anglais. La tête du tunnelier vient y prendre appui à l'aide de 12 vérins hydrauliques et exerce ainsi une poussée vers l'avant pour broyer la roche. En somme, on avance par bond, de un mètre et demi. Une vis sans fin de 1 m de diamètre recueille les matériaux arrachés à la paroi et les évacue vers l'arrière dans des wagonnets. Génial et astucieux, ce monstre de 1 100 tonnes et 300 m de long. C'est la bonne à tout faire. Après son passage, le tunnel est prêt à l'emploi. Disons prêt à recevoir ses équipements : câbles électriques, voies ferrées, canalisations d'eau en cas d'incendie, système de ventilation… En soi, l'emploi des tunneliers n'était pas une révolution. Mais ce qui a fait l'originalité dans le tunnel sous la Manche, ce sont les conditions d'exploitation : il y avait 3 tunnels à forer simultanément soit près de 100 kilomètres. Pour la première fois des machines devaient travailler loin sous la mer, jusqu'à 20 kilomètres, du point d'entrée. 20 kilomètres c'est plus d'une heure de trajet pour les petits trains de service. Imaginez un incident technique. C'est arrivé. Il faut commander les pièces détachées, envoyer un train, le glisser dans le trafic, dégager la voie qui mène au tunnelier puisque le train pénètre à l'intérieur, assurer le retour du convoi. Bref, au minimum compter sur trois heures de transport. Car il fallait jongler entre les convois pour le personnel, les convois pour acheminer les voussoirs, la bentonite pour l'étanchéité, les convois pour les petits matériels comme les tubes, les canalisations électriques. Et le tout devait remonter à la surface par les puits d'accès. Bref, la gestion du chantier du tunnel a d'abord été celle d'un véritable réseau ferré. Enfin, la dernière originalité a été de faire travailler face à face des tunneliers. On se souvient tous de ces images du dernier rempart de craie de 1 m d'épaisseur qui séparait le 12 décembre 1992 les deux équipes française et anglaise. Mais arriver là, comme les tunneliers ne peuvent pas reculer, il a fallu démonter celui côté français et faire plonger dans le sol celui côté anglais. Il s'est ainsi enfoncé en oblique sous le tunnel côté français. La craie est son tombeau. Grâce au sondage par laser, la précision lors du percement fut de l'ordre de quelques centimètres après près de 20 km parcourus sous la mer : chapeau Messieurs !

Cette technique, née chez les Britanniques, développée par les Américains et concrétisée par les Japonais, a trouvé ici toute sa plénitude sur un chantier qui restera dans les annales des records : 4 000 personnes côté français, 8 000 côté britannique, près de 100 km de tunnels forés en 3 ans, 8 millions de mètres cubes de déblais, soit 3 fois le volume de la grande pyramide de Chéops, ne peuvent que susciter l'admiration et faire de ce chantier, le «chantier du siècle».

Dans un autre ordre d'idée, la construction de grands ponts est plus spectaculaire parce que le public peut suivre le développement de l'ouvrage et constater le résultat. Le tunnel sous la Manche est toujours décevant pour les voyageurs qui empruntent Eurostar. Hormis les portails d'entrée et de sortie, on ne voit rien. Rien de plus que dans un tunnel du RER. Prenons l'exemple du pont de Normandie, entre Le Havre et Honfleur. Un autre chantier hors normes.

Le pont de Normandie entre celui de Tancarville et l'estuaire de la Seine permet de raccourcir de près de 35 kilomètres la distance entre le port et le bassin sud de la Normandie, c'est-à-dire Honfleur, Deauville, Trouville.

Le pont de Normandie, c'est le troisième pont entre Rouen et Le Havre. En 1959, c'était la mise en service du magnifique pont suspendu de Tancarville qui, avec ses 608 mètres de portée, détenait à l'époque le record d'Europe. En 1977, plus près de Rouen, c'était au tour du pont de Bretonne, cette fois-ci à haubans, qui, en son temps, avec ses 320 mètres d'ouverture, a été leader. Mais face à l'augmentation du trafic routier, face à l'arrivée de l'autoroute dite des Estuaires qui permet de relier le Nord-Pas-de-Calais à la Normandie puis à la Bretagne, il était urgent de créer un nouveau point de passage sur la Seine. Et là encore, il a fallu relever trois défis. Le premier politique : comment relier le nord et le sud de la Normandie, comment assurer la continuité des échanges nord-sud de l'Europe, sans passer par la région parisienne et le tout sans apports budgétaires de l'État. Il aura fallu dix ans de négociations. Le deuxième défi est technique : comment franchir d'une seule portée 900 mètres d'eau en laissant un tirant d'eau, c'est ainsi que s'appelle l'espace entre le pont et le niveau du fleuve, de 52 mètres, dans une zone où s'engouffrent, venues du large, des bourrasques qui atteignent 180 km/h ? Enfin, dernier défi, économique : comment assurer la rentabilité de l'opération qui s'élève à 2,1 milliards de francs ? Mais l'exemple du pont de Tancarville, trente-cinq ans auparavant, était là pour la garantir.

Dès le début le nouveau pont de Normandie se plaçait sous le signe des records. C'était une bataille à mener contre le vent tourbillonnant qui sollicite les structures et soulève le tablier. On aurait pu s'inspirer du pont de Tancarville en refaisant un pont suspendu d'une portée augmentée d'un tiers : 900 m contre 600 m. Techniquement, on aurait pu le faire puisqu'en Grande-Bretagne en 1981 on avait porté le record mondial à 1 410 m avec le pont sur la Humber. Mais il fallait trouver des points d'ancrage extraordinairement résistants pour les deux câbles auxquels sont suspendus les 10 000 tonnes du tablier métallique. Pour fixer les idées, le volume de la culée sud du pont de Tancarville est égal à celui de l'Arc de triomphe. Mais à hauteur du Havre et de Honfleur, point de falaises ou d'enrochement, que de la vase et des alluvions. Le terrain est pourri. Il aurait fallu créer des massifs gigantesques. Voilà pourquoi les regards, sous l'impulsion du génial architecte Michel Virlogeux, se sont tournés vers une autre technique d'ancrage : le pont à haubans. Ici, le principe est tout différent : le tablier n'est plus suspendu à des câbles pendants entre deux pylônes, mais est accroché à des pylônes au moyen de câbles que l'on appelle haubans. Un peu comme le mât d'un navire à voiles est relié au pont par une forêt de câbles métalliques. Ici, le pylône joue le rôle du mât et le tablier celui du pont du navire. Autrement dit, dans ce type d'ouvrage, tous les efforts sur le tablier se transmettent aux pylônes et non plus au massif d'ancrage d'un pont suspendu. Voilà qui vous explique la taille phénoménale prise par les pylônes et l'audace technique qu'ils représentent. Voilà pour le principe sur lequel tout le monde est d'accord. Mais restait à le mettre en œuvre car des ponts à haubans, il en existait déjà depuis le XVIIIe siècle. Mais la complexité des calculs d'efforts lors de sollicitations par le vent avait fait qu'on avait renoncé aux grands ouvrages. En 1986, lorsque le projet a mûri, les plus grands ponts à haubans du monde n'atteignaient que 404 m de portée à Saint-Nazaire et 465 m à Vancouver au Canada. Les Japonais avaient en chantier le pont Ikuchi de 490 m. Autrement dit, les ingénieurs allaient oser multiplier par deux ce qui passait déjà pour un record. Pour Michel Virlogeux, c'était une audace raisonnable.

Le secret de la réussite, il faut le trouver en trois points : d'abord, les étonnants progrès réalisés dans la modélisation des contraintes et la visualisation en 3 D des déformations. Un pont à haubans est plus compliqué à calculer qu'un pont suspendu. Ensuite, les études menées en soufflerie tant à Modane qu'au CSTB de Nantes, car le principal ennemi du pont est le vent. Les ingénieurs ont pris pour base d'étude des vents pouvant atteindre en rafales 250 km/h. Ils soulèvent le tablier, détendent les haubans qui risquent de fouetter pour être ensuite violemment sollicités à la traction lorsque le tablier redescend. On a admis une oscillation dont l'amplitude atteindra au maximum 1,40 m au milieu du pont, ce qui déformera les pylônes de 20 cm à leur sommet, à 220 m du sol ! Quant au tablier, il se comporte comme une immense aile d'avion de 856 m de long et 24 m de large, et ne demande qu'à décoller et vibrer. D'où le soin apporté au profil aérodynamique des bords d'attaque pour le rendre déportant, c'est-à-dire ne demandant qu'à être plaqué vers le sol. Enfin, les haubans eux-mêmes, qui vibrent et chantent avec le vent, ont reçu un carénage en plastique et des amortisseurs hydrauliques. Dernier secret de la réussite, l'emploi de béton à très haute résistance en fibre de silice pour construire et ancrer dans la vase des pylônes de 220 m. C'est 20 m de plus que la tour Montparnasse.

LE PONT DE NORMANDIE
Avec ses deux immenses pylônes de 220 mètres de haut et ses quatre nappes de câbles, le pont de Normandie a les allures d'une gigantesque harpe ou d'un navire échoué en baie de Seine. Écoutez-le chanter ce pont, aurait pu écrire Jacques Brel, s'il l'avait connu. Car nul ne peut rester insensible devant ce chef-d'œuvre né de l'esprit humain.

Bref après dix ans d'études, des milliers d'heures d'essais en soufflerie, un record en la matière, le chantier était lancé. Et là encore, on a été de performances techniques en performances techniques. Pour soutenir les pylônes, des pieux en béton ont été coulés sur une profondeur de 50 mètres soit la hauteur d'un immeuble de 18 étages. Le chantier avançait à raison d'une coulée par jour effectuée dans un coffrage qui glissait le long de la superstructure, et ce par tous les temps, dans le vent, la pluie, le brouillard... Le tablier a été fabriqué sous la forme de caissons métalliques de 20 m de longueur pesant 227 tonnes et hissés depuis une barge sur la Seine jusqu'à 50 m de hauteur, où ils sont accrochés à des haubans. En tout, 184 haubans, soit 23 de chaque côté d'un pylône. Pas de vulgaires câbles d'acier, non ! Des merveilles de technique ! Chaque hauban est un assemblage de torons, eux-mêmes constitués par 7 fils d'acier, capable d'encaisser chacun 10 tonnes. En tout 2 000 km de câbles dont les plus longs, les plus obliques, font 450 m de longueur, près d'un demi-kilomètre ! À cette échelle, même les objets les plus rigides prennent l'allure de la guimauve !

À peine un record vient-il d'être battu que l'on prépare le suivant. On pense déjà à des ponts à haubans de 1 000 m de portée. Côté pont suspendu, les ingénieurs visent 2 500 m. Et pour cela, ils n'hésitent pas à parler de matériaux composites, de profils aérodynamiques avec des volets contrôlés par ordinateur. Et dès qu'on y pense, c'est qu'on est quasiment sûr de le réaliser un jour.

L'aérodynamique des grands bâtiments

Il est des images qui frappent les imaginations et que l'on revoit toujours avec le même intérêt. Par exemple, la désintégration, en 1940, du pont de Tacoma aux États-Unis, dans l'État de Washington. Cet ouvrage était un pont suspendu comme le Golden Gate ou celui de Tancarville. De violentes rafales de vent se sont engouffrées dans la vallée. On se souvient tous de ces images hallucinantes où le tablier, avec des voitures en train de rouler dessus, a été comme pris de frénésie. Il a oscilllé de droite à gauche comme une balançoire, s'est tordu, s'est vrillé. Les voitures ont été éjectées par-dessus bord et sont tombées dans le lit de la rivière. Et le phénomène, loin de s'arrêter, s'est amplifié. Au bout d'une dizaine de secondes, le tablier s'est désintégré, morceau par morceau, pour finir par voler en éclats. Du pont il ne restera que les deux gros câbles porteurs auxquels pendent les dérisoires suspentes retenant encore quelques lambeaux de tablier. L'origine, il faut la chercher dans une mauvaise étude des phénomènes aérodynamiques qui ont engendré des vibrations mortelles. Ce cas d'école a longtemps hanté tous les esprits des architectes. Le développement de grandes tours, la construction de ponts suspendus encore plus longs, le déplacement de trains à la vitesse où les avions décollent, imposent que l'on étudie avec grands soins ces phénomènes aérodynamiques. Une nouvelle science est née avec à l'appui de nouveaux moyens d'étude et de modélisation - les souffleries, non pas pour les avions ou les missiles, mais pour les ouvrages d'art.

Sans être constructeur de pont, nous avons tous ressenti les effets du vent et éprouvé une gêne. C'est une bourrasque que nous recevons en pleine figure lorsqu'on passe le coin d'un immeuble ; c'est un tourbillon de poussières, de papiers et de feuilles dans une cour ; c'est une sensation de froid lorsqu'on passe entre deux tours, ou bien tout simplement l'impossibilité d'ouvrir une fenêtre. Enfin, l'effet du vent sur les superstructures se manifeste par des hurlements, des sifflements. L'explication de ces phénomènes réside dans l'application de lois aérodynamiques élémentaires que nos architectes et autres aménageurs de paysage ont trop souvent négligées.

QU'EST-CE QUE L'AÉRODYNAMIQUE ?

L'aérodynamique, pensez-vous, c'est valable pour les avions, les fusées, à la rigueur pour les voitures et les trains, parce qu'ils roulent à plus de 100 km/h, mais pas pour nos maisons ! Détrompez-vous. Une maison, un immeuble, une tour, une grue, un pont, un viaduc, sont autant d'obstacles que rencontre l'air en mouvement. Et nous devons distinguer deux effets : le premier sur l'être humain, le deuxième purement mécanique sur les structures.

Sans entrer dans une énumération fastidieuse, il est bon d'avoir toujours présent à l'esprit quelques ordres de grandeur : d'abord l'échelle de Beaufort. Elle est graduée de 0 à 17. Elle nous donne une idée de quelques manifestations du vent et les sensations ressenties. Force 3, par exemple, correspond à un vent moyen de 3 à 3,5 m/s, soit de 10 à 12 km/h : les feuilles des arbres bougent, les drapeaux sont déployés, les cheveux sont dérangés, les vêtements amples flottent au vent. 10 km/h, c'est peu, et pourtant déjà on le ressent comme étant quelque chose d'inconfortable. À force 4, soit de 4,5 à 7 m/s ou de 16 à 25 km/h, les choses deviennent plus sérieuses : poussières et papiers se soulèvent, on est décoiffé. À force 6, soit de 9 à 11 m/s, ou si vous préférez de 33 à 40 km/h, ce qui est la vitesse d'un coureur, les grosses branches des arbres se mettent en mouvement, le vent siffle dans les fils téléphoniques, la marche devient instable. On a la perception de vivre une tempête alors qu'on en est très loin. À force 8, soit de 14 à 17 m/s, 50 à 61 km/h, c'est le coup de vent pour les marins. Il devient très difficile de marcher. On progresse courbé en deux, en retenant chapeau et vêtements amples. Enfin, à 72 km/h, ce qui après tout est la vitesse que l'on atteint très facilement sur un scooter, on risque d'être projeté à terre par une bourrasque. Comme quoi nous avons une mauvaise perception des effets du vent. Voilà qui vous explique que point n'est besoin de connaître une tempête pour ressentir une impression d'inconfort. Et force 4, soit 20 km/h, c'est vite atteint. Car à la notion d'inconfort l'urbaniste doit ajouter la fréquence de nuisance. Et là encore, nous allons être amenés à réviser nos jugements. Lorsqu'on est assis à la terrasse d'un café ou au bord d'une piscine, on ne tolère l'apparition d'une bourrasque que très épisodiquement ; quelques pour cent du temps de séjour. Autrement dit, si vous restez une heure assis à une terrasse, elle va devenir inconfortable si la durée du coup de vent dépasse 30 secondes. Autrement dit, une rafale passe, on a de la poussière dans les yeux, les nappes se soulèvent, les papiers s'envolent. Une fois au cours du déjeuner oui, deux à la rigueur, mais pas trois. Lorsqu'on marche, cette sensation d'inconfort apparaît également très vite. En moyenne 10 % du temps pendant lequel nous nous déplaçons. Autrement dit, une promenade d'une heure devient désagréable si durant 6 à 10 minutes nous ressentons les effets du vent. Au-delà, on a envie de se mettre à l'abri. Voilà qui explique l'importance que prend cette étude des effets du vent sur nos conditions de vie.

C'est la pression dynamique qui fait claquer les vitres ou plaque les volets sur la façade. En revanche, à l'arrière, dans le sillage, c'est une légère dépression. Si une fenêtre est ouverte, elle est violemment refermée. S'il y a des feuilles d'arbres, elles tourbillonnent sur place et finissent toujours pas se redéposer au même endroit. Au-dessus du toit, la masse d'air est rejetée en l'air. Derrière généralement s'établit un tourbillon en forme de rouleau. Sur les côtés l'air s'échappe. Mais comme les murs sont à angle droit, juste au coin se produit un décollement des filets d'air. D'une part, il y a formation d'un tourbillon marginal qui contourne la maison, d'autre part il y a brusque accélération de l'air. C'est ce qu'on appelle une survitesse. Ainsi l'été, alors que règne une petite brise agréable, dès que vous passez le coin d'une rue ou passez la tête à l'angle d'un immeuble, vous recevez une violente bourrasque. Mais ces considérations sont très générales. De très nombreux paramètres entrent en ligne de compte : la direction du vent, l'état de la masse d'air qui était déjà tourbillonnante en raison d'autres obstacles, l'état de la surface des façades, lisse ou rugueux, enfin la position des maisons ou des immeubles les uns par rapport aux autres. Arrêtons-nous un instant sur ce problème qui est un des maux de nos cités. Prenons le cas, hélas, très courant, de deux barres parallèles dont la première est moins haute que la deuxième. 10 à 15 m de haut, soit 3 à 5

LA PRESSION DYNAMIQUE

Un bouquet d'arbres, une maison, un immeuble, constituent des obstacles dans l'écoulement de l'air. Et qui dit obstacle dit perturbation dans le déplacement des molécules d'air, disons, pour parler comme les aérodynamiciens, dans les filets d'air. Sur la face avant, là où l'air frappe, il y a augmentation de la pression. C'est la pression dynamique.

étages, contre 40 à 50 m pour la seconde. Sans doute un choix architectural. Mais quelle catastrophe sur le plan aérodynamique. C'est ce qu'on appelle l'effet Wise. Une association critique où le vent après être passé par-dessus le premier immeuble part à l'assaut du deuxième. Mais entre les deux une partie de l'air entretient un rouleau. L'air se renouvelle très lentement et s'échappe sur les côtés du deuxième immeuble. Conséquence, là où on a installé un square, pensant au calme, au soleil, cette zone entre les deux immeubles est inconfortable avec tourbillons permanents, feuilles et papiers virevoltants et coups de froid l'hiver. Si deux immeubles sont placés parallèlement l'un à l'autre mais en quinconce, la zone entre les deux est toujours en dépression et au lieu d'avoir un rouleau stationnaire, l'appel d'air est comblé par un apport en provenance de la façade du premier. Autrement dit, l'air qui arrive perpendiculairement à la façade du premier immeuble se transforme en un violent courant d'air qui s'engouffre dans le couloir ainsi formé. Plus grave est le mécanisme de survitesse, propre à deux tours très rapprochées, ou bien à deux barres d'immeubles à angle droit avec dans le coin un espace laissé libre pour la circulation ou parce que cela faisait bien dans le paysage. Dans le premier cas, les deux tours sont assimilables à un système de deux entonnoirs placés tête bêche. L'un est convergent, l'autre est divergent. Résultat : l'air s'accélère brusquement au passage du rétrécissement. Ce phénomène hante le parvis de la Défense. Si, sur l'esplanade, on a un vent moyen de 15 à 20 km/h, entre deux tours il monte à près de 80-100 km/h. Qui plus est, au passage du goulet, la pression atmosphérique chute, et l'on a connu des façades qui voyaient exploser régulièrement leurs vitres, faute d'avoir bien pris en compte le problème aérodynamique.

Car ces phénomènes, les architectes les ont trop souvent négligés. D'où des erreurs d'urbanisme, de zones inconfortables, d'immeubles qui chantent sous le vent, de portes et de

L'activité de la soufflerie climatique Jules Verne se partage entre recherche publique (45 %) et contrats privés (55 %).

fenêtres qui claquent quand on parvient enfin à les ouvrir, de tourbillons permanents, de papiers et de plastiques qui volent, enfin, de bâtiments qui vibrent à très basse fréquence, donnant une sensation de malaise. Certains disent : on a le mal de mer par grand vent. Cela fait sourire. Et pourtant cela mérite d'être pris au sérieux car l'immeuble vibre réellement. Les aérodynamiciens ont longtemps été pris pour des empêcheurs de tourner en rond, quand on daignait les consulter. Mais aujourd'hui, les choses ont bien changé. Ils se sont dotés d'outils de modélisation et de visualisation de ces phénomènes. On passe en soufflerie les immeubles, les tours, les ponts, les cheminées, les bâteaux, comme on passe en soufflerie les voitures ou les avions. Mieux encore, c'est tout un quartier ou toute une agglomération réduit, à l'état de maquettes que l'on place dans une veine, histoire de voir si l'implantation d'une zone industrielle ne va pas polluer le quartier d'habitation, si une nouvelle tour ne va pas entraîner des turbulences, 1, 2 voire 10 km plus loin. Il a fallu la ténacité d'un ingénieur aérodynamicien, Jacques Gandemer, du

Le Centre scientifique et technique du bâtiment est engagé dans les principaux centres de recherche européens, notamment ceux concernant l'aérodynamique.

CSTB de Nantes, pour concevoir et installer une soufflerie quasiment unique au monde. Une soufflerie dédiée au domaine des basses vitesses, jusqu'à 110-120 km/h, avec des vents tourbillonnants. Ce qui est le cas dans la réalité dans nos villes et même nos campagnes. Une soufflerie où la veine, c'est-à-dire la zone d'expérimentation, est assez grande pour y loger un camion, une maison. Une soufflerie où on ne se contente pas d'envoyer de l'air, mais où on sait faire le chaud et le froid. Où on sait faire pleuvoir et même neiger. Car à Nantes on a pris en compte l'ensemble du phénomène aérodynamique et thermodynamique. Par exemple, on étudie les turbulences créées par l'implantation d'une nouvelle tour à la Défense. C'est l'étude de l'impact du vent sur le toit du stade de France ; c'est une maquette au 1/250e du pont de Normandie qui reçoit des rafales de 250 km/h ; c'est la mise au point de déflecteurs aérodynamiques placés au bord du tablier comme sur le bord d'attaque d'une aile d'avion pour éviter qu'il ne se soulève trop avec le vent ; c'est l'étude du rabattement des fumées des cheminées d'un paquebot de croisière sur la plage arrière ; c'est l'effet de piston d'un TGV pénétrant dans un tunnel à 300 km/h ; c'est la définition d'un écran à lames à claire-voie que l'on a dû poser à la sortie du tunnel sous la Manche pour casser les rafales qui ris-

Une des installations du Centre scientifique des techniques du bâtiment. On peut y voir une énorme soufflerie.

quaient de coucher les énormes navettes au débouché du tunnel. Et l'on pourrait multiplier à l'infini ces exemples d'essais tant est grande la demande. Mais cette soufflerie présente l'avantage de prendre en compte les phénomènes climatiques. Autrement dit, on peut tout à loisir réchauffer la masse d'air brassée par les énormes hélices pour reproduire les conditions régnant au Sahara, ou la refroidir pour créer à Nantes le blizzard. Ainsi, c'est un char d'assaut, rien que cela, que l'on a placé dans la veine mais par 50°C, non pas pour mesurer les effets des rafales de vent, mais pour tester l'efficacité de son système de refroidissement. En lâchant des poignées de sable, on reproduit le terrible vent de sable qui saupoudre d'une farine impalpable tous les objets et s'infiltre dans les moindres orifices. Les militaires voulaient savoir si les filtres d'un char n'allait pas être colmatés. Ils voulaient voir où le sable se déposait préférentiellement, pour ne pas y implanter des ouvertures.

Dans le même ordre d'idée, un petit chalet en bois avait des problèmes d'étanchéité. Qu'à cela ne tienne : on a soufflé de l'air en tempête et on a diffusé de l'eau par des buses. C'est la pluie qui frappe les façades. Et bien vite on s'est aperçu que, sous une certaine incidence, sur la façade opposée au vent et donc en dépression, le tourbillon d'air faisait stationner l'eau qui finissait par s'infiltrer par les joints des portes et des fenêtres. L'installation d'un petit déflecteur sur le toit y a remédié.

C'est un fabricant de tentes qui a demandé à ce que soit testé dans le vent, par - 10°C et sous une tempête de neige, le montage de son produit. Mieux vaut le faire à Nantes que dans des conditions réelles au Groenland. Qui dit courant d'air, dit également échange de calories, refroidissement des façades de quelques degrés. Ce qui fait que certaines vitres se couvrent de givre, ce qui amène le constructeur à surdimensionner les moyens de chauffage.

Au Cemagref, à Grenoble, en revanche, on utilise une petite soufflerie pour faire «travailler» le vent. Ici, l'idée est tout autre. Le vent est considéré comme un transporteur de matière. C'est lui qui véhicule le sable et les poussières du Sahara. Lorsque nous avons des pluies jaunâtres ou rougeâtres, c'est parce que les vents ont arraché au Grand Erg, d'infimes poussières. Lorsque les vents soufflent du sud ou du sud-ouest, elles gagnent la très haute atmosphère, traversent la Méditerranée pour se déposer sur nos voitures. Pour nous, c'est juste un peu de talc, mais pour un territoire comme la France, cela représente des milliers de tonnes. Pour la neige, il en va de même. C'est le vent qui assure le transport d'énormes quantités de matière qu'il arrache à une pente et va redéposer de 500 m à 1 ou 2 km plus loin. Vue de la vallée, par beau temps, on dit que la montagne fume. Redéposée, cette neige dont les cristaux ont été cassés sous forme de très fines particules subit le phénomène de «frittage», c'est-à-dire de soudure des microparticules entre elles. On obtient ce qu'on appelle une «plaque à vent» très fragile. Si de la neige vient se redéposer dessus, l'ensemble est alors très instable. Le passage d'un skieur suffit à rompre la plaque, ce qui déclenche une avalanche. François Valla, au Cemagref à Grenoble, injecte dans sa soufflerie non pas de la neige, mais de très petites bulles de plastique. Elles se comportent comme de la neige. On reproduit et modélise ainsi l'action de transport de matière du vent. Mais surtout, on va faire «travailler» le vent à l'aide de rangées d'arbres et de déflecteurs, pour, soit calmer la turbulence, soit rejeter la masse d'air pour la ralentir plus loin et faire que la neige se dépose là où on le souhaite. Ainsi, une simple rangée d'arbres peut jouer le rôle de brise-vent et protéger de la neige un quai de gare que l'on doit déneiger à chaque coup de vent. En altitude, des déflecteurs en bois canalisent la masse d'air qui va déposer la neige sur une autre pente, là où précisément on a installé des râteliers qui vont fixer le dépôt. Actuellement, on travaille sur des plantations de conifères qui vont calmer le vent dans une zone et faire se déposer la neige sur une piste. Entre le prix des canons à neige et celui d'une plantation, il n'y a pas à hésiter !

Les électriciens ne sont pas en reste. La vogue des éoliennes ouvre de nouvelles perspectives aux aérodynamiciens. Où faut-il les implanter ? À quelle distance les unes des autres pour que le sillage de l'une ne perturbe pas le vent de l'autre ? Et comme on doit réaliser une maquette du site à l'échelle réduite pour la placer en soufflerie, on en profite pour étudier l'impact visuel de ces nouveaux moulins à vent du XXIe siècle qui culminent entre 60 et 100 m de hauteur. Quels tourbillons vont générer ces pales de 30 m de diamètre dont la vitesse aux extrémités est de l'ordre de 220-250 km/h ? L'aérodynamique des superstructures est une science en plein développement. N'oublions pas que le premier à en avoir pressenti les effets a été Gustave Eiffel. Il avait tout de suite compris que la construction d'une tour de 1 000 pieds de haut, soit environ 300 m, passait par la maîtrise de deux problèmes : le poids pour éviter que la tour ne s'écrase sur elle-même sous sa propre charge et la résistance au vent. Et toute l'astuce d'Eiffel est d'avoir conçu une structure perméable à l'air, ce qui allait dans le sens de l'allègement. Une structure telle que les efforts exercés par le vent tendent non pas à tordre la tour, mais à comprimer les éléments de la charpente. D'où cette forme caractéristique en parabole cubique, du troisième degré. Avec Eiffel, c'était les débuts de l'aérodynamique industrielle. Une science que l'on a redécouverte, il y a seulement une dizaine d'années, avec les grands ouvrages.

GUSTAVE EIFFEL (1832-1923) Ingénieur français. Spécialiste des constructions métalliques, il réalisa de nombreux ponts et viaducs, ainsi que la tour Eiffel.

Pourquoi les Russes ont perdu la course à la Lune

On connaît en détail toutes les étapes du programme Apollo, qui permit aux Américains de décrocher la Lune le 21 juillet 1969. Il restera pendant de très longues années comme le triomphe d'un triple défi : politique, technologique et humain. Mais on sait beaucoup moins de choses du programme similaire russe. Ou plutôt, on commence à reconstituer les péripéties d'une étonnante aventure spatiale qui hélas ! devait aboutir à l'échec. Mais il s'en est fallu de peu que les Russes ne coiffent sur le poteau les Américains. Ce 21 juillet 1969 marque le commencement du déclin d'un système politique et économique qui devait aboutir vingt ans plus tard à sa chute.

C'est vrai, l'histoire remonte à trente ans. Trente années, c'est une génération. Autrement dit, l'aventure de la conquête de la Lune fut «l'aventure de vos parents». Mais elle restera comme l'événement technologique majeur de cette fin de siècle. Surtout, elle restera dans les annales de l'histoire comme l'illustration parfaite d'une fable de La Fontaine : «le Lièvre et la Tortue». Le lièvre russe, parti le premier dans la conquête de l'espace, devait logiquement l'emporter. La tortue américaine, disons le bulldozer américain, coiffa sur le poteau les Russes. Mais nous verrons qu'il s'en est fallu de peu.

Campons le décor : il y a plus de quarante ans, nous sommes le 28 octobre 1958. Une date qui ne restera pas dans les annales, mais qui pour nous a une valeur symbolique. Depuis un an, les

Russes triomphent dans l'espace avec la mise en orbite du premier satellite artificiel de la Terre, Spoutnik 1. 83 kilogramme de métal qui font «bip bip» et qui ont ridiculisé l'orgueilleuse Amérique. Ridiculiser n'est pas un vain mot puisque, piqués au vif, les Américains tentent à leur tour de lancer un petit satellite. L'épopée se termine par l'explosion du lanceur sur le pas de tir et cela, bien sûr, devant toutes les caméras du monde entier. Et pour être sûrs de bien mettre K.-O. leurs adversaires, les Russes, coup sur coup, lancent à bord de Spoutnik 2 une petite chienne, Laïka, puis un poids lourd avec la tonne et demie de Spoutnik 3. Autrement dit, c'est l'équivalent d'une voiture que les Russes sont capables de satelliser, alors que l'Amérique, entre-temps, sauve son honneur avec la dizaine de kilogrammes d'Explorer 1.

Telle était la situation ce 28 octobre 1958. Parce qu'elle y avait cru la première, parce qu'elle possédait une ambition politique et parce qu'elle disposait d'une étonnante fusée superpuissante, l'Union soviétique s'adjugeait toutes les grandes premières spatiales et battait l'Amérique à plates coutures. Voilà pourquoi, trois mois après la création de la Nasa, un certain Werner von Braun remettait au gouvernement américain un rapport qui indiquait que les États-Unis pourraient envisager la mise en orbite d'une station spatiale en 1961 et l'atterrissage d'un homme sur la Lune en 1965-1966. Cette même équipe avait déjà commencé l'étude d'un lanceur superpuissant délivrant au décollage une poussée de 680 tonnes, vingt fois ce qui se faisait alors de mieux dans ce pays.

Voilà qui vous montre que l'idée d'envoyer des hommes sur la Lune était dans les esprits dès le début de l'astronautique, dès que les hommes eurent les moyens techniques d'acquérir la vitesse de satellisation. 1958, c'est trois ans avant le fameux discours du président Kennedy qui lança pour de bon la course à la Lune. Il faut dire que l'Amérique continuait d'encaisser coup après coup. Le summum, l'affront suprême, étant l'envoi d'un homme dans l'espace, Youri Gagarine, le 12 avril 1961. La réponse fut, le 25 mai

ILS ONT MARCHÉ SUR LA LUNE

Apollo 11 (juillet 1969) : Neil Armstrong et Edwin Aldrin.

Apollo 12 (novembre 1969) : Charles Conrad et Allan Bean.

Apollo 14 (janvier 1971) : Alan Shepard et Edgar Dean Mitchell.

Apollo 15 (juillet 1971) : David Scott et James Irwin.

Apollo 16 (décembre 1972) : John Young et Charles Duke.

Apollo 17 (1972) : Eugen Cernan et Harrison Schmitt.

APOLLO 11
Lancé à 12 h 07 (heure française) le 16 juillet 1969, Apollo 11 se place sur orbite terrestre à 190 km, puis la quitte à 17 h 06 et se dirige vers la Lune à 39 030 km/h.
Le 21 juillet à 21 h 17, le Lem (baptisé Eagle) se pose dans la mer de la Tranquillité à 6,4 km de l'endroit prévu.
À 3 h 56 min 20 s, Amstrong pose le pied gauche sur le sol lunaire; Aldrin le rejoindra un quart d'heure plus tard.

suivant, au vu d'un rapport de la Nasa baptisé Apollo, le défi Kennedy: «Notre pays doit se vouer tout entier à cette entreprise : faire atterrir un homme sur la Lune et le ramener sain et sauf sur la Terre avant la fin de la décennie.»

La suite, nous la connaissons tous. Parce qu'elle avait un but politique, parce qu'elle avait un leader – Kennedy –, parce qu'elle avait un chef de projet – von Braun –, parce qu'elle s'en donnait les moyens financiers et parce que son honneur était en jeu, l'Amérique conquit la Lune du premier coup, dans la nuit du 20 au 21 juillet 1969. Seulement huit années pour tout construire, tout apprendre. Huit ans pour passer d'une fusée de 100 tonnes de poussée à un monstre de 3 500 tonnes. Huit petites années pour maîtriser le vol habité, les techniques de pilotage et de rendez-vous, et faire qu'une fusée qui avait une chance sur deux d'exploser devienne un engin sûr à 99,99 %! Voilà pour le côté américain. Mais que s'est-il passé pour que la formidable machine de guerre russe, partie la première avec plus d'une longueur d'avance, cale quasiment sur la ligne d'arrivée?

L'idée d'envoyer un homme sur la Lune était pourtant une idée fortement ancrée dans les esprits côté russe. Très vite, dès les premiers succès des Spoutnik, Korolev, l'homme qui fut le grand responsable de l'astronautique soviétique, recommande la construction d'un lanceur superlourd: dix à vingt fois supérieur en capacité à la fusée Zemiorka, qui donna à cette nation ses premiers succès. Et Korolev, en visionnaire qu'il était, dès 1960, parle d'envoyer 40 tonnes hors de l'attraction terrestre, de construire un lanceur d'une masse de 2 200 tonnes au décollage, de mettre en chantier un propulseur utilisant l'énergie nucléaire. Bref, on ne manquait pas d'idées, alors qu'on n'avait pas encore lancé le premier homme dans l'espace. Mais c'était sans compter sur les rivalités des hommes et les difficultés techniques. Pour construire sa superfusée lunaire, Korolev sollicite les services de

Un Soviétique, Youri Gagarine, est le premier homme a accomplir un vol spatial le 12 avril 1961, à bord du vaisseau Vostok 1.

Valentin Glouchko, le principal constructeur de moteurs de fusées. Celui-ci lui refuse tout concours. Korolev doit se tourner vers Kouznetsov, un constructeur de moteurs d'avions, dont, vous l'imaginez sans peine, l'expérience dans les moteurs de fusées était quasi inexistante. Korolev pressentait bien qu'il fallait développer comme les Américains un moteur brûlant un mélange hydrogène-oxygène liquide. Glouchko persistait à vouloir utiliser des mélanges chimiques plus classiques : UDMH, peroxyde d'azote…

Résultat, au lieu de réaliser une fusée à 4 ou 5 moteurs de très forte poussée, Korolev fut contraint de doter le premier étage de 30 moteurs de moyenne poussée. Un monstre qui ne fonctionnera jamais. Mais Korolev n'était pas au bout de ses peines. Le 13 mai 1961, Nikita Khrouchtchev confie à Chelomeï, un autre constructeur qui a eu l'heureuse idée de prendre pour adjoint le fils même de Khrouchtchev, la mission de concevoir un lanceur et un vaisseau habité capable d'emporter au moins un cosmonaute autour de la Lune. Vous avez bien lu : autour et non sur la Lune. Autrement dit, l'URSS commençait sur la ligne de départ à gaspiller ses moyens en hommes et en roubles. En résumé, deux hommes, deux fusées, deux vaisseaux, deux conceptions de la conquête de la Lune et, là-dessus, le poids politique du parti communiste pour arranger les choses.

Ainsi, en 1964, trois années avant les premiers lancements de la fusée américaine Saturne 5, les Soviétiques n'avaient toujours pas pris la décision d'aller se poser sur la Lune. La course à la Lune n'était pas entre les Russes et les Américains, mais entre les Russes eux-mêmes. Et ce n'est que fin 1965, au vu des difficultés rencontrées pour la mise au point de la fusée Proton de Chelomeï, que Korolev reprit en main l'ensemble des projets soviétiques : le développement du véhicule habité Soyouz, le programme de survol de la Lune et le développement du système L1-N3, avec atterrissage sur la Lune d'un cosmonaute.

C'était déjà bien tard, face à la mobilisation des moyens américains derrière un homme, von Braun, et une machinerie, la Nasa. Et pour comble de malchance, Korolev meurt des suites d'une opération le 14 janvier 1966. Vassili Parlovitch Michine, son adjoint, hérita de l'empire industriel et des programmes de son maître. Mais les habitudes ont la vie dure. Et ce n'est qu'en novembre 1966 que le Parti, toujours lui, pris enfin la décision de constituer le premier groupe de cosmonautes lunaires. Et bien évidemment, pour simplifier les choses, alors que le temps presse, on constitue deux groupes concurrents. «Devaï, devaï!», Vite, vite!, ordonnent les membres du Politbureau, qui voient avancer le bulldozer américain. Côté russe, ce sont 1 000 entreprises, 500 services de 26 ministères différents qui sont mobilisés! Côté américain, c'est une une structure monolithique qui coordonne tout : la Nasa.

Aldrin et Armstrong plantent ensemble le pavillon américain dans le sol lunaire. Ils sont vêtus de l'Emu pour se protéger contre les agressions cosmiques et les différences brutales de température.

Résultat, le lièvre russe réalise enfin, début 1967, qu'il est grand temps de mettre les bouchées doubles face à la tortue américaine. Le 24 décembre 1968, trois hommes, trois Américains – Borman, Anders et Lowell –, survolent la Lune à seulement 15 kilomètres d'altitude. À ce moment, la technique de survol de la Lune par les Russes a beau être au point, ils savent qu'ils ont quasiment perdu la partie. Alors ils décident enfin de concentrer leurs efforts sur le programme de débarquement. Et le 21 février 1969, sur la base alors secrète de Baïkonour, décolle la gigantesque fusée lunaire soviétique, la N 1 : 4 500 tonnes de poussée ! Mais au bout de quelques secondes, deux des trente moteurs cessent de fonctionner et, à la 70e seconde, suite à un incendie dans la baie de propulsion, tous les moteurs s'arrêtent. L'énorme engin bascule et s'écrase sur la steppe, emportant avec lui les derniers espoirs de coiffer les Américains sur le poteau. En fait, pour être précis, il y eut une deuxième tentative, celle de la dernière chance. Le 3 juillet 1969, treize jours avant le départ des Américains, la N 1 décolle. Arrivée à 100 m de hauteur, une turbopompe explose, tous les moteurs s'arrêtent. L'engin retombe sur le pas de tir et l'anéantit. Pour les Russes, c'en était définitivement terminé.

DES INFORMATIONS SECRÈTES
Il fallut attendre près de vingt ans pour que l'on connaisse en profondeur les détails de cette course à la Lune. À sa manière, celle-ci reflétait fidèlement le contexte (et les difficultés) politique et économique de l'URSS. La Lune représentait une aventure beaucoup trop complexe et trop coûteuse pour le système soviétique.

À l'assaut de Mars

La Nasa l'a annoncé : tous les deux ans, elle lancera vers la planète Mars deux nouvelles sondes. Cette offensive, qui a débuté le 6 novembre 1996 avec Mars Global Surveyor, trouvera son apothéose en 2005 avec la première tentative pour rapporter sur Terre une poignée de poussières et de cailloux. Mais les Américains ne s'arrêteront pas en si bon chemin, puisqu'ils pensent à des missions pour 2007-2009 avec, peut-être à l'horizon 2015, l'arrivée de l'homme. Le XXIe siècle sera marqué par la conquête de Mars.

Il faut reconnaître que Mars la rouge a toujours fasciné les astronomes. D'abord, parce que, avec Vénus, elle est notre plus

L'ATMOSPHÈRE DE MARS

L'atmosphère de Mars, vestige de l'atmosphère primitive, est composée essentiellement de gaz carbonique, à 95 %. Le reste se répartit entre des traces d'azote, d'argon et de vapeur d'eau.

proche voisine dans le grand manège que représente le système solaire. Elle gravite entre nous et la ceinture d'astéroïdes, immense réservoir de cailloux qui peuvent être considérés comme les gravats de notre système solaire. Ce qui reste des blocs de roches et de poussières une fois les planètes constituées. Alors que nous sommes en moyenne à 150 millions de kilomètres de l'astre, Mars évolue en moyenne à 228 millions de kilomètres. La conséquence est immédiate : plus éloignée, elle reçoit moins d'énergie : 2,3 fois moins que la Terre. Il y fait donc froid, très froid, entre - 50 et - 60 °C en moyenne annuelle contre + 14 °C sur Terre. Il faut dire également que Mars ne bénéficie pas d'un effet de serre comme notre planète. En effet, elle est six fois moins volumineuse que la Terre. Son rayon vaut quasiment la moitié de celui de notre globe. Six fois plus petite, plus légère, il n'en faut pas plus pour que la gravité, disons la pesanteur à sa surface, soit deux fois et demie plus faible. Conséquence logique : la planète, une fois formée, a dégazé et s'est constitué une atmosphère primitive, comme la Terre. Mais trop petite, en raison d'une attraction trop faible, elle n'a pas pu la retenir. Plus d'atmosphère, ou si peu, plus d'effet de serre. Mars est une planète sèche, exposée au vide spatial. D'où sa température extrêmement basse.

Ça y est nous y sommes ! Qui dit eau, dit érosion et dit également possibilité de vie. De fait, pour rechercher la vie ou ses témoignages, tous les regards se tournent vers les endroits où existe actuellement de l'eau ou bien là où elle a pu séjourner et s'écouler. Car les conditions actuelles de température, en moyenne très basse, et de pression, très faible, interdisent à l'eau d'exister sous forme liquide. Seul état possible : la glace. En surface au pôle, sous forme de calotte glaciaire, ou bien en sous-sol dans des territoires gelés, le pergisol.

Ces considérations géologiques sont indispensables pour bien comprendre le sens de la campagne d'exploration menée par la Nasa. On doit également y ajouter des données d'ordre astronomique.

Mars est donc plus éloignée du Soleil que nous. Elle tourne sur une orbite plus grande. Elle met donc plus de temps pour effectuer une rotation complète autour du Soleil. C'est son année sidérale. Elle vaut sensiblement le double de la nôtre. Dès lors, aller de la Terre à Mars et en revenir n'est pas chose simple. Nous sommes dans la situation de deux enfants courant sur un stade particulier. L'un près du centre, l'autre à la périphérie. Et ils doivent se lancer une balle. À certains moments, ils seront très près l'un de l'autre ; à d'autres, ils seront diamétralement opposés. Et cette situation revient tous les deux tours. Mieux vaut lancer la balle lorsque la distance est la plus faible : cela s'appelle viser une fenêtre. Pour Mars, elle revient tous les deux ans. Jusque-là les choses sont simples. Sauf que durant le voyage de la balle, disons de la sonde spatiale, tout bouge : la Terre et Mars. Après sept mois, Terre et Mars vont se retrouver quasiment à l'opposé par rapport au Soleil. D'où des temps énormes mis par les messages radio et surtout la quasi-impossibilité de transmettre, le Soleil faisant écran. Voilà qui vous explique que mettre sur pied une mission martienne est autrement plus difficile que d'organiser un aller et retour Terre-Lune. Compter six jours, une petite semaine, contre près de neuf mois sur une trajectoire économique.

Les images de Pathfinder, prises le 4 juillet 1997, montrent la surface de Mars. Les deux collines ci-dessus ont été nommées les «Twin Peaks».

De Mars, avant les débuts de l'astronautique, les astronomes ne possédaient que quelques vagues clichés. Tout au plus une boule rougeâtre qui changeait de couleur et sur laquelle certains ont cru voir des canaux. Il n'en fallait pas plus pour lancer le mythe des petits hommes verts, cultivant à tour de bras la poussière martienne. Au printemps martien, la planète verdissait, l'été, elle jaunissait, à l'automne, elle rougissait. Logique ! Pour étayer cette vue de l'esprit, plutôt qu'issue de l'observation, des calottes de glace à chaque pôle dont la taille varie avec les saisons. Enfin, pour ajouter à la confusion, par moments, l'atmosphère était brouillée par de gigantesques tempêtes de poussières. Il n'en fallait pas plus pour faire de Mars la rouge la planète sœur de la nôtre avec sa population de Martiens.

Le véhicule Sojourner, le robot mobile de Pathfinder, transporte une caméra haute résolution pour étudier les rochers. Il pèse 9 kg pour 63 cm de long et 48 cm de large. Il est controlé de la Terre par un opérateur.

Tel était schématiquement l'état de nos connaissances dans les années 60. Les Russes, les premiers, dès 1962, parce qu'ils possédaient une fusée très puissante et parce qu'ils recherchaient le coup d'éclat, lancèrent des engins en direction de Mars. Hélas ! Mars ne leur porta pas chance. La grande première martienne revint aux Américains avec leur Mariner 4, qui, le 14 juillet 1965, envoya les premiers clichés du sol de la planète mystérieuse où tout de suite apparurent des cratères, signe évident que la planète n'avait plus d'atmosphère et ne présentait plus de signe d'érosion. Le clou de cette première prise de contact à distance fut la sonde Mariner 9, qui se mit en orbite autour de cette petite terre du ciel, révélant la présence d'une longue entaille et d'un volcan monstrueux : Nix Olympica, avec ses 800 km de diamètre et ses 22 km de haut. D'un seul coup, l'idée d'une Mars habitée par des petits hommes verts et sillonnée par des canaux s'écroulait. C'est un nouveau visage de la planète qui se dessinait, jetant aux oubliettes deux cents ans d'observations à l'aide de lunettes et de télescopes.

Puis Mars retomba dans l'oubli. Tous les regards des astronomes étaient tournés vers la Lune et les sondes préféraient les voyages au long cours vers Jupiter et Saturne. Et puis, coup sur coup, ce fut la première arrivée en douceur sur le sol de la planète rouge des deux engins américains Viking les 19 juillet et 7 août 1976. Sur les premiers clichés du panorama martien, les astronomes découvrirent un désert de cailloux. Mais le véritable but de la mission était la recherche de la vie, ou plutôt des molécules nécessaires à l'apparition de la vie. Hélas ! après avoir gratté la poussière rougeâtre et procédé à des analyses dans de véritables petits laboratoires de chimie, le verdict est tombé : pas la moindre trace de vie. Mars était un désert, une terre inhabitée.

Les scientifiques allaient-ils se détourner de Mars ? C'était mal les connaître. Surtout qu'au JPL, à Pasadena en Californie, là où l'on conçoit et suit les sondes interplanétaires, une nouvelle équipe de jeunes ingénieurs voulait révolutionner la conquête de l'espace en faisant petit et pas cher. Fini les missions complexes à coups de millions de dollars, qui, si elles échouent, ruinent les autres programmes. Vive les petites sondes, simples, légères, conçues dans un but bien précis et dont le coût revient à celui d'un lancement d'Ariane ! Une vraie révolution dans l'exploration de l'espace. Et le coup d'essai fut un coup de maître avec la mission Pathfinder. Souvenez-vous : le 4 juillet 1997, un paquet d'instruments roule dans la poussière martienne, rebondit, protégé par des air-bags, s'arrête. Des pétales s'ouvrent. Un petit robot jouet, se met à rouler. C'est Rocky. Certes, il n'ira pas bien loin. Quelques dizaines de mètres parcourus, mais quelle étonnante moisson avec, rappelons-le, une mission pas chère : 150 millions de francs. À ce prix, on a envie de repartir à la conquête de l'Univers.

LES MARTIENS
En 1877, un astronome, Giovanni Schiaparelli, alors qu'il était en train d'observer Mars, affirma qu'il avait repéré une série de lignes entrecroisées sur le sol de la planète. Il les appela canali ou « canaux ». Certains pensèrent qu'il s'agissait là de véritables canaux, des voies navigables creusées par des êtres intelligents.

LA DISTANCE TERRE-MARS
Quand la sonde atteint Mars, la distance parcourue est d'environ 250 millions de km. Une erreur de 22 m/s dans la vitesse de départ se traduirait par un écart de 70 000 km au terme du voyage.

LA DÉCOUVERTE DE ROCKY

De la mission de Rocky dans la vallée Arès, on retiendra que, il y a 1,5 à 3 milliards d'années, là où Rocky a laissé les traces de ses pneus, a déferlé un torrent d'un volume équivalent à celui des grands lacs américains. Stupéfiant. Ça y est, on la tenait la preuve que Mars avait été une planète humide. S'il y a eu de l'eau, il y a peut-être eu de la vie. Et c'était reparti !

Après Mars Pathfinder, neuf autres missions sont programmées, à raison de deux engins expédiés tous les deux ans. En tête de l'armada, Mars Climat Orbiter, 633 kg en orbite autour de la planète pour dresser une carte météo martienne. Il est suivi par Mars Polar Lander. Atterrissage en douceur à la limite de la calotte glaciaire près du pôle Sud. Belle promesse d'images dans des paysages inconnus à ce jour. 2001 verra la mission Mars Pathfinder bis, avec un petit robot, frère jumeau du précédent et baptisé Marie Curie. Les choses plus sérieuses commenceront en 2003 avec un robot plus lourd, le Rover, véritable laboratoire mobile. Il devra procéder à une centaine de forages jusqu'à 5 cm de profondeur. Mais la suite est encore plus excitante. Le Rover doit rapporter des échantillons, les mettre dans une boîte étanche, loger le tout dans l'étage de remontée qui devra décoller de Mars et se mettre en orbite de parking. Là une sonde française devra effectuer un rendez-vous et ramener sur Terre un kilo de roche martienne. Un vrai défi technologique mais une mission passionnante pour les ingénieurs du Cnes et les astronomes qui attendent déjà arme aux pieds les échantillons à analyser. Pour une fois, la France ne passera pas à côté de l'événement spatial du début du XXIe siècle.

La station spatiale

En 1968, Stanley Kubrick, le réalisateur, et Arthur Clarke, auteur de science-fiction, nous ont projetés dans le XXIe siècle avec leur inoubliable film, 2001, Odyssée de l'espace. *L'action avait pour cadre, notamment, une véritable ville artificielle en forme de roues. Il y en avait deux, qui tournaient en sens inverse. En fait, les auteurs reprenaient un projet décrit pour la première fois le 8 mars*

1952 dans le magazine Collier's. *Son auteur, un certain Werner von Braun, inconnu pour l'époque, mais qui, dix-sept ans plus tard, allait déposer sur la Lune deux Américains. En 1952, on n'avait pas encore lancé de satellite artificiel. Et pourtant, von Braun n'hésitait pas à écrire : «Maintenant, scientifiques et ingénieurs savent comment construire une station spatiale qui tournera autour de la Terre à 1720 km. Le montage durera dix ans et le coût sera deux fois celui de la bombe atomique»!*

La suite, on la connaît ! Il faudra attendre près de cinquante ans pour voir assembler la première station spatiale. Quelque chose de beaucoup moins ambitieux, beaucoup plus petit, mais qui reste quand même le grand défi technologique de ce début de XXIe siècle.

Werner von Braun fut un remarquable ingénieur doublé d'un visionnaire. C'est à lui que revient le mérite d'avoir doté l'humanité d'un engin révolutionnaire : la fusée. Hélas ! la première application fut militaire, avec les V 2. Devenu responsable des programmes civils américains, c'est lui qui osa imaginer en 1952 la première ville en orbite autour de la Terre, alors qu'il ne possédait pas encore la fusée capable d'emmener là-haut les pièces pour son assemblage. Le premier morceau de métal dans l'espace, ce sont les Soviétiques qui l'envoient le 4 octobre 1957 avec les 83 kg de Spoutnik 1. Ce jour-là, la conquête de l'espace commençait. Mais, d'emblée, elle était placée sous le signe d'une compétition entre deux blocs : l'Est et l'Ouest. Werner von Braun rangea ses projets de ville en orbite au fond des tiroirs du Marshall Space Center de Hunstville et se consacra à la conquête de la Lune. La suite, on la connaît tous : en seulement huit années, de 1961 à 1969, l'orgueilleuse nation américaine mit au point la plus grosse fusée jamais construite, mobilisa toutes ses ressources industrielles et scientifiques pour relever un défi. Et, du premier coup, envoya deux hommes se poser en douceur sur la Lune. Un sans-faute qui battit les Soviétiques à plates coutures. On apprit par la suite que la proie était trop grosse et

LE DRAME SUR SALIOUT

En avril 1971, la première station Saliout 1, pesant 19,8 tonnes, est mise sur orbite par un lanceur D1 ; quelques jours plus tard, Soyouz 10, avec trois cosmonautes à son bord, établissait la jonction avec la station ; mais à cause de difficultés dans le système d'arrimage, ils ne purent y pénétrer. La deuxième mission habitée vers Saliout 1 se solda par un drame : la brutale dépressurisation de Soyouz 11, lors de sa rentrée dans l'atmosphère, tua ses trois occupants.

LE SKYLAB
Les Américains choisissent d'abord de convertir le matériel construit pour les missions lunaires (comme les fusées Saturn 5 ou les modules Apollo) afin de réaliser la première station américaine en orbite terrestre. Ce sera le programme AAP (Apollo Application Program), qui deviendra Skylab en 1973.

trop compliquée pour ces derniers. Mais, comme ils possédaient des lanceurs surpuissants, ils décidèrent de faire de l'orbite terrestre leur terrain de jeux et, le 19 avril 1971, ils lancèrent un gros module, la station Saliout. Gros pour l'époque, il l'était avec ses 15 m de long et ses 3 m de diamètre. C'était en fait un engin militaire d'observation destiné à être occupé en permanence par une équipe de deux hommes. Mais le fait était là : c'étaient les débuts de la colonisation de l'espace. Côté américain, tout à l'euphorie d'avoir décroché la Lune, on ne voyait pas l'intérêt de tourner en permanence autour de la Terre. Ce qu'il fallait, c'était préparer l'après-Apollo ; trouver une suite logique à un programme qui n'avait pas été conçu pour en avoir une. Et la Nasa s'engagea dans deux directions : la construction d'un nouvel engin qui devait reléguer les fusées au musée : la navette ; et l'envoi dans l'espace d'une grosse station orbitale. C'était le programme Skylab : le laboratoire du ciel. Un programme bâti à la hâte, on oserait même dire bâclé, fait de bric et de broc à partir des restes du programme lunaire. Ainsi, on transforma le troisième étage d'une fusée Saturne 5 inutilisée en appartement spatial, ce qui eut l'avantage de donner beaucoup de place aux astronautes : 15 m de long, 6,5 m de diamètre : deux chambres à coucher, un coin cuisine, une salle de bains avec douche et une immense salle de séjour. Lancé le 14 mai 1973, ce poids lourd de 90 tonnes fut occupé à trois reprises par un équipage. La dernière mission de novembre 1973 à février 1974 dura trois mois, ce qui permit aux Américains de faire le point sur les problèmes posés par les vols de longue durée. Mais le cœur n'y était plus, l'espace n'intéressait plus l'oncle Sam. Du coup, Skylab finit tristement sa vie en brûlant dans l'atmosphère le 11 juillet 1979. Les Américains abandonnaient à nouveau l'espace aux Russes pour seize ans, jusqu'à l'arrivée d'un américain à bord de Mir. Car, entre-temps, les Russes ont continué patiemment à tourner au-dessus de nos têtes. Après Saliout, c'est au tour de Mir, qui signifie « paix », de prendre le chemin de l'espace. Mais c'est toujours la même technologie qui est utilisée. Celle des années 70, comme si les Russes avaient atteint leurs limites. Et de module en module, laborieusement, astucieusement, les Soviétiques, redevenus des Russes après la chute du communisme, assemblent la station que nous connaissons. Avec ses six compartiments, une masse de près de 100 tonnes, elle nous semble vieillotte. Mais elle a le mérite d'exister. Elle inspire le respect par son ingéniosité et son audace. Prévue pour durer cinq ans, elle en aura tenu treize, voire peut-être plus. Elle aura tout connu : le feu, la collision avec un véhicule automatique, la dépressurisation d'un module, les pannes d'ordinateur... Et elle a survécu. Chapeau bas, disent les spécialistes.

Il fallut attendre l'arrivée du médiatique président Reagan, en 1981, pour voir l'Amérique enfin se réintéresser à l'espace. C'est lui qui lança l'idée de la guerre des étoiles pour essouffler l'Union soviétique dans un projet fou et ruineux : détecter et détruire les missiles en vol à l'aide de satellites. C'est lui qui comprit tout le parti que sa nation pouvait tirer d'un grand programme spatial, aidé sans doute en cela par les militaires qui rêvaient de mettre des espions en orbite. Et, le 25 janvier 1984, il lança l'idée de construire une grande station spatiale internationale avec, et c'était nouveau, la participation d'autres nations. Une astuce pour rendre le projet moins vulnérable aux aléas politiques, et pour tirer quelques subsides et aussi entraîner les Européens vers la navette et les détourner de la fusée Ariane. Et c'est d'ailleurs ce qui s'est passé avec l'Angleterre et l'Allemagne.

Et l'on ressortit des cartons nombre de projets de station spatiale. Rockwell, qui avait construit les navettes, proposait un assemblage de huit bidons flanqués de deux énormes panneaux solaires. La Nasa proposait un véritable échafaudage métallique en forme de rectangle, avec au centre également six bidons. Sur une grande poutre, quatre immenses panneaux solaires fournissaient l'énergie. Quant au coût, il grimpait de mois en mois et atteignait 20 milliards de dollars, 1 200 milliards de francs ! De quoi faire dresser les cheveux sur la tête de tous les membres du Congrès. Et c'est là où survint l'accident que tout le monde

LES RECHERCHES AMÉRICAINES

Concentrée sur le programme Skylab, l'Amérique mit tous ses œufs dans le même panier et consacra tous ses efforts à mettre au point son nouveau système de transport spatial : la navette. Et elle réussit, sans d'ailleurs trop savoir à quoi elle pourrait servir. À l'époque, en 1981, on voulait diviser par dix le prix du kilo en orbite et le ramener à 220 dollars, 1 320 francs ! On prévoyait 50 à 60 lancements de navettes par an. Aujourd'hui, on est à 6 ou 8 vols !...

L'ACCIDENT DE CHALLENGER
Le 28 janvier 1986, la navette Challenger explosait devant des millions de spectateurs, entraînant la mort de sept astronautes. Les experts conclurent à la rupture d'un joint de l'un des propulseurs d'appoint. Ce drame, qui traumatisa l'Amérique, eut de nombreuses répercussions sur l'ensemble du programme spatial américain : retard de plus de deux ans dans le calendrier des missions et dans le programme de construction de la station spatiale internationale.

redoutait et qui allait infléchir tout le programme spatial américain : l'explosion, le 28 janvier 1986, de Challenger. Échec technique, oui, mais aussi de tout un système : il était évident que la Nasa était devenue un monstre incontrôlable. L'État dans l'État. Et, pour beaucoup de politiques du Congrès, Dame Nasa était alors incapable de gérer un programme aussi ambitieux que celui de la station spatiale, alors baptisé Freedom : « Liberté ».

Et à mesure que le temps passait, que les ingénieurs planchaient sur leurs ordinateurs, le coût grimpait vertigineusement. De 20 milliards, en 1984, on passait à 32, en 1992. Et le choc en retour arriva : trop gros, trop cher, inutile, dirent en cœur les scientifiques et les membres du Congrès. Et tout le monde de reprendre la copie. Deux hommes sauvèrent le projet : Bill Clinton, qui arriva à la présidence en 1993 en plein marasme de la Nasa, et Daniel Goldin, l'énergique nouveau directeur de la Nasa. Et l'ultimatum tomba : « Vous avez 90 jours pour redessiner la station spatiale, sinon on arrête tout ! » Finalement, c'est une version allégée et simplifiée qui fut proposée aux membres du Congrès et le projet, rebaptisé Alpha, fut accepté à la majorité d'une seule voix. Il s'en est fallu de peu !

Entre-temps l'Empire soviétique s'était effondré. La Russie ne représentait plus une menace pour les Américains. Elle n'avait plus les moyens de concurrencer là-haut l'oncle Sam. Tout juste avait-elle assez d'argent pour continuer à faire tourner la station Mir. Et c'est là où Clinton eut un trait de génie : « Venez avec nous dans la station spatiale », proposa-t-il à Gorbatchev. L'accord de coopération fut signé le 2 septembre 1993. Alpha avait vécu, vive la station spatiale internationale. Et les événements s'enchaînèrent très vite. Les Américains négocièrent pour 400 millions de dollars, 2,4 milliards de francs, sept rendez-vous entre Mir et la navette et le séjour de six astronautes américains à bord. Histoire de roder le matériel, les hommes et les techniques de rendez-vous. Les Américains, enfin, passèrent commande de deux modules à l'industrie russe, les deux premiers éléments de la station.

Qu'en est-il aujourd'hui ? Au sol, tous les éléments de ce gigantesque Meccano sont construits : les modules, sortes de gros bidons de 4,3 m de diamètre et 8,5 m de long ; les pièces de jonction, que l'on appelle nœuds ; la grande poutre de 110 m de long qui supportera les quatre immenses panneaux solaires de 75 m de long. Côté russe, deux modules, un autre européen, Colombus, et un japonais, et 2 pièces de jonction italiennes. Bref, tout un Meccano qu'il va falloir monter là-haut à plus de 400 km, stabiliser orienter, et assembler morceau après morceau. Si les amarrages de pièces se font automatiquement, en revanche, c'est une armée de mécanos de l'espace qui va jouer les plombiers, les électriciens pour établir les connexions. En tout, rien de moins que 34 vols de navettes pour servir de camions et alimenter le chantier, 10 vols de l'énorme fusée russe Proton et 20 vols des vaisseaux Soyouz et Progress jusqu'en 2005 pour apporter les hommes et le ravitaillement. Tels sont les chiffres de ce chantier hors du commun, pour lequel aucune solution de secours n'est prévue. En cas de défaillance d'un lanceur, c'est tout le programme qui est bloqué. Quant au coût, il a grimpé en flèche, malgré les recommandations d'économie faites par le gouvernement américain. On parle de 100 milliards de dollars, 600 milliards de francs pour voir, en 2005, tourner au-dessus de nos têtes un engin de 462 tonnes aussi grand qu'un terrain de football. C'est 2005, odyssée de l'espace, mais en moins ambitieux. Reste que si on ne peut qu'admirer l'ingéniosité des hommes, leur maîtrise technique, car ce qui va se passer là-haut n'aura jamais été fait auparavant, on peut s'interroger sur son sens. À quoi tout cela va-t-il servir ? Chacun ira de son couplet : à la gloire de la science, au progrès de la médecine, aux grands desseins de l'humanité... En fait, aujourd'hui, personne ne sait réellement à quoi cet enchevêtrement de bidons et de poutres métalliques va servir.

Faisons confiance aux hommes. Ils lui trouveront bien une application. Pour une fois, l'organe est créé le premier. La fonction suivra.

LE LANCEMENT DE MIR

L'élément central de la station Mir est lancé le 20 février 1986 et placé sur une orbite à 350 km d'altitude. Il s'agit d'une sphère de 2,20 m de diamètre, dotée de cinq pièces de jonction, à laquelle vont s'arrimer des modules aux fonctions spécifiques : Kvant 1 (module d'astrophysique), Kvant 2 (module de ravitaillement), Kristall (module d'expérimentations cristallographiques équipé de cinq fours), Spectre et Priroda (modules écologiques destinés à l'observation et à la télédétection).

Les forces de l'Univers

La machine atmosphérique

La glace, le vent, la neige, les variations de température rythment notre vie quotidienne. Ce sont les manifestations normales du fonctionnement d'une étonnante machine thermique : l'atmosphère. Parfois, elle a des ratés, on dit qu'il n'y a plus de saisons ; parfois, elle s'emballe, avec les tornades et les cyclones. Et dire que tout se joue dans une pellicule d'air d'une dizaine de kilomètres d'épaisseur qui enveloppe notre globe. Prévoir le fonctionnement de cette machine à long terme, cela s'appelle la climatologie, en prévoir les soubresauts au jour le jour cela s'appelle la prévision météorologique.

Il a fallu attendre que l'homme envoie des appareils photo à bord des premiers satellites au début des années 60 pour enfin regarder de loin notre planète Terre. Et tout de suite ce qui a frappé les observateurs, c'était que notre planète, vue depuis l'espace, apparaissait bleue avec, çà et là, les masses laiteuses des nuages. Mieux encore, en prenant régulièrement des clichés, ils ont pu observer, par le dessus, le fonctionnement de cette pellicule de gaz qui entoure le globe et que l'on appelle atmosphère. Aujourd'hui, le déplacement des nuages, l'enroulement en spirale des perturbations vous sont familiers grâce à ces images des satellites météorologiques diffusées sur les chaînes de télévision mais, il y a seulement quarante ans, elles tenaient de l'exploit. On avait prédit par le raisonnement, par le calcul et par l'observation ponctuelle que c'est ainsi que cela fonctionnait, mais on n'en avait jamais été les témoins, faute de recul suffisant. Avant les satellites, l'homme ne pouvait s'élever qu'à 10 ou 12 kilomètres d'altitude grâce aux avions. Tout au plus pouvait-il envoyer un appareil photographique suspendu à un ballon stratosphérique à 30 ou 40 km au-dessus de la Terre. En somme, il vivait le nez collé à sa planète. Il lui manquait le recul nécessaire pour embrasser d'un seul coup d'œil toute l'atmosphère, pour en avoir une vue globale, afin d'en comprendre le fonctionnement.

L'atmosphère, c'est donc cette couche de gaz – nous disons bien de gaz et non d'air – qui entoure notre globe. Sa masse est colossale : 5 130 millions de tonnes. Mais à l'échelle du globe cela ne représente que peu de choses : le millionième de la masse de la Terre. Plus intéressant est le fait que ce fluide est compressible. Autrement dit, sous son propre poids, l'atmosphère se tasse, se comprime dans les parties basses du globe. Et qui dit compression dit échauffement. Qui dit détente dit froid. Voilà qui vous explique en partie le fait qu'il fasse -40 à -50 °C vers 12 000-15 000 m d'altitude. Mais peut-être le plus intéressant pour comprendre les grands principes du fonctionnement de la machine atmosphérique est le fait de sa très faible épaisseur. C'est vrai, cette couche gazeuse monte jusqu'à 80 km d'altitude. On en trouve des traces à

Une tornade dans l'Oklahoma, aux États-Unis.

Un cyclone sur la plage de Bora-Bora en Polynésie dévaste tout sur son passage.

120 km. Pour nous, c'est le vide. Pour un satellite qui y évolue à 28 000 km/h c'est déjà un freinage aérodynamique. Mais retenons que les 50 premiers kilomètres contiennent 99,9 % de toute l'atmosphère et surtout que les trois quarts tiennent dans une épaisseur de 10 km. Et que c'est là que se jouent presque tous les phénomènes atmosphériques qui nous concernent. 10 km pour le globe, ce n'est rien. Si on ramène le globe à la taille d'une boule de 1 m de diamètre, l'atmosphère représenterait une épaisseur de 1,5 mm, soit celle d'une couverture cartonnée. Autrement dit, les climatologues ont à suivre les évolutions d'un fluide extrêmement mince qui va être très sensible à deux phénomènes : l'énergie et la rotation de la Terre.

L'air se comporte donc comme un fluide qui transporte la chaleur d'une région à l'autre du globe. C'est ainsi qu'aujourd'hui les climatologues voient notre atmosphère. Et comme ce fluide forme une couche très mince, il réagit très vite à une source de chaleur. C'est le rayonnement solaire qui est sa principale source d'énergie. Quel est, en effet, le moteur de cette machine atmosphérique ? Par le dessus il reçoit les rayons du soleil : comptez 1 367 Watts par m^2. 30 % environ, 1/3 sont réfléchis par l'atmosphère elle-même et les nuages. Le reste atteint le sol. Une partie est absorbée par les océans, qui la restituent ensuite à l'atmosphère mais plus tard. L'autre partie chauffe les terres émergées. Celles-ci vont remettre cette chaleur sous forme de rayons infrarouges. Et c'est là où l'effet de serre joue son rôle. La vapeur d'eau contenue dans l'atmosphère, le gaz carbonique, les aérosols et l'ozone, absorbent ce rayonnement et le restituent. Une partie vers le sol, ce qui chauffe la Terre ; une autre partie diffusée dans toutes les directions, ce qui réchauffe l'atmosphère. Le reste s'échappe dans l'espace et est donc perdu. En gros 100 Watts/m^2 servent à chauffer le sol, l'atmosphère et à déplacer les masses d'air, autrement dit, servent de moteur aux vents.

Conclusion du fonctionnement de cette machine atmosphèrique : il repart de la Terre autant d'énergie qu'elle en reçoit ; autrement dit, cette petite boule bleue perdue dans le vide est en équilibre thermique, ce qui est rassurant. Et c'est parce qu'il y a effet de serre que la température moyenne du globe est plus élevée qu'elle ne devrait l'être pour une planète située à 150 millions de km du Soleil. Sans effet de serre, notre globe serait une boule gelée à -18 °C. Grâce à lui nous en gagnons 33 ! Ce qui ramène la température moyenne à 15 °C et explique sans doute que la vie ait pu s'y épanouir. Simplement, aujourd'hui on assiste à une accélération de ce processus naturel d'effet de serre en raison de l'augmentation de la teneur en gaz carbonique.

Voilà pour la source d'énergie de la machine atmosphérique : c'est le soleil. Mais, telle que nous l'avons décrite, elle ne fonctionne pas. Elle est immobile. Il faut des écarts de température. Comme pour une machine à vapeur ou un moteur à explosion, il faut deux sources. Et c'est parce que la Terre est ronde et non plate, parce que son axe de rotation est incliné à 23° 27' par rapport à une ligne verticale théorique qu'il y a inégalité dans la distribution de l'énergie. Une zone, celle à proximité de l'équateur, reçoit plus d'énergie que celles situées près des pôles parce que tout simplement les rayons du soleil y sont plus obliques.

Ça y est, notre machine a ses deux sources : le chaud et le froid. Mieux encore, il existe près de 100 °C d'écart entre les

L'ATMOSPHÈRE

L'atmosphère, cette enveloppe presque transparente de gaz et de particules en suspension qui entoure la Terre, exerce une profonde influence sur tout ce qui se passe à la surface de notre planète. Sans les réactions chimiques, qui mettent en jeu plusieurs gaz atmosphériques, la vie n'existerait pas, et ce sont les mécanismes physiques se déroulant dans l'atmosphère qui déterminent la diversité des climats terrestres.

LE TRANSFERT D'ÉNERGIE
Sur une longue période, l'énergie reçue du soleil est presque entièrement compensée par le rayonnement thermique planétaire. Le flux moyen d'énergie solaire atteignant le sommet de l'atmosphère est, par unité de surface perpendiculaire aux rayons solaires, d'environ 1380 W par mètre carré. Toutefois l'atmosphère n'absorbe que 19 % de l'énergie. Une fraction (30 %) est réfléchie vers l'espace par les nuages et la surface de la Terre, cette dernière absorbant les 51% restant.

deux, ce qui n'est pas négligeable. La suite, vous la comprenez. Un fluide, en l'occurrence l'air, véhicule les calories des régions chaudes vers les régions froides avec, bien sûr, retour de l'air froid vers les zones équatoriales. Ce sont les vents réguliers.

Jusque-là les choses restent simples. Ce globe idéal aurait donc des zones très contrastées. Il serait balayé par des vents violents et constants un peu comme ceux engendrés par un courant d'air dû à un écart de température entre la face avant et la face arrière d'une maison. Heureusement pour nous qui y vivons et malheureusement pour les ingénieurs prévisionnistes, il y a l'eau.

Il y a d'abord les océans, qui piègent des calories à l'équateur et vont les redistribuer à des dizaines de milliers de kilomètres de là, jusqu'aux latitudes élevées. Et ce transfert d'énergie est colossal. Bien l'analyser, bien le comprendre est l'une des clefs de la climatologie et de la prévision météorologique à long terme. Quand on sait qu'une particule d'eau chaude prélevée au large de la Floride met près de deux ans pour suivre le Gulf Stream, lécher les côtes de Norvège et redescendre le long du Portugal pour retourner dans les Caraïbes, on comprend la complexité du problème. D'une manière imagée, dans notre machine atmosphérique il y a deux sources de chaleur, et deux fluides qui circulent entre elles, l'air et l'eau. Et bien entendu il y a couplage entre les déplacements des masses d'air et celui de l'eau par les courants. Vu l'immensité de la tâche, pour mesurer et suivre au jour le jour ces flux, seuls les satellites, de par leur recul, peuvent le faire efficacement.

Reste enfin, pour compliquer encore plus les choses, à tenir compte du rôle joué par la vapeur d'eau. L'évaporation est une pompe à calories, la condensation une libération de chaleur. Ce qui s'évapore sur les océans se condense sur les continents et participe ainsi au transfert de calories de l'un vers l'autre. En une année, c'est l'équivalent d'une couche de

80 cm d'eau sur toute la surface du globe qui est ainsi transférée et dont il faut tenir compte. La suite, vous la comprenez, dans ses grands principes. Notre planète est sans cesse parcourue en surface par d'énormes transferts d'énergie. Ce sont les déplacements des masses d'air et des courants océaniques. Mais comme la Terre tourne, et même très vite, au lieu de se déplacer en ligne droite du chaud vers le froid, ces masses suivent des trajectoires courbes. C'est l'effet de la force de Coriolis.

Le ballon sonde, appelé la Méduse, transporte des instruments qui permettent de mesurer la température et l'humidité.

Résultats, chauds et froids mettent des milliers de kilomètres pour se mélanger. De leurs affrontements naissent des systèmes nuageux enroulés en spirale : les perturbations. Mais dans les régions tropicales, là où les contrastes entre masses d'air sont les plus forts, la perturbation prend le nom de cyclone. C'est l'emballement local de la machine atmosphérique. Une soupape de sûreté qui se soulève, puis tout rentre dans l'ordre. Comme si rien ne s'était passé pour l'atmosphère, mais, hélas, pas pour les hommes qui ont été les témoins et les victimes de ce combat de titans.

La foudre

Phénomène mystérieux, imprévisible et dangereux, la foudre reste encore une énigme pour les scientifiques. Pourtant, ce phénomène est loin d'être rarissime puisque les scientifiques estiment que chaque seconde autour du globe 2 000 orages produisent plus de 30 impacts d'éclairs.

L'EXPÉRIENCE DE FRANKLIN
En 1752, à Philadelphie, le mois de juin est particulièrement chaud avec de violents orages. C'est là dans un jardin public que Benjamin Franklin réalise son expérience pour démontrer la nature électrique de la foudre et l'effet des pointes qui concentraient l'électricité. La suite nous la connaissons tous : Benjamin, aidé de son fils lance un cerf-volant, retenu par une corde en chanvre. Courageux mais pas si fou que cela, il a pris la précaution de nouer un fil de soie isolant à la corde de chanvre qui retient le cerf volant. Attachée au conducteur, une clef métallique. À mesure que l'orage approche, les poils de la corde en chanvre se hérissent. Jusqu'au moment où des étincelles jaillissent entre la clef et l'autre main du savant.

Certaines régions sont plus touchées que d'autres par la foudre. Même sous nos latitudes, la foudre frappe la France entre 700 000 et 1 million de fois par an. Le record étant de 62 000 impacts enregistrés par Météo France le 22 septembre 1992. Ce phénomène naturel qui mobilise les chercheurs de plusieurs disciplines apparaît de plus en plus comme une soupape de sûreté qui joue un rôle clef dans l'équilibre électrique de notre planète. Revenons un instant près de deux siècles et demi en arrière. Nous sommes en 1740. La mode est à l'électricité. Dans toute l'Europe, en France, en Angleterre, en Allemagne ou en Hollande, on se presse dans les salons pour se « faire électriser ». C'est à qui a les cheveux qui se dressent sur la tête, ou encore a la main ou le bras affecté par de violentes secousses. On parle alors de « feu électrique » quand il y a production d'étincelles ou «d'« effluves » s'écoulant entre les corps. Par-delà ce « folklore », c'était les débuts des sciences expérimentales. Et c'est dans ce contexte que, de l'autre côté de l'Atlantique, Benjamin Franklin réalisa les expériences qui le rendirent célèbres.

L'expérience de Franklin frappa les imaginations. Elle démontrait de façon éclatante la nature électrique de la foudre. Aujourd'hui, à la lumière de nos connaissances, cela nous fait dresser les cheveux sur la tête. Imaginez un instant que la foudre ait touché le cerf-volant : ce n'est plus une décharge d'électricité statique qui aurait jailli entre la main de Benjamin et la clef reliée au cerf-volant, mais bel et bien un arc électrique qui aurait électrocuté le savant américain. Mais démonstration était faite que l'on pouvait capter l'électricité atmosphérique et la dériver à l'aide d'un conducteur vers le sol : le paratonnerre était né. Près de deux cent cinquante ans se sont écoulés depuis l'expérience de Benjamin Franklin. Pourtant, aujourd'hui, l'origine des éclairs et leur mécanisme de cheminement nous sont encore largement inconnus. La difficulté provient de la taille des échelles impliquées. D'un côté, il y a des phénomènes d'électrisation dans les nuages qui se produisent à l'échelle atomique et, de l'autre, il y a la circulation atmosphérique qui intéresse des zones de plusieurs centaines de kilomètres. Enfin, il y a l'importance des énergies mises en jeu. Lorsqu'on parle d'éclair, on doit parler en centaines de millions de Volts, en dizaines de milliers d'Ampères, et la puissance libérée atteint celle d'une petite centrale nucléaire ! L'éclair, c'est-à-dire la partie visible du phénomène, résulte donc d'un transfert de charges électriques entre deux nuages, entre deux zones d'un même nuage, ou encore entre le nuage et la Terre. Pour que ce transfert ait lieu, il faut que le nuage soit électrisé, que les charges électriques soient séparées et qu'enfin, par endroits, elles trouvent un conducteur. D'habitude, autour de nous, dans tous les objets que nous côtoyons, le nombre de charges positives est égal au nombre de charges négatives. On les dit électriquement neutres. Mais si, localement, il y a accumulation de charges, il naît un déséquilibre. Ainsi, lorsque vous marchez sur une moquette, l'action de la semelle peut donner au tapis une charge d'une polarité et à la semelle la polarité opposée. Cette séparation de charges peut engendrer une différence de potentiel de près de 100 000 Volts sur quelques centimètres.

Voilà qui vous explique que, lorsque vous approchez la main d'un objet métallique, une poignée de porte par exemple, ou même la main d'une autre personne, apparaît une petite décharge électrique qui rétablit immédiatement l'équilibre entre ces charges électriques opposées. Il en est de même dans les nuages d'orage, bien que l'on ne connaisse pas trop la nature exacte des phénomènes physiques en jeu. Le nuage d'orage typique est le cumulonimbus. Une étonnante machine,

Des éclairs illuminent le ciel de Tucson en Arizona.

siège de violents courants d'air verticaux. Il n'est pas rare qu'un tel nuage atteigne 10 à 15 km de hauteur, et qu'à l'intérieur de cette cheminée les courants ascendants, c'est-à-dire montant de la base vers le sommet, dépassent alors les 150 à 200 km/h. Pour que cette machine atmosphérique fonctionne, il faut de l'humidité et un grand écart de température entre la base du nuage et son sommet.

Et c'est à l'intérieur qu'apparaît un déséquilibre électrique. Deux hypothèses sont couramment avancées : la précipitation et la convection. L'hypothèse de la précipitation repose sur un phénomène que l'on observe lors du fonctionnement des arroseurs de jardin : les plus grosses gouttes d'eau tombent vers le sol, alors que les particules les plus fines forment un brouillard. Il en est de même dans un nuage d'orage. Les grosses gouttes de pluie, les grêlons et les petits grains de glace tombent par gravité vers le sol, alors que les particules plus légères, gouttes de pluie, petits cristaux de glace pris dans de violents courants verticaux, restent en suspension. Ces collisions entre grosses et petites particules engendrent des charges électriques, qui se répartissent en deux zones : aux particules lourdes, les charges négatives à la base du nuage, aux particules légères, les charges positives dans la partie supérieure.

Cette image de Météo France montre la localisation d'orages au sud-est de la France. dans la soirée du 22 septembre 1992.

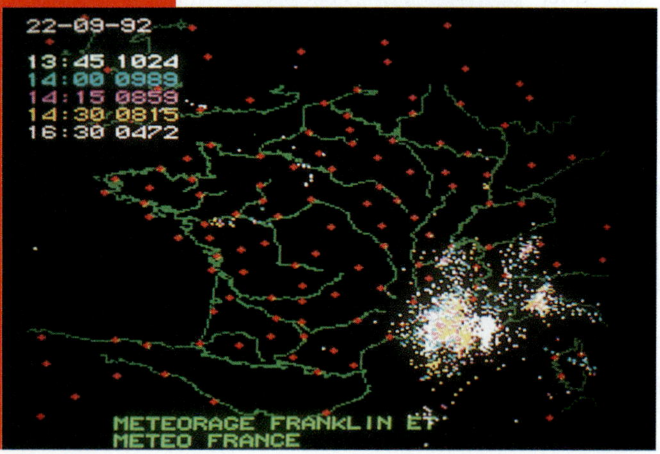

Malheureusement, cette vision assez simple des choses n'explique pas tout. Ce serait trop facile. La nature est, hélas, beaucoup plus complexe. D'où cette deuxième hypothèse de la convection.

Elle fait intervenir cette fois-ci deux sources de charges électriques. La première, en haut du nuage, est constituée par les rayons cosmiques qui frappent les molécules d'air et leur arrachent leurs électrons. La seconde source est le champ électrique intense qui se développe autour des objets pointus. Il produit l'ionisation partielle des molécules d'air qui se chargent d'électricité positive et sont entraînées par l'air chaud à l'intérieur du nuage. Alors, précipitation ou convection ? Comme toujours en science, il sera difficile de trancher, vu la complexité des phénomènes et surtout vu la difficulté d'effectuer des mesures et des observations. Il n'est pas possible d'envoyer un engin volant dans une telle agitation atmosphérique.

Aujourd'hui, la théorie la plus couramment admise est qu'il existe trois zones de charges électriques dans tout nuage d'orage : au centre, une zone de charges négatives. Elle a la forme d'une galette épaisse d'environ un kilomètre. Ce qui est peu en regard de 10 à 12 kilomètres de développement du cumulo-nimbus. Elle est située à environ 6 kilomètres d'altitude, où la température est voisine de -15 °C. Là coexistent vapeur d'eau, gouttelettes d'eau liquides et glaçons. De part et d'autre de cette zone, très active, deux zones chargées positivement. L'une supérieure qui monte jusqu'au sommet du nuage, l'autre inférieure, beaucoup plus mince, qui couvre la base du nuage. Autrement dit, un nuage d'orage n'est pas un dipôle mais un tripôle. Voilà pour la fabrication des charges électriques et leur répartition en zones bien isolées. Et la foudre dans tout cela ? Réponse des électriciens : c'est lorsque la couche d'air située entre ces zones n'est plus assez isolante que se produisent une ou plusieurs décharges électriques.

Presque tous les éclairs commencent à l'intérieur du nuage et se développent comme un arbre à deux têtes. L'une se fiche dans les régions de charges négatives, l'autre dans les régions de charges positives. Le tronc, la part principale, se

UNE EXPLICATION

En fait, le phénomène de la foudre commence à être mieux connu depuis qu'on l'a filmé au millionième de seconde et qu'on sait le reproduire en laboratoire. L'air est un excellent isolant. Comptez qu'un centimètre d'air propre et sec supporte une différence de potentiel de 1 000 Volts. Nous disons bien propre et sec. Dans un nuage, c'est l'opposé, c'est humide, sale et hétérogène : vapeur d'eau, poussière, glaçons, cristaux de glace. Il n'en faut pas plus pour abaisser la résistance électrique. Quant aux charges, ce n'est plus en milliers mais en millions voire en centaines de millions de Volts que s'expriment les différences de potentiel.

LES SIGNES PRÉCURSEURS DE LA FOUDRE
Des nuages cumulonimbus en forme de tours apparaissent. Des petites lueurs bleues sont visibles sur les pics et les crêtes des montagnes. Difficilement perceptibles en pleine lumière du jour, ils s'accompagnent d'un bruissement ou d'un bourdonnement. Le système pileux s'électrise sur la tête.

dirige soit vers une zone positive au sein du même nuage, soit vers un autre nuage, soit vers la Terre. Il devient ce qu'on appelle un précurseur. Il progresse par bonds d'une centaine de mètres cherchant le chemin le moins résistant. C'est un courant négatif d'une centaine d'Ampères. C'est lui que nous voyons et qui donne à la foudre sa structure ramifiée. Lorsqu'il arrive à une centaine de mètres du sol d'une zone où règne un champ électrique élevé, arbre, clocher, pointe métallique, un second précurseur monte à sa rencontre. C'est le choc en retour. Une fois la jonction faite, il existe alors entre le cœur du nuage et le sol un canal conducteur ionisé gros comme le poing d'une main. Et c'est à l'intérieur de ce tube que s'engouffrent les charges électriques positives qui montent donc du sol vers le nuage. Autrement dit, la foudre ne tombe pas mais monte. En quelques millièmes de secondes, plusieurs décharges se produisent, on en a compté jusqu'à douze, et illuminent l'arc électrique et donnent l'illusion que l'éclair vacille. Porté brusquement à plusieurs milliers de degrés, l'air se dilate, ce qui engendre une onde sonore : le tonnerre. L'équilibre électrique momentanément rétabli entre le sol et l'atmosphère, le transfert de charges s'arrête. C'est la fin de l'éclair.

Mais pas de l'orage. Puisque le phénomène va réapparaître quelques centaines, voire quelques kilomètres plus loin, et ce jusqu'à disparition du potentiel au sein même du nuage et a fortiori entre le nuage et le sol. Comme si ces éclairs constituaient une espèce de soupape de sécurité entre la haute atmosphère et notre globe. Cette vision des choses apparaît d'autant plus pertinente qu'aujourd'hui, depuis la navette spatiale, les astronautes ont observé et filmé d'immenses lueurs qui partent du sommet des nuages et montent dans l'ionosphère entre 50 et 90 kilomètres d'altitude. Ce sont les farfadets, la foudre au-dessus des nuages. On sait aujourd'hui reproduire en laboratoire le stade précurseur de la foudre. C'est ce que l'on fait dans le centre de recherche EDF des Renardières près de Montereau. On en déduit une modélisation qui permet de voir « où la foudre va tomber », ou plutôt, vous l'avez compris, d'où partira le précurseur qui montera vers la base du nuage. C'est là qu'il faudra placer le paratonnerre.

Une nécessité : le recyclage de l'eau

En 1973, les experts nous ont prédit une pénurie mondiale de l'énergie dans les vingt années à venir. Un quart de siècle a passé, et le spectre s'éloigne encore plus. Aujourd'hui, on découvre plus de pétrole qu'on en consomme. Ce n'est pas l'énergie qui va nous manquer dans les vingt-cinq ou trente prochaines années, c'est l'eau.

C'est sans doute l'eau qui va être à l'origine de nouveaux conflits dans les pays où elle est considérée, à juste titre, comme un bien fondamental. Mais plus que la diminution de la quantité d'eau disponible pour chaque habitant de la planète, ce qui pose problème, c'est sa dégradation et l'inégalité de sa répartition. C'est un capital que nous a donné la nature, nous devons le protéger. Si un extraterrestre visitait notre système solaire, assurément, c'est notre globe qui le fascinerait. Non pas par sa taille. À côté des géantes Jupiter et Saturne notre globe est ridiculement petit. Mais sa couleur bleue, son atmosphère sans cesse changeante et surtout la présence d'eau l'intrigueraient.

UNE PRÉVISION
La Banque mondiale prévoit une pénurie générale d'eau potable qui pourrait être dramatique dans le tiers-monde. En Afrique du Nord et au Moyen-Orient, les ressources seront passées de 3430 m^3 par personne et par an en 1960 à 667 m^3 en 2025.

Mettez-vous un instant à la place de cet observateur. Quels liens ferait-il entre l'immensité des océans qui représentent 70 % de la surface du globe et les grandes étendues glacées des calottes polaires ? Sur Terre, il verrait, suivant les saisons, certaines zones passer du blanc au marron à la fonte des neiges. Il observerrait parfois la disparition de vastes zones sous de grands lacs en raison d'inondations catastrophiques. Bref, il serait intrigué et assurément aurait peine à imaginer que dans ces conditions des êtres vivants puissent vivre et s'y épanouir. Et pourtant, tel est bien notre sort. Oui, la Terre est ce que les astronomes appellent une planète humide en comparaison de nos compagnes du système solaire qui sont désespérément sèches : Mercure, Mars, la Lune. Comme elle possède une taille suffisante et donc une gravité forte, elle a pu retenir son atmosphère et donc sa vapeur d'eau originelle. Heureusement pour nous. Et on estime que depuis plusieurs millions d'années le volume de cette eau est resté constant.

Reste à savoir de quelle quantité d'eau nous disposons. Autrement dit, quel est le montant du capital que nous a donné Dame Nature et que nous devons gérer sous peine de connaître de graves problèmes. Les océans représentent, vous vous en doutez, un volume énorme de quelque 1,35 milliard de kilomètres cubes. Retenons qu'ils représentent 97,5 % des réserves en eau de notre planète. Les glaciers constituent la deuxième réserve, mais en eau douce, avec 27,5 millions de kilomètres cubes. C'est encore gigantesque, mais cela ne représente plus que 2 % de nos réserves. Et la suite des chiffres va vous laisser rêveur, puisque les nappes souterraines, celles qui alimentent les rivières, les lacs, et surtout celles qui servent à notre approvisionnement, ne représentent que 0,5 % de ce total. Enfin, les rivières et les fleuves, le long desquels on estime que vit un habitant de la planète sur deux, totalisent seulement un petit dix-millième des réserves. C'est une quantité énorme à l'échelle de l'homme, certes, mais ce n'est rien du tout ramené à la taille du globe. Voilà qui fait réfléchir et doit nous interpeller : préservons notre eau, ne la gâchons pas, ne la polluons pas, ou si nous la salissons, nettoyons-la. Tel est le cri d'alarme qu'ont lancé les experts du monde entier lors de la conférence mondiale de l'eau qui s'est tenue à l'Unesco à Paris en mars 1998.

UN EXEMPLE
Si on ramenait toute l'eau du globe à un cube de 1 mètre de côté (1 000 litres) l'eau douce ne représenterait que 25 litres ; l'eau des nappes souterraines seulement 6 litres et toute l'eau des fleuves et des rivières un ridicule petit verre !

L'eau recouvre 71% environ de la superficie du globe terrestre. C'est pourquoi on appelle la Terre, la planète bleue.

Mais peut-être plus que ces chiffres sur l'état de nos réserves convient-il de regarder sa répartition à la surface du globe. Et là, les inégalités sont encore plus frappantes. Huit pays – Brésil, Russie, Canada, États-Unis, Chine, Indonésie, Inde et Colombie – ainsi que les quinze États de l'Union européenne, se partagent les deux tiers des ressources mondiales. C'est pire que la répartition des réserves énergétiques. Le reste de l'humanité, fort heureusement beaucoup moins peuplé, est donc confronté à des déficits de plus en plus forts. Mais, hélas, cette inégalité, due non pas à l'homme mais au climat, est encore accentuée par le fait que ce sont les régions qui manquent d'eau qui connaissent l'accroissement de population le plus fort. Ainsi, on estime aujourd'hui que 45 millions de personnes sur le pourtour du Bassin méditerranéen manquent d'eau. Elles seront 200 millions en 2010 ! Enfin, un dernier chiffre : on estime aujourd'hui que 230 millions de personnes sont en situation de pénurie, et qu'un homme sur quatre vit aujourd'hui sans accès à l'eau potable !

Et nous ne sommes, pourrait-on dire, que 6 milliards d'habitants sur la petite planète bleue. Que se passera-t-il lorsque nous serons 10 milliards au milieu du XXIe siècle, presque tous regroupés dans des agglomérations devenues monstrueuses ? Alors que faire ?

Si on a en charge la gestion des ressources en eau de certaines contrées du globe, il y a de quoi s'inquiéter. La première des choses à faire est d'économiser l'eau : 70 % des ressources sont absorbées par l'agriculture. Il faut donc très rapidement développer des modes d'arrosage et d'irrigation plus efficaces, rechercher les espèces plus économes en eau, et ce bien sûr par génie génétique. On est ainsi arrivé à créer une variété de coton qui demande 30 % d'eau en moins. Reste l'industrie et les activités humaines qui salissent l'eau et la rendent impropre à tout autre usage après utilisation. On estime qu'une ville de 100 000 habitants, si ses rejets n'étaient pas traités, engendrerait une zone fortement polluée de 30 kilomètres de long sur une rivière ayant un débit comparable à celui de la Seine l'été. Après, bien sûr, le pouvoir auto-épurateur du milieu rétablira progressivement l'équilibre. Mais comme nos villes moyennes sont espacées en France de 30 à 50 kilomètres, à peine le milieu tente-t-il de récupérer qu'il reçoit une nouvelle charge de pollution. En somme, à peine remis d'un K.-O. il reçoit un nouvel uppercut, de quoi le rendre groggy pour un bon bout de temps.

La centrale d'épuration de Maisons-Lafitte. On aperçoit les différents bassins de décantation.

La solution ? La STE, en jargon technique. En clair, la station de traitement des eaux usées, plus communément appelée station d'épuration. Son but : restituer aux fleuves, ou à la rivière, des eaux aussi propres, voire parfois plus propres, que celles que l'on y a prélevées pour nos usages domestiques et industriels. Autrement dit, il s'agit de nettoyer ce que l'on a sali. Prenons un exemple, celui de la région parisienne. Chaque jour, on prélève dans la Seine et ses affluents – Marne, Yonne, Oise – quelque 2,5 millions de mètres cubes d'eau nécessaires à l'alimentation en eau potable de l'agglomération. Devenus rejets, ils finissent dans les égouts qu'un réseau de collecteurs achemine vers trois usines : Achères, Valenton, Noisy-le-Grand, et bientôt, de loin la plus moderne, Colombes. Rien qu'un chiffre pour situer l'ampleur de la tâche. Chaque jour, 80 % des eaux d'égouts de l'agglomération parisienne, soit 2,1 millions de mètres cubes, convergent vers l'usine d'Achères par un réseau de cinq canalisations dont certaines de 3,5 mètres de diamètre. De quoi y faire circuler un tramway ! Colombes, qui va venir soulager l'usine d'Achères, traitera à elle seule 240 000 mètres cubes, qui seront rejetés dans la Seine après avoir subi une série de traitements mécaniques, chimiques et biologiques.

UNE STATION D'ASSAINISSEMENT

Une station d'assainissement produit, en moyenne, par jour et par habitant, 2,8 litres de boue à 20g/l de matière sèche soit, par an, en France, 3 millions de tonnes de boue qui donnent 600 000 tonnes de matières sèches dont 50% vont en décharge, 40% sont répandus en agriculture et 10% sont incinérés.

Première phase, débarrasser les eaux usées des polluants grossiers : papiers, plastiques, feuilles d'arbres. Les matières volumineuses sont retenues par des grilles. L'eau arrive ensuite dans six bassins de dessablage-déshuilage. Le principe est le suivant : comme on ralentit considérablement la vitesse du courant, les sables et les graviers tombent au fond, et en surface flottent les huiles et graisses qui sont raclées. Ensuite, c'est l'élimination des matières en suspension et des phosphates par traitement physico-chimique. Le principe est toujours le même : on ajoute à l'eau du chlorure ferrique et des polymères pour que les matières organiques coagulent, forment de gros grumeaux qui s'agglomèrent et finissent par tomber au fond de la cuve sous forme de boues qui sont évacuées. Notre eau est déjà plus claire. Reste maintenant à éliminer la pollution dissoute due aux matières organiques et aux nitrates. Là, c'est le travail des bactéries. Une première colonie cultivée sur des billes d'argile expansée dégrade les matières organiques et les trans-

LA DÉNITRIFICATION
Là encore, la biologie fait merveille. Nos bactéries, en l'absence d'air, prélèvent l'oxygène des nitrates qu'elles transforment en azote gazeux.

forme en gaz carbonique et eau. On injecte des bulles d'air dans la cuve pour assurer la survie de ces charmantes petites bêtes qui dévorent nos déchets. Reste l'élimination des substances ammoniaquées. Là encore on fait appel à une colonie de bactéries cultivée cette fois-ci sur des billes de polystyrène en présence de bulles d'air. Mais nous ne sommes pas encore au bout de nos peines puisqu'il faut enfin se débarrasser des nitrates. C'est ainsi que s'achève l'épuration physico-chimique et biologique de l'eau des égouts de Paris.

Rejetée dans la Seine, elle sera débarrassée de 90 % de la pollution organique et de 80 % de la pollution due aux phosphates. Ce sont des performances parmi les plus élevées d'Europe et sur lesquelles vont devoir s'aligner toutes les autres installations. Enfin, dernier détail pour que l'on mesure bien le tour de force que cela représente sur le plan technique : cette usine tient sur un terrain de 4 hectares, l'équivalent de huit terrains de football. Ce qui a nécessité d'en enterrer une partie. Car le paradoxe aujourd'hui de nos civilisations est que nous voulons sauvegarder notre environnement sans vouloir en assumer le coût et les contraintes. Nous voulons des stations d'épuration. Elles sont désormais indispensables pour recycler l'eau que nous consommons, mais nous devons les cacher, et nous refusons d'en payer le prix. Qu'on le veuille ou non, l'eau va devenir une denrée si précieuse qu'elle sera de plus en plus chère.

C'est l'eau qui a façonné notre globe

Vous avez sûrement visité la Bretagne. Vous avez dû parcourir les magnifiques régions de l'intérieur, aux formes molles, arrondies, les monts d'Arrée. Si on vous dit que, il y a 700 millions d'années à leur place, il y avait un massif aussi gigantesque que l'Himalaya, que les gros blocs de granit couverts de genêts ne sont que les restes d'une montagne aussi haute que l'Everest, vous allez crier à la supercherie.

Et pourtant, c'est sans doute comme cela que les choses ont du se passer. En 700 millions d'années, l'eau a réduit une arrogante montagne à l'état de collines.Ce n'est pas de la science-fiction. Ce phénomène à l'échelle géologique se déroule en ce moment sous nos yeux, mais son efficacitér nous échappe car il est très lent. Et pourtant, les montagnes d'aujourd'hui seront les collines de demain, usées, érodées, lessivées par l'eau.

Difficile d'imaginer notre terre sans eau. Pas d'eau, cela signifie pas de vie, pas de plantes, pas d'arbres, pas de prairies. Rien que des étendues désertiques, balayées par le vent, qui soulèvent des nuages de poussières. Plus d'eau, cela veut dire rivières à sec, plus de lacs, et surtout plus d'océans. C'est Paris-New York à pieds secs. Et c'est la disparition des calottes polaires qui contiennent à elles seules 90 % de notre eau douce.

Vous avez peine à imaginer cela. Les géologues aussi. Mais ce triste spectacle, nous l'avons en permanence sous les yeux : c'est la Lune, c'est Mars. Il suffit de se promener sur Mars par robot interposé pour découvrir ce qu'est devenue une Terre du ciel trop petite pour retenir son atmosphère et sa vapeur d'eau. La Lune, c'est la Terre il y a 3,5 milliards d'années. Une planète figée qui a fait dire à Buzz Aldrin, l'un des deux Américains arrivé là-haut dans la nuit du 20 au 21 Juillet 1969 : «Si nous

L'ÉROSION
L'érosion est la désagrégation et l'altération des roches suivies de l'enlèvement des débris sous l'influence d'agents externes : froid, chaleur, vent, eaux, glaciers. Les résultats dépendent de la nature et de la structure des roches, des climats auxquels elles sont soumises et de la durée de l'érosion dans les temps géologiques.

revenons dans un million d'années, nous retrouverons intactes les traces de nos pas. »

Boutade, certes, mais qui traduit bien une réalité scientifique. Sans eau, peu ou quasiment pas d'érosion. Les empreintes des bottes d'Aldrin dans la poussière sélène ne seraient altérées que pour le mitraillage des micrométéorites. Imaginons la même situation sur la Terre : des astronautes s'entraînant dans le désert de l'Arizona. Dans le sable les empreintes de leurs pas. Survient un orage. La suite, vous l'imaginez sans peine : les grosses gouttes de pluie labourent la poussière puis, ravinant le sol, effacent toutes traces. Ceci ne serait qu'un épiphénomène dans l'histoire géologique de la région, mais il permet de bien comprendre que notre globe est une terre sans cesse changeante parce qu'elle possède un volcanisme actif, parce qu'elle est le siège d'un phénomène insolite, la dérive des continents, parce que, enfin, elle possède de l'eau et de l'atmosphère.

LE VOLCANISME
Les volcans sont responsables de la formation de notre atmosphère primitive. Ce sont eux qui ont accumulé, parfois sur des kilomètres d'épaisseur, des millions de tonnes de matériaux. Regardons autour de nous : les monts d'Auvergne doivent leur origine au volcanisme. La montagne d'Agde près de Montpellier constitue les restes d'un ancien volcan.

Ne parlons pas des immenses plateaux de basalte en Lorraine qui trouvent leur prolongement en Allemagne. Et si nous franchissons l'Atlantique, ces manifestations du volcanisme prennent des allures cataclysmiques, avec d'énormes coulées de lave et de gigantesques dépôts de cendre, dans lesquels le fleuve Colorado a taillé le célèbre Grand Canyon.

La tectonique des plaques est plus connue sous le nom de dérive des continents. Il y a environ 700 millions d'années, un vaste océan séparait les terres immergées. En 400 millions d'années, elles se sont regroupées pour ne former qu'un vaste continent, la Pangée. À son tour, il y a 200 millions d'années, il s'est fragmenté en de gigantesques plaques qui tantôt s'écartent, tantôt passent les unes sous les autres. Tel un gigantesque puzzle, les morceaux de continents se sont lentement déplacés, pour occuper la place que nous leur connaissons aujourd'hui.

On sait que la naissance des montagnes est due au choc de ces plaques. L'exemple le plus célèbre étant la collision de l'Inde avec le continent eurasien qui a donné naissance à l'Himalaya. Aussi la surface de notre planète modelée par ces mouvements devrait comporter des montagnes monstrueuses, posséder des volcans aussi gigantesques que celui qui existe sur Mars – Nix Olympica, 22 km de haut, 800 km de diamètre, de quoi couvrir presque toute la France.

Mais la planète rouge a perdu son eau. Sans eau, plus d'érosion. Mars a conservé intactes les traces des événements géologiques qui ont façonné sa surface. Pour notre planète, fort heureusement, il n'en est rien. Il est bon de rappeler ici l'importance de l'eau. Réparti uniformément à la surface de la Terre, le volume de l'eau (quelque 1,35 milliard de mètres cubes) représentait une épaisseur de 3 km. Autrement dit, si on gommait tous les reliefs, toute l'eau de la planète envelopperait la Terre d'une pellicule de 3 km d'épaisseur. C'est colossal.

Les océans représentent 97,5 % du volume total de cette eau, et les glaciers constituent la première réserve d'eau douce avec 2 %. Autrement dit, seul le reste, soit 0,5 %, participe activement au cycle de l'eau et nous concerne directement. Le processus est connu : comme la teneur en eau de l'atmosphère est constante, il s'évapore autant d'eau qu'il en tombe sous forme de pluie. En moyenne, ce sont 425 000 kilomètres cubes qui s'évaporent des océans. Cela ne vous dit rien mais, condensé, cela représente tout de même 1,250 m. Autrement dit, si chaque année l'eau qui s'évapore des océans n'était pas renouvelée, ceux-ci baisseraient de quelques millimètres. À ce régime, en quelques dizaines de millions d'années, il ne resterait des océans Pacifique et Atlantique qu'une vaste étendue asséchée et craquelée, avec çà et là quelques mares.

Enfin, dernier chiffre, pour bien situer l'enjeu de ce véritable

LA DÉRIVE DES CONTINENTS
Il y a 200 millions d'années, les terres émergées étaient toutes regroupées en un supercontinent appelé la Pangée. L'Afrique et l'Amérique du Nord se sont alors séparées, puis l'Europe avec la naissance de l'océan Atlantique il y a environ 150 millions d'années. L'Amérique du Sud s'est ensuite détachée de l'Afrique. Il y a 50 millions d'années la Terre présentait un aspect désormais familier.

lessivage de notre planète : un quart seulement de l'eau évaporée retombe sous forme de pluie sur les continents. Les trois autres quarts retournent directement dans les mers. Il pleut plus sur la mer que sur la terre. C'est logique, vue qu'elle occupe 70 % de la surface du globe. Enfin, l'eau qui tombe sur terre va soit ruisseler, soit s'infiltrer pour alimenter les nappes souterraines. Grosso modo, ce sont 27 000 kilomètres cubes d'eau qui dévalent ainsi les sommets pour retourner dans les océans. Et ce sont ceux qui nous intéressent. Ce ne sont que les 6 % de l'eau totale qui s'évaporent chaque année, mais ce sont eux qui façonnent notre planète. Juste six petits pour cent. Mais nous allons voir quels dégâts ils provoquent. Point n'est besoin de décrire en détail le cycle de l'érosion élaboré par Hutton, il y a près de deux cents ans. L'érosion donne des sédiments qui sont charriés par les rivières et les fleuves, pour finir dans les océans où ils tapissent les fonds.

Ils deviennent des roches sédimentaires, qui soit affleurent à la surface lorsque les mers s'assèchent ou que les continents se soulèvent, soit replongent dans les profondeurs de notre globe au moment du chevauchement des grandes plaques. En somme, c'est du recyclage naturel.

LA FORMATION DE L'HIMALAYA
L'Himalaya résulte de la collision vers -43 millions d'années du sous-continent indien avec le Tibet. Celui-ci s'était déjà constitué par les télescopages successifs de blocs continentaux.

Bien évidemment, le taux d'érosion, c'est-à-dire d'arrachement des matériaux par les eaux, est fonction du climat et de la nature des roches. Ainsi, avec le fleuve Jaune en Chine qui traverse de vastes plaines recouvertes de lœss, ce sont des poussières transportées par le vent, charriées, en moyenne 1,6 million de tonnes d'alluvions par an. Alors que le Dniepr en Russie, dont le débit moyen et la zone de drainage sont similaires, ne transporte que 1 million de tonnes. Enfin, on connaît les quantités phénoménales de sédiments crachés par l'Amazone, qui colorent en jaune l'océan Atlantique sur des centaines de kilomètres.

Voilà donc pour le décor et ses acteurs. D'un côté donc des montagnes qui naissent en permanence par le rejets des volcans

L'Amazone apporte à la mer 1 milliard de tonnes par an d'alluvions fines. La boue charriée par le fleuve crée des terres amphibies que la végétation finit par incorporer au continent.

et surtout à cause de la dérive des continents; de l'autre, une érosion due aux glaciers, au vent et surtout aux eaux de ruissellement. Et nous allons voir à l'aide de quelques exemples que c'est une course de vitesse entre les deux. Ainsi, la chaîne de l'Himalaya, résultat de la collision entre l'Inde et l'Asie, s'élève de 5 cm par an. Un rapide calcul montre que le rabotage des matériaux aurait dû conduire au bout de 50 millions d'années à une montagne de 250 km de haut. En admettant que la déformation du sol migre sur les côtés, que les roches empilées s'écroulent de temps à autre, les géologues annoncent tout de même que l'Himalaya aurait dû s'élever à 75 km de hauteur ! S'il n'y avait pas eu l'érosion. L'altération chimique des roches, leur éclatement sous le gel, leur lessivage par les eaux de pluie, en viennent à bout.

On estime que, en l'absence du mécanisme de surrection, c'est-à-dire la poussée de l'Inde, l'Himalaya passerait d'une hauteur moyenne de 5 000 mètres à 2 500 mètres, en seulement 10 millions d'années, rognant une épaisseur de roches de 15 kilomètres. Ces roches érodées se retrouvent piégées dans d'immenses bassins sédimentaires comme ceux du golfe du Bengale. On ne le voit pas, il est sous l'eau, mais il représente 20 millions de kilomètres cubes, soit de quoi recouvrir la France d'une couche de 31 km d'épaisseur ! Chiffre ahurissant, mais bien réel. Autrement dit, sous la mer, au large de l'Inde, dans le golfe du Bengale, sur 3 000 km de long et 1 000 km de large et par endroit sur une épaisseur de 22 km, en 50 millions d'années reposent 25 à 30 km de roches arrachées à l'Himalaya.

Grâce aux simulations par ordinateur, ces mécanismes d'érosion et de transport de matériaux sont mieux connus. On montre ainsi que l'érosion moyenne dans la chaîne himalayenne est en moyenne de l'ordre de 2 mm par an, avec de temps à autre des pointes à 1 cm. Et ce qui est vrai pour l'Himalaya l'est pour la cordillère des Andes et l'a été pour des massifs comme les montagnes Rocheuses aux États-Unis. On comprend maintenant ce qui s'est passé en Bretagne. D'un massif comme l'Himalaya il n'est resté au bout du compte que les rondeurs des monts d'Arrée !

L'océan, comment ça marche ?

Ce qu'il y a de terrible avec les océans, c'est qu'on en a tous une perception, que l'on croit tous avoir compris comment ça marche, mais que, en fait, nous commençons seulement à les découvrir. C'est vrai qu'un enfant s'aperçoit très vite que la mer est salée, qu'elle a des marées, des vagues, que de temps à autre le système s'emballe avec des tempêtes, qu'il y a des courants chauds et froids, mais dès que l'on veut approfondir ces connaissances expérimentales, on se heurte à un double mur : la dimension et l'hostilité du milieu marin.

UNE GRANDE DIMENSION

Voici un détail qui a son importance : l'océan est inégalement réparti à la surface du globe. Il y a moitié fois plus d'eau dans l'hémisphère Sud que dans l'hémisphère Nord. De plus, l'Océan Pacifique représente à lui seul plus de la moitié de toute l'eau à la surface de la planète.

Voilà ce qui vous explique que l'océanographie soit une science débutante. Mais face aux satellites, grâce à de nouveaux moyens de mesure, elle est en train de faire des progrès considérables. Le monde du silence cher à Cousteau ne sera plus le monde de l'inconnu.

Avant toute chose, essayons de situer les ordres de grandeur. Et tout d'abord, au lieu de parler des océans, nous emploierons le singulier en parlant de l'océan. Car, à bien y regarder, on s'aperçoit que sur le globe, tous les océans, toutes les mers, tout du moins les plus importants, communiquent entre eux. Voilà pourquoi nous allons parler de l'océan, comme les scientifiques ont pris l'habitude de parler de l'atmosphère. L'océan donc, couvre 70 % de la surface de la terre, ce qui représente un volume de 1 320 millions de km^3. Fait plus important, il représente 97 ,5% de toute l'eau présente à la surface du globe et sa profondeur moyenne est de 3 800 m. Et ce chiffre est important pour deux raisons : 3 800 m, c'est une épaisseur considérable pour l'homme – 3 800 m est la profondeur à laquelle gît le paquebot *Titanic*. C'est le monde de l'obscurité, du froid, avec une température de l'eau quasi constante de l'ordre de 4 °C, et surtout, c'est le monde de la pression. Grosso modo, on admet que la pression de l'eau, c'est-à-dire le poids de la colonne d'eau située au-dessus, augmente de 1 bar, soit 1 atmosphère, tous les 10 mètres.

À 3 800 m règne donc une pression de 380 bars, 380 kg sur une surface équivalente à la taille d'un ongle du petit doigt. Voilà qui vous explique que cet univers soit plus impénétrable pour l'homme que la pire des forêts vierges. Mais 3 800 m, comparés à la taille du globe, c'est très peu de chose. Si on amène en effet notre terre à avoir la taille d'une sphère de 2 m de diamètre, c'est-à-dire une très grosse boule, l'océan serait représenté par une feuille de papier de 6/10e de mm. Autrement dit, l'océan

Le Nautile permet de descendre profondément dans les océans et d'aboutir à de nouvelles découvertes.

QUELQUES CHIFFRES
Le volume des océans (en millions de km^3) :
Pacifique : 707,1
Atlantique : 330,1
Indien : 284,6
Arctique : 16,7
Total : 1338,5
(soit 93,9 %
de l'hydrosphère).

doit être considéré tantôt comme une masse énorme, douée d'une inertie considérable, qui va par exemple stocker des quantités fabuleuses d'énergie, tantôt comme quelque chose de très fluctuant, sensible au vent, à la rotation de la Terre, au découpage des côtes, aux étranglements que représentent les détroits. À ses débuts, l'océanographie fut une discipline d'explorateur et de naturaliste. On n'avait de l'océan qu'une vue fragmentaire et purement descriptive. C'était normal. Seuls les bateaux de commerce le parcouraient. Qui plus est, on décrivait un monde stationnaire, en équilibre. Des mesures, point ou si peu. Pourquoi ? Parce que le volume à appréhender est colossal. Parce que le milieu est agressif. Tous les appareils de mesure sont vite détruits par les tempêtes ou par la corrosion. Enfin, parce que pour s'y déplacer et y effectuer des mesures il faut des navires océanographiques. Ils sont rares et coûtent très chers : une journée en mer coûte de 60 000 à 150 000 francs, et que pour aller d'une balise de mesure à une autre, si il y a 150 km, il faut environ 5 heures de route. Enfin, n'oublions pas que, pour y travailler, il faut bénéficier d'une relative accalmie. Cela, c'est pour les mesures en surface des courants, de la salinité, de la température. Que dire des 3 800 m situés sous la quille des quelques navires océanographes ? Pas grand-chose, si ce n'est le résultat de quelques campagnes de plongées profondes, que seules trois nations sont capables de faire : les États-Unis, la France et le Japon. La Russie, faute de moyens, ayant jeté l'éponge. D'où l'intérêt de développer de nouveaux moyens d'observation. Grâce au système de positionnement par satellite GPS, on connaît avec une précision de quelques mètres la position d'un navire.

De fait, on peut en déduire la force et la direction des courants, en faisant la différence entre la route calculée et la route réellement suivie. Un courant de 1 m par seconde (3,6 km/h) entraîne, au bout d'une journée, un déplacement, on dit une « dérive » de près de 100 km. En profondeur, à l'aide de signaux acoustiques émis depuis le navire, on enregistre les déplacements de particules et de bulles par effet Doppler. Rappelons qu'il s'agit du décalage de fréquence entre l'onde émise et l'onde réfléchie par un corps en mouvement. Cet effet vous explique qu'un klaxon de voiture passe de l'aigu au grave lorsque vous êtes arrêtés le long d'une route. Tantôt le véhicule vient vers vous, tantôt il s'éloigne. Mais les plus gros progrès ont été enregistrés au cours des années 70, avec l'apparition des satellites d'observation et surtout de collectes de données. La première innovation a été le système Argos. On lâche dans l'océan environ 200 bouées. Elles vont dériver au gré des vents et des courants. Elles vont donc mesurer en continu leur environnement : température de l'eau, salinité. Comme elles sont survolées à intervalles réguliers par un satellite, elles vont donc lui transmettre ces informations. C'est un satellite facteur qui va localiser la bouée avec précision et collecter les données qu'il retransmettra au sol, lorsqu'il survolera une station de réception, par exemple Toulouse. L'idée fut tellement bonne qu'aujourd'hui, en permanence, 2 000 bouées dérivent sur l'océan. À noter que les derniers modèles sont capables de mesurer la température non plus en surface, mais sur les 200 premiers mètres. Ceci constitue un progrès considérable par rapport aux quelques navires océanographiques qui sillonnaient les mers. Reste, et vous l'avez tout de suite compris, que pour décrire et suivre les phénomènes tourbillonnaires de l'océan, il faut un minimum de 25 bouées dans un carré de 100 km de côté, soit 500 à 1 000 bouées rien que pour l'océan Atlantique. D'où l'intérêt d'observer en permanence et globalement la totalité de l'océan, et ce en prenant du recul. C'est ce que permet le satellite. Autres avantages du système satellitaire : d'abord son altitude, généralement aux alentours de 800 km, qui lui permet d'embrasser d'un seul coup une large portion du globe. Ensuite sa vitesse, 1 500 fois supérieure à celle d'un navire. Enfin, les satellites effectuent en permanence, durant près de sept années, des mesures et repassent au même endroit au bout de quelques jours.

LA SURFACE DE L'OCÉAN

La surface de l'océan présente des dénivellations de plusieurs dizaines de mètres à presque 200 m, en raison des différences de densité dans les profondeurs du manteau qui modifient régionalement l'intensité de la force de gravité.

LE GULF STREAM
Le Gulf Stream apparaît au milieu de l'Atlantique comme un bras de mer bleu, large de 600 km et profond de 300 m. Il est divisé en plusieurs tronçons qui vont réchauffer le Groenland, l'océan Arctique et l'Europe occidentale.

Autrement dit, c'est l'observateur idéal qu'attendaient tous les océanographes et qui a permis de bouleverser toutes nos connaissances sur la dynamique de l'océan au cours des dix dernières années. Car, à ces espions du ciel, on sait faire faire de plus en plus de choses. Bien sûr, ils regardent, ils photographient, ils ont appris à voir à travers les nuages, à mesurer depuis l'espace la température de l'eau grâce au rayonnement infrarouge. On suit ainsi l'évolution des masses d'eau chaude, l'étendue des glaces et la limite chaud-froid indispensables pour aider les pêcheurs. On mesure à 0,2 degré près les variations de la température, clefs de la météorologie, la hauteur des vagues, le niveau des mers à 5 cm près grâce à des radars dérivés directement de ceux employés par les militaires. Bref, vous l'avez compris, les satellites permettent d'avoir une vision globale du système océanographique et non plus quelques observations à l'aide des navires. Et surtout, ils ont donné une nouvelle dimension : le temps. Aujourd'hui, on ne considère plus l'océan comme une vaste étendue d'eau immobile, mais comme un système dynamique qui évolue sans cesse, qui échange de l'énergie avec d'autres zones du globe, avec les eaux profondes. Ainsi, il est désormais possible d'examiner le comportement des courants au fil des saisons, des années et d'observer les interactions avec les vents et le climat. C'est une nouvelle océanographie qui est née et dont voici les résultats les plus spectaculaires. Cela ne vous surprend pas si l'on vous dit que la température de l'océan varie de +30 °C en zones tropicales, à -2 °C dans les régions arctique ou antarctique. Cette variation de température est due à la variation des quantités d'énergie reçue. Compter à l'équateur 100 W par mètre carré. En fait, il s'agit de la différence entre l'énergie reçue du soleil et l'énergie que l'eau renvoie dans l'atmosphère sous forme de rayons infrarouges et d'évaporation. Les conséquences de ces écarts de température sont doubles. Premièrement, plus l'eau est chaude, plus elle se dilate et donc plus elle est légère. L'eau chaude reste en surface et gonfle l'océan. À tel point qu'au milieu de l'Atlantique, elle forme une lentille, une bosse de plusieurs mètres. En revanche, l'eau froide plus dense s'enfonce. Par exemple, près de la moitié de l'eau de l'océan Atlantique a une température comprise entre 2 °C et 4 °C, entre 1 000 et 4 000 m de profondeur. Cela, c'est le modèle stable. Mais les satellites nous ont appris à regarder la Terre comme un géoïde.

Entendez par là les surfaces où la gravitation est constante. On a tous appris que la Terre est une boule aplatie aux pôles à cause de la rotation et qu'elle représente un bourrelet de matière au niveau de l'équateur. Mais les satellites nous ont vite montré que, parce que leurs trajectoires n'étaient pas parfaitement régulières, l'attraction de la pesanteur n'était pas la même partout. Le globe présente des bosses et des creux atteignant plusieurs dizaines de mètres, et ce en raison d'une répartition des masses de matière à l'intérieur. Conséquence, l'eau à sa surface suit ces variations de la pesanteur et présente également une allure de montagnes russes. La suite se comprend. Différence de température, différence de densité, bosses dues à la dilatation de l'eau chaude, creux dus à une attraction plus forte : l'eau ne va pas rester immobile. Il y a une pente : l'eau cherche à s'écouler des hauts vers les bas. Il y aurait donc des courants en ligne droite. Mais c'est oublier que la Terre tourne et que donc s'exercent sur cette pellicule des forces dites de Coriolis qui détournent les écoulements vers la droite dans l'hémisphère Nord et vers la gauche dans l'hémisphère Sud. L'eau ne s'écoule donc pas le long des pentes, mais tourne autour des bosses.

Prenez le Gulf Stream : il tourne autour de l'empilement d'eau chaude situé au milieu de l'Atlantique. Il remonte le long des côtes de Floride, quitte la côte à hauteur de New York et s'écoule vers l'est. Il se sépare alors en deux branches. L'une traverse l'Atlantique et part en direction de l'Écosse puis de la Norvège ; L'autre va redescendre vers le sud, en longeant les côtes du Maroc et puis de la Mauritanie. Jusque-là, pensez-vous, il n'y a rien de nouveau sur le plan de la connaissance !

LA FRANCE ET LE GULF STREAM

**Grâce au Gulf Stream, la France bénéficie d'un climat privilégié ; sans lui , en raison de sa latitude, la température atteindrait environ -40 °C en hiver.
Le littoral Atlantique français en reçoit une chaleur équivalente à celle que fourniraient 30 milliards de tonnes de pétrole.**

LES COURANTS DE RETOUR
L'eau chaude en se refroidissant devient plus dense. Elle plonge dans les profondeurs sous forme de courants verticaux dont la vitesse est environ mille fois inférieure à la vitesse horizontale.

Pas tout à fait, car les océanographes ont appris à regarder ces courants sous l'angle des transports d'énergie. Et ils sont colossaux. Reprenons le cas du Gulf Stream. Sa vitesse va de 2 m/s, environ 7 km/h le long des côtes de Floride pour tomber à quelques cm/s. Mais, plus intéressant est d'essayer d'estimer les volumes d'eau déplacés. Ici, l'unité est le million de mètres cubes par seconde. C'est ce que charrient toutes les rivières du globe. Pour le Gulf Stream, au départ, c'est 30 millions de m^3 qui sont en mouvement, ce qui représente une veine d'eau chaude de 100 km de large et 500 m d'épaisseur s'écoulant à 50 cm/s (1,8 km/h). Mais à mesure qu'il progresse, il aspire sur ses bords de l'eau, augmentant ainsi son débit qui atteint 100 milliards de m^3/s, 100 fois ce que débitent toutes les rivières de la planète ! Mais là où les choses deviennent encore plus colossales, c'est quant on considère les courants sous l'angle du transfert d'énergie. Car voilà 100 millions de m^3 d'eau chaude à 30 °C qui chaque seconde arrivent dans l'océan Atlantique nord, pour se refroidir aux alentours de 12 °C. Toutes ces calories servent à évaporer de l'eau qui donne naissance aux perturbations qui nous arrosent régulièrement, et à réchauffer les côtes, évitant ainsi à la Norvège d'être prise par les glaces l'hiver. Mais il y a un autre aspect de cette circulation dont il convient de tenir compte : les courants de retour. Comme il faut bien que l'eau qui disparaît à un endroit soit remplacée par une quantité équivalente, ils affectent de très grandes zones. Enfin, cette eau qui plonge jusqu'à 4 000 m de profondeur remonte le long des zones côtières, comme en Mauritanie, au Pérou ou en Somalie. Enfin, dernier détail pour ajouter à la complexité de ces déplacements d'énormes masses d'eau chaude : les vents. À la surface de l'océan, la moitié de leur énergie sert à créer des vagues. L'autre pousse l'eau sous forme de courants de surface, sur une épaisseur de l'ordre de 100 m. Ainsi, les alizés qui soufflent régulièrement d'est en ouest dans les zones tropicales dans l'hémisphère Nord, poussent l'eau chaude vers les Antilles et les Bahamas. Il se forme une « montagne d'eau » d'environ 50 cm de hauteur qui accroît encore l'effet bosse du à la dilatation de l'eau en raison de sa température élevée. Et ce sont ces fluctuations dans ce passage de l'eau qui sont responsables de phénomènes climatiques comme El Niño ; tous les cinq à dix ans, les choses semblent s'accélérer : les alizés qui soufflent d'est en ouest et poussent l'eau vers les Philippines faiblissent. L'eau n'étant plus maintenue par la pression du vent, elle cherche à retrouver un nouvel équilibre et reflue vers l'est, vers les côtes du Chili et du Pérou.

La température de surface remonte, ainsi que l'évaporation. D'où des pluies diluviennes et des inondations. À l'inverse, à un renforcement des alizés correspond une remontée des eaux très froides le long de ces mêmes côtes. Dès lors, on comprend la complexité de ces phénomènes qui font intervenir les relations complexes entre l'atmosphère et l'océan, entre les débits d'eau chaude de surface et les remontée d'eau très froide depuis 4 000 m de profondeur. Et ce qui est une anomalie aujourd'hui, peut avoir des conséquences à plus long terme dans cinq ou dix ans. Décidément, le métier d'océanographe a bien changé et devient de plus en plus passionnant.

LES GRANDES ZONES DE PÊCHE
Les zones des courants de retour sont les zones de pêche les plus prolifiques. Ce qui se passe pour le Gulf Stream est identique pour le Kurushio au large du Japon, pour les courants du Brésil qui longent les côtes, pour les courants des Aiguilles le long des côtes d'Afrique de l'Est.

Quel est l'âge de l'Univers ?

Les astronomes ont ceci de déroutant qu'ils évoluent dans un monde où les distances s'expriment en milliards de milliards de kilomètres, et le temps en milliards d'années. Ils observent un univers qui nous semble le symbole même de la permanence. Le ciel de nos grands-parents était à peu de chose près le même que celui de nos parents et sera le vôtre. À l'échelle de la vie humaine, là-haut, il se passe peu de chose.

En fait, cette illusion est trompeuse. L'Univers est un monde sans cesse changeant où naissent, vivent et meurent des milliards d'étoiles. Un monde de violence extrême avec des explosions cataclysmiques sans commune mesure avec ce que nous connaissons sur terre, où toute notre artillerie nucléaire ne serait qu'un petit pétard mouillé. Et tout ceci a bien commencé un jour. Écrire l'histoire de l'Univers implique qu'il y ait un début et peut-être une fin. Mais quand tout ceci a-t-il commencé ? Aujourd'hui encore, les scientifiques sont divisés. Ils attendent la mise en service de nouveaux supertélescopes pour trancher entre 12 et 15 milliards d'années.

Les astrophysiciens et les cosmologistes nous proposent des modèles. Pour certains, il n'y aurait ni commencement ni fin. Pour d'autres, l'Univers, après s'être dilaté comme un énorme ballon, va un jour se contracter pour revenir à son état initial et peut-être recommencer un nouveau cycle. Mais le modèle le plus largement admis par la communauté scientifique internationale est celui d'un monde en perpétuelle expansion qui aurait débuté il y a 12 à 15 milliards d'années par une formidable explosion que l'astronome Fred Hayle a baptisé du nom de « big bang ». Cette théorie, car c'est de cela qu'il s'agit, est la seule qui propose un modèle cohérent de naissance et d'évolution de l'Univers. Mais avant de nous lancer dans une machine à remonter le temps pour tenter de décrire les premiers instants de l'Univers, il n'est pas inintéressant de bien comprendre ce qu'est une théorie.

DES QUESTIONS
Vouloir donner un âge à notre Univers quoi de plus normal ? Cela revient finalement à nous situer dans l'espace et dans le temps et à apporter une réponse aux questions : Où cela a-t-il commencé ? Comment cela a-t-il commencé ? Et cela a-t-il réellement commencé un jour ?

Une théorie n'est valable que si elle satisfait à deux conditions : décrire avec exactitude des observations et faire des prédictions concernant les résultats d'observations futures. Toute théorie physique est toujours provisoire, en ce sens qu'elle n'est qu'une hypothèse. Mais chaque fois qu'une expérience, qu'une observation vient corroborer les prédictions, la théorie se trouve confortée. Jusqu'au moment où un fait ne trouve pas d'explication. Il faudra alors soit modifier la théorie, soit l'abandonner. C'est ainsi que la science progresse. Et jusqu'à présent la théorie du big bang de l'Univers né d'une gigantesque explosion n'a pas été remise en cause et même se trouve confortée par les dernières observations réalisées par les satellites et par les télescopes géants. Car, bien entendu, à chaque mise en service d'un nouvel instrument correspond son lot de nouvelles découvertes auxquelles les astrophysiciens et les cosmologistes doivent trouver une interprétation.

Robert Woodrow Wilson et Arno Allan Penzias. Ces deux astrophysiciens américains posent devant leur radio télescope. Ils parvinrent à capter l'écho très atténué du big bang. Ils reçurent le prix Nobel de physique en 1978.

Avant de tenter de remonter aux origines de l'Univers, à l'instant initial, il est bon de se familiariser avec les ordres de grandeur et les unités qui constituent l'environnement habituel des astrophysiciens. Notre jardin – on pourrait dire notre terrain de jeux – c'est notre système solaire. L'unité de distance, c'est encore le kilomètre. La banlieue de la Terre, là où évoluent les hommes à bord des navettes et de la station spatiale, c'est en moyenne 400 km. Imaginez un compas de 400 km d'ouverture. Une pointe est piquée place Notre-Dame à Paris, l'autre décrira un cercle qui passera au sud par Genève, Lyon, Brive et Saintes et au nord par Londres et Cologne.Voilà ce qu'est aujourd'hui notre cour de récréation. La Lune, c'est en moyenne 384 000 km. C'est trois jours de voyage pour une cabine Apollo circulant à 40 000 km/h. Pour atteindre le Soleil, qui règne en maître sur notre petit monde, il faut compter en millions de kilomètres : en moyenne 150 millions. Déjà, pour nous, c'est énorme. Pour l'Univers, ce n'est rien du tout. Du coup, au lieu d'écrire les distances en kilomètres, les astronomes prennent comme unité

ALPHA
L'étoile la plus proche, en fait il y en deux qui tournent l'une autour de l'autre, ce sont Alpha du Centaure et Proxima du Centaure. Il nous faudrait 4,3 années pour aller à la vitesse de la lumière du Soleil jusqu'à Alpha. Inaccessible pour nous avec nos engins actuels, ce qui vous donne tout de suite une petite idée des difficultés rencontrées pour communiquer avec d'éventuelles civilisations extraterrestres. Mais une broutille pour les astronomes. Alpha du Centaure c'est la porte à côté en regard de ce qui nous attend.

l'année-lumière : c'est la distance que parcourt dans le vide un rayon lumineux se déplaçant à 300 000 kilomètres par seconde. Une année-lumière vaut environ 10 000 milliards de milliards de kilomètres. C'est gigantesque. Pour nous, cela ne correspond plus à rien et pourtant il va bien falloir s'y habituer. Pour venir du Soleil, la lumière met en moyenne 8 minutes et 12 secondes. Mais le Soleil n'est qu'une étoile moyenne sur la voûte céleste. Rien qu'à l'œil nu nous pouvons compter près de 3 000 points brillants, soit 3 000 soleils. Pour avoir une petite idée du nombre d'étoiles « proches », à moins de 17 années-lumière, on en compte une cinquantaine. Mais des soleils comme ceux-là, il en existe des millions, des milliards. Ils sont regroupés en d'énormes îles que l'on appelle galaxies. La nôtre est de la famille des galaxies spirales en raison de sa forme. Et nous, tournant autour d'une étoile jaune, moyenne, le Soleil, nous sommes logés dans l'un des bras de cette galaxie. Un dernier détail : notre radeau Univers en forme de gigantesque soucoupe volante laisse rêveur de par ses dimensions : 10 000 années-lumière de diamètre, pour 1 000 d'épaisseur. Et nous ne sommes pas au bout de nos peines. Ces galaxies ne sont pas isolées. Elles sont regroupées en amas, qui eux-mêmes sont rassemblées en superamas. Et comme ceux-là, on en découvre sans cesse tous les jours. Bref, pour les astronomes et les astrophysiciens l'Univers a aujourd'hui la structure d'une éponge constituée de grands volumes vides, plus ou moins sphériques, entourés d'une fine couche de matière faite d'amas de galaxies. Voilà ce qu'observent les astrophysiciens avec leurs gigantesques télescopes. Toujours plus loin, toujours plus d'objets et ce dans toutes les directions. Où que l'on observe il y a des objets lumineux. Ce qui fait dire que notre Univers à grande échelle est homogène et isotrope, aussi loin que l'on porte le regard de nos instruments. Mais regarder loin revient, vous l'avez compris, à regarder plus tôt. Et là encore, il va nous falloir oublier toutes nos idées reçues. Changer mentalement d'échelle de distance et de temps. C'est ce qui fait la complexité et l'attrait de ces études.

À un instant zéro, plus quelques fractions de fractions de seconde, l'Univers tout juste éclos se résume à une boule hyperdense, plus petite qu'une tête d'épingle. Incroyable pour nous. À l'intérieur de cette soupe d'énergie, une température qui dépasse les milliards de milliards de degrés. S'il fallait l'écrire il faudrait aligner un 1 suivi de 32 zéros ! Mais déjà cet embryon d'Univers s'étend dans toutes les directions. Pour donner une idée, il passe quasi instantanément pour nous de la taille d'une tête d'épingle à celle d'une orange. Et en même temps qu'il se détend il se refroidit. C'est le principe du réfrigérateur. Matière et antimatière apparaissent. Ce ne sont encore que des particules : quarks, électrons, neutrinos. Cette période, baptisée inflation, voit la matière dispersée aux quatre coins de l'Univers. C'est la période la plus turbulente, qui voit la tête d'épingle initiale devenir une boule de plusieurs milliards de kilomètres de diamètre, et ce, rappelons-le, en un milliardème de milliardième de milliardième de seconde.

UNE ORGANISATION EN ÉPONGE
On peut se demander quels processus physiques ont conduit à l'organisation en éponge de l'Univers ? La réponse la plus satisfaisante et aujourd'hui la plus cohérente adoptée par la plus grande majorité des scientifiques est celle du big bang autrement dit de l'explosion initiale, qui a conduit à la formation de toute la matière, à son organisation et à sa répartition dans l'espace.

La suite, telle que la décrivent les astrophysiciens, est plus calme. C'est la naissance de la matière. Beaucoup de temps a passé. Nous sommes à un millionnième de seconde après le big bang. Il ne fait plus que 10 000 milliards de degrés et l'Univers a la taille de notre système solaire, soit approximativement 6 milliards de kilomètres de diamètre. Particules et leurs symétriques antiparticules s'agitent, se cognent et s'anihilent. Mais, et fort heureusement pour nous, ce sont les grains de matière qui ont le dernier mot : protons, neutrons, photons. Ils sont les rescapés de la soupe originelle.

L'horloge cosmique indique 10 millionièmes de seconde. Il fait encore 1 000 milliards de degrés. Au bout d'une seconde, le thermomètre indique 1 milliard de degrés. Nous sommes dans les conditions de la fusion nucléaire. L'Univers est une superbombe H où se forment les premiers noyaux d'atomes légers hydrogène et hélium. Et cela ne va prendre que 3 minutes. Quand sonne la troisième minute, tout l'hydrogène

ARNO PENZIAS
Radioastronome américain, né en 1933, il est à l'origine de la découverte, avec Robert Wilson, du rayonnement thermique du fond du ciel à 3 kelvins (1965). Cette découverte conforte la théorie du big bang. Il obtient le prix Nobel de physique (1978).

ROBERT WILSON
Radioastronome américain, né en 1936, il découvre avec A. Penzias le rayonnement thermique du fond du ciel (1965), ce qui lui vaut de partager avec ce dernier le prix Nobel de physique (1978). Parallèlement, il se consacre au développement de la radioastronomie millimétrique.

et tout l'hélium sont formés et constituent presque 100 % de la masse de l'Univers. Mais un Univers qui est encore opaque. La lumière émise, les photons, sont absorbés par l'épaisse forêt d'électrons. C'est une prison lumineuse où la séparation entre lumière et matière n'est pas encore faite. L'Univers a quelques milliers d'années d'existence, sa température tourne autour de 10 000 degrés, ce qui est maintenant ridiculement froid par rapport aux conditions initiales mais représente tout de même la température régnant à la surface de toute étoile moyenne, comme notre Soleil. Et plus le temps passe, plus le milieu se dilate et se refroidit.

L'Univers a 300 000 ans, sa température est d'environ 200 degrés. Les photons, les grains de lumière, sont maintenant séparés de la matière. Ils peuvent se propager en ligne droite libres de toute contrainte. Le milieu est désormais transparent. Et cet instant est capital parce que c'est cette lumière fossile que nous recevons aujourd'hui sur nos instruments sous la forme d'un grésillement radioélectrique : le fameux bruit de fond de l'Univers, le rayonnement fossile. Il a été détecté en 1965 par les astronomes américains Arno Penzias et Robert Wilson. Tout dernièrement, le satellite américain Cobé a bien enregistré cette lumière initiale en provenance de toutes les directions de l'Univers. Autrement dit, tout semble confirmer qu'il y a bien eu un big bang mais qu'on ne pourra jamais voir le début du film faute de lumière. Notre machine à remonter le temps s'arrêtera toujours aux alentours de 300 000 ans. Avant, c'est le noir le plus complet. Place aux calculs et à la physique des hautes énergies.

La suite de la formation de l'Univers est plus «sereine» et classique. Environ 100 millions d'années après l'instant initial, la matière commence à s'organiser. C'est le combat entre la gravitation, qui cherche à agglomérer, rassembler la matière en masses compactes, et l'énergie, qui tend au contraire à la repousser. Et çà et là, vers 1 milliard d'années, dans ce que les astronomes appellent la «purée cosmique», de petits grumeaux de matière et de gaz forment les premières graines qui donneront naissance aux galaxies. Des nuages s'effondrent, se compriment, s'échauffent jusqu'à atteindre localement plusieurs dizaines de millions de degrés, allumant çà et là des étoiles. Des dizaines, des centaines, puis des millions et des milliards. Ça y est, la machine Univers ronronne. Des étoiles naissent, vivent et meurent soit en s'écrasant sur elles-mêmes, soit en explosant, projetant dans toutes les directions un halo de gaz et de poussières qui va servir de nourriture à d'autres jeunes étoiles. Cela, c'est ce que l'on connaît le mieux. En revanche, il reste l'apparition des premières galaxies, l'allumage des premières étoiles. Là, c'est le grand flou. Voilà pourquoi aujourd'hui les astrophysiciens partent à la recherche de ces premiers objets de l'Univers qui sont comme autant de témoins visuels.

Voilà pourquoi également ils multiplient la mise en service d'instruments, encore plus gigantesques, encore plus puissants comme le Keck d'Hawaii avec son miroir de 10 mètres de diamètre ou, demain, un supertéléscope spatial encore plus puissant que Hubble, le NGST, le New Generation Space Telescope. Il doit être déployé dans l'espace en 2007. Sa taille laisse rêveur : 8 m de diamètre. Il regardera dans l'infra-rouge et non pas dans la lumière visible. Ce détail vous montre que sa mission est de partir à la recherche des premiers objets : premières planètes tournant autour d'une étoile, premières galaxies, premières étoiles. Et comme il est difficile de localiser ces objets dans le bruit de fond généré par des milliards d'autres objets, le N.G.S.T. va partir à la recherche des flashs de lumière et de chaleur qui se produisent au moment de l'explosion d'étoiles, que l'on appelle « supernova ». Actuellement, on a repéré des objets, quasars, galaxies, nés 1 milliard d'années après le big bang. Qui dit mieux ? Ce qui nous reporte tout de même à 14 milliards d'années en arrière. C'est actuellement la date retenue pour la naissance de notre Univers.

La chimie dans la cuisine

Comment se forme une mayonnaise ? Pourquoi le soufflé retombe-t-il ? Pourquoi le homard devient-il rouge lorsqu'il est ébouillanté ? Autant de questions de la vie courante, que nous nous posons tous. Et comme toujours, ce sont les questions les plus simples qui sont les plus embarrassantes. Car la réponse n'est généralement pas simple. La cuisine est en effet un laboratoire de chimie où, curieusement, on a fait peu de mesures et d'observations. Qui plus est, dans ce domaine, le subjectif, c'est-à-dire le goût, l'odeur, l'emporte sur le mesurable. Sans vouloir mettre en équations un rôti ou une mayonnaise – quel en serait d'ailleurs l'intérêt ? –, nos scientifiques se penchent sur la question, dans le but d'améliorer la qualité de nos produits alimentaires et leur conservation.

On sait que les Anglais ont un humour particulier, Nicolas Kurti, physicien à l'université d'Oxford et membre de la très respectable Royal Society de Londres, l'équivalent de notre Académie des sciences, n'y échappe pas quand il dit : « Nous connaissons mieux la température au centre du soleil qu'au cœur d'un soufflé. » Paradoxe, certes, mais qui reflète bien une réalité : la science, ou plutôt la communauté scientifique, n'a que rarement pénétré dans nos assiettes et encore moins dans la cuisine. Sans doute parce que les grands maîtres la considèrent comme un art dont les tours de main se transmettent de génération en génération, bien à l'abri des regards de la communauté scientifique. En un mot, la cuisine est peut-être le dernier endroit où la science n'a pas pénétré.

Et pourtant, derrière ces tours de main éprouvés se dissimulent des phénomènes physico-chimiques extrêmement simples. La difficulté provient de ce que les aliments sont des mélanges très complexes de familles de substances dont, bien souvent, nous ne connaissons pas la formule exacte. Seuls les derniers moyens d'analyses peuvent nous donner une représentation en trois dimensions de ces très grosses molécules. Mais tout ceci ne serait rien si, pour ajouter au casse-tête, il ne fallait prendre en compte la question de la cuisson. Le cuisinier chauffe les aliments à une température très approximative. Elle dissocie des molécules, puis les réarrange en créant de nouvelles substances. Ainsi, l'odeur d'un rôti est le fruit d'un ensemble de réactions chimiques à sa surface portée à haute température. Et toute la difficulté est d'aller y voir, d'y placer des instruments pour suivre en direct ces transformations.

Ils ne sont pas nombreux les physiciens comme Hervé This a avoir écrit un livre de cuisine.

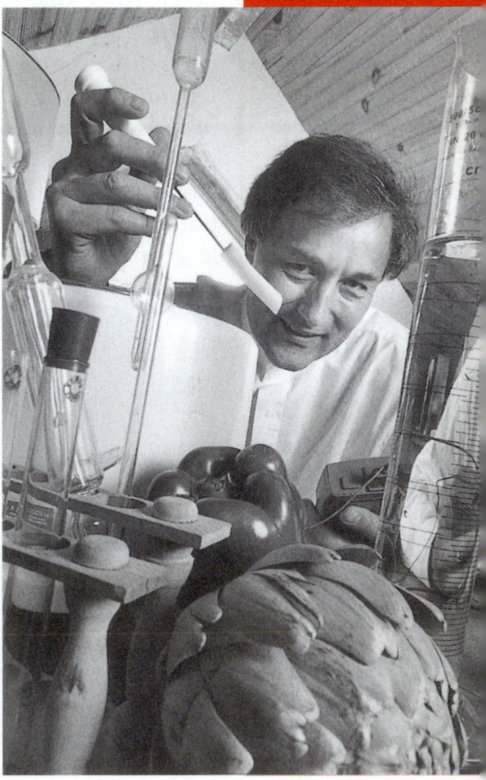

Mettez un tablier, posez sur votre tête la toque d'un chef et suivez-nous dans la cuisine, transformée, l'espace d'un chapitre, en laboratoire. Et tout d'abord, essayons d'y voir un peu plus clair dans les notions de goût et d'odeur qui sont inséparables de la cuisine. Une molécule, car c'est cela que nous détectons, n'a d'odeur ou de saveur que si elle est volatile ou soluble dans l'eau. Volatile : elle se dégage des aliments sous forme de vapeurs. Soluble dans l'eau : elle diffuse à travers la salive jusqu'aux papilles qui ne sont que des récepteurs reliés à des terminaisons nerveuses. Rien que sur notre langue, nous en avons près de 10 000. Un chien, dans son museau, en a dix fois plus! Autrement dit, une molécule n'a de goût que si elle se lie à des récepteurs présents

LES ÉCHANGES
Un feu vif ou une plaque très chaude saisissent la viande et forment cette croûte isolante qui freine l'expulsion du jus. En effet, moins on cuit, moins les tissus conjonctifs qui entourent les fibres musculaires se contractent et moins l'eau est expulsée. On évitera aussi de saler et de piquer la viande, ce qui, encore une fois, évitera la migration du jus de l'intérieur vers l'extérieur, sous peine de voir une viande goûteuse se transformer en semelle, et prendre l'aspect du carton bouilli.

dans la bouche. Comme une clef qui vient épouser parfaitement son empreinte dans la serrure.

L'un des secrets de la cuisine, et peut-être le point le plus délicat pour tout apprenti cuisinier, c'est la cuisson. Qu'est-ce que cuire ? sinon rendre les denrées assimilables et leur donner du goût. L'apport de chaleur, disons de calories, correspond à un apport d'énergie qui dégrade les grosses molécules et entraîne de nouvelles réactions chimiques qui aboutissent à de nouveaux composés chimiques aromatiques. Prenons l'exemple du rôti : au contact du beurre chaud, la surface de la viande durcit parce que l'eau contenue dans les fibres s'évapore. Les membranes des cellules sont détruites. Leur contenu se mélange aux graisses. Les protéines coagulent formant une croûte. Les glucides, c'est-à-dire les molécules de la même famille que notre sucre et les acides aminés, constituants principaux des protéines, réagissent avec les graisses chaudes et engendrent des arômes variés qui donnent au rôti cette odeur si caractéristique. Mais ce n'est pas tout. Protégée par cette croûte qui joue le rôle d'isolant, la chaleur diffuse lentement à l'intérieur. Comme la température n'atteint pas 100 °C, l'eau des cellules ne bout pas et ne s'échappe donc pas sous forme de vapeur. Le rôti reste moelleux et baigne dans son jus. Et les bardes de lard que l'on place autour ? Quel rôle jouent-elles ? En fondant, elles favorisent le rissolage. Comme les graisses sont meilleures conductrices de la chaleur, elles améliorent les transferts entre le fond du récipient et la pièce de bœuf. De ces considérations physico-chimiques on peut déduire la conduite à tenir pour réussir un bon rôti ou une grillade.

Ce sont encore les principes de base de la thermodynamique que l'on retrouve lorsqu'on souffle sur la soupe pour la refroidir. Le constituant principal est en effet l'eau. Elle bout à 100 °C. Sans atteindre cette température, de la vapeur d'eau s'en échappe. On dit que la soupe fume, lorsque ces molécules d'eau se condensent en très fines gouttelettes, ce qui les rend visibles. Mais, très rapidement, la vapeur d'eau cède ses calories à la couche d'air qui surmonte le liquide, ralentissant l'évaporation. En soufflant sur la soupe, vous procédez à un renouvellement mécanique des masses d'air. De l'air plus sec vient prendre la place de l'air chaud et humide qui stagne au-dessus du liquide. Le processus d'évaporation peut reprendre. Qui dit évaporation, c'est-à-dire passage de l'état liquide à l'état gazeux, dit absorption d'énergie et donc refroidissement. Mais comme la soupe est épaisse, les courants de convection, c'est-à-dire la circulation naturelle entre le fond chaud et la surface tiède, ont du mal à s'établir. Voilà pourquoi il est bon de la remuer en même temps que vous soufflez.

PRINCIPE DE THERMODYNAMISME
Un corps chaud fournit spontanément de la chaleur à un corps froid. C'est ainsi que peuvent se produire l'égalisation des températures de deux corps en présence ou le changement d'état physique d'un des deux corps.

La mayonnaise est également un bel exemple de cette « gastronomie moléculaire » chère à Hervé This. Du point de vue du physicien elle est en effet une émulsion d'huile dans l'eau. C'est-à-dire, une dispersion de microscopiques gouttelettes d'huile en milieu aqueux. Normalement, en effet, huile et eau ne se mélangent pas. Même quand on les brasse vigoureusement, les deux liquides se séparent. L'huile, plus légère, surmonte la couche d'eau. Il en est de même avec la vinaigrette, le vinaigre étant essentiellement composé d'eau. Que se passe-t-il lors de la confection d'une mayonnaise ? La clef est dans la présence du jaune d'œuf. Il contient de l'eau, et surtout des molécules tensio-actives comme les lécithines. Ces protéines ont la caractéristique de posséder des propriétés chimiques différentes à chaque extrémité. Une extrémité aime l'eau, se lie avec elle. On la dit hydrophile. L'autre repousse l'eau, elle est hydrophobe. Introduites dans le mélange eau-huile, ces molécules vont organiser le milieu. Elles vont fabriquer une membrane, constituée par au moins une couche de lécithine, qui isole les gouttes d'huile de l'eau ambiante. D'une manière imagée, elles ont la tête dans l'eau et les pieds dans l'huile. Enfin, pour satisfaire à des lois mécaniques d'équilibre des forces, ces longues chaînes se recourbent et forment des sphères. Ainsi les molécules d'huile se trouvent-elles isolées des molécules d'eau. Enfin, des charges électriques portées par les têtes hydrophiles assurent une répulsion entre ces gouttelettes, ce qui a pour conséquences de stabiliser l'émulsion et de donner à la mayonnaise sa consistance. Quel est dans ces conditions le rôle de la moutarde ? Le même que celui du jaune d'œuf, mais à un degré moindre. Elle contient des tensio-actifs. Voilà qui explique qu'une cuillère à soupe de moutarde dans une vinaigrette facilite l'émulsion. Et le vinaigre ? Non seulement il apporte de l'eau, mais, étant acide, il augmente la charge électrique des molécules tensio-actives qui se repoussent davantage et donc stabilisent encore plus la mayonnaise. À la lumière de ces explications physico-chimiques, on commence à comprendre les « trucs et tours de main » de grand-mère. Par exemple, pourquoi une mayonnaise tourne-t-elle ? Comment la rattraper ? Elle tourne parce qu'elle flocule. Les gouttelettes d'huile se regroupent, formant de grosses gouttes qui se séparent de l'émulsion, soit parce que les ingrédients sont trop frais, attention aux œufs sortant du réfrigérateur, soit parce qu'il n'y a pas assez d'eau pour la quantité d'huile. Et il suffit bien souvent de rajouter une cuillerée à soupe d'eau tiède et de battre vigoureusement pour fractionner les gouttes d'huile et, ainsi, rattraper une mayonnaise... Ce sont les mêmes principes que l'on retrouve lorsqu'on fait un soufflé. Cette fois-ci, ce n'est plus une émulsion huile-eau qu'il faut stabiliser mais un mélange protéine-air. Dans un soufflé, la partie essentielle est constituée par un blanc d'œuf battu en neige. Le blanc est un mélange d'eau et de protéines qui répondent aux noms de

Le four à micro-ondes possède un dispositif électronique qui engendre des ondes électromagnétiques. Celles-ci, réfléchies par les parois métalliques, sont absorbées par les molécules d'eau des aliments entraînant une élévation de la température.

ovomucine et conalbumine. Elles ont la propriété d'être tensio-actives. Encore une fois, on retrouve deux extrémités différentes. L'une aime l'eau, l'autre l'air. Elles vont donc se placer à la limite de l'eau et de l'air. Et on retrouve ici le principe de la mayonnaise. Les protéines du blanc d'œuf vont entourer les bulles d'air et les isoler de l'eau qu'il renferme. Et plus on fouette le mélange, plus on fractionne les bulles d'air, qui ont moins tendance à remonter à la surface. Autrement dit, on stabilise le mélange. Reste la dernière partie, la cuisson et le phénomène de « montée ». Là encore ce sont des lois élémentaires de physique qui règlent le déroulement des opérations. Les protéines du blanc d'œuf, au contact de la chaleur, coagulent ce qui rigidifie les parois des bulles d'air. Entre-temps, et c'est là l'équilibre délicat à trouver entre température du four et temps de cuisson, l'air emprisonné se dilate, ce qui transforme les microbulles en mini-ballons. Le mélange protéine-air, augmente de volume. Le soufflé monte. La suite, vous la comprenez aisément. Si l'on chauffe trop, les bulles d'air gonflent et finissent par éclater : le soufflé retombe. Si on chauffe trop lentement, l'air étant un excellent isolant, la croûte superficielle coagule, rigidifie les parois, emprisonnant dans un carcan le mélange qui refuse ensuite de monter ou, plutôt, monte localement en créant une boursouflure remplie de vapeur d'eau qui finit par crever. L'effet est désastreux.

C'est cette dilatation de l'air par la chaleur qui est également à l'origine de la séparation des plis dans la pâte feuilletée au moment de la cuisson. Dans la confection de la meringue, la présence de sucre en poudre dans le blanc d'œuf, rigidifie encore plus au moment du chauffage les parois de protéines des petites bulles d'air. Bref, où que l'on se tourne, la cuisine est un magnifique laboratoire dont on commence seulement à découvrir les règles de fonctionnement. Mais le fait de les connaître n'enlèvera rien au plaisir des yeux et de l'estomac...

Les concasseurs d'atomes

Le propre de la science est de poser plus de questions qu'elle n'apporte de réponses. C'est le sempiternel «et après!»... Prenez la constitution de la matière. Il y a les molécules, elles sont formées d'atomes. Les atomes à leur tour sont constitués de particules, les particules de quarks, les quarks de... Personne ne sait aujourd'hui que répondre à la suite. Nous disons bien «aujourd'hui». Et ce n'est pas la faute de dizaines de milliers de physiciens qui, de par le monde, tentent de percer les mystères de la matière.

LE CERN
À quelques kilomètre de Genève, en Suisse, une petite ville : Meyrin. Les monts du Jura ne sont pas loin. Cette charmante bourgade à deux pas de la frontière avec la France ne retiendrait pas l'attention si ce n'étaient les bâtiments du Centre d'études et de recherches nucléaires, le Cern. Un sigle peu connu du grand public et qui évoque immédiatement l'atome et la radioactivité dans ce que cela a de plus mauvais.

Curieusement, plus on se plonge dans l'infiniment petit, plus les machines pour l'observer sont grandes. Plus les énergies mises en jeu sont colossales. C'est le cas, au Cern, à Genève, avec son collisionneur. Un concasseur pour noyaux d'atomes qui a nécessité la construction d'un tunnel de 27 km de long.

Au Cern, pas de réacteur nucléaire, pas de déchets radioactifs, rien que des laboratoires de recherches et des physiciens. C'est le gratin de la physique mondiale, La Mecque de l'atome. Chaque année, ils sont 6 500 chercheurs venus de toute la planète pour essayer de comprendre comment et de quoi sont constitués les noyaux des atomes, quelles sont les briques fondamentales qui ont permis de construire tout notre univers, quelles sont les lois fondamentales qui régissent cet étonnant jeu de construction, quelle est la colle qui soude les éléments... Bref, un des plus grands casse-tête pour la communauté scientifique.

L'outil des physiciens : une machine étonnante, un accélérateur de particules. Le plus colossal instrument scientifique jamais construit par l'homme. Imaginez un tunnel de 4 m de section, en forme d'anneau, de près de 8 km de diamètre, soit 27 km de circonférence. Comptez une journée pour en faire le tour. Creusé entre 50 et 175 m de profondeur, la plus grande partie sous le territoire français, le LEP, c'est son nom de code, est assurément la plus grande machine jamais construite par l'homme. Encore un détail : les sites d'expérimentation, c'est-à-dire les endroits où une armée de physiciens réalisent leurs expériences, tiennent plus des halls de gare que des laboratoires d'université avec leurs 400 m de long. Bref, nous sommes ici au royaume de Gulliver. Et tout cela pour concasser des atomes, trier des particules fantômes, dont la taille s'exprime en millionièmes de milliardièmes de millimètre et dont la durée de vie se compte en millionièmes de seconde.

L'accélérateur de particules du CERN est un appareil qui accroît l'énergie cinétique des particules chargées électriquement qui servent de projectiles pour produire des réactions nucléaires ou de nouvelles particules.

C'est là un des grands paradoxes de la physique. La nature est constituée d'édifices moléculaires faits d'empilements d'atomes. Nous sommes descendus au millionième de millimètre, à la limite de nos instruments d'observation. Après, on est aveugle. On ne voit plus les objets, on les détecte par les traces de leur passage. On ne les pèse plus, on mesure l'énergie qu'ils libèrent lors d'une collision. Or, paradoxalement, si pour casser une molécule il suffit d'une étincelle, ou de la flamme d'un briquet, pour casser les atomes et surtout arracher les différents constituants du noyau, il faut des énergies colossales. Pas question de déclencher des mini-explosions nucléaires. Ce que l'on veut, c'est voir, mesurer, contrôler et

reproduire si besoin est des milliers de fois. Et la seule machine qui permette cela est l'accélérateur de particules.

L'idée est la suivante : dans un tube dans lequel on a fait un vide très poussé, on injecte une bouffée de particules, par exemple des noyaux d'atomes d'hydrogène, des protons ou des électrons. Et on les accélère en leur donnant une série de petites pichenettes à l'aide de bobines, un peu comme pour une balançoire qui monte de plus en plus haut à mesure qu'elle reçoit des impulsions. Et c'est ainsi qu'on a réalisé de véritables canons à particules de plusieurs kilomètres de long. D'où l'idée, pour gagner de la place, de les boucler sur eux-mêmes et d'en faire un anneau. C'est le principe des accélérateurs. Au Cern, tout au long des 27 km du tunnel, 3 400 aimants assurent le guidage des particules et les obligent à prendre les virages, tandis que 2 000 autres concentrent en permanence le pinceau de particules qui ont tendance à partir dans tous les sens. Et voilà comment on fait tourner, quasiment à la vitesse de la lumière, des paquets d'électrons de quelques millièmes de millimètre de large, et ce à raison de 11 200 tours par seconde !

Cette image informatique montre le résultat de la collision entre un électron et un positron. Celle-ci produit une énergie considérable.

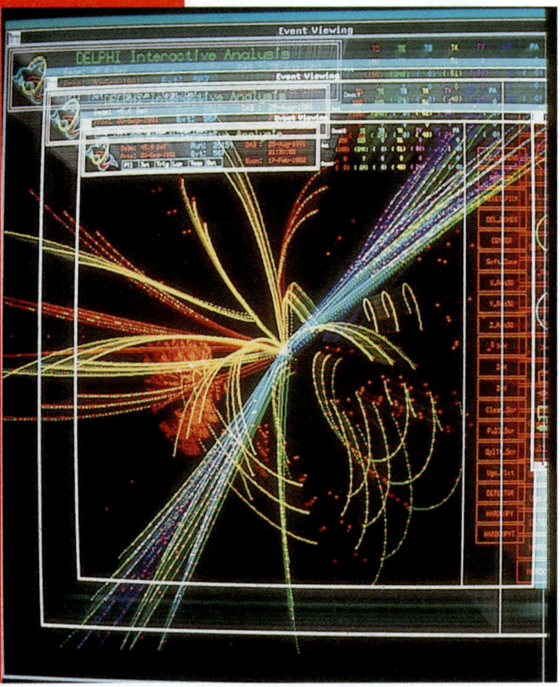

Et plus leur vitesse se rapproche des fatidiques 300 000 km/s, plus leur énergie augmente. Et au lieu de précipiter ces projectiles sur une cible, par exemple une mince feuille d'or, on a eu l'idée du choc frontal, de la collision de face. La plus redoutable. Une bouffée d'électrons contre une autre d'anti-électrons, les positons (ou positrons). Matière contre antimatière. Rien que cela. Banco, à tous les coups l'on gagne.

Ici, les particules sont si petites et, surtout, leur densité si faible – n'oubliez pas que l'on travaille dans le vide – qu'elles s'ignorent le plus souvent alors que les paquets injectés par rafales se font face, 40 000 fois par seconde ! Mais quand, enfin, un électron percute un positon, ils s'annihilent en libérant de l'énergie qui se matérialise l'espace d'une infime fraction de seconde en une pluie de particules qui n'existaient pas avant la collision et qui n'existent plus quelques millionièmes de seconde plus tard. Et tout ceci se passe sous l'œil ou plutôt sous les détecteurs des physiciens et pas n'importe lesquels.

LE SYNCHROTRON
L'accélérateur de particules du Cern est un synchrotron conçu principalement pour utiliser le rayonnement électromagnétique X émis par un faisceau d'électrons dévié par les aimants de l'accélérateur. Il accélère des paquets de 100 milliards de protons, à raison de un paquet toutes les trois secondes.

Imaginez une station RER, style Châtelet. Dedans, le détecteur Delphi, un cylindre de 9 m de diamètre, 10 m de long entouré par un électroaimant pesant 3 000 tonnes, le tout disparaissant sous un enchevêtrement de poutrelles métalliques, de passerelles et de câbles. Pas moins de 1 100 km pour relier les détecteurs aux ordinateurs. De cette avalanche d'informations, qu'il faut mettre en forme, trier, éliminer les parasites, on ne retiendra peut-être rien. C'est cela la recherche, avec au bout du compte, un jour, l'événement tant attendu : une griffe sur un écran. C'est la signature de la particule, que des centaines de physiciens traquent. Comptez deux à trois ans de travail pour débrouiller les résultats d'une seule expérience.

Mais quant on trouve, quelle joie ! On a levé un coin du voile qui enveloppe la naissance de l'Univers. On a trouvé une particule qui, comme dans un puzzle, va boucher un trou de notre connaissance, va donner son harmonie à ce grand édifice que constitue la physique. Par exemple, aujourd'hui les physiciens sont à la recherche des quatre grandes forces

LES LIMITES
Qu'est-ce qui limite l'énergie qu'un synchrotron est capable de fournir à un proton ? Plus l'énergie est grande, plus le champ magnétique doit être intense pour maintenir les protons sur un cercle de rayon donné. Comme il y a une limite au champ magnétique réalisable, la seule solution est d'augmenter le rayon des anneaux. On voit naître ainsi, à la fin des années 70, des anneaux gigantesques, mais peut-on aller plus loin que ce qui a été déjà fait ?

qui donnent à cet édifice toute sa cohésion. Elles ont le mérite de tout expliquer, du plus petit au plus grand, de l'atome à l'étoile. Un rêve de théoricien. Un grandiose superprogramme d'unification. Et, après tout, si ces quatre forces fondamentales n'étaient que les manifestations d'un seul et même phénomène : une superforce. On en a déjà unifié deux : la force faible qui règne au sein du noyau entre les particules et la force électromagnétique qui explique la cohésion des matériaux, leur couleur... Reste à relier cette force unifiée aux deux autres : la force forte et la gravitation. La force forte est essentiellement attractive. C'est elle qui soude à la colle forte les particules, les quarks, à l'intérieur du noyau. Sans cette supercolle, pas de noyau donc pas d'atomes. L'Univers ne serait qu'une bouillie de particules. Enfin, la gravitation est la plus faible de toutes ces forces. Elle s'exerce entre les objets qui ont une masse. Plus il y a de masse, plus elle est importante. C'est elle qui fait tomber les objets, qui fait graviter les planètes. Mais au niveau des particules, elle est imperceptible. Allez dans ces conditions trouver une théorie unificatrice entre ces quatre manifestations !

Surtout, allez détecter les particules, les grains de matière associés à ces forces. C'est la règle. Il manque donc dans la panoplie du physicien à dénicher le gluon, qui assure le transport de la force forte, et le graviton, porteur de la force de gravitation.

À 100 m sous terre, à cheval entre la France et la Suisse, des milliers de physiciens, ingénieurs et techniciens construisent un supercollisionneur, une superartillerie pour particules avec des aimants encore plus puissants pour obtenir au moment du choc frontal des énergies encore plus grandes. Toujours plus grand, toujours plus puissant, c'est le leitmotiv de cette physique de l'infiniment petit avec peut-être à la clef, en 2005, un nouveau prix Nobel de physique et... une conception encore plus simple de l'Univers.

Le triomphe des courants faibles

Méfions-nous des experts et des esprits visionnaires. Souvent ils se trompent. Ainsi, en 1970, le gouvernement américain a demandé à la très sérieuse Rand Corporation quelles seraient les grandes percées technologiques à attendre dans les vingt années à venir. N'oublions pas que l'on était alors imprégné du succès du programme Apollo qui avait conduit à l'arrivée de l'homme sur la Lune. Dès lors, tous les espoirs étaient permis pour cette fin de siècle marquée par une technique triomphante.

Et les experts de nous annoncer : d'ici à l'an 2000 l'homme débarquera sur la planète Mars. Les voitures n'auront plus de volant et se déplaceront sur des coussins magnétiques. On réparera le corps humain comme on va à une station-service : on s'approvisionnera en pièces détachées – cœur, jambes, bras... Les robots feront chez nous le ménage, la cuisine.... Bref, on rêvait. Et cela faisait du bien.

En 1901, le bureau cenral des télégraphes à Paris utilisait une grande quantité d'appareils.

Mais la réalité a été tout autre : Mars est repoussée à l'horizon 2020-2030 et encore ! Pas de robots chez nous, et nos voitures ont toujours des roues et des volants. En revanche, nos experts n'ont pas vu venir l'avènement du microprocesseur et l'explosion de la micro-informatique. Ne leur jetons pas trop vite la pierre. De semblables erreurs jalonnent l'histoire des techniques et des inventions. Prenez l'exemple du téléphone. À la fin du siècle dernier, personne n'y croyait. Il était tout juste bon à permettre au public d'écouter à domicile, ou en des lieux spécialisés, ce qui se passait sur la scène de l'Opéra. On avait même inventé le nom de « Théâtrophone ». Le grand Toulouse-Lautrec y allait de son crayon et de son pinceau pour vanter les mérites de cet Opéra à domicile. La suite, nous la connaissons tous, avec cette explosion des télécommunications due en grande partie à l'électronique. C'est le triomphe des courants faibles.

Affiche de présentation du théâtrophone datant de 1890.

Quand on relit l'histoire de l'électricité, on est frappé par l'imagination dont ont fait preuve nos parents et surtout grands-parents car, finalement, s'il a fallu des siècles depuis l'aube des temps pour connaître l'électricité, il a suffit d'un siècle pour la mettre au travail. Pour clarifier les idées, disons que c'est à partir de 1800 que ce qui était une curiosité de laboratoire, un passe-temps de salon, devint une science avec ses règles, ses principes, ses lois et ses théorèmes. Tout commence en 1800 avec la pile de l'Italien Volta qui produit enfin du courant de façon continue permettant ainsi de renouveler les expériences, de multiplier les observations. Avant, le courant apparaissait lors de brusques décharges. C'était l'époque des étincelles et des éclairs. Ce détail est capital pour la suite des événements. Des générations de savants, de physiciens, sans parler de bricoleurs de génie comme le Belge Gramme ou l'Américain Bell s'engouffrèrent dans ce nouveau champ d'exploration. Nous ne détaillerons pas toutes ces découvertes mais nous nous intéresserons aux grandes étapes qui permirent de passer du laboratoire à la production industrielle. Car très vite, vers le milieu du XIXe siècle, on comprit tout le parti que l'on pouvait tirer de cette nouvelle énergie qui présentait l'avantage de ne nécessiter que deux fils pour son transport et sa distribution et dont la simplicité d'utilisation fascinait. Pensez donc : 1850 voyait le triomphe de la machine à vapeur. Mais pour produire de l'énergie il fallait de l'eau, du charbon, une chaudière, une machinerie, avec pour contraintes : de la fumée et des cendres. Quant à l'énergie produite, elle était uniquement mécanique. Autrement dit, il fallait des poulies, des courroies, des engrenages pour la transporter d'un point à un autre des ateliers. Avec l'électricité, rien de tout cela : juste deux fils et un interrupteur en guise de robinet, avec en prime deux avantages, la propreté et l'universalité. Bien vite nos grands-parents découvrirent qu'avec ce « fluide », à l'époque on n'en connaissait pas la nature, on pouvait s'éclairer, chauffer des fours, faire tourner des moteurs, c'est-à-dire effectuer des déplacements. Arrivé à ce stade, le développement de l'électricité suivit deux directions différentes. La première fut la mise sur pied d'une production de masse pour satisfaire les nouveaux besoins et surtout abaisser son coût qui était supérieur alors au prix du gaz. Et c'est à un génial menuisier belge, Zenobe Gramme, que l'on doit la première dynamo moderne en 1868. L'humanité entrait dans l'ère de l'électricité industrielle. Un dernier détail pour mesurer les progrès techniques accomplis en un siècle et surtout la formidable augmentation de la consommation : en 1900, à l'Exposition universelle, la déjà toute-puissante société berlinoise AEG est fière de sa dynamo de 3 000 kW, pesant 160 tonnes, accouplée à une machine à vapeur de 4 000 CV. Aujourd'hui, c'est 1 300 mégawatts qui sortent des alternateurs, entraînés

LE PROGRÈS AMÉRICAIN
Si les Européens défrichèrent le terrain, les Américains, avec leur sens commercial, développeront leurs brevets : la première centrale électrique capable d'alimenter 1 200 lampes à incandescence a vu le jour en 1882, à New York. L'Edison Machine Works était l'ancêtre des EDF nationaux. Et la recette fut bonne puisque les producteurs d'électricité n'ont cessé de se multiplier.

LES SIGNAUX AVANT LE TÉLÉPHONE

Depuis les débuts de l'humanité, force est de reconnaître que l'on transmettait à distance les messages à portée d'oreilles ou d'yeux. Le tam-tam en Afrique, les cloches d'église chez nous, les sifflements dans certaines vallées des Pyrénées espagnoles, ne procédaient pas autrement. Il en était de même avec les signaux de fumée des Indiens, et les bras du télégraphe optique de Chappe. La portée, par beau temps, ne pouvait pas dépasser la dizaine de kilomètres.

par les turbines à vapeur des centrales nucléaires. De quoi alimenter une ville comme Lyon ou Marseille. On a donc multiplié l'efficacité par un facteur de 300, ce qui est unique dans l'histoire des techniques. Seul le moteur-fusée par rapport au moteur à essence a permis un tel gain.

L'autre voie d'utilisation de l'électricité a été celle des télécommunications. C'est le règne des courants faibles. Et très vite elle s'est imposée, plus rapidement d'ailleurs que celle des courants dits forts, et ce pour deux raisons essentielles : d'une part, de simples piles ou de petites dynamos suffisaient pour envoyer des impulsions dans des kilomètres de fils électriques, ce qui ne nécessitait pas la mise au point et la construction d'énormes centrales électriques ; d'autre part, tout de suite, les militaires comprirent l'intérêt qu'il y avait à pouvoir transmettre instantanément des messages.

Pour des raisons d'État, Napoléon fait perfectionner le système et 556 stations furent installées. L'ère du télégraphe optique dura un bon demi-siècle. Mais tous étaient convaincus de ses limites. Ce qu'il fallait, c'était transmettre autre chose que des vibrations sonores ou lumineuses. Mais quoi ?

Dès 1750, sir William Watson avait observé que les charges électriques se propageaient avec une extrême rapidité dans un fil métallique en reliant une machine électrostatique à un câble de 5 km de long. L'idée était là. Mais, comme toujours, il fallait développer la technique pour qu'elle quitte le laboratoire. Et il va s'écouler cent ans pour que les faibles courants électriques des piles de l'Italien Volta deviennent des messages codés.

La technique arriva sous la forme de bobines, les électroaimants, qui attirent une lame métallique lorsqu'ils sont parcourus par un courant. Et dès 1837, deux Anglais, William Cook et Charles Wheatstone, inaugurent la première ligne commerciale entre Paddington et Slough, 30 km qui deviennent 7 000 km quinze ans plus tard. Le codage qui permit de donner une signification aux impulsions électriques arriva en 1832 avec Samuel Morse : à une impulsion brève correspond un point, à une impulsion longue, un trait, imprimé par un stylet sur du papier. C'était du langage binaire avant l'âge. Et à chaque combinaison de traits et de points correspond une lettre de l'alphabet ou un chiffre. Ça y est, on avait tous les ingrédients pour transmettre à distance des informations. Cela se passa le 24 mai 1844 entre Washington et Baltimore. Une succession de traits et de points, un banal message sur la pluie et le beau temps, et l'humanité basculait ce jour-là dans l'ère des télécommunications. Et le succès ne fut pas au rendez-vous. Le public considérait le télégraphe comme un merveilleux jouet dépourvu d'utilité. Et ce sont les militaires qui comprirent tout de suite l'intérêt de cette invention lorsqu'éclata la guerre de Sécession. Du coup, des lignes de télégraphe, par milliers de kilomètres, furent posées le long des voies ferrées à travers le continent américain. En 1875, on en comptait 400 000. Sur la Terre, à travers les continents, sous la mer avec le premier câble sous-marin entre la France et l'Angleterre, la planète allait se couvrir de réseaux de télécommunications.

Si nous avons tant insisté sur ces débuts des télécommunications, c'est pour bien mesurer la portée des changements qu'elles allaient entraîner. Juste un dernier chiffre : pour relier la côte atlantique à celle de la Californie, soit grosso modo près de 6 000 kilomètres de routes et surtout de pistes, les chevaux les plus rapides mettaient près d'un mois. Rien que pour traverser les zones désertiques de l'Ouest, il fallait tabler sur huit jours. Avec le télégraphe, la transmission de messages prenaient quelques minutes. L'humanité basculait dans l'instantanéité.

À partir du moment où l'homme a su transporter d'un bout à l'autre de la planète des signaux électriques, la voie était

QUELQUES CHIFFRES
Les chiffres parlent d'eux-mêmes : les 2 millions de téléphones du début du siècle sont devenus 500 millions en 1982 et 800 millions aujourd'hui. Cela se traduit par plus de 1 000 milliards d'appels chaque année, pour un montant de 3 600 milliards de francs. Bel exemple de rentabilité qu'explique le gigantisme des entreprises de télécommunications et la formidable bataille commerciale dont elles sont régulièrement l'enjeu.

ouverte à des appareils de plus en plus complexes, de plus en plus perfectionnés, qui ont eu pour noms Télex, Téléimprimeur, Téléphoto.... L'autre grande révolution fut, en 1854, la transmission de la voix humaine. Là encore, derrière cet ancêtre du téléphone, il y a l'idée d'un homme, Charles Bourseul, qui mit à contribution toutes les connaissances que l'on avait alors sur l'électromagnétisme. L'idée de cet agent des télégraphes de Paris fut de transformer les vibrations de l'air que sont les sons, en vibrations mécaniques d'une plaque métallique qui à son tour donne naissance à un courant électrique dans une bobine. Cela nous semble simple, mais encore « fallait-il y penser », comme toujours dans ce genre d'affaire, l'invention ne profita pas à son auteur. C'est à un professeur de physique allemand, Philipps Reiss, que revient le mérite d'avoir donné le nom de téléphone à un appareil pour « transmettre électriquement de la musique ». Personne encore ne croyait à cette étonnante invention. Car il fallait passer du téléphone musical qui transmettait des vibrations simples au téléphone parlant susceptible de reproduire la voix humaine avec toute sa complexité. Deux Américains, Graham Bell et Elisha Gray, résolurent techniquement le problème. La petite histoire raconte que Bell déposa son brevet deux heures avant Gray au bureau des brevets de New York. Gray, croyant que l'appareil de Bell n'était qu'un jeu, ne demanda pas correction. La suite, on la connaît : Bell triompha. L'histoire ingrate oublia Gray mais retint la date : le 14 février 1876 à 14 heures. Quatorze ans plus tard, en 1900, on comptait 2 millions de téléphones installés dans le monde. C'est à cette époque qu'en France, les politiques ne croyaient pas au développement grand public de cette invention. À quoi bon relier les gens entre eux, disait-on ? Ils n'ont rien d'intéressant à se dire ! Et d'imaginer un téléphone, le théâtrophone, tout juste bon à permettre au public d'écouter à domicile ou dans des lieux privés les retransmissions de l'Opéra Garnier à Paris. Incroyable aveuglement de nos stratèges au moment où précisément la France s'illustre dans les technologies avec la construction de la Tour Eiffel.

Mais cette brève histoire des courants faibles qui véhiculent l'information se doit d'être complétée avec l'apparition et le développement de la microélectronique, qui elle aussi utilise des courants de plus en plus faibles. Et plus les courants sont faibles, moins il y a de perte dans les circuits, ce qui permit le développement fulgurant de ceux que l'on a appelés les portables.

Petit retour en arrière. Cela faisait près d'un siècle que l'on connaissait les propriétés électriques anormales de certains cristaux : isolants imparfaits, ils peuvent devenir conducteurs sous certaines conditions. D'où leur nom de semi-conducteurs. Des noms connus des seuls chimistes qui vont faire basculer toute l'électronique, et quitter le domaine des lampes de radio pour celui du solide : silicium, germanium, sélénium. Mais, encore une fois, une découverte n'est pas le fruit du hasard. Elle est le résultat de connaissances théoriques, d'un besoin et de développements techniques. Nous sommes à la fin de la Deuxième Guerre mondiale. L'étude des semi-conducteurs avait débuté depuis un siècle sans vraiment passionner la communauté scientifique. Mais, durant la guerre, des recherches systématiques sont menées pour la mise au point de radars. Les lampes alors utilisées n'arrivaient pas à suivre l'escalade des fréquences. Sitôt la guerre terminée, les laboratoires Bell prennent le relais et se penchent sur deux questions : fabriquer un amplificateur à l'état solide pour ses relais téléphoniques et obtenir des cristaux quasiment purs pour fabriquer un transistor. Ça y est, le mot est lâché. L'histoire retiendra trois noms : Walter Brattain, William Shockley et John Bardeen, et une date, le 30 juin 1948. C'était la première présentation officielle et publique du premier transistor à points de contact. Le premier amplificateur solide, c'est-à-dire d'une seule pièce, était né. Il fut suivi quelque temps après par le transistor à jonction qui allait métamorphoser toute une industrie. Et ce pour trois raisons. La première tient à sa taille réduite : moins il y a de distance à parcourir par les

WILLIAM SHOCKLEY
Physicien américain né à Londres en 1910, il poursuit des recherches pour la société Bell, en collaboration avec Bardeen et Brattain, qui le conduisent à l'invention, en 1948, du transistor à jonction. Il obtient le prix Nobel de physique en 1956. Mort en 1989.

JOHN BARDEEN
Physicien américain né en 1908, il est lauréat du prix Nobel à deux reprises : en 1956 pour la mise au point avec Shockley et Brattain du transistor, puis en 1972, pour une théorie de la supraconductivité. Mort en 1991.

WALTER BRATTAIN
Physicien américain né en 1907, il partage avec Shockley et Bardeen le prix Nobel en 1956 pour ses recherches sur les semi-conducteurs et l'invention du transistor. Mort en 1987.

électrons, moins le courant mettra de temps et donc plus rapide sera le circuit. La deuxième, à ce que les tensions de contrôle à appliquer sont de l'ordre du dixième de Volt, alors qu'il fallait plusieurs dizaines de Volts pour commander les tubes, et plusieurs centaines pour chauffer les électrodes. On gagnait un facteur 100 ! On voit tout de suite l'énorme économie d'énergie et de taille qui allait en résulter dans le domaine des télécommunications avec les amplificateurs de puissance. Comme on divisait par un facteur 100 l'intensité, on redivisait par 10 000 la chaleur dissipée. Enfin, de par sa simplicité, le transistor est plus facile à fabriquer qu'une lampe dans laquelle on a fait le vide et placé de 3 à 5 électrodes. Mais, alors qu'il faut en moyenne compter près de dix ans pour voir une invention quitter le laboratoire et arriver chez le particulier sous l'aspect d'un bien de consommation, avec le transistor, ce délai fut raccourci puisque le premier transistor, entendez par là le poste de radio employant la technologie des composants solides, est apparu en août 1955 au Japon. Il ne se sera écoulé que sept ans pour faire d'une découverte capitale un produit de grande diffusion, avec tout ce que cela comporte comme bouleversements dans les moyens de fabrication. Il a fallu, en effet, changer complètement les usines de production de lampes radio.

L'humanité venait de basculer dans l'ère des microcourants. Ce qui lui manquait encore pour aller jusqu'au bout de cette invention, c'était la miniaturisation. On en était au circuit dit hybride où les composants, certes petits, étaient placés sur une carte puis reliés entre eux par des cordons de soudure. L'idéal était de rassembler transistors, résistances et capacités au sein d'un même cristal. On raccourcissait encore les distances, ce qui permettait de gagner encore en vitesse et donc en fréquence, et surtout de supprimer une source de pannes : les mauvais contacts. C'est Robert Noyce qui mit au point tous les procédés utilisés pour arriver à cette fin. Et dix ans après la découverte du transistor sortait le premier circuit intégré. La course à la miniaturisation était lancée avec aujourd'hui 5 millions de composants sur quelques centimètres carrés de silicium. Et la loi de Moore, du nom de l'un des fondateurs de la firme Intel avec Robert Noyce, veut que l'on double tous les dix-huit mois ce nombre de composants. Jusqu'à présent elle n'a pas été prise en défaut. Alors que le premier microprocesseur au monde, le 4004 d'Intel, contenait 500 transistors en 1971, vingt-cinq ans plus tard, le dernier-né, le Pentium II, en contient 3,5 millions ! Et ce n'est pas fini, disent les spécialistes. En réduisant à 18 microns l'épaisseur des traits de la photogravure qui conditionne l'espacement entre les zones actives du transistor, on atteindra les 10 puis 20, 30, voire 100 millions de composants sur quelques centimètres carrés de silicium. Et à chaque nouvelle étape dans l'intégration, son lot de nouvelles applications. La prochaine étape verra des machines plus simples à utiliser que nos actuels ordinateurs. Et, pour que la machine devienne transparente, il faut derrière une électronique encore plus performante qui nécessitera encore plus de composants. Toujours plus puissants, toujours plus petits. Le public en demande toujours plus. Aiguillonnée par cette demande, la recherche se surpasse, avec pour ligne de mire ce que la nature a fait de plus performant : la machine biologique. Même avec nos supercircuits intégrés, on est encore très loin des 10 milliards de neurones que contient le litre et demi de matière cérébrale.

LA « LOI » DE MOORE
Cette « loi », énoncée par l'un des co-fondateurs de la firme américaine Intel, entend montrer la progression des avancées en matière de miniaturisation des circuits intégrés. Selon Moore, le nombre des composants sur *n* centimètres carrés double tous les 18 mois. Jusqu'à présent, les faits ont confirmé cette étonnante progression.

Les centrales nucléaires : des torrents d'énergie

Peut-être nos enfants liront-ils un jour l'histoire de l'énergie, comme on lit un roman. Un chapitre sera consacré à l'énergie nucléaire. Sans doute, l'un des plus importants en volume, tellement cette énergie aura marqué notre humanité. Et peut-être y lira-t-on que pour la première fois l'homme a tourné le dos à un pactole, à une source d'énergie quasi inépuisable, et ce pour des raisons idéologiques.

Parce qu'on aura mal évalué les impacts du progrès, parce que, dès le départ, dans la précipitation avec laquelle ont été faits les choix énergétiques des nations, on n'avait pas pris en compte tous les aspects du dossier nucléaire. Et notamment la gestion des déchets, leur stockage, le démontage des installations nucléaires périmées. Si tel était le cas, l'événement constituerait une grande première dans l'histoire des techniques. C'est comme si en 1900, dès l'apparition de l'automobile, on s'était posé la question de savoir si cette invention était acceptable pour la société compte tenu du fait qu'il allait falloir éventrer champs et forêts pour qu'elles puissent circuler. Et si on avait mis dans la balance les 8 000 morts et 400 000 blessés annuels. Et s'il avait fallu expliquer aux experts d'une commission de sécurité que les passagers arrière allaient être assis sur 50 à 60 litres d'essence hautement explosive, croyons-nous qu'ils auraient autorisé sa construction et sa vente ? Et pourtant l'automobile existe et a contribué au développement de l'humanité. Il en est de même pour le nucléaire. L'histoire dira si la maîtrise de cette source d'énergie aura été bénéfique. Reste que les centrales nucléaires sont d'étonnantes installations qui ont la particularité de libérer d'énormes quantités d'énergie stockées dans un très faible volume.

À chaque source d'énergie utilisée par l'humanité son gain en efficacité. Si avec l'homme la puissance ne dépassait pas les 100 watts, le cheval permit de faire un bond et d'atteindre le kilowatt. Lorsque l'homme utilisa le vent et les roues à aube des moulins, il disposa de la dizaine de kilowatts. Enfin, la machine à vapeur permit encore un gain d'un facteur 10 avec une puissance unitaire de l'ordre de la centaine de kilowatts. Telle a été durant près de vingt siècles la logique d'évolution

de nos sociétés industrielles. À cette notion de puissance unitaire, il convient également de regarder le progrès sous l'angle de la puissance par unité de masse. Et là encore quand on est passé d'une source énergétique à une autre, on a assisté quasiment à un doublement d'efficacité.

Ainsi, un kilo de charbon en brûlant libère le double de calories d'un kilo de bois sec. Le charbon de bois, qui est un concentré de carbone pur, a le même rendement énergétique.

Avec le pétrole, c'est encore à un doublement du rendement que l'on a assisté. En plus de sa simplicité d'emploi il offrait un caractère universel. C'est le même liquide qui devient tour à tour, gaz, essence, gazole, bitume. Il sert aussi bien à s'éclairer qu'à se chauffer ou à produire de l'énergie mécanique dans un moteur. Qui plus est, c'est le même carburant, à peu de chose près, qui alimente les moteurs Diesel, les turboréacteurs des avions et les moteurs des premiers étages des fusées. Telle est encore la logique d'utilisation de l'énergie. Avec l'énergie nucléaire, en revanche, c'est à une véritable rupture que l'on a assisté puisqu'un kilo de combustible nucléaire dégage un

Avec l'atome on quitte le domaine de la chimie pour un processus physique entièrement nouveau au cœur même de la matière au niveau du noyau atomique. On change donc d'échelle. En effet, la combustion est une réaction chimique qui vise à dissocier des molécules pour en reconstituer d'autres. L'énergie nucléaire, elle, va libérer l'énergie de liaison entre les constituants du noyau de l'atome eux-mêmes.

million de fois plus d'énergie qu'un combustible fossile. C'est un bond spectaculaire qui explique la difficile mutation des technologies et des esprits.

Jusqu'à présent, en effet, notre demande a été soit de capter l'énergie que nous appellerons libre – le vent, l'eau des torrents, le soleil –, soit de libérer l'énergie stockée par la nature au fil des millénaires. C'est le cas pour le charbon, le pétrole et le gaz qui proviennent de la décomposition de matières organiques, la libération intervenant au cours d'un ensemble de réactions chimiques de combustion avec l'oxygène de l'air. Ce sont des oxydations rapides, voire très rapides dans le cas d'une explosion.

Tant que l'on reste au niveau des molécules composées d'atomes, l'échelle est l'angström, qui représente le cent millionnième du centimètre. Si on prend comme référence cette unité pour exprimer le diamètre d'un atome, alors le noyau sera encore un million de fois plus petit. Ce qui s'exprime également par le fait que le volume du noyau est un million de milliards de fois plus petit que le volume de l'atome lui-même. Dès lors, on comprend que les forces nucléaires qui collent entre elles les particules au sein du noyau prennent à cette échelle des valeurs considérables. On oserait dire gigantesques, à l'échelle microscopique bien sûr. Voilà qui vous explique que les énergies de liaison soient si gigantesques par rapport aux énergies de liaisons chimiques qui font intervenir des forces plus faibles, les forces électromagnétiques. Conséquence : une combustion nucléaire, c'est-à-dire la dissociation d'un atome en plusieurs composants, libère un million de fois plus d'énergie qu'une combustion chimique. Ou encore : là où il faut une tonne de matière, un gramme suffit. C'est cela le secret de l'énergie nucléaire.

Dès que les physiciens au début de ce siècle ont découvert ces mécanismes, ils ont immédiatement pensé à extraire cette énergie de liaison. Simple en théorie, mais terriblement difficile en pratique. Car casser des molécules est relativement facile : une infime source de chaleur, celle d'une allumette, suffit pour amorcer la réaction de combustion. Mais briser des atomes, des édifices un million de fois plus solides que les molécules, n'est pas aisé. Fort heureusement, la nature nous est venue en aide sous la forme de noyaux d'atomes, victimes de leur embonpoint, c'est-à-dire trop lourds. Soit ils sont instables et se brisent d'eux-mêmes en deux morceaux plus légers, c'est la radioactivité naturelle, soit ils se cassent sous l'impact d'un projectile neutre, un neutron. La réaction s'appelle la fission. Mais, dans les deux cas, elle libère une quantité considérable d'énergie qui apparaît sous forme de rayonnement et de chaleur.

Intéressons-nous aux réacteurs d'aujourd'hui pour comprendre comment ces étonnantes et complexes machines récupèrent une partie de l'énergie de liaison des particules du noyau pour la transformer en chaleur puis en électricité. Car le produit final reste l'électricité. Depuis la pile d'Enrico Fermi, un quart de siècle a été nécessaire pour développer les technologies de l'atome. C'est un paramètre temps quasi incompressible et propre à la mise en œuvre de toute source d'énergie.

Au centre de la centrale nucléaire, dans un bâtiment en forme de cloche en béton précontraint de 1,20 m d'épaisseur revêtu d'une peau en acier, se loge l'élément principal : la chaudière nucléaire. Imaginez une cuve en acier d'une vingtaine de centimètres d'épaisseur, de 4 m de diamètre et 12 m de hauteur. Elle pèse 260 tonnes et doit résister à la pression de 155 bars qui régnera à l'intérieur une fois en fonctionnement. Dans la cuve, qui va jouer le rôle de « Cocotte-Minute », se trouve la partie active : le cœur nucléaire. C'est un assemblage de combustibles disposés dans des tubes de 4 m de longueur. À l'intérieur de ces crayons, des pastilles d'oxyde d'uranium faiblement enrichi en uranium 235, alors que dans

LA PREMIÈRE RÉACTION EN CHAÎNE

Le 2 décembre 1942, sous les gradins du stade de Chicago, Enrico Fermi empila des barreaux d'uranium naturel dans des briques de graphite, jusqu'à atteindre les conditions critiques pour que démarre la réaction en chaîne. D'où le terme de pile atomique encore employé. D'un seul coup, l'humanité basculait dans l'ère de l'énergie nucléaire. Malheureusement, sous la pression des événements politiques d'alors, ce sont deux bombes atomiques qui furent construites. L'une à l'uranium enrichi, l'autre au plutonium. Ces deux explosions hypothéquèrent lourdement l'énergie nucléaire pour les années qui suivirent.

le minerai il n'est qu'à 0,7 %. Autrement dit, c'est du combustible dopé. Du super. Ces crayons de 8 mm de diamètre en zircaloy, un alliage à base de zirconium, sont assemblés en faisceaux d'environ 20 cm par 20 cm et constituent un assemblage de 264 éléments. Enfin, disposés de façon précise dans des grilles, afin de laisser circuler l'eau de refroidissement, 157 assemblages pour les plus petits réacteurs et 193 pour les plus gros forment le cœur proprement dit. Autrement dit, on a multiplié les surfaces d'échanges pour récupérer les calories. Afin de contrôler les réactions et d'absorber l'excès de neutrons, des grappes de crayons en alliage d'argent, indium et cadmium, coulissent entre les assemblages. C'est à la fois l'accélérateur et le frein. Ce sont les barres de contrôle.

Le supergénérateur de la centrale de Creys-Malville.

Dans la cuve va être libérée l'énergie nucléaire provenant de la fission des atomes d'uranium 235 sous le bombardement des neutrons. Un couvercle de près de 40 tonnes boulonné à la cuve vient coiffer le tout.

La chaleur dégagée par les pastilles d'uranium va se propager jusqu'à la surface des crayons qui sont balayés par un violent courant d'eau. L'eau entre en partie basse de la cuve à 280 °C et en ressort en partie haute à 320 °C. En somme, on gagne, pourrait-on dire, seulement 40 °C, mais sous un débit énorme. Pour éviter à l'eau de bouillir on maintient une pression de 155 bars. D'où le nom de réacteur à eau pressurisée. Reste maintenant à récupérer ces torrents de calories qui s'échappent en permanence du cœur du réacteur.

Compter 3 000 mégawatts thermiques, de quoi chauffer tous les habitants d'une ville comme Lyon ou Marseille. C'est considérable. Et tout cela avec une chaudière de 4 m de diamètre sur 12 m de haut. C'est cela l'efficacité de l'énergie nucléaire. L'eau chaude sous pression va céder ses calories dans trois ou quatre immenses chauffe-eau, les générateurs de vapeur. Ce sont des pièces de chaudronnerie de 5 m de diamètre, 22 m de haut, pesant chacune 400 tonnes. À l'intérieur, en guise de serpentin, 3 300 tubes en forme de U renversé. C'est là que l'eau du circuit primaire cède ses calories au deuxième circuit. Mais, cette fois-ci, on laisse bouillir l'eau qui devient de la vapeur à 60 bars. L'eau du circuit primaire a perdu 40 °C et retourne dans la cuve du réacteur poussée par trois ou quatre énormes pompes entraînées par des moteurs de 6 000CV chacun. Ici, tout est démesure. Enfin, la vapeur produite au niveau des générateurs de vapeur quitte le bâtiment en forme de dôme pour pénétrer dans la salle des machines, plus classique. C'est un immense hall avec une turbine accouplée à un énorme alternateur. Un beau monstre de 600 tonnes tournant à 1 500 tr/mn et débitant ses 1 300 mégawatts, de quoi fournir en énergie électrique une agglomération d'un million d'habitants. Une fois détendue à trois reprises dans des corps de turbine de plus en plus gros, la vapeur est condensée sous forme liquide dans un appareil appelé condenseur. Celui-ci est refroidi soit par l'eau d'une rivière, soit par un circuit en provenance des aéroréfrigérants que l'on reconnaît facilement à la forme de leur tour. Même avec un bon rendement, près des deux tiers de la chaleur produite par la désintégration de noyaux d'atomes est perdue sous forme de chaleur parasite évacuée par le condenseur. Mais, malgré cela, la centrale nucléaire reste un engin terriblement complexe et efficace. Elle consomme environ 80 kg d'uranium par jour, soit quelques dizaines de tonnes par an. Pour produire la même quantité d'énergie, une centrale classique au charbon consommerait chaque jour un train entier de charbon ou une péniche de fuel lourd ! Comme on produit des milliards

L'INTÉRÊT MAJEUR DU NUCLÉAIRE

Le prix peu élevé de l'énergie nucléaire explique que la plupart des grandes nations industrialisées, pour faire face à la demande d'électricité, aient opté pour cette forme d'énergie, en s'affranchissant des menaces qui pesaient dans les années 75-80 sur la fourniture de pétrole. Les États-Unis, le Japon, la Grande-Bretagne, l'Allemagne, la France, la Suisse, la Russie, se sont ainsi équipés.

de kilowattheures, l'effet taille va jouer en faveur du prix du kilowatt qui est aujoud'hui 30 % moins cher que celui fourni par les combustibles classiques. Au total, aujourd'hui, rien qu'en France, on compte 56 réacteurs en fonctionnement. Reste à poser la question de leur avenir. Car aussi séduidante que soit l'énergie nucléaire, elle pose le redoutable problème du stockage de ses déchets. Un problème dont, il faut le reconnaître, on avait sous-estimé la complexité et le prix. L'avenir de cette énergie, qui aura permis, ne l'oublions pas, une accélération du développement de nos sociétés industrielles, passe par la solution à ce problème, par l'acceptation du public et par le prix des autres énergies. Si le pétrole et le gaz augmentent vertigineusement, on se tournera vers l'atome. Si les contraintes imposées pour le contrôle de la pollution par le gaz carbonique deviennent très lourdes et très chères, alors le nucléaire, malgré ses inconvénients, redeviendra compétitif. En revanche, l'arrivée massive du gaz, le développement de turbines à gaz de forte puissance vont peu à peu réduire la part prise par l'énergie nucléaire. Ces phénomènes sont forcément lents mais tout porte à croire que ces engins n'auront vécu que l'espace d'une croissance industrielle, c'est-à-dire tout de même un siècle.

Après ? C'est aux politiques et aux économistes de répondre.

Une bonne à tout faire : le laser

C'est l'enfant chéri des physiciens. Le triomphe de la mécanique quantique. Son invention en 1960 a enflammé les esprits. À écouter et lire les journalistes de l'époque, c'était le produit miracle, le rayon à tout faire. Il a suscité autant de passions que de craintes avec le mythe du rayon de la mort. Il faut dire que les scénaristes et les auteurs de science-fiction ne s'en sont pas privés. Tous les extraterrestres débarquaient sur Terre, un pistolet laser à la main, et désintégraient les pauvres humanoïdes que nous sommes. Plus près de nous, les jeux vidéo volatilisent blocs de rochers et vaisseaux futuristes à coups de crayons lumineux.

La réalité est plus simple et moins passionnelle. Après être sorti du laboratoire et avoir suscité les espoirs les plus fous, le laser est redevenu un outil étonnant pour la recherche. Il s'est fait bistouri, arpenteur, chronomètre, découpeur, soudeur. Mais les applications les plus connues du grand public et qui ont fait de lui un produit aussi banal qu'un magnétoscope ou une machine à laver appartiennent au domaine de la communication. Le CD, qui a tué le disque vinyle en une dizaine d'années, doit tout à la lecture laser. Aujourd'hui, c'est au tour du CDV, c'est-à-dire le lecteur vidéo. Demain, ce seront les télécommunications. On parle même d'ordinateurs à laser qui utiliseraient non plus l'électricité mais la lumière pour fonctionner. Ne souriez pas. Avec le laser, tout peut arriver.

Avant de voir ce qui a fait le succès de cette invention, rappelons d'abord les grandes lignes de son fonctionnement. Tout d'abord son nom, « laser », porte tous les grands principes physiques sur lesquels il s'appuie. LASER est l'acronyme de *Light Amplification by Stimulated Emission of Radiation*. Posez la question à votre entourage et vous êtes sûr de gagner gros si vous pariez.

Le disque compact laser est commercialisé en France dans les années 80. Son fonctionnement repose sur la technique du laser.

Light ? Parce que lumière : oui, c'est un rayon lumineux, disons dans la gamme des longueurs d'ondes que peut voir notre œil. *Amplification ?* L''émission du rayon lumineux résulte de l'amplification d'un phénomène électronique de base, l'avalanche de grains de lumière, les photons. Ce phénomène est comparable à celui de la boule de neige qui grossit en dévalant la pente.

Stimulated ? Oui, parce que, pour déclencher le processus d'avalanche, il faut au préalable exciter des atomes qui sont dans leur état naturel, bien calmes et au repos. Rassembler les trois et vous obtenez un laser. En fait, il en manque un quatrième, le récipient dans lequel cette émission stimulée de lumière se passe : c'est la cavité résonante. Petite explication : rappelons que la lumière est une onde électromagnétique se propageant dans le vide à la vitesse absolue de 300 000 km/s. On ne peut pas aller plus vite. Même à cette vitesse, elle met encore 8 minutes et 12 secondes à nous parvenir du soleil. En revanche, et cela est capital, dans le domaine de l'électronique, en un millionième de seconde, elle parcourt 300 m et, en un milliardième, 30 cm. Vous comprenez tout de suite qu'une erreur d'une seconde sur l'envoi d'un message à un missile guidé par laser se traduit par une erreur de 300 m au point d'impact. Et au lieu de frapper une installation militaire, on détruit un quartier d'habitations. De même, si on réduit la longueur des connexions dans un circuit électronique, on réduit le temps de parcours. Voilà qui explique le gain énorme procuré par les circuits dits intégrés dans lesquels tout se passe sur quelques centimètres de silicium. Et à chaque fois que l'on gagne 30 cm, en théorie bien sûr, on gagne un milliardième de seconde. La fréquence de ce rayonnnement lumineux va de un million de vibrations par seconde à un milliard de milliards. Plus simplement, la longueur d'onde va de quelques mètres, ce sont les ondes radio, au micro-ondes, puis à l'infrarouge, c'est la chaleur, jusqu'à l'ultraviolet, les rayons X, et enfin les rayons gamma très pénétrants.

Au début du XXe siècle, Max Planck, puis Einstein en 1917, ont montré que tout échange d'énergie entre la matière et la lumière ne peut se faire qu'à des niveaux très précis. Et c'est normal. Depuis l'origine de la mécanique quantique, on sait qu'un électron ne peut tourner autour du noyau que sur des orbites très précises et stables. Il en est de même des planètes autour du Soleil. Chacune est sur une trajectoire. Pour la faire changer, il faut soit lui fournir de l'énergie à l'aide d'une très grosse fusée, soit la freiner et on récupère de l'énergie. La suite, vous la comprenez. Si on fournit de l'énergie à un atome, ses électrons sautent d'orbite en orbite. Ils migrent. Puis, quand tout se calme, ils reviennent à leur place initiale, ils retombent au niveau initial en libérant de l'énergie. C'est ce qui se passe lorsqu'on chauffe le filament d'une ampoule électrique : portés à très haute température, les atomes de tungstène voient leurs électrons migrer vers la périphérie. Ils retombent quasi instantanément sur leurs orbites initiales en libérant de l'énergie sous forme lumineuse. Voilà pourquoi l'ampoule éclaire. Et le tout se passe dans un magnifique désordre, dans un chahut d'électrons. Mais comme cette émission d'énergie

MAX PLANCK
Physicien allemand né en 1858 à Kiel, il enseigne la physique théorique et s'intéresse au rayonnement du corps noir, ce qui le conduit à émettre l'hypothèse selon laquelle les échanges d'énergie s'effectuent de façon discontinue. Cette théorie lui vaut le prix Nobel en 1918. Mort en 1947.

ARTHUR SCHAWLOW
Physicien américain né en 1921, il poursuit ses recherches dans le cadre des laboratoires de la Bell Telephone Company (1951-1961). Ses travaux sur la supraconductivité le conduisent à l'invention du laser. Il obtient le prix Nobel de physique en 1961.

CHARLES TOWNES
Physicien américain né en 1915, il effectue des recherches au laboratoire de la Bell Telephone Company (1939-1947). Il devient célèbre après avoir réalisé la première émission laser en 1954. Il est à l'origine de l'invention du laser. Il obtient le prix Nobel de physique en 1961.

ne dure en moyenne qu'un dix milliardième de seconde, on ne voit pas les transitions, on a l'illusion d'une émission continue dans toutes les longueurs d'onde, de l'infrarouge à l'ultraviolet. Les physiciens disent qu'ils ont une lumière incohérente dans l'espace et le temps, c'est-à-dire émise dans toutes les directions. On est loin du laser.

L'idée des physiciens était de mettre de l'ordre dans ce tohu-bohu. D'exciter des atomes en leur fournissant de l'énergie, de leur donner à tous le même niveau, et de récupérer tout cela au même instant. Autrement dit, de faire que les grains de lumière émis lorsque les électrons retrouvent leur place initiale marchent au pas.

Tel est, dans les grandes lignes, le principe du laser.

Tout le mérite des physiciens américains Arthur Schawlow et Charles Townes, en 1958, est d'avoir rassembler ces idées en un même endroit, une cavité résonante. Voilà comment fonctionne un laser : une source d'énergie – flash lumineux ou décharge électrique – excite des atomes. Leurs électrons migrent sur des orbites plus élevées, un peu comme si, allumant le moteur d'un satellite, celui-ci se mettait à tourner plus loin de la Terre. Et tous les électrons ont la même orbite, le même niveau d'énergie. On obéit, on marche au pas. Mais si l'un des atomes, pour retrouver son état initial, fait redescendre d'orbite un de ces électrons en émettant un grain de lumière, alors c'est le branle-bas de combat : tous les autres vont le faire en même temps avec bien sûr la même énergie. Autrement dit, il y a phénomène d'avalanche. Un photon en entraîne un autre, puis un autre, etc. Mais, pour éviter que ces photons ne partent dans toutes les directions, et ne s'éparpillent, le phénomène se passe dans une enceinte – on dit une cavité – fermée par deux miroirs. L'un est un vrai miroir qui réfléchit toute la lumière, l'autre se comporte comme un semi-miroir. Il réfléchit les grains de lumière jusqu'à un certain seuil.

Après, il devient transparent. Autrement dit, nos photons font des allers et retours dans cette cavité jusqu'au moment où, le niveau d'énergie atteint, ils s'échappent tous, en rangs serrés. C'est l'émission du rayon laser.

Pour prendre une comparaison avec un autre domaine, assimilons ce qui se passe dans cette cavité résonante au fonctionnement d'un instrument de musique : lorsqu'on souffle dans une flûte, les poumons fournissent l'énergie initiale. Ils mettent en mouvement une veine gazeuse. Si vous ne soufflez pas assez fort, il ne sort aucun son. Si, en revanche, vous « poussez », l'air en mouvement pénètre dans une cavité. Là, les ondes sonores oscillent. C'est le rôle d'amplificateur de la flûte. En fonction de la forme géométrique de cette cavité ne s'échappent que certains modes de vibration de l'air. C'est la tonalité de l'instrument. Et en déplaçant les doigts sur les trous, on en modifie la forme, ce qui change la fréquence de résonance.

Voilà comment a été obtenu en 1960, par l'Américain Théodore Maiman, l'émission du premier rayonnement laser. C'était un laser à rubis. Quelques temps après est apparu le laser à gaz. Et d'emblée les qualités propres à ce type de rayonnement lumineux sont apparues. D'abord, l'unicité de la longueur d'onde. Rappelons qu'avec une bougie, avec le filament d'une ampoule électrique, les grains de lumière émis ont des énergies très différentes et donc il n'y a pas qu'une seule longueur d'onde de la lumière émise.

Avec le laser, c'est la forme géométrique de la cavité, comme pour un instrument de musique, qui donne la longueur d'onde de la lumière émise. Et elle est unique. Par exemple, pour une cavité – on dit un oscillateur – de 1 m de long, la fréquence propre est 1,50 MHz, 150 mégahertz, soit 150 millions de vibrations par seconde. La fréquence visible associée à cette onde fondamentale est un rayonnement vert

DES LASERS À GRANDE ÉCHELLE

Les astronomes vont beaucoup plus loin et expédient vers la Lune des faisceaux laser qui, au bout de 360 000 km de trajet, forment une tache lumineuse d'à peine 10 km. Autant dire qu'à notre échelle, qui est celle de la dizaine ou de la centaine de mètres, on peut considérer ce faisceau comme parfaitement parallèle.

LE LASER MILITAIRE
C'est la directivité et la précision du faisceau laser qui sont utilisées par les militaires pour désigner une cible. Le principe est le suivant : sous l'avion, un laser est embarqué. Il émet un rayon lumineux. Celui-ci est orienté vers la cible à détruire. On dit que le pilote illumine sa cible. Il largue alors son missile ou sa bombe, qui photographie en permanence le paysage et analyse l'image. Dès qu'il reconnaît l'impact du rayon laser sur la cible, l'ordinateur de bord agit sur les gouvernes du missile et le guide jusqu'à l'impact. Voilà qui vous explique la précision de ces bombardements que l'on a qualifiés de frappes chirurgicales.

d'une longueur d'onde très précise. L'autre caractéristique de ce rayon lumineux est sa directivité et la précision de ce pinceau qui ne se disperse quasiment pas. Nous l'avons tous constaté avec ces fameux crayons lumineux qui servent à désigner des objets ou à souligner un détail sur un écran.

En soi, donc, le laser est l'aboutissement d'un demi-siècle de physique fondamentale et de progrès technologiques. Et encore une fois, l'un ne va pas sans l'autre. Si les bases théoriques existaient en 1917, il manquait l'idée fondamentale : réunir tous les éléments dans une cavité optique résonante avec ses deux miroirs. L'idée remonte à 1958. Mais la technologie était suffisamment avancée, grâce aux travaux effectués durant la Deuxième Guerre mondiale, sur les radars, pour qu'en deux ans on passe de l'idée à sa réalisation concrète. Et, curieusement, cet instrument de physique est devenu lui-même son propre objet de recherche. En somme, le laser a engendré la recherche sur les lasers. Et comme le champ d'expérimentation est très large, le domaine d'application a été très étendu.

Sans entrer dans le détail, contentons-nous de quelques secteurs de l'industrie et de la vie courante. Tout d'abord, pourquoi utilise-t-on le laser ? Pour ses deux qualités fondamentales : la directivité de son rayonnement et sa précision. Autrement dit, là où il s'agit de mesurer, là où il s'agit d'avoir une forte densité énergétique, il excelle.

Directivité : c'est le laser cordeau. Prenons un petit laser, un helium-néon, de loin le plus répandu. Il émet un pinceau rouge et dessine dans l'air un trait immatériel parfait. Si, en face, on met un groupe de photo-cellules, on peut sans peine imaginer une machine qui va se guider sur la tache lumineuse. C'est ainsi que les tunneliers ont foré avec une grande précision le tunnel sous la Manche. C'est comme cela que se guident les machines à poser le revêtement routier. Sur les chantiers d'autoroute ou de TGV, on met en place des lasers tournants. Ou, plutôt, ce n'est pas le laser qui tourne mais un prisme qu'il éclaire. Le rayon réfléchit, balaie ainsi une surface virtuelle parfaitement plane. C'est elle qui va servir de référence, et sur laquelle vont se guider les niveleuses. Fini les géomètres qui devaient faire des relevés et des visées. Un laser suffit.

La précision dans un faisceau laser s'applique également au temps.

Voilà en effet un train d'ondes dont on connaît avec une très grande précision la durée de l'impulsion, de l'ordre du milliardième de seconde. Et un milliardième de seconde correspond à un déplacement de 30 centimètres. La suite, vous la comprenez : en mesurant le temps mis par une impulsion pour faire l'aller et retour jusqu'à une cible, on en déduit immédiatement la distance qui sépare la source de l'objet. C'est la fonction télémètre. Et les lasers industriels sont devenus si petits et si peu gourmands en énergie que l'on trouve aujourd'hui dans le commerce des engins qui tiennent dans un gros porte-clefs et affichent instantanément la distance, à quelques centimètres près.

Plus sérieusement, au Cerga sur le plateau de Caussoles, près de Grasse, une équipe d'astrophysiciens vise les réflecteurs laser déposés par les Américains et les Russes sur la Lune. En mesurant le temps mis par la lumière pour faire l'aller et retour, ils connaissent à quelques dizaines de mètres près cette distance Terre-Lune. Non pas que cela soit fondamental. Mais ce qui est intéressant, c'est de suivre ses variations et d'étudier les mouvements parasites de l'astre des nuits qui sont extrêmement complexes. Enfin, c'est cette fonction télémètre qui a permis aux astronautes de la navette d'effectuer des rendez-vous avec Mir avec une très grande précision. Ce système utilise un appareil tenu à bout de bras, comme un pistolet. Il est maintenant utilisé pour assembler les morceaux de la station spatiale.

L'autre caractéristique du laser tient à l'étroitesse de son pinceau : c'est la fonction énergie. Revenons à une ampoule électrique. Elle délivre son énergie dans toutes les directions. À moins d'être à quelques centimètres du verre, elle est incapable d'enflammer un morceau de papier. Prenons la même énergie lumineuse, c'est-à-dire de l'ordre d'une dizaine de watts, et concentrons-la sous forme d'une tache de un millimètre carré. Du coup, à l'impact, la densité énergétique atteint des valeurs record. Elle est environ 50 millions de fois plus élevée. Autre exemple, un laser à rubis de 1 mw, 1 millième de watt, a une densité énergétique au point d'impact des milliards et des milliards de fois plus importante que celle de la lumière du Soleil frappant la Terre ! Résultat : avec un laser de puissance relativement faible, à l'impact sur une petite zone, on dispose d'un outil à la précision chirurgicale. Des machines-outils en usine découpent, soudent, collent des matériaux pourtant donnés pour réfractaires. C'est avec un rayon laser que l'on recolle les cellules qui tapissent le fond de l'œil. C'est encore avec des impacts de lasers que l'on tue des cellules cancéreuses qui ont été marquées par un colorant spécifique. Dans un autre ordre d'idée, à une tout autre échelle, on se sert du laser pour simuler les explosions nucléaires. Avec des engins dont la taille est proprement monstrueuse, on va délivrer une puissance de 500 milliards de watts durant 20 milliardièmes de seconde ! But de l'opération : former une onde de choc au moment de l'impact du rayon lumineux avec une microbille d'à peu près 1 mm de diamètre. Ce ballon, composé d'un mélange deutérium-tritium, va s'écraser, imploser, et sa température atteindre 10 millions de degrés.

Ce sont les conditions de la fusion. Et pour en arriver là, on est en train de construire au Cesta, près de Bordeaux, une installation monstrueuse : dans un bâtiment en forme de U de 175 m de long, on installe dans chaque branche 120 faisceaux laser. En tout 240 faisceaux qui vont converger dans un bâtiment de 65 m de haut, où tiendrait l'Arc de triomphe. À l'intérieur,

Sur cette photographie, on voit comment sont réalisées les simulations au laser.

une chambre d'expérimentation : une sphère en alliage d'aluminium et de magnésium de 10 m de diamètre, percée de 60 trous par lesquels passent les faisceaux laser. Et au centre, ridicule, la cible, un microballon en verre de moins de 1 millimètre de diamètre. C'est cela le programme Méga Joule, qui a pour but de reproduire les conditions qui règnent dans une bombe à hydrogène, au moment de son allumage.

Enfin, du laser nous connaissons tous ses applications dans le domaine de l'audiovisuel. Parce que l'onde laser est facile à diriger et à moduler, elle est un excellent support d'informations. Ainsi, dans les fibres optiques, on véhicule non plus de l'électricité, mais des grains de lumière. Et comme la fréquence de l'onde est des millions de fois plus élevée que celle des ondes hertziennes, on peut véhiculer des millions d'informations.

Sur le DOC (ou CD-Rom), chaque trou réalisé par le laser, ou cuvette, correspond une information digitale : par exemple,

LES SECRETS DU DISQUE OPTIQUE COMPACT

C'est au niveau des techniques de stockage que l'apport du disque optique compact (ou CD-Rom) a été le plus important. Grâce à un faisceau laser, on est capable de réaliser une tache lumineuse de quelques millièmes de millimètre. On travaille au niveau du micron. Du coup, si au point d'impact on place un matériau qui se déforme sous la chaleur, on obtient une microcuvette. C'est cela le secret de la gravure du disque optique compact.

un zéro. S'il n'y a pas de cuvette on notera 1 - 0 - 1 : c'est le codage binaire. C'est ainsi qu'on transforme le son et l'image et que l'on peut les stocker sur un petit disque de 12 cm de diamètre. Pour la lecture, c'est l'inverse. Un petit laser envoie son faisceau sous le disque. S'il n'y a pas de trou, la lumière est réfléchie sur une cellule photoélectrique qui transforme la lumière en courant. L'ordinateur note 1. S'il y a une microcuvette, le faisceau diffuse. La lumière réfléchie est plus faible. La cellule délivre moins de courant ou pas du tout. On note 0. Et ce, bien sûr, à la vitesse de la lumière. Comme le langage est binaire, c'est-à-dire numérique, le son est précis, disons parfait. Ce qui a été possible avec le compact disque audio l'est devenu tout récemment avec le CD vidéo, le CDV. Simplement, comme il y avait beaucoup plus d'informations à stocker, le tour de force a consisté à réduire la taille des alvéoles, qui n'excèdent pas 0,4 micron de large, et sont espacées de 0,74 micron d'une spire à l'autre. Et cela marche ! Et même très bien, puisque sur un disque de 12 cm de diamètre on fait tenir l'équivalent de 12 CD, soit 8,5 gigaoctects, en deux couches superposées, pour éviter d'avoir à retourner le disque. Voilà qui explique que l'on soit parvenu, en compressant les images au départ, à faire tenir un film sur un seul disque !

En l'espace de quelques années, le CDV va reléguer au musée la cassette à bande magnétique. Surtout qu'apparaissent les CD enregistrables. Et tout cela, grâce à l'enfant chéri du physicien : le laser !

La chimie : la science des matériaux

Essayez de décrire un chimiste : on pense au professeur Tournesol, on le voit avec une blouse blanche généralement sale. Son univers est une paillasse en céramique encombrée de fioles, flacons, cornues où bouillonnent des liquides rougeâtres ou verdâtres. Et quand on parle de chimie, on pense à quelque chose de sale, polluant et dangereux. C'est ainsi. Cette science et ses industriels n'ont jamais pris en compte la dimension médiatique de leurs découvertes et de leurs produits.

Et pourtant, on est loin aujourd'hui de ces stéréotypes. Visitez quelques laboratoires et vous verrez des gens généralement en blue-jeans et tee-shirt. Vous les verrez plus souvent assis devant un ordinateur ou un appareil de mesure qu'en train de manipuler des éprouvettes. Car cette science s'est métamorphosée. Elle est à la croisée des chemins entre la physique, la cristallographie, la thermodynamique, la microélectronique et la biologie, qui étudie le vivant. Partout on a besoin de la chimie.

Le chimiste de naguère travaillait à l'échelle macroscopique. Il pesait, mesurait des volumes, des densités, des solubilités, notait des changements de couleur. C'est ce qu'on fait encore en classe d'initiation. On travaillait au niveau du gramme. Aujourd'hui, les moyens d'observation et de mesure, avec leur très grande sensibilité, permettent de travailler au niveau de doses infinitésimales. On sait mesurer le millionième de gramme. Grâce aux rayons X, on connaît la structure de la molécule, la position des atomes. L'absorption par les noyaux de certaines longueurs d'onde lumineuses ou radio fournit, elle aussi, une cartographie des atomes et renseigne sur les mobilités de ceux-ci. Le travail du chimiste s'apparente à celui du policier qui doit dresser un portrait-robot. À l'aide d'un spectromètre de masse, on casse la molécule, on éparpille ses composants et on dresse une véritable fiche d'identité. Compagnon inséparable de ces appareils, auxquels il faut bien sûr ajouter le microscope électronique, il y a l'ordinateur. C'est lui qui permet la représentation en trois dimensions de la molécule. Il la fait tourner, montre comment elle se combine, se colle, se lie à une autre. C'est encore lui qui permet le calcul des énergies de liaison. Le tube à essai, l'éprouvette, c'est désormais l'écran d'ordinateur. Enfin, ne l'oublions pas, indispensable pour toute documentation, le fait d'être relié à de gigantesques bases de données.

Sans vouloir réécrire toutes les conquêtes de la chimie, intéressons-nous à ce que le public voit : les nouvelles molécules. La grande aventure des matériaux artificiels commence en 1869. Comme l'ivoire commençait à se faire rare, la société américaine Phelan et Collander offrit une récompense de 10 000 dollars à qui trouvera un produit de remplacement, pour fabriquer devinez quoi : des boules de billard. Et c'est un imprimeur new-yorkais, John Wesley Hyatt, qui a mis au point, à partir de cellulose et de camphre, une matière entièrement nouvelle qui ressemblait à la corne et qui se laissait mouler : le celluloïd. C'est parce que les vers à soie étaient, à cette époque, victimes d'une maladie que, pour remplacer leurs précieux fils, on travailla sur une soie artificielle, dite « la soie de belle-mère » parce qu'elle avait la fâcheuse tendance à s'enflammer en présence de la moindre étincelle. Le royaume des viscoses prit le relais. Mais tous ces matériaux provenaient d'une source naturelle : la cellulose. C'est un chimiste amèricain d'origine belge, Léo Hendrik Baekeland, qui eut l'idée d'utiliser une autre source pour la chimie : le goudron de houille. En 1907, en travaillant sur un mélange de phénol et de formol, il mit au point une résine synthétique : la bakélite. Et ce fut le succès : boutons, appareils téléphoniques, manches de couteaux, postes de radio. Jusqu'à la Deuxième Guerre mondiale, elle régna en maître.

Mais jusqu'à cette époque on ne connaissait pas la structure moléculaire des matériaux. On faisait des mélanges, on changeait les préparations, on répétait des milliers de fois l'opération en faisant varier, par exemple, la température, le temps de présence. Et on espérait tirer le gros lot. Avec Hermann Staudingen, en 1920, ce sont les premières structures des macromolécules qui sont décrites. L'ère des plastiques commençait. Et, bien sûr, la mise à disposition d'une nouvelle matière première, le pétrole, accéléra le cours des choses.

Qu'est-ce qui a changé au cours de ces dix dernières années ? Avant tout la puissance de nos moyens de modélisation et de calcul. Aujourd'hui, on ne procède plus par tâtonnements. Notre connaissance des liaisons chimiques et des structures nous permet de dessiner une molécule qui a les propriétés souhaitées. Ainsi, le Goretex est imperméable à l'eau mais perméable à la vapeur d'eau. Le Nomex gonfle avec la chaleur en emprisonnant de l'air, ce qui en fait un excellent isolant. L'aérogel, une mousse très légère dont un litre pèse 3 grammes, est le meilleur isolant connu, grâce à ses pores dont le diamètre est de l'ordre du millionnième de millimètre. Avec la fibre de silice pure à 99,99 %, recouverte d'une fine couche d'alumine, on fait les tuiles de la navette spatiale qui résistent à 1 800 °C. Bref, la maîtrise des molécules va de pair avec la maîtrise des matériaux. Le plus étonnant dans le domaine étant le triomphe de la chimie fine. Alors que l'on avait pris l'habitude de doser au gramme les produits, aujourd'hui quelques traces suffisent pour obtenir des réactions. Le plus bel exemple étant celui des catalyseurs. L'or, l'argent, le platine, l'iridium, le thorium, le palladium, de par leurs irrégularités de surface, sont d'excellents catalyseurs. Quelques traces suffisent pour offrir des sites actifs et faciliter une réaction chimique. Ainsi, en déposant sous vide de l'oxyde de thorium sur du verre, on fait une vitre autonettoyante. Au contact des rayons ultraviolets du soleil, en présence du catalyseur, l'oxygène de l'air casse les molécules de graisse qui partent en

UN PEU D'HISTOIRE

1932 : début du polystyrène. 1941 : Otto Bayer met au point la mousse de polyuréthane. Le plexiglas, premier verre synthétique, équipa les cockpits des avions pendant la guerre. Mais la plus belle réussite, sur le plan commercial, fut en 1937 le brevet pris par Dupont de Nemours pour un polymère pouvant s'étirer en long filament résistant : le Nylon. Les bas de femme ont fait pénétrer les matériaux synthétiques dans la vie quotidienne. En 1971, Dupont récidiva avec une autre fibre plus résistante que l'acier : le Kevlar. Et en imprégnant ses fibres d'une résine, on créa les matériaux composites.

poussières. Le vent et la pluie font le reste. On imagine sans peine l'intérêt d'une telle découverte. Le pot d'échappement de nos voitures est une magnifique usine chimique où les catalyseurs sont déposés sur les micropores d'une céramique. Jusqu'à présent, le blanchissement de la pâte à papier se faisait au moyen de chlore. Un mélange palladium-platine catalyse l'addition d'hydrogène qui, avec l'oxygène de l'air, se transforme en eau oxygénée, agent de blanchiment par excellence. Belle leçon d'efficacité et surtout d'amélioration de processus industriels pour faire de l'industrie chimique une industrie propre.

La chimie de demain, c'est non seulement la maîtrise de la forme de la molécule, mais c'est aussi le règne des microdoses. Certes, il faudra toujours produire en masse des centaines de tonnes de composés organiques, mais l'adjonction de quelques dopants permet une nette amélioration de leur efficacité. C'est l'yttrium, métal rare qui colore en rouge les pastilles de nos téléviseurs. Si on ajoute à 19 atomes de ce métal 1 atome d'europium, un autre métal rare, la teinte rouge devient plus lumineuse. Grâce à la fluorescence de l'europium, la brillance de l'écran est augmentée de 40 %. Tout comme l'électronique est la consécration des microcourants, la biologie moléculaire, c'est-à-dire la chimie du vivant, est la consécration de la miniaturisation. Par exemple, comment ne pas être admiratif devant l'efficacité de ces grosses molécules, les protéines. Ainsi, l'hémoglobine du sang, grâce à ses atomes de fer, est capable de fixer un atome d'oxygène et, surtout, de le relâcher au niveau d'une membrane cellulaire. L'actine et la myosine sont des protéines en longueur capables de coulisser l'une sur l'autre pour faire de nos fibres musculaires autant de moteurs linéaires. Mais de ces énormes molécules à plusieurs milliers d'atomes, le biochimiste sait aujourd'hui reconnaître et visualiser la partie active, la seule intéressante pour effectuer un travail donné. De même pour la chimie des protéines dont on espère comprendre comment elles se fixent à la manière d'une colle.

Prenons le cas des sucres. On les connaît sous le nom d'hydrates de carbone. Ce sont des biopolymères contenant des atomes de carbone, hydrogène et oxygène. Parmi les molécules les plus simples, il y a les glucoses, les fructoses. En fait, les combinaisons sont très riches et forment une famille extrêmement complexe. Et on vient de découvrir qu'ils constituent pour les cellules des marqueurs chimiques. Les sucres présents à la surface des globules rouges déterminent les groupes sanguins. D'autres sucres servent à l'adhésion d'un virus sur une cellule. En somme, grâce à la biologie moléculaire, on met le doigt sur une chimie extrêmement subtile et efficace, avec pour conséquence la compréhension de mécanismes du vivant et leurs corrections avec d'autres molécules chimiques que sont les médicaments. Plus que jamais, l'homme aura besoin de la chimie. ■

POINTS CLÉS

Pour maîtriser
les sujets de cours

Le cours et ses difficultés dans le détail, sujet par sujet, classe par classe. La classe concernée est indiquée par un repère visuel : ❺, ❹ ou ❸. Les mots difficiles sont identifiés et expliqués dans le dico.

Points clés

La chimie : science de la matière

5 4 3

La chimie est parfois l'objet d'un préjugé défavorable et reste trop souvent synonyme de pollution. Les chimistes ont d'autres ambitions et leur travail en laboratoire débouche sur une industrie au service de notre société.

Une science née il y a deux siècles

Depuis l'Antiquité, les hommes s'intéressent à la matière qui les entoure. Précurseurs des chimistes, les alchimistes cherchaient à transformer le plomb en or. Leurs travaux mêlaient l'expérimentation et la magie, mais ils ignoraient la méthode scientifique. Toutefois, leur apport a été important. Ainsi, ils ont découvert certains métaux, certains acides, le moyen de fabriquer du savon... D'autre part, les alchimistes ont légué aux chimistes des techniques déjà éprouvées de travail en laboratoire.
La chimie moderne est née à la fin du XVIIIe siècle avec, en particulier, les travaux du Français Lavoisier. Celui-ci s'intéresse particulièrement aux combustions, réussit l'analyse de l'air et montre le rôle du dioxygène dans les combustions. Mais surtout, prélude à la découverte des grandes lois de la chimie, il énonce la loi de conservation de la masse au cours d'une réaction chimique grâce à la mesure des masses à l'aide de la balance. La chimie est alors reconnue définitivement comme une science. Le XIXe siècle voit la naissance de l'industrie chimique. En même temps commence la révolution industrielle grâce à l'utilisation du charbon comme source d'énergie, mais aussi comme matière première de l'industrie chimique. Depuis, et jusqu'à nos jours, la chimie a pris un essor considérable. De très nombreux chimistes ont participé à l'élaboration de cette science. ■

Science de la matière

L'objectif de la chimie est de connaître la structure de la matière et les propriétés chimiques des corps. Les réactions chimiques permettent de transformer la matière, de préparer ou de synthétiser de nouveaux corps. L'analyse chimique a pour but d'isoler et d'identifier des composés chimiques. La chimie générale étudie les lois fondamentales de la chimie, la structure des molécules et des atomes. Pour cela, les chimistes élaborent des théories et les vérifient par l'expérience.
La chimie minérale étudie tout ce qui est issu de l'air ou du sous-sol, alors que la chimie organique est la chimie des composés qui contiennent du carbone. ■

Les alchimistes cherchaient à transformer en or des métaux tels que le plomb.

L'industrie chimique

Les matières premières de la chimie organique sont le gaz naturel et le pétrole. Le pétrole brut est traité dans les raffineries pour en extraire les constituants. Une grande partie est utilisée comme combustible ou comme carburant. Mais la pétrochimie fournit aussi un grand nombre de réactifs qui servent à fabriquer les matières plastiques, les peintures, les médicaments, etc. La chimie minérale utilise des minerais extraits du sous-sol, le sel de la mer ainsi que les gaz qui constituent l'air. Ces matières premières permettent de produire des métaux, des engrais, des acides, etc. L'industrie pharmaceutique produit des médicaments, tandis que les détergents, les produits phytosanitaires, les parfums, etc. sont du domaine de la parachimie. La «chimie fine», en pleine expansion, met en œuvre des procédés de fabrication compliqués. Le prix de vente des produits obtenus est donc élevé : ils ont une forte valeur ajoutée.
En trente ans, grâce à l'industrie des engrais, les rendements de l'agriculture ont été multipliés par trois. L'industrie chimique, qui s'efforce de respecter l'environnement, est désormais indispensable : notre vie matérielle et notre santé en dépendent.

Unité industrielle de production de cellulose à Arles, dans les Bouches-du-Rhône.

Les chercheurs disposent de laboratoires bien équipés et de nombreux appareils perfectionnés.

La recherche

Les chimistes continuent inlassablement à synthétiser des molécules. Citons, à titre d'exemple, de nouvelles variétés cristallines du carbone : les fullerènes. Ces molécules ont la forme de ballons de football ! Il est probable que ces molécules auront des applications technologiques importantes.
Jean-Marie Lehn a reçu le prix Nobel de chimie en 1987 pour ses travaux sur les molécules «cages». Celles-ci présentent une cavité dans laquelle certains ions peuvent venir se loger exactement ! Enfin, parmi d'innombrables pistes de recherche, les chimistes s'intéressent beaucoup à de nouveaux matériaux ainsi qu'aux molécules de la vie.

Dico → combustion • composé • corps • ion • matière

Points clés

L'eau dans l'Univers

5

Notre planète, la Terre, est souvent appelée la «planète bleue». Il est vrai que 72 % de sa superficie est occupée par les océans et les mers. Les fleuves, les rivières et les lacs constituent également de grandes réserves d'eau.

Les trois quarts de la superficie du globe terrestre sont occupés par les mers et les océans.

L'eau sur la Terre

L'eau est présente partout sur la Terre et sous toutes ses formes. C'est l'eau liquide qui est, bien entendu, la plus répandue, que ce soit en surface (fleuves, lacs, rivières, mers), mais aussi de façon moins évidente dans le sous-sol (rivières souterraines, puits, sources). L'eau liquide, c'est aussi les nuages et le brouillard où, malgré une apparence presque gazeuse, l'eau est présente sous la forme de fines gouttelettes.
L'eau existe aussi sous une forme solide, notamment sous les froides latitudes (banquise), dans les montagnes (neige, glaciers) ou tout simplement quand la température est très froide (neige, glace, givre, grêle et verglas).
L'eau sous forme de gaz est, quand à elle, plus difficile à observer car elle semble invisible et ne se manifeste que dans certaines situations : c'est la vapeur d'eau. On la met le plus souvent en évidence lorsque, au contact d'une surface froide, elle se condense sous la forme de gouttelettes. L'exemple le plus illustratif étant la buée qui se dépose sur les carreaux surtout en hiver.
En proportion, l'eau salée est beaucoup plus abondante que l'eau douce. Ainsi, l'observation même rapide d'une carte du monde suffit à constater l'importance de ce déséquilibre ainsi que la suprématie des mers et des océans. Ceux-ci constituent donc d'immenses réserves d'eau puisque certains océans peuvent atteindre plus de 10000 mètres de profondeur.
Ainsi, si mers et océans constituent 97 % des réserves terrestres, les glaciers n'apportent que 2 % des réserves en eau, les eaux souterraines 0,6 %, les lacs et rivières constituent 0,01 %, quant à la vapeur d'eau contenue dans l'atmosphère, elle n'apporte que 0,001 % des réserves de la planète. ■

L'eau modèle les paysages

Le contour et la surface des continents ont été façonnés par l'action de l'eau. Lorsque la mer se lance à l'assaut d'une falaise pendant des siècles, elle y creuse des cavités et modèle le relief des côtes. Le littoral est ainsi découpé en rades et en pointes. Dans un autre domaine, on peut observer des phénomènes analogues à partir de l'eau douce. En effet, lorsque la neige, entassée en haut de la montagne, fond au printemps, l'eau formée dévale la pente, amplifiant régulièrement son énergie, et un chemin se trace dans la roche. C'est de cette façon que se sont formés les lits des torrents, des rivières et des fleuves. Ces lits peuvent atteindre des profondeurs impressionnantes après l'action perpétuelle de l'eau au cours des millénaires. De même, le déplacement des glaciers le long des parois montagneuses entraîne des quantités d'alluvions (débris de roches, cailloux, terre) et accélère inévitablement l'érosion du relief. L'eau solide apparaît alors comme un facteur essentiel dans la transformation de l'aspect des versants montagneux. ■

Le paysage de la banquise présente l'eau dans ses trois états : solide, liquide et gazeux.

Le petit robot Sojourner a découvert des traces anciennes de présence d'eau sur Mars.

Et ailleurs dans l'Univers...

Y a-t-il de l'eau sur les autres planètes ? Cette question guide actuellement la plupart des recherches et des expéditions spatiales témoignant ainsi de son intérêt.
Les chercheurs sont même allés jusqu'à appeler « mers » les grands cratères de la Lune malgré l'absence certaine d'eau. Jusqu'à présent il semble que seule la Terre possède de l'eau dans son état liquide. Sur les autres planètes, des études récentes ont décelé des traces de glace (anneaux de Saturne et satellites de Jupiter) ou de vapeur d'eau (sur Vénus).
La dernière mission terrestre en direction de Mars, par l'intermédiaire du petit robot Sojourner, a prouvé la présence assez importante de glace dans le sol, sans doute vestige d'un temps où l'eau coulait aussi sur la planète rouge. ■

Dico → Terre • Univers

Points clés

L'eau dans tous ses états

5

L'eau autour de nous abonde dans son état liquide. Elle existe aussi dans son état solide sous forme de neige ou de glace. Elle est présente dans l'atmosphère sous forme d'un gaz, la vapeur d'eau. Solide, liquide et gaz sont les trois états possibles pour toute matière.

L'état liquide

L'eau dans son état liquide est celle qui est la plus observable au quotidien. Elle possède une propriété importante : elle n'a pas de forme propre et prend donc systématiquement la forme du récipient qui la contient. Cependant, cette particularité n'est pas la seule qui caractérise l'état liquide. L'eau liquide a une autre propriété : elle est fluide et insaisissable. Nous ne pouvons tenir solidement de l'eau dans nos mains, seul un récipient permet de la saisir. Ceci nous amène à un point important : non seulement l'eau prend la forme du récipient qui la contient mais, quelle que soit la forme de ce récipient, la surface libre reste toujours plane et horizontale. Même en penchant un verre rempli d'eau, le liquide ne suivra jamais le mouvement du verre, la surface restera toujours parallèle au sol horizontal. De même, malgré le relief et les différences de profondeur, la surface d'un étang reste parfaitement plate et horizontale.
L'eau liquide peut être transformée en eau solide : c'est la glace. Cette transformation s'appelle la solidification. L'eau liquide peut être transformée en eau gazeuse, c'est la vapeur d'eau. Cette transformation s'appelle la vaporisation. Ces deux phénomènes physiques s'observent fréquemment sans que cela n'attire réellement notre attention : c'est la formation de la banquise ou des glaçons pour la solidification, c'est l'apparition de vapeur au-dessus d'une casserole d'eau qui bout.

L'eau liquide possède un volume propre mais elle prend la forme du récipient qui la contient : c'est un fluide, il n'a pas de forme propre.

L'état solide

L'eau solide n'a pas du tout les mêmes propriétés physiques que l'eau liquide. Tout d'abord, l'eau solide garde sa forme propre quel que soit le récipient qui la contient : des glaçons placés dans un verre gardent leur forme initiale sans prendre la forme du verre. Autre différence fondamentale : l'eau solide est parfaitement saisissable. Tout solide peut être tenu dans la main sans qu'il y ait besoin d'un ustensile. Il est important de faire une remarque concernant la forme propre d'un solide. De la glace minutieusement pilée peut être parfaitement saisissable mais elle va pratiquement prendre la forme du récipient qui la contient. C'est la propriété des solides divisés (sel, sucre, farine). Cependant, contrairement aux liquides, la surface libre d'un solide divisé ne sera jamais naturellement plane et horizontale. L'eau solide peut se transformer en eau liquide : c'est la fusion. Elle peut aussi se transformer en vapeur d'eau directement, c'est la sublimation. La fusion est un phénomène physique qui s'observe quotidiennement, chaque fois qu'un glaçon fond dans un verre d'eau. Même la sublimation, quoique moins courante, peut s'observer par exemple en posant directement le glaçon sur une plaque électrique très chaude. ■

À l'ébullition, l'eau liquide se transforme en vapeur d'eau, invisible dans l'air ambiant.

L'état gazeux

L'eau à l'état gazeux s'appelle la vapeur d'eau. Elle est plus difficilement observable que l'eau dans ses deux autres états car elle est invisible. Il ne faut pas pour autant sous estimer son importance dans notre environnement. Elle est, en effet, très présente dans l'air. Comme tous les gaz, la vapeur d'eau est un fluide : elle n'a pas de forme propre, elle ne peut être saisie. En plus, elle n'a pas de volume propre et occupe donc tout l'espace qu'on lui propose. De la vapeur d'eau peut se transformer en liquide : c'est la liquéfaction. Elle peut aussi se transformer en solide : c'est la condensation. ■

Les glaçons gardent leur forme propre quel que soit le récipient qui les contient.

Points clés

Le cycle de l'eau dans la nature

5

L'eau circule à la surface de la Terre, dans le sous-sol et dans les airs. En fait, la quantité globale de l'eau dans l'environnement terrestre reste à peu près constante. Dans la nature, l'eau subit des transformations et change d'état : elle décrit un cycle.

Au printemps, la montagne ensoleillée est le théâtre de toutes les transformations de l'eau.

L'eau peut changer d'état

L'eau existe sous ses trois états dans la nature et, suivant les variations climatiques, elle va pouvoir changer d'état. Sous l'action du Soleil, les eaux de surface (les grandes étendues des mers et des océans, les lacs et les rivières) subissent le phénomène de vaporisation : l'eau s'évapore. L'eau liquide se transforme en vapeur d'eau. Des millions de tonnes d'eau sont ainsi évaporées sur tous les continents et surtout sous les latitudes chaudes (zones équatoriales et tropicales). La vapeur d'eau, en s'élevant dans l'atmosphère, se refroidit. Là, elle se liquéfie et reprend son état liquide. Une autre transformation est possible : quand la température baisse, en hiver, à la surface de la Terre, l'eau se transforme en glace, elle gèle : c'est la solidification. On peut voir, surtout dans les zones froides et tempérées, les lacs et les rivières se recouvrir d'une épaisse couche de glace. La mer, elle-même, charrie de gros blocs de glace : ce sont les icebergs. Au printemps, lorsque la température remonte, la neige et la glace accumulées durant l'hiver fondent ; l'eau solide se transforme en eau liquide : c'est la fusion. On peut voir en hiver un autre changement d'état, lorsque la neige, fortement réchauffée en surface par les rayons du Soleil, se transforme directement en vapeur d'eau : c'est la sublimation. ■

La formation des nuages

Par évaporation, l'atmosphère qui entoure la Terre se charge d'une très grande quantité de vapeur d'eau. Cette vapeur d'eau monte en altitude et subit un refroidissement. La vapeur d'eau se liquéfie et se transforme en fines gouttelettes au contact des poussières qui sont en suspension dans l'air. L'amoncellement de ces gouttelettes constitue les nuages. Lorsque ces gouttelettes s'agglomèrent les unes avec les autres, elles deviennent plus lourdes et tombent sous forme de précipitations : pluie ou neige. ■

Le cycle de l'eau

La quantité d'eau contenue dans l'environnement terrestre est globalement constante. Mais elle subit perpétuellement des transformations. L'eau des mers et des océans, chauffée par le Soleil et soumise à l'action du vent, s'évapore continuellement. Sur les continents aussi, de la vapeur d'eau est produite par l'évaporation de l'eau des lacs et des rivières ainsi que par la respiration des êtres vivants.

Dans son cycle naturel, l'eau retourne toujours à la mer.

La vapeur produite s'élève dans le ciel où elle se refroidit. Elle va se liquéfier en fines gouttelettes ou se condenser en fins cristaux de glace, suivant la température de l'endroit, pour former les nuages. Dès que l'air se refroidit, les fines gouttelettes se regroupent et forment de grosses gouttes assez lourdes pour tomber : c'est la pluie. Si elles rencontrent des couches d'atmosphère plus froides : c'est la neige. Lorsque la pluie atteint le sol, une partie s'évapore tout de suite. Une plus grande partie peut s'écouler directement dans les fleuves et les rivières en ruisselant sur le sol. Une autre partie pénètre dans le sol. L'eau infiltrée peut être absorbée par les racines des plantes mais, suivant la nature des terrains, elle peut également alimenter les nappes souterraines. De toute façon, l'eau rejoint toujours les rivières et les fleuves qui se déversent toujours dans la mer. Et le cycle recommence… ■

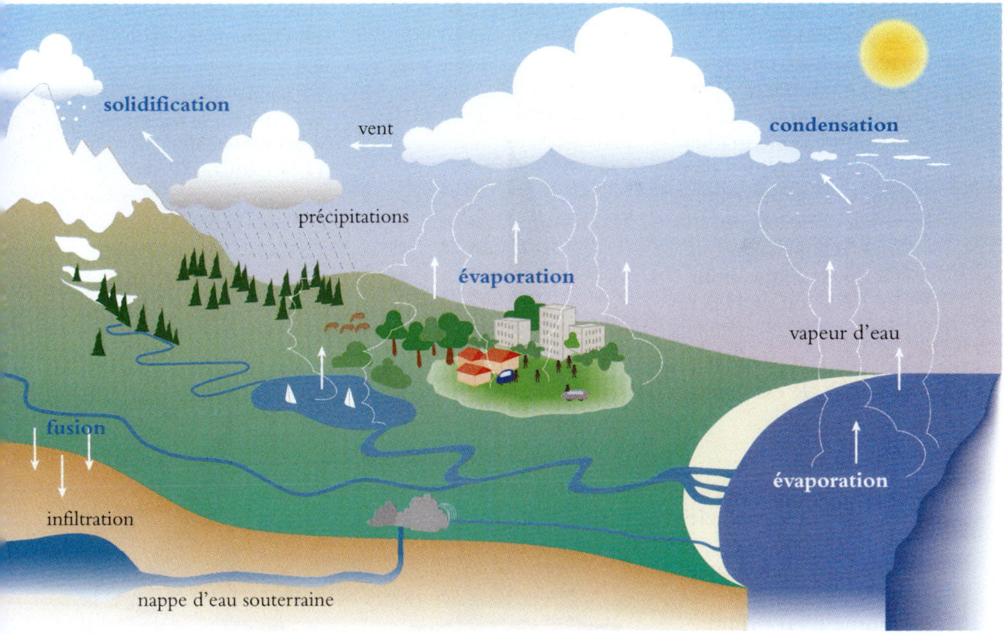

Dico → atmosphère

Points clés

Qu'est-ce que la pluviométrie ?

5

L'eau est une alliée précieuse des météorologues : la quantité d'eau tombée en un lieu donné durant une année permet par exemple de donner des indications sur le climat d'une région. La mesure de cette quantité s'appelle la pluviométrie.

Mesurer des volumes

Dans la vie courante, les volumes des liquides se mesurent avec des récipients prévus à cet effet car ils sont gradués : le verre doseur en cuisine ou le biberon des bébés… Pour mesurer un volume de liquide au laboratoire, on utilise un récipient particulier : l'éprouvette graduée. Chaque division de la graduation correspond à 1 cm^3 (1 mL). La surface libre du liquide correspond à une graduation. Pour les solides, deux cas peuvent se présenter : les solides ont soit un volume régulier, soit une forme quelconque. Pour les premiers on rappellera quelques volumes réguliers.

- Volume d'une sphère : $V = \frac{4}{3}\pi R^3$, R est le rayon de la sphère ;
- Volume d'un cube : $V = a^3$, a est l'arête du cube ;
- Volume d'un parallélépipède $V = a \times b \times c$, a est la longueur, b la largeur et c la hauteur ;
- Volume d'un cylindre : $V = \pi R^2 h$, R est le rayon de la surface de base et h est la hauteur.

Pour les seconds, on pourra utiliser aussi l'éprouvette graduée. On mesurera la différence entre la graduation où affleure le liquide seul et la graduation où affleure le liquide lorsque le solide y est complètement immergé. ■

« Mesurer l'eau »

Le but de la météorologie est de prévoir le temps qu'il fera dans les jours à venir. Ainsi, il peut être utile pour un agriculteur de savoir quelle quantité d'eau les pluies vont lui apporter, il pourra alors envisager d'arroser ou non ses parcelles. En plus des prévisions du temps données en étudiant les évolutions

Le liquide a un volume de 150 cm^3, le bateau a un volume de : (170 – 150) = 20 cm^3.

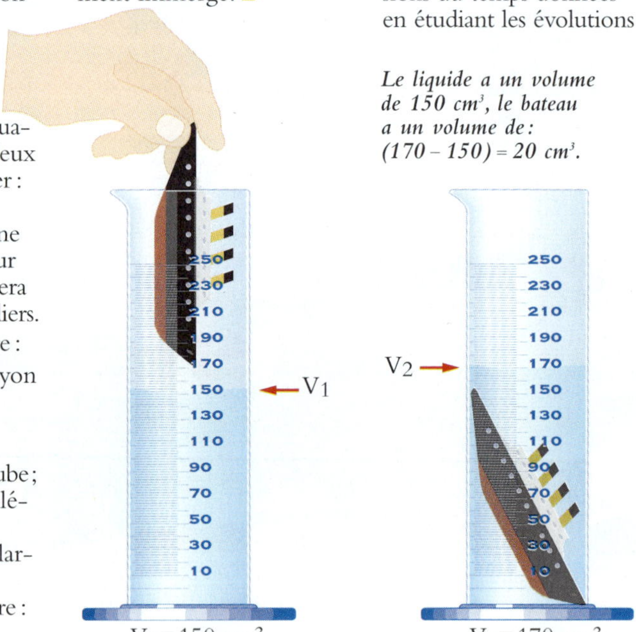

$V_1 = 150$ cm3 — $V_2 = 170$ cm3

Aurait-on pu prévoir la crue de cette rivière ?

des masses d'air atmosphériques, le météorologue peut apporter une aide efficace à la définition des climats. En mesurant avec précision les quantités d'eau tombées à un endroit donné pendant plusieurs années, il pourra en effet, établir des données statistiques sur les probabilités de précipitations. Le fonctionnement des barrages hydroélectriques est également lié à la quantité d'eau emmagasinée dans les bassins de retenue : la décision d'ouvrir ou de fermer le barrage est fonction des prévisions de crues des rivières en amont et en aval du barrage. Il est donc nécessaire de mesurer les débits de rivières, c'est-à-dire le volume d'eau qui circule par heure.
Les météorologues ont donc beaucoup de raisons de mesurer et d'analyser les données concernant l'eau. ■

Les unités de volume

L'unité de volume courante est le litre (L).
Ses sous-multiples sont :
– le dL (1 L = 10 dL)
– le cL (1 L = 100 cL)
– le mL (1 L = 1000 mL)
L'unité de volume légale est le m^3.
Ses sous-multiples sont :
– le dm^3 ($1\ m^3 = 1000\ dm^3$)
– le cm^3
($1 m^3 = 1\,000\,000\ cm^3$ et $1\ dm^3 = 1000\ cm^3$)
– le mm^3
($1 m^3 = 1\,000\,000\,000\ mm^3$ et $1 cm^3 = 1000\ mm^3$)
La relation entre les deux systèmes d'unités est :
$1\ L = 1\ dm^3$.

La pluviométrie

La pluviométrie étudie la répartition des pluies dans l'espace et dans le temps. Les météorologues utilisent pour cela un pluviomètre constitué d'un cône posé au-dessus d'une éprouvette graduée en « hauteur de pluie » et non pas en volume. C'est une donnée importante pour pouvoir décrire un climat. Afin d'harmoniser les données, il a été convenu que la « hauteur de pluie » serait l'épaisseur d'une couche d'eau qui tomberait sur 1 m^2 de terrain (à condition, bien entendu qu'elle ne s'écoule pas !). Ainsi, s'il tombe 1 mm de pluie sur 1 m^2 de surface, cela correspond à un volume : $V = 1\ m^2 \times 0{,}001\ m = 0{,}001\ m^3$ soit 1 litre d'eau.
Les données météorologiques indiquent par exemple qu'il est tombé 30 mm d'eau à Paris pendant le mois de mars 1997, cela veut dire que sur un m^2 de surface il est tombé 30 L d'eau. ■

Le pluviomètre recueille l'eau de pluie dans un récipient gradué en millimètres.

Dico → météorologie

Points clés 5

Les eaux naturelles sont des mélanges

Selon l'endroit où est captée l'eau d'une source naturelle, elle n'a pas les mêmes qualités : l'eau de mer est trouble et salée, l'eau de source est souvent limpide mais calcaire, l'eau d'une mare boueuse est non potable. L'eau pure existe-t-elle ?

L'eau de mer

L'eau de mer représente la surface la plus importante de notre planète (72 % de la surface totale). C'est sans doute la raison pour laquelle cela vaut à notre planète le surnom de « planète bleue ». Mais cette vaste étendue, qui paraît plane et monotone en surface, cache, en réalité, un véritable monde sous-marin. Si on boit une gorgée d'eau de mer, on reconnaît immédiatement le goût du sel qui y est dissous… De plus, l'eau de la mer Morte nous paraîtrait beaucoup plus salée que celle de la Manche. L'eau de mer est plus ou moins salée suivant sa provenance. Mais d'où vient ce sel marin ? La réponse se trouve dans le fond des mers au niveau de l'écorce terrestre. C'est, en effet, dans les roches de cette écorce que se trouvent les différents sels qui se dissolvent petit à petit dans l'eau. L'eau de mer se charge ainsi progressivement en sels minéraux. Elle n'est donc pas pure puisqu'elle est chargée de matière minérale dissoute et de micro-organismes : l'eau de mer est un mélange. ■

Dans les marais salants, le paludier récolte le sel marin.

L'eau de source

L'eau de source est, sans aucun doute, la moins visible, donc la plus oubliée, des eaux naturelles. Son origine est l'eau de pluie. En effet, lorsque la pluie tombe à la surface de la terre, elle coule le long des pentes, elle pénètre également dans le sol et entreprend un véritable parcours souterrain. Lors de cet écoulement, l'eau dissout les roches poreuses emportant avec elle les substances minérales et notamment les sels minéraux. Parfois, les couches où circule l'eau souterraine débouchent au flanc d'un coteau ou d'une falaise et atteignent ainsi la surface terrestre où l'eau jaillit pour former une source. L'eau de source n'est donc pas une « eau pure » puisqu'elle apparaît chargée en substance minérale récoltée durant son parcours souterrain. Ceci ne nuit en rien à la renommée d'une eau de source puisque ce sont ces « impuretés » qui permettent de promouvoir la qualité d'une eau qui peut être commercialisée sous l'appellation « eau de source » ou « eau minérale ». ■

Homogène ou hétérogène

En chimie, il faut distinguer les mélanges hétérogènes et les mélanges homogènes. Dans un mélange hétérogène, on peut distinguer les différents constituants, par exemple de l'eau et du sable, ou tout simplement une eau trouble dont on ne distinguera les impuretés qu'au microscope. Dans un mélange homogène, les différents constituants sont parfaitement liés et on ne peut en aucun cas les distinguer, c'est par exemple le cas de l'eau et du sel ou de l'eau et du sucre.

Sur l'étiquette de l'eau minérale, on lit sa composition.

L'eau de pluie doit traverser le « nuage » de pollution.

L'eau de pluie

L'eau de pluie provient de l'évaporation des mers, des lacs et des sols humides sous l'effet du soleil et de la chaleur. La vapeur d'eau ainsi formée monte en altitude et se condense en fines gouttelettes à cause du refroidissement de l'atmosphère en formant les nuages. Quand ces gouttelettes s'agglutinent, elles forment de véritables gouttes qui tombent en précipitations : la pluie s'abat alors à la surface de la terre. Pour autant, l'eau de pluie est-elle « pure » comme avaient tendance à le penser nos ancêtres : après tout, ne tombait-elle pas du ciel ? En réalité, en traversant les couches atmosphériques, l'eau de pluie rencontre un certain nombre de substances dans l'atmosphère : des petites particules solides en suspension et surtout des substances gazeuses provenant de toutes les émanations terrestres. Les gouttes de pluie se chargent alors de ces substances faisant de l'eau de pluie, non pas une eau pure, mais un mélange. ■

Dico → sels minéraux

Points clés

Préparons une eau pure

5

Il existe des méthodes physiques pour séparer les constituants d'un mélange. Nous allons étudier les procédés utilisés pour obtenir de l'eau pure à partir d'une eau naturelle.

Obtenir un mélange homogène

Si on prélève de l'eau dans n'importe quel milieu naturel – eau de mer, eau de source ou eau de rivière – il est facile d'observer que l'eau naturelle n'est jamais très claire et qu'elle contient différents éléments en suspension. Grains de sable, brindilles, micro-organismes, etc. sont la conséquence directe du mouvement perpétuel de l'eau dans l'environnement. L'eau enlève à la nature de multiples échantillons qu'elle emporte tout au long de son périple. Ces échantillons peuvent être dans les différents états physiques (solide, liquide ou gazeux) et font de l'eau prélevée un mélange hétérogène. Pour rendre ce mélange homogène, on doit procéder à différentes étapes permettant l'élimination de ces impuretés.

La première de ces étapes visera à extraire les impuretés les plus lourdes et les plus grosses contenues dans l'eau. Deux méthodes sont envisageables dans ce cas : la décantation, qui consiste à laisser se déposer et s'agglutiner les impuretés au fond du récipient, et la centrifugation, qui consiste à amener les impuretés à la périphérie du récipient en tournant vivement celui-ci toujours dans le même sens.

Cette première étape terminée, l'eau n'est pas encore homogène. Reste à lui retirer les petites particules en suspension. Ce sera la deuxième étape qui est la filtration. Il s'agit de faire passer l'eau à plusieurs reprises au travers de différents filtres.

On choisira des matières (coton ou papier) de plus en plus filtrantes afin de retenir les particules en suspension des plus grosses aux plus fines. L'eau est alors limpide, le mélange est homogène.

Il reste à éliminer les substances dissoutes si l'on veut obtenir une eau pure. ■

Le filtre retient les impuretés en suspension dans l'eau trouble.

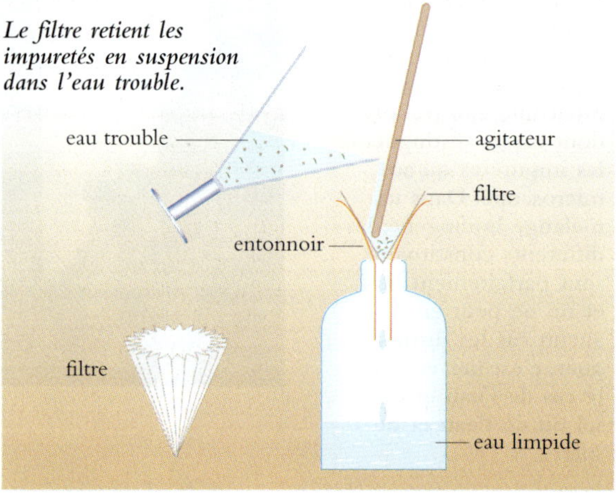

Séparer les constituants du mélange

L'eau précédemment obtenue n'est donc pas pure. C'est encore un mélange car elle contient des substances dissoutes d'où l'inefficacité des procédés d'extraction employés précédemment. Afin d'éliminer ces dernières impuretés, on doit procéder à une dernière étape où on va utiliser un nouveau processus physique : la distillation. L'eau se transforme en vapeur lorsqu'on la chauffe jusqu'à 100 °C : c'est le changement d'état liquide-gaz, la vaporisation. Pour distiller de l'eau, on porte le mélange à ébullition et l'eau s'évapore, laissant les impuretés dans le récipient de départ. La vapeur d'eau formée est conduite dans un réfrigérant (zone où une basse température est maintenue grâce à un courant d'eau froide continu). Là, la vapeur d'eau se liquéfie. À la sortie du réfrigérant, l'eau que l'on recueille est parfaitement pure. On l'appelle communément « eau distillée ».

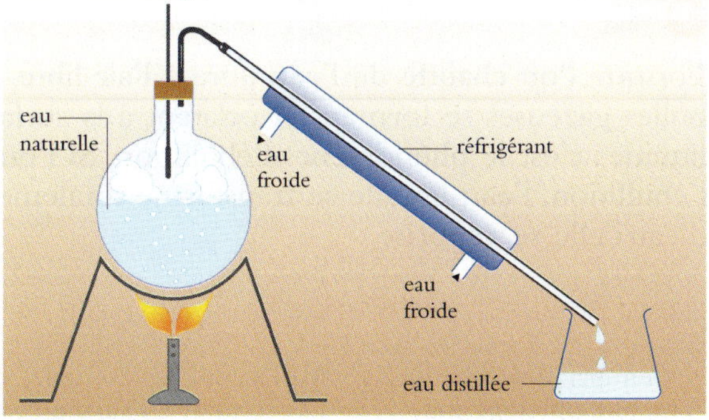

L'eau vapeur formée à 100 °C dans le ballon passe dans le réfrigérant où elle redevient liquide.

Dans l'alambic des parfumeurs, la vapeur d'eau entraîne les essences de fleurs liquéfiées dans le réfrigérant.

Un exemple de distillation : l'alambic

Le procédé de distillation est utilisé depuis des siècles dans les « alambics » pour la préparation d'alcool pur à partir de solutions alcoolisées (par exemple obtenir du cognac, ou du calvados à partir du cidre) ou pour obtenir des extraits de parfums à partir des décoctions de fleurs. Pour la distillation de l'alcool, le principe est le suivant : l'alcool a une température d'ébullition de 80 °C. La température de l'ébullition de l'eau lui est supérieure de 20 °C puisque l'eau bout à 100 °C. Ainsi, lorsque l'on chauffe un mélange eau-alcool, l'alcool se vaporise plus facilement que l'eau. La vapeur obtenue est donc plus riche en alcool qu'en eau. Par condensation de cette vapeur, on obtient un mélange plus riche en alcool que le mélange initial. En répétant plusieurs fois cette opération, on obtient l'alcool presque pur.

Dico → extraction • impureté

Que se passe-t-il quand l'eau bout ?

5

Lorsque l'on chauffe de l'eau pure à l'air libre, de grosses bulles gazeuses se forment et éclatent à la surface du liquide : c'est le phénomène d'ébullition. Si l'on prolonge l'ébullition, l'eau liquide se transforme totalement en vapeur d'eau : elle se vaporise.

Mesurer la température

La température est la mesure physique qui correspond à la sensation de chaud et de froid. Si on plonge la main dans une eau tiède après l'avoir plongée dans de l'eau très chaude, elle nous paraîtra froide. Si maintenant on plonge la main dans la même eau tiède après l'avoir plongée dans de l'eau très froide, elle nous paraîtra chaude… Le sens du toucher est bien évidemment insuffisant pour mesurer ou comparer les températures. Pour mesurer une température, il est nécessaire d'utiliser un appareil de mesure : le thermomètre. Le thermomètre le plus courant est le thermomètre à liquide. Son principe de fonctionnement est basé sur la propriété qu'ont les liquides d'augmenter de volume lorsqu'ils sont chauffés : c'est le phénomène de dilatation. Ce thermomètre possède donc un réservoir contenant un liquide coloré (de l'alcool par exemple). Le réservoir est surmonté d'un tube très fin le long duquel sont inscrites des graduations. Lorsque le liquide s'échauffe, il se dilate, son volume augmente. Il grimpe dans le tube fin et s'arrête devant la température qui correspond à la température du milieu dans lequel se trouve le réservoir. La température se mesure en degrés Celsius (symbole : °C). L'échelle des graduations est différente suivant le liquide contenu dans le réservoir et son choix est fonction de la gamme des températures à mesurer. Par exemple, l'alcool coloré permettra de mesurer des températures comprises entre –10 °C et + 110 °C. Si nous voulons mesurer la température du corps humain, la gamme doit pouvoir mesurer avec précision des températures comprises entre 32 °C et 45 °C, le liquide utilisé dans le thermomètre médical est alors du mercure. Il existe d'autres types de thermomètres utilisant d'autres phénomènes physiques liés aux températures. ■

Un thermomètre à liquide coloré gradué de – 30 °C à 50 °C sur un cep de vigne de Château Petrus (Bordelais).

Chauffer de l'eau

On veut observer le comportement de l'eau pure lorsqu'on la chauffe progressivement. On utilise un dispositif simple de chauffage. Le réservoir d'un thermomètre plonge dans l'eau pure, les graduations sont lisibles le long de la tige du thermomètre. On note la température affichée à des intervalles de temps réguliers. Les résultats sont inscrits dans le tableau ci-contre : t est la durée en minutes et θ est la température en °C.

t	θ
0	20
1	30
2	50
3	70
4	80
5	95
6	100
8	100
10	100

Montage permettant les mesures de température en fonction du temps lors de la vaporisation.

On observe au cours du chauffage l'apparition de bulles gazeuses qui éclatent à la surface du liquide. C'est l'ébullition.
Si on poursuit assez longtemps l'ébullition, l'eau liquide se transforme complètement en eau vapeur. Le changement d'état observé ici est la vaporisation. ■

Interpréter le graphique obtenu

Pour bien comprendre le phénomène physique et donner les propriétés de la vaporisation, on peut utiliser les données de l'expérience et tracer le graphe correspondant à cette expérience. Tracer le graphe consiste à porter la durée (en min) en abscisses et les températures (en °C) en ordonnées. Les différents points dessinent une courbe que nous allons interpréter.
Durant les cinq premières minutes de l'expérience, la température croît progressivement en fonction de la durée. Puis on note l'apparition des grosses bulles de gaz lorsque la température atteint 100 °C. C'est le début de l'ébullition. La température reste constante et

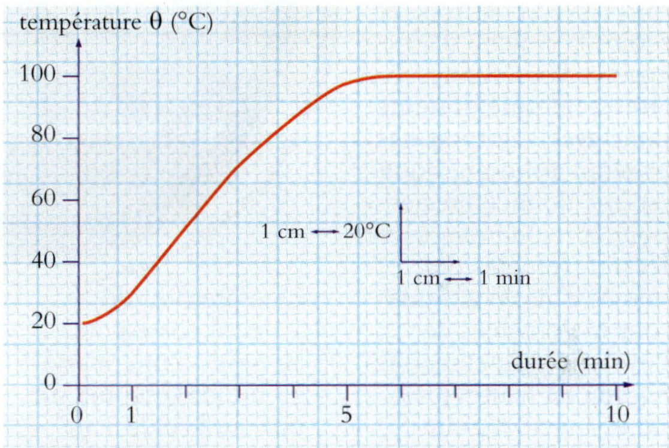

Graphe du changement d'état : la température est une fonction du temps.

égale à 100 °C tant qu'il reste de l'eau liquide dans le ballon, c'est-à-dire durant tout le temps de l'ébullition. La vapeur d'eau formée lors de l'ébullition se mélange à l'air ambiant et occupe tout le volume qui lui est proposé. Durant le changement d'état « vaporisation », l'eau existe sous ses deux états, l'état liquide et l'état gazeux.
On constate donc que la température reste constante tant que les deux états coexistent. ■

Dico → corps pur • dilatation • mercure

Points clés

5 L'eau bout-elle toujours à la même température ?

Il est possible de faire bouillir de l'eau pure à une température différente de 100 °C. L'expérience doit se faire alors dans un récipient fermé hermétiquement. La pression, à l'intérieur du récipient, est différente de la pression atmosphérique.

Qu'appelle-t-on pression atmosphérique ?

Notre planète est entourée d'une couche d'air de plusieurs kilomètres d'épaisseur. On appelle pression atmosphérique la pression qu'exerce cette couche d'air sur les corps à la surface de la Terre. Plus on s'élève en altitude et moins la couche d'air est épaisse : la pression atmosphérique diminue donc avec l'altitude. La pression atmosphérique est une donnée précieuse pour la météorologie car les mouvements des masses d'air en altitude sont responsables de l'évolution du climat. En régime de hautes pressions, appelé régime anticyclonique, le temps est calme et beau. En revanche, en régime de basses pressions, appelé régime dépressionnaire, le temps est agité et pluvieux. La mesure de la pression atmosphérique est donc nécessaire pour prévoir le temps. L'unité légale de la pression est le pascal (symbole : Pa).

Le baromètre à aiguille indique une pression atmosphérique de 768 mm Hg, c'est signe de beau temps.

Une pression de 1 pascal correspond au poids d'une masse de un kilogramme sur une surface de 1 m^2. La pression atmosphérique est mesurée par un appareil de mesure : le baromètre. Certains baromètres sont gradués en hectopascals (symbole : hPa) qui valent 100 Pascals ou en millibars (symbole : mbar). D'autres baromètres sont gradués en hauteur de colonne de mercure (symbole : mm Hg). On définit comme pression « normale » au niveau de la mer celle qui correspond à une colonne de mercure de 760 mm. Elle est alors de 1 013 hPa ou de 1 013 mbar. Lorsque la pression atmosphérique est en dessous de 1 013 hPa, on est en régime de basse pression ; si elle est supérieure à 1 013 hPa, on est en régime de haute pression. ■

Comment fonctionne une Cocotte-minute ?

Une Cocotte-minute est fermée hermétiquement à froid. On y a enfermé les aliments, l'eau et une quantité d'air. Le tout est à la pression atmosphérique. Après chauffage, si l'ensemble atteint 100 °C, l'eau bout et se vaporise. La vapeur d'eau ne peut pas s'échapper et se mélange à l'air présent dans la cocotte : la pression augmente et devient nettement supérieure à la pression atmosphérique, elle peut atteindre 1 800 mbar (la petite soupape sur le couvercle laisse échapper un petit jet de vapeur, sinon la formation d'une trop grande quantité de vapeur risquerait d'augmenter considérablement la pression à l'intérieur de la cocotte qui risquerait d'exploser !). La température d'ébullition augmente avec la pression, on arrive alors à atteindre 120 à 130 °C. Les aliments cuisent donc à une température plus élevée et la cuisson est plus rapide. ■

La Cocotte-minute permet de diviser par 2 ou 3 le temps de cuisson des aliments.

L'eau bout aussi à moins de 100 °C

Pour diminuer la pression dans un récipient hermétiquement clos, on peut le relier à une trompe à eau. Le principe en est simple : un fort courant d'eau passant dans un rétrécissement de canalisation permet d'aspirer une partie de l'air emprisonné dans le récipient et ainsi la pression à l'intérieur diminue. Si le récipient contient de l'eau, celle-ci est donc sous une pression inférieure à la pression atmosphérique. La température d'ébullition de l'eau est fonction de la pression ambiante. L'eau contenue dans le récipient va donc bouillir à une température inférieure à 100 °C. Ainsi, si la pression descend à 125 mbar, l'eau va bouillir à 50 °C. ■

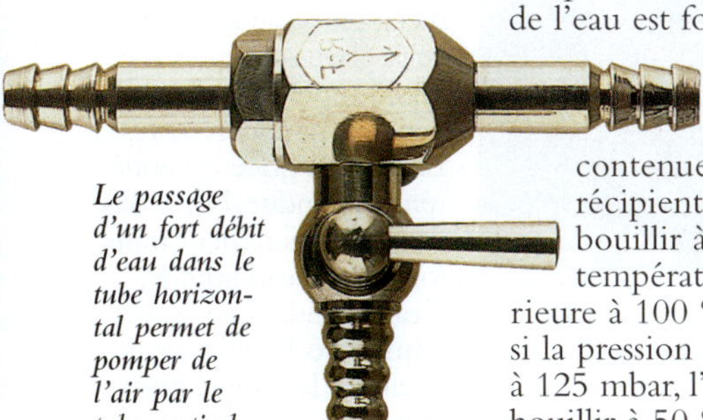

Le passage d'un fort débit d'eau dans le tube horizontal permet de pomper de l'air par le tube vertical.

Au sommet du mont Blanc

Nous avons vu que la pression atmosphérique diminue avec l'altitude. On peut ainsi évaluer la pression atmosphérique au sommet du mont Blanc qui culmine à 4 807 m au-dessus du niveau de la mer. L'évaluation de cette pression donne une valeur de l'ordre de 550 hPa (on rappelle que la pression atmosphérique normale est de 1 013 hPa). La température d'ébullition de l'eau étant fonction de la pression ambiante, au sommet du mont Blanc l'eau bout à 85 °C.

Dico → mercure • pression

Points clés

Faisons fondre la glace

5

Si l'on sort un glaçon d'eau pure du réfrigérateur et si on le laisse à température ambiante, on observe un lent phénomène de fusion : l'eau solide devient liquide.

Le changement d'état solide-liquide

La glace est l'eau à l'état solide. Sa température est variable suivant l'endroit où elle a été prélevée mais, en tout état de cause, cette température est toujours inférieure à 0 °C. Dans les régions polaires, la glace atteint parfois des températures de l'ordre de -30 °C à -40 °C. Dans un congélateur, la température d'un glaçon est d'environ -18 °C et, dans le compartiment d'un réfrigérateur, le glaçon a une température de -4 °C. Dès que l'on sort un glaçon du congélateur ou du réfrigérateur, il se trouve en général dans un endroit où la température est supérieure à 0 °C. On constate très vite qu'il se transforme en eau liquide. Observons, par exemple, quelques glaçons sortis du congélateur, placés dans un récipient et abandonnés à eux-mêmes dans un endroit où la température ambiante est environ de 20 °C : ils fondent progressivement. C'est le changement d'état que l'on appelle la fusion.

Nous pouvons, comme lors de l'ébullition, étudier plus précisément ce changement d'état. Pour cela, nous utilisons un thermomètre qui permet de lire la température des glaçons à des intervalles réguliers de temps. Les résultats sont les suivants :

0 min	- 12 °C
5 min	- 9 °C
10 min	- 6 °C
15 min	- 4 °C
20 min	- 1 °C
25 min	0 °C
30 min	0 °C
35 min	+ 1 °C
40 min	+ 2 °C
45 min	+ 3 °C
50 min	+ 4 °C.

Au bout de 25 min, il s'est formé des gouttes d'eau. La température a atteint alors la température de 0 °C. Cette dernière va rester constante et égale à 0 °C tant que tous les glaçons ne sont pas entièrement fondus. C'est le palier du changement d'état : lorsque les deux états, glace solide et eau liquide coexistent, la température reste constante. Lorsque la glace est entièrement fondue, l'eau solide s'est entièrement transformée en eau liquide. L'eau liquide formée va ensuite s'échauffer jusqu'à atteindre la température ambiante. ■

Quand ces superbes stalactites fondent, eau solide et eau liquide coexistent : leur température est de 0 °C.

La masse se conserve

La pesée des glaçons d'un congélateur donne la mesure suivante $m = 172$ g. Lorsque la fusion est terminée, l'eau liquide pesée dans les mêmes conditions donne une masse $m = 172$ g. On constate donc que la masse est inchangée lors du changement d'état. En revanche, lors du changement d'état, le volume varie. Pour l'eau, par exemple, il diminue lors de la fusion. ■

Avant et après la fusion, la balance donne la même indication (m = 172 g) : la masse est conservée.

Comment se comporte un mélange lors de la fusion ?

Les eaux naturelles ne sont jamais pures : ce sont des mélanges. Dans le mélange, il y a le plus souvent des matières dissoutes. Dans l'eau salée, par exemple, le sel est dissous dans l'eau. C'est le cas de l'eau de mer. L'étude de la fusion d'un glaçon d'eau salée, par exemple, nous amène à faire des remarques importantes à propos des changements d'état pour les mélanges. Tout d'abord, la température à laquelle les premières gouttes de liquide vont apparaître n'est plus une constante, elle dépend de la quantité de sel contenu dans le glaçon : plus l'eau est salée et plus la température de fusion est basse. Ensuite, l'étude précise de l'évolution de la température en fonction du temps montre, pour le glaçon salé, qu'il n'existe pas de palier de changement d'état : l'évolution de la température est progressive.
Seuls les corps purs ont des températures de changement d'état qui sont des points fixes et qui les caractérisent. Seuls les changements d'état d'un corps pur présentent un palier au cours duquel la température reste constante et qui correspond au moment où deux états coexistent. ■

Les unités de masse

L'unité légale de masse est le kilogramme (symbole kg).
Ses sous-multiples sont :
– le gramme (symbole g)
1 kg = 1 000 g.
– le milligramme (symbole mg)
1 g = 1 000 mg.
L'unité usuelle de masse au laboratoire est le gramme.
Pour l'épicier, l'unité est plutôt le kilogramme. Dans l'industrie, on utilise la tonne (1 t = 1 000 kg).
En agriculture, on utilise le quintal (1 quintal = 100 kg).

Dico → corps pur • mélange • volume

Points clés

5

Établissons la carte d'identité d'un corps pur

Un corps pur possède des caractéristiques qui lui sont propres et qui permettent de l'identifier, en particulier, sa température d'ébullition, sa température de fusion, la masse de son unité de volume, etc.

Le corps pur

Dans la nature en général, l'eau n'est pas pure : les eaux naturelles sont des mélanges. Pour obtenir de l'eau pure, il faut procéder à la distillation d'une eau naturelle. Ainsi, tous les produits qui sont contenus dans l'eau naturelle sont séparés et extraits de l'eau. L'eau distillée a été « purifiée » : elle est devenue un « corps pur ». On appellera « corps pur » toute substance qu'il est impossible de fractionner en plusieurs autres substances quels que soient les procédés physiques utilisés. Un corps pur est une espèce chimique. Observons un morceau de métal pur : il est entièrement constitué de ce métal à l'exclusion de toute autre substance. Par exemple, le cuivre est un corps pur, alors que le laiton qui est un alliage de cuivre et de zinc n'est pas un corps pur, c'est un mélange.

Cuivre et éther sont des corps purs : ce sont des espèces chimiques.

Le flacon d'éther du pharmacien contient exclusivement de l'éther : l'éther est un corps pur.
En revanche, l'alcool à 90°, vendu par le pharmacien, n'est pas un corps pur : c'est un mélange d'eau et d'alcool. Une bouteille de dioxygène comprimé ne contient qu'un seul gaz, le dioxygène : c'est un corps pur. ■

La masse volumique d'un corps pur

Une des grandeurs physiques permettant de caractériser un corps pur est sa masse volumique, c'est-à-dire la masse d'une unité de volume du produit pur considéré. Pour déterminer la masse volumique de l'eau pure, on procède à l'expérience suivante : on mesure précisément, avec une éprouvette graduée, un volume de 100 cm^3 (ou 100 mL) d'eau qu'on pèse grâce à une balance. Tenant compte de la masse de l'éprouvette, on trouve $m = 100$ g pour l'eau. On en déduit la masse de l'unité de volume de l'eau : 100 cm^3 (ou mL) pèsent 100 g. La masse de l'unité de volume, ou masse volumique, de l'eau pure est 1 g/cm^3 (ou 1 g/mL). On pourrait refaire la même expérience avec d'autres corps purs. Voici quelques valeurs de masses volumiques :

Corps purs	Masse vol.
Huile	0,9 g/cm^3
Glycérine	1,3 g/cm^3
Alcool	0,8 g/cm^3
Cuivre	8,9 g/cm^3
Fer	7,9 g/cm^3

La masse volumique d'un mélange ne peut en aucun cas caractériser ce mélange. En effet, la masse volumique d'une eau salée ou d'une eau sucrée dépendra de la quantité de sel ou de sucre dissoute. ■

Points clés

NOM : EAU

État : Liquide à 20° C
et sous pression atmosphérique normale

Masse volumique : 1 g par mL

Température d'ébullition
sous pression normale : 100° C

Température de fusion
sous pression normale : 0° C

Qualités : Inodore, incolore, sans saveur

La carte d'identité ci-dessus ne peut « personnifier » que l'eau pure.

La carte d'identité

Qu'entend-on par « carte d'identité » d'une manière générale ? C'est un papier officiel rassemblant un certain nombre de données capables de personnifier un individu et lui seul. Les renseignements inscrits sur une carte d'identité ne peuvent s'appliquer qu'à une seule personne. Un corps pur est, lui aussi, caractérisé par des propriétés qui lui sont propres, qui sont invariables et qui ne peuvent s'appliquer à aucun autre corps. On a choisi trois de ces propriétés pour définir un corps pur : ce sont ses points fixes (ou constantes physiques) : sa température d'ébullition, sa température de fusion et sa masse volumique. On a ainsi établi une sorte de carte d'identité du corps pur. ■

Les unités de masse volumique

Pour la masse de l'unité de volume, l'unité la plus courante est le gramme par centimètre cube (symbole : g/cm^3), ou gramme par millilitre (symbole : g/mL). On rappelle que 1 mL = 1 cm^3.

Une autre unité peut être utilisée, surtout pour les liquides : le gramme par litre (abréviation : g/L). L'unité légale est le kilogramme par mètre cube (symbole : kg/m^3). 1 kg/m^3 = 1 g/L.

Dico → distillation • masse volumique

Points clés

L'eau est formée de particules

5

Depuis l'Antiquité, la constitution de la matière est source d'interrogations pour l'Homme. Nous prendrons l'exemple de l'eau pour illustrer la notion de corps pur constitué de molécules.

La molécule d'eau

Les chimistes, dès l'Antiquité, ont voulu imaginer un « modèle » pour représenter la matière. Ils ont été amenés à penser, pour toutes sortes de raisons, que la matière avait une nature granulaire et discontinue même si elle apparaît la plupart du temps comme parfaitement homogène : un tas de sable, observé de loin, ne nous apparaît-il pas, lui aussi, comme parfaitement homogène ? Il faut s'en approcher davantage pour distinguer les grains dont il est constitué. Il en est de même pour une goutte d'eau : d'aspect parfaitement homogène, elle est en réalité constituée d'un très grand nombre de particules extrêmement petites : les molécules. Certains corps purs sont constitués de molécules toutes identiques quel que soit leur état. Les corps purs diffèrent les uns des autres parce que leurs molécules sont différentes. Les molécules sont de taille excessivement petite, de l'ordre du nanomètre (symbole : nm), ce qui correspond à 1 milliardième de mètre ou 1 millionième de millimètre ! Ainsi, la molécule d'eau est la plus petite partie d'eau pouvant exister à l'état libre, qu'il s'agisse d'eau à l'état solide, à l'état liquide ou à l'état gazeux. Elle mesure environ 0,4 nm d'envergure. Pour avoir une idée de ce que représente cette dimension, on peut dire que sur une longueur de 1 cm on peut aligner côte à côte environ 25 millions de molécules d'eau ! ■

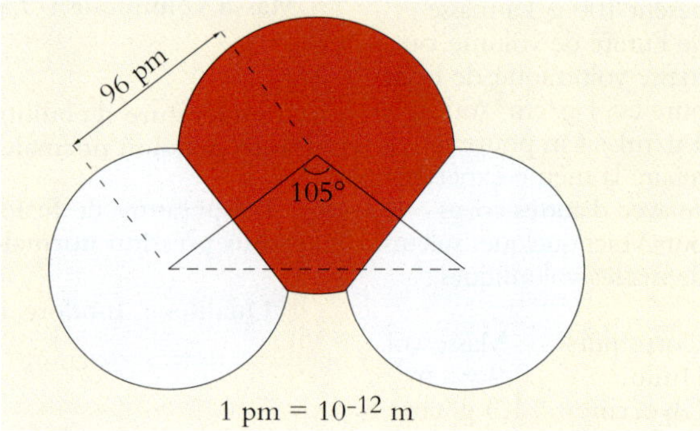

La molécule d'eau est caractérisée par une géométrie bien particulière.

Les molécules d'un corps pur

Si la masse est conservée lors des changements d'état de la matière, on ne peut pas en dire autant du volume. Par exemple, une bouteille d'eau liquide fermée, oubliée dans le congélateur, va exploser lorsque l'eau deviendra solide ! Comment interpréter, au point de vue moléculaire, les différents états d'un corps pur ? Ce n'est ni la forme, ni la taille des molécules qui varient lors d'un changement d'état mais plutôt leur arrangement les unes par rapport aux autres. Dans l'état solide, les molécules sont liées les unes aux

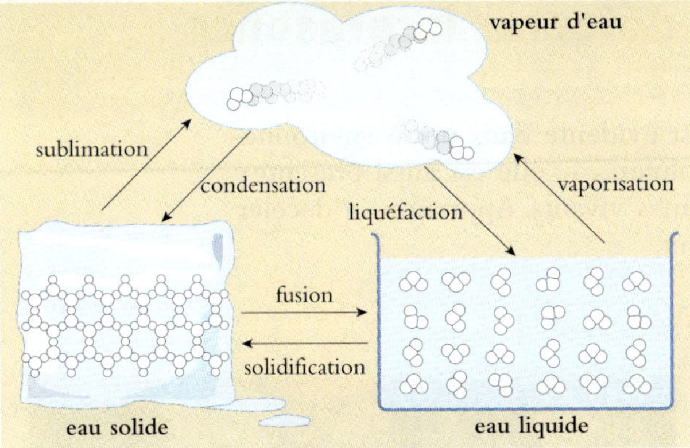

L'arrangement des molécules d'eau évolue lors des changements d'état.

autres, bien serrées et rangées suivant une géométrie bien établie. L'assemblage présente donc un aspect compact et ordonné. La forme de l'assemblage est alors bien déterminée ainsi que le volume occupé. Dans l'état liquide, les molécules ne sont plus liées entre elles, elles peuvent glisser les unes par rapport aux autres. L'ensemble des molécules est compact. Dans l'état gazeux, les molécules sont très éloignées les unes des autres, il n'existe pas de liens entre elles, elles sont en perpétuel mouvement et occupent tout le volume qui leur est offert. En se déplaçant, elles se heurtent entre elles et se cognent contre les parois : l'ensemble de ces chocs détermine la pression du gaz. Comment interpréter les changements d'état ? Nous avons vu que, en augmentant la température de l'eau liquide, on provoque sa vaporisation.
On explique cela par le fait que l'augmentation de température provoque une plus grande agitation des molécules. Lorsque l'agitation est assez forte, les molécules se détachent les unes des autres et peuvent s'échapper dans tout l'espace offert.
Le liquide est devenu gaz ! ■

Points clés

Les molécules dans un mélange

La matière peut se trouver sous forme de corps purs et de mélanges. On a vu que les corps purs étaient constitués de molécules toutes identiques. Qu'en est-il lorsqu'il s'agit d'un mélange homogène ? Dans un tel mélange, il est impossible de distinguer les différents constituants. C'est le cas, par exemple, de l'eau sucrée ou de l'eau salée que l'on ne différencie de l'eau pure qu'en la goûtant. Comment décrire, du point de vue moléculaire, la constitution d'un mélange ? Par exemple, dans l'eau sucrée, il y a des molécules d'eau en très grande quantité et des molécules de sucre (molécules beaucoup plus grosses que les molécules d'eau) en plus faible quantité qui sont uniformément réparties dans le mélange. L'ensemble de toutes ces molécules est en mouvement. ■

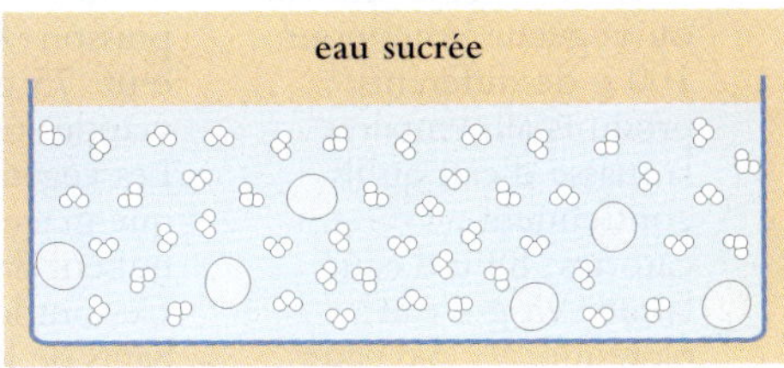

Dans l'eau sucrée, quelques molécules de sucre se répartissent uniformément parmi les molécules d'eau.

Dico → corps pur • pression

5 Peut-on détecter la présence de l'eau ?

Si la présence de l'eau est évidente dans notre environnement – océans, rivières, pluies... –, elle est aussi présente dans beaucoup d'organismes vivants. Apprenons à déceler l'eau dans certains milieux.

L'eau dans les organismes vivants

L'eau est le constituant essentiel de la matière vivante : regardons par exemple le corps humain. L'eau est présente dans tous les tissus, dans les os et même dans les dents ! L'eau est le moteur de la digestion : chez l'adulte, 10 à 15 litres d'eau circulent au niveau du tube digestif. L'eau joue également un rôle essentiel dans les échanges entre les cellules. Le plasma du sang est constitué d'eau contenant des sels minéraux et des protéines en solution et dans laquelle baignent les globules rouges et les globules blancs. La plupart des aliments que l'on absorbe contiennent majoritairement de l'eau, qu'ils soient d'origine animale ou végétale. Voici pour 100 g de différents produits alimentaires la masse d'eau qu'ils contiennent :

C'est grâce à des arrosages fréquents que tous ces beaux légumes ont pu atteindre leur maturité et garnir l'étal de l'épicier.

carottes : 88 g d'eau ;
laitue : 95 g d'eau ;
pastèque : 97 g d'eau ;
tomate : 91 g d'eau ;
pomme de terre : 80 g d'eau ;
poisson : 80 g d'eau ;
œuf : 75 g d'eau ;
viande : 60 g d'eau.

Les végétaux ne poussent que grâce à l'eau qu'ils puisent dans la terre. Ce sont les poils absorbants de leurs racines qui captent l'eau qui leur est nécessaire.
Le poids d'eau absorbée par jour peut être égal au poids de la plante. L'eau circule dans la plante et lui fournit la nourriture nécessaire grâce aux sels minéraux qui sont dissous dans l'eau. La plus grande partie de l'eau est ensuite « transpirée » par la plante et rejetée dans l'atmosphère sous forme de vapeur. Par exemple, un hectare de forêt évapore 20 à 30 m^3 d'eau par jour. ■

Un test pour détecter l'eau

Le sulfate de cuivre, à l'état naturel, se présente sous la forme de cristaux bleu turquoise. En réalité, cette couleur est due au fait qu'il est hydraté : des molécules d'eau sont emprisonnées dans les cristaux de sulfate de cuivre. En chauffant fortement ces cristaux bleus, on constate qu'ils se transforment en poudre blanche en libérant les molécules d'eau sous forme de vapeur.
La poudre blanche est en fait du sulfate de cuivre déshydraté (ou anhydre). Cette poudre blanche, au contact d'eau, redevient bleue.

Le sulfate de cuivre anhydre est un indicateur permettant de déceler la présence d'eau. ■

Le sulfate de cuivre anhydre qui bleuit prouve la présence de l'eau dans la pomme, la pomme de terre ou le pain.

Mesurer l'humidité de l'air

Si on abandonne du sulfate de cuivre anhydre (c'est-à-dire la poudre blanche) à l'air libre, il se colore très rapidement en bleu, mettant en évidence le fait que l'air ambiant contient de la vapeur d'eau.
La mesure de l'humidité de l'air s'appelle l'hygrométrie et constitue une donnée essentielle des prévisions météorologiques. Elle est mesurée en pourcentage : une humidité de 0 % correspond à un air parfaitement sec dans lequel n'existe aucune molécule de vapeur d'eau (ceci n'arrive pratiquement jamais !). En revanche, une humidité de 100 % correspond à un air saturé en vapeur d'eau, c'est-à-dire que l'atmosphère ne peut plus assimiler de vapeur d'eau supplémentaire, elle se transformerait immédiatement en eau liquide. Dans un air saturé en vapeur d'eau, aucune évaporation n'est possible. L'appareil de mesure de l'hygrométrie est le psychromètre.
Il est constitué de deux thermomètres. Le premier est un thermomètre ordinaire qui mesure la température ambiante de l'air sec bien ventilé, on l'appelle le « thermomètre sec ». Le réservoir du second, que l'on appelle « thermomètre humide », est entouré d'une mèche qui est constamment humidifiée. L'évaporation de l'eau de la mèche est variable suivant l'humidité ambiante. La température indiquée par le second thermomètre est fonction de la facilité avec laquelle se fait l'évaporation. La différence entre les deux températures mesurées par les thermomètres mesure l'hygrométrie de l'air. ■

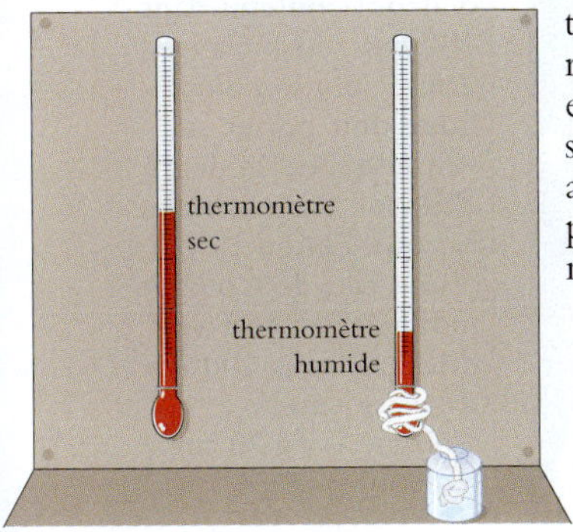

La comparaison des températures sèche et humide mesurées sur ce psychromètre permet de mesurer l'humidité de l'air ambiant.

Dico → cellule • molécule • sels minéraux

Points clés

L'eau et les autres liquides

5

Il existe d'autres liquides « naturels » que l'eau : l'alcool, l'huile... Observons ce qui se passe lorsqu'on veut mélanger l'eau avec d'autres liquides.

Mélanger de l'eau et de l'alcool

Verser de l'eau dans l'alcool ou verser de l'alcool dans l'eau sont deux opérations qui produisent des mélanges homogènes. Quelles que soient les proportions dans lesquelles on a mélangé les deux liquides, on obtient toujours une solution limpide. Une fois que les deux liquides ont été mélangés, il est très difficile de les séparer. Il faut, pour cela, utiliser des procédés physiques. On pourra, par exemple, procéder à une distillation pour le mélange eau-alcool puisque les températures d'ébullition des deux liquides sont différentes (on rappelle que, à pression atmosphérique normale, l'eau bout à 100 °C et l'alcool bout à 80 °C). On dit que les deux liquides sont miscibles en toutes proportions. L'eau se mélange ainsi à un certain nombre d'autres liquides avec lesquels elle est miscible en toutes proportions : le vinaigre, l'eau de Javel, les sirops de sucre... On dit alors que ces liquides sont solubles dans l'eau. Pour d'autres liquides, la miscibilité avec l'eau n'est pas totale. C'est le cas, par exemple, de l'éther. Le mélange eau-éther n'est pas possible en toutes proportions. À partir d'un certain volume versé, l'éther ne se dissout plus. On dit que la solution est saturée en éther. ■

Dans un litre de cette eau de Cologne, il y a 700 cm^3 d'alcool et 300 cm^3 d'eau.

Le degré

Les proportions eau-alcool sont en général mesurées en degrés. Cette unité permet de connaître le volume d'alcool contenu dans 100 cm^3 du mélange. Toute solution alcoolique doit porter sur son étiquette le degré d'alcool. Par exemple, lorsque l'étiquette d'une eau de Cologne indique 70°, cela veut dire que dans 100 cm^3 de cette eau de Cologne, il y a 70 cm^3 d'alcool pur.

Observer le mélange eau-huile

Lorsque l'on verse de l'huile dans l'eau ou de l'eau dans l'huile, on constate tout de suite que les deux liquides ne se mélangent pas. Même après agitation, il se forme des gouttes qui ne se dissolvent pas. Le mélange eau–huile est un mélange hétérogène : c'est une émulsion. Les deux liquides ne sont pas miscibles. D'ailleurs, si on laisse le mélange au repos, l'ensemble se sépare en deux couches bien distinctes. La surface de séparation entre les deux couches est plane et horizontale. Les deux liquides peuvent ainsi être aisément séparés. Dans le cas du mélange eau–huile, l'eau est la couche inférieure et l'huile est la couche supérieure. On peut expliquer ce phénomène en comparant les masses volumiques des deux liquides : la masse volumique de l'eau est de 1 g/cm^3 et celle de l'huile est de 0,8 g/cm^3. On dit que l'huile est moins dense que l'eau. Il y a d'autres liquides avec lesquels l'eau n'est pas miscible : mercure, pétrole, essence, benzène… On dit alors que ces liquides ne sont pas solubles dans l'eau. Certains sont plus denses que l'eau comme le mercure et, dans le cas du mélange eau–mercure au repos, c'est l'eau qui sera la couche supérieure et le mercure la couche inférieure. ■

L'observation du mélange eau-huile au microscope met en évidence les gouttes d'huile non dissoutes dans l'eau : c'est une émulsion.

Masse et volume du mélange

Prenons un premier exemple : la pesée de $v = 100$ cm^3 d'eau mesurés dans une éprouvette donne $m = 100$ g. La pesée de $v' = 50$ cm^3 d'alcool mesurés dans une éprouvette donne $m' = 40$ g. On mélange le contenu des deux éprouvettes, l'ensemble est parfaitement homogène. La lecture du volume total obtenu donne $V = 148$ cm^3. On constate que $V \neq v + v'$: le volume ne se conserve pas. La pesée du mélange donne $M = 140$ g. On constate que $M = m + m'$: la masse se conserve. Pour d'autres mélanges (même si le mélange n'est pas homogène), la masse se conserve toujours. En revanche, il arrive que les volumes se conservent mais il n'est pas possible de généraliser. ■

Dico → distillation • masse volumique • soluble

Points clés

L'eau au quotidien

5

La consommation annuelle d'eau en France est d'environ 3,5 milliards de mètres cubes. Les réserves sont importantes mais pas inépuisables. Il est essentiel de contrôler la consommation et de sensibiliser les consommateurs.

L'eau est indispensable à la vie

Les besoins en eau pour la vie quotidienne sont importants. Ils ont énormément évolué au cours des soixante dernières années. Autrefois, lorsqu'il fallait puiser l'eau ou aller la chercher à la fontaine du village, on l'utilisait avec beaucoup d'économie. Aujourd'hui, elle coule tout simplement du robinet et la quantité d'eau utilisée par une famille au cours d'une journée est impressionnante. L'eau a de multiples usages : d'abord, l'eau de boisson et, plus généralement, l'eau utilisée pour la cuisson des aliments, puis l'eau pour l'hygiène corporelle, le nettoyage, les lessives et, enfin, pour l'évacuation des toilettes.

Cette consommation d'eau représente environ pour une famille de quatre personnes 400 à 600 litres par jour. On peut chiffrer quelques consommations courantes *(voir tableau)*.

Ne parlons pas de la fuite d'eau au robinet ou à la chasse d'eau qui peut consommer jusqu'à 200 L d'eau par jour ! Pour préserver les réserves en eau, il serait urgent de ne pas la gaspiller ! ■

Le brossage des dents, trois fois par jour, est une opération pendant laquelle l'eau coule sans interruption du robinet !

Consommation de quelques installations	
vaisselle à la main 10 L	remplissage de piscine 50 000 à 80 000 L
douche de 5 min 50 L	lave-vaisselle 50 L
bain 200 L	lave-linge 40 à 80 L
lavage de voiture 50 à 100 L	chasse d'eau 10 L
pelouses et fleurs 15 L par m^2 par jour	boissons 3 à 5 L par jour

Un hectare de maïs nécessite au minimum 6 000 m³ d'eau du semis à la récolte. Cela équivaut à 600 mm de pluie. Aussi l'irrigation est-elle le plus souvent nécessaire.

De l'eau pour l'agriculture

Au cours du XXe siècle, les techniques agricoles ont beaucoup évolué et ont nécessité des apports d'eau de plus en plus importants. L'agriculture est l'activité humaine qui consomme la plus grande quantité d'eau. Les agriculteurs utilisent l'eau pour l'alimentation des animaux, le nettoyage des locaux d'élevage et des laiteries, pour l'arrosage et le traitement des cultures. L'eau est le facteur essentiel de la qualité de la production.
Une grande partie de cette eau est fournie par les précipitations et les réserves du sol, mais les agriculteurs ont souvent besoin de l'irrigation pour apporter aux plantes cultivées, au moment le plus propice de leur croissance, les quantités d'eau utiles. Le problème de l'irrigation des cultures est un gros défi pour l'avenir car il est lié au problème des ressources alimentaires pour une population mondiale en croissance continue. ■

De l'eau pour l'industrie

Les industries les plus diverses sont de grandes consommatrices d'eau. En général, ces industries ont leur propre réseau de captage et de distribution. Elles sont d'ailleurs le plus souvent installées le long des rivières et des fleuves. La tableau suivant donne quelques exemples de consommation d'eau nécessaire pour certaines fabrications :

1 kg de sucre	80 L
1 litre de bière	10 L
1 kg de papier	500 L
1 kg d'acier	250 L
1 automobile	350 000 L

Suivant son utilisation, l'eau doit posséder des qualités particulières.

Par exemple, pour une papeterie, l'eau nécessaire au blanchiment du papier doit être douce et limpide sans aucune trace de fer. Les usines possèdent donc leurs propres unités de traitement, avant l'utilisation de l'eau, mais aussi avant de la rejeter dans son milieu naturel. ■

Dans les centrales électriques, on évite les rejets d'eau chaude dans les rivières en utilisant des grandes tours de refroidissement.

Dico → **blanchiment • captage • précipitation**

Points clés 5

Des solutions plus ou moins concentrées

De nombreuses substances solides peuvent se dissoudre dans l'eau car l'eau est un excellent solvant. Les solutions aqueuses obtenues sont des mélanges homogènes.

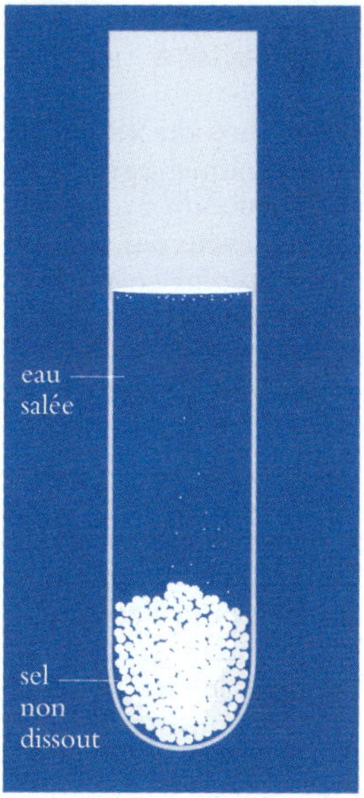

Lorsque le sel ne se dissout plus, la solution aqueuse est saturée.

Des solides solubles dans l'eau

De l'eau sucrée, de l'eau salée ou de l'eau pure ne peuvent se distinguer au regard, leur apparence est la même, seul le goût peut les différencier. En effet, l'eau salée et l'eau sucrée sont des mélanges homogènes. Le sel et le sucre donnent avec l'eau des solutions limpides. Dans l'eau salée, le sel s'est totalement dissous ; dans l'eau sucrée, le sucre s'est totalement dissous : sucre et sel sont des solides solubles dans l'eau. Si nous essayons de dissoudre de la farine ou du plâtre dans de l'eau, on constate qu'il est impossible d'obtenir une solution limpide même en agitant fortement : les mélanges obtenus sont hétérogènes. Dans ce cas, le solide ne se dissout pas et si on laisse le mélange au repos, les particules solides retombent et s'agglutinent au fond du récipient : farine et plâtre sont des solides insolubles dans l'eau. L'eau ne peut cependant pas dissoudre indéfiniment un corps solide même s'il est soluble. Par exemple, en rajoutant du sel dans l'eau en grande quantité, on constate que, au bout d'une certaine quantité, le sel reste au fond du tube et ne se dissout plus : on dit alors que la solution obtenue est saturée. La solubilité d'une substance solide est une constante de cette substance. Ainsi, à température ordinaire, soit autour de 20 °C, la quantité de sel maximum que l'on peut dissoudre dans un litre d'eau est de 357 g.

Un exemple de substance soluble dans l'eau : le Nescafé.

Abus de langage

Dans le langage courant, il est habituel de dire des phrases comme : « dans mon café, le sucre n'est pas fondu », ou « quelques grains de sel n'ont pas fondu dans ma soupe ». Il s'agit d'un abus de langage car, dans ces deux cas, il n'est pas question de « fusion » mais de « dissolution ». Il est donc préférable de dire : « le sucre n'est pas dissous dans mon café » ou « quelques grains de sel ne se sont pas dissous dans ma soupe ».

Lors de la dissolution, la masse se conserve

Lors de la dissolution d'une substance solide dans l'eau, la solution obtenue est appelée : « solution aqueuse ». L'eau est appelée « solvant » (on notera que l'eau est un des meilleurs solvants naturels) et les substances dissoutes sont appelées « solutés ». Une solution est toujours le mélange homogène d'un solvant (en plus grande quantité) et d'un soluté. La masse de cette solution aqueuse correspond à la somme des masses du solvant et du soluté. Prenons un exemple de solution aqueuse : on a dissous 20 g de sel dans un quart de litre d'eau. La solution aura une masse totale de 270 g qui correspond à la masse de sel (20 g) plus 250 g qui est la masse d'un quart de litre d'eau (on rappelle que la masse volumique de l'eau est de 1 g/cm^3 et qu'un quart de litre d'eau représente un volume de 250 cm^3). Lors d'une dissolution, la masse se conserve. ■

La concentration d'une solution aqueuse

Parler d'eau salée (ou d'eau sucrée) ne donne pas d'indication sur la quantité de matière solide dissoute. On peut dire, par exemple, que la mer Rouge est plus salée que la mer Baltique, mais ceci est une indication qui manque de rigueur scientifique. Aussi, afin de pouvoir comparer des solutions aqueuses entre elles, il a paru nécessaire de définir une nouvelle notion : la concentration C. Elle caractérise la quantité de substance dissoute dans un litre de toute solution aqueuse. Elle s'exprime donc en grammes par litre (symbole : $g.L^{-1}$). On écrira donc : $C = m/V$. m est la masse de substance dissoute (en gramme), V est le volume de la solution (en litres). Si nous reprenons l'exemple précédent, on calcule la concentration de la solution obtenue en dissolvant 20 g de sel dans un quart de litre d'eau soit 0,25 L.

$$C = \frac{20}{0,25} = 80\ g.L^{-1}.$$

Ainsi, on pourra préciser que la mer Rouge a une concentration en sel de 43 $g.L^{-1}$ et la mer Baltique une concentration en sel de 7 $g.L^{-1}$. Cela devient alors une donnée précise et scientifique. ■

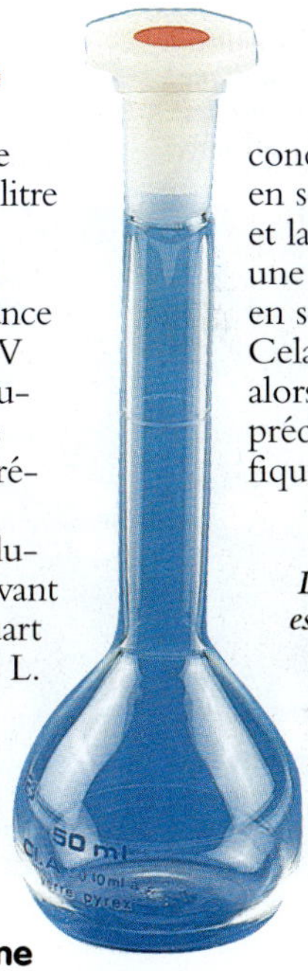

La fiole jaugée est un ustensile permettant de fabriquer des solutions de concentrations connues.

Dico → **masse volumique • mélange homogène**

Points clés

5

Les boissons contiennent toujours de l'eau

Le corps humain doit être alimenté en liquide. Cet apport peut être assuré chaque jour par de l'eau mais aussi par toutes sortes de boissons (lait, café, jus de fruit ou potage !). L'eau est en effet le constituant essentiel de toutes les boissons.

L'étiquette de la bouteille de jus de fruits indique obligatoirement tous les constituants du mélange.

Quelle variété dans les boissons !

Boire est une nécessité pour le corps. Un être humain ne peut être privé d'eau pendant plus de 48 heures sans risque majeur et meurt au bout de 5 jours sans apport de liquide. Il suffit d'observer une étiquette de bouteille de boisson ordinaire (eau minérale, jus de fruits ou boisson pétillante) pour constater la diversité des substances dissoutes dans l'eau. En tout état de cause, l'eau est le constituant essentiel de toute boisson : les boissons sont toutes des solutions aqueuses. Certaines boissons sont des mélanges hétérogènes. Prenons comme premier exemple une boisson à l'orange très connue qui utilise dans sa publicité le slogan « Secouez-moi ! secouez-moi ! », pourquoi ? Tout simplement parce que la pulpe du fruit, qui est un des constituants de la boisson, n'est évidemment pas soluble dans l'eau, elle s'est donc déposée au fond de la bouteille par décantation et il est donc nécessaire d'agiter la bouteille afin de répartir uniformément la pulpe dans toute la solution. Un deuxième exemple est celui du lait qui est une émulsion constituée de substances dissoutes d'une part et de petites parti-

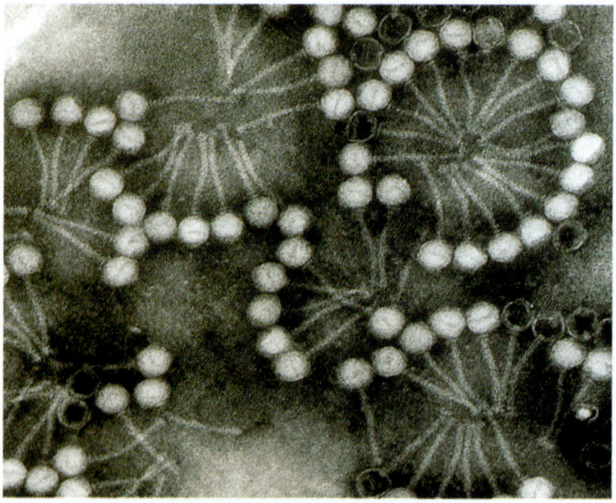

L'observation d'une goutte de lait au microscope montre son caractère hétérogène.

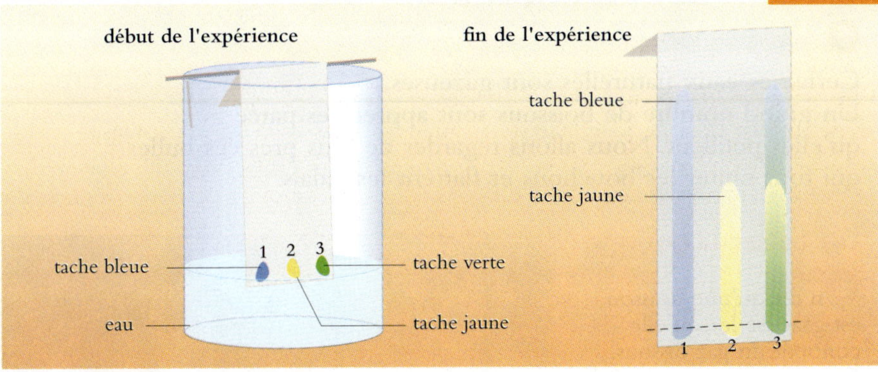

Schéma de l'expérience de chromatographie.

cules de crème en suspension d'autre part. Mais la plupart des boissons sont des mélanges homogènes obtenus par dissolution de substances solubles dans l'eau.
Par exemple, le thé ou le café sont obtenus par infusion : l'eau chaude dissout les substances aromatiques contenues dans les feuilles de thé ou dans les grains de café moulus. ■

La verveine se boit en infusion.

Séparer les colorants d'une boisson

Le plus souvent, les boissons sont colorées pour flatter le regard.
On identifie les colorants sur les étiquettes par un code officiel. Voici quelques exemples dans le tableau ci-dessous.
Les colorants sont des substances solubles dans l'eau. On peut utiliser une technique assez simple pour étudier les colorants dans une boisson : c'est la chromatographie. Elle consiste à faire se déplacer une goutte de solution sur un support poreux (par exemple un papier-filtre). On dépose de toutes petites gouttes de colorant au bas de la feuille de papier filtre. Celle-ci est suspendue au-dessus d'un récipient qui contient un peu d'eau. L'eau va imprégner progressivement le papier-filtre en entraînant les gouttes des différents colorants à des vitesses différentes. Si le colorant est un produit pur, la goutte montera le long du papier et se positionnera à une hauteur donnée à la fin de la montée de l'eau.
Si le colorant est un mélange, ses différents constituants migreront à des vitesses différentes sur le papier filtre, et ils pourront ainsi être séparés et éventuellement identifiés suivant leur position sur le papier-filtre. ■

CHLOROPHYLLE	NOIR BRILLANT	CURCUMINE	TARTRAZINE	INDIGOTINE
Vert	Noir	Jaune orange	Jaune	bleu
E 140	E 151	E 100	E 102	E 132

Dico → décantation

Points clés

De l'eau qui pétille !

5

**Certaines eaux naturelles sont gazeuses.
Un grand nombre de boissons sont appréciées parce qu'elles pétillent. Nous allons regarder de plus près ces bulles qui font sauter les bouchons et flattent les palais.**

Les boissons gazeuses

On dit qu'une boisson est gazeuse lorsqu'elle contient du gaz dissous. Ce gaz est le dioxyde de carbone (qui est appelé plus communément le gaz carbonique).
Si la bouteille est au repos et hermétiquement fermée, le mélange est homogène : le gaz est dissous dans l'eau. Mais si l'on chauffe la bouteille ou si on l'agite, des petites bulles apparaissent, le mélange devient hétérogène : le gaz n'est plus en solution dans l'eau, il s'en échappe. Si on décapsule une bouteille de Vichy ou de Coca-Cola qui est restée fermée au soleil, le gaz va s'échapper brutalement et projeter à l'extérieur de la bouteille une bonne partie du liquide ! Pour les boissons gazeuses naturelles, la dissolution du dioxyde de carbone dans l'eau s'est faite avant que l'eau ne jaillisse de la source. Lors de son ruissellement dans le sous-sol, l'eau a traversé des couches de terrain qui lui ont donné ce caractère gazeux.
Par exemple, les eaux de sources naturelles comme Perrier ou Vichy jaillissent gazeuses du sol. Cela est dû à la nature du sous-sol du Massif central qui est constitué de roches poreuses volcaniques. Les vins champagnisés sont un autre exemple de boissons gazeuses naturelles : le dioxyde de carbone dissous est obtenu naturellement lors de la fermentation du jus de raisin selon la méthode « champenoise ».
En revanche, pour d'autres boissons comme le Coca-Cola, l'Orangina, la simple limonade ou les jus de fruit pétillants, le dioxyde de carbone est introduit artificiellement dans la boisson.

Pour une belle aspersion, la bouteille doit être chaude et bien agitée !

L'eau gazeuse naturelle

Lorsqu'une eau jaillit gazeuse d'une source, c'est qu'un gaz y est naturellement dissout. Autrefois, les bulles qui apparaissaient à la surface d'une mare ou d'une fontaine contribuaient à conférer à ces sources des vertus magiques. C'est le cas par exemple de la fontaine de Barenton dans la forêt de Brocéliande (où vivaient Merlin l'Enchanteur et la fée Vivianne), ou de la mare des Bouillens près de Nîmes, où Hannibal fit boire ses éléphants. Aujourd'hui, certaines eaux naturelles gazeuses comme Vichy ou Badoit sont appréciées à table car elles facilitent la digestion.

Le dégazage d'une eau gazeuse au laboratoire : chauffage et agitation.

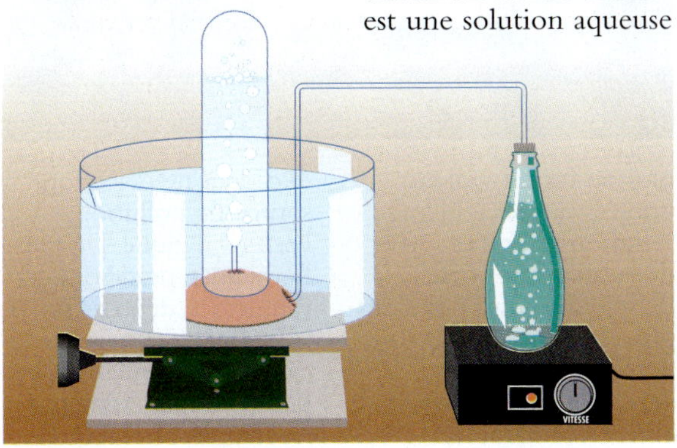

La reconnaissance du dioxyde de carbone

Il est possible d'extraire le dioxyde de carbone dissous dans une boisson. Il suffit de laisser une bouteille de boisson pétillante sans bouchon, pour constater qu'au bout de quelque temps la boisson ne pétille plus : le dioxyde de carbone s'est échappé.
Le processus de dégazage peut être accéléré en agitant la bouteille ou en chauffant la boisson. L'agitation ou le chauffage accélèrent le mouvement des molécules gazeuses dissoutes dans le gaz, elle se rassemblent donc plus facilement au sein du liquide et elles remontent en surface : le gaz s'échappe alors du liquide. On peut mettre en évidence la présence de dioxyde de carbone par le « test de l'eau de chaux ». L'eau de chaux est une solution aqueuse

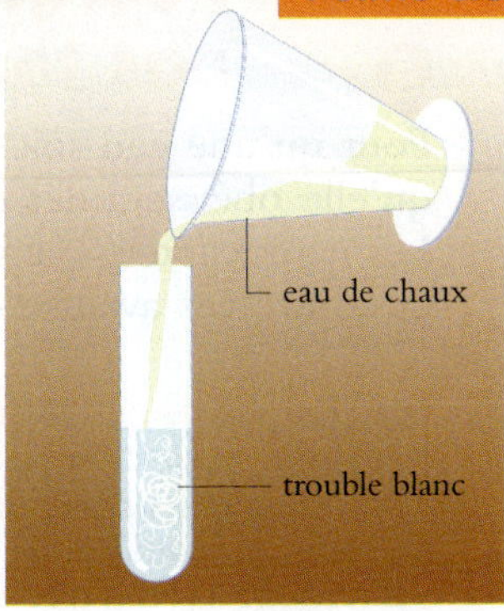

Le trouble de l'eau de chaux montre la présence de dioxyde de carbone.

saturée de chaux qui est un mélange homogène. Lorsque le dioxyde de carbone barbote dans l'eau de chaux, il se forme du carbonate de calcium (comme la craie !) qui, lui, est insoluble dans l'eau, et forme ainsi avec l'eau un mélange hétérogène. Cette réaction chimique peut servir de test de présence du dioxyde de carbone.
On peut, par exemple, réaliser ce test en soufflant à l'aide d'une paille dans un verre contenant de l'eau de chaux. Celle-ci se trouble immédiatement… En effet, lors de la respiration, le corps humain absorbe du dioxygène lors de l'inspiration et rejette du dioxyde de carbone lors de l'expiration. ■

Dico → fermentation • mélange hétérogène, homogène

Points clés

5 Pourquoi l'eau n'est-elle pas toujours potable ?

Pour qu'une eau soit propre à la consommation, il faut qu'elle obéisse à des critères sanitaires très stricts. Les eaux captées dans le milieu naturel sont donc traitées et contrôlées avant d'être fournies aux consommateurs.

Une réglementation très stricte

Il ne viendrait à l'idée de personne aujourd'hui de s'abreuver à l'eau d'une rivière ou d'un lac, ce qui était un geste banal il y a cent cinquante ans… Aujourd'hui, l'eau que l'on boit, qualifiée de «potable», est celle qui coule du robinet. C'est un produit de consommation étroitement surveillé. En effet, l'eau distribuée aux consommateurs doit correspondre à des normes de «potabilité» définies par le décret du 3-01-89 du ministère de la Santé.
Que contrôle-t-on ? L'odeur, le goût, la transparence bien sûr, mais aussi le taux des substances dissoutes. Quelques taux sont donnés ci-contre (les valeurs données sont les valeurs maximales, en $mg.L^{-1}$). ■

Quelques taux

**chlorures : 250 $mg.L^{-1}$;
sulfates : 250 $mg.L^{-1}$;
nitrates : 50 $mg.L^{-1}$;
nitrite : 1 $mg.L^{-1}$;
sodium : 150 $mg.L^{-1}$;
magnésium : 50 $mg.L^{-1}$;
cuivre : 1 $mg.L^{-1}$;
fer : 0,2 $mg.L^{-1}$;
arsenic, plomb, mercure et fluor: 0 $mg.L^{-1}$.**

Les poissons des rivières sont souvent les premières victimes de la pollution.

Les causes de la pollution

La majorité de l'eau utilisée quotidiennement provient des eaux souterraines accumulées dans les nappes phréatiques. Or les eaux naturelles subissent les effets de l'évolution des modes de vie et des modes de production qui se sont beaucoup développés au cours de ce XXe siècle.
Les causes de la pollution des eaux sont de trois origines :
– domestique : les rejets provenant des habitations contiennent des détergents plus ou moins violents utilisés dans les lessives ;
– industrielle : c'est 60 % de la pollution totale, les rejets les plus polluants provenant des usines sont de nature chimique ;
– agricole : l'élevage extensif entraîne un excédent de déjections, source de pollution bactériologique. De plus, herbicides, pesticides et fongicides, déposés sur les sols, sont entraînés par les eaux de ruissellement et polluent dangereusement les nappes phréatiques. ■

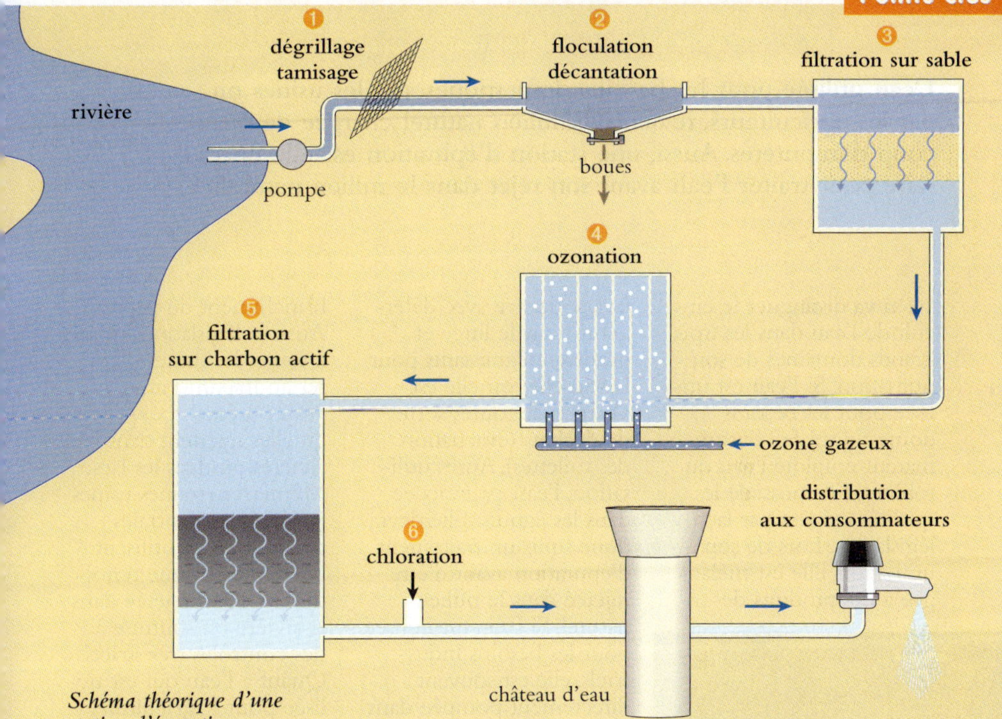

Schéma théorique d'une station d'épuration.

Comment rend-on l'eau potable ?

Étudions par exemple le trajet de l'eau pompée dans une rivière et qui doit être «potabilisée».

❶ Le tamisage : des grilles, d'abord, et des tamis, ensuite, au niveau de la rivière arrêtent les plus grosses particules solides en suspension dans l'eau.

❷ La floculation et la décantation : on ajoute un floculant dans l'eau. Il a la propriété d'agglomérer les fines particules solides à peine visibles. Lorsque le poids de l'aggloméraat formé est assez grand, celui-ci tombe au fond du bassin de décantation.

❸ La filtration sur sable : une couche de sable retient les dernières particules solides ; l'eau est alors limpide.

❹ L'ozonation : de l'ozone gazeux barbote dans l'eau afin d'éliminer les virus et les bactéries. Odeurs et mauvais goût disparaissent également.

❺ La filtration sur charbon actif : c'est un procédé biologique pour l'élimination des dernières impuretés.

❻ La chloration : elle assure la désinfection finale.

L'eau ainsi potabilisée est stockée dans des châteaux d'eau situés sur des endroits élevés pour permettre une meilleure distribution. ■

Dico → **détergent • fongicide • nappe phréatique • pesticide**

Points clés 5

Quel est le rôle de l'air dans le traitement des eaux usées ?

L'eau utilisée pour les besoins domestiques, par les usines ou par les agriculteurs, revient au milieu naturel chargée de beaucoup d'impuretés. Aussi, une station d'épuration est-elle nécessaire pour traiter l'eau avant son rejet dans le milieu naturel.

Le circuit de l'eau

On va distinguer le circuit de l'eau dans les trois grands domaines de son utilisation. Si l'eau est utilisée pour les besoins domestiques, le consommateur emploie l'eau du robinet. Elle possède les qualités exigées par la législation. Lors de son utilisation, elle est mélangée à des produits de lavage (lessive avec détergents pour le linge et produits dégraissants pour la vaisselle) ou elle est chargée de toutes sortes de déchets (évacuation des toilettes). Après utilisation, l'eau est évacuée dans les égouts. Elle devra donc subir un traitement d'épuration avant d'être rejetée dans le milieu naturel. Si l'eau est utilisée pour les besoins industriels, elle est souvent directement pompée dans une réserve d'eau (rivière ou lac). Lors de son utilisation, elle est mélangée à des déchets industriels qui peuvent présenter une certaine toxicité. Elle est ensuite rejetée dans le milieu naturel. L'eau rejetée par une papeterie, par exemple, est fortement chargée en détergents, qui ont été nécessaires pour le blanchiment du papier. Aussi la législation impose à toutes les usines d'épurer au maximum les «eaux usées» qu'elles rejettent dans les rivières ou dans les lacs. Même si certaines usines (aciéries ou centrales thermiques) n'utilisent l'eau que comme refroidisseur, l'eau rejetée dans la rivière est soumise à des contrôles très stricts. Quant à l'eau qui est utilisée pour l'agriculture, c'est celle qui est la plus difficile à contrôler. En effet, l'eau utilisée ruisselle ou s'infiltre naturellement dans le sol. Si, lors de son parcours vers les nappes phréatiques ou vers les rivières, elle se charge en produits polluants, nul ne peut le contrôler. Seule la prise de conscience des agriculteurs concernant l'utilisation des engrais ou les rejets des déjections animales (surtout dans les gros élevages industriels) peut éviter la pollution des milieux naturels. ■

Les bassins d'aération de la station d'épuration à Neuville-sur-Oise : l'air provoque la prolifération de bactéries qui se nourrissent de matières organiques.

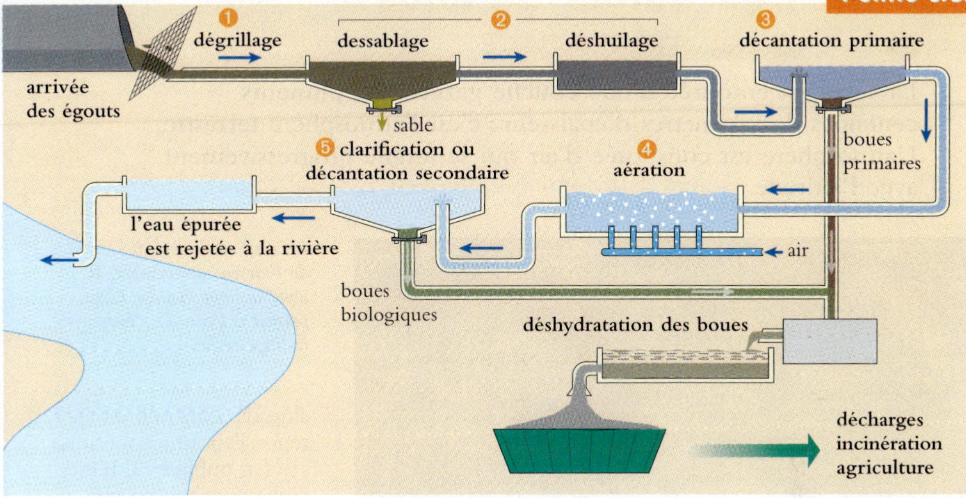

Le schéma théorique d'une station d'épuration urbaine.

L'assainissement des eaux usées

Afin de protéger notre environnement, le rejet des « eaux usées » ne se fait donc pas directement dans les milieux naturels. Ce n'est qu'après avoir subi un traitement d'assainissement que l'eau retournera dans les lacs ou les rivières. Les usines, dont l'activité provoque la pollution de l'eau, sont dotées de petites stations d'épuration spécifiques permettant d'éliminer au maximum les déchets polluants. Dans les grandes agglomérations, les « eaux usées » sont collectées à la sortie des égouts dans de grandes stations d'épuration où elles sont régénérées avant d'être rejetées dans le milieu naturel. Comment fonctionne une station d'épuration ? À la sortie de l'égout, on procède tout d'abord au dégrillage, qui permet de retenir les gros déchets. Puis le premier traitement permet de séparer les constituants les plus hétérogènes. Tout d'abord, c'est le dessablage : les graviers et le sable vont se décanter et tomber au fond du récipient. Ensuite, c'est le déshuilage : les corps huileux vont, au contraire, surnager. Un second bassin de décantation permettra d'éliminer les boues primaires qui sont récupérées. C'est dans l'opération suivante qu'intervient l'air. En effet, l'eau débarrassée de ses plus gros déchets subit l'opération de l'aération : on provoque un barbotage d'air dans de larges bassins, cela permet aux bactéries présentes dans l'eau de se développer. Ces bactéries seront capables de consommer certains polluants par voie biologique. Le troisième bassin de décantation permet d'éliminer les boues secondaires (ou boues biologiques) qui sont le produit de l'élimination des déchets par les bactéries. L'eau est ensuite clarifiée. Elle peut alors être rejetée dans le milieu naturel. Les boues récupérées dans les opérations précédentes seront récupérées pour être utilisées comme engrais. ■

Dico → blanchiment • détergent • nappe phréatique

Points clés

4

L'air autour de nous : quel mélange ?

La Terre est entourée d'une couche gazeuse de plusieurs centaines de kilomètres d'épaisseur : c'est l'atmosphère terrestre. L'atmosphère est constituée d'air qui se raréfie progressivement avec l'altitude.

Le vent est la manifestation de l'air en mouvement. Il agite le linge étendu. Cela permet à l'eau de s'évaporer : le linge sèche.

La présence de l'air qui nous entoure

L'atmosphère est la couche de gaz qui entoure la Terre sur une épaisseur d'environ 800 km. Cette couche gazeuse est constituée essentiellement d'air et elle joue un rôle protecteur pour la Terre.
Elle est formée de quatre grandes zones.

- La troposphère dans laquelle nous vivons.
- La stratosphère, qui contient, en plus de l'air, une fine couche d'ozone qui nous protège des rayons ultraviolets ; c'est dans cette zone que circulent les vols supersoniques.
- L'ionosphère, zone où s'enflamment les météorites (ce que nous appelons les étoiles filantes) et où circulent les navettes spatiales.
- L'exosphère à la limite de l'espace interplanétaire ; c'est là que circulent les satellites artificiels.

L'air se raréfie au fur et à mesure qu'on s'élève en altitude. Lorsqu'il est au repos, l'air atmosphérique « se fait oublier ». Il n'est réellement mis en évidence que lorsqu'il est en mouvement. Le vent est un courant d'air qui est capable d'agiter le linge : c'est ce qui provoque l'évaporation de l'eau et qui permet que le linge sèche. C'est aussi le vent qui souffle sur la voile et qui permet au voilier d'avancer.
Et si les fines gouttelettes d'eau ou de glace qui constituent les nuages restent en suspension dans le ciel, cela est également dû à la présence de l'air. L'air est responsable de la pression atmosphérique qui dépend de l'état de la couche d'air à un endroit donné. La pression atmosphérique dite « normale » au niveau du sol est égale à 1013 hectopascals ou millibars. ■

La composition de l'air

C'est Antoine-Laurent Lavoisier qui, le premier, en 1774, a décrit une expérience dans son *Traité élémentaire de la chimie* lui permettant de déterminer avec précision la composition de l'air. Les découvertes et les idées de Lavoisier ont été le point de départ de la chimie moderne. Avant Lavoisier, les expériences de chimie étaient surtout qualitatives, il s'agissait seulement de décrire ce qui se passait. Lavoisier, lui, a compris l'importance capitale des mesures quantitatives en préconisant l'emploi de la balance dans toutes les expériences de chimie. C'est à propos de ses nombreuses études sur les combustions qu'il a montré que l'air est un mélange de deux gaz différents.

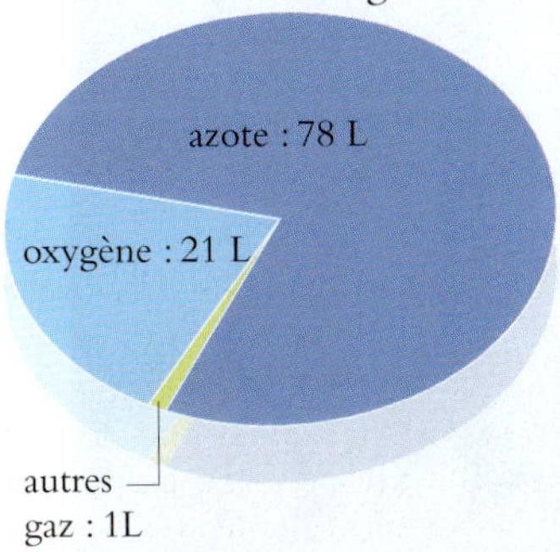

Dans un volume d'air, il y a 78 % de diazote pour 21 % de dioxygène. Le 1 % restant contient les gaz rares et la vapeur d'eau.

L'air est un mélange de molécules en mouvement désordonné. Il y a quatre fois plus de molécules de diazote que de molécules de dioxygène.

Les deux gaz, constituants essentiels de l'air, sont deux corps purs : le dioxygène et le diazote. Les proportions de ces deux gaz dans le mélange sont : 78 % de diazote et 21 % de dioxygène (environ 1/5 de molécules de dioxygène pour 4/5 de molécules de diazote). Le 1 % restant est constitué de quantités infimes d'autres gaz.

- D'abord, les « gaz rares », que l'on appelle encore les « gaz inertes » car ils ont très peu d'activité chimique : hélium, néon, argon, krypton, xénon, radon.
- Puis de la vapeur d'eau en quantité variable suivant les régions et suivant les saisons.
- Enfin, les gaz rejetés dans l'atmosphère par l'activité humaine : oxydes de carbone, oxydes d'azote, oxydes de soufre. ■

L'air est pesant

Peser de l'air n'est pas une tâche très aisée… Et pourtant, l'air est pesant puisqu'il est responsable de la pression atmosphérique. Décrivons une petite expérience permettant de montrer que l'air a une masse. La pesée d'un ballon de football, normalement gonflé, donne la mesure suivante : $m = 150$ g. À l'aide d'une pompe, on « surgonfle » modérément le ballon, c'est-à-dire qu'on rajoute une bonne quantité d'air supplémentaire à l'intérieur du ballon. On pèse de nouveau le ballon et la mesure est la suivante : $m' = 152$ g. L'air rajouté a donc une masse de 2 g. Lorsque la température est de 25 °C et la pression atmosphérique normale, c'est-à-dire de 1013 hectopascals, la masse d'un litre d'air est de 1,3 g. ■

Points clés

L'air est indispensable à la vie

4

La plupart des êtres vivants respirent, qu'ils vivent sur Terre ou dans l'eau. Respirer, c'est apporter à l'organisme le dioxygène nécessaire à la vie. C'est donc le dioxygène contenu dans l'air que nous respirons.

La respiration, source d'énergie

La plupart des êtres vivants respirent. La respiration comporte deux phases : l'inspiration, pendant laquelle l'air ambiant pénètre dans l'organisme, et l'expiration, durant laquelle l'air est rejeté dans l'atmosphère. En comparant les compositions de l'air inspiré et de l'air expiré, on constate que l'organisme a absorbé une partie du dioxygène de l'air et a rejeté du dioxyde de carbone. En effet, l'être vivant a besoin d'énergie pour vivre. Cette énergie lui est fournie à la fois par son alimentation et par le dioxygène qu'il respire. Par exemple, on peut observer ce qui se passe pour le corps humain suivant son activité : en dormant, le corps absorbe 1,2 L de dioxygène par minute, debout mais au repos, il en absorbe 1,6 L par minute, et en courant, c'est de 2,8 L par minute que l'organisme a besoin.

Au niveau des poumons, les échanges gazeux avec l'air inspiré enrichissent le sang en dioxygène : le sang est régénéré. Ensuite, les muscles puisent dans le sang le dioxygène nécessaire à l'effort musculaire. ■

La qualité de l'air

Le développement des industries et des transports a provoqué le dégagement de produits nocifs dans l'atmosphère. L'air dans les zones urbaines et industrialisées est donc pollué et doit être de plus en plus contrôlé. Les cheminées d'usines, les chauffages domestiques, les pots d'échappement de tous

Tokyo : une capitale surpeuplée surmontée de son nuage de pollution.

les véhicules à moteurs et même les fumées de cigarettes rejettent dans l'atmosphère :
– de fines particules noires et solides qui restent en suspension ;
– des gaz polluants : le dioxyde de soufre, les différents oxydes d'azote, le monoxyde de carbone ;
– des hydrocarbures dus à l'évaporation des carburants ;
– l'ozone produit par l'effet du soleil sur certains polluants industriels.
– du dioxyde de carbone et de la vapeur d'eau ;
La qualité de l'air est donc très variable suivant l'environnement. Parfois, dans les zones urbaines, des mesures « anti-pollution » sont nécessaires : limiter la circulation ou inciter les automobilistes à utiliser des carburants moins polluants. ■

Les pierres calcaires de la cathédrale d'Amiens sont salies par les polluants et attaquées par les pluies acides.

Les dégâts de la pollution

Certains gaz présents dans l'atmosphère sont solubles dans l'eau. Aussi, quand il pleut, les gouttes de pluies dissolvent ces gaz et deviennent acides, provoquant l'usure des pierres des bâtiments ou la mort des forêts.
L'augmentation de la circulation automobile provoque la formation de dioxyde de carbone et de vapeur d'eau qui, s'ils sont en trop grande quantité dans l'atmosphère, peuvent provoquer un « effet de serre » (les rayonnements solaires qui ont frappé la Terre sont piégés et ne peuvent pas repartir), détruisant l'équilibre thermique de la planète par un réchauffement trop important. De plus, l'action du rayonnement solaire sur certains polluants provoque la formation d'ozone au sol, ce qui est très néfaste pour la respiration. En ce qui concerne la santé, les gaz et les particules solides rejetés polluent l'atmosphère et pénètrent ainsi dans les voies respiratoires provoquant des troubles (rhino-pharyngites, bronchites…) qui peuvent avoir des conséquences graves, notamment pour les asthmatiques. ■

Dico → effet de serre

Points clés 4

Que signifie : « l'air est élastique » ?

L'air est un mélange de gaz, le dioxygène et le diazote. Il va donc posséder les propriétés propres aux gaz : la compressibilité et l'expansibilité.

Comprimer de l'air

L'air est un mélange de deux gaz. Il est donc constitué de deux sortes de molécules : 1/5 de molécules de dioxygène et 4/5 de molécules de diazote. Ces molécules sont, comme dans tous les gaz, dispersées, espacées et animées d'un mouvement désordonné. Elles occupent tout l'espace qui leur est proposé. La pression des gaz est provoquée par les chocs des molécules sur les parois du récipient. Emprisonnons une certaine quantité d'air dans une seringue en bouchant l'extrémité. En appuyant sur le piston, on diminue le volume de la cavité dans laquelle l'air est emprisonné. Le volume de l'air a donc diminué : l'air est compressible. Que s'est-il passé ? L'espace entre les molécules du gaz est plus faible, les molécules se sont rapprochées les unes des autres, les chocs sur les parois se sont multipliés, la pression a augmenté. ■

L'avancée du piston permet de comprimer l'air dans le corps de la seringue.

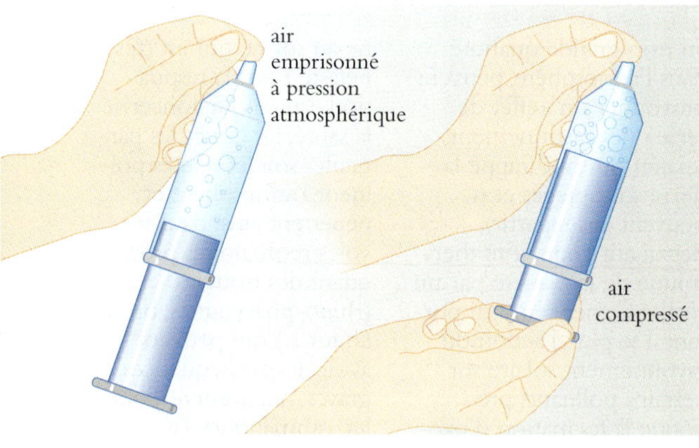

L'air est expansible

On peut reprendre la seringue et procéder à l'opération inverse. L'air est emprisonné dans la seringue dont on a bouché l'extrémité. Cette fois, on retire le piston afin d'augmenter le volume de la cavité. Le volume de l'air augmente donc : l'air est expansible. Les molécules sont plus espacées les unes par rapport aux autres et les chocs diminuent : la pression diminue. L'envol d'une montgolfière est une application intéressante de l'expansibilité de l'air. Qu'est-ce qui permet à ce grand ballon de s'élever dans le ciel ? Au sol, de l'air à la pression atmosphérique gonfle l'enveloppe de la montgolfière. L'air à l'intérieur de l'enveloppe est chauffé, son volume augmente, une partie de l'air quitte l'enveloppe, le ballon qui devient plus léger s'envole… Chaque fois que la montgolfière voudra prendre de l'altitude, il suffira de réchauffer l'air intérieur. ■

L'air contenu dans l'enveloppe est chauffé, cela permet à la montgolfière de s'élever dans le ciel.

Les plongeurs en exercice de sécurité dans la Méditerranée portent des bouteilles d'air comprimé.

L'air liquide

On peut provoquer le changement d'état de l'air en le refroidissant jusqu'à – 196 °C. De l'état gazeux, l'air passe à l'état liquide. C'est en 1897 que l'industriel allemand Linde a liquéfié de l'air pour la première fois. L'air liquide a une belle couleur bleue rappelant celle du ciel. Placé dans un récipient ordinaire, il entre immédiatement en ébullition et s'évapore très vite en produisant un froid intense. Pour le conserver dans les meilleures conditions, on a recours, en laboratoire, à des récipients en verre à double paroi avec vide intermédiaire. Les récipients industriels à grande capacité sont en métal. L'air liquide a de multiples utilisations. Il est employé notamment comme réfrigérant. C'est une source industrielle de froid couramment utilisée : du caoutchouc plongé dans de l'air liquide devient cassant comme du verre, du fil de fer plongé dans l'air liquide résiste à de très fortes tractions mais devient très fragile. Si on le conserve dans un récipient isolant mais ouvert, il se produit au-dessus du récipient de belles fumées blanches, ce sont de tout petits cristaux blancs de glace provenant de la solidification de la vapeur d'eau de l'atmosphère. Cette fumée est utilisée pour réaliser des effets spéciaux au théâtre ou au cinéma car elle ne présente aucun danger. Remarquons que les bouteilles utilisées dans les hôpitaux et par les plongeurs sous-marins ne contiennent pas d'air liquide mais de l'air gazeux comprimé. L'air liquide est un mélange de deux corps purs : le diazote et le dioxygène. Une distillation ménagée permet de séparer les constituants de ce mélange et d'obtenir ainsi le diazote et le dioxygène. C'est également à partir de l'air liquide que l'on obtient les gaz rares comme le néon ou l'argon. ■

Dico → **corps pur • distillation ménagée • pression**

Les métaux au contact de l'air

3

Toute substance abandonnée à l'air libre subit des transformations : le lait « tourne », la viande ou le poisson s'avarie, le fer rouille... C'est donc que l'air réagit. Observons le comportement de différents métaux au contact de l'air.

Qu'est-ce qui caractérise les métaux ?

Les chimistes classent les éléments chimiques en deux catégories : les métaux et les non-métaux. Quelles sont donc les propriétés qui permettent de distinguer un métal d'un non-métal ? Tout d'abord, c'est l'éclat métallique. Un métal propre et poli a toujours une surface brillante. Un métal possède une certaine plasticité, c'est-à-dire qu'il peut se plier, être martelé et s'aplatir : il est plus ou moins malléable. Un métal est un bon conducteur de la chaleur, c'est la raison pour laquelle on utilise des ustensiles de cuisine en métal quand il s'agit de cuire des aliments (casseroles en aluminium, bassine en cuivre...). Un métal est aussi un bon conducteur de l'électricité, c'est la raison pour laquelle les installations électriques utilisent des fils et des câbles métalliques (le plus souvent en cuivre).

Observez le bel éclat métallique de ces cylindres en cuivre.

Tous les métaux peuvent être fondus à des températures plus ou moins élevées. Lorsque la température de fusion n'est pas très élevée, les métaux sont dits « fusibles ». C'est le cas de l'étain et du plomb qui étaient utilisés respectivement pour les soudures et pour la protection des installations électriques. ■

Les métaux se comportent différemment

L'observation de différents objets métalliques abandonnés à l'air permet de faire plusieurs constatations.

- Des objets en fer rouillent et, au bout d'un certain temps, ils sont totalement détériorés : le fer a été rongé, le processus est progressif et ne s'arrête pas.
- Des objets en cuivre se recouvrent d'une pellicule de vert de gris.

L'aluminium est le métal le plus utilisé dans l'industrie après le fer.

- Des toitures en zinc ou des menuiseries en aluminium perdent de leur éclat.
- Des bijoux en or ne subissent aucune altération.

Les métaux ne se comportent pas de la même façon en présence de l'air atmosphérique. Le fer est attaqué et se transforme en oxyde de fer que l'on appelle la rouille. C'est le phénomène de corrosion. Non seulement le fer est attaqué en surface, mais l'attaque se poursuit en profondeur et finit par détruire totalement le fer en le transformant en oxyde. Le cuivre, le zinc et l'aluminium subissent aussi l'action des agents atmosphériques : il se produit une corrosion qui, en recouvrant la surface de l'objet, finit par protéger le métal. Quant à l'or, l'air n'a pas d'action sur lui : c'est un métal inattaquable. ■

Vérifier la composition de l'air

L'expérience de corrosion du fer par l'air va nous permettre de vérifier les conclusions de Lavoisier sur la composition de l'air.
Un petit morceau de paille de fer est emprisonné dans un tube gradué de 0 à 100 cm³.
Au début de l'expérience, le tube est retourné sur la cuve à eau, il est évidemment rempli d'air et l'eau de la cuve affleure au zéro de la graduation. Le tube contient donc 100 cm³ d'air. Au bout de quelques jours, que constate-t-on ? Le fer est rouillé et le niveau de l'eau s'est stabilisé lorsqu'il est monté dans le tube jusqu'à la graduation 20 cm³.
Quelle conclusion en tire-t-on ? Le fer a été oxydé par le dioxygène de l'air, il s'est formé de l'oxyde de fer, la rouille… Lorsque le dioxygène, présent dans les 100 cm³ d'air, a disparu, la réaction s'est arrêtée. L'eau de la cuve est montée progressivement pour occuper tout le volume laissé par le dioxygène. Dans le tube renversé il n'y a plus que le diazote. On en conclut donc que, dans les 100 cm³ d'air, il y avait bien 20 cm³ de dioxygène et qu'il reste 80 cm³ de diazote.
On retrouve bien les conclusions de Lavoisier : l'air est constitué de 1/5 de dioxygène et de 4/5 de diazote. ■

Cette expérience permet de vérifier la composition de l'air.

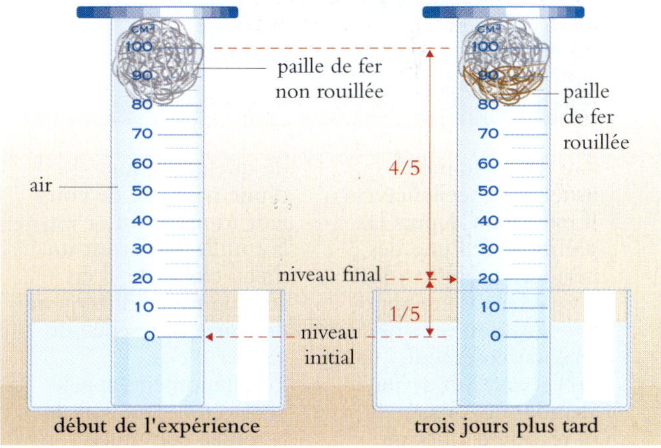

Points clés

3

Que se passe-t-il quand le fer rouille ?

Le fer est un métal très utilisé dans l'industrie et dans la construction. Malheureusement, il a un grave défaut : il rouille. C'est le phénomène de corrosion.

Interprétons la formation de la rouille

Le crochet de fer est recouvert d'une pellicule de rouille.

Le fer est le métal usuel par excellence. Il est connu depuis la préhistoire : l'une des périodes préhistoriques n'a-t-elle pas été appelée « l'âge du fer » ? Malheureusement, un échantillon de fer abandonné à l'air se recouvre au bout de quelques jours d'une pellicule de couleur rouge-brun : c'est la rouille. Le fer est un métal oxydable, il est attaqué par le dioxygène de l'air en présence de vapeur d'eau.
Le phénomène, appelé « corrosion », produit de la rouille constituée essentiellement d'oxyde de fer. La rouille est un corps poreux et l'air peut donc continuer à s'infiltrer dans les interstices et poursuivre son attaque du métal jusqu'à ce qu'il ait totalement disparu. La corrosion est une réaction chimique lente et progressive, elle ne s'arrête que lorsque tout le fer a été oxydé. La formation de rouille est d'autant plus favorisée que l'air est humide. Un objet en fer rouille donc plus facilement par temps pluvieux.
On constate également qu'au bord de la mer, lorsque l'atmosphère contient de la vapeur d'eau salée, la corrosion est très favorisée : attention au vélo qu'on a oublié de rentrer, un soir de vacances au bord de la mer, s'il se met à pleuvoir pendant la nuit ! ■

Les inconvénients des constructions en acier

On trouve le fer en grandes quantités dans la nature sous forme de minerais. La sidérurgie est le domaine industriel qui traite les minerais de fer. En fait, le fer est rarement utilisé pur. Le fer d'usage courant est en réalité l'acier qui est un mélange de fer et de carbone. L'acier courant contient entre 0,05 % et 1,5 % de carbone. Si la proportion de carbone est comprise entre 2,5 et 4,5 %, on obtient de la fonte. Beaucoup de constructions publiques de la fin du XIXe siècle ont utilisé l'acier comme matériau de base : c'est la grande époque de l'architecte Gustave Eiffel. Outre de nombreux ponts construits pour le chemin de fer qui se développait, on peut encore admirer la tour Eiffel qui a été construite pour l'Exposition universelle de 1900 avec 7 500 tonnes d'acier. Toutes ces constructions métalliques ont donc le grave inconvénient de rouiller. Il a donc fallu trouver, au cours du temps, des moyens pour empêcher l'oxydation de l'acier et la formation de rouille. ■

La tour Eiffel reçoit, depuis un siècle, de fréquentes couches de peinture afin de lui éviter la corrosion.

Points clés

Comment retarder la formation de rouille ?

Pour empêcher que le fer soit attaqué par le dioxygène de l'air et éviter ainsi qu'il soit « rongé » par la rouille, plusieurs méthodes sont utilisées. On peut, par exemple :

- Isoler le fer de l'atmosphère :
  – par de la graisse, de la peinture ou du vernis ;
  – par de l'émail (c'est le cas des baignoires émaillées) ou du plastique (pour les grillages);
  – par une fine pellicule de zinc (fer galvanisé) ou de chrome (fer chromé).

- Utiliser le fait que le zinc est plus oxydable que le fer. C'est ainsi que l'on protège les coques métalliques des bateaux : ce sont les petites plaques de zinc disséminées sur la coque qui subissent la corrosion et le fer de la coque est ainsi protégé.

- Mélanger le fer à d'autres métaux inoxydables afin de fabriquer des alliages qui ne rouillent pas : ainsi l'« inox » est un alliage contenant 72 % d'acier, 18 % de chrome et 10 % de nickel. L'inconvénient est que le coût de ces alliages est nettement plus élevé que celui de l'acier ordinaire. ■

Dico → alliage • dioxygène • oxydation

Préparons du dioxygène

4

Le dioxygène représente le 1/5 de l'air. C'est lui qui est responsable des réactions que nous avons mises en évidence : les oxydations. Le dioxygène a une grande importance industrielle et il est nécessaire de pouvoir le préparer.

L'air liquide contenu dans le vase Dewar permettra d'obtenir du dioxygène par distillation.

La préparation industrielle du dioxygène

Le dioxygène est couramment utilisé dans l'industrie, notamment dans les chalumeaux de découpage des métaux, dans l'élaboration des aciers et même dans la propulsion des fusées. Il est également très utilisé en médecine pour l'assistance médicale dans les unités de réanimation. Il faut donc envisager de le préparer en très grande quantité et de pouvoir le stocker. Nous savons que l'air est un mélange gazeux et qu'il est constitué de 20 % de dioxygène pour 80 % de diazote. Il est possible de liquéfier l'air en abaissant la température jusqu'à – 196 °C. L'air liquide est donc un mélange homogène constitué de 20 % de dioxygène liquide et de 80 % de diazote liquide. Pour préparer le dioxygène, il suffit de séparer les constituants du mélange : on procède donc à la distillation de l'air liquide. On peut ainsi en préparer de grandes quantités puisque l'air est une matière première inépuisable. La seule difficulté vient du fait qu'il faut opérer dans des conditions de température très basse. Le dioxygène est stocké dans de grosses bouteilles en acier munies de détendeurs. ■

La préparation du dioxygène au laboratoire

Le dioxygène est un gaz très réactif puisqu'il intervient dans toutes les combustions. Il est donc courant de l'utiliser dans les laboratoires de chimie mais, le plus souvent, seule une petite quantité de dioxygène est nécessaire à la réaction chimique. On peut alors simplement préparer le dioxygène en provoquant une réaction chimique dont il sera l'un des produits formés. Par exemple, la réaction de l'eau oxygénée avec le permanganate de potassium en présence d'acide sulfurique. À l'aide d'un tube entonnoir, on fait tomber goutte à goutte l'eau oxygénée sur le permanganate de potassium acidifié qui est dans le flacon. La réaction est assez vive. On observe une effervescence, ce qui montre qu'il se dégage un gaz : c'est le dioxygène. L'eau oxygénée a été décomposée par le permanganate de potassium qui s'est décoloré. Le dioxygène est un gaz qui est insoluble dans l'eau, il suffit donc pour le récupérer de le faire se dégager dans un flacon plein d'eau retourné sur une cuve à eau. En se dégageant, le gaz chasse l'eau qui remplissait le flacon, celui-ci se remplit donc de dioxygène. ■

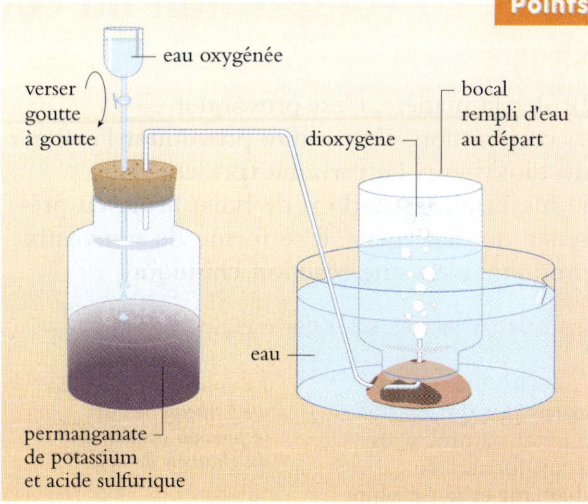

Montage permettant d'obtenir du dioxygène en petite quantité au laboratoire.

Le dioxygène est un corps pur

Le dioxygène est le gaz indispensable à la vie animale et végétale. Il est le moteur de la respiration. À la température ordinaire, c'est-à-dire autour de 20 °C, et sous la pression atmosphérique normale, le dioxygène est un gaz incolore, inodore et sans saveur. Comme tous les corps purs, on le caractérise par ses points fixes :

– sa température de liquéfaction est de – 183 °C ;
– sa température de solidification est de – 218 °C.

Il est légèrement plus dense que l'air, sa densité est de 1,1.

Il est très peu soluble dans l'eau : on peut dissoudre 35 mL de dioxygène gazeux dans un litre d'eau à 20 °C. Dans les eaux naturelles, il y a toujours du dioxygène dissous, c'est ce qui rend possible la vie aquatique : les branchies des poissons prélèvent le dioxygène présent dans l'eau, ce qui leur permet de respirer. L'agitation de l'eau est favorable à son oxygénation. Il existe un test de reconnaissance du dioxygène : une allumette éteinte mais ayant gardé une petite pointe d'incandescence plongée dans un flacon rempli de dioxygène se rallume instantanément. Le dioxygène ravive les combustions. ■

Test de reconnaissance du dioxygène : l'allumette incandescente se rallume dans le flacon de dioxygène.

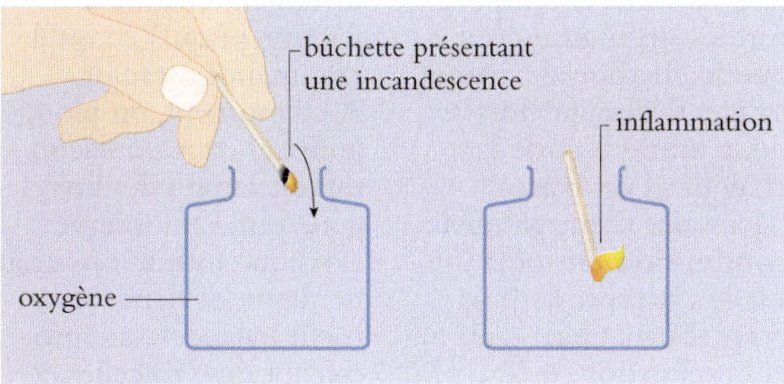

Points clés

La combustion du carbone

4

Brûler la matière, c'est provoquer sa combustion, c'est-à-dire provoquer l'action du dioxygène. Le carbone (présent dans le fusain ou le charbon de bois) brûle en présence du dioxygène, il se forme de nouveaux produits : c'est une réaction chimique.

La cuisson des grillades au barbecue utilise le pouvoir combustible du charbon de bois.

Le carbone est un combustible

Le carbone est un corps pur qui existe, à l'état naturel, sous deux formes : le diamant et le graphite. Il est également le constituant essentiel de nombreuses substances naturelles : le fusain, le charbon, la mine de crayon…
Ces substances ont la propriété de brûler en présence de dioxygène parce que le carbone qui les constitue est un combustible. Le dioxygène joue le rôle du comburant. L'action du dioxygène s'appelle la combustion.
Depuis des siècles, le charbon a été utilisé comme combustible car il a la propriété de brûler facilement dans l'air en produisant de la chaleur. Il existe différentes variétés de charbon suivant sa provenance : la houille, l'anthracite (variété la plus riche en carbone, il en contient 90 %) et le lignite.
On peut aussi obtenir du charbon à partir du bois, il s'appelle alors le charbon de bois. Il est obtenu en chauffant du bois jusqu'à 400 °C dans des fours à l'abri de l'air. Le bois se transforme alors en charbon de bois. Celui-ci sera utilisé comme combustible dans les barbecues pour la cuisson des aliments.
La combustion du charbon dans l'air se fait sans flamme, la température est suffisante pour que le charbon devienne rouge. Il dégage alors de la lumière et de la chaleur. Il est parfois nécessaire d'entretenir la combustion en soufflant sur le charbon de bois pour fournir plus d'air à la combustion. ■

La combustion du carbone dans le dioxygène

Le charbon de bois qui brûle dans le barbecue est une combustion du carbone dans l'air.
Décrivons ce qui se passe lorsque l'on veut réaliser la combustion du carbone dans le dioxygène. Nous faisons l'expérience avec un morceau de fusain qui est pratiquement du carbone à l'état pur.
Le morceau de fusain est fortement chauffé à la flamme jusqu'à ce qu'il commence à rougir.
À ce moment, on plonge le fusain dans un flacon qui est rempli de dioxygène pur. On observe alors que tout le morceau de fusain devient fortement incandescent, produisant des étincelles et

un grand dégagement de chaleur. La combustion devient très vive et une partie du fusain se transforme complètement en cendres. Puis la combustion s'arrête avant que le fusain ait été entièrement consumé. Que reste-t-il dans le flacon ? On retire le fusain non consumé et on verse de l'eau de chaux dans le flacon.
L'eau de chaux se trouble, prouvant la présence de dioxyde de carbone. Ce test nous montre que le dioxygène a disparu et qu'il a été remplacé par du dioxyde de carbone.
La réaction s'est donc arrêtée lorsque tout le dioxygène a été utilisé. La combustion du carbone dans le dioxygène est beaucoup plus vive que la combustion du carbone dans l'air. ■

Bilan de la réaction chimique

Que ce soit dans le barbecue avec le charbon de bois ou dans le flacon de dioxygène avec le petit morceau de fusain, nous avons assisté à une réaction chimique : la combustion du carbone, c'est-à-dire l'action du dioxygène sur le carbone.
Carbone et dioxygène sont deux espèces chimiques qui ont réagi entre elles : ce sont les réactifs. En fait, elles se sont combinées pour donner une nouvelle espèce chimique : le dioxyde de carbone, qui est le nouveau produit formé.
Dans toute réaction chimique, les réactifs disparaissent, et de nouveaux produits se forment.
On l'écrira ainsi :
Réactifs →Produits formés
(Réaction chimique)

La flèche symbolise le fait que dans la réaction chimique les réactifs disparaissent réellement pour donner de nouveaux produits (en fait, la réaction s'arrête lorsque l'un des réactifs a totalement disparu). L'expérience de combustion du carbone dans le dioxygène pourra se représenter comme suit :

carbone + dioxygène →
dioxyde de carbone

On pourra alors l'interpréter ainsi :
« Le carbone réagit avec le dioxygène pour donner le dioxyde de carbone. »

C'est ce que l'on appelle faire le bilan d'une réaction chimique. ■

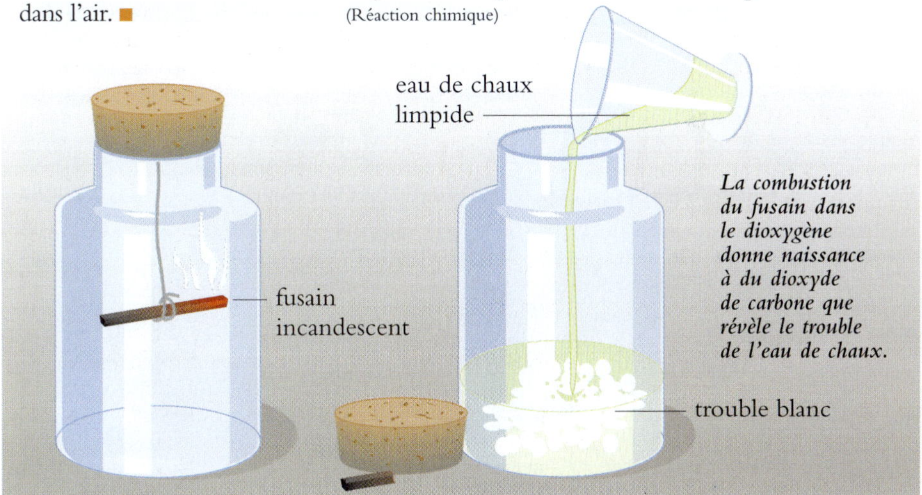

La combustion du fusain dans le dioxygène donne naissance à du dioxyde de carbone que révèle le trouble de l'eau de chaux.

Dico → corps pur

Points clés

4

Observons la combustion d'un gaz : le méthane

Le méthane est le constituant principal du gaz naturel. C'est le plus couramment utilisé pour le chauffage à la maison sous le nom de « gaz de ville ». En allumant le feu d'une gazinière alimentée au gaz de ville, nous provoquons donc la combustion du méthane.

Qu'appelle-t-on gaz naturel ?

Le gaz naturel est extrait directement du sous-sol ; il est essentiellement constitué de méthane. En France, il existait un gisement de gaz naturel à Lacq, près de Pau, dans le Sud-Ouest. Cette production est maintenant insuffisante pour notre consommation nationale. La France achète donc du gaz naturel à d'autres pays producteurs, notamment à l'Algérie. Ce gaz est transporté du gisement jusqu'au port par des gazoducs. Arrivé au port, le gaz est transporté par des bateaux spéciaux, les méthaniers. Le transport se fait à – 160 °C, le gaz est alors sous forme liquide. Le gaz naturel est un combustible très utilisé en industrie. C'est, par exemple, le combustible de certaines centrales thermiques chargées de fournir l'électricité. Le gaz naturel alimente également les installations domestiques urbaines : c'est celui qu'on appelle « gaz de ville ». Les autres gaz utilisés pour les besoins domestiques sont, par exemple, le butane ou le propane qui, eux, sont obtenus à partir du pétrole. ■

Un méthanier attend d'être déchargé dans le port de Saint-Nazaire.

Les produits de la combustion

Allumer le brûleur d'une gazinière est un geste quotidien et banal. Il s'agit pourtant là d'une réaction chimique : la combustion du méthane. (si la gazinière est alimentée en « gaz de ville »). Observons donc ce qui se passe lors de cette réaction chimique. Les réactifs mis en jeu sont d'une part le combustible qui est le méthane et d'autre part le comburant qui est le dioxygène de l'air. La réaction est provoquée par la présence d'une étincelle. Le mélange méthane-air s'enflamme. C'est une combustion vive. Pour mettre en évidence les produits formés, il faut faire des tests de reconnaissance :

– un entonnoir froid placé au-dessus de la flamme qui sort du brûleur se recouvre de buée dès que la combustion commence : il se forme donc de l'eau ;
– les produits gazeux qui se dégagent pendant la combustion sont amenés dans un flacon rempli d'eau de chaux : celle-ci ne tarde pas à se troubler, prouvant la présence de dioxyde de carbone. Le bilan de la réaction chimique peut donc s'écrire :

méthane + dioxygène ⟶ eau + dioxyde de carbone. ■

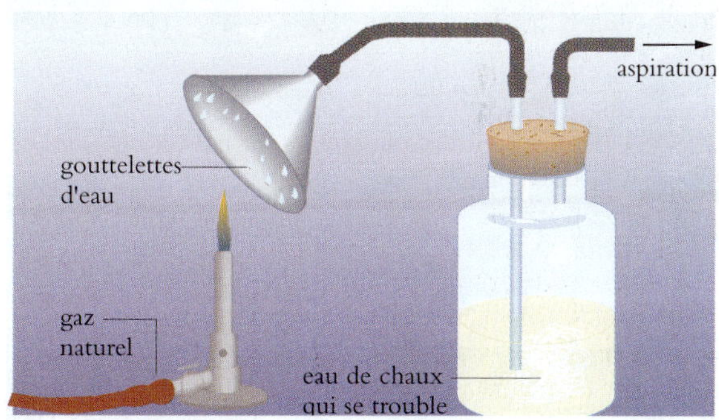

La flamme du bec Bunsen constitue la combustion du méthane : il se forme de l'eau et du dioxyde de carbone.

Les dangers d'une combustion

Lors de la combustion de gaz, il y a toujours des risques d'explosion. Chaque année, il arrive de graves accidents provoqués par des fuites de gaz. En effet, si des gaz combustibles s'échappent dans l'air à cause de tuyaux défectueux ou de robinets mal fermés, la moindre petite étincelle peut entraîner la réaction gaz–dioxygène et provoquer d'énormes explosions. Par ailleurs, la combustion d'un gaz combustible se fait parfois de manière incomplète, notamment lorsque les brûleurs sont mal réglés. Cela se remarque car la flamme est alors colorée en jaune à cause des particules de carbone qui se forment et qui brûlent. La réaction chimique peut alors donner naissance au monoxyde de carbone qui est un gaz très dangereux car il provoque l'asphyxie et la mort. De plus, les endroits où se passent les combustions doivent toujours être bien aérés. En effet, la combustion utilise le dioxygène de l'air et le remplace par le dioxyde de carbone. Aussi faut-il régénérer sans cesse l'air de la pièce pour qu'il y ait toujours assez de dioxygène pour permettre la respiration des êtres vivants (hommes et animaux). ■

Dico ⟶ combustion • eau de chaux • gazoduc

Peut-on faire brûler sans risque tous les matériaux organiques ?

Les matériaux organiques naturels ou artificiels ont la caractéristique d'être des substances contenant du carbone. Les matières plastiques sont des matières organiques, et les détruire en les brûlant pose le problème de la pollution de l'atmosphère.

Au lieu d'être brûlées, toutes ces bouteilles en plastique seront recyclées.

La synthèse des matériaux organiques

Autrefois, les objets d'utilisation courante étaient fabriqués à partir des substances naturelles. Prenons par exemple les vêtements : jusqu'au milieu du XXe siècle, nos aïeuls portaient exclusivement des chemises en coton ou en lin, des bas de soie ou des costumes en laine. Tous ces textiles étaient fabriqués à partir de plantes (lin et coton) ou d'animaux (mouton pour la laine ou ver à soie). Les pneus des premières voitures étaient faits de caoutchouc naturel obtenu à partir de la sève des hévéas originaires des grandes forêts tropicales. Les progrès de la chimie au début du XXe siècle ont permis d'analyser la nature des molécules de toutes ces substances naturelles et d'en étudier les propriétés. Ainsi, au cours de cette deuxième moitié du XXe siècle, les chimistes ont réussi à fabriquer de nouvelles substances à partir de matières premières (au premier rang desquelles on trouve le pétrole). Les molécules de ces nouvelles substances sont donc entièrement obtenues par synthèse organique. On a ainsi créé de nouveaux matériaux ayant des propriétés nouvelles et innovantes. Pour le textile, par exemple, on a fabriqué des polyamides (le Nylon), des polyesters (le Tergal). Pour les récipients, les matières plastiques (polyéthylène ou polypropylène) ont ainsi progressivement remplacé le verre. ■

La combustion des matières organiques

Les molécules organiques ont, pour élément essentiel, le carbone. Lorsque les molécules des matières synthétiques sont des molécules organiques, elles sont, la plupart du temps, obtenues à partir des produits pétroliers, ressources gigantesques en élément carbone. En général, les matières organiques sont combustibles. Malheureusement, dans les molécules synthétiques, il existe d'autres éléments chimiques que le carbone. Ceux-ci, lorsqu'on les brûle, peuvent provoquer des dégagements gazeux qui sont souvent toxiques ou asphyxiants. La combustion des carburants dans les véhicules automobiles entraîne l'émission de gaz très toxiques, comme le monoxyde de carbone ou le dioxyde de soufre, et la formation de plomb. Le polychlorure de vinyle (appelé communément PVC) est une matière plastique très couramment utilisée pour fabriquer les tuyauteries et certaines bouteilles d'eau minérale. Sa molécule contient entre autres l'élément chlore. La combustion de cette matière plastique dégage un gaz piquant et irritant. Il est donc impossible d'envisager la destruction de cette matière en la brûlant. Le polyuréthane est une matière plastique qui était très utilisée pour l'isolation. Sa combustion dégage un gaz à l'odeur d'amande amère qui s'est avéré être un poison très violent responsable d'accidents mortels. ■

Les gaz d'échappement des voitures sont la cause essentielle de la pollution des villes.

Lutter contre la pollution

L'élimination des déchets organiques est devenue un vrai problème pour notre société. La prise de conscience et le changement de quelques habitudes peuvent diminuer considérablement le rejet de substances chimiques polluantes dans notre environnement. Tout ce qui peut être recyclé devrait l'être : par exemple, on peut transformer par pyrolyse sous vide 100 kg de pneus déchiquetés en 55 kg d'huile, 25 kg de noir de carbone, 9 kg d'acier, 6 kg de Nylon et 5 kg de gaz, soit 100 kg de déchets récupérés. Pour ce qui concerne la circulation automobile, les voitures utilisent des carburants « sans plomb » et elles sont de plus en plus souvent équipées de pots catalytiques afin d'épurer les gaz d'échappement. ■

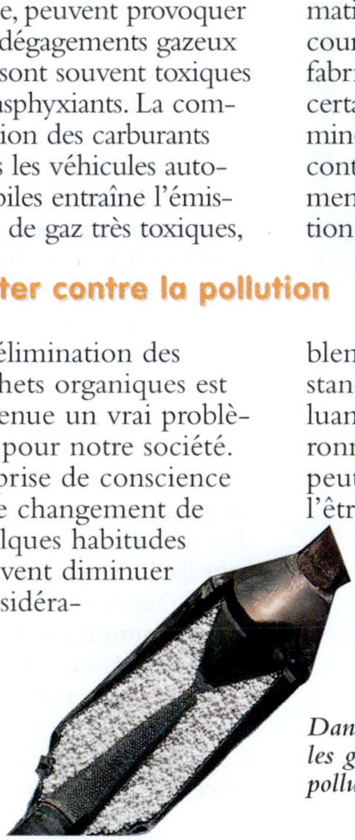

Dans le pot catalytique, les gaz d'échappement polluants sont épurés.

Dico → pyrolyse • synthèse organique

Les métaux peuvent-ils brûler ?

3

Nous avons vu que des métaux exposés à l'air libre s'oxydaient. La réaction chimique était alors lente et progressive. Ces métaux, chauffés et mis en présence de dioxygène, subissent une combustion vive avec dégagement de lumière et de chaleur.

Brûler un ruban de magnésium

Le magnésium est un métal gris qui peut se présenter sous forme de ruban. Réalisons l'expérience suivante : un ruban de magnésium, dont on a enflammé légèrement l'une des extrémités, est plongé dans un flacon contenant du dioxygène. On observe aussitôt que l'inflammation gagne rapidement la totalité du ruban et que l'ensemble devient excessivement lumineux : le métal disparaît totalement, ne laissant apparaître, au fond du bocal, que quelques petits grains de matière de couleur blanche qui se révèle être de l'oxyde de magnésium. La réaction chimique à laquelle nous venons d'assister est très rapide et très violente : elle se fait avec un très fort dégagement de chaleur et de lumière. Cette réaction est une combustion très vive dont le bilan chimique peut s'écrire comme suit :

magnésium + dioxygène
→ oxyde de magnésium

Cette réaction a longtemps été utilisée dans les ampoules de flash photo. L'éclat lumineux, riche en ultraviolets, provoqué par la combustion vive du magnésium pendant un très bref instant, permettait de faire des photos dans l'obscurité. ■

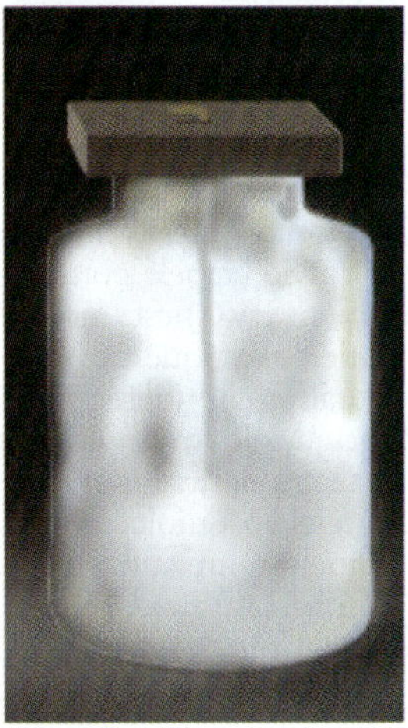

L'éclatante combustion du magnésium dans le dioxygène pur.

La combustion vive du fer

Un morceau de fer laissé dans une atmosphère humide se recouvre au bout de quelques jours d'une pellicule de rouille. C'est le phénomène de corrosion atmosphérique qui est l'action lente du dioxygène et de l'eau contenus dans l'air sur le métal. Réalisons une expérience très simple : projetons de la limaille de fer dans une flamme. La limaille de fer est du fer sous forme de poudre. Chaque grain possède les propriétés métalliques déjà définies, notamment la brillance et l'éclat métallique. Au passage dans la flamme, chaque grain de limaille devient incandescent, transformant le jet de limaille en gerbe d'étincelles. Après l'incandescence, chaque grain

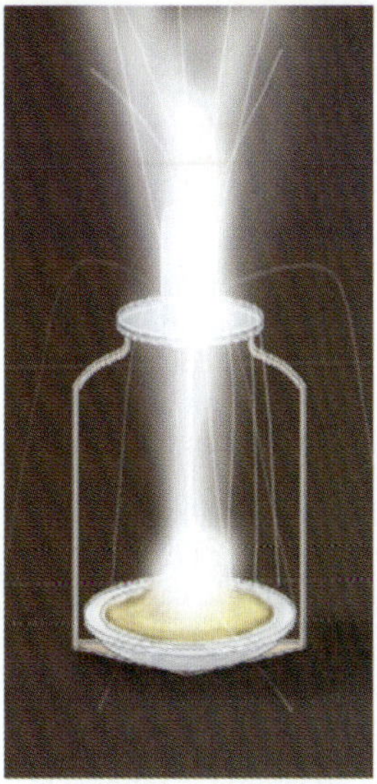

La combustion de la limaille de fer provoque une véritable gerbe d'étincelles.

retombe et, visiblement, il ne s'agit plus de limaille de fer mais de grains de matière noire et terne : de l'oxyde de fer. La réaction chimique à laquelle nous venons d'assister est la combustion vive du fer dont le bilan peut s'écrire comme suit :

fer + dioxygène→oxyde de fer

On peut noter qu'il existe plusieurs oxydes de fer. Lors de la combustion lente, il s'était formé de la rouille de couleur brune. Dans la combustion vive, il se forme un oxyde de fer que l'on appelle « oxyde magnétique » car il est attiré par un aimant. ■

Découper avec un chalumeau

L'oxydécoupage est une opération industrielle qui consiste à découper des plaques de fer ou d'acier par combustion vive du métal dans le dioxygène. Le chalumeau agit en deux temps :

- tout d'abord, le chalumeau est alimenté en dioxygène et en acétylène. L'acétylène est un gaz particulièrement inflammable. Une étincelle provoque la combustion de l'acétylène dans le dioxygène. Cette combustion très vive fournit une flamme permettant de porter le métal jusqu'à 1 350 °C (le fer ainsi chauffé est porté au rouge mais reste à l'état solide);
- ensuite, l'arrivée d'acétylène est arrêtée et, sur la partie de métal portée au rouge, on fait arriver un jet de dioxygène pur sous pression : c'est alors le métal qui brûle dans le dioxygène. Les oxydes de fer formés sont soufflés par le jet gazeux et il suffit de déplacer très lentement le jet de dioxygène pour découper la plaque suivant le contour choisi. Pour une découpe parfaite, le dioxygène doit être pur à 99 % et la découpe d'un mètre de tôle d'acier de 25 mm d'épaisseur nécessite 188 litres de dioxygène ! ■

Lors de l'oxydécoupage, les oxydes de fer enflammés sont projetés par le dioxygène sous pression.

Dico → combustion • rayons ultraviolets

Points clés

Les molécules et les atomes

4 3

Nous avons vu que l'eau est constituée de molécules toutes identiques. Mais peut-on préciser la composition de ces molécules ?

La molécule d'eau est constituée d'atomes

La plus petite particule d'eau pure qui puisse exister est la molécule d'eau que nous avons représentée par un « premier modèle » (page 216). Mais, par un procédé appelé électrolyse, l'eau peut être décomposée en deux gaz : le dihydrogène et le dioxygène. On peut donc penser que les molécules d'eau peuvent se scinder. Les chimistes ont montré que les molécules sont constituées à partir de particules plus petites : les atomes. Ainsi, chaque molécule d'eau est formée d'un atome d'oxygène lié à deux atomes d'hydrogène. ■

Comment représenter atomes et molécules ?

On convient de représenter les atomes par des sphères de couleur, une couleur étant attribuée conventionnellement aux atomes les plus courants : blanc pour l'hydrogène, rouge pour l'oxygène, noir pour le carbone, bleu pour l'azote,...
Il existe une centaine de sortes d'atomes et à chaque sorte d'atome on a affecté un symbole : H

Nom de la molécule	Formule	Modèle moléculaire
EAU	H_2O	
DIHYDROGÈNE	H_2	
DIOXYGÈNE	O_2	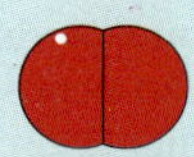
DIAZOTE	N_2	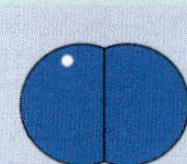
DIOXYDE DE CARBONE	CO_2	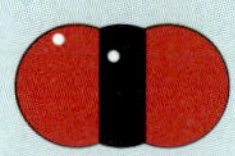
MÉTHANE	CH_4	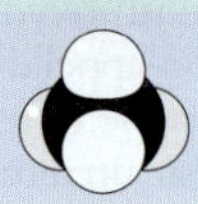

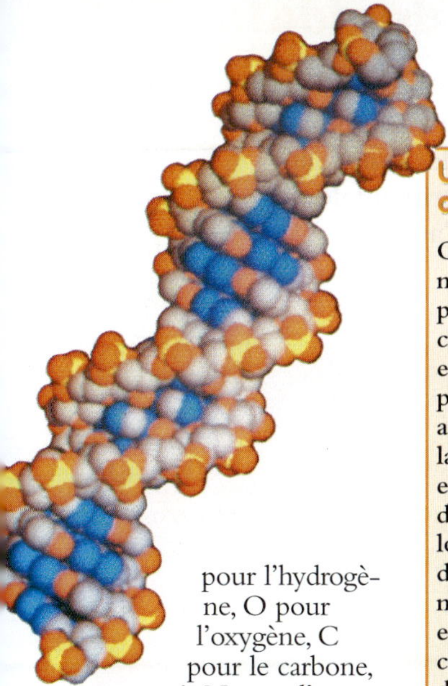

La molécule d'ADN a une forme en double hélice.

pour l'hydrogène, O pour l'oxygène, C pour le carbone, mais N pour l'azote (ou nitrogène) et Na pour le sodium (natrium en latin). Comme on a représenté les atomes par des symboles, on représente les molécules par des formules. Celle de l'eau est H_2O, ce qui signifie que la molécule d'eau est formée de deux atomes d'hydrogène et d'un atome d'oxygène. On représente aussi les molécules par des modèles moléculaires construits à partir des sphères qui représentent les atomes. Dans le cas de l'eau, pour donner une image aussi proche que possible de la réalité, on voit que les atomes sont au sommet d'un triangle. ■

Une molécule complexe : l'ADN

On connaît un grand nombre de molécules, particulièrement en chimie organique, qui est la chimie des composés du carbone. Les atomes de carbone ont la capacité de s'unir entre eux pour former des chaînes très longues. La molécule de l'acide désoxyribonucléique (ou ADN) est une longue molécule que l'on trouve dans les noyaux des cellules. Elle a une structure en double hélice. L'ADN est la source de l'information génétique. Elle détermine des caractères qui peuvent être héréditaires, transmis de division cellulaire en division cellulaire et de génération en génération. Un test génétique consiste à extraire des cellules la molécule d'ADN qui porte le patrimoine génétique. On l'utilise par exemple pour la recherche de paternité ou dans les laboratoires de police scientifique pour retrouver un criminel.

Points clés

D'autres exemples de molécules

Les molécules de dihydrogène (H_2), de dioxygène (O_2) et de diazote (N_2) comportent deux atomes : elles sont diatomiques. Elles sont constituées chacune d'une seule sorte d'atomes : ce sont des corps simples. Les molécules d'eau et de dioxyde de carbone sont triatomiques. La molécule de méthane (CH_4) a une forme géométrique particulière : les atomes de carbone sont aux sommets d'un tétraèdre et l'atome de carbone est au centre. On voit donc que les molécules ont des formes géométriques variées. Les molécules d'eau, de dioxyde de carbone et de méthane sont constituées de plusieurs sortes d'atomes : ce sont des corps composés. Attention, on utilise couramment les mots oxygène, hydrogène, azote, etc. au lieu de dioxygène, dihydrogène, diazote… Les règles de nomenclature permettent de distinguer atomes et molécules. Il faut les respecter. Par exemple, il faut bien distinguer l'atome d'hydrogène et la molécule de dihydrogène. ■

Dico → **électrolyse • molécule**

Points clés

L'atome : beaucoup de vide !

3

L'atome, représenté par une sphère, ne permet d'expliquer ni les phénomènes électriques ni l'existence des molécules et des ions. De nombreuses observations expérimentales s'expliquent grâce à un modèle simplifié de l'atome.

La constitution de l'atome

Du fait de sa petite taille, un atome n'est pas directement observable. Il est donc difficile de le représenter. Un atome est constitué d'un noyau central autour duquel des électrons sont en mouvement.

Le noyau a un diamètre de l'ordre de 10^{-15} m. Sa masse est à peu près la même que celle de l'atome lui-même. Il porte une charge électrique positive. Les électrons sont tous identiques. Ils tournent autour du noyau à très grande vitesse (de l'ordre de 2 000 $km.s^{-1}$) à des distances relativement grandes par rapport au diamètre du noyau. Le mouvement des électrons est désordonné : ils forment un « nuage électronique ».

Un électron (noté e^-) porte une charge électrique : $-e = -1{,}6.10^{-19}$ C (C est le symbole du coulomb, l'unité de quantité d'électricité) ; e est appelée « charge électrique élémentaire » : c'est la valeur absolue de la plus petite quantité d'électricité connue.

Les électrons chargés négativement sont attirés par le noyau qui est chargé positivement. Ce sont donc des forces électriques qui retiennent les électrons autour du noyau.

La masse de l'électron $m_e = 0{,}9.10^{-30}$ kg est 1 836 fois plus faible que celle du noyau le plus petit, celui de l'atome d'hydrogène.

Mais, peut-on se représenter ce qu'est un atome ? Imaginons que le noyau soit représenté par une bille de 1 cm de diamètre, les électrons seraient des poussières très fines se déplaçant à quelques centaines de mètres autour de ce noyau. Comme le montre l'expérience de Rutherford (ci-contre), l'atome est donc essentiellement vide de matière. ■

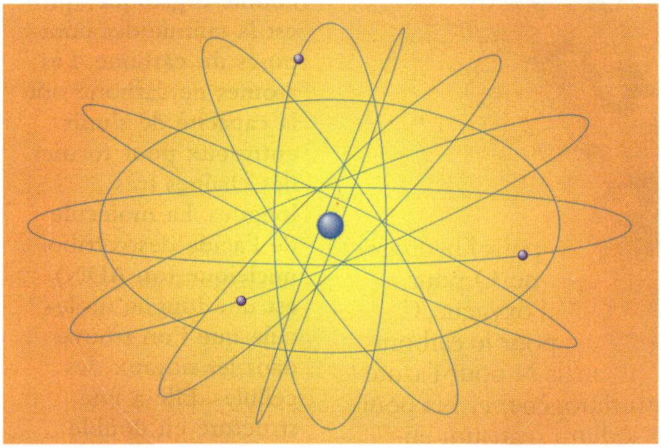

Le mouvement désordonné des électrons autour du noyau est difficile à représenter.

La neutralité électrique de l'atome

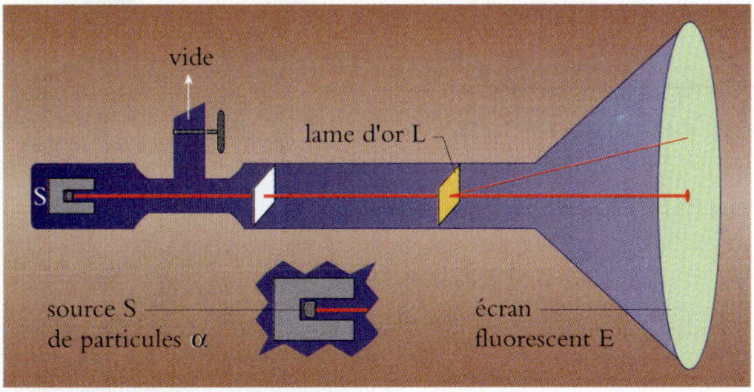

Représentation simplifiée de l'expérience de Rutherford.

Le noyau d'un atome porte Z charges électriques élémentaires positives soit une charge globale $+Z_e$.
Z est le nombre de charges du noyau. On l'appelle aussi numéro atomique. À chaque valeur de Z correspond un type d'atome et un seul.Le nombre d'électrons d'un atome est aussi égal à Z.
La charge électrique portée par les électrons est donc $-Z_e$.
Cette charge compense exactement la charge positive du noyau : l'atome est électriquement neutre.
Par exemple, un atome de fer a pour numéro atomique Z = 26. Il porte donc 26 charges positives dans le noyau et 26 charges négatives dans le nuage électronique. ■

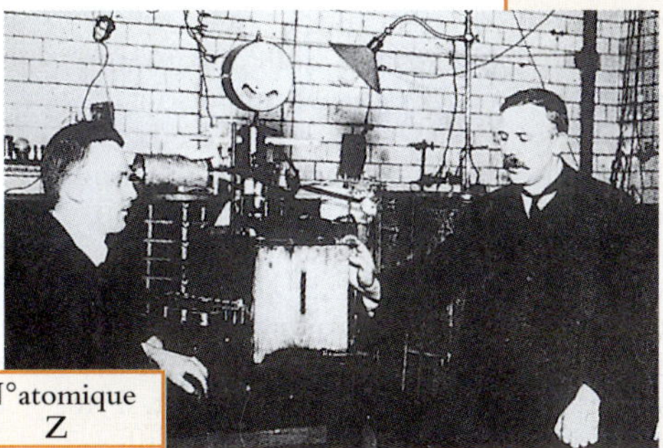

Ernest Rutherford (à droite) en 1908, dans le laboratoire de l'université de Manchester.

Nom	Symbole	N°atomique Z
Hydrogène	H	1
Carbone	C	6
Azote	N	7
Oxygène	O	8
Sodium	Na	11
Aluminium	Al	13
Chlore	Cl	17
Fer	Fe	26

Points clés

L'expérience de Rutherford

En 1911, Rutherford place dans une enceinte où l'on a fait le vide une source radioactive S qui émet un faisceau de noyaux d'hélium chargés positivement : les particules α. Elles sont dirigées vers une mince feuille d'or. Les impacts des particules sont observés sur un écran fluorescent.
Rutherford constate que la plupart des particules traversent la feuille d'or sans déviation. Elles ne rencontrent donc pas d'obstacle. Il en conclut que la matière comporte beaucoup de vide : le noyau est donc très petit par rapport à l'atome.
Il constate aussi que certaines particules α sont repoussées par les noyaux.
La répulsion électrique ne pouvant se produire qu'entre des particules chargées de même signe, il en déduit que les noyaux atomiques sont chargés positivement.

Dico → charge électrique • électron

Points clés 4 3

La théorie atomique : une longue histoire

Dès l'Antiquité, le mot atome a été utilisé. Il vient du grec *atomos*, «qu'on ne peut couper». Mais quelle évolution depuis la conception des Anciens jusqu'à la structure des atomes admise aujourd'hui !

John Dalton, créateur de la théorie atomique en 1803.

L'intuition des philosophes de l'Antiquité

La notion d'atome a été introduite dès l'Antiquité. Cinq siècles avant J.-C., les philosophes grecs Leucippe et Démocrite affirmaient, sans preuve, que la matière ne pouvait être divisée indéfiniment et que l'atome était le plus petit morceau de matière qui puisse exister. Un siècle plus tard, le philosophe Aristote rejette cette théorie et ne prend en considération que quatre éléments fondamentaux : l'air, l'eau, la terre et le feu. C'est sur ces idées fausses que vont reposer les travaux des alchimistes pendant plus de vingt siècles. Ceux-ci, mi-sorciers, mi-chimistes, recherchaient la pierre philosophale qui devait avoir des propriétés merveilleuses, notamment celle de guérir les maladies et celle de transformer le plomb en or. ■

La naissance de la chimie

John Dalton (1766-1844) peut être considéré comme le fondateur de la théorie atomique. En 1803, il affirme que la matière est constituée d'atomes et que les atomes qui constituent un corps simple sont identiques entre eux mais qu'ils sont différents d'un corps simple à un autre. D'autre part, il interprète la réaction chimique comme un nouvel arrangement des atomes. Cependant, il ne fait pas encore la différence entre atomes et molécules. C'est Stanislao Cannizzaro (1826-1910), chimiste italien, qui fait adopter définitivement, en 1856, la théorie atomique grâce à ses travaux qui corrigent les insuffisances de la théorie de Dalton. Il affirme qu'une molécule d'un corps composé contient un nombre entier d'atomes de chacun de ses composants. Ce n'est qu'à partir de cette date qu'on fait la distinction entre atomes et molécules. À cette époque, on connaît 63 types d'atomes.
Les chimistes ont remarqué que certains atomes ont des propriétés analogues et ils ont cherché à les regrouper en familles. Ainsi, en 1869, Mendeleïev, chimiste russe, a réussi à classer les atomes dans un tableau à huit colonnes dont certaines cases restaient vides. Pour remplir ces cases vides, il a prévu

la découverte de nouveaux atomes et même décrit leurs propriétés. Ces prédictions se sont révélées exactes.
De nos jours, les chimistes, s'inspirant du tableau de Mendeleïev, utilisent un tableau appelé « tableau périodique des éléments » qui regroupe plus d'une centaine d'atomes.
Bien d'autres chimistes du XIXe siècle ont participé à la construction de la chimie. Leur tâche était difficile car ils ne disposaient pas d'appareillages comparables à ceux qui sont utilisés aujourd'hui. ■

Dimitri Mendeleïev (1834-1907), chimiste russe. Il publia un traité intitulé la Loi périodique des éléments chimiques, *d'où est issu le tableau périodique du même nom.*

Le modèle planétaire de l'atome

En 1897, Joseph Thomson a découvert l'existence de l'électron. En 1907, des ions positifs ayant des masses beaucoup plus grandes que celle de l'électron sont mis en évidence. Thomson propose alors un modèle de l'atome : des électrons chargés négativement sont collés sur une grosse particule chargée positivement. On a comparé ce modèle à un gâteau sur lequel sont posés des raisins !
L'expérience de Rutherford a montré que l'atome a une structure lacunaire. Il est constitué d'un noyau, chargé positivement, où est concentré l'essentiel de la masse. Autour de ce noyau, qui occupe un volume très faible, gravitent à grande distances des électrons minuscules.
Ce modèle planétaire de l'atome se rapproche beaucoup de celui qui est adopté aujourd'hui, mais il a connu bien des améliorations. ■

Les recherches continuent

Actuellement, les chercheurs travaillent beaucoup sur la structure des noyaux des atomes. Pour étudier les particules qui constituent les noyaux, ils disposent d'accélérateurs et de détecteurs de particules de plus en plus gigantesques. Le dernier accélérateur du Centre européen de recherche nucléaire (Cern) est un anneau de 27 km de circonférence ! Les énergies mises en œuvre dans les noyaux sont relativement grandes et les lois qui régissent leurs propriétés sont très complexes. En 1992, Georges Charpak, physicien français né en Pologne en 1924, a reçu le prix Nobel de physique pour « l'invention et le développement de détecteurs de particules ». Ces détecteurs ont permis de découvrir de nouvelles particules.

G. Charpak, prix Nobel de physique 1992.

Points clés

4 3

La réaction chimique : les atomes se conservent

Au cours d'une réaction chimique, des corps appelés réactifs se transforment en d'autres corps appelés produits. Lors d'un changement d'état, la masse se conserve. Qu'en est-il lors d'une réaction chimique ?

Lors d'une réaction, la masse se conserve

En géologie, on sait que si on dépose quelques gouttes d'acide chlorhydrique sur une roche calcaire, comme la craie, il y a effervescence. On peut montrer que le gaz qui se dégage est du dioxyde de carbone car il trouble l'eau de chaux. Réalisons l'expérience dans un flacon. Pesons d'abord la craie et le flacon contenant l'acide. Introduisons la craie et bouchons le flacon. Lorsque toute la craie a disparu, pesons de nouveau le flacon. Nous constatons que la masse n'a pas varié, c'est-à-dire que la masse des réactifs (acide + craie) est égale à la masse des produits (dioxyde de carbone + autre produit contenu dans la solution).
Au cours de cette réaction chimique, il y a eu conservation de la masse. Ceci est généralisable à toutes les réactions chimiques : la masse des produits formés au cours de la réaction est égale à la masse des réactifs qui ont disparu.
Pour expliquer la conservation de la masse, les chimistes admettent que, au cours d'une réaction chimique, les atomes constituant les molécules des réactifs se réorganisent pour former de nouvelles molécules, celles des produits. Il y a donc conservation des atomes, ce qui explique la conservation de la masse. ■

La masse des réactifs est égale à celle des produits de la réaction.

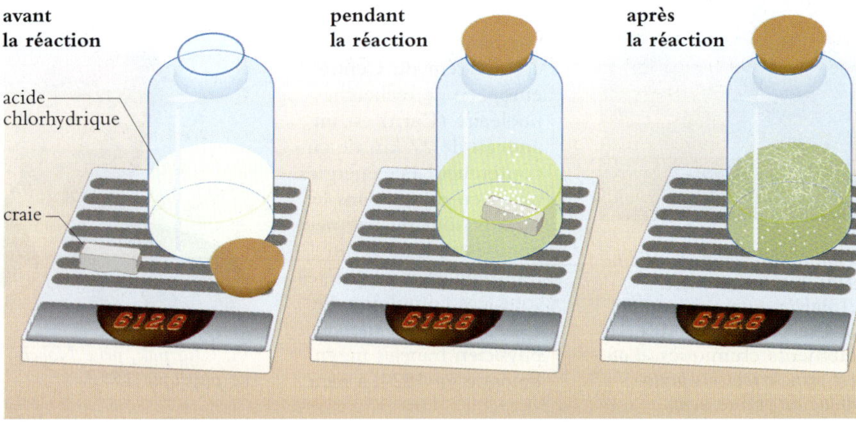

Écrivons une équation-bilan

Prenons un exemple : celui de la combustion du méthane. Nous avions écrit :

méthane + dioxygène → dioxyde de carbone + eau

Lors de la réaction, les atomes des molécules de méthane et de dioxygène se réorganisent pour donner des molécules de dioxyde de carbone et d'eau. Remplaçons les noms des réactifs et des produits par des formules (sans mettre de coefficients devant ces formules) :

$...CH_4 + ...O_2 \rightarrow ...CO_2 + ...H_2O$

En comptant les atomes de chaque type du côté des réactifs et du côté des produits, on voit que la conservation des atomes n'est pas respectée : l'équation-bilan n'est pas équilibrée.
Il y a 4 atomes d'hydrogène côté réactifs : il faut donc, côté produits, 2 molécules d'eau (soit 4 atomes d'hydrogène). Côté produits, on trouve 4 atomes d'oxygène : il faut donc 2 molécules de dioxygène côté réactifs.
Finalement, l'équation-bilan s'écrit :

$$CH_4 + 2O_2 \rightarrow CO_2 + 2H_2O$$

Il faut toujours vérifier que l'équation-bilan est équilibrée, c'est-à-dire que les divers types d'atomes se conservent ainsi que le nombre d'atomes de chaque type.
L'équation-bilan se lit : « La réaction entre 1 molécule de méthane et 2 molécules de dioxygène donne 1 molécule de dioxyde de carbone et 2 molécules d'eau. »
On peut se demander pourquoi on dit « équation-bilan » plutôt que « équation » qui serait plus simple ? L'équation-bilan d'une réaction chimique présente, d'une part, la nature des réactifs et celle des produits et, d'autre part, elle traduit la conservation des atomes. Elle fait donc le bilan de la transformation au cours de laquelle il y a disparition des réactifs et formation des produits.
L'équation-bilan n'indique pas ce qui se passe à l'échelle des molécules pendant la réaction, c'est-à-dire qu'elle ne précise pas quel est le mécanisme de la réaction. Les chimistes cherchent à expliquer les mécanismes des réactions. Certains, parfois complexes, sont déjà connus. ■

Antoine de Lavoisier, chimiste français (1743-1794).

Rien ne se perd, rien ne se crée...

**Lavoisier est un chimiste français dont les travaux ont porté sur l'analyse de l'air et la composition de l'eau.
Au cours de ses expériences, il fait des pesées à l'aide de balances de plus en plus précises construites spécialement. Il détermine pour chaque réaction chimique les masses des réactifs utilisés et des produits obtenus.
Il montre ainsi la conservation de la masse qui se résume dans la célèbre formule : « Rien ne se perd, rien ne se crée, tout se transforme. » Cette utilisation rigoureuse des mesures est le premier pas vers la chimie quantitative.**

Dico → eau de chaux • masse • réactif

Points clés 4 3

Comment écrire méthodiquement une équation-bilan ?

Nous avons vu comment écrire une équation-bilan simple. Sur un exemple un peu plus compliqué, en procédant par étapes, nous allons écrire l'équation-bilan de la combustion du propane.

Les réactifs et les produits

Comme le méthane, le propane, de formule C_3H_8, est un hydrocarbure, c'est-à-dire que la molécule est constituée à partir d'atomes de carbone et d'atomes d'hydrogène. Il est utilisé pour le chauffage des immeubles et aussi comme carburant des moteurs à explosion.
On peut montrer expérimentalement que sa combustion complète libère du dioxyde de carbone et de l'eau. Cette réaction chimique libère aussi une grande quantité d'énergie.
Le dessin ci-dessous montre la nature des molécules des réactifs et des produits de cette combustion ainsi que leurs formules. ■

Avant d'écrire une équation-bilan, il faut identifier les réactifs et les produits de la réaction et les représenter par des formules.

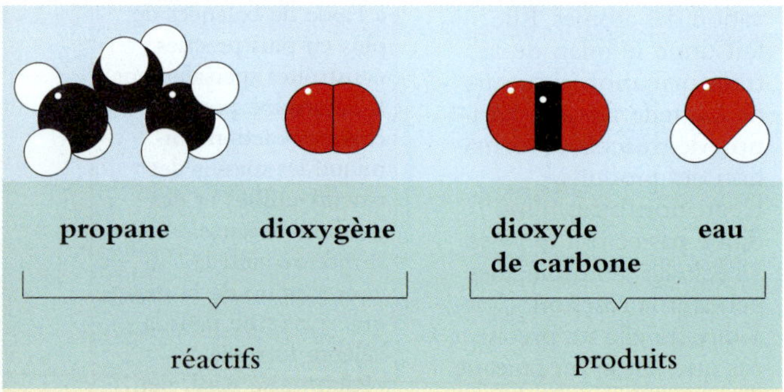

$$C_3H_8 + ...O_2 \longrightarrow ...CO_2 + ...H_2O$$

Écrivons une équation-bilan

On pourrait penser que la dernière ligne du dessin représente l'équation-bilan de la réaction. Il n'en est rien car une vérification rapide nous montre que le principe de conservation des atomes, n'est pas respecté. Pour respecter la conservation des atomes nous allons équilibrer l'équation-bilan.
Les 3 atomes de la molécule de propane se retrouvent dans 3 molécules de dioxyde de carbone. Les 8 atomes d'hydrogène se retrouvent dans 4 molécules d'eau. Mais le travail n'est pas terminé car il n'y a pas conservation des atomes d'oxygène.
La formation de 3 molécules de dioxyde de carbone et de 4 molécules d'eau nécessite en tout 10 atomes d'oxygène. Ils seront fournis par 5 molécules de dioxygène. On peut donc écrire maintenant l'équation-bilan équili-

Brûleurs dans une installation de chauffage utilisant du propane comme combustible.

brée en ajoutant que cette réaction libère de l'énergie: $C_3H_8 + 5O_2 \rightarrow 3CO_2 + 4H_2O$ + *énergie*
Il est nécessaire de vérifier que les coefficients affectés permettent de respecter la conservation des atomes.
Il faut bien faire la différence entre l'indice qui indique le nombre d'atomes dans une molécule (il y a deux atomes d'hydrogène dans la molécule d'eau) et le coefficient qui indique le nombre de molécules. Par exemple, pour équilibrer l'équation-bilan précédente il faut 4 molécules d'eau. ■

Points clés

Comment lire une équation-bilan ?

L'équation-bilan de la combustion du propane peut se lire ainsi : 1 molécule de propane réagit avec 5 molécules de dioxygène pour se transformer en 3 molécules de dioxyde de carbone et 4 molécules d'eau. ■

Un combustible pour Ariane

Le dihydrogène a été identifié par le chimiste anglais Cavendish en 1765. Il brûle en donnant de l'eau. L'équation-bilan de la réaction est $2H_2 + O_2 \rightarrow 2H_2O$.
C'est la réaction de synthèse de l'eau. Elle libère beaucoup d'énergie.
La fusée Ariane 4 comporte trois étages qui fonctionnent successivement. Le troisième étage emporte dans ses réservoirs, à basse température et sous haute pression, 8 tonnes de combustible, -du dihydrogène liquide-, et de comburant -du dioxygène liquide. L'ensemble combustible-comburant est appelé ergol.
La combustion du dihydrogène libère une grande quantité d'énergie et c'est la vapeur d'eau, expulsée de la chambre de combustion, qui propulse la fusée.

Le dihydrogène est un combustible non polluant, mais le problème est de le produire à bon marché. On peut l'obtenir par électrolyse de l'eau mais, l'énergie électrique étant chère, l'utilisation de l'énergie solaire est à l'étude.
Néanmoins, le dihydrogène apparaît comme le combustible du futur.

La fusée Ariane prête à décoller sur son pas de tir de Kourou, en Guyane.

Dico → combustion • électrolyse

Points clés

3

Les ions se forment à partir des atomes

Les étiquettes d'eau minérale font apparaître différents composés. Ce sont des ions. Nous allons nous intéresser aux ions simples appelés ions monoatomiques.

L'étiquette d'une eau minérale

Sur l'étiquette, un tableau indique la « minéralisation » de l'eau, c'est-à-dire la composition ionique de l'eau minérale. Ces ions peuvent être représentés par des formules précisant leur composition. Le tableau ci-dessous donne les formules de ces ions. Remarquons que ces ions sont classés en cations et en anions. Nous allons nous intéresser d'abord aux ions monoatomiques tels que Na^+, Ca^{2+}, Cl^-… Chaque ion ne provient que d'un seul type d'atome. Il existe aussi des ions polyatomiques. ■

Cations		Anions	
Calcium	Ca^{2+}	Hydrogéno-carbonate	HCO_3^-
Magnésium	Mg^{2+}	Chlorure	Cl^-
Potassium	K^+	Sulfate	SO_4^{2-}
Sodium	Na^+	Nitrate	NO_3^-
		Nitrite	NO_2^-

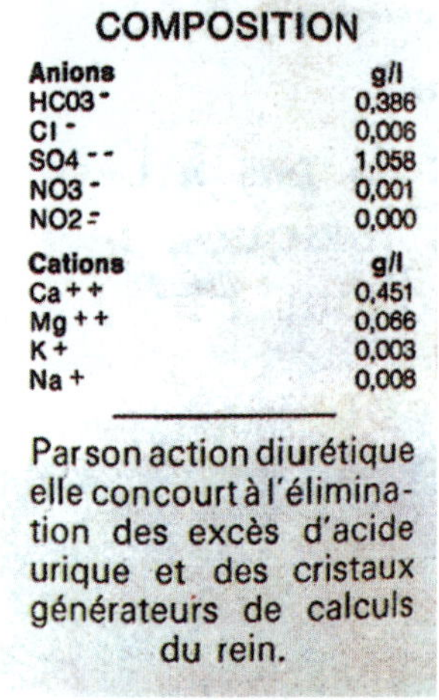

COMPOSITION

Anions	g/l
HC03 -	0,386
Cl -	0,006
SO4 - -	1,058
NO3 -	0,001
NO2 -	0,000
Cations	**g/l**
Ca + +	0,451
Mg + +	0,066
K +	0,003
Na +	0,008

Par son action diurétique elle concourt à l'élimination des excès d'acide urique et des cristaux générateurs de calculs du rein.

L'étiquette indique la composition ionique de l'eau minérale.

Un cation est un ion positif

Un atome est un ensemble électriquement neutre : il y autant de charges positives dans le noyau que d'électrons (portant chacun une charge négative) autour du noyau. Au cours d'une réaction chimique, un atome peut perdre un ou plusieurs électrons. Il devient un ion positif appelé cation. Par exemple, l'atome de calcium a pour numéro atomique $Z = 20$. Le noyau de l'atome de calcium porte donc 20 charges positives et il est entouré de 20 électrons. Au cours d'une réaction chimique, il peut perdre deux électrons pour devenir un ion Ca^{2+}. Le noyau de cet ion porte encore 20 charges positives mais il est entouré par 18 électrons. Il n'y a plus électroneutralité. L'équation-bilan s'écrit : $Ca \rightarrow Ca^{2+} + 2e^-$. Plus généralement, un atome d'un métal peut perdre un ou plusieurs électrons pour donner un ion positif ou cation. ■

Un anion est un ion négatif

Au cours d'une réaction chimique, un atome peut gagner un ou plusieurs électrons. Il devient un ensemble chargé négativement : c'est un ion négatif ou anion. Par exemple, l'atome de chlore a pour numéro atomique Z = 17. Son noyau porte 17 charges positives et il est entouré de 17 électrons. Au cours d'une réaction chimique, il peut gagner un électron. Le nombre des charges négatives étant excédentaire d'une unité par rapport à celui des charges positives, on obtient un ion chargé négativement : c'est l'ion chlorure Cl^-. Son noyau porte 17 charges positives et il est entouré de 18 électrons. L'équation-bilan s'écrit : $Cl + e^- \rightarrow Cl^-$. ■

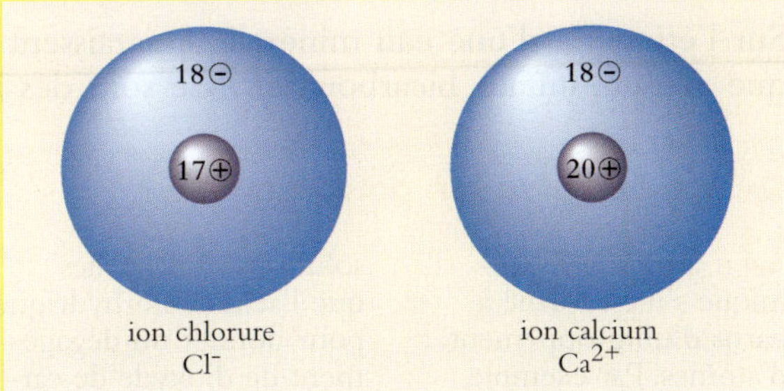

Représentations schématiques des ions chlorure et calcium.

Une solution est électriquement neutre

Toute solution, et plus généralement toute matière, est électriquement neutre. Ainsi, dans une solution de chlorure de calcium, le nombre des ions Cl^- est le double de celui des ions Ca^{2+}. La formule du chlorure de calcium en solution s'écrit $(Ca^{2+} + 2Cl^-)$. Remarquons que, dans la formule, c'est le cation que l'on écrit d'abord. La composition d'une eau minérale est plus complexe mais, de toute façon, la charge positive globale portée par les cations est égale à la charge négative portée par les anions. ■

Le chlorure de sodium

Le chlorure de sodium, autrement dit le sel de cuisine, est un solide ionique. Il contient autant d'ions sodium Na^+ que d'ions chlorure Cl^-, ce qui assure l'électroneutralité du solide. Les ions Na^+ et les ions Cl^- sont disposés régulièrement comme des billes que l'on empilerait dans une boîte : ils forment un cristal. Le chlorure de sodium fond à 800 °C. Le liquide obtenu est constitué par des ions libres Na^+ et Cl^- mélangés en nombre égal. Le liquide est électriquement neutre.

Le chlorure de sodium est également soluble dans l'eau : dans ce cas, les ions Na^+ et Cl^- sont dispersés dans la solution.

Un modèle du cristal de chlorure de sodium.

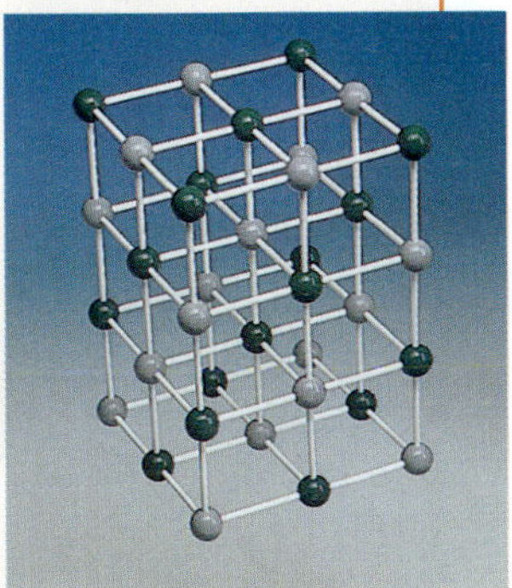

Dico → atome • électron

Points clés

Des ions dans notre environnement

3

Sur l'étiquette d'une eau minérale apparaissent des noms tels que nitrate, sulfate, bicarbonate... Ce sont des ions polyatomiques.

Qu'est-ce qu'un ion polyatomique ?

Un ion est polyatomique s'il est formé à partir d'un groupement d'atomes. Par exemple, l'ion nitrate NO_3^- l'ion ammonium NH_4^+, etc.
À titre d'exemple, nous allons nous intéresser à un ion très répandu, l'ion carbonate CO_3^{2-}. On le trouve dans de nombreux composés, par exemple dans le calcaire, qui est constitué essentiellement de carbonate de calcium. Dans la nature, les carbonates sont les minéraux les plus représentés. On en trouve plus de cent espèces différentes. L'ion carbonate réagit avec les solutions acides telles que l'acide chlorhydrique pour donner un dégagement de dioxyde de carbone. C'est ainsi que l'on reconnaît une roche calcaire. Le carbonate de sodium et le carbonate de calcium sont incolores. On peut donc en déduire que l'ion carbonate qui entre dans leur composition est incolore.
L'ion carbonate CO_3^{2-} est formé d'un atome de carbone et de trois atomes d'oxygène. Globalement, cet ensemble a gagné deux charges négatives supplémentaires : c'est donc un anion. ■

Exemple de roche calcaire contenant des fossiles.

La formule d'un ion polyatomique

Il est important de bien comprendre la formule d'un ion polyatomique. Le schéma précise qu'en indice on lit le nombre d'atomes, le chiffre 1 n'étant pas écrit. L'ion carbonate CO_3^{2-} comporte 1 atome de carbone et 3 atomes d'oxygène. En exposant, on lit la charge électrique de l'ion, c'est-à-dire le nombre de charges élémentaires en excès. L'ion CO_3^{2-} porte 2 charges négatives en excès. ■

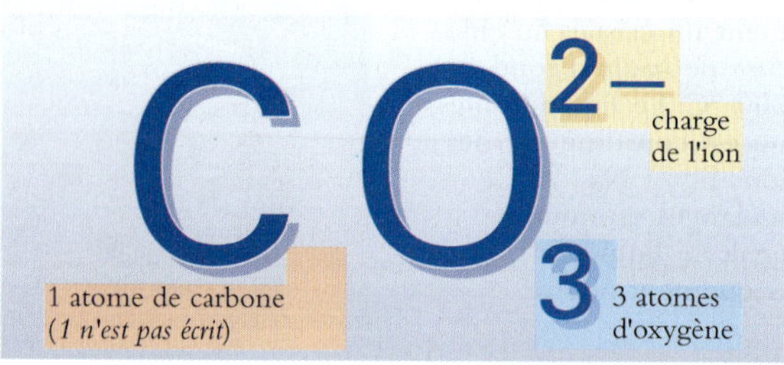

L'ion carbonate : un ion polyatomique.

Quelques exemples

Sur une étiquette d'eau minérale apparaît aussi l'ion «bicarbonate». Ce nom ancien, d'usage courant, n'est pas correct. Il s'agit de l'ion hydrogénocarbonate de formule HCO_3^-. C'est donc un anion formé à partir d'un atome d'hydrogène, d'un atome de carbone et de trois atomes d'oxygène.
Il porte globalement une charge négative en excès. Alors que le carbonate de calcium est très peu soluble dans l'eau, l'hydrogénocarbonate de calcium est soluble. On le trouve en petite quantité dans les eaux minérales et il intervient dans la formation des concrétions calcaires. L'ion sulfate SO_4^{2-} est souvent présent dans l'eau. Il comporte 1 atome de soufre, 4 atomes d'oxygène. Ces 5 atomes sont liés solidement entre eux. L'ion sulfate est une particule électrisée portant 2 charges négatives en excès. L'ion nitrate NO_3^- comporte 1 atome d'azote et 3 atomes d'oxygène.
Globalement ces 4 atomes portent une charge négative en excès. L'eau potable doit contenir moins de 50 mg.L^{-1} d'ion nitrate. ■

Points clés

Des ions pour l'agriculture

Jusqu'à la fin du XVIIIe siècle, on pensait que les plantes se nourrissaient à partir de l'humus, c'est-à-dire à partir de la matière organique des sols. C'est le chimiste allemand Liebig qui affirma, en 1840, que les plantes en réalité se nourrissent de matières minérales et d'eau provenant du sol.
Les éléments du sol utilisés par les plantes doivent être restitués sous forme d'engrais. Très vite on se rendit compte que les engrais sont des composés ioniques.
Les engrais fabriqués aujourd'hui sont très nombreux. Ils apportent aux plantes essentiellement de l'azote N, du phosphore P et du potassium K. Le nitrate d'ammonium est utilisé comme engrais azoté. Il contient les ions nitrate NO_3^- et ammonium NH_4^+. On le prépare à partir du diazote de l'air et du dihydrogène provenant du pétrole.
L'utilisation abusive du nitrate d'ammonium est en partie responsable de la pollution des nappes phréatiques.
L'agriculture utilise aussi des produits phytosanitaires. L'un des plus anciens, la bouillie bordelaise, contient du sulfate de cuivre qui apporte des ions sulfate SO_4^{2-} et cuivre Cu^{2+}. Il permet de lutter contre les champignons et les bactéries parasites. Le sulfate de fer est utilisé pour détruire la mousse des gazons. Il contient les ions sulfate SO_4^{2-} et fer Fe^{2+}.
Tous ces produits sont indispensables à l'agriculture mais ils doivent être utilisés avec modération !

L'épandage des engrais et des produits phytosanitaires se fait souvent sous forme liquide.

Dico → anion • cation • soluble

Points clés

3 Les atomes des métaux forment des cristaux

L'un des objectifs de la chimie est de connaître la structure de la matière. Nous allons étudier une structure relativement simple, celle des métaux purs à l'état solide.

Surface d'une lame de fer observée au microscope métallurgique (micrographie).

Observons la structure d'un métal

Un métal bien poli, regardé à l'œil nu, paraît avoir une surface lisse et uniforme. Observé au microscope (grossissement 200 par exemple), il paraît constitué de zones, appelées « grains », de formes irrégulières et de dimensions variées : ce sont des petits cristaux dont la dimension est de l'ordre du dixième de millimètre.
L'utilisation du microscope à effet tunnel, grossissant plusieurs millions de fois, permet d'observer encore mieux les cristaux. Les photographies obtenues font apparaître des taches régulièrement disposées, séparées de moins d'un millionième de millimètre (soit un nanomètre = 10^{-9} mètre).
Chaque tache correspond à un atome.
Un cristal est donc constitué par un arrangement régulier et ordonné d'atomes identiques. ■

Les atomes dans un cristal métallique

Imaginons un métal dans lequel les atomes sont représentés par des billes toutes identiques. Ce n'est pas exactement la réalité mais une représentation simplifiée de la réalité : nous travaillons sur un « modèle ».
Plaçons des billes sur un plan de façon qu'il y ait un minimum d'espace entre elles. Dans cette première couche, chaque bille est en contact avec six autres disposées suivant un hexagone régulier (fig. 1, page 269) : il s'agit d'un modèle hexagonal.
Pour la deuxième couche, on peut loger les billes dans les « creux » de la première couche : chaque bille repose alors sur trois billes du plan inférieur (fig. 2).
On peut répéter la même disposition pour les autres couches et on obtient ainsi un arrangement très compact qui constitue un modèle du cristal métallique.
En réalité, une étude approfondie montre qu'il existe trois sortes de disposition des atomes dans la famille des métaux. Nous retiendrons que, à l'état solide, la structure d'un métal est représentée par un empilement ordonné d'atomes tous identiques constituant un cristal. ■

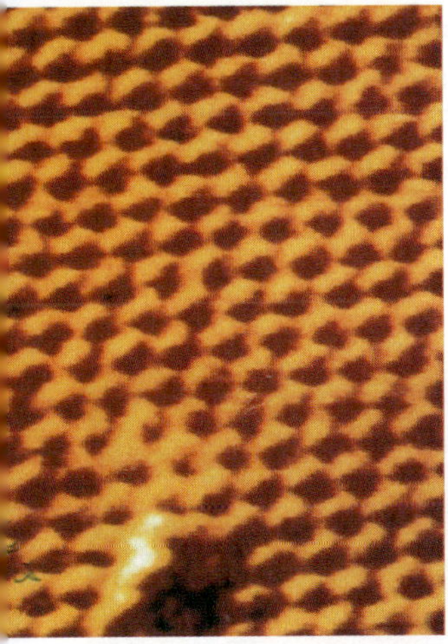

Feuille de cuivre observée au microscope à effet tunnel.

Sur ce modèle de cristal métallique, chaque atome est entouré de 6 atomes disposés aux sommets d'un hexagone régulier.

Les alliages métalliques

Les matériaux métalliques utilisés couramment sont, non pas des métaux purs, mais des alliages. En fondant ensemble les différents constituants (métaux et non-métaux) dans des proportions bien définies, on obtient un liquide homogène que l'on solidifie par refroidissement. Les premiers métallurgistes ont obtenu des alliages (par exemple, le bronze) par tâtonnements.

Aujourd'hui, la connaissance de la structure atomique de l'alliage est indispensable, l'alliage étant une juxtaposition de plusieurs types de cristaux de tailles variées.
On réalise des alliages pour modifier les caractéristiques (dureté, résistance à la corrosion, conductibilité électrique,...) du métal de base.

Ainsi, les aciers inox contiennent au moins 12 % de chrome pour résister à la corrosion.
« L'or rouge » contenant 10 % de cuivre est plus dur que l'or pur et servait à la fabrication des monnaies.
Enfin, les amalgames utilisés en soins dentaires sont des alliages de mercure et d'un autre métal.

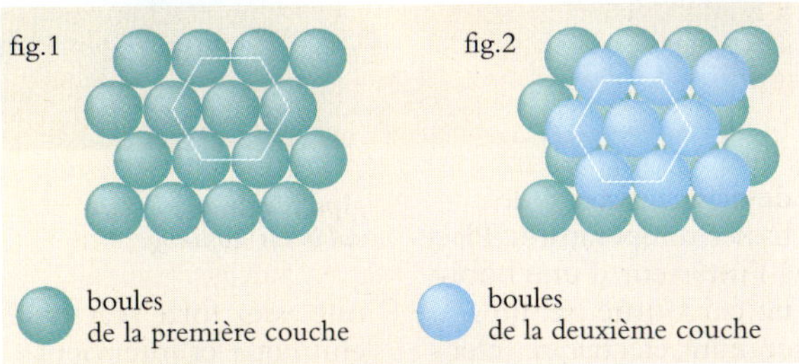

Atome	Symbole chimique	Rayon atomique en nanomètres (10^{-9}m)	Masse de l'atome en grammes
Aluminium	Al	0,143	$4,5 \cdot 10^{-23}$
Zinc	Zn	0,138	$10,8 \cdot 10^{-23}$
Cuivre	Cu	0,128	$10,5 \cdot 10^{-23}$
Fer	Fe	0,124	$9,3 \cdot 10^{-23}$

Les atomes des différents métaux

Les atomes d'un même métal sont tous identiques. Mais attention, comme le montre le tableau ci-contre, les atomes des différents métaux n'ont pas les mêmes caractéristiques. Ils ont en particulier des masses et des dimensions différentes. Chaque atome métallique est représenté par un symbole chimique. Le rayon atomique est le rayon de l'atome assimilé à une sphère. ■

Dico → **atome** • **métallurgie**

Points clés

3 Le fer : un métal aux propriétés remarquables

L'Homme a commencé à produire et travailler le fer vers 1500 av. J.-C. Malgré la concurrence des matériaux nouveaux, ce métal conserve une importance industrielle considérable.

Des propriétés très diverses

Avant de fondre à 1 530 °C, le fer devient mou. On peut alors le souder à lui-même et le forger facilement, d'où son utilisation depuis des millénaires. La plupart des objets « en fer » qui nous entourent sont en réalité en acier contenant environ 99 % de fer et 1 % de carbone. Si le mélange contient de 2 à 5 % de carbone, l'alliage s'appelle de la fonte. Les fontes sont très dures mais elles sont cassantes. D'un coût de revient faible, on les utilise pour fabriquer des pièces moulées telles que les radiateurs.

Après affinage, l'acier subit un laminage.

Il existe plus de 8000 types d'aciers. En étudiant leur composition, on sait actuellement produire des aciers spéciaux dont les propriétés mécaniques ou chimiques sont adaptées à chaque type d'utilisation. Les outils de perçage devront être en acier très dur ; les rails devront résister à l'usure ; les cuves de méthanier devront résister à de basses températures. Placé à l'intérieur d'une bobine parcourue par un courant électrique (électroaimant), un barreau de fer pur (ou fer « doux ») s'aimante fortement mais cette aimantation disparaît lorsque le courant est interrompu. En revanche, dans les mêmes conditions, un barreau d'acier reste aimanté. Le fer a une assez forte réactivité chimique et intervient dans d'innombrables composés. En outre, le fer est indispensable à la vie des animaux et des plantes. Le corps humain en contient de 3 à 4 g. Il est l'un des constituants de l'hémoglobine du sang. ■

La métallurgie du fer

La métallurgie du fer s'appelle sidérurgie. Les minerais contiennent surtout des oxydes de fer. Le passage de l'état d'oxyde de fer à l'état de fer se fait dans des hauts-fourneaux (hauteur 40 m). On y introduit le minerai de fer, du coke (carbone) et une substance appelée fondant. En brûlant, le coke produit du monoxyde de carbone qui réduit le minerai de fer à l'état de fer tandis que le fondant se combine aux impuretés pour former le «laitier». On récupère à l'état liquide vers 1400 °C de la fonte, c'est-à-dire un mélange de fer et de carbone. Dans des «convertisseurs», la fonte subit un affinage et on ajoute divers corps (manganèse, cobalt,…) afin d'obtenir des aciers aux propriétés bien précises. Ensuite, les lingots d'acier subissent des transformations telles que le laminage pour former des tôles ou des poutrelles. ■

Épée impériale dite de « Saint-Maurice » datant du XIIe–XIIIe siècle.

Dur comme l'acier trempé

L'art du métallurgiste consiste, grâce à des traitements appropriés, à donner au métal certaines propriétés mécaniques. Suivant le mode de réchauffement et de refroidissement du métal, la taille et la disposition des cristaux qui composent le métal peuvent lui conférer des propriétés particulières. La trempe consiste à refroidir rapidement le métal porté au rouge en le plongeant dans de l'huile froide afin de conserver à température ordinaire la structure cristalline obtenue à haute température. La trempe de l'acier augmente sa dureté et son élasticité. Cette technique, associée au martelage du métal, a permis dès le Moyen Âge de fabriquer des armes (épées, sabres) de hautes performances. ■

Plus léger que l'acier : le titane

Exploité depuis 1951, le titane a d'abord eu une utilisation militaire. Baptisé «métal aérospatial», il est deux fois plus léger que l'acier. Très résistant à la corrosion, il supporte en plus les températures produites lors des vols supersoniques. La préparation du titane, à partir du rutile TiO_2 provenant surtout d'Australie, est coûteuse. Cependant, sa production augmente rapidement et il est utilisé en aéronautique civile mais aussi pour fabriquer des clubs de golf, des raquettes de tennis, des skis, des prothèses, des lunettes... C'est le métal haut de gamme du futur.

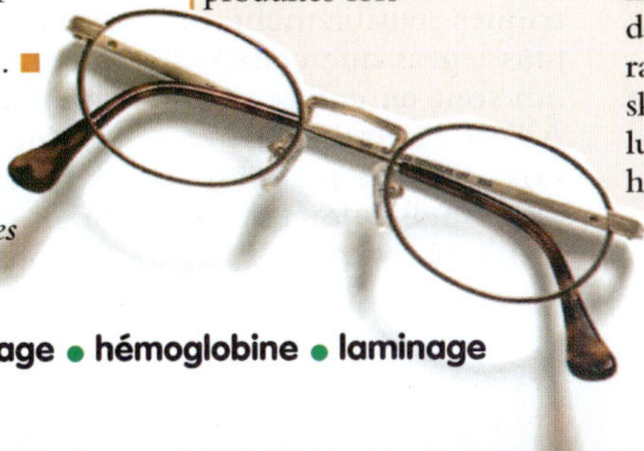

Le titane permet de fabriquer des montures de lunettes robustes et légères.

Dico → affinage • hémoglobine • laminage

Points clés

L'aluminium : un métal léger

3

L'aluminium est, après le fer, le métal le plus produit dans le monde. Il est abondant dans la nature et représente 8 % de la masse de l'écorce terrestre. Pourtant, la production d'aluminium coûte cher car elle nécessite beaucoup d'énergie.

Des propriétés physiques remarquables

Immeuble revêtu d'aluminium au Futuroscope de Poitiers.

L'aluminium est apparu tardivement : le premier lingot d'aluminium n'a été fabriqué qu' en 1854 par le Français Sainte-Claire-Deville. Du fait de son coût de production, il a d'abord été considéré comme un métal précieux, puis son développement a été rapide. L'aluminium a des propriétés mécaniques médiocres mais, en revanche, ses propriétés physiques présentent trois atouts : il fond à une température relativement basse (660°C); sa masse volumique est faible : 2,7 $g.cm^{-3}$ (7,8 $g.cm^{-3}$ pour le fer) ; il est très bon conducteur de la chaleur et de l'électricité. ■

L'aluminium dans notre vie

Sa masse volumique faible en fait, sous forme d'alliages, le métal le plus utilisé dans l'industrie des transports.
L'aéronautique lui doit son prodigieux essor.
L'aluminium pur est utilisé pour fabriquer des ustensiles de cuisine ainsi que des conducteurs électriques sensiblement plus légers que ceux qui sont en cuivre.
À l'air, l'aluminium s'oxyde : il se recouvre d'une pellicule étanche d'alumine. Grâce à cette couche qui le protège, l'aluminium résiste très bien à la corrosion par l'air et par l'eau.
On l'utilise, en particulier, pour fabriquer des menuiseries et des coques de bateaux.Il a également la propriété de bien réfléchir la lumière, ce qui permet d'en faire des miroirs pour l'optique.
En outre, l'aluminium est très malléable et employé pour les emballages alimentaires : nous utilisons fréquemment du « papier aluminium ». D'autre part, il est facilement recyclable car il fond facilement. Ceci explique que l'aluminium soit un métal bien présent dans notre environnement et dans notre vie quotidienne. ■

L'élaboration de l'aluminium

Découvert près du village des Baux-de-Provence en 1821, le minerai utilisé est la bauxite rouge. Il contient 60% d'alumine Al_2O_3 et 25% d'oxyde ferrique Fe_2O_3 qui lui donne sa couleur rouge. Une première opération consiste à séparer l'alumine du minerai par un traitement à la soude. L'alumine liquide est ensuite électrolysée. Mais sa température de fusion étant très élevée (2 100 °C), on ajoute un composé appelé cryolithe afin d'abaisser la température de fusion du mélange à 1 000 °C. L'aluminium liquide se dépose à la cathode au fond des cuves à électrolyse, puis il est coulé en lingot. La tension électrique utilisée est seulement de 4,5 volts mais l'intensité du courant qui traverse la cuve est de l'ordre de 300 000 ampères ! La consommation d'énergie électrique est importante et le coût de la production d'aluminium très élevé. L'aluminium est donc un métal cher qu'il est nécessaire de recycler. Il faut 20 fois moins d'énergie pour le recycler que pour le produire ! En France, on recycle chaque année 300 000 tonnes d'aluminium.

L'aluminium : métal de l'aéronautique

Les premiers avions ont été fabriqués en bois et en toile. Puis on a remplacé ces matériaux par l'acier et par les alliages d'aluminium. Beaucoup plus léger que l'acier, l'aluminium résiste à la corrosion. En revanche, l'aluminium pur a une faible résistance mécanique. En aéronautique, on lui préfère le duralumin, alliage léger contenant 95% d'aluminium, du cuivre, du magnésium et du silicium. Aujourd'hui, beaucoup d'avions ont un fuselage et des ailes en alliage d'aluminium. Mais les constructeurs cherchent à les alléger en associant l'utilisation d'alliages à haute résistance mécanique et de matériaux composites. En vingt ans, le gain de poids a été de 30 %.

La couleur rouge de la bauxite est due à la présence d'oxyde ferrique.

Aluminium stocké sous forme de lingots avant de subir un laminage.

Points clés

3

Pourquoi un métal est-il conducteur de l'électrici

Les métaux, certains alliages ainsi que le graphit conducteurs de l'électricité. Le modèle de l'ato nous avons introduit permet d'expliquer ce ph

Interprétons la conduction électrique de

Dans un métal, les atomes portent chacun un électron moins lié que les autres au noyau. Ces électrons, qui se déplacent dans le métal, sont appelés électrons libres. Lorsque le métal n'est soumis à aucune tension électrique, les électrons libres ont un mouvement rapide et désordonné. Dans un circuit fermé, sous l'action d'un générateur électrique, ils sont sollicités dans une direction déterminée : c'est le courant électrique. Les électrons libres ont un mouvement d'ensemble de la borne négative du générateur vers sa borne positive. Ce mouvement est très lent (de l'ordre de 1 mm/min !). Dans un circuit fermé, les électrons libres ne peuvent circuler qu'en présence d'un générateur. Celui-ci se comporte comme une «pompe» qui aspire les électrons par sa borne positive et les refoule par sa borne négative. Pour faire fonctionner cette «pompe», c'est-à-dire le générateur, il faut lui fournir de l'énergie. Un isolant tel que le verre ne conduit pas le courant électrique parce qu'il ne possède pas d'électrons libres. Chacun sait que le courant continu a un sens : il sort par la borne positive du générateur et rentre par la borne négative. Ce sens est donc opposé au sens réel de circulation des électrons. Comment expliquer cette contradiction ? Le sens conventionnel du courant a été fixé au début du XIXe siècle lorsqu'on a constaté que certains effets du courant dépendaient du sens de branchement du générateur. C'est seulement vers 1900 que la conduction électrique dans les métaux par circulation d'électrons libres a été enfin mise en évidence. ■

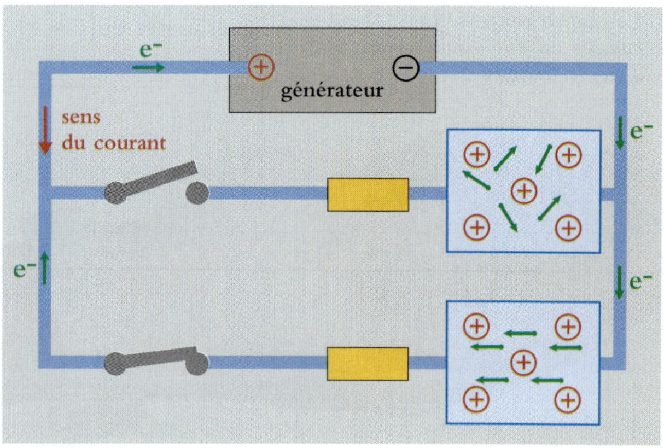

Dans un métal, le courant est dû à un mouvement d'ensemble des électrons libres.

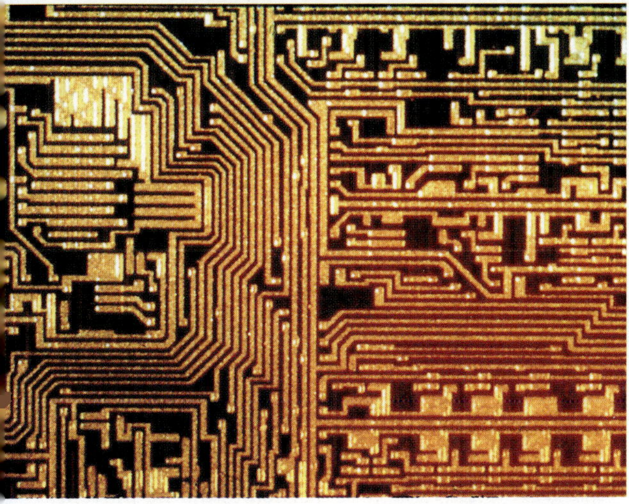

Photographie d'un microcircuit électronique sur une lame de silicium.

La conductivité électrique

Les métaux purs sont de très bons conducteurs électriques : on dit qu'ils ont une grande conductivité. En général, les alliages ont une moins bonne conductivité que les métaux purs. À titre d'exemple, le laiton (alliage de cuivre et de zinc) a une conductivité quatre fois plus faible que le cuivre. Quant aux isolants, leur conductivité est extrêmement faible. Le passage du courant électrique dans un conducteur s'accompagne d'un dégagement de chaleur appelé effet Joule : on dit que le conducteur a une certaine résistance électrique. Plus la conductivité est grande et plus la résistance est faible. La résistance d'un fil métallique dépend de la nature du métal mais aussi de sa longueur et de sa section. Elle augmente avec la longueur et diminue lorsque le diamètre augmente. Le cuivre, l'aluminium, l'argent et l'or sont de très bons conducteurs d'électricité. Étant donné leur prix, l'argent et l'or sont réservés pour certains microcircuits, dans les ordinateurs par exemple. Les résistances chauffantes des fers à repasser ou des fours sont en alliage de nickel et de chrome. ■

Les semi-conducteurs

Certaines matières, telles que le silicium ou le germanium, se comportent, lorsqu'elles sont pures, comme de mauvais conducteurs électriques car elles ne possèdent qu'un nombre restreint d'électrons libres : on les appelle semi-conducteurs.
Le silicium devient bien meilleur conducteur lorsqu'on y introduit, en petite quantité, des impuretés comme l'arsenic (type N) ou l'indium (type P) : on dit que le semi-conducteur est « dopé ».
Si, dans un cristal de silicium, une partie est dopée de type P et une autre de type N, on obtient à la limite des zones P et N une zone de transition appelée jonction PN qui est à l'origine de beaucoup de composants électroniques tels que les transistors.
Les « puces » qui composent nos ordinateurs ou nos cartes de crédit sont en silicium.

Dico → alliage • générateur • graphite • résistance

Points clés

3

Certaines solutions conduisent le courant électrique

Certains solides sont conducteurs de l'électricité tandis que d'autres sont isolants. Les solutions aqueuses sont-elles conductrices ou isolantes ?

Des solutions conductrices ou isolantes ?

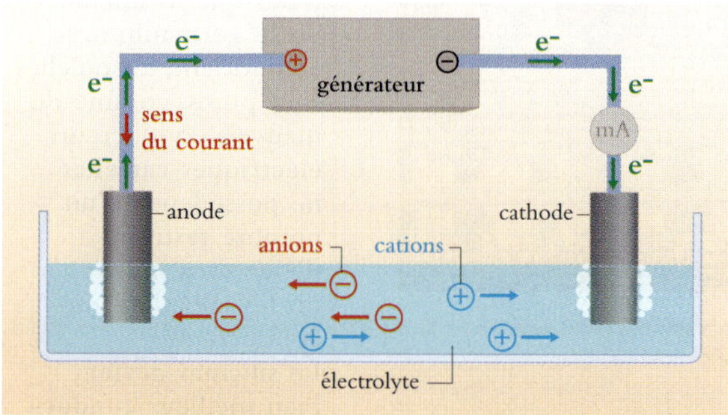

Le dispositif expérimental schématisé ci-dessus permet de vérifier si une solution conduit ou non le courant électrique.
Il comprend une cuve à électrolyse, ou électrolyseur, ayant deux électrodes en graphite ou en nickel reliées à un générateur électrique. Dans le circuit, un milliampèremètre permet de déceler un courant électrique.
Versons de l'eau distillée dans l'électrolyseur et fermons le circuit. Le courant électrique ne passe pas (en réalité, il est très faible). Introduisons des pastilles de soude dans la cuve. Le milliampèremètre montre que le courant passe. Il se produit des dégagements gazeux aux électrodes. On peut montrer qu'à la cathode (électrode par où le courant sort) le gaz est du dihydrogène et à l'anode le dégagement gazeux est du dioxygène. Ces deux gaz proviennent de la décomposition de l'eau.
Réalisons l'expérience avec du saccharose à la place de la soude : le courant ne passe pas. Donc, certaines solutions aqueuses conduisent le courant électrique et d'autres non. ■

Ce sont les cations et les anions qui assurent le passage du courant dans un électrolyte.

Interprétons la conductibilité dans les solutions

L'eau distillée et l'eau sucrée conduisent très peu le courant électrique car elles ne contiennent pratiquement que des molécules, particules qui ne portent pas de charges électriques. En revanche, la solution de soude conduit le courant électrique parce qu'elle contient des ions, particules portant des charges électriques : c'est un électrolyte. Sous l'action du générateur, les ions de l'électrolyte ont un mouvement d'ensemble vers les électrodes : on dit qu'ils migrent. Les ions positifs, ou cations, suivent le sens conventionnel du courant vers la cathode tandis que les ions négatifs, ou anions, se déplacent en sens inverse du courant vers l'anode.
En résumé : dans un électrolyte, le courant électrique est dû à la double migration des cations et des anions qui se dépla-

Les ions migrent

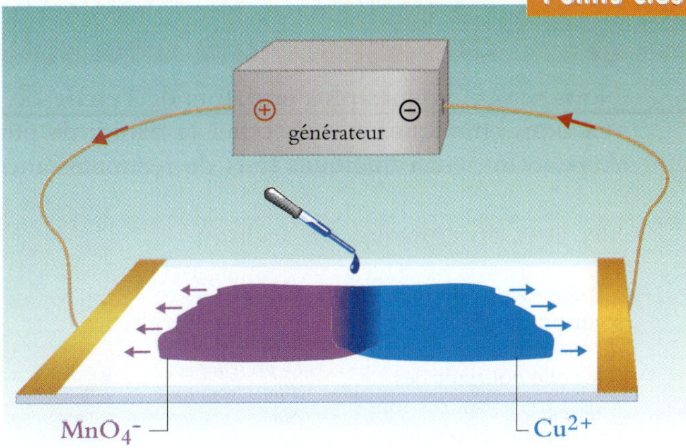

Sur une plaque de verre, disposons une feuille de papier filtre imbibée d'une solution conductrice incolore. Aux extrémités, deux lames de cuivre sont reliées à un générateur. Déposons au milieu de la feuille un mélange d'une solution de sulfate de cuivre (les ions Cu^{2+} sont bleus) et de permanganate de potassium (les ions permanganate sont violets). Au bout de quelques minutes, la couleur bleue s'étale en suivant le sens du courant tandis que la couleur violette se déplace en sens contraire. Ceci prouve qu'il y a migration des cations dans le sens du courant et des anions en sens inverse. ■

Les cations Cu^{2+} bleus migrent dans le sens du courant et les anions MnO_4^- violets migrent en sens inverse.

Embellir des métaux par électrolyse

L'électrolyse a de multiples utilisations comme la préparation de l'aluminium ou le raffinage du cuivre. Certains métaux, par exemple le zinc, le chrome, le nickel, l'or, l'argent, etc. peuvent être déposés par électrolyse sur un objet métallique qui joue le rôle de cathode. L'anode est constituée par le métal à déposer et le bain électrolytique contient l'ion de ce métal.
Cette méthode, que l'on appelle électrodéposition, est utilisée soit pour protéger un métal, soit simplement pour l'embellir. On peut ainsi protéger des pièces d'automobile par nickelage ou chromage, argenter des couverts en alliage ou dorer un bijou métallique.

L'argenture des couverts se fait par électrolyse.

Points clés

3

Apprenons à reconnaître des ions dans une solution

Nous serons amenés plus tard, lors de l'étude de certaines réactions chimiques, à rechercher la nature de plusieurs ions. Auparavant, voici quelques tests de reconnaissance.

Les ions du chlorure de sodium

Nous savons qu'une solution de chlorure de sodium est un électrolyte : elle contient des ions. Quels sont ces ions ? Le nom de la solution nous met sur la voie. Comment reconnaître l'ion chlorure ? L'ion chlorure a pour formule Cl^-. Il porte une charge négative : c'est un anion. Versons quelques gouttes de nitrate d'argent dans une solution de chlorure de sodium. On obtient un précipité (solide en suspension dans la solution) blanc qui devient lentement violet à la lumière solaire. Recommençons avec d'autres solutions contenant des chlorures (chlorure de zinc,…) nous obtenons le même précipité de chlorure d'argent. Le test au nitrate d'argent permet vraiment de reconnaître la présence de l'ion chlorure Cl^-. Pour reconnaître la présence de l'ion sodium Na^+, plaçons dans la flamme bleue d'un bec Bunsen un clou après l'avoir trempé dans une solution de chlorure de sodium (ou de sulfate de sodium). La flamme prend une couleur jaune caractéristique de l'ion sodium. La solution de chlorure de sodium étant incolore, les ions Cl^- et Na^+ sont incolores. ■

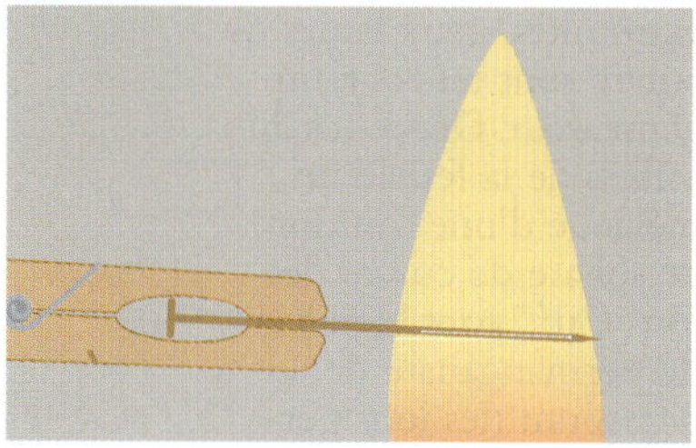

Ce test à la flamme met en évidence la présence d'ions sodium Na^+.

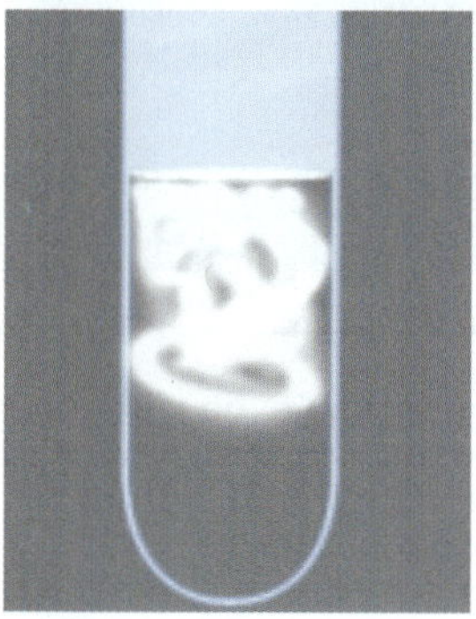

Test d'identification des ions chlorure Cl^- à l'aide de nitrate d'argent.

L'ion cuivre Cu^{2+}

Une solution de chlorure de cuivre est bleue. Les ions Cl^- étant incolores, ce sont les ions Cu^{2+} en solution qui donnent cette couleur que l'on retrouve dans des solutions de nitrate ou de sulfate de cuivre. Ajoutons de la soude dans un tube contenant du chlorure de cuivre. On obtient un précipité bleu : c'est de l'hydroxyde de cuivre. ■

Les ions cuivre donnent un précipité d'hydroxyde de cuivre bleu avec la soude.

Les ions Zn^{2+} et Al^{3+}

Les solutions de chlorure de zinc, de nitrate de zinc, de sulfate de zinc, ne sont pas colorées. Les ions qu'elles contiennent sont donc tous incolores, l'ion Zn^{2+} en particulier.
Ajoutons quelques gouttes de soude à une solution de chlorure de zinc, nous obtenons un précipité blanc : c'est de l'hydroxyde de zinc.
De même, les solutions de chlorure d'aluminium, de sulfate d'aluminium, de nitrate d'aluminium, ne sont pas teintées.

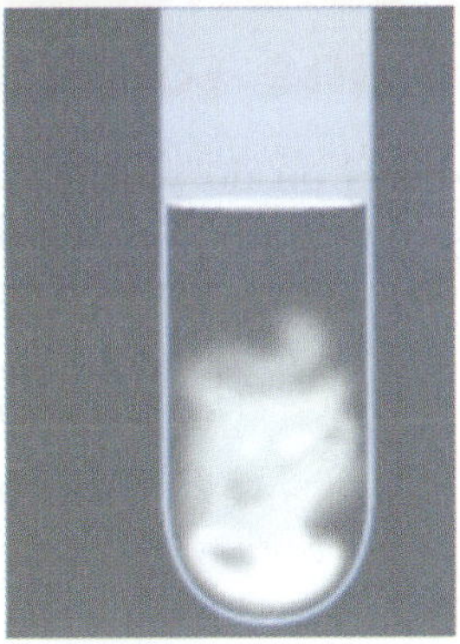

Les ions zinc Zn^{2+} donnent avec la soude un précipité blanc d'hydroxyde de zinc.

L'ion aluminium Al^{3+} est incolore. Ajoutons quelques gouttes de soude dans un tube à essais contenant une solution de chlorure d'aluminium, il se forme un précipité blanc d'hydroxyde d'aluminium.
Remarquons que l'hydroxyde de zinc et l'hydroxyde d'aluminium sont tous deux blancs. Pour les distinguer, il est nécessaire de recourir à des tests complémentaires. ■

Les ions Fe^{2+} et Fe^{3+}

Les solutions de sulfate de fer (II) ou de chlorure de fer (II) suffisamment concentrées sont vert pâle. Cette couleur est due à l'ion Fe^{2+}.
Ajoutons quelques gouttes de soude à une solution de chlorure de fer (II). On obtient un précipité verdâtre caractéristique : c'est de l'hydroxyde de fer (II).
Les solutions de sulfate de fer (III) ou de chlorure de fer (III) suffisamment concentrées ont une teinte orangée. Cette couleur est due à l'ion Fe^{3+}.

Le précipité vert d'hydroxyde de fer (II) permet de mettre en évidence la présence des ions fer (II) Fe^{2+}.

Ajoutons quelques gouttes de soude à une solution de chlorure de fer (III). On obtient un précipité de couleur rouille : c'est de l'hydroxyde de fer (III). ■

Les ions Fe^{3+} donnent avec la soude un précipité d'hydroxyde de fer (III) de couleur rouille caractéristique.

Dico → électrolyte • soude

Points clés 53

Comment caractériser l'acidité d'une solution ?

On dit de certains jus de fruits ou du vinaigre, dont le goût est piquant, qu'ils sont acides. Mais toutes les solutions aqueuses ne sont pas acides. Comment les distinguer ? Peut-on mesurer l'acidité ?

Le bleu de bromothymol permet de distinguer les milieux acides des milieux basiques.

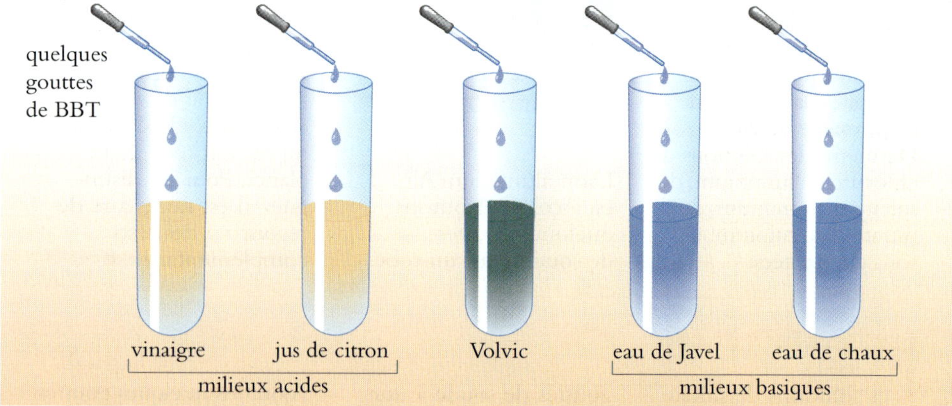

Distinguer un milieu acide d'un milieu basique

Dans des tubes à essai, versons des solutions de jus de citron, de vinaigre, d'eau de Volvic, d'eau de Javel et d'eau de chaux. Ajoutons quelques gouttes de bleu de bromothymol (BBT). Le BBT prend une teinte jaune dans les deux premiers tubes, verte dans le troisième et bleue dans les deux derniers tubes. Certaines substances prennent des teintes différentes lorsqu'elles se trouvent dans des milieux différents : ces substances sont des indicateurs colorés. Le BBT est un indicateur coloré. En milieu acide, il prend une teinte jaune : le vinaigre et le jus de citron sont des milieux acides. En milieu basique, le BBT prend une teinte bleue : l'eau de chaux et l'eau de Javel sont des milieux basiques. Enfin, la teinte verte est caractéristique des milieux neutres : c'est la cas de l'eau de Volvic. ■

Mesurer l'acidité d'une solution

Le BBT ne permet cependant pas de dire si une solution est plus ou moins acide ou basique. Les chimistes caractérisent l'acidité d'un milieu par son pH. La définition du pH est vue au lycée. L'échelle de pH s'étend de 1 à 14. Pour mesurer le pH, on utilise un pHmètre. Plus la solution est acide et plus le pH est faible. Plus le pH est élevé et plus la solution est basique. ■

Les rôles des ions H^+ et OH^-

À l'état liquide, l'eau est constituée de molécules. L'eau pure conduit très peu le courant électrique. Mais cette conduction s'explique par l'existence d'ions hydrogène H^+ et hydroxyde OH^- qui proviennent de la dissociation d'un très petit nombre de molécules d'eau :

$H_2O \rightarrow H^+ + OH^-$

Les ions H^+ sont responsables de l'acidité d'un milieu. Dans un milieu acide (pH compris entre 1 et 7) le nombre des ions H^+ est supérieur au nombre des ions OH^-. Dans un milieu basique (pH compris entre 7 et 14) le nombre des ions H^+ est inférieur à celui des ions OH^-.

Une solution neutre du point de vue acido-basicité contient autant d'ions H^+ que d'ions OH^-. Attention : les solutions sont toujours électriquement neutres : quand les ions H^+ sont en excès par rapport aux ions OH^-, d'autres ions chargés négativement (anions) assurent la neutralité électrique. ■

L'aspirine effervescente et tamponnée est mieux tolérée par l'estomac dont elle ne modifie pas le pH.

Un pHmètre permet une mesure précise du pH.

Points clés

De l'aspirine effervescente et tamponnée

Connu depuis l'Antiquité pour calmer la douleur, l'acide salicylique fut extrait de l'écorce de saule sous forme de salicyline puis préparé industriellemnt à la fin du XIXe siècle. Dès 1899, on prépare l'acide acétylsalicylique plus connu sous le nom d'aspirine. C'est le médicament le plus utilisé au monde.

L'aspirine se dissout difficilement dans l'eau et a tendance à provoquer une irritation de la paroi de l'estomac.

Pour faciliter sa dissolution, on fabrique des comprimés effervescents qui, dans l'eau, libèrent du dioxyde de carbone.

Pour éviter une variation trop brutale du pH dans l'estomac, on utilise de l'aspirine tamponnée. Une solution tamponnée est une solution dont le pH varie peu par addition d'acide, de base ou d'eau. La plupart des milieux biologiques sont tamponnés : ainsi, le sang est tamponné à pH = 7,4 et le lait à pH = 6,7.

Dico → ion • molécule

Points clés

3

Une solution corrosive : l'acide chlorhydrique

Utilisé depuis très longtemps sous le nom d'« esprit de sel », l'acide chlorhydrique, vendu dans le commerce pour nettoyer les taches de ciment sur le carrelage, est un produit couramment utilisé en laboratoire.

La préparation de l'acide chlorhydrique

L'acide chlorhydrique est un produit important de l'industrie chimique, particulièrement dans la fabrication des matières plastiques et dans l'industrie textile. En chauffant (avec précaution) de l'acide chlorhydrique du commerce, on obtient un dégagement gazeux d'odeur piquante qui est du chlorure d'hydrogène de formule HCl. L'acide chlorhydrique est une solution de ce gaz. Pour préparer l'acide, on fabrique d'abord du chlorure d'hydrogène par synthèse à partir du dihydrogène et du dichlore : $H_2 + Cl_2 \rightarrow 2HCl$.
Ce gaz est très soluble dans l'eau : à 20 °C, un litre d'eau peut en dissoudre 450 litres. La dissolution de ce gaz dans l'eau donne de l'acide chlorhydrique avec un dégagement de chaleur important : il se produit une véritable réaction chimique. Alors que le chlorure d'hydrogène a une structure moléculaire, nous allons montrer que l'acide chlorhydrique a une structure ionique. ■

Unité de production d'acide chlorhydrique.

L'acide chlorhydrique est un électrolyte

En utilisant un montage comme celui qui est présenté page 276, on observe qu'une solution d'acide chlorhydrique conduit le courant électrique. Ceci prouve que la solution contient des ions : c'est un électrolyte. À la cathode de l'électrolyseur, on recueille un dégagement gazeux qui, enflammé, émet une légère détonation caractéristique : c'est du dihydrogène. À l'anode, on peut montrer qu'il se dégage du dichlore. ■

Tableau de Georges de La Tour (XVIIe siècle). Actuellement, les bougies sont constituées essentiellement d'acide stéarique.

Les acides ne sont pas tous corrosifs

Au laboratoire, on utilise d'autres acides très corrosifs comme l'acide sulfurique ou l'acide nitrique. Le mot « corrosif » signifie que ces produits s'attaquent aux tissus vivants : la peau, les yeux... Le vinaigre peut être considéré comme une solution à 8 % d'acide acétique dans l'eau. Mais attention, l'acide acétique pur provoque des brûlures graves. Fort heureusement, tous les acides ne sont pas aussi dangereux. Le constituant essentiel d'une bougie est l'acide stéarique. L'aspirine est de l'acide acétylsalicylique. La vitamine C est de l'acide ascorbique. Ce sont des acides qui donnent leur saveurs à certains fruits : l'acide malique pour la pomme, l'acide citrique pour les agrumes, l'acide tartrique pour le raisin.

L'identification des ions

La formule du chlorure d'hydrogène ainsi que les dégagements gazeux observés lors de l'électrolyse de l'acide chlorhydrique suggèrent que cet acide contient deux types d'ions : les ions hydrogène H^+ qui caractérisent les acides et les ions chlorure Cl^-.
Si on mesure le pH de la solution à l'aide d'un pHmètre, on trouve une valeur inférieure à 7. La solution est acide, donc riche en ions H^+.
Lors de l'électrolyse, à la cathode, il se produit la réaction : $2H^+ + 2e^- \rightarrow H_2$.
Lorsqu'on verse un peu de nitrate d'argent sur de l'acide chlorhydrique dilué, on obtient un précipité caractéristique de chlorure d'argent AgCl. L'acide chlorhydrique contient des ions Cl^-.
Lors de l'électrolyse, à l'anode, il se produit la réaction: $2Cl^- \rightarrow Cl_2 + 2e^-$.
On écrira l'acide chlorhydrique sous la forme $(H^+ + Cl^-)$. Cette solution est électriquement neutre : elle contient autant d'ions H^+ que d'ions Cl^-. ■

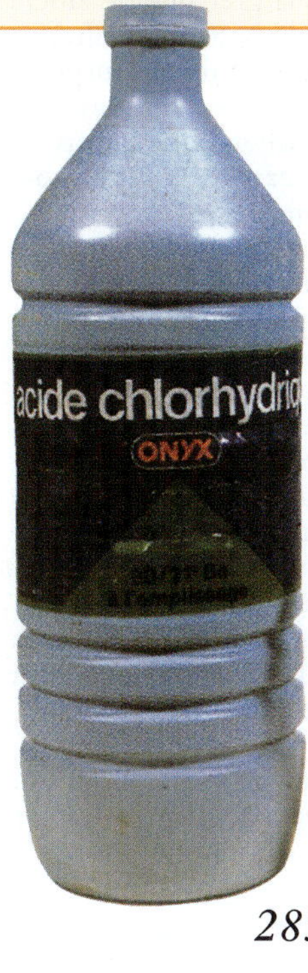

Bouteille d'acide chlorhydrique vendue dans le commerce.

Dico → électrolyte • précipité

Points clés

3 L'acide chlorhydrique et les métaux : quelle rencontre !

L'acide chlorhydrique est vendu en droguerie dans des bouteilles en matière plastique. Ceci pourrait laisser penser qu'il s'agit d'un liquide inoffensif. Pas du tout, il faut le manipuler avec précaution.

L'acide chlorhydrique réagit avec certains métaux tels que le fer, le zinc et l'aluminium. Il est sans action sur le cuivre.

L'acide chlorhydrique et certains métaux

Nous allons étudier l'action de l'acide chlorhydrique sur quelques métaux. Versons de l'acide chlorhydrique dilué dans quatre tubes à essais contenant respectivement des clous en fer, de la grenaille de zinc, de la grenaille d'aluminium et de la tournure de cuivre. Dans les trois premiers tubes, nous observons qu'il se produit un dégagement gazeux ; dans le quatrième tube nous n'observons aucune réaction chimique.
Approchons une allumette à l'extrémité des trois premiers tubes : dans chaque cas, le gaz brûle avec une légère détonation caractéristique du dihydrogène.
La réaction entre l'acide chlorhydrique et le zinc est d'ailleurs utilisée depuis très longtemps pour produire de petites quantités de dihydrogène au laboratoire. ■

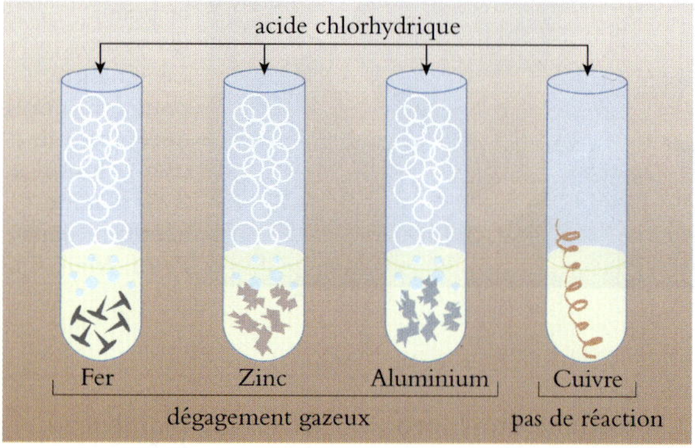

Mettre en évidence les produits formés

Introduisons dans deux tubes à essai, contenant trois millilitres d'eau, quelques gouttes de la solution du tube dans lequel l'aluminium a réagi. Dans le premier des deux tubes, ajoutons quelques gouttes d'une solution de nitrate d'argent. Nous obtenons un précipité blanc devenant lentement violet à la lumière : c'est du chlorure d'argent. Ce test prouve la présence d'ions chlorure Cl^- dans la solution. Dans le deuxième tube, versons de la soude. Nous obtenons un précipité blanc d'hydroxyde d'aluminium. Ce test permet d'identifier les ions aluminium Al^{3+}.
En résumé, par action de l'acide chlorhydrique sur l'aluminium, il s'est formé du dihydrogène H_2 et, après réaction, la solution contient des ions chlorure Cl^- et des ions alu-

minium Al^{3+}. Il s'est formé du chlorure d'aluminium dont la formule est : ($Al^{3+} + 3Cl^-$). Remarquons que, pour respecter l'électroneutralité, dans la formule du chlorure d'aluminium, il y a trois ions chlorure pour un ion aluminium. Nous écrirons méthodiquement l'équation-bilan de cette réaction page 286. Dans le cas du zinc et du fer, de la même manière, on montre qu'il s'est formé respectivement du chlorure de zinc ($Zn^{2+} + 2Cl^-$) et du chlorure de fer (II) ($Fe^{2+} + 2Cl^-$). La présence de ces différents ions peut être mise en évidence grâce aux tests décrits en détail aux pages 278 et 279. ■

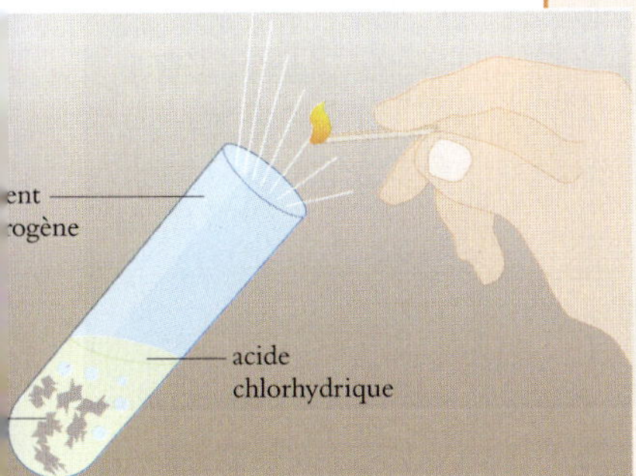

Le dihydrogène s'enflamme en produisant une légère détonation.

Pas de réaction avec le cuivre

L'acide chlorhydrique ne réagit pas avec le cuivre. Vous savez que si on expose du cuivre à l'air humide, le métal se recouvre d'une couche verdâtre : c'est le « vert-de-gris ». Cette couche isole le métal de l'atmosphère et le protège. Ainsi, le cuivre peut être utilisé pour couvrir certaines toitures. L'acide chlorhydrique attaque le vert-de-gris, ce qui permet de le décaper mais la réaction s'arrête au contact du métal. En effet, le v contient carbonat calcaire, et nou déjà vu que l'acide chlorhydrique réagit avec les ions carbonate pour donner un dégagement de dioxyde de carbone. ■

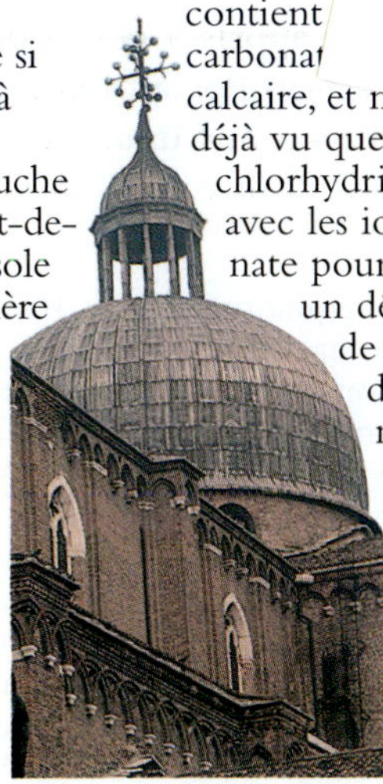

Coupole en cuivre de l'église San Paolo à Venise couverte de vert-de-gris.

Les réactions avec d'autres acides

Les solutions diluées d'acide chlorhydrique et d'acide sulfurique ont pour formule ($H^+ + Cl^-$) et ($2H^+ + SO_4^{2-}$). Avec l'aluminium, le zinc et le fer ces solutions donnent un dégagement de dihydrogène. Ce sont les ions H^+ communs aux deux solutions qui réagissent avec ces métaux. L'acide chlorhydrique et l'acide sulfurique dilués sont sans action sur le cuivre, l'or et l'argent. L'acide nitrique réagit avec la plupart des métaux, mais il ne produit jamais de dégagement de dihydrogène. Ainsi, il réagit avec le cuivre, ce qui permet de fabriquer des eaux-fortes. Les métaux dits « nobles », c'est-à-dire l'or et le platine, ne réagissent ni avec l'acide chlorhydrique, ni avec l'acide nitrique. Mais ils ne résistent pas au mélange d'acide chlorhydrique et d'acide nitrique appelé « eau régale » qui, à froid, « dissout » l'or et le platine ! L'eau régale doit son nom au fait que les alchimistes considéraient que l'or était « le roi des métaux ».

...es 3 Comment écrire une équation bilan avec des ions ?

Nous avons appris à écrire des équations-bilans en respectant la conservation des atomes. Comment faire lorsque des ions interviennent dans une réaction chimique ?

Procéder par étapes

Écrivons l'équation-bilan de la réaction entre l'acide chlorhydrique et l'aluminium. D'abord on identifie les réactifs (aluminium et acide chlorhydrique) et les produits (dihydrogène et chlorure d'aluminium) puis on les représente par des formules :

aluminium + acide chlorhydrique → chlorure d'aluminium + dihydrogène

Remplaçons les noms des réactifs et des produits par leur formules :

$...Al + ...(H^+ + Cl^-) \rightarrow ...(Al^{3+} + 3Cl^-) + ...H_2$.

On voit qu'il n'y a pas conservation des atomes. Pour qu'il y ait conservation des atomes, le nombre de molécules devant être entier, on doit écrire d'abord : $6(H^+ + Cl^-)$ et $3H_2$ puis $2(Al^{3+} + 3Cl^-)$ et $2Al$.

Finalement on a :

$2Al + 6(H^+ + Cl^-) \rightarrow 2(Al^{3+} + 3Cl^-) + 3H_2$

Les ions Cl^- ne participant pas à la réaction, on écrira plus simplement :

$2Al + 6H^+ \rightarrow 2Al^{3+} + 3H_2$

Quand une réaction fait intervenir des ions, il faut vérifier :
– la conservation des atomes ;
– la conservation de la charge électrique. ■

La formation des concrétions calcaires

Le calcaire est constitué de carbonate de calcium très peu soluble dans l'eau. Lorsque l'eau contient du dioxyde de carbone, le carbonate de calcium se transforme en hydrogénocarbonate soluble dans l'eau. L'équation-bilan est ionique :

$CaCO_3 + CO_2 + H_2O \rightarrow 2HCO_3^- + Ca^{2+}$

Grâce au dioxyde de carbone dissous dans les eaux de pluie, le calcaire passe ainsi dans les eaux de ruissellement. Dans les grottes où la température est plus élevée, c'est la réaction inverse qui se produit. Le dioxyde de carbone tend à se dégager et le calcaire se dépose en formant des concrétions : les stalactites (vers le bas) et les stalagmites (vers le haut). ■

Belles concrétions calcaires dans une grotte.

Gravure (eau-forte) du XVIIIe siècle représentant le château de Meudon.

Les gaz peuvent-ils s'ioniser?

Les solides et les solutions peuvent contenir des ions. Mais peut-il y avoir des ions dans les gaz?
Nous avons tous vu des étincelles éclater entre deux conducteurs électriques sous tension.
Lors de ces décharges électriques, l'air s'ionise partiellement. C'est ce qui se passe aussi lors des orages.
Les nuages s'électrisent par frottement avec l'air. Ils présentent des zones chargées positivement et d'autres chargées négativement.
Des décharges se produisent entre les nuages et le sol : c'est la foudre, qui s'accompagne de deux phénomènes, l'un lumineux, les éclairs, et l'autre sonore, le tonnerre.

Comment fabriquer une eau-forte ?

Dès le XVe siècle, les artistes savaient graver le cuivre à l'aide d'une pointe sèche, ce qui nécessitait un énorme travail. Vers 1600, une technique plus efficace est inventée. Sur une plaque de cuivre vernie, l'artiste trace à l'aide d'un stylet son dessin en enlevant la couche protectrice. La plaque est alors immergée dans de l'acide nitrique dilué à 50 %, c'est l'eau-forte. Le cuivre non protégé par du vernis réagit avec l'acide nitrique. L'équation-bilan de la réaction chimique est ionique :
$3Cu + 2NO_3^- + 8H^+ \rightarrow 3Cu^{2+} + 2NO + 4H_2O$.
La durée de la réaction permet d'obtenir une gravure plus ou moins profonde. Il suffit ensuite de rincer la plaque et d'enlever le reste de vernis. Le dessin gravé apparaît alors en relief. Cette gravure peut être recouverte d'encre et reproduite sur papier, autant de fois que l'on veut, à l'aide d'une presse. ■

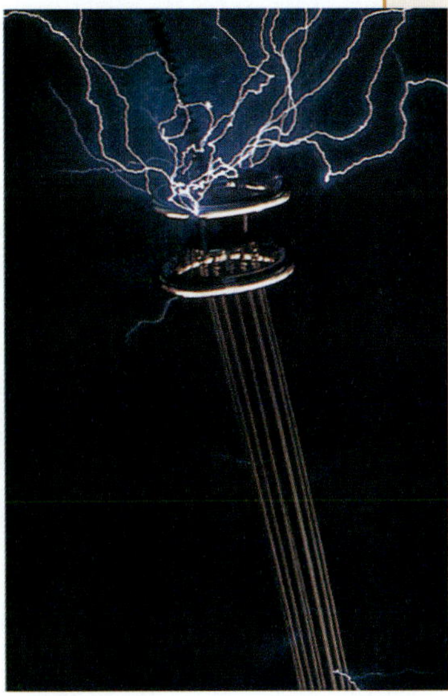

Lors d'une décharge électrique naturelle ou artificielle l'air s'ionise.

Dico → atome • charge électrique

Une solution caustique : la soude

La soude a depuis très longtemps une importance industrielle considérable. Soude, soude caustique et hydroxyde de sodium sont des noms différents pour le même réactif.

La solution d'hydroxyde de sodium

La soude, ou hydroxyde de sodium, est un solide blanc vendu en pastilles sous le nom de soude caustique. Ces pastilles sont très solubles dans l'eau et la dissolution s'accompagne d'un dégagement de chaleur important. Dans le commerce, on vend aussi la soude sous forme d'une solution concentrée, appelée « lessive de soude », qui contient environ 500 g de soude par litre. Il faut éviter le contact de la soude solide ou en solution avec la peau. En effet, la soude a des propriétés déshydratantes : on dit qu'elle est caustique. Un contact rapide et superficiel avec la peau donne une impression de viscosité. La soude détruit les aspérités de l'épiderme qui devient lisse. Mais un contact plus long détruit la peau : la soude est corrosive. ■

La dissolution de pastilles de soude dans l'eau produit une forte élévation de la température.

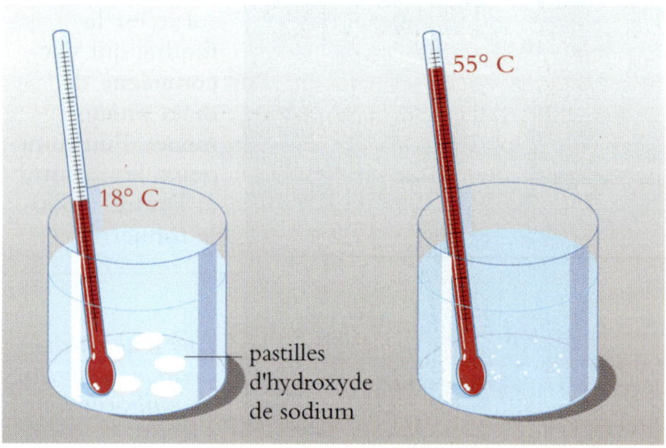

Bouteille de lessive de soude vendue dans le commerce.

La soude est un électrolyte

Reprenons le dispositif expérimental utilisé dans le Point-clé page 276. Versons d'abord de l'eau distillée dans l'électrolyseur, nous n'observons pas de passage du courant électrique. Ajoutons un peu de lessive de soude : le courant passe et l'on observe un dégagement gazeux aux électrodes. La solution de soude est une solution ionique. Si l'on recueille les gaz aux électrodes, on constate que le

La lessive de soude et les savons

Les lessives facilitent la pénétration de l'eau dans les tissus et l'extraction des salissures. Les lessives les plus anciennes sont les savons. Les Phéniciens savaient déjà en fabriquer en faisant réagir des huiles avec des cendres de bois. Les Romains avaient remarqué que des cendres volcaniques donnaient avec du suif un produit nettoyant. L'industrie du savon s'est développée au XIXe siècle. Le savon est le produit d'une réaction chimique entre un corps gras et une solution concentrée de lessive de soude. C'est l'origine du mot « lessive ».
Actuellement, l'industrie du savon utilise beaucoup de soude.
Toutefois, l'action du savon est très réduite dans les eaux « dures » (calcaires). Les détergents solides ou liquides de synthèse sont préférés aux savons car ils restent solubles en eaux «dures» mais ils sont parfois nuisibles à l'environnement. On fabrique actuellement dix fois plus de détergents que de savons.

Les savons sont présentés sous des formes attrayantes et colorées.

volume récupéré à la cathode est le double de celui recueilli à l'anode. Le gaz recueilli à l'anode rallume une bûchette présentant un point rouge : c'est du dioxygène. Le gaz recueilli à la cathode brûle en produisant une légère détonation : c'est du dihydrogène. Au cours de cette électrolyse, il y a décomposition de l'eau suivant l'équation :
$2H_2O \rightarrow 2H_2 + O_2$. ■

L'identification des ions

Le nom « hydroxyde de sodium » évoque la présence de l'ion sodium Na^+, c'est le cation, et l'ion hydroxyde OH^-, c'est l'anion. Le test de l'ion sodium consiste à tremper un clou en fer dans la soude et à le porter dans la flamme bleue d'un bec Bunsen.
La flamme prend alors une couleur jaune caractéristique de l'ion sodium.
Nous savons qu'une solution qui contient un excès d'ions hydroxyde est une solution basique. On peut le prouver en mesurant le pH de la solution à l'aide d'un pHmètre. On trouve un pH supérieur à 7. Plus la solution est concentrée, plus le pH est élevé.
La solution de soude contient donc des ions sodium Na^+ et des ions hydroxyde OH^-. ■

Points clés

3

Quelques propriétés de la soude

La soude est l'un des tout premiers produits de l'industrie. Pourquoi une telle importance ? Est-ce que la soude réagit avec les métaux ? Avec les matériaux qui nous entourent ? Quelles sont ses utilisations dans l'industrie ?

La soude réagit-elle avec les métaux ?

Disposons de la grenaille d'aluminium et de zinc, des clous en fer et de la tournure de cuivre dans quatre tubes à essais. Versons de la soude dans les quatre tubes. L'aluminium réagit avec la soude en donnant un dégagement gazeux. Il en est de même avec le zinc mais la réaction est lente. Il n'y a pas de réaction avec les deux autres métaux. Dans le cas de l'aluminium, si on approche une allumette enflammée de l'entrée du tube, il se produit une légère détonation : ce gaz est du dihydrogène. En fin de réaction, d'autres tests montrent que la solution contient des ions sodium Na^+ ainsi que des ions aluminate AlO_2^- : c'est une solution d'aluminate de sodium. Le bilan de la réaction est :

aluminium + soude → aluminate de sodium + dihydrogène ■

La soude réagit vivement avec l'aluminium.

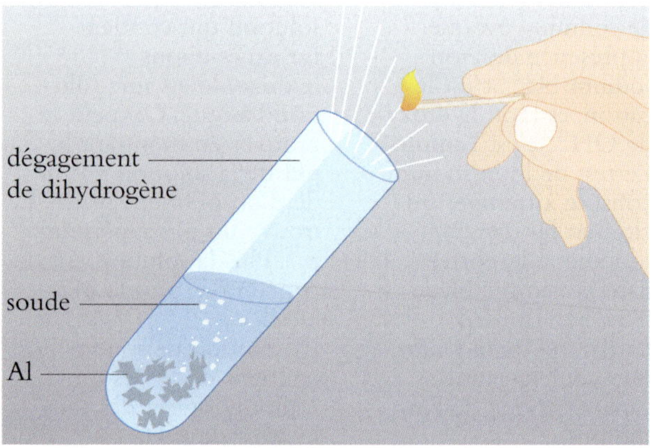

La soude et les autres matériaux

La soude réagit avec peu de métaux. Comment se comporte-t-elle avec d'autres matériaux ? La soude est vendue dans des récipients en matière plastique ou en verre : elle est donc sans action sur ces matériaux (sauf si elle est très concentrée). Cependant, des verres lavés dans un lave-vaisselle deviennent ternes à la longue. C'est la conséquence d'une réaction faible et lente avec les détergents basiques utilisés. L'étiquette de Destop montre que ce produit utilisé pour déboucher les canalisations contient de la soude caustique. La soude n'a pas d'action sur les céramiques des éviers et sur les canalisations en plastique. En revanche, elle agit sur les matières organiques (déchets alimentaires, graisses) qui obstruent les canalisations. ■

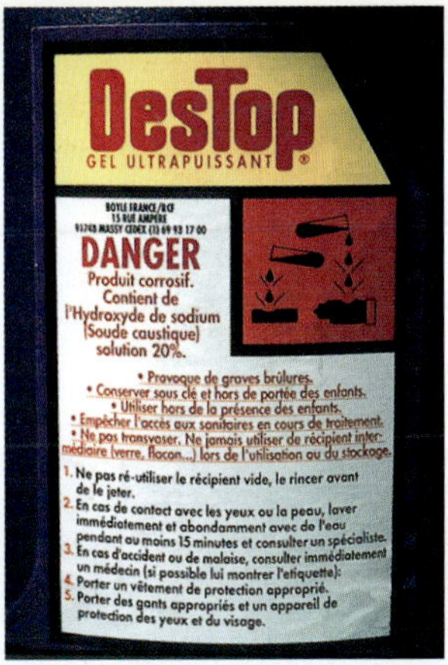

Les déboucheurs pour évier contiennent de la soude.

Un produit industriel important

La soude est préparée par électrolyse du chlorure de sodium. C'est l'une des principales industries électrochimiques.
On obtient de la soude à la cathode et un dégagement de dichlore à l'anode. Ces deux produits doivent être recueillis séparément sinon ils réagissent ensemble pour donner de l'eau de Javel.
La soude intervient dans l'industrie des savons et des détergents et dans la préparation de l'aluminium. Mais on l'utilise aussi dans le traitement des eaux, l'industrie textile, le traitement de la pâte à papier et pour fabriquer de nombreux produits chimiques. ■

Points clés

La fabrication du verre

Le verre est utilisé depuis plus de six mille ans.
Pour fabriquer un verre ordinaire, on introduit dans un four à 1 500 °C un mélange de sable qui apporte la silice, de carbonate de sodium qui apporte l'oxyde de sodium Na_2O et de calcaire qui apporte l'oxyde de calcium CaO.
On obtient un liquide visqueux qui en refroidissant donne le verre.
Remarquons que l'oxyde de sodium est très proche de la soude puisqu'en versant de l'eau sur l'oxyde de sodium on obtient de la soude.

Il existe de nombreuses variétés de verre.
Le cristal contient de l'oxyde de plomb qui lui donne une limpidité parfaite. Bien que les verres soient des matériaux très anciens, on peut dire que nous sommes à «l'âge du verre» et l'utilisation du verre ne fera que se développer. Il suffit de regarder autour de nous les immeubles habillés de verre comme la bibliothèque François-Mitterrand, de Paris, dont la façade de 90 000 m^2 est en verre.

Une fabrique artisanale de verre en Autriche.

Points clés

43

Attention danger : produits concentrés

L'utilisation des acides et des bases au laboratoire nécessite de respecter des consignes strictes de sécurité. À la maison, les produits d'entretien concentrés doivent être utilisés et stockés avec beaucoup de précautions.

Les dangers des acides

Nous trouvons des acides concentrés dans notre environnement. Ainsi, l'acide chlorhydrique concentré est vendu couramment dans les rayons droguerie des grandes surfaces : il sert en particulier au nettoyage des taches de ciment sur les carrelages ou sur les pierres. L'acide sulfurique est utilisé dans les batteries d'accumulateurs au plomb. Tous les acides ne sont pas corrosifs mais certains le sont à un degré important, c'est le cas des deux exemples cités ci-dessus. Ils peuvent occasioner de graves brûlures de la peau et sont particulièrement dangereux pour les yeux. Même les chimistes confirmés ne doivent manipuler ces produits qu'en portant des gants et des lunettes de sécurité. Nous recommandons au chimiste débutant de ne pas utiliser ces produits concentrés. Voici une règle à respecter scrupuleusement : ne jamais verser de l'eau dans un acide concentré sous peine de provoquer des projections dangereuses de l'acide pendant le mélange. Attention : les produits utilisés pour détartrer contiennent des acides. ■

La nature du produit, les précautions d'emploi et le symbole « corrosif » apparaissent nettement sur l'étiquette.

Les bases sont caustiques

La soude, la potasse, la chaux et l'ammoniaque sont des bases que nous rencontrons dans notre environnement. Toutes ces bases sont caustiques, c'est-à-dire qu'elles ont des propriétés déshydratantes. Au contact de la peau ou des muqueuses, elles attaquent les constituants des membranes cellulaires et peuvent produire de graves lésions (brûlure, etc.). Les produits utili-

Savoir lire des étiquettes

Les fournisseurs de produits chimiques sont tenus par la législation de préciser pour les consommateurs, sur les étiquettes, la nature et les caractéristiques du produit vendu. En outre, il existe une codification des symboles correspondant aux dangers présentés. Sur l'étiquette ci-contre, des précautions d'emploi sont bien apparentes.

Elles précisent en particulier la nécessité de ne pas laisser le produit à portée des enfants, les risques concernant le mélange éventuel avec d'autres produits, le danger en cas de contact avec les yeux et les limites d'utilisation. Il est rappelé aussi une précaution évidente lorsqu'on manipule des produits chimiques : il faut se laver les mains après usage !

sés pour déboucher les éviers contiennent des bases telles que la soude caustique. Ceci est précisé sur les étiquettes qu'il faut lire avec beaucoup d'attention. Les bases et les acides concentrés ne doivent jamais être prélevés par aspiration à l'aide de pipettes même par les chimistes confirmés. En cas de lésions, il faut laver à grande eau afin d'évacuer les produits corrosifs pendant le lavage. Mais, impérativement et en perdant le moins de temps possible, il faut faire appel à des secours. ■

Des produits d'entretien à surveiller

Chaque jour, des accidents domestiques graves, dus à des produits d'entretien d'usage courant, se produisent. Ce sont souvent les enfants qui en sont victimes. Dès qu'on achète ces produits dangereux, il faut prendre des précautions.

- Ranger ces produits dans un placard fermé à clé et toujours hors de la portée des jeunes enfants.
- Lire et respecter les consignes d'emploi inscrites sur les étiquettes.
- Ne jamais mélanger les produits.

Ainsi, le mélange de l'eau de Javel et d'un acide (un produit à détartrer par exemple) libère du dichlore, un gaz extrêmement toxique, souvent responsable de graves accidents. L'eau de Javel est utilisée pour désinfecter le linge et les sols ou pour le traitement de l'eau. Il faut savoir que concentrée elle est très caustique. Elle doit être utilisée diluée, mais on ne doit pas réaliser cette dilution dans une bouteille sans étiquette afin d'éviter une confusion avec des boissons. ■

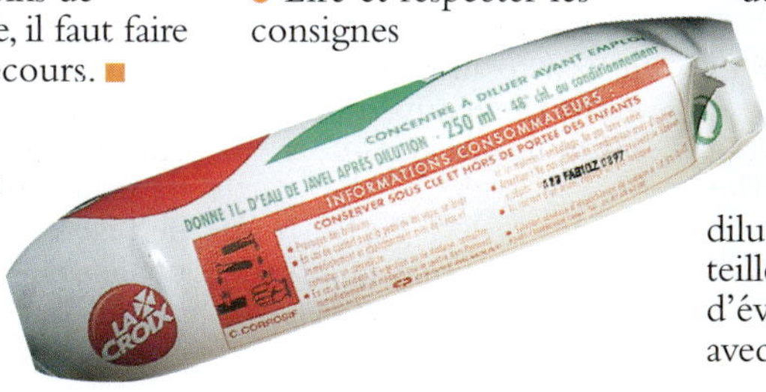

Berlingot d'eau de Javel à utiliser avec précaution.

Points clés

3

Les matériaux de notre environnement quotidien

Pour se nourrir, s'habiller, se défendre… l'Homme fabrique des outils, des vêtements et des armes. Il a d'abord utilisé des matériaux naturels, mais aujourd'hui il recourt à des matériaux produits par l'industrie chimique.

Dès la préhistoire…

Pour fabriquer des outils et des armes, les Hommes utilisent d'abord des os, des morceaux de bois, le silex et la pierre taillée. Mais, dès la préhistoire, ils savent utiliser l'argile pour créer des objets en céramique, des poteries par exemple, qui leur permettent, d'une part, de cuire et de conserver les aliments et, d'autre part, d'exprimer leur créativité dans le domaine de l'art. L'argile subit d'abord un lavage puis un pétrissage suivi d'un façonnage (à la main ou au tour de potier). La dernière opération est une cuisson qui se faisait au début sur un simple feu de bois puis, plus tard, dans des fours. Le cuivre, l'or et l'argent existent à l'état natif, c'est-à-dire qu'on les trouve, dans la nature, en petites quantités, dans un état relativement pur.
Ces métaux ont d'abord été utilisés pour façonner des objets et bientôt les Hommes ont appris à les fondre, à les couler dans des moules.
La fusion du cuivre et de l'étain a donné naissance au bronze avant la découverte du fer mille ans av. J.-C. ■

Vase en porcelaine blanche incrustée d'émaux d'origine japonaise (XVIIe siècle).

Les matériaux métalliques

Nous sommes entourés d'objets métalliques.
En général, ces objets ne sont pas constitués de métaux purs mais d'alliages ayant des propriétés mieux adaptées à leur utilisation. On obtient des alliages en incorporant à un métal pur en fusion un ou plusieurs « éléments » métalliques ou non métalliques. Ainsi, le laiton est un alliage de cuivre et de zinc, tandis que la fonte et l'acier sont des alliages de fer et de carbone.
Les métaux présentent tous un « éclat métallique », c'est-à-dire que, lorsqu'ils sont décapés, ils réfléchissent la lumière. Ils sont bons conducteurs de la chaleur (pensez aux ustensiles de cuisine en aluminium, en cuivre…). Ils sont aussi de très bons conducteurs de l'électricité, les meilleurs d'entre eux étant l'aluminium, le cuivre, l'argent et l'or. ■

Matières plastiques et aciers inox permettent de fabriquer de solides voiliers.

Les matériaux organiques

Jusqu'au début de ce siècle, les matériaux organiques ne comprenaient que des substances issues soit de tissus animaux (cuir, laine, soie...), soit de tissus végétaux (bois, coton, latex...). Depuis plus de cinquante ans, l'Homme sait fabriquer par synthèse chimique, essentiellement à partir du pétrole, de nouveaux matériaux : ce sont les matières plastiques (il faut éviter de dire : « le plastique »). Les matières plastiques ont des propriétés très variées. Imperméables, de faible densité, résistantes à l'attaque de l'eau et à celle de nombreux produits chimiques, isolants électriques, résistantes au chocs, on peut leur donner des formes diverses après les avoir teintées dans la masse. Ceci explique leur énorme succès économique, mais attention, les matières plastiques, ne se dégradant que très lentement, ne doivent pas être abandonnées dans la nature. D'autre part, leur combustion peut libérer des produits très toxiques. ■

Céramiques à structure alvéolaire utilisées dans les pots catalytiques des voitures.

Les matériaux céramiques

Matériaux anciens de fabrication artisanale (certaines poteries remontent à 6 000 ans av. J.-C.), les céramiques sont aussi des matériaux modernes de fabrication industrielle nécessitant pour leur mise en forme des traitements à haute température. Ainsi, les verres, les porcelaines, les faïences, les grès, sont obtenus à partir de substances minérales auxquelles on fait subir une cuisson. Les verres sont obtenus par fusion à partir de sable siliceux. Les kaolins, roches argileuses blanches, servent à la préparation des porcelaines. Dans tous les cas, verres et céramiques sont essentiellement constitués d'oxydes. Ils ne peuvent donc s'oxyder davantage, même à haute température : ce sont des matériaux inoxydables. Ces matériaux conduisent peu la chaleur et ce sont des isolants électriques. Pratiquement indéformables, ils sont fragiles et se brisent facilement ! ■

Dico → densité • fusion • pétrole

Points clés 53

Les pluies acides attaquent même la pierre

La pollution atmosphérique est due aux activités humaines et aux activités naturelles telles que le volcanisme. Les polluants se dissolvent dans l'eau des nuages et retombent sous forme de «pluies acides».

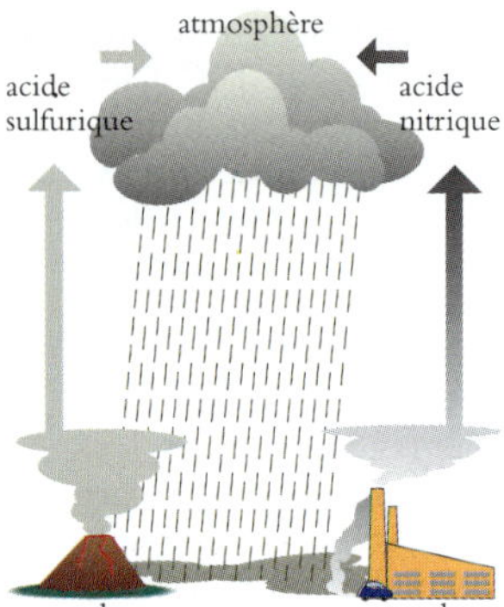

Comment se forment les pluies acides?

L'eau de pluie n'est pas de l'eau pure: elle dissout naturellement du dioxyde de carbone. Elle est légèrement acide: son pH est 5,6. Lorsque l'atmosphère est polluée, le pH devient inférieur à 5,6: la pluie est acide. Ainsi, dans certaines régions fortement industrialisées, le pH de la pluie est fréquemment de l'ordre de 4. Les responsables de ces pluies acides sont essentiellement le dioxyde de soufre (SO_2) rejeté par les centrales thermiques, ainsi que les oxydes d'azote (NO et NO_2) émis par les automobiles et les usines fabriquant de l'acide nitrique. ■

Les conséquences sur l'environnement

Les arbres sont sensibles aux pluies acides. Les premiers signes de dépérissement de résineux ont été constatés en Allemagne en 1980. En France, les forêts des Ardennes et des Vosges sont atteintes. Sous l'effet des pluies acides, les arbres perdent leurs feuilles et finissent par mourir. En outre, ces pluies alimentent les lacs. L'acidification des lacs est sensible en Amérique du Nord et dans les pays scandinaves. La faune aquatique ne tolère pas les milieux acides: les poissons ne se reproduisent plus et finissent par disparaître. Les pluies acides attaquent également les pierres calcaires, qui se désagrègent peu à peu. Ainsi, de nombreux monuments historiques sont en danger. Les constructions métalliques ne sont pas non plus ménagées car l'acidité des pluies favorise la corrosion. Enfin, les brouillards acides provoquent des affections respiratoires. ■

Forêt atteinte par les pluies acides.

Monument en pierre calcaire attaquée par la pollution acide.

Peut-on lutter contre les pluies acides ?

La solution consiste à diminuer l'émission de gaz polluants. Les chimistes y travaillent, mais cela demande des investissements financiers importants. En outre, la législation impose que les industries contrôlent constamment leurs rejets dans l'atmosphère.
La pollution par le dioxyde de soufre est en baisse grâce à l'utilisation de combustibles contenant moins de soufre et à l'épuration des fumées des centrales thermiques. Dans le domaine des transports routiers, toutes les voitures neuves à essence sont équipées de pots d'échappement catalytiques qui transforment en grande partie les gaz polluants en diazote, en dioxyde de carbone et en eau.
Pour lutter contre la pollution, la teneur en soufre du gazole a été diminuée, et les moteurs Diesel neufs reçoivent aujourd'hui des équipements spéciaux. Par ailleurs, l'utilisation de gaz de pétrole liquéfié (GPL), mélange de propane et de butane, est encouragée. Enfin, des mesures diverses sont prises pour limiter la circulation automobile au profit des transports en commun. Un énorme effort individuel et collectif doit être fait pour réduire la pollution et préserver notre patrimoine vital : l'air. ■

La restauration des monuments en pierre

Les monuments en pierre ont tendance à se recouvrir d'une croûte noire due à la pollution de l'air ainsi qu'au développement des algues et des lichens. D'autre part, l'eau et surtout les pluies acides s'infiltrent dans les porosités de la pierre que le gel fait se fissurer. Les monuments doivent être régulièrement restaurés.
La croûte noire est nettoyée avec beaucoup de précaution : nettoyage mécanique manuel, utilisation d'eau sous faible pression avec additif chimique, utilisation d'appareils à ultrasons ou même de lasers.
Après nettoyage, la pierre est consolidée à l'aide de résines à base de silicones. Le but est d'isoler la pierre du milieu extérieur, de la rendre hydrofuge et résistante aux polluants chimiques et aux pluies acides.

Dico → **hydrofuge • résine • silicone**

Des matériaux qui résistent

3

De nombreux matériaux ne se dégradent que lentement et constituent à leur tour un danger pour notre environnement.

Les métaux

Certains métaux subissent le phénomène de corrosion. Le fer en atmosphère humide donne la rouille. Chaque année, 20 % de la production mondiale de fer repasse à l'état de rouille. Mais ce n'est pas le cas de tous les métaux et l'on fabrique de plus en plus d'aciers inoxydables. De même, l'aluminium, le cuivre et le zinc résistent plutôt bien à la corrosion. Si vous abandonnez dans la nature un emballage en aluminium, il mettra des dizaines d'années à disparaître. ■

Le verre et les céramiques

Les objets en verre, en porcelaine ou en faïence abandonnés à l'air à l'extérieur et soumis aux intempéries ne se dégradent pas. Le dioxygène, même en milieu humide, n'a pas d'action sur eux. D'autre part, ils ne brûlent pas.
Les verres et les céramiques sont constitués d'oxydes, ce qui en fait des matériaux inoxydables. D'ailleurs, lors des fouilles archéologiques, on retrouve des objets en céramique ou en verre datant de quelques millénaires. Les verres ne doivent donc pas être abandonnés dans la nature. D'ailleurs, il est relativement facile de les trier et de les recycler. Il suffit de s'en donner la peine. ■

Cette poterie ancienne en céramique bleue est très bien conservée.

Les matières plastiques

Nous utilisons de plus en plus d'objets, d'emballages, de bouteilles en matières plastiques. Ces bouteilles peuvent contenir des produits chimiques concentrés tels que l'acide chlorhydrique ou la lessive de soude. Les matières plastiques doivent donc résister à l'attaque de ces produits.
Et lorsqu'elles sont abandonnées dans la nature, on peut constater au bout de plusieurs années qu'elles se sont peu dégradées : elles ne sont donc pas biodégradables. Elles sont peu nocives pour la faune et la flore mais elles sont particulièrement inesthétiques et créent une pollution visuelle.
En conséquence, pour protéger l'environnement, chacun doit s'efforcer de bien récupérer les déchets en matières plastiques afin qu'ils subissent un traitement et peut-être un recyclage. ■

Les déchets en matières plastiques ne doivent pas être abandonnés dans la nature.

Points clés

Des matériaux en béton

Le béton est constitué de ciment, d'eau, de sable et de graviers malaxés afin d'obtenir un mélange assez fluide pour être coulé dans un moule dont il prend la forme. Ensuite, il durcit en quelques heures : on dit qu'il « prend » et l'on obtient une véritable roche artificielle. Le béton est capable de résister à de très fortes compressions. En revanche, il résiste mal à la traction. Pour y remédier, on utilise un matériau composite associant l'acier et le béton : le béton armé. Celui-ci réunit donc de manière complémentaire la résistance à la compression du béton et la résistance à la traction de l'acier. Le béton armé est un matériau moins cher que le métal et il résiste mieux à la corrosion atmosphérique. Il permet de fabriquer des ouvrages de très grande dimension : le pont de Normandie ou la Grande Arche de la Défense, par exemple. La durabilité du béton est très grande même au contact de l'eau de mer. Les nombreux ouvrages militaires en béton armé, datant de la Seconde Guerre mondiale, au bord des plages de l'Atlantique nous le prouvent. Les ingénieurs savent fabriquer une grande variété de bétons. Le béton précontraint, par exemple, permet de construire des ponts à longue portée. ■

Le pont de Normandie est un pont à haubans. Les pylônes en béton précontraint ont une hauteur de 214 m.

Dico → corrosion • rouille

Points clés

Bien choisir un matériau

3

Chaque objet qui nous entoure a un usage précis. Il peut en général être fabriqué à partir de divers matériaux mais certains conviennent mieux que d'autres. Comment bien choisir un matériau ?

L'objet a une fonction précise

Prenons un exemple. La fonction principale des câbles électriques d'une ligne aérienne à haute tension est de transporter de l'énergie électrique. Ces câbles doivent donc être bons conducteurs de l'électricité mais ce n'est pas suffisant.
En effet, ils seront tendus entre des pylônes, et l'hiver, ils seront parfois couverts de glace. Ils subiront des contraintes énormes et devront présenter une résistance suffisante à la traction. On associera donc des matériaux bons conducteurs de l'électricité (cuivre ou aluminium) à des matériaux présentant une bonne résistance à la traction tel que l'acier. En outre, il faudra protéger les métaux de la corrosion à l'aide d'un revêtement plastique. En général, la réalisation d'un objet met en jeu un nombre important de matériaux. ■

Les matériaux doivent parfois résister à des températures extrêmes.

Les propriétés des matériaux

Le choix des matériaux nécessite de connaître leurs propriétés. La résistance à la traction ou à la compression, la ductilité (aptitude à l'étirement), sont des propriétés mécaniques.
Les propriétés physiques précisent le caractère plus ou moins léger du matériau, s'il est conducteur ou isolant (électrique ou thermique), son comportement à de très hautes ou de très basses températures. Les propriétés chimiques caractérisent le comportement du matériau vis-à-vis de l'environnement : résistance à la corrosion, réaction avec les acides et les bases...
L'industrie cherche constamment à améliorer les caractéristiques des matériaux pour répondre à de nouvelles fonctions. Ainsi, l'acier a été longtemps le matériau privilégié par l'industrie mais il est maintenant supplanté par les matériaux composites. ■

Comment choisir un matériau ?

Avant de réaliser un objet, le fabricant ou le technicien se posent quelques questions.

Quelle sera la fonction de l'objet et quel usage en fera-t-on ? Dans quel milieu sera-t-il utilisé et quelles contraintes subira-t-il ? L'objet devra-t-il avoir une certaine esthétique ? Quelles sont les limites du prix de revient ? Doit-on prévoir le recyclage du ou des matériaux?

Accoudoir en bronze (Ier siècle av. J.-C.) à la fois solide et esthétique (musée de Nice).

Ainsi, par exemple, dans le cas des fenêtres extérieures d'un immeuble, on aura le choix entre le bois, l'aluminium et le polychlorure de vinyle. Pour choisir le matériau, il faudra prendre en compte : la nécessité d'entretenir le matériau, les possibilités de corrosion suivant le lieu d'installation (incidence de la pollution atmosphérique), la solidité, le coût, l'aspect esthétique. ■

Plus solides que l'acier : les matériaux composites

Les composites sont des matériaux synthétiques dans lesquels on associe des fibres et une matrice.
Les fibres constituent le «renfort». Les plus utilisées et les plus faciles à produire sont en verre filé. Les fibres de carbone sont légères et trois fois plus solides que l'acier, tandis que les fibres en carbure de silicium sont utilisables à hautes températures.
La matrice a pour but d'assembler les fibres. La matrice peut être une résine, un alliage métallique ou une céramique. Les résines sont utilisables jusqu'à 200 °C et les céramiques jusqu'à 3 000 °C.
Beaucoup d'articles de sport sont en matériaux composites. Quant aux industries du transport, elles utilisent de plus en plus ces matériaux légers, solides et résistants à la corrosion.

L'industrie aéronautique utilise de plus en plus de composites.

Dico → alliage • céramique • conducteur • corrosion

Points clés

Des aliments bien emballés

3

Une grande partie des déchets domestiques produits par une famille est constituée par des emballages de produits alimentaires. Imaginons que nous ayons à choisir un emballage pour jus de fruits destiné à la consommation.

Les emballages de jus de fruits peuvent être constitués de matériaux variés.

Quelles propriétés un emballage doit-il avoir ?

L'emballage doit contenir un liquide : il est évident qu'il doit être étanche ! D'autre part, les jus de fruits sont acides : il faut donc que le matériau choisi résiste à l'action des acides. Les emballages métalliques devront donc être protégés intérieurement à l'aide d'un vernis. Les jeunes consomment beaucoup de jus de fruits. Il faut rendre l'emballage attractif : étiquetage et décoration agréables, facilité de distribution automatique et d'utilisation dans les lieux publics. En outre, le prix de vente doit être accessible, donc le prix de revient à la fabrication doit être aussi bas que possible tout en étant compatible avec un produit de qualité. ■

Quels matériaux peut-on utiliser ?

Examinons les avantages et les inconvénients de quelques matériaux.
La bouteille en verre, qui peut avoir des formes variées, reste un emballage privilégié pour les liquides alimentaires. Le verre

est inaltérable ; il peut être transparent ou teinté. Mais les bouteilles en verre sont relativement lourdes, très sensibles aux chocs, et leur prix de revient est assez élevé. Le verre est un matériau recyclable, mais il n'est pas dégradable.
La bouteille en matière plastique est aussi très utilisée pour les liquides alimentaires. Souple, légère, son coût de revient est faible. Mais certains consommateurs ont un préjugé défavorable vis-à-vis des matières plastiques. En outre, ils ne sont pas biodégradables. Nous savons que les acides réagissent avec l'aluminium et le fer. Ces deux métaux ne peuvent donc servir directement. Pourtant, le fer blanc (acier doux recouvert d'une fine pellicule d'étain) est utilisé depuis bientôt deux siècles. Les boîtes en aluminium et en fer blanc doivent recevoir une protection intérieure. Elles sont incassables, d'ouverture facile et se refroidissent facilement dans un réfrigérateur.
Leur recyclage est facile : on les récupère par fusion. ■

Comment faire un bon choix ?

Le producteur de jus de fruits devra faire un choix qui sera en réalité un compromis entre plusieurs critères.
Il devra prendre en compte le coût de la bouteille ou de la boîte, le coût du remplissage et de la fermeture du récipient ainsi que le coût du transport.
S'il veut que son emballage ait une présentation un peu « luxueuse », il choisira certainement le verre, mais pour avoir un emballage solide et incassable il devra choisir plutôt les boîtes métalliques, l'aluminium étant d'un coût assez élevé. L'esthétique, le choix des couleurs et l'originalité de la présentation sont également des arguments importants. ■

Un emballage pour le lait

Souvent, le lait est emballé dans des boîtes appelées « Tétra Brik » constituées de cinq couches différentes.
La couche interne, en contact avec le lait, est en polyéthylène. Ensuite, on trouve une feuille d'aluminium qui isole le lait de l'air et de la lumière, puis une nouvelle couche de polyéthylène suivie d'une couche de carton qui donne de la rigidité à la boîte. Pour protéger le carton de l'humidité, à l'extérieur, on le recouvre d'une nouvelle couche de polyéthylène. Cet emballage comporte 75 % de carton, 20 % de polyéthylène et 5 % d'aluminium. On peut le recycler. Après déchiquetage et compression à chaud, on obtient un matériau qui peut servir à fabriquer des meubles !

Cet emballage appelé « Tétra Brik » est complexe, mais il peut être recyclé.

Points clés

3

Le polyéthylène : un matériau synthétique

Le polyéthylène (PE) est la matière plastique la plus couramment utilisée pour fabriquer des récipients, des tuyaux, des films... C'est un polymère produit par l'industrie chimique à partir du pétrole.

Modélisations d'une chaîne de polyéthylène (à droite) et d'une chaîne de polychlorure de vinyle (au premier plan).

Le produit de base : l'éthylène

La matière première qui permet de produire le polyéthylène est l'éthylène, que l'on prépare à partir du pétrole. En France, l'industrie chimique en fournit plus de 2500000 tonnes par an ! L'éthylène est un hydrocarbure gazeux, de formule C_2H_4. Chaque molécule est constituée par deux groupements CH_2 : chaque atome de carbone est lié à l'autre atome de carbone et à deux atomes d'hydrogène. Comme l'indique le modèle représenté ci-dessous, les centres des 6 atomes sont dans un même plan. ■

Modèle de la molécule d'éthylène.

Le passage du monomère au polymère

Sous pression et en présence de certaines substances appelées catalyseurs, les molécules d'éthylène se lient les unes aux autres, en très grand nombre, par leurs atomes de carbone, en formant des molécules géantes appelées macromolécules. Cette réaction s'appelle une polyaddition. La molécule de base, l'éthylène ici, s'appelle le monomère et le produit obtenu un polymère. Celui-ci s'appelle le polyéthylène. Les molécules de polyéthylène peuvent contenir plusieurs milliers d'atomes de carbone. Il existe d'autres réactions de polyaddition. Le polychlorure de vinyle (PVC) est obtenu par polymérisation du chlorure de vinyle et le polystyrène par polyaddition du styrène. Le polyéthylène, composé uniquement de carbone et d'hydrogène, brûle facilement. Les produits de la combustion sont le dioxyde de carbone et l'eau. On peut donc l'incinérer sans danger. Ce n'est pas le cas du PVC ; sa combustion libère des gaz toxiques : dichlore et chlorure d'hydrogène. ■

La production industrielle de polyéthylène

Selon les conditions de production, on obtient deux sortes de polyéthylène. À 180 °C et sous une pression de 2 000 bars, on produit du polyéthylène basse densité (PEbd). C'est la matière plastique la plus fabriquée dans le monde. On en fait des films pour les emballages alimentaires, les sachets de la grande distribution, pour fabriquer des flacons souples... Le polyéthylène haute densité (PEhd) obtenu à 60 °C et sous une pression de 20 bars est plus rigide. On l'utilise pour fabriquer des emballages tels que des bidons, des flacons rigides, des jouets, des tuyaux... C'est un matériau facile à mouler. Le polyéthylène est thermoplastique, c'est-à-dire qu'il se ramollit quand on le chauffe. Les usines de plasturgie reçoivent le polyéthylène sous forme de granulés. Après chauffage, le polyéthylène devient fluide. Il est introduit sous pression dans un moule où il prend la forme désirée. Après refroidissement, la pièce est démoulée. On fabrique ainsi des récipients tels que les seaux. ■

Du polyéthylène dans l'agriculture

Grâce à la «plasticulture», la production agricole a considérablement augmenté depuis un demi-siècle. L'agriculture a su utiliser la diversité des matières plastiques. C'est à partir de 1950 que les châssis en verre utilisés par les maraîchers ont été remplacés par des tunnels en matière plastique. Depuis, l'utilisation des films en plastique a pris un essor considérable pour la fabrication de serres mais aussi pour les ensilages et le paillage artificiel. Les pots en terre cuite sont remplacés par des pots en plastique. L'irrigation et le drainage ont pu se développer grâce à l'utilisation de tuyaux en PVC. Les citernes pour le stockage de l'eau sont en polyester. Le polystyrène expansé permet d'améliorer l'isolation. Même la terre est remplacée par des sols artificiels à base de mousse de polyuréthane imprégnée d'une solution nutritive pour les cultures hors sol. Les caisses, les sacs d'engrais, les emballages divers sont tous en matières plastiques.

Forçage de la production de fraises dans des serres en polyéthylène.

Dico → **bar** • **plasturgie** • **polymérisation**

Points clés

3

Comment identifier quelques matières plastiques ?

L'industrie chimique sait synthétiser de très nombreuses matières plastiques comme le polyéthylène. À titre d'exemples, voici quelques tests simples qui permettent d'identifier certaines d'entre elles.

Thermoplastique ou thermodurcissable ?

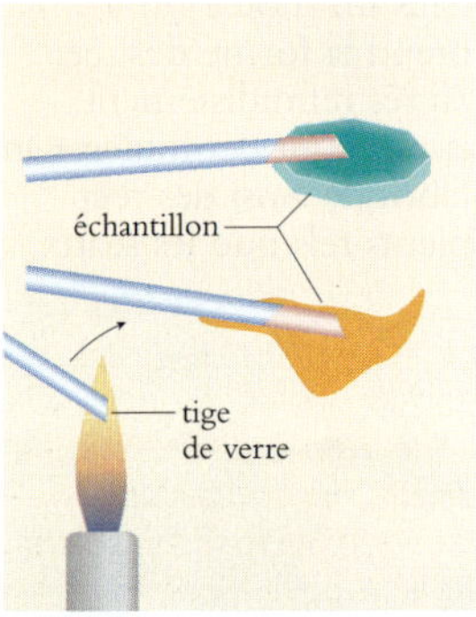

Les matières plastiques peuvent être classées en plusieurs catégories. Nous pouvons différencier deux d'entre elles en fonction de leur comportement à la chaleur. Pour cela, il suffit de chauffer une tige de verre et de la poser sur un échantillon de matière plastique. Si l'échantillon ne se ramollit pas : c'est un thermodurcissable (exemple : la bakélite). Si l'échantillon se ramollit : c'est un thermoplastique. Nous allons maintenant nous intéresser uniquement aux matières plastiques thermoplastiques. ■

Le test de flottabilité sur l'eau

Les matières plastiques ont des masses volumiques assez proches de celle de l'eau. Si leur masse volumique est inférieure à celle de l'eau, elles flottent, sinon elles coulent. Nous écarterons le cas où elles sont sous forme « expansée » (les grains comportent des alvéoles remplies d'air !).

Il suffit de placer un échantillon de la matière plastique dans un récipient contenant de l'eau additionnée de quelques gouttes de détergent. Si l'échantillon flotte : c'est un polyéthylène ou un polypropylène. ■

Le test de la flamme

Il s'agit de vérifier si la matière plastique contient du chlore. Attention, il ne faut pas faire brûler la matière plastique au risque de dégager des gaz toxiques. Il faut successivement chauffer fortement, dans une flamme, un fil de cuivre décapé, appuyer avec le fil chauffé sur l'échantillon de façon à en prélever par fusion un petit fragment de matière plastique puis repasser le fil dans la flamme. Si la flamme devient verte : c'est du PVC (polychlorure de vinyle). Sinon, passer au test suivant. ■

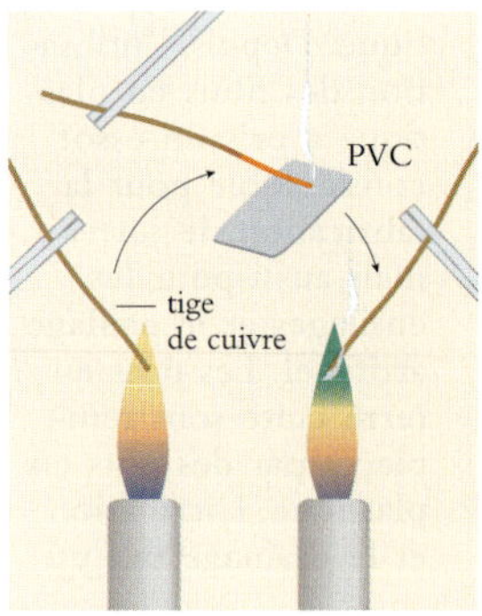

Le test de solubilité

Sécurité : ce test doit être réalisé en l'absence de toute flamme.
Les vapeurs dégagées sont inflammables et dangereuses à respirer.
Placer un échantillon dans un tube à essais contenant 3 mL de trichloréthylène. Attendre quelques minutes.
Si l'échantillon se dissout : c'est du polystyrène (PS). Sinon, passer au test suivant. Le polystyrène est un matériau utilisé pour fabriquer des ustensiles de ménage et des emballages alimentaires. Bon marché, facile à mouler, il peut être teinté facilement. Tout le monde connaît le polystyrène expansé, matériau alvéolé, extrêmement léger, utilisé pour l'isolation thermique et acoustique et pour l'emballage des objets fragiles. ■

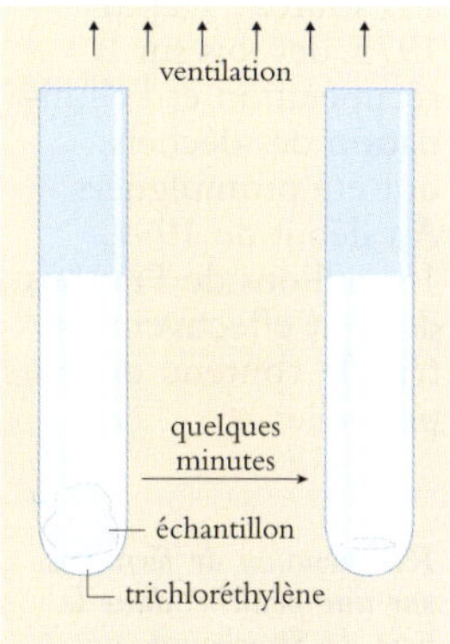

Le test du papier pH

Chauffer l'échantillon dans un tube à essai. Placer un papier pH humidifié à la sortie du tube. Si le papier devient bleu : c'est un polyamide. Il existe plusieurs variétés de polyamides, les Nylon étant les plus connus. Leur découverte, en 1937, a marqué le déclin de l'industrie de la soie. On les utilise pour fabriquer des pièces moulées (automobile, électroménager…), comme fibres textiles dans la confection de vêtements, de cordages ou de ceintures de sécurité très solides.
La première utilisation du Nylon a été la fabrication des brosses à dents ! Les filets des trampolines sont en Nylon, ce qui prouve la solidité et l'élasticité de cette matière plastique. ■

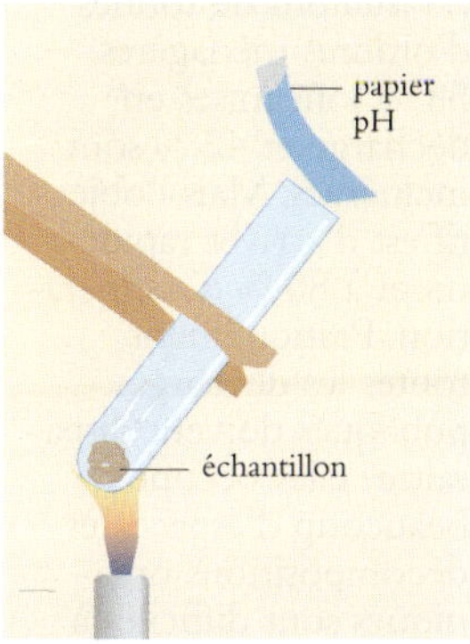

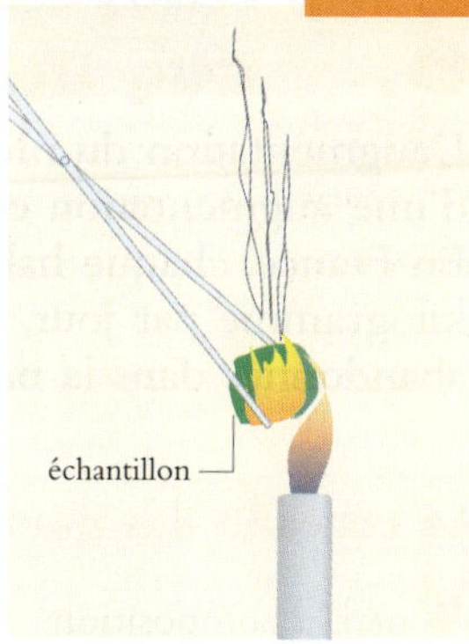

Le test de combustion

Compte tenu des risques de dégagement de gaz très toxiques lors de la combustion de certaines matières plastiques, ce test n'est donné qu'à titre documentaire. Il ne doit être réalisé que par des chimistes confirmés sous une hotte aspirante. Dans la vie courante, il ne faut pas enflammer de matières plastiques car bien souvent leur nature ne peut être déterminée que par des spécialistes, et le risque de libérer des gaz dangereux est trop grand. L'échantillon étant enflammé, on observe les fumées. À titre d'information, l'acétate de cellulose s'enflamme facilement et dégage des fumées noires. Le polyuréthane s'enflamme difficilement et dégage une fumée blanche. ■

Dico → détergent • masse volumique

Points clés 3

Recycler les matériaux : oui, mais comment ?

L'augmentation du niveau de vie s'accompagne d'une augmentation considérable des déchets. En France, chaque habitant en produit plus d'un kilogramme par jour. Ces déchets ne peuvent être abandonnés dans la nature. Peut-on les recycler ?

Le contenu des poubelles

Voici la composition en masse des déchets ménagers, les emballages représentant la moitié du volume du contenu de nos poubelles.
Papiers cartons : 30 %
Matières putrescibles : 25 %
Poussières et cendres : 16 %
Verres : 11 %
Matières plastiques : 11 %
Métaux : 5 %
Textiles : 2 %
En France, 94 % des déchets de la population sont collectés, ce qui représente annuellement 20 millions de tonnes d'ordures ménagères. 58 % sont mises en décharge et 42 % sont incinérées. Mais l'objectif est d'arriver rapidement à 80 % d'incinération. Pratiquement toutes les décharges publiques doivent disparaître : elles occupent beaucoup d'espace, les décompositions organiques sont difficiles à maîtriser et les risques de pollution des nappes phréatiques sont réels. ■

Il est nécessaire de trier

On ne peut incinérer ni le verre ni les métaux : il faut donc les trier. Mais alors, pourquoi ne pas trier les autres matériaux ? Avant incinération, les ordures ménagères collectées par les camions « à ordures » vont passer dans une chaîne de tri. Des techniciens récupèrent les objets en verre, les métaux, etc. Mais tout ceci coûte cher. Pourquoi ne pas faire des économies en triant à la source ? Depuis 1975, des lois sur la récupération et l'élimination des déchets ont été promulguées. Au début de 1999, 18 millions de Français doivent effectivement trier le contenu de leurs poubelles. ■

Récupération de ferrailles sur une péniche, dans le port de Strasbourg.

Points clés

Ces containers permettent un tri sélectif.

Comment trier ?

De plus en plus, des containers permettent un tri sélectif des journaux et cartons, du verre, des matières plastiques et des métaux. Des déchetteries ont été ouvertes et chacun doit faire preuve de civisme afin de garder un environnement propre. Des techniques sont utilisées sur les chaînes de tri : par exemple, les métaux ferreux peuvent être facilement séparés par un électroaimant. L'aluminium peut être trié par des méthodes électromagnétiques (induction). Il ne faut jamais jeter dans la nature les piles et accumulateurs, les fluides des réfrigérateurs ainsi que les huiles de vidange. ■

L'automobile : le recyclage est prévu

L'industrie en France produit plus de 150 millions de tonnes de déchets, un chiffre considérable. Mais des efforts sont faits pour limiter le rejet de ces déchets et traiter les plus dangereux d'entre eux. L'industrie cherche à recycler les matériaux. C'est le cas de l'industrie automobile. Longtemps le recyclage des véhicules retirés de la circulation a été difficile car les métaux et les matières plastiques étaient mélangés sans précaution. Aujourd'hui, dès la conception des véhicules, les constructeurs prévoient le recyclage des matériaux. Certains véhicules sont recyclables à 90 %. Lors de la destruction des véhicules, un tri sélectif est prévu. Les métaux tels que l'acier ou l'aluminium seront refondus sans rien perdre de leurs qualités, tandis que les matières plastiques seront broyées et réutilisées pour fabriquer des panneaux ou des objets moulés (tels que les meubles de jardin).

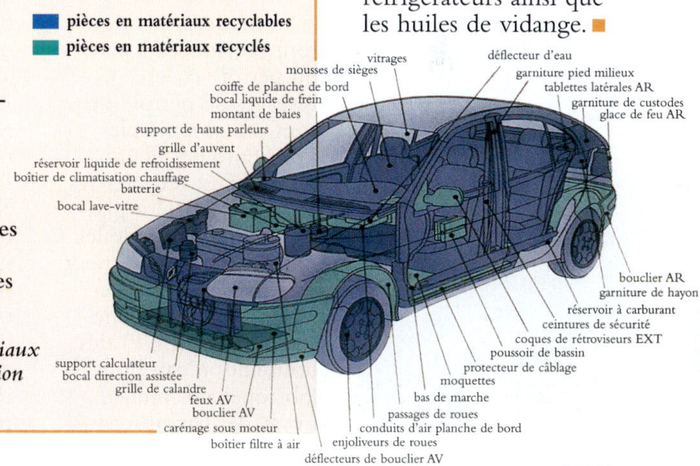

Renault utilise des matériaux recyclés dans la construction de ses automobiles.

Dico → **incinération • induction**

Points clés

③ Récupérer et recycler : faisons des économies !

Nous avons pris l'habitude de récupérer dans des containers spéciaux le verre, les cartons, les matières plastiques, etc. Cette récupération a un intérêt écologique, mais est-elle économiquement rentable ?

Incinérer pour récupérer de l'énergie

L'incinération est un moyen très répandu de se débarrasser des ordures. Sous réserve d'investissement financier important, elle présente l'avantage de permettre la récupération de l'énergie dégagée pour le chauffage urbain ou la production d'électricité. À masse égale, les énergies libérées par la combustion du polyéthylène, du polystyrène ou du fioul sont comparables. Les premiers incinérateurs libéraient dans l'atmosphère des fumées et même des gaz toxiques tels que le chlorure d'hydrogène. Les usines d'incinération récentes sont équipées d'épurateurs qui retiennent une grande partie des poussières ainsi que les gaz polluants. ■

Usine d'incinération produisant de l'électricité à Ivry-sur-Seine.

Recycler les matières plastiques

Le polyéthylène téréphtalate des bouteilles d'eau minérale peut être recyclé.

Les matières plastiques sont fabriquées à partir du pétrole et les réserves de pétrole ne sont pas inépuisables. Pour faire des économies, il faut recycler les objets en matière plastique plutôt que de les incinérer. Ainsi, on peut réutiliser industriellement le polyéthylène téréphtalate (PET) des bouteilles d'eau pour fabriquer des pullovers, des garnitures pour sièges de voitures ou des flacons destinés à l'emballage de la lessive. À l'heure actuelle, la réutilisation de ces matières plastiques pour fabriquer des emballages alimentaires est à l'étude, mais les produits obtenus après recyclage présentent encore une certaine porosité susceptible de laisser passer des polluants qui pourraient contaminer les produits alimentaires. ■

Recycler des métaux : une opération rentable

La récupération du verre a une valeur écologique, mais son retraitement n'a qu'un faible intérêt économique. En revanche, le recyclage de certains métaux offre un grand intérêt. Ainsi, le triage magnétique des boîtes de conserve en acier est très facile à réaliser. Elles sont ensuite compactées et expédiées dans des fonderies.

La production d'aluminium par électrolyse de l'alumine est coûteuse en énergie. Le recyclage de l'aluminium est donc intéressant car l'économie d'énergie est de l'ordre de 80 %.

Le triage mécanique est possible et l'aluminium, qui fond facilement, peut être réutilisé sans inconvénient pour fabriquer de nouveaux emballages alimentaires. ■

Des matières plastiques biodégradables

On dit fréquemment que les matières plastiques ne sont pas biodégradables. Pourtant, il existe des matières plastiques photodégradables, c'est-à-dire qui se dégradent sous l'effet de la lumière. Dans ces plastiques, on incorpore en petite quantité des produits qui transforment l'énergie lumineuse en énergie chimique, ce qui provoque la rupture des molécules et donc la dégradation du matériau. Ces plastiques sont utilisés pour fabriquer des sacs poubelles et surtout des films de paillage pour la culture du maïs. À la fin de l'été, sous l'effet de la lumière, ces films sont émiettés. Il existe aussi quelques plastiques biodégradables : ce sont des micro-organismes vivants qui détruisent la structure du plastique. Très onéreux, ils ne sont utilisés que dans le domaine médical pour les fils de suture par exemple. Une autre solution consiste à introduire de l'amidon dans le plastique. Les micro-organismes se nourrissant d'amidon créent une fragmentation du matériau. Mais seul l'amidon est biodégradable dans ce cas. L'utilité de ces matières plastiques n'est pas convaincante et la solution de la récupération et du recyclage paraît nettement préférable.

Grain d'amidon (observé au microscope électronique à balayage) à la surface d'un film de matière plastique biodégradable.

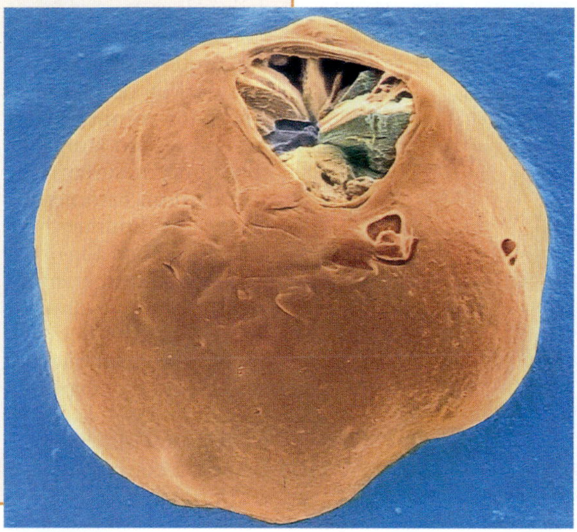

Points clés

5 4 3

La chimie et la physique sont des sciences expérimentales

La chimie et la physique sont souvent associées et appelées «sciences physiques». Ce sont des sciences expérimentales. Voyons ce que l'on entend par là.

«Avoir de l'expérience et expérimenter»

Dans le langage courant, le mot «expérience» est souvent pris dans le sens de l'expression «avoir de l'expérience». Un maître-ouvrier a de l'expérience par rapport à un apprenti, c'est-à-dire qu'il a acquis une grande compétence dans un domaine précis.
L'expérience scientifique ou expérimentation a un tout autre sens. C'est un acte reproductible destiné à mettre en évidence un phénomène ou à vérifier une loi. L'expérimentation scientifique s'est développée à partir du XVIIe siècle. Ainsi, Blaise Pascal avait remarqué que la pression diminue quand on s'élève à l'intérieur d'un liquide.
Il émit l'hypothèse qu'il devait en être de même dans l'atmosphère. Une expérience réalisée en 1648 à sa demande entre Clermont-Ferrand (alt.: 400 m) et le sommet du Puy de Dôme (alt.: 1465 m) montre que la pression atmosphérique, mesurée à l'aide d'un baromètre à mercure, diminue quand l'altitude augmente. Cette expérience a entraîné une évolution importante de la pensée scientifique: la nécessité de l'expérimentation et de la mesure pour affirmer des lois a commencé à s'imposer. ■

Expérience de Pascal sur la pression atmosphérique à la tour Saint-Jacques de Paris.

Qu'est-ce que la démarche expérimentale?

La démarche expérimentale commence par l'observation de certains faits. Par exemple, nous constatons autour de nous que les objets en fer exposés à l'air se recouvrent de rouille.
Un problème se pose: qu'est-ce qui fait rouiller le fer? On peut alors rechercher les facteurs qui influencent la formation de la rouille et émettre des hypothèses sur le rôle de ces facteurs. Le fer rouille-t-il dans l'air sec? Rouille-t-il dans l'air humide ? Le dioxygène dissous dans l'eau joue-t-il un rôle? L'eau salée influence-t-elle la formation de rouille ?...
Chacune de ces hypothèses doit être vérifiée expérimentalement.
Par exemple, on mettra deux clous en fer identiques l'un dans un flacon contenant de l'air humide, l'autre dans un flacon contenant de l'air desséché par du chlorure

Théorie et expérimentation

Les scientifiques s'efforcent de bâtir des théories qui englobent des lois particulières. Ainsi, Newton a échafaudé une théorie expliquant comment les corps se déplacent dans l'espace et dans le temps ; il a alors proposé la loi d'attraction universelle. Celle-ci permet d'expliquer la chute des corps, le mouvement des planètes, les marées… Toutes les mesures confirment sa validité. La théorie atomique (point clé p. 258) est un bel exemple de théorie évolutive qui s'appuie sur l'expérimentation. De nombreux modèles de la structure de l'atome ont été proposés depuis deux siècles. C'est l'expérimentation qui a permis de faire progresser ces modèles. Les modèles actuels de particules s'appuient d'abord sur des études mathématiques mais leur validité doit être confirmée expérimentalement. L'étude des chocs de particules est un moyen d'identifier les particules et de déterminer leur structure. ■

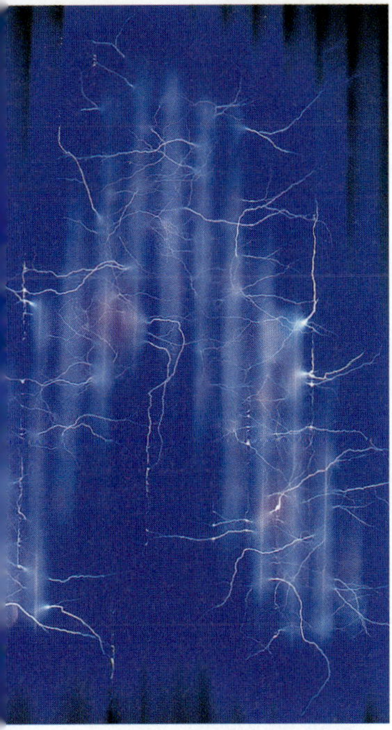

Les décharges électriques sont l'objet d'études expérimentales en laboratoire.

de calcium. Il faut alors vérifier la validité des hypothèses. Ainsi, on va constater que le fer dans l'air sec n'a pas rouillé et que, manifestement, l'air humide joue un rôle dans la formation de la rouille. Il faut alors refaire d'autres expériences avec de l'eau douce, avec de l'eau salée… À chaque fois, on ne fera varier qu'un seul facteur. Dans des cas plus compliqués, les expériences qualitatives ne suffisent pas, il faut faire des mesures pour en déduire des lois quantitatives. ■

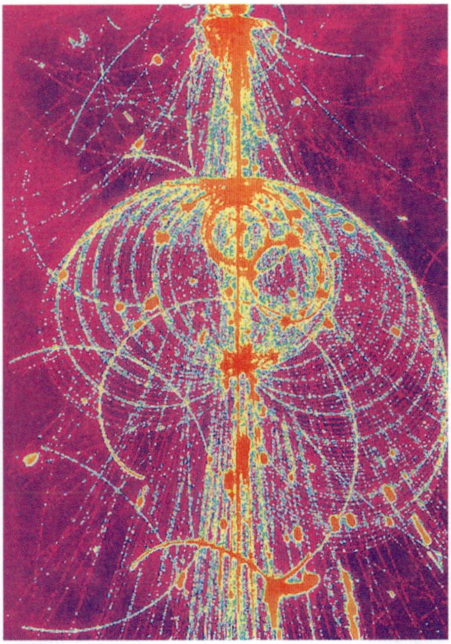

Pour étudier les particules élémentaires et déterminer leur structure, on provoque leur collision avec d'autres particules à de très grandes vitesses donc à de hautes énergies. Ce cliché représente une de ces collisions.

Dico → pression

Points clés

Réalisons un circuit électrique

5

Faire fonctionner une lampe, l'éteindre et l'allumer à volonté paraît simple. À partir de cet exemple, nous allons définir des termes, des symboles que nous utiliserons par la suite.

Qu'appelle-t-on dipôle électrique ?

Quel que soit le type de piles que l'on achète dans le commerce, on remarque qu'elles possèdent toujours deux bornes repérées par les signes + et –. Dans le cas d'une lampe, il existe aussi deux bornes : le culot et le plot. Tous ces éléments à deux bornes sont appelés des dipôles électriques (on devrait d'ailleurs dire des dibornes !). Les exemples de dipôles sont nombreux : pile, lampe, diode électroluminescente, ou DEL, interrupteur, moteur, fils de liaison… Pour certains dipôles comme une lampe ou un interrupteur, les bornes sont identiques ; pour d'autres dipôles comme une pile ou une DEL, elles ne le sont pas (le sens de branchement est alors important). Certains dipôles produisent de l'électricité (pile, batterie…), ce sont des générateurs. D'autres dipôles consomment de l'électricité (moteur, lampe, DEL ...), ce sont des récepteurs. La plupart des appareils électriques couramment utilisés sont des dipôles. ■

Plaquette de montage qui permet la réalisation de circuits électriques simples.

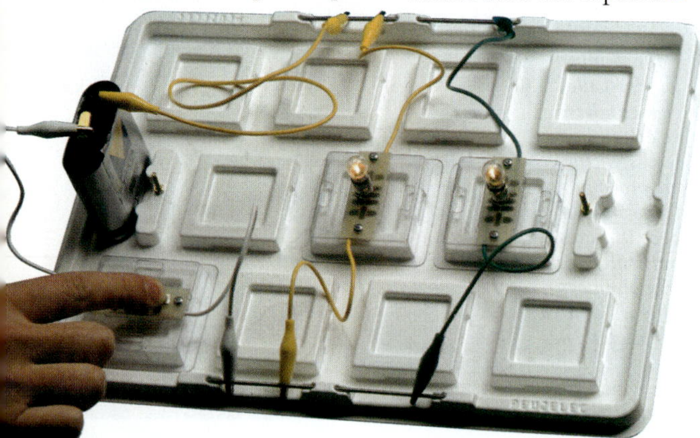

L'interrupteur

Dans un interrupteur on trouve deux lames de cuivre. Pour une position du bouton, les deux lames se touchent : l'interrupteur est fermé ; pour l'autre position, les lames ne se touchent pas : l'interrupteur est ouvert. À la maison, lorsque qu'une lampe est commandée à partir de deux endroits (va-et-vient), l'interrupteur possède trois bornes. C'est un tripôle.

Le circuit électrique d'une lampe de poche

Si l'on observe attentivement l'intérieur d'une lampe de poche, on reconnaît trois dipôles : la pile, la lampe et l'interrupteur. Ces trois dipôles sont reliés entre eux par des fils de liaison appelés fils de connexion (ici, ce sont des lames de cuivre). On dit que l'on a réalisé un circuit électrique, c'est-à-dire une suite de dipôles reliés entre eux par des fils de

Un tel circuit serait irréparable sans la connaissance du schéma.

connexion. Pour que la lampe s'allume, il faut en plus que l'interrupteur soit fermé. Dans ce cas, un courant électrique peut circuler d'une borne à l'autre de la pile et la lampe brille : on dit que le circuit est fermé.
Si l'interrupteur est ouvert, le courant ne peut plus passer et la lampe ne brille plus : on dit que le circuit est ouvert. Si l'on regarde l'intérieur de la lampe de poche et que l'on manœuvre l'interrupteur, on constate que l'on met tout simplement en contact deux lamelles de cuivre. ■

Le schéma d'un circuit électrique

Pour que des personnes se comprennent, il faut qu'elles parlent le même langage. Pour que tout le monde comprenne le schéma d'un circuit électrique, on doit utiliser les mêmes symboles et les mêmes conventions.
Voici les symboles normalisés de quelques dipôles très souvent rencontrés :

pile : 

lampe : 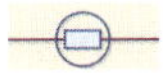

interrupteur ouvert : 

interrupteur fermé :

DEL : 

diode : 

Le schéma du circuit électrique de la lampe de poche peut alors se représenter simplement comme sur la figure ci-dessous. On constate que les bornes des dipôles ne sont pas représentées, et que l'on a relié les dipôles par des traits, c'est-à-dire des fils de liaison. Ce schéma n'est qu'une des représentations possibles du circuit électrique de la lampe de poche : on aurait pu inverser l'ordre des dipôles. En regardant le circuit imprimé de la carte mère d'un ordinateur comprenant de nombreux dipôles reliés entre eux, on comprend aisément qu'un schéma électrique du circuit est nécessaire quand on veut découvrir une panne ! ■

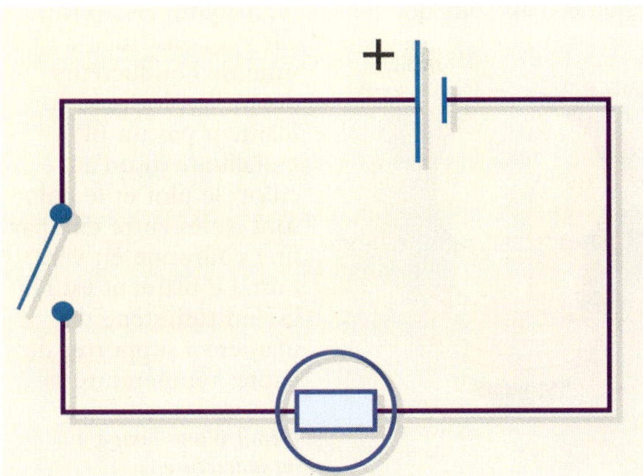

Schéma électrique de la lampe de poche utilisant les symboles normalisés.

Points clés 5

Le courant électrique circule et a un sens

Pour réaliser des circuits électriques, nous devons relier entre eux des éléments conducteurs de l'électricité. Pour qu'un courant puisse les traverser, ils doivent former une chaîne ininterrompue.

Conducteurs et isolants

L'électricité est transportée par des fils électriques suspendus à des pylônes. Ces fils sont attachés aux pylônes par des supports en verre. Le verre permet d'isoler le fil du pylône et d'éviter de s'électrocuter en touchant le pylône.
Il existe donc des matériaux conducteurs de l'électricité : le fil métallique, par exemple, et d'autres isolants, comme le verre.
Les métaux et le graphite sont des conducteurs. Le verre, le mica, le papier, le bois, le plastique et l'air sont des isolants. Lorsque l'on réalise le circuit électrique de la lampe de poche par exemple, pour que la lampe s'allume, il faut que le circuit comporte une suite ininterrompue de matériaux conducteurs, l'un des dipôles étant un générateur ; si le circuit comporte un isolant (l'air, par exemple, lorsque l'interrupteur est ouvert), la lampe ne s'allume pas.
Observons maintenant de plus près une lampe à incandescence (voir figure ci-contre) : elle est constituée d'une suite de conducteurs depuis le plot relié au filament par un fil métallique jusqu'au culot ; le plot et le culot sont isolés entre eux par une couronne en verre noir. Le filament est réalisé en tungstène de manière à supporter de hautes température. ■

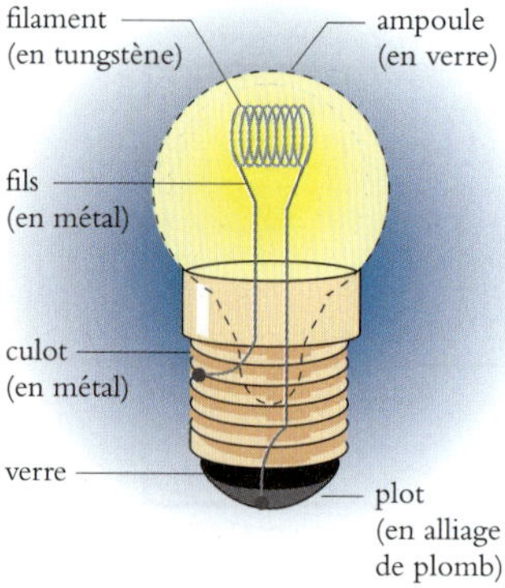

Détail d'une lampe à incandescence.

Les câbles sont isolés du pylône par du verre.

Les lampes à incandescence

Avant l'électricité, l'éclairage était assuré par la combustion de différents matériaux. En 1802, H. Davy (physicien anglais, 1778-1829) s'aperçoit que lorsqu'un courant traverse un fil conducteur, celui-ci devient incandescent (et il émet de la lumière). Mais ce fil a tendance à brûler. C'est en 1880 qu'Edison pense à mettre ce fil conducteur, appelé filament, dans une ampoule de verre vide d'air pour éviter qu'il ne brûle. La lampe électrique est née. Elle a aujourd'hui 110 ans.

Un dipôle particulier: la diode

Il existe des conducteurs du courant électrique et des isolants. Mais il existe aussi des semi-conducteurs (composants fabriqués à partir de silicium ou de germanium). La diode appartient à cette catégorie et elle possède une propriété remarquable : elle peut être conductrice ou isolante suivant son sens de branchement dans le circuit.
Il existe une diode particulière appelée DEL (diode électroluminescente) ayant une propriété supplémentaire : lorsqu'elle est conductrice, elle émet de la lumière d'une certaine couleur (rouge, verte ou jaune). Les DEL sont maintenant très utilisées comme voyants dans de nombreux appareils et possèdent différentes formes. Le symbole d'une diode est un triangle ; elle est branchée dans le sens passant lorsque le courant électrique la traverse de la base du triangle vers la pointe. ■

Le sens du courant

Si on réalise le circuit représenté sur la figure ci-dessous, l'interrupteur étant fermé, on constate que la lampe s'allume.
La diode est donc conductrice : on dit qu'elle est passante.
Si on inverse le branchement de la diode, la lampe ne s'allume plus, la diode est isolante : on dit bloquée, elle ne laisse pas passer le courant électrique.
Cette expérience montre que le courant électrique a un sens.
Les physiciens ont décidé arbitrairement que le courant électrique circule dans le circuit de la borne positive du générateur vers la borne négative : c'est le sens conventionnel du courant. Sur le schéma, le courant électrique est représenté par une flèche placée sur le circuit. Certains dipôles fonctionnent de la même manière quel que soit le sens du courant qui les traverse : on dit qu'ils sont non polarisés. En revanche, d'autres sont polarisés : par exemple, la diode. Celle-ci peut servir de protection si l'on place les piles à l'envers dans un appareil ou un moteur (suivant le sens de branchement, il tourne dans un sens ou dans l'autre, et l'on peut, par exemple, choisir la marche avant ou la marche arrière pour une voiture électrique). ■

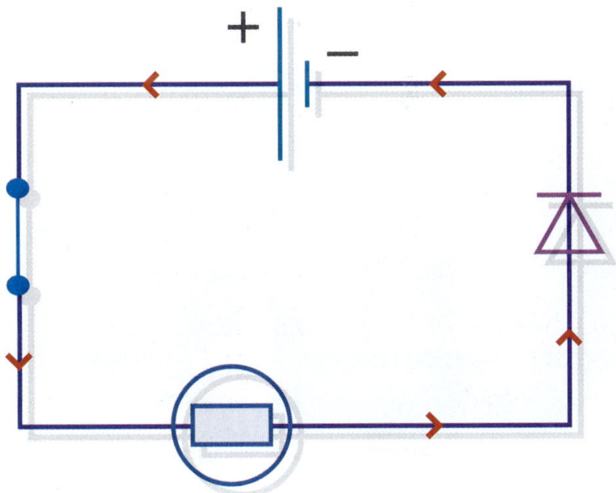

Le sens du courant électrique est indiqué par le sens de la flèche placée sur le circuit.

Points clés

Le courant électrique a des effets

5 4 3

L'électricité est très utilisée dans la vie de tous les jours. Or elle est invisible, personne n'a jamais «vu» de courant électrique! En revanche, nous pouvons constater les effets du courant: ils sont au nombre de trois.

L'effet thermique

C'est en 1802 que le physicien et chimiste britannique Humphrey Davy met en évidence cet effet. En faisant passer un courant électrique dans un fil conducteur, il constate que sa température se met à augmenter. Ainsi, lorsqu'un conducteur est parcouru par un courant, il s'échauffe! C'est l'effet thermique du courant encore appelé effet Joule (du nom du savant qui étudia ce phénomène). Amusez-vous à mettre sur les deux lames d'une pile plate un morceau de paille de fer très fine et faites vos observations. Dans certains cas, cet effet peut être très dangereux et provoquer un incendie lors d'un court-circuit électrique. Dans d'autres circonstances, on cherche à augmenter cet effet pour obtenir de la chaleur: c'est le cas des résistances chauffantes présentes dans beaucoup d'appareils ménagers (fours électriques, plaques chauffantes, fer à repasser, machine à laver...), des fusibles et du soudage à l'arc. Dans un fusible, si le courant est trop fort, un petit fil métallique fond et le circuit est coupé : on protège ainsi les installations électriques. Lors du soudage à l'arc, un courant électrique important passe dans une baguette métallique qui fond, permettant ainsi de souder deux pièces. ■

Cette table de cuisson transforme l'énergie électrique en énergie thermique.

L'effet magnétique

Réalisez vous-même cette petite expérience: enroulez autour d'un gros clou en fer un fil électrique avec sa gaine en plastique. Reliez les deux extrémités de la bobine ainsi constituée à une pile plate: vous constatez que le clou attire des objets légers en fer comme un aimant. Cet effet n'existe

que si la bobine est parcourue par un courant. En réalisant ce petit électroaimant, vous venez de mettre en évidence un effet magnétique du courant : lorsqu'un courant électrique passe dans une bobine, il crée un champ magnétique comme un aimant.
On augmente cet effet magnétique en enroulant le fil autour d'un noyau de fer, comme le clou dans l'expérience précédente. Cet effet est également amplifié lorsque l'on augmente l'intensité du courant électrique.
Ce phénomène intervient en particulier dans les moteurs électriques, les haut-parleurs, mais aussi dans l'élaboration de l'image d'un téléviseur... ■

L'électroaimant utilise un effet magnétique du courant électrique.

L'effet chimique

Prenez une pile plate, écartez ses lames et plongez-les dans une soucoupe contenant de l'eau salée. Vous verrez alors apparaître de petites bulles sur les lames.
Une réaction chimique se produit sur celles-ci (on dit que l'on a fait une électrolyse). Cette réaction est due au passage du courant électrique dans une solution.
L'effet chimique du courant électrique est principalement utilisé dans l'industrie. Certaines électrolyses permettent la préparation de métaux tels que le zinc ou l'aluminium, la préparation du dichlore et de la soude (produits très utilisés dans l'industrie).
D'autres électrolyses permettent d'obtenir des métaux très purs, c'est le cas de l'argent, de l'or, du cuivre...
Enfin, on peut, par électrolyse, recouvrir un métal par un autre métal pour le protéger (zingage, étamage...) ou reproduire un objet de faible relief en utilisant un moule (fabrication de médailles, de disques compacts ...). ■

Points clés

Courant électrique et corps humain

L'électricité est une énergie d'utilisation facile. Elle ne se voit pas, ne s'entend pas, n'a pas d'odeur, mais elle peut présenter de très grands dangers.
En effet, le passage d'un courant électrique à travers notre corps peut provoquer des brûlures (on constate alors l'effet thermique du courant) ou la contraction de certains muscles, comme le cœur, et entraîner parfois la mort. À l'extérieur de la maison, il ne faut jamais escalader un pylône électrique et ne jamais s'approcher de câbles électriques tombés au sol au risque d'électrocution. À la maison, on doit éviter de toucher des fils mal isolés, d'utiliser des appareils en mauvais état, d'introduire des objets métalliques dans une prise de courant. Il ne faut absolument pas faire fonctionner un appareil électrique lorsque vous avez les mains mouillées ou que vous êtes dans un bain. Enfin, ne réalisez jamais d'expériences avec une prise du secteur, mais utilisez une pile.

Dico → court-circuit • électroaimant

Points clés

Distinguer deux types de circuits

5

Il y a plusieurs manières d'associer une pile et deux lampes par des fils de connexion. On peut ainsi obtenir deux types de circuits, chacun avec leurs avantages et leurs inconvénients.

Le circuit série

Sur le schéma ci-dessous, on reconnaît quatre dipôles : une pile, un moteur, une lampe et une diode électroluminescente (DEL). Ces quatre dipôles sont reliés par des fils de connexion. Le circuit étant alimenté par la pile, le courant ne peut suivre qu'un seul chemin : on dit que le circuit est un circuit série ou encore que les dipôles sont branchés en série. Ici, la DEL est passive, elle émet donc de la lumière. Mais la lampe peut très bien ne pas s'allumer et le moteur ne pas tourner si le courant n'est pas assez intense : c'est un inconvénient du circuit série. Dans un circuit de ce type, si la lampe « grille » (le filament se casse), le courant ne peut plus circuler puisque le circuit est ouvert : aucun dipôle ne peut plus fonctionner. Dans le cas des guirlandes de Noël que l'on installe dans le sapin, les petites lampes sont branchées en série et quand l'une d'entre elles tombe en panne, toute la guirlande s'éteint ! ■

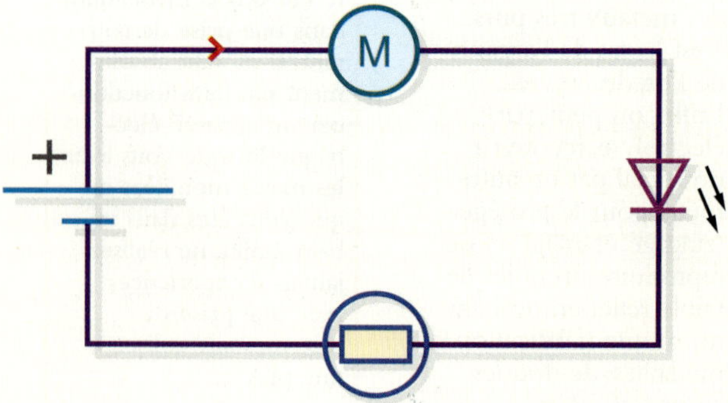

Le circuit avec dérivations

Une autre façon de relier des dipôles entre eux est de les mettre en dérivation. Les spots qui éclairent des tableaux sont montés en dérivation : les deux bornes de chaque spot sont reliées chacune à un fil différent. Sur le schéma du circuit dérivation comprenant une lampe et un moteur, on voit apparaître un point noté A. On dit que c'est un nœud du circuit car il y a plus de deux fils branchés en ce point (B est aussi un nœud). Le courant électrique fourni par la pile arrive au noeud A : une partie du courant peut alors traverser le moteur et l'autre partie traverser la lampe. Ces deux courants se rejoignent ensuite au nœud B pour redonner le courant initial. Ce type

Le courant ne peut suivre qu'un seul chemin pour aller de la borne positive à la borne négative de la pile.

Dans ce circuit, A et B sont des nœuds ; la lampe et le moteur sont en dérivation.

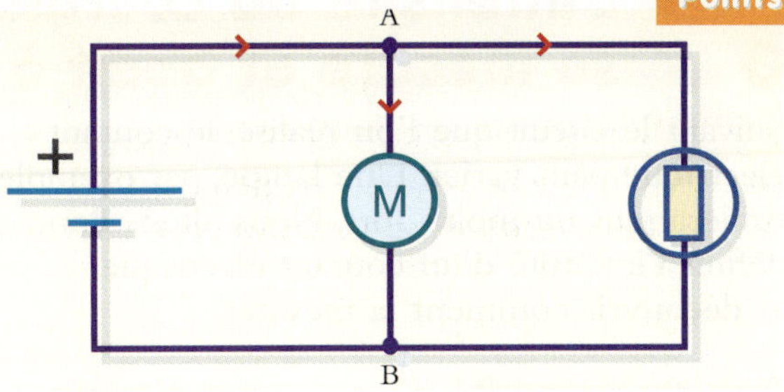

de circuit présente un net avantage sur le circuit série : si la lampe « grille », le moteur continue de fonctionner. Les circuits de ce type sont courants : circuit électrique de la maison (quand une lampe tombe en panne, les autres appareils peuvent encore fonctionner), circuit électrique de l'automobile (quand la lampe du phare avant gauche grille, celle du phare avant droit éclaire toujours), réverbères d'une rue...
Mais attention, on ne peut pas brancher trop de dipôles en dérivation car le générateur utilisé peut être endommagé. Pour pouvoir commander indépendamment le moteur et la lampe du circuit schématisé ci-dessus, il faut placer des interrupteurs juste avant ou juste après le moteur et la lampe. Si l'on veut commander les deux dipôles en même temps, il faut placer un interrupteur entre les nœuds et la pile. ■

Spots en dérivation ; si l'un des spots grille, l'autre éclaire toujours.

Reconnaître un circuit série d'un circuit avec dérivations

Il existe une règle simple pour distinguer un circuit série d'un circuit dérivation.

- Si le courant ne suit qu'un seul chemin dans le circuit, les dipôles sont en série.
- Si le courant peut prendre différents chemins, certains dipôles sont en dérivation.

En fait, on ne doit pas parler de circuits série ou avec dérivation, mais de dipôles en série ou en dérivation. En effet, dans un même circuit on peut avoir des dipôles en série et d'autres en dérivation (quand il y a des nœuds, il y a des dipôles en dérivation). Attention, ce n'est pas parce que deux dipôles sont dessinés l'un à côté de l'autre qu'ils sont en dérivation.

Dico → dipôle passif • générateur

Points clés

4

L'intensité du courant électrique se mesure et obéit à des lois

Suivant le circuit que l'on réalise, le courant électrique peut varier. Une lampe, par exemple, brillera plus ou moins fort. Nous allons donc définir l'intensité d'un courant électrique et découvrir comment la mesurer.

André Marie Ampère, illustre physicien et mathématicien français de la fin du XVIIIe siècle.

Mesurer l'intensité d'un courant électrique

Une lampe alimentée par une pile neuve brille plus que si la pile est usagée. Dans les deux cas, un courant traverse la lampe, mais lorsque la pile est neuve, nous dirons que l'intensité du courant est plus grande. Celle-ci se mesure à l'aide d'un ampèremètre dont le symbole est –A–. Il se place en série dans le circuit. Le courant entre par la borne «mA» ou «A» et sort par la borne «COM». L'unité de mesure est l'ampère (dont le symbole est A) du nom d'un savant de la fin du XVIIIe siècle. Une intensité de 1 A est déjà importante. Dans une lampe de poche ou des jouets courants, elle est de l'ordre de 300 mA (1 mA = 1 milliampère = 0,001 A) ; dans une montre de quelques microampères (1 µA = 1 microampère = 0,001 mA) donc très faible ; dans un radiateur électrique de l'ordre de 10 A ; lors du démarrage d'une voiture d'environ 100 A. En revanche, une intensité de 10 mA traversant notre corps peut être mortelle. ■

Loi pour un circuit série

Le montage schématisé (p.323, en haut) comporte en série : une pile, un moteur et une lampe ; l'ampèremètre, placé également en série entre le moteur et la lampe, mesure l'intensité du courant.
On note l'intensité mesurée I = 145 mA. Si l'ampèremètre est branché entre la pile et le moteur, ou entre la pile et la lampe, il indique toujours la même valeur.
On constate ainsi que l'intensité du courant dans un circuit série est la même partout.
L'intensité qui traverse le moteur ou la lampe est la même que celle qui est débitée par la pile. Mais elle dépend du générateur et des récepteurs utilisés dans le circuit. D'autre part, l'intensité du courant qui entre dans un dipôle est la même que celle qui en sort : il n'y a pas d'usure du courant.
L'ordre de branchement des appareils n'a aucune importance.
Si on ouvre le circuit, l'intensité du courant est nulle. ■

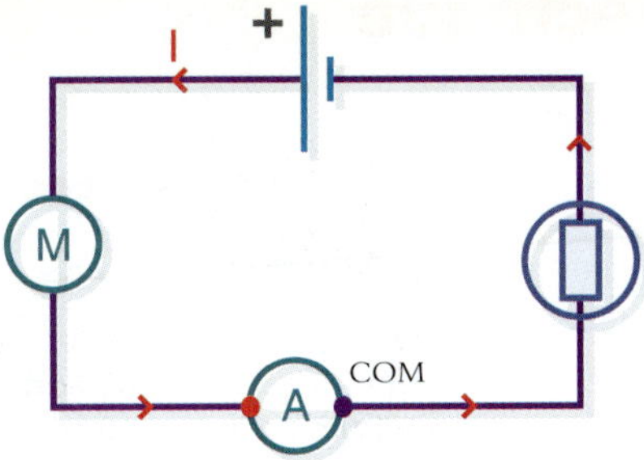

Quel que soit l'ordre de branchement des dipôles en série, l'intensité du courant électrique est la même en tout point du circuit.

Loi pour un circuit avec dérivation

Le second circuit proposé ci-contre est composé de trois branches. La branche principale comporte en série la pile, le moteur et l'ampèremètre noté A. Leurs places respectives peuvent être changées. Deux branches sont montées en dérivation. La première comporte une lampe L_1 et un ampèremètre A_1 et la deuxième une lampe L_2 et un ampèremètre A_2. Dans chaque branche, les places de la lampe et de l'ampèremètre peuvent être inversées. Le courant qui arrive au nœud A se partage entre les deux branches en dérivation. Les intensités mesurées sont respectivement I, I_1 et I_2. On trouve $I = 145$ mA ; $I_1 = 55$ mA ; $I_2 = 90$ mA. Ces valeurs ne changent pas lorsqu'on modifie la place des différents dipôles dans chaque branche.

On constate que $90 + 55 = 145$ donc $I = I_1 + I_2$. La loi peut s'énoncer de la manière suivante : l'intensité du courant dans la branche principale est égale à la somme des intensités dans les branches en dérivation. Si l'on place les deux bornes en dérivation aux bornes d'un générateur, les deux lampes s'allument. Si l'une des lampes est grillée, l'autre continue à briller. Ceci est un avantage. On pourrait penser que l'on peut augmenter le nombre de lampes en dérivation aux bornes du générateur. Les intensités des courants dérivés s'ajoutant, l'intensité du courant principal qui traverse le générateur risque d'être trop grande et celui-ci sera alors endommagé. C'est un inconvénient du montage en dérivation. ■

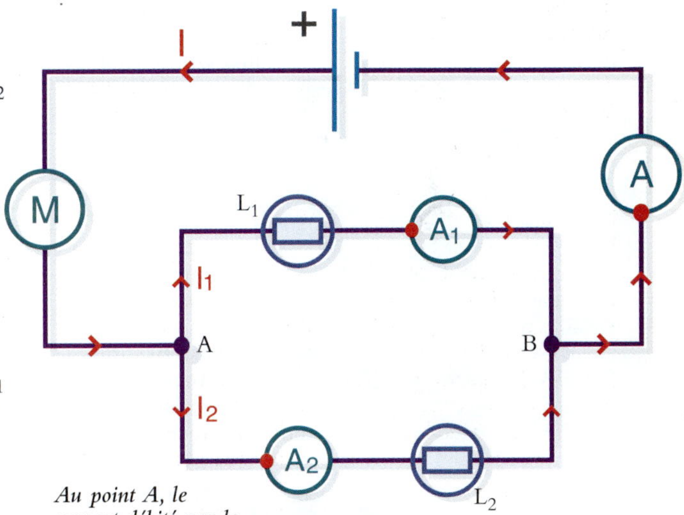

Au point A, le courant débité par le générateur se répartit dans les lampes.

Points clés 54

Pas de courant électrique sans générateur

Si votre lampe de poche ne s'allume plus, la première chose à faire est de changer la pile. C'est en effet elle qui provoque le passage du courant électrique. Elle est donc indispensable au fonctionnement de la lampe.

Le rôle d'un générateur

Pour qu'un circuit électrique fonctionne, un générateur est indispensable. Il permet au courant électrique de circuler dans le circuit. Une pile, une batterie, une alimentation stabilisée, sont des générateurs. Ils possèdent deux bornes, ce sont donc des dipôles. Ainsi, les cartes d'anniversaire musicales sont équipées d'un tout petit générateur. Lorsque vous branchez un appareil sur une prise de « courant », le générateur se trouve en fait dans une centrale électrique. Tous les générateurs ne sont pas identiques : on peut y voir inscrit 1,5 V, 9 V ou 12 V. Le symbole «V» signifie volt, c'est l'unité de tension électrique. Un générateur est caractérisé par la tension qui existe entre ses bornes. Il existe différents générateurs. En effet, on trouve de nombreux récepteurs fonctionnant sous des tensions différentes et il faut adapter les générateurs aux récepteurs. ■

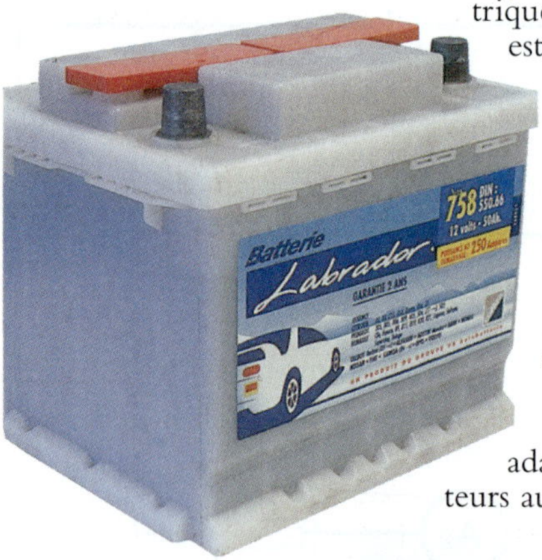

Les piles et les batteries sont des générateurs électrochimiques.

Les différents types de générateurs

Des générateurs couramment utilisés sont les piles et les accumulateurs (ou batteries). Ils utilisent des réactions chimiques pour fonctionner. Les piles salines (fabriquées par Leclanché dès 1860) sont peu chères mais peu performantes. Vers 1956 sont apparues les piles alcalines, de meilleure qualité mais plus coûteuses. Il existe différentes formes et différentes grosseurs de piles selon l'utilisation désirée. Contrairement aux piles qui ne sont pas rechargeables, les produits chimiques présents à l'intérieur des accumulateurs peuvent être renouvelés (on dit que l'on « recharge » l'accumulateur). Les deux principaux types d'accumulateurs sont ceux au plomb (pour les batteries de voiture) et ceux au cadmium-nickel (pour les appareils ménagers sans fil). Les alternateurs sont les générateurs qui fournissent la quasi-totalité de l'électricité dans le monde. Ils sont installés dans les centrales électriques. Leur fonctionnement est similaire à celui d'une génératrice de bicyclette. Les alimentations stabilisées transforment la tension alternative du secteur (220 V) en une tension continue plus faible. La plupart des appareils électroniques branchés sur une prise secteur sont équipés d'une alimentation stabilisée, les circuits électriques présents fonctionnant sous faible tension. Les photopiles sont des générateurs qui transforment un rayonnement lumineux en électricité. L'association de photopiles forme de grands panneaux solaires. Cette source d'énergie, encore peu utilisée car onéreuse, occupe de grandes surfaces et est sujette aux conditions météorologiques. Citons enfin deux types de générateurs moins connus. Les thermocouples où apparaît une tension lorsque les soudures de deux métaux différents sont à des températures différentes. Les générateurs tels que les allume-gaz et certains microphones qui utilisent l'effet piézoélectrique : la tension est obtenue par déformation d'un cristal. ■

Les panneaux solaires fournissent l'énergie électrique nécessaire au fonctionnement du satellite.

En 1801, le physicien Volta présente sa pile au Premier consul Napoléon Bonaparte.

La première pile

Avant l'invention de la pile, l'électricité était de nature électrostatique. On l'obtenait par frottement des corps, ou lors des orages. Vers la fin du XVIIIe siècle, un médecin italien, Luigi Galvani, constate que les muscles des animaux se contractent au contact de deux métaux différents. En 1800, Alessandro Volta, professeur de physique, qui s'intéresse à ces phénomènes, a l'idée d'empiler des disques de cuivre et de zinc séparés par des disques de carton imbibés d'eau salée. Reliant les deux extrémités de son empilement à un détecteur de courant, il constate le passage d'un courant électrique. En 1801, Napoléon lui donne le titre de comte pour la découverte de la pile. L'unité de tension est nommée le volt en son honneur.

Dico → alternateur • photopile

Points clés

43

Pour faire circuler un courant, il faut une tension

Beaucoup de gens ne font pas la différence entre deux grandeurs électriques essentielles : la tension électrique et l'intensité du courant.

Qu'est-ce qu'une tension ?

Dès la plus haute Antiquité (VIe siècle avant J.-C.), des phénomènes électriques avaient été observés : en frottant de l'ambre (*êlektron* en grec), on constatait que ce matériau pouvait attirer ou repousser des objets légers. Dans la vie quotidienne, ce phénomène d'électrisation est assez courant : lorsque vous enlevez un pull, vous pouvez sentir de légers picotements ou vos cheveux se dresser sur votre tête. Vous pouvez réaliser simplement cette petite expérience d'électrostatique : faites couler un tout petit filet d'eau du robinet et approchez une règle que vous aurez frottée avec un chiffon bien sec. Vous constatez que le filet d'eau dévie vers la règle. Lorsque l'on frotte un corps, celui-ci s'électrise. Comment peut-on expliquer ce phénomène ? Les objets présents autour de nous, une règle en plastique, un stylo ou des bouts de papier, sont neutres d'un point de vue électrique. Si l'on frotte la règle, elle attire les bouts de papier. On dit qu'il y a une différence d'état électrique, appelée tension électrique, entre la règle et le papier. Lorsque l'on parle de tension, c'est toujours entre deux corps ou entre deux points. Les générateurs créent une tension entre leurs deux bornes grâce à des phénomènes chimiques dans une pile ou magnétiques dans une dynamo. ■

Étude de phénomènes électrostatiques à Seawell (Angleterre).

La différence entre tension et intensité

Si l'on mesure la tension aux bornes d'une pile plate hors circuit, on trouve 4,5 V. Une tension peut donc exister sans qu'il y ait de courant. Mais dans la plupart des circuits, le courant n'existe que s'il y a une tension. Lors d'un orage, l'existence d'une tension entre le sol et le nuage peut parfois créer la foudre (passage d'un courant électrique entre le nuage et le sol). Les physiciens expliquent souvent un phénomène en utilisant des situations connues. Voici deux analogies qui permettent de comprendre la différence entre tension et intensité. Quand on place une bille sur une table horizontale, elle ne bouge pas. Si on incline la table (on « crée une tension »), la bille roule (« le courant circule »). De même, quand il existe une différence d'altitude (« une tension ») entre la source et l'embouchure d'une rivière, l'eau peut s'écouler (« le courant peut circuler »). Les comparaisons ont des limites, et il ne faut pas penser qu'un courant électrique soit comme une bille qui roule ou de l'eau qui coule ! ■

La dénivellation entre la source et l'embouchure permet à l'eau de s'écouler.

NE JAMAIS FAIRE D'EXPÉRIENCES AVEC LA TENSION DU SECTEUR

Attention, risque d'électrocution si on utilise des tensions trop élevées.

Ordre de grandeur et sécurité

Depuis les tensions de quelques millivolts qui apparaissent aux bornes d'une antenne de télévision jusqu'aux tensions de plusieurs millions de volts qui existent entre le sol et un nuage lors d'un orage, les valeurs de la tension peuvent être diverses. Le transport de l'électricité se fait sous de très hautes tensions (400 kV). L'installation électrique des maisons utilise une tension de 220 V. Les générateurs usuels créent entre leurs bornes des tensions variant de quelques volts (piles) à quelques dizaines de volts (alimentations stabilisées). Il est à noter qu'à partir d'une vingtaine de volts, une tension peut être dangereuse. Ainsi, il est hors de question de faire des expériences directement avec la tension du secteur (220 V). ■

Dico → électrostatique

Points clés

4 Établissons les lois des tensions en faisant des mesures

Comme dans le cas de l'intensité d'un courant électrique, nous pouvons mesurer une tension électrique et constater qu'il existe des lois relatives aux tensions dans un circuit électrique.

Mesurer une tension électrique

Une pile ronde porte, en plus des signes + et −, l'indication 1,5 V : c'est la tension électrique qui existe entre les bornes de la pile. Le volt est l'unité de tension électrique. Cette tension peut être mesurée à l'aide d'un voltmètre dont le symbole est ⓥ Cet appareil permet de mesurer la tension entre deux points A et B quelconques d'un circuit et se branche toujours en dérivation, la borne COM du voltmètre branchée en A et la borne V en B ou inversement. La valeur de la tension est positive ou négative suivant le sens de branchement, mais s'exprime toujours en volts ou en millivolts (1 mV = 0,001 V). Il existe toujours une tension aux bornes des générateurs (même hors circuit) alors qu'elle est nulle aux bornes d'un récepteur isolé. ■

Ce voltmètre à aiguille permet la mesure de tensions.

La loi pour les dipôles en série

Observons le schéma du circuit ci-contre. On constate que le générateur, le moteur et la lampe sont en série.
Le voltmètre est branché en dérivation aux bornes de la lampe et mesure donc la tension U_L aux bornes de celle-ci (la lettre U est utilisée pour noter la tension et l'indice L indique le dipôle concerné par la mesure de tension). Pour mesurer la tension U_M aux bornes du moteur, le voltmètre doit être branché aux bornes de celui-ci (le résultat des mesures donne : $U_L = 2,6$ V et $U_M = 6,3$ V). Mesurons maintenant la tension aux bornes de l'ensemble lampe-moteur (c'est-à-dire entre les points A et B) ; la valeur trouvée est : U = 8,9 V. Donc la tension aux bornes d'une association de dipôles récepteurs en série est égale à la somme des tensions aux bornes de chaque dipôle (ici :

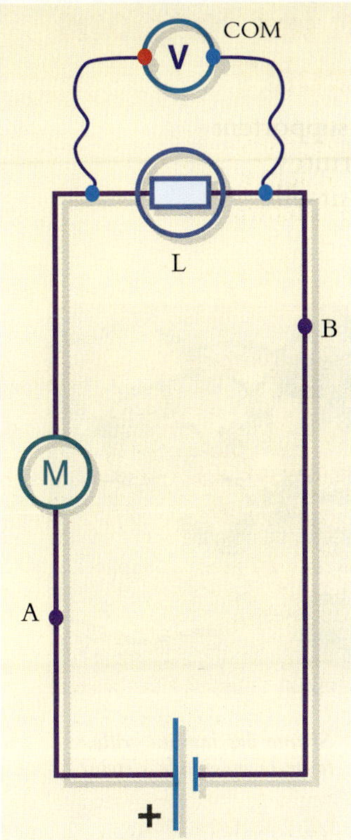

Le voltmètre mesure la tension aux bornes de la lampe.

$U = U_L + U_M$). Ce résultat est valable quel que soit l'ordre de branchement des dipôles en série (chaque dipôle garde la même tension à ses bornes). On constate également que la tension U correspond à la tension aux bornes du générateur (c'est lui qui impose une tension de 8,9 V à l'ensemble lampe-moteur). ■

La loi pour les dipôles en dérivation

Dans le circuit avec dérivation ci-dessous, c'est encore le générateur qui impose une tension U_G au circuit. Mais, cette fois-ci, les récepteurs utilisés sont deux lampes L_1 et L_2 (pas obligatoirement identiques) branchées en dérivation. Sur le schéma sont aussi représentés trois voltmètres mesurant les tensions U_G, U_{L_1} et U_{L_2}. Les valeurs trouvées sont : $U_G = 8{,}9$ V, $U_{L_1} = 8{,}9$ V et $U_{L_2} = 8{,}9$ V. On constate donc que les tensions U_{L_1} et U_{L_2} sont égales. L'énoncé de la loi pour ce type d'association est la suivante : les tensions aux bornes de dipôles branchés en dérivation sont égales. Dans le cas du montage étudié, le générateur (imposant une tension de 8,9 V) est branché directement aux points A et B ; on retrouve donc cette valeur aux bornes des deux lampes. Si l'on intercale entre la borne positive du générateur et le point A un moteur, par exemple, le circuit devient plus complexe, les résultats précédents sont modifiés mais les lois restent les mêmes ! En effet, les lampes L_1 et L_2 sont toujours en dérivation (les tensions U_{L_1} et U_{L_2} seront encore égales), mais la tension de 8,9 V imposée par le générateur se répartit maintenant entre le moteur et l'association L_1, L_2 (et l'on aura : $U_M + U_{L_1} = 8{,}9$ V ou $U_M + U_{L_2} = 8{,}9$ V). ■

Les deux lampes sont en dérivation ; les valeurs indiquées par V_1 et V_2 seront donc égales.

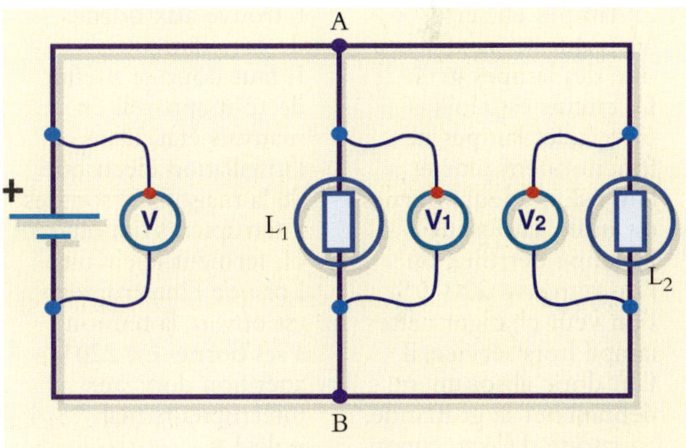

Points clés

4

Comment sont réparties les tensions électriques dans un circuit ?

Les petites lampes d'une guirlande de Noël ne supportent pas une tension trop élevée et peuvent être détruites. Dans ces conditions, pourquoi la guirlande réussit-elle à fonctionner ?

Une tension partagée

Une guirlande de Noël est l'exemple le plus classique de circuit série. Chaque petite lampe fonctionne sous une tension assez faible, 10 V environ. Pourtant, cette guirlande est branchée sur une prise secteur imposant une tension de 220 V. Pour que les lampes ne soient pas détruites par une tension si forte, il faut que cette tension se répartisse entre toutes les lampes pour obtenir 10 V aux bornes de chacune d'entre elles. On doit donc placer 22 lampes en série. Mais que se passe t-il si une des lampes grille ? Le circuit est alors ouvert, les lampes ne fonctionnent plus et la tension à leurs bornes est nulle, sauf pour la lampe détruite, où l'on retrouve 220 V. Si l'on veut changer cette lampe hors service, il faut donc absolument débrancher la guirlande, au risque d'électrocution.

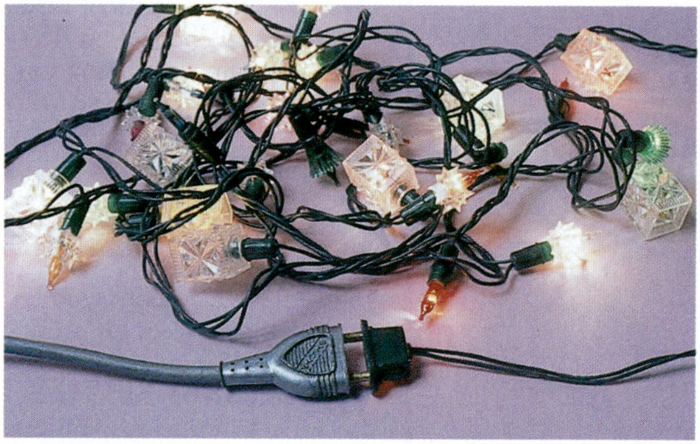

Si une des lampes grille, toute la guirlande s'éteint !

Ce phénomène est général. Quand un des éléments d'un circuit (lampe, moteur…) est défectueux, le circuit est ouvert et la tension d'alimentation se retrouve aux bornes de cet élément. Il faut donc se méfier de tout appareil en mauvais état. Dans l'installation électrique de la maison, ce sont les interrupteurs qui ouvrent ou ferment le circuit. Lorsque l'interrupteur est ouvert, la tension à ses bornes est 220 V ; attention donc aux interrupteurs mal isolés ! ■

Le cas des DEL dans un circuit

Une diode électroluminescente (DEL), comme les lampes d'une guirlande, ne supporte pas une tension trop élevée. Les constructeurs doivent préciser les caractéristiques de fonctionnement de leurs dipôles, en général grâce à un graphe. Étudions celui d'une DEL (voir ci-contre). En abscisse est indiquée la tension aux bornes de la DEL, et en ordonnée l'intensité la traversant. Par exemple, si la tension aux bornes de la DEL est de 1,6 V, l'intensité du courant la traversant est de 3 mA. Le point A, indiqué sur le graphe, donne les conditions normales de fonctionnement du dipôle. Lorsqu'on applique une tension de 1,7 V aux bornes de la DEL, elle fonctionne correctement (l'intensité du courant la traversant est de 15 mA). Si la tension est inférieure, elle brille moins. Si la tension est supérieure, elle risque d'être détruite. Ainsi reliée aux bornes d'une pile plate (4,5 V), la DEL grille. Il faut la protéger, c'est-à-dire la mettre en série avec un dipôle adapté (une résistance en général). La tension imposée par la pile plate se répartit entre le dipôle de protection et la DEL. On choisit le dipôle de protection de telle manière que $U_{DEL} = 1,7$ V. ■

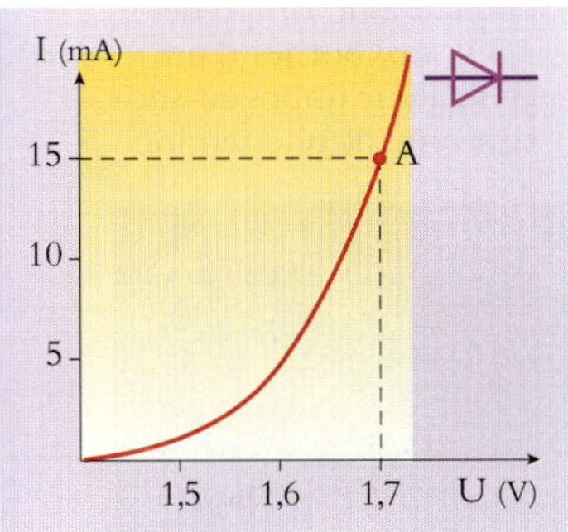

Les coordonnées de A correspondent au bon fonctionnement de la DEL.

Comment localiser une panne?

Votre lampe de poche ne fonctionne plus. La mesure de la tension en différents points du circuit, avec un voltmètre, permet de localiser la panne. On teste d'abord l'état de la pile en branchant le voltmètre à ses bornes. Si la tension mesurée est très faible, la pile est défectueuse. On teste ensuite l'interrupteur : s'il est ouvert, on doit normalement retrouver à ses bornes la tension d'alimentation ; s'il est fermé, on doit trouver une tension nulle. Si ce n'est pas le cas, l'interrupteur est défectueux. Enfin, si la pile et l'interrupteur fonctionnent, changez vite la lampe ! Pour toute intervention sous 220V, il faut couper le courant au disjoncteur, même si l'interrupteur est ouvert.

L'utilisation d'un tel interrupteur est très dangereuse.

Des fils de bonne qualité

Pour réaliser un circuit électrique, et relier les dipôles entre eux, on utilise des fils de connexion. Ces fils ne sont là que pour conduire le courant électrique et ne doivent pas intervenir dans le fonctionnement du circuit. Si l'on mesure la tension existant entre les deux extrémités d'un fil, on constate qu'elle est quasiment nulle si le fil est de bonne qualité. En général, les fils de connexion sont fabriqués avec des matériaux bons conducteurs de l'électricité comme le cuivre pour les fils de liaison classiques ou l'or pour les connexions dans les circuit intégrés. Il faut bien sûr tenir compte du coût du matériau utilisé. ■

Points clés

4

Il faut savoir adapter le générateur au circuit

Pour faire démarrer le moteur d'une automobile, on utilise une batterie de 12 V. Si cette batterie est remplacée par des piles classiques en série, de manière à obtenir la même tension, le démarrage est impossible car les piles ne peuvent fournir une intensité suffisante.

Adapter la tension

Il existe de nombreux générateurs imposant des tensions très différentes : piles (1,5 V, 4,5 V, 9 V), batteries (12 V), alimentations stabilisées (0 à 30 V)… Si l'on observe un récepteur comme une petite lampe, on lit sur le culot : 3,5 V ; 0,3 A. L'indication 3,5 V indique la tension à appliquer à la lampe pour qu'elle fonctionne correctement : c'est la tension d'« usage » ou encore tension nominale de fonctionnement. Tous les récepteurs (moteur, DEL, lampe, appareil électroménager...) possèdent une tension nominale de fonctionnement. L'indication 0,3 A est l'intensité du courant qui traverse la lampe si elle est alimentée sous 3,5 V. Réalisons l'expérience suivante : on branche une lampe de 3,5 V aux bornes d'un générateur imposant successivement une tension

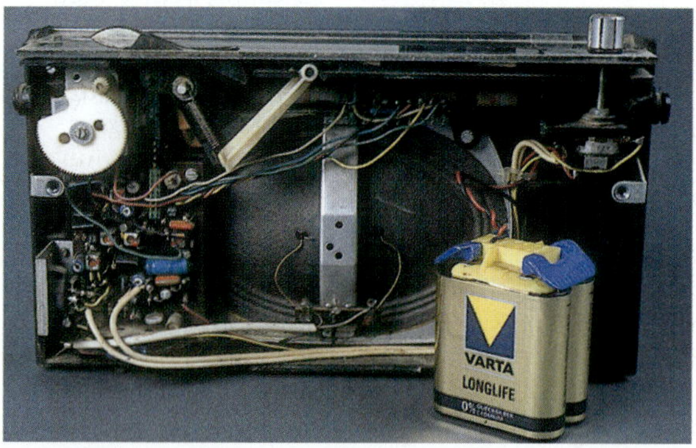

Pour un fonctionnement correct du poste, les piles sont en série.

de 1,5 V, 4,5 V, 6 V, et enfin 12 V. Avec une tension de 1,5 V, la lampe éclaire très peu, on dit qu'elle est en sous-tension. Avec une tension de 4,5 V, elle brille normalement. Avec une tension de 6 V, la lampe brille très fortement : elle est en surtension. Enfin, avec une tension de 12 V, la lampe est immédiatement détruite. Dans les cas 1, 2 et 4,5 V, le générateur n'est pas adapté au récepteur. Pour qu'un générateur et un récepteur soient adaptés, il faut que la tension imposée par le générateur soit à peu près égale à la tension nominale du récepteur. Comment faire pour alimenter la lampe de 3,5 V si l'on ne possède que des piles de 1,5 V ? Il faut associer les piles en série, en reliant la borne positive d'une pile à la borne négative de l'autre ; les tensions s'additionnent alors. Si l'on branche ainsi trois piles de 1,5 V, on obtient un générateur imposant une tension de 4,5 V adaptée à la lampe précédente. L'alimentation d'un poste radio est également réalisée en plaçant des piles en série dans l'appareil (attention à bien respecter le sens de branchement des piles). ■

La voiture électrique

Les voitures électriques sont idéales pour la circulation en ville. Leur moteur électrique fonctionne sous une tension comprise entre 0 et 96 V environ. Les batteries sont au cadmium-nickel et délivrent une tension de 6 V. L'association en série de 16 batteries permet d'obtenir la tension de 96 V et d'alimenter le moteur. Pour faire varier la vitesse de la voiture, un système fait varier la tension entre 0 et 96 V et le moteur tourne plus ou moins vite. Les batteries doivent être rechargées périodiquement dans des stations de recharge.

La voiture électrique réduit la pollution urbaine.

Adapter l'intensité

Réalisons l'expérience suivante : on branche aux bornes d'une pile plate une lampe de 3,5 V ; la lampe brille normalement. Ajoutons une deuxième lampe en dérivation avec la première, les deux lampes brillent mais un peu moins fort. Ajoutons enfin une troisième lampe en dérivation, elles brillent encore moins. Dans les trois cas, la tension est adaptée au récepteur, mais la pile doit fournir de plus en plus de courant et elle n'en est pas capable. Lorsque l'on réalise un circuit, il faut tenir compte de l'intensité que le générateur doit débiter : c'est l'adaptation de l'intensité. Si l'on met deux piles de 4,5 V en dérivation, la tension est de 4,5 V, mais l'ensemble peut fournir deux fois plus de courant.
Les panneaux solaires associent des photopiles. La tension aux bornes d'une photopile correctement éclairée est de 0,5 V. On doit donc associer des photopiles en série pour obtenir la tension désirée et en dérivation pour que le panneau puisse fournir une certaine intensité de courant. ■

Points clés

3

Visualisation des tensions à l'aide d'un oscilloscope

L'électricité est invisible. Nous ne pouvons donc pas voir une tension. Pourtant, un appareil appelé oscilloscope va nous permettre de visualiser une tension sur un écran.

L'oscilloscope

L'oscilloscope est un appareil qui permet de visualiser les variations d'une tension au cours du temps. Le déplacement, à la fois horizontal et vertical, d'un point lumineux, le spot, dessine sur l'écran une courbe appelée oscillogramme. La vitesse de déplacement horizontal du spot peut être réglée grâce au bouton de sensibilité de balayage : on dit en effet que le spot « balaie » l'écran. Si, par exemple, le réglage est de 10 ms.div $^{-1}$, cela signifie que le spot décrit une division de l'écran en 10 ms (10 millisecondes). On mesure donc un temps sur l'axe horizontal. Ce balayage est créé par un système interne à l'oscilloscope et nous pouvons le supprimer, le spot n'a alors plus de mouvement horizontal. Le déplacement vertical du spot sera provoqué par une tension appliquée entre la borne d'entrée Y (rouge) et la borne masse (noire). Ce déplacement est proportionnel à la valeur de la tension appliquée. Le bouton de sensibilité verticale donne l'échelle utilisée ; s'il est réglé par exemple sur 0,2 V.div $^{-1}$, un déplacement vertical du spot de 2 divisions correspondra à une tension appliquée de 0,4 V. La plupart des oscilloscopes possèdent deux entrées Y, et peuvent visualiser deux signaux simultanément : ce sont des oscilloscopes bicourbes. ■

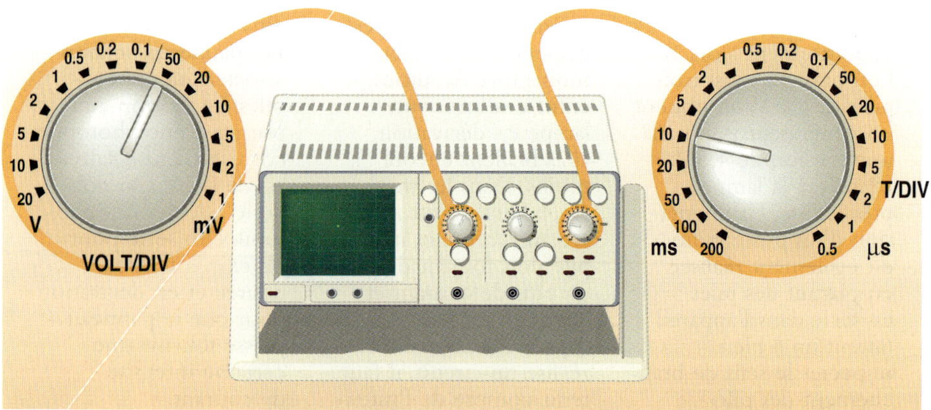

En gros plan, les boutons de réglage des sensibilités verticale et horizontale (balayage).

Utiliser l'oscilloscope

Dans un premier temps, utilisons d'abord l'oscilloscope sans balayage. Le spot est placé sur l'axe horizontal au centre de l'écran. Branchons une pile, la borne positive à l'entrée Y et la borne négative à la borne de masse. Le spot, simple tache lumineuse, dévie alors vers le haut et ne bouge plus ; ceci veut donc dire que la tension aux bornes de la pile est constante (sa valeur ne varie pas au cours du temps). Si le balayage est enclenché, le spot se déplace horizontalement : on observe une ligne horizontale sur l'oscillogramme 1. Inversons les bornes de la pile, la ligne se trouvera alors sous l'axe horizontal. La pile est maintenant remplacée par un autre générateur de tension. Le balayage étant de nouveau supprimé, une droite verticale apparaît à l'écran ! La tension appliquée n'est donc pas constante, elle varie avec le temps et le spot suit exactement ses variations. Si l'on enclenche le balayage, le spot se déplace à la fois verticalement et horizontalement, dessinant une courbe (oscillogramme 2). ■

Oscillogramme d'une tension constante en 1 et d'une tension alternative en 2.

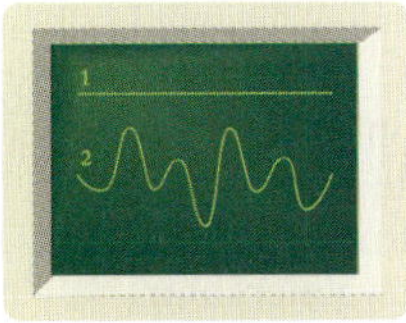

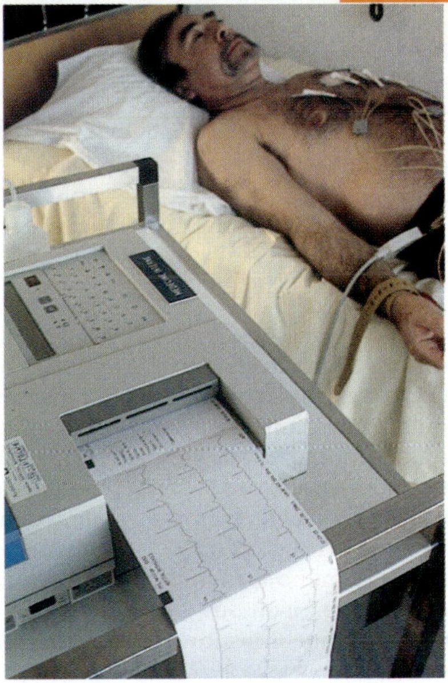

L'activité cardiaque (électrocardiogramme ou ECG) de ce patient est enregistrée par un oscillographe.

Différentes formes de tension

L'oscillogramme 1 est obtenu en branchant une pile, un accumulateur ou une alimentation stabilisée ; ces générateurs délivrent une tension constante : la position de la ligne horizontale dépend de la valeur de la tension. Dans le cas de l'oscillogramme 2, la tension observée varie au cours du temps ; elle est alternativement positive puis négative : c'est une tension alternative. Elle est délivrée par des générateurs appelés générateurs basse fréquence (GBF). Leur forme peut être très variée : sinusoïdale, triangulaire, carrée... Le signal électrique délivré par un synthétiseur musical est alternatif, de forme quelconque. L'oscilloscope permet aussi d'observer les tensions qui apparaissent en différents points du corps humain. On peut ainsi, grâce à des électrodes fixées en différents endroits (capteurs de tension), obtenir l'oscillogramme de l'activité cardiaque (l'électrocardiogramme) ou de l'activité du système nerveux (l'électroencéphalogramme). ■

Dico → **balayage • électrode • générateur • tension**

Points clés

3

Comment produire une tension alternative ?

Il fait nuit et vous devez circuler à bicyclette. Pour vous éclairer, vous allez mettre en service la petite génératrice qui va créer de l'électricité et allumer la lampe. Mais quel est son principe de fonctionnement ?

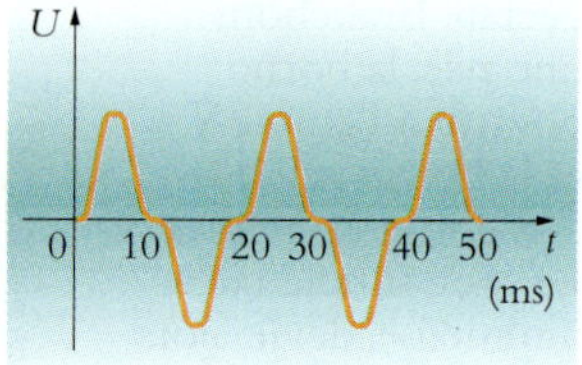

La tension délivrée par la génératrice de bicyclette est alternative.

La génératrice de bicyclette

La génératrice de bicyclette est un alternateur constitué principalement d'un galet, d'un aimant et d'une bobine. Son fonctionnement est très simple. Le galet, en frottant sur la roue de bicyclette, entraîne l'aimant qui tourne au-dessus d'une bobine constituée de fil de cuivre isolé. Une tension aux bornes de la bobine apparaît alors, ce qui permet de faire fonctionner une lampe. Si on relie un oscilloscope aux bornes de la bobine, on obtient l'oscillogramme ci-contre qui montre que cette tension est alternative. D'où le nom d'alternateur donné à ce type de générateur. Ainsi, lorsqu'un aimant bouge devant une bobine (ou inversement), il apparaît une tension alternative aux bornes de celle-ci. Ce phénomène physique est le phénomène de l'induction électromagnétique. Il fut découvert en 1831 par le physicien britannique Faraday et marqua une grande étape dans l'histoire de l'électricité. Le terme « induction » vient du fait que le mouvement de l'aimant induit une tension dans la bobine. Pour augmenter l'effet d'induction, on place à l'intérieur de la bobine un morceau de fer (noyau de fer) et on utilise un aimant à plusieurs pôles. Dans l'exemple de la génératrice de bicyclette, on peut observer huit lamelles reliées au noyau de fer se trouvant dans la bobine. La valeur de la tension (ainsi que la fréquence) varie en fonction de la vitesse de rotation de l'aimant. Plus l'aimant tourne vite, plus la tension est importante. Donc, plus on roule vite, plus la lampe brille, mais à l'arrêt, elle ne fonctionne pas. Sur les cyclomoteurs, c'est un volant magnétique qui fournit l'énergie électrique. Dans l'automobile, un alternateur entraîné par le moteur fournit une tension alternative. Cette tension redressée permet de charger la batterie qui fournit une tension continue. ■

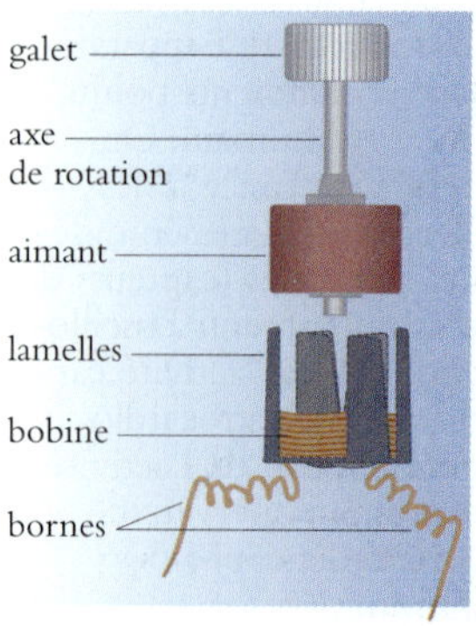

Une génératrice de bicyclette démontée. À l'intérieur de la bobine se trouve un noyau de fer.

D'autres applications de l'induction

L'essentiel de l'électricité utilisée dans le monde est produite grâce à de gros alternateurs industriels installés dans des centrales électriques.
Ils sont constitués d'électroaimants (rotors) tournant devant de grosses bobines fixes (stators). En dehors de l'alternateur, le phénomène de l'induction a des applications diverses et variées. Le transformateur, constitué de deux bobines indépendantes, permet de transformer la valeur d'une tension alternative. La première bobine, alimentée sous une certaine tension, induit dans la deuxième une tension de valeur plus faible ou plus élevée. Sur certains trains ou véhicules lourds (camions), le phénomène de l'induction est utilisé pour le freinage.
Le chauffeur peut, en manœuvrant une petite manette, mettre en service le système de freinage électromagnétique et ralentir ainsi son véhicule. Citons enfin comme autre application le microphone. Il existe, bien sûr, différents types de microphones, mais il en existe un qui utilise l'effet d'induction : le microphone électrodynamique. Lorsque l'on parle devant le micro, on fait bouger une membrane souple. Une bobine, fixée sur cette membrane, bouge devant un aimant. Il apparaît alors une tension dont la valeur et la forme varient en fonction du mouvement de la membrane. Nous pouvons voir, sur l'écran ci-dessous, un exemple de tension induite obtenue en captant, par un micro, le son émis par un instrument de musique. ■

La tension délivrée par le microphone peut être visualisée à l'ordinateur.

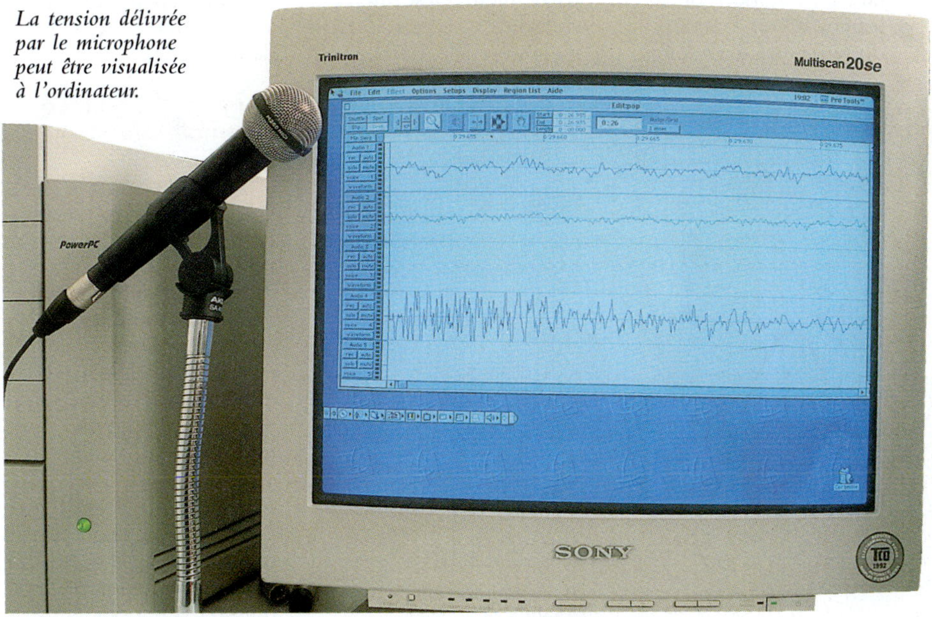

Points clés

3

Caractérisons une tension alternative sinusoïdale

Certains générateurs appelés générateurs basse fréquence (GBF) peuvent délivrer, en particulier, des tensions alternatives sinusoïdales. Toutes les tensions alternatives sinusoïdales ne sont pas identiques. Comment les distinguer?

Relevons manuellement les valeurs d'une tension

Branchons un voltmètre aux bornes d'un générateur très basse fréquence et notons la valeur U de la tension toutes les secondes.
On obtient le tableau de valeurs ci-dessous.
À l'aide de ce tableau, on trace le graphe représentant les variations de la tension U en fonction du temps *t*. L'extrémité de notre crayon suit exactement le chemin que suivrait le spot d'un oscilloscope. On constate que la tension varie au cours du temps ; elle prend des valeurs positives et négatives : elle est alternative. On constate aussi qu'elle a une forme particulière : c'est une sinusoïde… La tension est sinusoïdale. Enfin, on constate qu'après 8 secondes, la tension retrouve les mêmes valeurs ; elle se répète identique à elle-même : on dit qu'elle est périodique. Attention, une tension périodique n'est pas obligatoirement sinusoïdale. Elle est périodique si elle se répète identique à elle-même à intervalles de temps égaux. ■

t (s)	0	1	2	3	4	5	6	7	8
U (mV)	0	1,4	2	1,4	0	-1,4	-2	-1,4	0

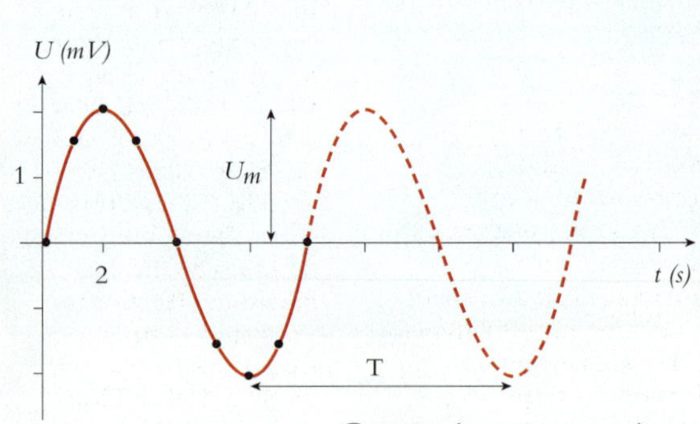

Cette tension est une tension alternative sinusoïdale.

Période, fréquence et amplitude

Prenons le cas de la tension étudiée précédemment. Entre les instants 0 et 8 s, le spot décrit un motif (élémentaire) qui va ensuite se répéter. La durée de ce motif est appelé période que l'on note T. Une période est donc un temps (lu sur l'axe des abscisses) exprimé en seconde (ici, T = 8 s). Il est à noter que le choix du motif importe peu : nous aurions pu choisir de mesurer la période entre deux sommets successifs et nous aurions encore trouvé 8 s. Plus la période d'un phénomène est grande, plus le phénomène varie lentement ; une période de 8 s correspond à un phénomène lent. Or en électricité, les tensions varient en général rapidement et on utilise de préférence une autre grandeur appelée fréquence. La fréquence correspond au nombre de motifs élémentaires que l'on a en une seconde. Elle se note f et elle s'exprime en hertz (Hz). La relation entre période et fréquence est : $f = 1/T$. Attention à bien exprimer la période en seconde pour avoir la fréquence en hertz. Dans l'exemple précédent, nous avons donc $f = 0{,}125$ Hz. Plus la fréquence est grande, plus le phénomène est rapide. On observe d'autre part que la tension passe par une valeur maximale notée U_m et une valeur minimale $(-U_m)$. On peut lire, en ordonnées, 2 V pour la valeur maximale. Cette valeur maximale U_m est appelée l'amplitude de la tension et elle s'exprime en volts. On indique rarement l'amplitude d'une tension, mais on utilise sa valeur efficace U. La relation entre U et U_m est : $U = U_m/\sqrt{2}$. ■

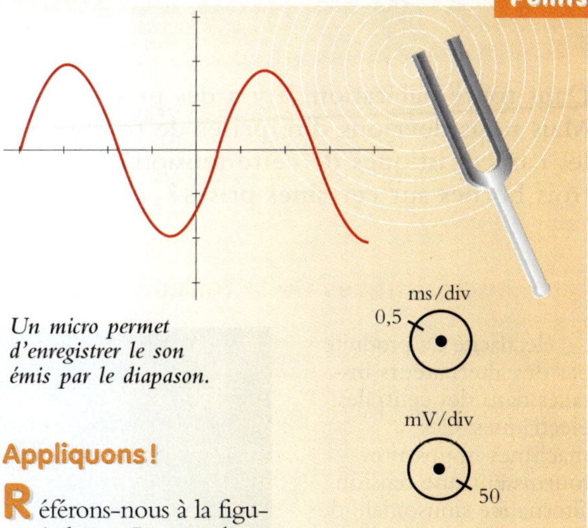

Un micro permet d'enregistrer le son émis par le diapason.

Appliquons !

Référons-nous à la figure ci-dessus. La note *la* émise par un diapason est enregistrée à l'oscilloscope. Quelles sont la période, la fréquence et l'amplitude du signal ? Pour la période, comptons le nombre de divisions (sur l'axe des abscisses) séparant deux sommets. Nous trouvons 4,6 div. ; une div. correspond à 0,5 ms, donc 4,6 div correspondent à 2,3 ms. La période est donc $T = 2{,}3.10^{-3}$ s. Puisque $f = 1/T$, la fréquence est de 440 Hz. Pour l'amplitude, comptons le nombre de divisions (sur l'axe des ordonnées) correspondant à la valeur maximale : nous trouvons 2 div. Sachant qu'une division correspond à 50 mV, l'amplitude U_m est donc de 100 mV. ■

Vous avez dit fréquence ?

Tout phénomène physique périodique est caractérisé par sa fréquence ou sa période. Le mouvement de la Terre autour du Soleil est périodique de période 365 jours. Les battements du cœur sont des mouvements périodiques. Une note de musique est une vibration de l'air dont la fréquence peut varier de 30 Hz (note grave) à 2 500 Hz environ (note aiguë). Un poste de radio reçoit des vibrations électromagnétiques dont la fréquence peut varier de 88 à 108 millions de hertz (MHz).

Points clés

Et la tension du secteur ?

3

Dans toute habitation, il y a des prises de courant. Mais nous devrions dire prises de tension. Quelles sont les caractéristiques de cette tension ? Pourquoi y a-t-il trois bornes sur certaines prises ?

Les caractéristiques de la tension du secteur

L'électricité est produite par des alternateurs installés dans des centrales électriques. Ces machines imposantes fournissent une tension alternative sinusoïdale de valeur efficace 20 kV. Pour éviter les pertes pendant le transport, cette tension est élevée jusqu'à 400 kV grâce à des transformateurs élévateurs de tension. Puis elle est ensuite abaissée pour arriver chez les usagers. Cette tension est appelée tension du secteur. Toutes les manipulations décrites ici ne doivent pas être réalisées à la maison car elles sont dangereuses. La grande majorité des prises d'une installation domestique comportent trois bornes : deux bornes femelles et une borne mâle. La tension du secteur est présente entre les deux bornes femelles. Pour mesurer la tension efficace, nous utilisons un voltmètre ; la valeur indiquée est d'environ 220 V. Donc, entre les deux bornes femelles d'une prise secteur, il existe une tension de 220 V. Pour visualiser la forme de cette tension, nous utilisons un oscilloscope. Mais nous ne pouvons appliquer directement cette tension aux bornes de l'oscilloscope : elle est trop élevée et il faut utiliser un transformateur abaisseur de tension. On constate alors que nous avons une tension alternative sinusoïdale (comme celle délivrée par l'alternateur). Sa période est de 20 ms. Sa fréquence est donc de $f = \frac{1}{0,02} = 50$ Hz. Cette tension étant sinusoïdale, on peut calculer son amplitude U_m et on trouve $U_m = 311$ V. La tension secteur est donc une tension alternative sinusoïdale de fréquence 50 Hz, variant de −311 V à 311 V et ayant une valeur efficace de 220 V. Les tensions du secteur des différents pays sont de 220 V ou de 110 V, et leur fréquence peut être de 40, 50 ou 60 Hz. ■

Une tension alternative de 220 V existe entre les deux bornes femelles de chaque prise.

Alternateur en cours de montage. La présence d'un ouvrier met en évidence ses grandes dimensions.

La phase neutre et la terre

Un tournevis testeur permet de distinguer les deux bornes femelles d'une prise. Il contient une lampe qui s'illumine lorsqu'une tension assez importante est appliquée entre ses deux extrémités. Il ne faut jamais utiliser un tournevis ordinaire au risque d'électrocution. Introduisons l'extrémité du tournevis testeur dans une des bornes femelles (dessin ci-dessous).

Le tournevis testeur permet de repérer la phase et le neutre.

Si la lampe s'allume, la borne testée est reliée à un fil de phase. Si elle ne s'allume pas, elle est reliée à un fil neutre. Fil de phase et fil neutre sont les deux fils qui arrivent au compteur électrique et qui distribuent l'électricité dans une maison. La borne mâle d'une prise secteur est appelée la terre. Elle est reliée directement par des fils conducteurs à des pieux métalliques enfoncés dans le sol. ■

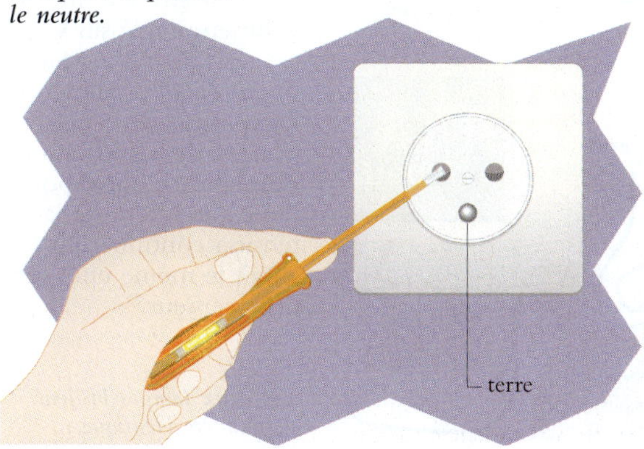

Les dangers du secteur

La tension du secteur de 220 V est dangereuse et peut provoquer des électrocutions. Ce risque existe dès que l'on touche à la fois la phase et le neutre, ou à la fois la phase et la terre ou la phase seule. En effet, dans les trois cas, il existe une tension de 220 V et un courant peut traverser notre corps entraînant des risques mortels. L'incendie est un autre danger du secteur. Un contact direct (court-circuit) entre phase et neutre ou entre phase et terre, en l'absence d'une bonne protection, peut être une cause d'incendie. Si l'on branche trop d'appareils sur une prise multiple, il peut y avoir « surcharge » et l'échauffement des fils peut enflammer les substances avoisinantes. ■

Points clés

3

Quelles mesures peut-on faire en alternatif ?

Pour mesurer une tension continue, nous avons utilisé un voltmètre placé sur V = . Mais il existe aussi une position V~. Dans ce cas, que mesure le voltmètre ?

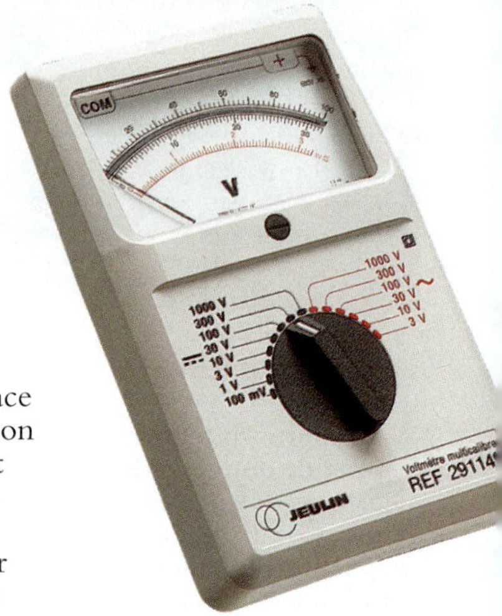

Ce voltmètre permet de mesurer des tensions continues ou alternatives.

Que représente la tension efficace?

La valeur d'une tension continue, mesurée avec un voltmètre réglé sur V = , est identique à celle qui est mesurée à l'aide d'un oscilloscope. Si l'on applique maintenant une tension alternative sinusoïdale aux bornes de l'oscilloscope, on observe une sinusoïde d'une certaine amplitude. Si l'on mesure cette même tension avec un voltmètre réglé sur V~, on ne trouve pas la même valeur. On dit que, sur cette position, le voltmètre mesure la valeur efficace de la tension. La relation entre amplitude U_m et valeur efficace U est : $U = U_m/\sqrt{2}$. Mais que représente cette valeur efficace ? Réalisons le montage de la figure ci-dessous. À gauche, une lampe est alimentée sous une tension continue de 5,8 V (valeur indiquée par le voltmètre réglé sur V =). À droite, une lampe identique à la précédente, est alimentée sous une tension alternative sinusoïdale. Pour avoir exactement le même éclairement des deux lampes, nous devons appliquer une tension alternative dont la valeur efficace (lue au voltmètre réglé sur V~) est aussi de 5,8 V. Mais, observée à l'oscilloscope, l'amplitude de cette tension est de 8,2 V. La tension efficace correspond donc à la valeur de la tension continue qui aurait le même effet sur un récepteur.■

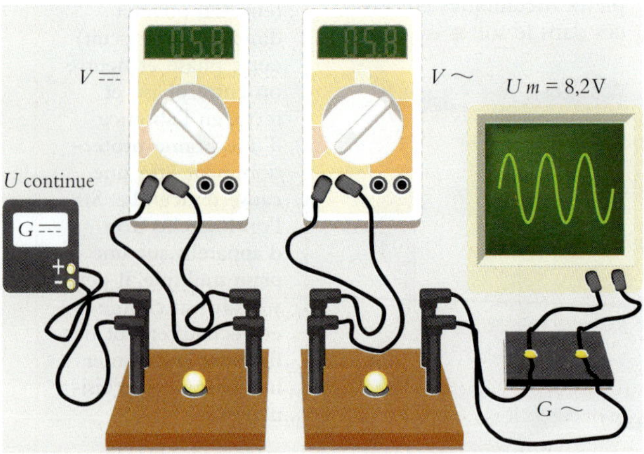

Les deux lampes brillent de manière identique.

L'intensité du courant alternatif

Alimenté sous une tension continue, le courant qui traverse un récepteur est lui aussi continu. Il circule de la borne positive du générateur vers la borne négative. Pour mesurer l'intensité du courant continu, on utilise un ampèremètre réglé sur A = . Alimenté sous une tension alternative sinusoïdale, le courant qui traverse un récepteur est alternatif sinusoïdal. Ce courant va alternativement dans un sens et dans l'autre car les bornes du générateur s'inversent à intervalles de temps réguliers. Pour mesurer l'intensité d'un tel courant nous utilisons un ampèremètre réglé sur A~. L'ampèremètre indique alors l'intensité efficace du courant. Pour mettre en évidence ce déplacement alternatif du courant, on peut réaliser cette expérience.
On branche deux DEL (une rouge et une verte) en dérivation, l'une dans le sens passant et l'autre en sens bloqué.
On alimente le montage avec un générateur très basse fréquence sans avoir oublié le dipôle de protection pour les DEL. On observe alors un clignotement des DEL : si le courant circule dans un sens, l'une des DEL éclaire et l'autre pas, si le courant circule dans l'autre sens, c'est l'inverse. ■

Les lois en courant alternatif

La loi d'addition des tensions, ainsi que la loi des nœuds, introduites dans le cas des courants continus, ne s'appliquent en alternatif qu'aux valeurs instantanées des tensions et des intensités car les valeurs des tensions et des intensités changent à chaque instant. Cependant, dans le cas d'un récepteur purement thermique tel qu'une lampe ou un radiateur, la loi d'Ohm $U = RI$ et l'expression de la puissance $P = UI$ sont les mêmes qu'en courant continu, U et I représentant les valeurs efficaces de la tension et de l'intensité.
Remarque : on peut aussi écrire ces relations avec les valeurs instantanées. ■

Points clés

L'histoire du courant alternatif

Grâce à Volta et à la découverte de la pile en 1800, les physiciens ont, pour la première fois, un générateur de courant continu à leur disposition. En 1871, un ouvrier belge, Zénobe Gramme, présente la première dynamo. C'est un appareil capable de fournir un courant électrique continu lorsqu'on le fait tourner. Cette découverte est très vite commercialisée et du courant électrique peut être distribué aux habitants d'une ville, comme pour la première fois à New York en 1882. Mais ce transport de courant continu s'accompagne d'énormes pertes.
Pour les limiter, il faut augmenter la valeur de la tension grâce à un transformateur. Mais celui-ci ne fonctionne qu'en courant alternatif. Ainsi, pour transporter, à partir d'une centrale électrique, de l'électricité sur de longues distances, il faut fabriquer du courant alternatif.
La dynamo, après quelques modifications, est devenue un alternateur.

Dico → alternatif • loi d'Ohm

Points clés

③ Comment produire une tension continue à partir du secteur ?

En France, le secteur nous délivre une tension alternative sinusoïdale de valeur efficace 220 V. Or beaucoup d'appareils électriques fonctionnent sous des tensions continues de valeurs plus faibles (6 ou 12 V). Une alimentation stabilisée permet de passer de l'alternatif au continu.

Le transformateur

Un transformateur est constitué de deux bobines indépendantes l'une de l'autre et placées autour d'un noyau de fer. L'une des bobines est appelée le primaire et l'autre le secondaire. Le symbole d'un transformateur est:
Appliquons une tension alternative sinusoïdale à l'enroulement primaire. Il apparaît alors une tension alternative sinusoïdale aux bornes de l'enroulement secondaire : c'est le phénomène de l'induction.

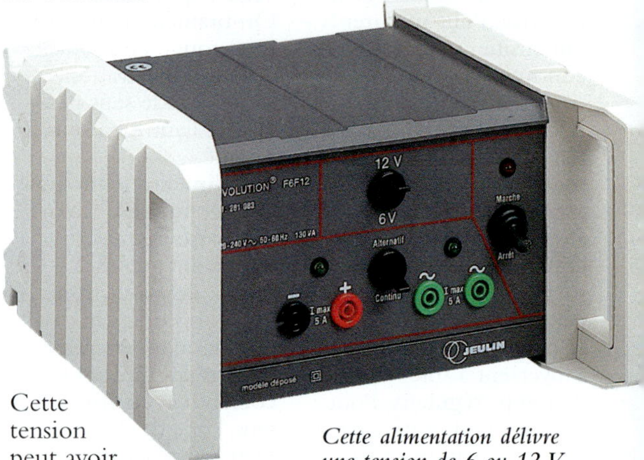

Cette alimentation délivre une tension de 6 ou 12 V continue ou alternative.

Cette tension peut avoir une valeur plus grande ou plus petite que celle qui est appliquée au primaire en fonction du nombre de tours de fil au primaire et au secondaire. Ainsi, un transformateur permet d'élever ou d'abaisser la valeur d'une tension alternative, la fréquence n'étant pas modifiée. À partir de la tension secteur de 220 V, on peut alimenter des récepteurs fonctionnant sous 12 ou 24 V alternatif en intercalant un transformateur adapté. Il ne faut surtout pas intervertir le secondaire et le primaire sinon on risque des élévations de tension qui pourraient être très dangereuses. ■

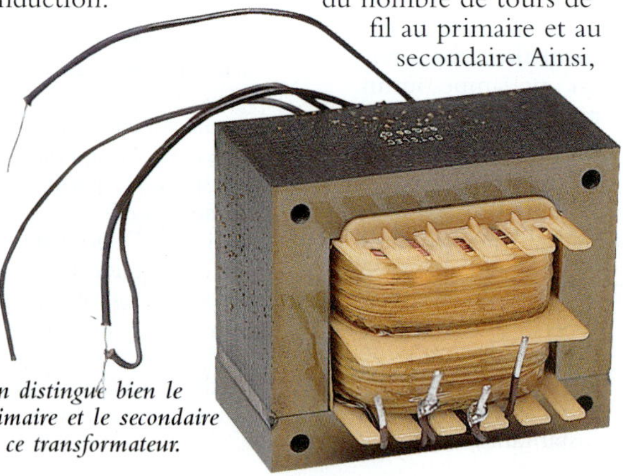

On distingue bien le primaire et le secondaire de ce transformateur.

Le redressement et le filtrage

La tension obtenue au secondaire d'un transformateur est alternative (voir oscillogramme 1). Pour alimenter certains appareils, en particulier ceux possédant des circuits électroniques, il faut la transformer en une tension continue. Dans un premier temps, on « redresse » la tension. Ce redressement est réalisé à l'aide d'un pont de diodes. C'est une association de quatre diodes. La tension obtenue en sortie a l'allure de l'oscillogramme 2. On constate que les parties négatives (on dit alternances négatives) de la courbe 1 ont été redressées alors que les alternances positives n'ont pas changées. On a donc maintenant une tension qui n'est plus alternative puisqu'elle garde toujours le même signe, mais sa valeur n'est pas constante. Ce type de redressement est appelé redressement double alternance. Pour obtenir une tension constante, il ne nous reste plus qu'à « lisser » la tension redressée pour aboutir à l'oscillogramme 3. Cette opération s'appelle le lissage ou filtrage. Elle est réalisée par un dipôle particulier : un condensateur. Son symbole est :

Le rôle du condensateur est de « combler » les creux des vagues de l'oscillogramme 2. Si le condensateur a une capacité suffisante, la tension obtenue sera bien constante. Dans le cas contraire, il peut subsister quelques ondulations sur la courbe 3. L'appareil qui réalise ces trois opérations, -transformation, redressement et filtrage-, se nomme une alimentation stabilisée. Celle que nous pouvons voir sur la photographie page 344 transforme une tension alternative en une tension continue de 12 V continu. On remarque que cette alimentation possède également une sortie alternative dont les bornes sont repérées par le signe ~. L'indication 5 A inscrite sur la face avant nous précise l'intensité maximale que peut débiter cette alimentation stabilisée. ■

Ces oscillogrammes visualisent les trois étapes de la transformation alternatif-continu.

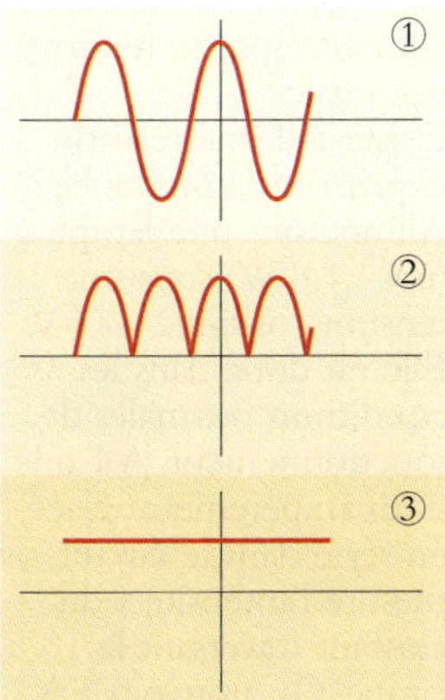

Onduleurs et hacheurs

Les onduleurs créent une tension alternative à partir d'une tension continue. La tension continue est en général délivrée par des batteries de 12 ou 24 V, et l'on obtient une tension alternative de 220 V. On les utilise dans les caravanes ou les camping-cars. Ils servent également d'alimentation de secours pour les ordinateurs professionnels en cas de coupure de courant. Les hacheurs, eux, transforment une tension continue en une autre de valeur différente. Ils sont utilisés pour alimenter les moteurs à courant continu équipant les voitures électriques ou les locomotives.

Points clés

3

La puissance électrique consommée est indiquée sur les appareils

Sur tout appareil électrique, on trouve une plaque signalétique comportant par exemple les indications suivantes : 220 V ; 1000 W. La première nous indique la tension d'alimentation de l'appareil et la seconde la puissance électrique qu'il consomme.

La tension nominale

Sur la plupart des appareils électriques, on trouve différentes indications, parmi lesquelles une valeur de tension : la tension nominale. Pour fonctionner correctement, l'appareil doit être alimenté sous une tension proche de celle-ci. Si la tension est trop forte, l'appareil est en surtension et risque d'être détruit. Si elle est trop faible, il est en sous-tension et ne fonctionne pas correctement. Plusieurs appareils de même tension nominale peuvent être branchés en dérivation et fonctionner normalement. ■

Cet appareil fonctionne correctement sous 220 V.

La motrice d'un TGV utilise un moteur électrique consommant une puissance électrique énorme.

La puissance électrique consommée

Une des indications inscrites sur la plaque signalétique d'un appareil est en générale une valeur exprimée en watts (W). C'est la puissance nominale de l'appareil. Utilisons deux lampes dont les indications sont : 220 V - 40 W et 220 V - 100 W. Si on les alimente toutes les deux sous 220 V (leur tension nominale), elles ne brillent pas de la même façon. L'éclat de la deuxième est plus important : elle consomme plus de puissance que la première. La puissance nominale correspond à la puissance électrique reçue (ou consommée) par l'appareil lorsqu'il est alimenté sous sa tension nominale.
Existe-t-il une relation exprimant la puissance ? Alimentons une lampe (6 V - 1,8 W) sous une tension continue de 6 V. Elle est donc dans les conditions normales de fonctionnement. À l'aide d'un ampèremètre placé en série dans le circuit, on mesure l'intensité I du courant traversant la lampe. On trouve 0,3 A.

On remarque que le produit U.I ($6 \times 0{,}3 = 1{,}8$) correspond à la puissance nominale consommée par la lampe. En courant continu, la puissance P consommée par un appareil électrique est donnée par $P = U.I$. Attention, U est la tension (en volts) existant aux bornes de l'appareil, I est l'intensité (en ampères) du courant traversant ce même appareil et P est la puissance consommée (en watts) par cet appareil. Si la puissance consommée est plus importante que la puissance nominale, l'appareil peut être détruit.

En courant alternatif, la relation reste valable pour les appareils de chauffage et d'éclairage. U et I représentent alors les valeurs efficaces de la tension et de l'intensité. Suivant les appareils, les valeurs de puissance nominale sont très diverses. Une calculette consomme de l'ordre de 0,1 mW (0,000 1 W), une DEL environ 40 mW, donc des puissances très faibles. À l'inverse, la puissance consommée par un TGV est d'environ 10 MW (10 millions de watts). Le tableau ci-contre indique quelques valeurs de puissance nominale consommée par des appareils ménagers. ■

Un calcul simple mais important

Sur un fer à repasser, nous pouvons lire : 220 V-1 000 W. Branché sous 220 V, l'appareil consomme donc une puissance électrique de 1 000 W. Dans ces conditions, quelle est l'intensité du courant traversant le fil d'alimentation ? Grâce à la relation $P = U.I$, nous obtenons

$$I = \frac{P}{U} = \frac{1000}{220} = 4{,}5 \text{ A.}$$

Les constructeurs vendent l'appareil avec un fil d'alimentation pouvant supporter une telle intensité. Lorsque nous achetons une « rallonge » dans le commerce, nous pouvons voir inscrite une valeur d'intensité. C'est la valeur de l'intensité maximale que le fil peut supporter sans risque d'échauffement. Dans notre cas, pour qu'il n'y ait aucun risque, la valeur indiquée doit être au moins de 10 A. Dans le cas des prises multiples, c'est une valeur de puissance qui est indiquée. Il ne faut pas que la somme des puissances consommées par chaque appareil branché sur la prise soit supérieure à la valeur indiquée sur l'emballage. ■

Domaine d'utilisation	Appareil	Puissance nominale (W)
Entretien	lave-linge	2 400
	lave-vaisselle	3 000
	fer à repasser	1 000
Cuisine	cuisinière/four	2 500
	réfrigérateur 250 L	200
Chauffage	chauffe-eau 200 L	2 000
	radiateur électrique d'appoint	2 000
Éclairage	15 lampes à incandescence	1 200
	15 lampes basse tension	300
Loisirs, bricolage	télévision	70
	magnétoscope	29

Dico → courant alternatif • valeur efficace

Points clés

3

Puissance fournie et puissance consommée : à surveiller !

Un vendeur de matériel audio hi-fi propose à ses clients une chaîne de puissance 100 W associée à des enceintes de 50 W. Est-ce raisonnable ? Que représentent ces deux valeurs ?

La puissance fournie

Supposons qu'un générateur électrique maintienne à ses bornes une tension U constante. Suivant le dipôle récepteur branché à ses bornes, le générateur débite un courant d'intensité I plus ou moins importante. On dit que la puissance électrique fournie par le générateur est $P = U.I$ (l'unité de puissance est le watt). Mais l'intensité débitée par le générateur ne peut dépasser une certaine valeur maximale, notée I_{max}, sous risque de destruction. La puissance maximale que peut fournir le générateur sera donc $P_{max} = U.I_{max}$.
Les petites piles boutons délivrent une puissance assez faible. Celle fournie par des piles classiques est plus importante mais reste limitée. Les batteries sont beaucoup plus puissantes et permettent le démarrage des voitures. Associées en série et en dérivation, elles servent d'alimentation aux voitures électriques. Les alternateurs, qui produisent l'électricité dans les centrales électriques, peuvent fournir des puissances énormes de l'ordre de centaines de mégawatts. En fait, ils doivent s'adapter à la demande. Si l'alimentation d'une région nécessite une puissance de 100 MW, l'alternateur doit fournir 100 MW. Mais si la demande devient trop importante, l'alternateur ne pourra pas délivrer cette puissance sans risque de destruction. Il faudra alors réduire l'énergie fournie à certaines installations, ce qui peut se produire en hiver. ■

Les deux citrons, associés en série, constituent une pile suffisamment puissante pour alimenter la montre digitale.

La puissance reçue ou consommée

Les récepteurs, eux, consomment de l'énergie électrique. Ils fonctionnent sous une tension U donnée (appelée tension nominale) et ils sont alors parcourus par un courant I. Ils reçoivent ou consomment donc une puissance P = U.I. Cette relation est valable pour des tensions continues. En courant alternatif, elle reste valable pour les résistances. Les puissances consommées varient en fonction des récepteurs utilisés. Une montre à cristaux liquides consomme de l'ordre de quelques milliwatts, alors que les spots d'éclairage d'un terrain de football peuvent consommer plusieurs centaines de kilowatts. Si le récepteur est alimenté sous sa tension nominale, il fonctionnera correctement et il n'y a aucun risque pour lui. Si la tension d'alimentation augmente, l'intensité du courant qui le traverse augmente aussi. La puissance reçue sera alors trop importante et il risque d'être détruit. ■

Les projecteurs de ce terrain de football consomment une puissance électrique importante.

Adapter l'alimentation au circuit

La puissance de cet amplificateur dépend de la puissance de son alimentation.

La puissance consommée par une montre digitale est faible ; l'alimentation fournira donc également une puissance faible. D'où l'utilisation d'une petite pile bouton. Les alimentations présentes dans beaucoup d'appareils doivent être adaptées aux puissances consommées par ces appareils. Dans le cas d'une chaîne hi-fi, l'amplificateur peut, par exemple, fournir une puissance variant de 0 à 100 W. Cette puissance est réglable grâce au bouton de volume. Si on lui associe des haut-parleurs de 50 W, c'est-à-dire ne pouvant recevoir une puissance supérieure à 50 W, il y a risque de destruction des haut-parleurs si on « pousse » trop le volume. Il faut donc qu'il y ait adaptation entre l'amplificateur et les enceintes. ■

Points clés 3

L'énergie consommée pour le chauffage et l'éclairage

Si l'on fait fonctionner une lampe de 100 W pendant une minute ou pendant une heure, la «quantité d'électricité» consommée n'est pas la même : on dit que l'énergie électrique consommée en une heure est plus grande.

Une centrale nucléaire transforme de l'énergie nucléaire en énergie électrique.

La notion d'énergie

L'homme est incapable de fabriquer de l'énergie. Il peut simplement transformer une énergie en une autre. Les générateurs fournissent de l'énergie électrique à partir d'une autre énergie. Ainsi, une pile «fabrique» de l'électricité à partir d'une réaction chimique : on dit qu'elle convertit de l'énergie chimique en énergie électrique.
Les récepteurs, eux, font l'opération inverse. Ils reçoivent de l'énergie électrique et la transforment en chaleur, en lumière, ou en une autre énergie. Des récepteurs comme les résistances chauffantes transforment intégralement l'énergie électrique qu'elles reçoivent en chaleur. On les trouve dans les fers à repasser, les plaques de cuisson électriques... Les lampes convertissent l'électricité en lumière mais également en chaleur. Enfin, les moteurs consomment de l'énergie électrique et la transforment en énergie mécanique et aussi en chaleur. On constate que tout récepteur électrique en fonctionnement produit de la chaleur. Cet effet, appelé effet Joule, du nom d'un savant britannique (1818-1889), correspond à une transformation d'énergie électrique en chaleur. L'effet Joule est inévitable. ■

La relation puissance-énergie

Un récepteur électrique est caractérisé par la puissance électrique qu'il consomme. Celle-ci s'exprime en watts. Une lampe de 100 W est plus puissante qu'une lampe de 25 W (elle éclaire plus). Utilisons une lampe de 100 W pour éclairer une pièce. Si elle fonctionne pendant une heure, elle va consommer une certaine « quantité d'électricité ». Si on la laisse allumée 10 heures, elle en consomme beaucoup plus. Dans le deuxième cas, on dit que l'on a consommé plus d'énergie électrique que dans le premier. L'énergie électrique E consommée dépend donc de la durée t pendant laquelle un appareil fonctionne. Elle dépend également de la puissance P de l'appareil utilisé. La relation entre puissance et énergie est : $E = P \times t$. L'unité d'énergie utilisée pour la consommation d'électricité est le Wh (wattheure) ou le kWh (kilowattheure). L'unité légale d'énergie est le Joule (J). ■

Toutes ces lampes allumées consomment de l'énergie.

La mesure de l'énergie

Si on laisse une lampe de 75 W allumée pendant deux heures, l'énergie électrique consommée est de $E = 75 \times 2 = 150$ Wh (ou 0,15 kW.h). Si on laisse une lampe de 50 W allumée pendant 4 heures, l'énergie consommée est de 200 Wh. Pour facturer cette énergie consommée, il faut la mesurer. L'appareil qui permet cette mesure est un compteur électrique. Il est installé à l'intérieur ou à l'extérieur des habitations. Un agent passe à intervalle de temps régulier pour « relever le compteur », c'est-à-dire noter la valeur de l'énergie (en kWh) consommée. Il existe maintenant de nouveaux compteurs électriques électroniques. Ils sont « relevables » à distance, sans déplacement. Une facture est ensuite envoyée à l'utilisateur pour payer l'électricité qu'il a consommée. Suivant le type, le nombre d'appareils en service et le temps d'utilisation, l'énergie consommée est plus ou moins importante. Ainsi, la consommation moyenne journalière d'un lave-linge est de 1,1 kWh, celle d'une cuisinière électrique de 3,5 kWh, celle d'un aspirateur de 0,5 k.h, celle d'un téléviseur de 0,21 kW.h. Pour l'éclairage d'une maison, il faut compter environ 1 kWh par jour. Ces valeurs peuvent paraître faibles, mais en tenant compte du nombre de jours et du nombre d'habitants, la consommation annuelle nationale est de l'ordre de 420 TWh (1T = 1 téra = mille milliards !). Attention au gaspillage… ■

Les nouveaux compteurs électriques peuvent être relevés à distance.

Points clés

La loi d'Ohm

3

Il est très rare qu'un circuit électrique ne comporte pas de résistance. On en trouve, par exemple, dans une machine à laver. Étudions-les d'un peu plus près.

La loi d'Ohm et sa vérification

Il existe dans le commerce des dipôles appelés conducteurs ohmiques. Pour connaître les caractéristiques électriques d'un dipôle, il faut déterminer comment varie l'intensité I du courant qui le traverse en fonction de la tension U à ses bornes. Il faut donc trouver une relation entre U et I. Pour cela, on réalise le circuit décrit ci-après : le conducteur ohmique est branché aux bornes d'un générateur de tension continue réglable. Un voltmètre, aux bornes du conducteur ohmique, mesure la tension U à ses bornes et un ampèremètre en série mesure l'intensité I du courant qui le traverse. Le générateur réglable permet de faire varier la tension et on mesure les différentes valeurs de U et de I rassemblées dans le tableau ci-dessous. On peut tracer le graphe (U, I) que l'on appelle caractéristique tension-intensité du dipôle étudié. On obtient un segment de droite passant par l'origine. La tension aux bornes du conducteur ohmique est donc proportionnelle à l'intensité du courant qui le traverse : si U double, alors I double. Un dipôle, dont la caractéristique est un segment de droite passant par l'origine, est un conducteur ohmique. On constate également que les rapports U/I, calculés à partir des valeurs du tableau, sont tous de l'ordre de 330 (I en ampères). Ce coefficient est noté R. C'est la résistance du conducteur ohmique et elle s'exprime en ohms (Ω). On peut donc écrire U/I = R ou encore U = R.I. C'est la loi d'Ohm : la tension aux bornes d'un conducteur ohmique est égale au produit de sa résistance R par l'intensité I du courant qui le traverse. ■

Caractéristique tension-intensité d'un conducteur ohmique.

U (V)	0	1	2	2,5	3	4	5
I (mA)	0	3,0	6,1	7,6	9,1	12	15

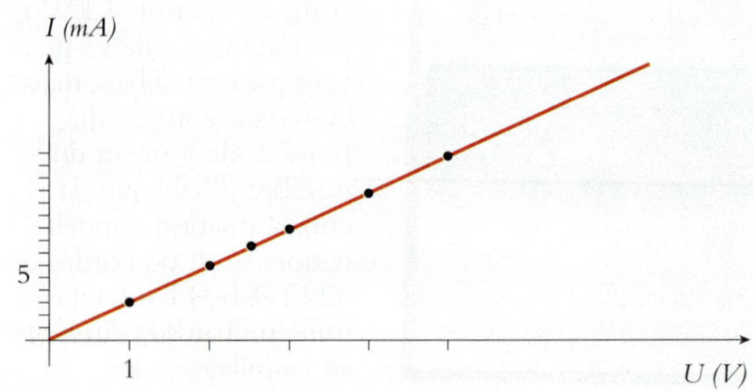

La puissance consommée par une résistance

La puissance consommée par un dipôle est : P = U.I (en courant continu). Dans le cas d'un conducteur ohmique de résistance R, elle est intégralement transformée en chaleur : c'est l'effet Joule, et le conducteur s'échauffe. On peut exprimer différemment cette puissance en remplaçant U par le produit R.I. On obtient alors la relation $P = R.I^2$. Par exemple, lorsque la résistance de 330 Ω est parcourue par un courant d'intensité 15 mA, la puissance dissipée par effet Joule est : $P = 330 \times 0{,}015^2$, c'est-à-dire de 74 mV. Le constructeur donne la puissance maximale à ne pas dépasser au risque de destruction du dipôle. ■

Monsieur Ohm

Georg Simon Ohm (1789-1854) est un physicien allemand connu principalement pour ses recherches sur le courant électrique. Il découvrit la loi qui porte son nom et définit la notion de résistance. En son honneur, son nom fut choisi pour désigner l'unité de résistance. L'ohmmètre est l'appareil qui permet la mesure directe d'une résistance. Le terme de résistance est souvent utilisé pour désigner le conducteur ohmique lui-même. On dira par exemple que la valeur de la résistance étudiée précédemment est de 330 Ω. La loi d'Ohm est valable en courant alternatif, U et I représentant les valeurs efficaces de la tension et de l'intensité.

Les différents types de résistances

Il existe principalement deux catégories de résistances : celles utilisées dans les circuits électroniques et les résistances chauffantes. Les premières sont souvent fabriquées à base de carbone et ont la forme de petits cylindres cerclés d'anneaux de couleurs. Ces anneaux permettent la détermination rapide de la valeur de la résistance. D'autres résistances ont des valeurs réglables et sont appelées rhéostats. Elles ne sont pas utilisées pour « produire de la chaleur », mais pour limiter l'intensité du courant qui traverse le circuit. Les résistances chauffantes sont, en revanche, fabriquées pour produire de la chaleur et on en trouve dans de nombreux appareils ménagers. ■

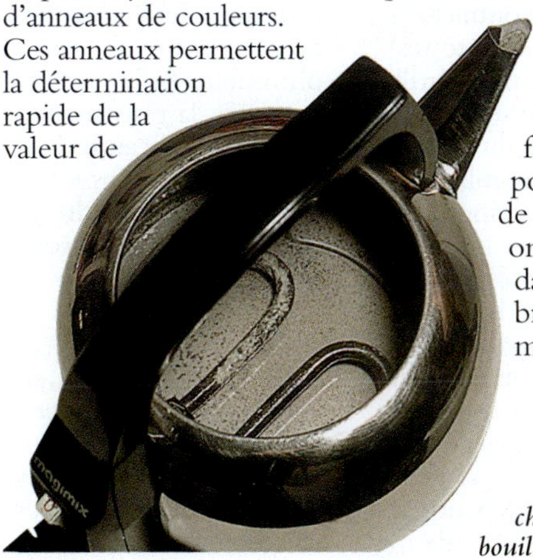

La résistance chauffante d'une bouilloire électrique.

Points clés 5 4 3

La loi d'Ohm s'applique-t-elle au corps humain ?

Les effets de l'électricité sur le corps humain peuvent être mortels si vous mettez les doigts dans une prise de courant. Mais, bien utilisée par les médecins, l'électricité peut aussi soigner les maladies.

Pourquoi peut-on s'électrocuter ?

Ce panneau signale un danger d'électrocution à proximité d'une zone industrielle.

Le danger d'électrocution est lié à l'intensité du courant qui traverse le corps humain. Un courant d'une intensité de 1 mA peut être perçu par un individu mais est sans danger. À 10 mA, les muscles se contractent (tétanisation) et l'individu peut avoir du mal à lâcher le conducteur électrique. Le temps de passage du courant est un facteur aggravant : quand l'individu reste trop longtemps en contact avec une source électrique, le risque est mortel. Le courant doit alors être coupé par un tiers, sans toucher à l'individu accidenté. Pour des courants de 20 à 30 mA, des difficultés respiratoires apparaissent (contraction des muscles respiratoires). Vers 100 mA, une fibrillation cardiaque se produit : les battements du cœur deviennent irréguliers et une intervention d'urgence est nécessaire. Aux mêmes intensités, le courant provoque des brûlures dans les zones traversées. Enfin, au-delà de 100 mA, l'arrêt cardiaque se produit. Toutes ces valeurs ne sont que des indications et dépendent des individus. Mais de quels facteurs dépend l'intensité du courant traversant notre corps ? La loi d'Ohm (U = R.I) permet d'écrire $I = \frac{U}{R}$.
Le risque électrique dépend donc de la tension U à laquelle est soumis le corps et de la résistance R de celui-ci. Pour mesurer cette résistance, il suffit de serrer fortement les extrémités de deux fils reliés à un ohmmètre. Si la peau est mouillée, la résistance peut être inférieure à 500 Ω. Si le corps est sec, elle est de l'ordre de 5 000 Ω. Si l'on est soumis à une tension de 220 V, l'intensité I du courant traversant le corps est de 440 mA, si la peau est mouillée et de 44 mA, si la peau est sèche. Dans les deux cas, une tension de 220 V est dangereuse. ■

L'utilisation de l'électricité en médecine

Les exemples précédents montrent que des courants électriques mal maîtrisés peuvent être nocifs. Mais, bien utilisés, ils peuvent aussi être salutaires. En effet, un choc électrique bien adapté peut défibrilliser le cœur et relancer son activité.
Les utilisations de l'électricité en médecine sont nombreuses et diverses.
Les électrochocs, passage d'un bref courant alternatif à travers la boîte crânienne, sont utilisés en psychiatrie (dépression).
L'électrostimulation, particulièrement utilisée par les kinésithérapeutes, est un procédé qui consiste à placer des électrodes sur la peau et à envoyer un courant. Suivant sa fréquence et son intensité, il active les muscles ou soulage certaines douleurs.
Certains appareils, vendus dans le commerce, sont utilisés pour l'amincissement, le courant électrique favorisant les échanges cellulaires.
En médecine, l'électricité est utilisée dans de nombreux appareils électriques. Citons la ventilation mécanique contre l'asphyxie, les appareils de pompage externes et internes (cœur artificiel), l'appareillage électronique… Mais le corps humain produit aussi de l'électricité. Ainsi, on peut alors surveiller l'activité cardiaque ou l'activité du cerveau. Des recherches sont actuellement en cours pour les personnes paralysées : des capteurs, placés dans le cerveau, permettent au patient de traduire certaines pensées élémentaires sur l'écran d'un ordinateur.
Dans un tout autre domaine, l'anguille électrique (poisson appelé gymnote) peut délivrer des tensions de 650 V et électrocuter ses proies.
Enfin, l'électricité peut malheureusement être sciemment utilisée pour donner la mort.
C'est le cas dans certains États des États-Unis, où les condamnés à mort sont électrocutés. ■

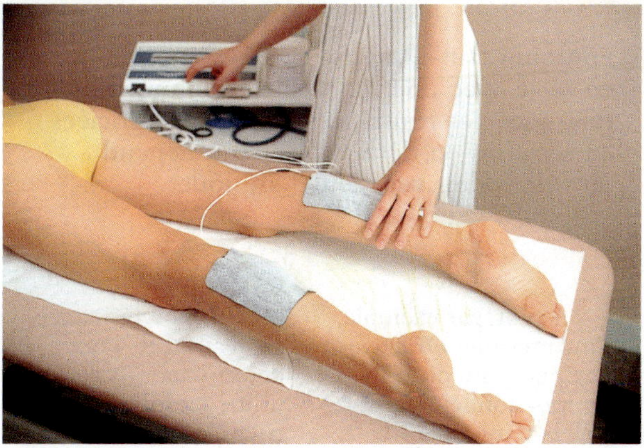

Les électrodes permettent le passage du courant dans les muscles.

Coupures d'électricité à l'hôpital

Aujourd'hui, beaucoup d'appareils électriques sont utilisés dans les hôpitaux. Une coupure d'électricité peut entraîner de graves conséquences, en particulier pour les personnes en soins intensifs ou sous assistance respiratoire, et également au cours d'une opération chirurgicale... Pour pallier cet inconvénient, des groupes de secours sont installés dans tous les centres hospitaliers. Ils doivent se mettrent automatiquement en marche lors de toute coupure de courant.

Points clés

Associons des résistances

3

Pourquoi faut-il mettre une résistance en série avec une diode électroluminescente ? Pourquoi des résistances sont-elles associées en série ou en dérivation ? Tout dépend du rôle qu'on veut leur faire jouer.

Limiter l'intensité du courant

On veut, par exemple, alimenter une DEL avec une pile plate de 4,5 V. En fonctionnement normal, la tension aux bornes de la DEL doit être de 1,7 V, l'intensité étant alors de 15 mA. Si on la branche directement sous 4,5 V, l'intensité est trop importante et elle est détruite. On place donc en série avec la DEL une résistance de protection R. Pour déterminer sa valeur, on utilise les lois de l'électricité. La loi d'addition des tensions permet de calculer la tension aux bornes de R : $U_R = 2{,}8$ V. En effet, la tension aux bornes de la DEL devant être de 1,7 V, on a bien $4{,}5 - 2{,}8 = 1{,}7$. La loi d'Ohm nous permet ensuite de déterminer la valeur de R. Sachant que $U_R = 2{,}8$ V et $I = 15$ mA, on obtient

$$R = \frac{2{,}8}{0{,}015} = 186.$$

La mise en série d'une résistance d'environ 220 W dans un circuit permet donc de limiter l'intensité du courant et la DEL fonctionne correctement. Il existe des résistances dont la valeur est réglable : les rhéostats. ■

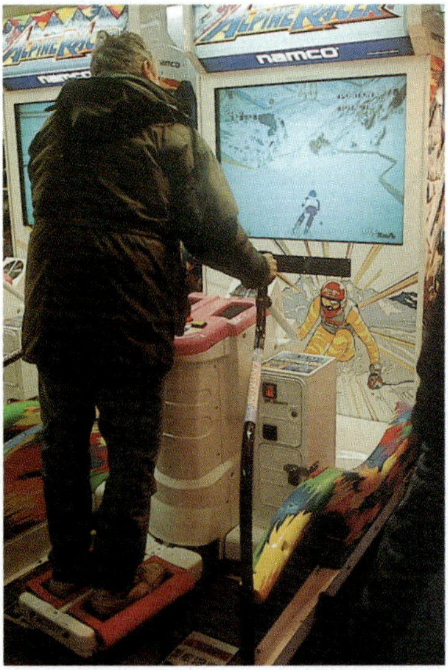

Une manette de jeu utilise des potentiomètres.

Association en série ou en dérivation

Dans les circuits électriques, il arrive que l'on soit amené à associer des résistances en série ou en dérivation. Si l'on branche deux résistances (100 Ω et 220 Ω par exemple) en série, on peut mesurer la résistance de l'ensemble grâce à un ohmmètre : on trouve 320 Ω. Ainsi, l'association de plusieurs résistances en série est équivalente à une résistance dont la valeur est la somme de toutes les résistances. La résistance « équivalente » est donc plus importante. Si l'on branche ces deux mêmes résistances en dérivation, l'ohmmètre, branché aux bornes de l'ensemble, indique alors une valeur de 69 Ω. On constate donc que la résistance équivalente est plus faible que la plus faible des résistances mises en dérivation. Ces règles s'appliquent lorsque l'on associe des haut-parleurs par exemple. Deux haut-parleurs de 4 Ω en série sont équivalents à 8 Ω alors qu'en dérivation cela équivaut à 2 Ω. ■

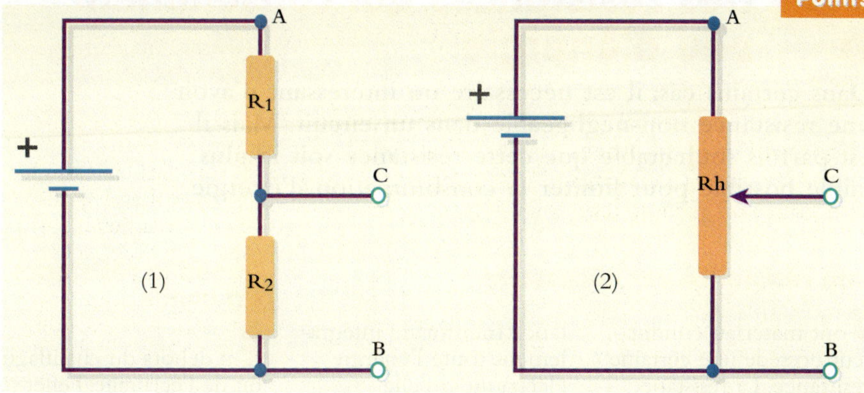

La figure 2 est un montage potentiométrique.

Le potentiomètre

Réalisons le montage de la figure 1. Deux résistances R_1, R_2 sont branchées en série aux bornes d'un générateur imposant une tension U_G. La tension entre les points A et B est donc de $U_{AB} = U_G$. La tension mesurée entre les points B et C est comprise entre 0 et U_G et dépend des valeurs de R_1 et R_2.

On dit que ce montage est un montage diviseur de tension car on obtient entre B et C une partie de la tension délivrée par le générateur. Si l'on utilise les trois bornes d'un rhéostat à la place des deux résistances précédentes (figure 2), on réalise alors un montage potentiométrique (le rhéostat devient un potentiomètre). Suivant la position du point C, la résistance R_{BC} varie de 0 Ω (le point C est en B) jusqu'à R_{AB} (le point C est en A). Nous retrouvons donc le montage 1, mais cette fois la tension entre les points B et C peut varier de manière continue entre 0 et 6 V.

On dit que le potentiomètre est un diviseur de tension réglable. Une manette de jeu vidéo est une association de deux potentiomètres : l'un pour le mouvement vertical, l'autre pour le mouvement horizontal. Suivant la position de la manette, la tension U_{BC} de chaque potentiomètre a une valeur donnée et l'ordinateur peut connaître cette position. ■

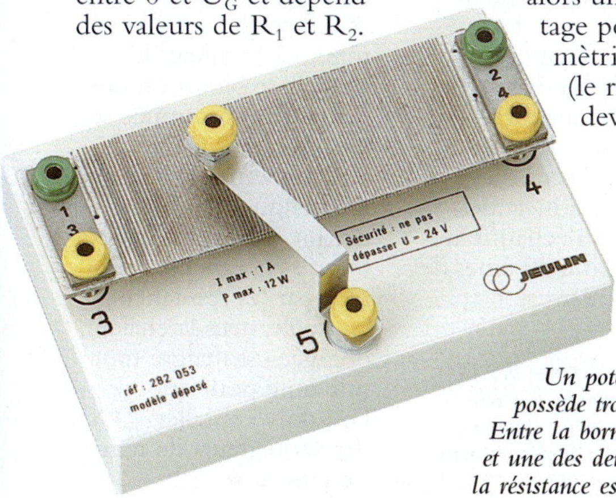

Un potentiomètre possède trois bornes. Entre la borne centrale et une des deux autres, la résistance est réglable.

Dico → ohmmètre • rhéostat

3 Des résistances qui consomment peu d'énergie

Dans certains cas, il est nécessaire ou intéressant d'avoir une résistance non-négligeable dans un circuit. Mais il est parfois souhaitable que cette résistance soit la plus faible possible pour limiter la consommation d'énergie.

Une résistance est nécessaire

Tout matériau conducteur possède une certaine résistance. La résistance d'un fil métallique en cuivre est faible mais celle des fils en alliage métallique est nettement plus grande. Une résistance transforme intégralement toute l'énergie électrique qu'elle consomme en chaleur. Donc, dès qu'un courant électrique traverse un appareil, celui-ci s'échauffe : c'est l'effet Joule. Dans les appareils de chauffage, cet effet est prédominant : on veut qu'il y ait dégagement de chaleur. C'est le cas des résistances chauffantes que l'on trouve dans les grille-pain, les machines à laver (pour chauffer l'eau), les radiateurs électriques, les plaques chauffantes… Le filament d'une lampe à incandescence s'échauffe tellement qu'il émet de la lumière. ■

La résistance des fils électriques doit être faible pour éviter les pertes par dégagement de chaleur.

Quand la résistance est inutile…

En dehors du chauffage ou de l'éclairage, l'effet Joule est un inconvénient. Il faut donc réduire au maximum la résistance de l'appareil en utilisant des matériaux bons conducteurs de l'électricité. Prenons le cas d'un moteur électrique. L'énergie électrique qu'il consomme va servir à le faire tourner. On récupère donc une énergie appelée énergie mécanique. Mais il y a aussi dégagement de chaleur et il faut que celui-ci soit minimal. Si jamais le moteur se bloque, toute l'énergie consommée se retrouve sous forme de chaleur, le moteur chauffe et risque d'être détruit. Dans les ordinateurs, l'énergie consommée par les résistances est faible, mais la chaleur dégagée est malgré tout suffisante pour que l'on doive installer des ventilateurs de refroidissement. ■

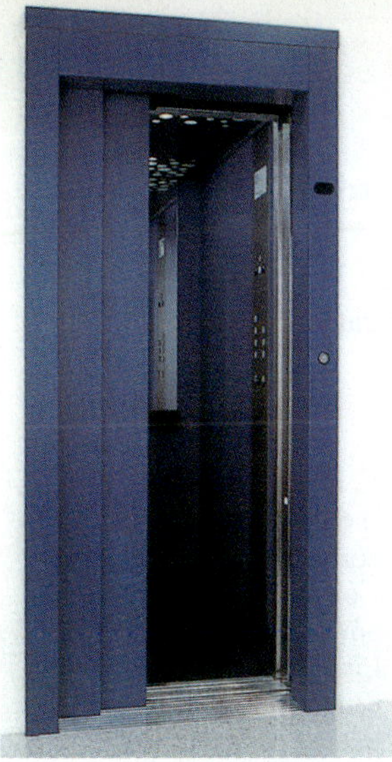

Les portes sont commandées par une photodiode réagissant à un faisceau infrarouge.

Des résistances particulières

Certaines piles sont équipées d'un testeur qui permet de vérifier l'état de la pile. Il est placé sur le boîtier et constitué d'une plaque métallique triangulaire possédant une certaine résistance, recouverte d'un produit chimique qui change de couleur suivant la température. En plaçant les doigts aux extrémités de la pile, on permet le passage d'un courant plus ou moins important dans le triangle métallique. Il va d'abord s'échauffer et le produit change de couleur. Suivant l'état de la pile, le changement de coloration est plus ou moins important. Les photorésistances et les thermistances sont aussi des résistances particulières. Ce sont des dipôles dont la résistance varie. Pour la photorésistance, dont le symbole est :

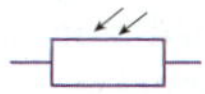

la résistance varie avec l'éclairement ; plus il y a de lumière, plus la résistance est faible. Pour la thermistance, dont le symbole est :

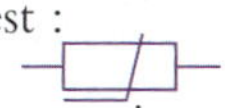

la résistance varie avec la température ambiante ; plus la température est élevée, plus la résistance est faible. Si l'on place ces résistances dans un circuit, l'intensité du courant varie suivant l'éclairement ou la température, ce qui permet de commander des appareils grâce à la lumière ou à la température : citons l'allumage automatique des réverbères ou l'arrêt d'un appareil lorsque la température atteint une certaine valeur. Ces dipôles mettent en jeu des énergies faibles et ne peuvent commander directement un appareil. ■

La supraconductivité

C'est en 1911 que le physicien néerlandais K. Omnes découvre ce phénomène extraordinaire : à la température de – 269 °C, la résistance du mercure devient nulle. Il faut attendre les années 90 pour que les chercheurs trouvent des alliages supraconducteurs à des températures de – 120 °C environ. L'absence de résistance permet au conducteur d'être traversé par des intensités de courant très importantes sans qu'il y ait échauffement. On peut ainsi réaliser des électroaimants très puissants.

Phénomène de lévitation obtenu grâce à un matériau supraconducteur.

Points clés

3

L'énergie se consomme et n'est pas gratuite

À intervalle de temps régulier, le distributeur d'électricité demande aux consommateurs de payer l'électricité consommée. Plusieurs indications sont portées sur la facture ; il est intéressant de connaître leur signification.

La puissance souscrite

Pour fabriquer de l'électricité, il faut construire des centrales électriques et cela coûte cher. Aussi, les consommateurs doivent payer un abonnement et une somme qui dépend de leur consommation. Le coût de l'abonnement est fonction de la puissance souscrite. Une puissance souscrite de 12 kW signifie que la somme des puissances consommées par tous les appareils fonctionnant au même moment ne doit pas dépasser 12 kW. Si cette valeur de la puissance souscrite est dépassée, le disjoncteur se déclenche. Il faut alors le « réarmer » après avoir débranché un ou plusieurs appareils. Une puissance souscrite de 6 à 9 kW est largement suffisante pour une habitation ayant un chauffage au fioul ou au gaz. Un chauffage électrique, en revanche, nécessite une puissance plus importante (12 ou 15 kW). Le tarif de l'abonnement est d'autant plus élevé que la puissance souscrite est forte. Pour 12 kW, il est d'environ 127 F par mois. ■

Les tarifs spéciaux

En plus de l'abonnement, la facture indique la consommation réelle. L'électricité est facturée à environ 0,70 F le kWh. Une lampe de 100 W qui fonctionne pendant 10 heures consomme 1000 Wh (1 kWh) et le coût n'est que de 70 centimes ! Une famille avec deux enfants utilise de nombreux appareils électriques et consomme en moyenne environ 10 kWh par jour. La société de distribution propose un tarif spécial : le tarif heures creuses. Pendant certaines heures, le prix du kWh est plus faible (0,33 F par exemple). Si l'on souscrit un tel abonnement, on a intérêt à faire fonctionner les appareils gros consommateurs d'énergie pendant ces heures. Il existe également des tarifs spéciaux suivant trois périodes dans l'année ; pour que ces tarifs soient rentables, l'abonné

Peut-on faire fonctionner tous ces appareils électriques en même temps ?

En hiver, les villes consomment beaucoup d'énergie pour l'éclairage.

se doit de ne pas dépasser une certaine consommation pendant chaque période. Il existe également, pour les municipalités, des tarifs intéressants, en particulier ceux concernant l'éclairage des villes la nuit. ■

Le prix à payer

Pour tous les calculs, nous nous référons à la facture ci-dessous. Une facture d'électricité comporte trois parties principales. La consommation, le détail de la facture, le calcul des taxes et le récapitulatif. Nous lisons d'abord la consommation en kWh : c'est la différence entre les deux derniers relevés de compteur (ici 8 855 kWh en heures creuses et 3 215 kWh en heures pleines).
Nous trouvons ensuite le détail de la facturation. Cette facture correspond à une période d'un an. L'abonnement (dont le tarif change en cours d'année) est de $127{,}98 \times 6 + 127{,}13 \times 6$, soit 1 530,66 F hors taxes. Le coût de la consommation heures creuses est égal au produit de la consommation heures creuses par le tarif heures creuses soit 2 886,73 F. Pour les heures pleines nous avons 1 735,14 F. Le total des consommations a donc un coût hors taxe de 4 621,87 F. Vient ensuite le calcul des taxes. Celles-ci sont prélevées par l'État, le département et la commune. En totalisant l'ensemble, on arrive à une facture d'un montant de 8 132,27 F pour une consommation globale annuelle de 12 070 kWh. Le prix moyen du kWh est d'environ 0,70 F toutes taxes comprises. ■

Consommations	Compteur n°	Relevé des compteurs nouveau	Relevé des compteurs ancien	Relevé des compteurs différence	Coefficient	Consommation en kWh
ELECTRICITE TARIF 020 HC HEURES CREUSES	465	48391	39536	8855		8855
HP HEURES PLEINES		21999	18784	3215		3215
						12070

HEURES CREUSES ELEC.: 1H30-7H30 12H30-14H30 — Prochaine facture vers le 11/10/99

Détail de la facturation hors taxes	Consommation en kWh	Prix unitaire en francs	Montant hors taxes en francs	Total HT par tarif en francs
ELECTRICITE TARIF 020 PUISSANCE 12 KW				
- ABONNEMENT :				
. 127,98F/MOIS DU 03/12/97 AU 03/06/98			76788	
. 127,13F/MOIS DU 03/06/98 AU 03/12/98			76278	153066
- CONSOMMATION HC DU 08/10/97 AU 01/10/98	8855	* 03260	288673	
.203 JOURS A 0,3274F + 150 JOURS A 0,3242F				
SOIT PRIX MOYEN 0,3260 F				
- CONSOMMATION HP DU 08/10/97 AU 01/10/98	3215	* 05397	173514	462187
.203 JOURS A 0,5460F + 150 JOURS A 0,5311F				
SOIT PRIX MOYEN 0,5397 F				

Calcul des taxes et récapitulation	% TVA	Montant HT par tarif	T.V.A.	Taxes locales 8,0 + 4,0 %	Montant TTC en francs
ELECTRICITE TARIF 020 ABONNEMENT	20,60	153066	31532	14694	199292
CONSOMMATION	20,60	462187	95211	44370	601768
TVA SUR TAXES LOCALES	20,60		12167		12167
Total de la facture		615253	138910	59064	813227
DEDUCTION DES PRELEVEMENTS EFFECTUES					-795000
MONTANT A PRELEVER					18227

Facture d'électricité avec tarif heures pleines et heures creuses.

Points clés ⑤④③

Comment économiser l'énergie électrique ?

Être raisonnable, ne pas gaspiller l'énergie, c'est ce que nous allons être amenés à faire dans les années à venir. Mais comment économiser, par des gestes simples, cette énergie électrique dont nous avons tant besoin ?

Pourquoi économiser ?

La première raison est économique. En effet, plus on consomme, plus le prix à payer est élevé. Une lampe de 100 W allumée inutilement pendant une heure consomme une énergie de 100 .h (100 W × 1 h).
À raison de 70 centimes environ le kWh, le coût s'élève à 7 centimes. Ce coût est évidemment très faible, mais en tenant compte, sur une année, du nombre d'appareils utilisés à mauvais escient, une famille peut faire une économie de l'ordre de 1 000 F. La deuxième raison est liée au respect de notre environnement. Il y a actuellement, en France, environ 27 millions de ménages qui consomment de l'électricité. Chacun consommant de l'ordre de 4 000 kWh par an, la consommation totale en énergie électrique atteint plus de 100 milliards de kWh par an ! La production d'une telle quantité d'énergie par les centrales électriques s'accompagne obligatoirement de pollutions diverses, néfastes à notre environnement. ■

Une coupure de courant serait catastrophique pour ce patient sous assistance respiratoire.

Et s'il n'y avait plus d'électricité ?

L'utilisation de l'électricité est si naturelle que nous n'y prêtons plus attention. Pourtant, elle nous rend d'énormes services pour notre confort, notre santé ou notre sécurité. Et si nous n'avions plus d'électricité ? Comptez le nombre de bougies qu'il faudrait pour avoir l'équivalent d'une lampe de 60 W. Nous n'aurions plus de chauffage, car même si la chaudière utilise du fioul ou du gaz, elle a besoin d'électricité pour fonctionner.
Dans une grande ville, l'arrêt de tous les systèmes de signalisation créerait d'énormes embouteillages.
Le trafic ferroviaire serait paralysé. Les conséquences seraient encore plus graves dans les hôpitaux où des appareils électriques sont nécessaires aux soins des patients.

Comment économiser l'électricité ?

Chaque jour, on utilise l'électricité pour s'éclairer, cuisiner, se laver, se chauffer… Son utilisation est tellement facile que l'on consomme souvent sans compter. Le coût annuel pour l'éclairage d'un appartement est d'environ 400 F. Mais on peut le réduire en éteignant les lumières lorsque l'on quitte une pièce. Dans une pièce assez grande, il est préférable d'installer plusieurs sources de lumière qu'une seule. Les lampes à incandescences émettent une lumière plus douce que les tubes fluorescents (lumière blanche) mais sont peu économiques. Il existe maintenant des lampes fluocompactes qui émettent une lumière agréable. Plus chères à l'achat, elles consomment beaucoup moins pour un même éclairement et durent plus longtemps. Dans le cas de la cuisson, on peut économiser en utilisant des casseroles adaptées à la dimension des plaques de cuisson, en éteignant ces plaques avant la fin de la cuisson car elles restent chaudes pendant quelques minutes, ou en évitant d'ouvrir la porte du four trop souvent. Pour ce qui est du réfrigérateur, il faut éviter de l'installer près d'une source chaude (four, par exemple), éviter également de l'ouvrir inutilement et d'y placer des aliments encore chauds. Dans le cas du lave-vaisselle, la touche « éco » permet d'économiser 25 % d'électricité. Pour le lave-linge, 90 % de l'énergie sert à chauffer l'eau ; il faut donc privilégier, lorsque cela est possible, les programmes basse température et utiliser la machine à pleine capacité. Le chauffage électrique est pratique mais gros consommateur d'énergie.

Un degré de moins par pièce correspond environ à une économie de 7 % sur la consommation totale pour cette pièce. Une bonne isolation des murs et fenêtres est essentielle pour éviter les pertes de chaleur. Il vaut mieux également ne pas couper complètement le chauffage lorsque l'on s'absente quelques jours : on dépense plus à réchauffer une pièce froide qu'à la garder à une certaine température. Enfin, sachez que de plus en plus d'appareils restent « en veille » (téléviseur, ordinateur…). Même si celle-ci consomme peu d'électricité, il vaut mieux éteindre l'appareil si on ne s'en sert pas pendant quelques heures. Toutes ces petites habitudes, faciles à prendre, peuvent permettre d'économiser jusqu'à 20 % de la consommation totale en énergie électrique. ■

Ces lampes fluocompactes consomment trois fois moins que les lampes classiques et durent huit fois plus longtemps.

Points clés

543

Utiliser une installation électrique en toute sécurité

Les installations électriques des bâtiments industriels, publics ou individuels sont soumises à des normes de sécurité très strictes. Ces normes ont été mises en place pour réduire au maximum les risques d'accidents corporels et d'incendies.

Une installation électrique

L'électricité arrive dans un appartement grâce à deux fils électriques. L'un s'appelle le fil de phase et l'autre le fil neutre (Ph et N sur le schéma ci-dessous). Ces deux fils vont tout d'abord au compteur électrique qui permet de mesurer l'énergie électrique consommée. Ils vont ensuite à un disjoncteur différentiel. C'est un appareil de protection efficace qui coupe le circuit électrique de l'installation si l'intensité du courant qui circule dans le fil de phase est différente de celle qui circule dans le fil neutre. Ceci peut arriver, par exemple, si une personne est en contact avec le fil de phase. À la sortie du disjoncteur, ces deux fils vont être distribués dans l'habitation pour alimenter tous les appareils. Tous les appareils fonctionnent sous la même tension de 220 V et sont donc branchés en dérivation sur ces deux fils. On remarque que chaque appareil est protégé par un fusible (petit rectangle gris sur le schéma). C'est une protection contre les surintensités : si l'intensité du courant qui traverse un fil est trop importante, le fusible « fond » et coupe le courant. Enfin, chaque prise possède une borne mâle appelée « terre ». Celle-ci permet de protéger les utilisateurs en cas de contact entre le fil de phase et la carcasse métallique d'un appareil ménager.

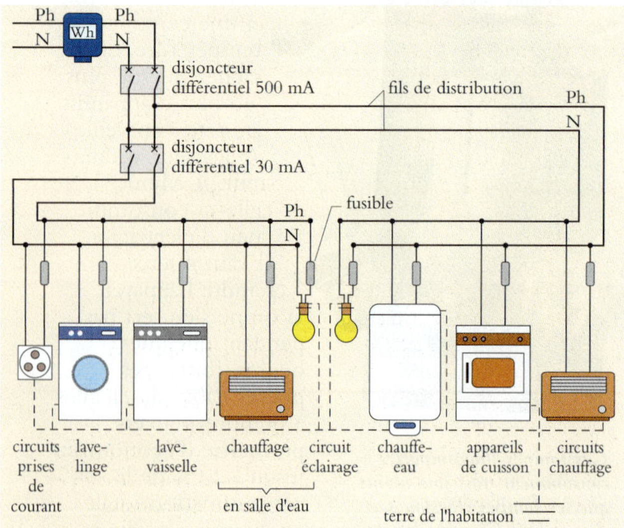

Pour une meilleure protection, cette installation possède deux disjoncteurs.

L'utilisation de ce sèche-cheveux dans de telles conditions est extrêmement dangereux.

Si l'on branche trop d'appareils sur une même prise, il y a risque de surintensité.

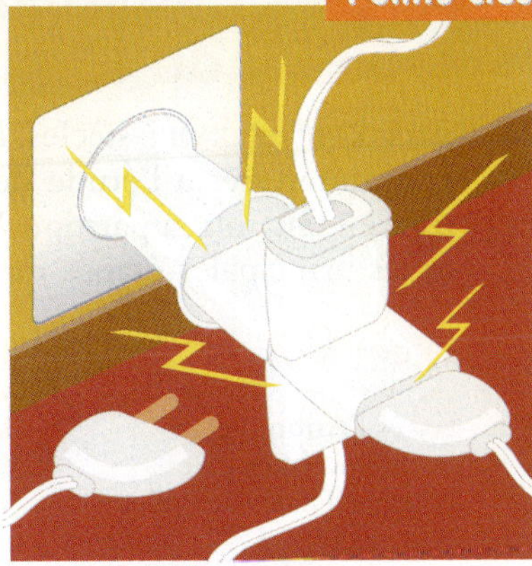

Les dangers électriques dans la maison

Une mauvaise utilisation de l'installation électrique peut entraîner des accidents. Les principaux sont l'incendie et l'électrocution (environ 150 décès par an). Un incendie peut être provoqué par une surintensité due à un court-circuit (fils de phase et neutre directement en contact) ou à une surcharge électrique (trop d'appareils branchés sur une même prise) : celle-ci provoque un échauffement excessif du fil par effet Joule. Voici quelques conseils pour éviter les accidents. Il ne faut jamais démonter un appareil sans l'avoir préalablement débranché. De même, lorsque l'on intervient directement sur l'installation, pour remplacer une lampe ou réparer un interrupteur par exemple, il faut couper le courant en déclenchant le disjoncteur. Il ne faut pas toucher un fil dénudé et il faut éviter de laisser traîner une rallonge encore branchée sur le secteur. Il existe maintenant dans le commerce des prises pour lesquelles on ne peut pas introduire d'objet métallique dans une borne (prise éclipse). La présence d'eau ou d'humidité augmente considérablement les risques. On ne doit jamais utiliser un appareil électrique quand on a les mains mouillées ou quand on prend un bain. ■

La panne

Quand aucun appareil ne fonctionne plus dans l'appartement, le disjoncteur se déclenche. Il suffit alors de le réenclencher. Mais s'il se déclenche à nouveau, cela signifie qu'un appareil branché est en mauvais état et il faut le localiser. Si la panne ne se situe que dans une seule pièce, c'est un fusible qui a « sauté ». Elle est certainement due à un court-circuit ou à une surcharge d'intensité et il faut la localiser dans la pièce concernée. Les fusibles sont regroupés sur un tableau ; on cherche alors le fusible qui a sauté et on le remplace par un fusible neuf (ne pas oublier de déclencher le disjoncteur).

Dico → disjoncteur • fusible

Points clés 5 4 3

L'électricité : de la découverte de la pile à aujourd'hui

Aux XVIIe et XVIIIe siècles, les scientifiques se sont beaucoup intéressés à l'étude de l'électrostatique. Le mot « électricité » fait son apparition. Voici les principaux personnages et les principales étapes de cette histoire de l'électricité.

Avant la pile

Dès l'Antiquité, les philosophes grecs comme Thalès de Milet (VIIe siècle av. J.-C.) observent des phénomènes électriques : de l'ambre jaune que l'on frotte attire des corps légers. Cet ambre (résine fossile de pins) est appelée *êlektron* en grec. Au XVIIe siècle, le Français Dufay montre qu'il existe deux sortes d'électricité et l'Américain B. Franklin, inventeur du parafoudre, leur donne le nom d'« électricté + et - ». L'abbé Nollet réalise des expériences d'électrostatique tandis que l'Anglais Gilbert introduit le terme « électrique » et publie le premier ouvrage scientifique traitant du magnétisme. ■

Naissance de l'électromagnétisme

C'est vers la fin du XVIIIe siècle que l'électricité devient réellement une science. Le Français Coulomb étudie les interactions entre charges électriques. En 1800, Volta, un physicien italien, fabrique une pile qui est la première source de courant électrique continue et durable
En 1820, le physicien danois Œrsted montre qu'un courant électrique traversant un conducteur a une action sur une aiguille aimantée. C'est la naissance de l'électromagnétisme. Les actions magnétiques des courants permettent à l'Allemand Ohm de mesurer des intensités. En 1826, il établit la loi qui porte son nom et précise la notion de résistance. La pile permet également d'étudier l'électrolyse (passage d'un courant dans une solution) et de faire progresser les connaissances en chimie. ■

L'aiguille aimantée dévie lorsqu'un courant traverse le fil conducteur.

Vers l'ère industrielle

Une étape importante dans l'évolution de l'électromagnétisme est la découverte, en 1831, de l'induction par le Britannique Faraday. Il montre qu'un courant circulant dans une bobine peut induire un second courant dans une bobine voisine. Peu de temps après, l'utilisation du phénomène d'induction, créé par le mouvement d'un aimant devant une bobine, permet de produire du courant électrique sans avoir recours aux piles. La première dynamo est présentée à Paris, en 1871, par le Belge Gramme. En 1873, apparaît le moteur électrique, et l'électricité devient une source d'énergie qui remplace peu à peu le charbon. Le premier tramway électrique est mis en circulation près de Berlin en 1881. En 1882, Edison équipe la ville de New York en éclairage électrique alimenté par une génératrice distribuant l'électricité par câbles. Mais le transport de l'électricité sur de longues distances fut réalisable grâce aux alternateurs, les tensions alternatives créées pouvant être modifiées par des transformateurs. ■

Un moteur électrique à courant continu assure la propulsion du TGV.

La théorie de l'électromagnétisme

Après les travaux de Faraday et Ampère, le Britannique Maxwell formule mathématiquement, en 1864, la théorie moderne de l'électromagnétisme. Il montre qu'un signal électrique peut se propager dans l'espace sous forme d'une onde électromagnétique. Bientôt, ceci permet à l'Allemand Hertz de réaliser les premières expériences d'émission d'onde et à l'ingénieur italien Marconi de transmettre un message radioélectrique à travers l'Atlantique. En 1904, le radar est inventé. La première émission radiophonique française quotidienne est réalisée en 1922 et, en 1926, le principe de la télévision est connu. Mais c'est l'avènement des tubes à vide, en 1935, puis du transistor, en 1948, qui permet l'essor extraordinaire des télécommunications modernes. ■

Ce radar émet et reçoit des ondes électromagnétiques.

Points clés

543

Comment produit-on de l'énergie électrique ?

Dans le monde, 95 % de l'énergie électrique est produite grâce à des alternateurs dans des centrales électriques. L'énergie qui fait tourner les alternateurs est d'origine diverse.

Comment faire tourner un alternateur ?

En dehors des piles et des accumulateurs qui transforment de l'énergie chimique en électricité, et des photopiles qui transforment de l'énergie lumineuse en électricité, c'est l'alternateur qui fournit plus de 95 % de l'énergie électrique dans le monde. Le principe de fonctionnement est identique à celui de la génératrice de bicyclette. Pour le faire tourner, il faut utiliser une source d'énergie. Par exemple, on peut utiliser un moteur thermique (fonctionnant à l'essence ou au gas-oil) : c'est un groupe électrogène. On peut utiliser également la « force du vent ». Dans les éoliennes, une grande hélice est couplée à un alternateur. Il y en a quelques-unes en France. Leur fonctionnement dépend des conditions météorologiques. Comme dans le cas des anciens moulins à eau, on peut aussi utiliser la « force de l'eau » : de l'eau tombe sur une roue à aubes qui entraîne l'alternateur. L'usine marémotrice de la Rance utilise l'énergie de la marée lorsque la mer monte ou descend. Enfin, la grande majorité des alternateurs sont actionnés grâce à de la vapeur d'eau. L'expérience montre que la vapeur qui s'échappe de l'ouverture d'une bouilloire peut faire tourner une petite roue à ailettes. L'eau ou la vapeur d'eau n'entraînent jamais directement l'alternateur. Elles entraînent une turbine qui à son tour entraîne l'alternateur. ■

Les générateurs de secours

Dans des lieux sensibles comme les hôpitaux, une coupure de courant peut être catastrophique. On installe donc des groupes électrogènes, qui se mettent en service automatiquement en cas de coupure, pour permettre le fonctionnement des appareils. Pour les ordinateurs, ce sont les onduleurs qui assurent la continuité de l'alimentation.

Ce jet de vapeur peut mettre une petite turbine en rotation.

Les différents types de centrales

Aujourd'hui, l'énergie électrique est essentiellement d'origine hydroélectrique, thermique et nucléaire. Pour les centrales hydroélectriques, de l'eau est accumulée dans un barrage. En tombant, cette eau fait tourner une turbine qui entraîne l'alternateur. Les deux autres types de centrales utilisent de la vapeur d'eau. Dans les centrales thermiques classiques, on fait brûler du charbon ou du fioul dans une chaudière. La chaleur dégagée par la combustion permet de chauffer de l'eau et d'obtenir de la vapeur. Cette vapeur est dirigée par des canalisations vers la turbine qui se met à tourner. En sortie de turbine, la vapeur d'eau est refroidie (condensée) et le cycle recommence. Le principe de fonctionnement d'une centrale thermique nucléaire est similaire à la précédente. Mais ce sont des réactions nucléaires de fission de l'uranium qui produisent la chaleur nécessaire. Pour des raisons de sécurité, le circuit de vapeur d'eau n'est pas en contact direct avec le cœur du réacteur. Les problèmes liés au fonctionnement des centrales thermiques sont de trois ordres. Pour refroidir la vapeur d'eau, on utilise de l'eau froide prélevée dans les rivières. Cette eau de refroidissement est ensuite rejetée, mais à une température plus élevée et on provoque une pollution thermique des fleuves. Pour les centrales thermiques classiques intervient aussi une pollution chimique par rejet de gaz et d'impuretés dans l'atmosphère. Pour les centrales nucléaires, c'est le stockage des déchets radioactifs qui est préoccupant. Enfin, les centrales hydroélectriques ne créent quasiment aucune pollution, mais tous les sites d'installation possibles ont pratiquement été utilisés. ■

La centrale hydroélectrique se trouve au pied du barrage.

Quelques chiffres

En France, la totalité de l'énergie électrique produite par les centrales est pour 13 % d'origine hydraulique, 5% d'origine thermique et 82% d'origine nucléaire. En 1996, la consommation d'énergie électrique a été d'environ 400 milliards de kWh ! Les centrales hydroélectriques et les centrales thermiques classiques ne sont pas en permanence en fonctionnement. En effet, lorsque la demande en électricité est faible (en été par exemple), il est inutile de les mettre en service. ■

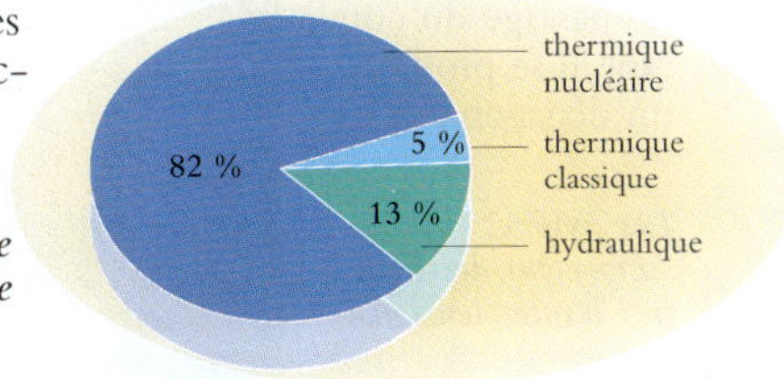

Une grande partie de l'électricité produite en France est d'origine nucléaire.

Points clés

Un réseau complexe pour transporter l'énergie électrique

5 4 3

Produite dans les centrales électriques, l'énergie électrique doit être ensuite acheminée vers les consommateurs. Ceci se fait grâce à des « lignes » de transport de l'électricité.

Les lignes à haute tension

L'électricité produite dans les centrales électriques doit parvenir aux différents utilisateurs (particuliers, industriels...). Pour cela, elle doit parcourir de très grandes distances. Ce transport de l'électricité est réalisé par des lignes électriques : ce sont simplement des câbles constitués de métaux bons conducteurs de l'électricité et protégés par des isolants. Suivant l'importance de ces câbles, ils sont suspendus à de grands pylônes ou à de simples poteaux électriques. Les alternateurs équipant les centrales électriques fournissent de l'électricité sous une tension de 20 000 V. Une ligne, comme tout fil électrique, possède une certaine résistance. Lors du passage du courant, il se produit un dégagement de chaleur (effet Joule) et donc des pertes énergétiques. La relation P = U.I, que l'on considère applicable ici, permet d'exprimer l'intensité I du courant traversant la ligne : $I = \frac{P}{U}$. Plus la tension U est grande, plus I est faible. Pour diminuer les pertes de chaleur, il suffit d'élever la tension grâce à de gros transformateurs installés dans des stations élévatrices de tensions. On obtient ainsi de très hautes tensions (THT) : entre 225 000 V (225 kV) et 400 000 V (400 kV) (des essais à 1 000 000 V ont été réalisés). ■

Les pylônes supportent des lignes très hautes tensions.

La régulation de la distribution

L'électricité ne peut pas être stockée. Les centrales électriques doivent la fournir en fonction de la demande des utilisateurs qui varie suivant l'heure, le jour, la semaine, les saisons... C'est le rôle du dispatching : à chaque instant, en fonction de la demande des consommateurs, on met en service telle ou telle centrale. Si l'on ne peut pas répondre à la demande (hivers très froids, par exemple), la solution est de réduire l'alimentation électrique dans les zones non prioritaires et de ne plus exporter vers l'étranger afin de préserver le fonctionnement des centres importants comme les hôpitaux, les transports, les industries, les télécommunications...

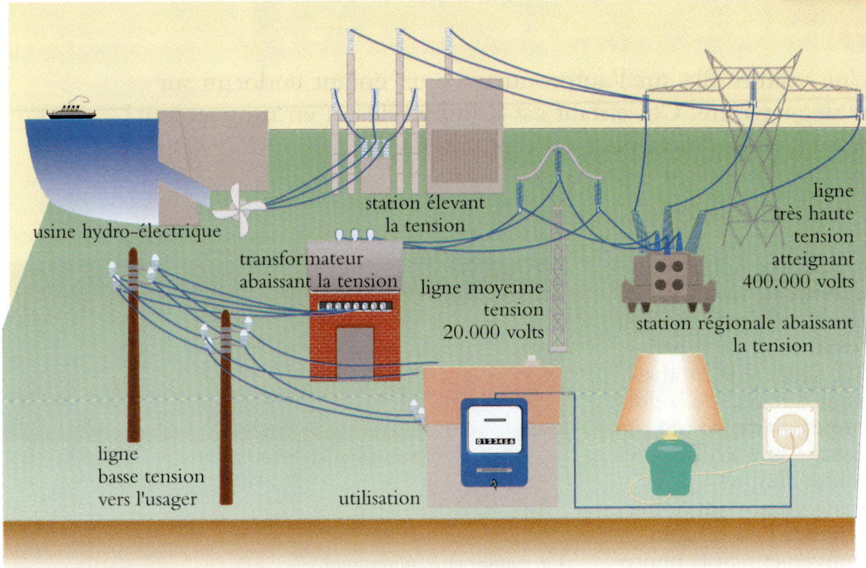

L'électricité voyage sur de grandes distances.

Les lignes moyenne et basse tension

Pour assurer une bonne distribution de l'électricité sur tout le territoire (et même vers l'étranger), les lignes THT sont reliées entre elles par des postes d'interconnexion. Puis, dans des stations régionales, les très hautes tensions sont transformées en hautes tensions (HT) (entre 90 kV et 63 kV). Ces lignes haute tension alimentent directement de grands centres industriels ou les réseaux de chemin de fer, et assurent la distribution régionale. Ces hautes tensions sont à leur tour abaissées à 20 000 V (grâce à des postes de transformation) : on obtient des moyennes tensions (MT). Celles-ci alimentent les petites usines. Pour être utilisées dans nos habitations, elles doivent être une dernière fois transformées en basses tensions (BT) de 220 V ou 380 V. On peut comparer le réseau de distribution électrique à un réseau routier : autoroutes (THT), routes nationales (HT), départementales (MT) et enfin les rues (BT). ■

L'impact sur l'environnement

Pour éviter que ces lignes défigurent le paysage, on essaye d'utiliser des pylônes moins imposants et on enterre les câbles. Mais de gros problèmes d'isolation apparaissent alors. D'autre part, les lignes très hautes tensions (THT) émettent des rayonnements dont on ignore encore actuellement les conséquences précises sur la santé de l'homme. ■

Dico → alternateur • centrale électrique • tension

Points clés

Repos ou mouvement ?

3

Une voiture file sur l'autoroute avec un enfant endormi sur le siège arrière. Cet enfant est-il immobile ou en mouvement ? À quelle condition peut-on répondre ?

Choisir un objet de référence

La photographie d'une automobile prise en suivant le véhicule pendant l'exposition de la pellicule suggère le mouvement. L'image de la voiture est nette, devant un paysage flou. Cela donne l'impression d'une voiture immobile devant un paysage en mouvement. Si la photo est prise pendant une durée assez « longue », sans mouvement de l'appareil, le paysage est alors net et la voiture floue. Est-ce le paysage ou la voiture qui est en mouvement ? Une réponse ne peut être donnée qu'après avoir choisi un objet de référence. Spontanément, on a tendance à considérer que la voiture est en mouvement et le paysage immobile. On choisit en fait comme objet de référence le sol, sans le dire. En physique, il faut annoncer clairement le choix pour éviter les incompréhensions. Par rapport au sol, la voiture est en mouvement, le pilote aussi. Par rapport à la voiture, le pilote est immobile et les arbres sur le bord de la route en mouvement. Ne dit-on pas couramment que le paysage « défile » de chaque côté de la voiture qui est alors implicitement prise pour référence. Lors d'un déplacement familial, lorsque le conducteur dit à un enfant sur la banquette arrière « ne bouge pas », le référentiel est bien sûr la voiture, l'enfant restant en mouvement par rapport au sol. ■

La voiture et le pilote sont en mouvement par rapport à la piste du circuit prise comme objet de référence.

Le mouvement de translation

Par rapport au sol, la nacelle d'une grande roue et ses passagers sont en mouvement. Pendant tout le mouvement, les banquettes d'une nacelle restent horizontales de même direction, et les supports de la nacelle verticaux. De même, tous les segments de la nacelle conservent leur direction pendant le déplacement. La nature du mouvement de la nacelle est une translation. Un tiroir de bureau, une cabine d'ascenseur, une lame de scie sauteuse... se déplacent en translation. Chacun de leur point parcourt un segment de droite :

Chaque nacelle de la grande roue a un mouvement de translation circulaire, en prenant le sol comme référence.

il s'agit d'une translation rectiligne. C'est aussi le cas pour un piston de moteur d'automobile. La longueur du déplacement de chaque point, appelée course du piston, est d'ailleurs indiquée sur la notice technique du moteur. Si la trajectoire de chaque point n'est pas un segment, la translation est qualifiée de curviligne. La cabine d'un téléphérique a un mouvement de translation curviligne.
Pour une nacelle de grande roue, la translation est circulaire. Chaque point de la nacelle décrit un cercle. Tous les cercles sont de même dimension, mais ont des centres différents. ■

Le mouvement de rotation

L'arête en bas d'une porte battante que l'on vient d'ouvrir fait un angle α non nul avec sa position de départ. La direction de ce segment a changé : la porte n'a donc pas un mouvement de translation. Tout point de la porte décrit un arc de cercle, perpendiculaire à un axe fixe matérialisé par les gonds, et centré sur celui-ci. Le mouvement de la porte est une rotation. Dans le mouvement, les points parcourent des trajectoires inégales dont la longueur dépend de leur distance à l'axe de rotation. La longueur est nulle pour un point de l'axe et augmente ensuite proportionnellement à la distance à l'axe. Le mouvement des aiguilles d'une horloge ou des pales d'un ventilateur est aussi un mouvement de rotation. Parfois, l'axe matériel n'existe pas. Quand une voiture circule dans un rond-point, en gardant son couloir, elle a un mouvement de rotation. L'axe de rotation est perpendiculaire au plan du rond point en son centre. Il est extérieur au mobile et immatériel. Rotation et translation sont des mouvements simples. Les mouvements complexes peuvent toujours être décomposés en rotations et translations. ■

Tous les segments de la porte perpendiculaires à l'axe – la ligne des gonds – tournent d'un même angle α pendant la rotation.

Dico → rotation • translation

Points clés

3

Comment observer un mouvement rapide ?

Pour connaître la trajectoire d'un objet en mouvement, il suffit de relever sa position à intervalles de temps réguliers. Si l'objet se déplace rapidement, des techniques particulières sont nécessaires.

Des trajectoires faciles à repérer

Un skieur qui descend une piste laisse derrière lui une trace imprimée dans la neige. Cette trace matérialise la trajectoire des skis du skieur, c'est-à-dire l'ensemble des positions successives occupées par les skis au cours du mouvement. De même, un avion de la patrouille de France émet de la fumée colorée qui matérialise sa trajectoire, en laissant une traînée persistante dans le ciel. Dans d'autres cas, la trajectoire est imposée par le guidage du mobile. La motrice d'un TGV a une trajectoire déterminée par les rails sur lesquels elle est posée, et la cabine d'un téléphérique par le câble auquel elle est suspendue. Si rien de matériel ne permet de visualiser la trajectoire, elle peut être obtenue en relevant à intervalles de temps réguliers la position du mobile. Les courses de voiliers au large utilisent cette méthode avec un repérage des bateaux par satellite. La trajectoire peut alors être tracée point par point sur une carte. ■

La chronophotographie permet de bien visualiser la chute libre d'une bille.

Enregistrer le mouvement

Dans un match de football, il est courant d'étudier une trajectoire du ballon en le filmant pendant son déplacement, puis en repassant le film au ralenti. Filmer permet aussi de montrer que la trajectoire dépend du référentiel choisi. Dans un fourgon en mouvement à vitesse constante, un personnage lance une balle verticalement en l'air. Une caméra embarquée enregistre la trajectoire rectiligne verticale de la balle. En revanche, une caméra posée au sol enregistre une trajectoire parabolique. Il est donc important de bien préciser le référentiel pour indiquer la nature de la trajectoire. La chronophotographie consiste à enregistrer sur un même film photographique des images successives du mobile, prises à intervalles de temps égaux et très courts. Les positions successives rapprochées du mobile permettent de se faire une bonne idée de sa trajectoire. Par rapport au sol, une bille lâchée a une trajectoire rectiligne verticale, et une balle lancée obliquement une trajectoire parabolique. La voiture jouet (photo ci-contre) a une trajectoire rectiligne horizontale. Sa chronophotographie montre aussi que les espaces parcourus pendant des durées successives égales diminuent régulièrement. Le mouvement de la voiture est uniformément ralenti. Par contre, la bille qui tombe a un mouvement uniformément accéléré. Pendant des intervalles de temps successifs égaux, les distances parcourues croissent régulièrement ■

Les espaces parcourus par la voiture diminuent régulièrement dans le temps. Le mouvement est uniformément ralenti.

La diligence du western

Il arrive que les roues à rayons d'une diligence lancée à toute allure ne tournent pas sur l'écran de cinéma. Comment est-ce possible ? La prise de vues se fait au rythme de 24 images par seconde (la projection aussi). Sur une image, des rayons peuvent être photographiés exactement au même endroit que d'autres rayons sur l'image précédente. Quand ceci se répète, on ne voit plus les roues tourner. Parfois, un léger décalage des rayons d'une image à l'autre fait tourner les roues à l'envers ! ■

Les différentes étapes du mouvement d'une balle qui rebondit sur le sol.

Autres intérêts de la chronophotographie

Les sportifs cherchent à améliorer leurs performances et utilisent la chronophotographie pour analyser leurs gestes. Un gymnaste va observer la position du corps, des mains, des pieds, et agir pour corriger les défauts. Pour les sauteurs en hauteur ou à la perche, les moments cruciaux de l'appel et du franchissement de la barre peuvent ainsi être étudiés précisément. Une analyse biomécanique très poussée des mouvements rapides est actuellement possible grâce à de nouvelles techniques d'enregistrement qui permettent d'obtenir jusqu'à 1 000 images par seconde. ■

Points clés

4 3

La vitesse peut se mesurer et se calculer

Dire d'un objet en mouvement qu'il va lentement ou vite est vague. Le calcul ou la mesure de sa vitesse renseigne sur la rapidité de son déplacement.

Calculer une vitesse moyenne

Deux élèves courent sur une piste rectiligne prise pour repère. L'un parcourt 80,0 m en 10,0 s, l'autre 100,0 m en 12,2 s. Quel est le plus rapide ? Le calcul de la vitesse moyenne permet de répondre. La vitesse moyenne V est le quotient de la longueur de la trajectoire l par la durée du mouvement t.
$V = l/t$, la longueur est ici exprimée en mètres (m) et la durée en secondes (s). La vitesse moyenne est alors exprimée en mètres par seconde (m/s).
Pour l'un :
$V_1 = 80{,}0 \text{ m}/10{,}0 \text{ s}$
$V_1 = 8{,}0 \text{ m/s}$.
Pour l'autre :
$V_2 = 100{,}0 \text{ m} /12{,}2 \text{ s}$
$V_2 = 8{,}2 \text{ m/s}$
La vitesse du coureur de 100 m est plus grande que la vitesse du coureur de 80 m.
Pour une automobile, on a l'habitude d'exprimer la vitesse moyenne en kilomètres par heure (km/h)
$V = l/t$ avec l en kilomètre, t en heure, d'où V exprimée en km/h.
Par exemple, une automobile parcourt un trajet de longueur $l = 140$ km.
La durée du trajet est $t = 1$ h 15 min. Il faut d'abord exprimer la durée en heures. Ici, il y a un mélange d'unités, des heures et des minutes, source d'erreurs. On a :
1 h 15 min = 1,25 h
(et non 1,15 h car le système d'unités heure, minute, seconde n'est pas un système décimal :
1 h = 60 min = 60 × 60 s).
La vitesse moyenne est donc V = 140 km/1,25 h
V = 112 km/h.

La vitesse moyenne d'une athlète de haut niveau pendant la course de 100 mètres plat dépasse 32 km.h^{-1}.

Dans le cas où plusieurs trajets effectués à des vitesses moyennes différentes se succèdent, la vitesse moyenne sur l'ensemble du parcours est encore trouvée en divisant la longueur totale parcourue par la durée totale du parcours. Ce résultat est généralement différent de la moyenne des vitesses sur chaque parcours. Les unités de vitesse utilisées, km/h et m/s, sont ambiguës. On dit en effet «multiplier par...» et «diviser par...» Pour éliminer cette ambiguïté, on doit écrire les unités km.h^{-1} et m.s^{-1}. Elles sont reliées par l'égalité :
1 m.s^{-1} = 3,6 km.h^{-1}. ■

Le « compteur » de vitesse d'une voiture

La moyenne arithmétique des notes obtenues par un élève en physique ne veut nullement dire qu'il a obtenu à chaque devoir cette note.
De même, la vitesse moyenne calculée ne signifie pas que le déplacement a eu lieu à vitesse constante. Il est évident, dans le cas d'une course de sprint, que la vitesse nulle au départ a commencé par augmenter.
En voiture, le compteur de vitesse, appareil appelé tachymètre, indique la vitesse à chaque instant.

Si la vitesse instantanée du mobile est constante, on dit que le mouvement est uniforme.
Le diagramme vitesse-temps est alors un segment parallèle à l'axe des abscisses.

Si la vitesse instantanée augmente, le mouvement est accéléré. Si elle diminue, le mouvement est ralenti. ■

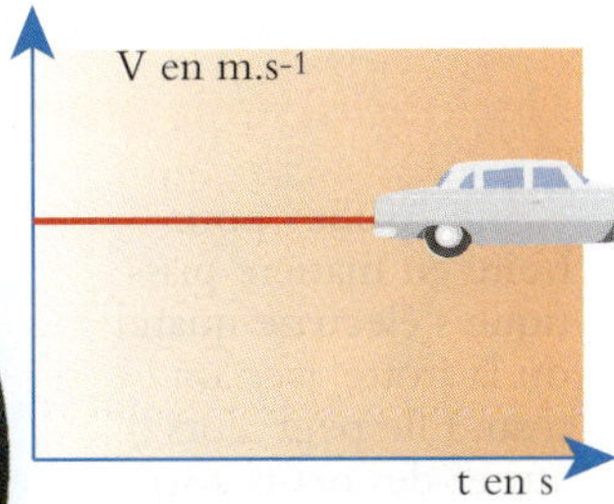

Le tachymètre indique la vitesse instantanée de la voiture. Si elle est constante dans le temps, le mouvement est uniforme.

Du très lent au très rapide

La réputation de lenteur de la tortue est méritée, avec une vitesse de déplacement par rapport au sol de l'ordre de 0,3 $km.h^{-1}$. Il faut se traîner comme un escargot pour avancer 5 ou 6 fois moins vite. Le lièvre, lui, court vite et atteint 70 $km.h^{-1}$ en vitesse de pointe. L'animal terrestre le plus rapide est le guépard. Sa vitesse lorsqu'il chasse s'approche de 120 $km.h^{-1}$. L'athlète humain sprinter, avec 36 $km.h^{-1}$, est largement battu. L'homme se rattrape en fabriquant des objets rapides : le TGV roule à plus de 300 $km.h^{-1}$; les voitures de course sur circuit à 350 $km.h^{-1}$. Dans les airs, le Concorde vole à la vitesse de 2 200 $km.h^{-1}$ et des avions de chasse sont encore plus rapides. La course à la vitesse a une limite infranchissable. Aucun objet matériel ne peut atteindre la vitesse de la lumière qui est 1 080 000 000 $km.h^{-1}$. ou 300 000 $km.s^{-1}$. Dans les accélérateurs de particules, certains petits grains de matière approchent cette vitesse. ■

Meilleure en vitesse moyenne, la tortue a gagné une course avec le lièvre... Mais sa vitesse de pointe est bien faible.

Points clés

③

Les objets sont soumis à toutes sortes de forces

Un objet est en général soumis simultanément à plusieurs forces. Celles-ci sont exercées par des objets éloignés ou en contact avec lui.

Les interactions entre objets

Une «paille» pour boire en matière plastique s'électrise quand on la frotte avec un tissu. Elle peut alors attirer des petits corps légers : billes de polystyrène, petits morceaux de papier, etc.
Deux pailles identiques ainsi électrisées, suspendues par un fil de soie, se repoussent et s'écartent l'une de l'autre. La paille rouge exerce une action sur la paille jaune et la paille jaune exerce une action sur la paille rouge. On dit que la paille rouge et la paille jaune sont en interaction. La symétrie de leurs positions montre en plus que les deux actions sont les mêmes, au sens près. Cela peut être généralisé.
À chaque fois qu'un objet A exerce une action, appelée aussi force, sur un objet B, l'objet B exerce une action, qualifiée d'action réciproque, sur l'objet A. Ces deux actions sont toujours les mêmes, au sens près. Ce principe, dit principe des interactions, ne souffre pas d'exception, que l'on considère des objets immobiles ou des objets en mouvement dans le repère choisi. ■

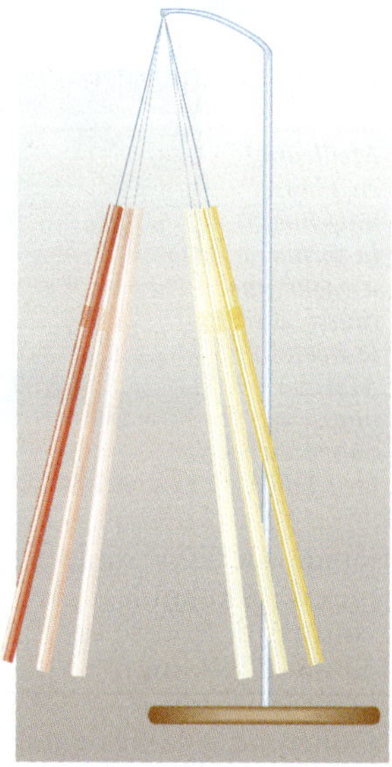

Électrisées, la paille rouge et la paille jaune sont en interaction.

Actions exercées sur un objet

La paille jaune électrisée est en interaction avec la paille rouge, mais est aussi en interaction avec d'autres objets. Intéressons-nous à toutes les forces qui agissent sur elle. La paille jaune constitue le système étudié. Faisons le bilan de toutes les forces exercées par des objets extérieurs sur elle. Le fil de soie exerce une force sur la paille jaune. La Terre attire la paille jaune. La paille rouge repousse la paille jaune. L'air exerce des forces pressantes (négligeables devant les autres forces) sur la paille jaune. En toute rigueur, il existe aussi une attraction gravitationnelle de la part de tous les objets environnants sur la paille jaune, mais elle est tellement faible qu'il n'est pas utile de la considérer (voir p. 393).
Pour réaliser un tel bilan sans oubli, il faut d'abord bien définir le système étudié (il est bon de le mettre en évidence en l'entourant, pour ne pas risquer d'envisager des forces internes au système).

Des actions à distance et des actions de contact agissent sur le parachutiste pendant sa descente.

Ensuite, on identifie les objets en interaction avec le système étudié et on détermine les forces exercées par ces objets sur le système. Par exemple, un parachutiste descend par temps calme. Le parachutiste avec son équipement constitue le système étudié S. Il est en interaction avec la Terre et avec l'air. Les forces extérieures qui agissent sur lui sont l'attraction gravitationnelle de la Terre, les forces de frottement et les forces pressantes exercées par l'air. Le bilan des forces exercées sur le parachutiste est réalisé. ■

Classer les actions, c'est possible

Certaines actions ne peuvent s'exercer sur un objet que s'il y a contact entre l'objet qui exerce l'action et l'objet qui subit cette action. C'est le cas du ressort qui agit sur la voiture en fer à laquelle il est accroché ainsi que de l'air en contact avec le parachutiste qu'il freine. Ces actions sont appelées actions de contact. En revanche, la paille rouge électrisée repousse la paille jaune sans la toucher. Il s'agit d'une action à distance. Donnons d'autres exemples d'actions à distance. Un aimant attire à distance un objet magnétique en fer et attire ou repousse un autre aimant même sans contact.

Points clés

La Terre exerce une attraction à distance sur tous les objets. Un autre classement consiste à différencier les actions localisées et les actions réparties. L'action du fil de soie sur la paille ou l'action du ressort sur la voiture s'exercent sur une surface très réduite, que l'on assimile à un point : ce sont des actions localisées. En revanche, l'air agit en frottant sur toute la surface du parachute, il exerce une action répartie en surface. Chaque grain de matière du parachutiste est attiré par la Terre : c'est une action répartie en volume. ■

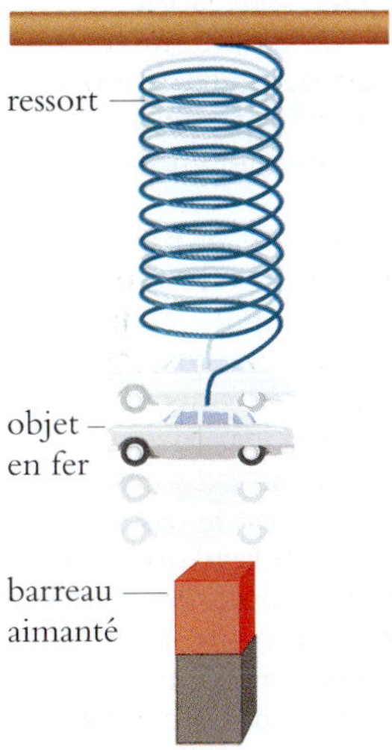

Une force localisée et des forces réparties agissent sur la voiture.

Points clés

3 Quels effets les forces ont-elles sur les objets ?

Une force exercée sur un objet peut déformer cet objet. Elle peut aussi créer le mouvement de l'objet, le modifier ou participer à son équilibre.

Agir pour déformer

Neil Armstrong est le premier homme qui a posé le pied sur la Lune. La force de contact exercée par la semelle de sa chaussure sur la couche de poussière qui recouvre le sol lunaire a eu pour effet de déformer cette couche. Quand le pied s'est soulevé, la déformation est restée sous la forme d'une empreinte. Et si aucune météorite n'a heurté cet endroit depuis, elle y est toujours : il n'y a pas d'atmosphère, et par conséquent : pas de vent sur la Lune pour effacer les traces. Une force peut donc déformer un corps. Certaines sont d'ailleurs exercées pour cela. C'est le cas de la force musculaire exercée par un accordéoniste sur son instrument. Le but recherché est bien d'étirer et de comprimer l'engin pour faire circuler l'air. La déformation obtenue peut être élastique. Dans ce cas, le corps reprend sa forme initiale lorsque la force cesse d'être exercée. Un ressort se comporte ainsi, dans certaines limites.
Au contraire, la déformation est plastique si le corps reste déformé.
De la pâte à modeler écrasée entre les doigts conserve sa forme aplatie quand on la lâche. ■

Empreinte du pied d'un astronaute à la surface de la Lune.

Force et mouvement

Au moment où la tête du club d'un golfeur heurte la balle immobile, celle-ci est déformée par l'action qu'elle subit. C'est un effet inévitable, mais ce n'est pas le but recherché. L'effet qui intéresse le joueur est la mise en mouvement de la balle suivant une trajectoire qu'il espère dirigée vers le trou. La mise en mouvement d'un corps est subordonnée à

Les forces exercées sur la balle de golf modifient son mouvement.

l'action d'une force exercée sur ce corps. Par exemple, c'est la force exercée par la route sur une voiture qui entraîne son démarrage. Dans le cas où le corps est déjà en mouvement, la force qu'il subit agit sur le mouvement. Une bille en chute libre a un mouvement accéléré. L'attraction terrestre, unique force non négligeable qui agit sur la bille, est la cause de l'augmentation de sa vitesse. Sur la trajectoire rectiligne, l'accélération est la seule modification du mouvement. En revanche, lors d'une reprise de volée, la force exercée par le pied sur le ballon de football change non seulement sa vitesse, mais aussi sa trajectoire. Une force peut donc modifier le mouvement d'un corps. ■

Participer à un équilibre

Lorsque l'haltérophile maintient la barre chargée à bout de bras, il exerce une force musculaire intense. Cette force exercée pendant les quelques secondes où se juge la performance a pour rôle de garder les haltères stables. Elle participe à l'équilibre. Si elle cesse d'agir, il n'y a plus équilibre : la barre tombe. Dans l'épreuve du tir à la corde, les deux équipes peuvent tirer et le nœud central rester immobile. La force exercée par chacune des deux équipes participe à l'équilibre. ■

La force musculaire exercée participe à l'équilibre des haltères.

Points clés

Galilée et le mouvement

Au XVIIe siècle, Galilée s'est posé la question du mouvement que pourrait avoir une bille de bronze parfaite, mise en mouvement d'une poussée, sur une surface horizontale dure, idéalement polie, en l'absence d'air. Il affirma que cette bille continuerait son mouvement en ligne droite, à vitesse constante. Sans application d'une force à un objet (ou si les forces appliquées se compensent), il n'y a pas de modification de son mouvement.

Points clés

Comment représenter une force ?

3

Un objet est soumis à l'action de différentes forces. Quel modèle utiliser pour représenter chacune de ces forces sur un dessin ?

Qu'est-ce qui caractérise une force ?

Sur le dessin ci-dessous, le personnage P exerce une force sur le taureau T par l'intermédiaire d'une corde. On note cette force $\vec{F}_{P/T}$. Elle s'exerce au point A, point d'attache de la corde aux naseaux du taureau. C'est le point d'application de la force $\vec{F}_{P/T}$. En réalité, le contact se fait sur une petite surface, que l'on assimile à un point. La corde tendue matérialise la droite suivant laquelle s'exerce la force : c'est la droite d'action de la force $\vec{F}_{P/T}$. Elle définit une direction, ici une horizontale. Le personnage tire de la gauche vers la droite : c'est le sens de la force $\vec{F}_{P/T}$. Il semble tirer fort. À cette notion d'effort plus ou moins grand correspond une grandeur physique appelée intensité de la force. Cette grandeur s'exprime avec pour unité le newton (N). Elle se mesure avec un dynamomètre, appareil qui utilise en général la déformation élastique d'un ressort. Ce peut être un ressort de traction ou, comme sur le dessin page 383, un ressort de torsion. La main M tire sur la ficelle f avec une faible force musculaire d'intensité $F_{M/f} = 0,37$ N. ■

Comment représenter une force localisée ?

Une force est caractérisée par une direction, un sens, un point d'application et une intensité. On la représente par une flèche, encore appelée « vecteur-force ». La représentation d'une force localisée, par exemple la force $\vec{F}_{P/T}$ exercée par le personnage sur le taureau, est simple. L'origine du vecteur-force est le point A, point d'application de la force. Son sens est celui de la force : de gauche à

Le personnage exerce sur le taureau une force localisée au point A.

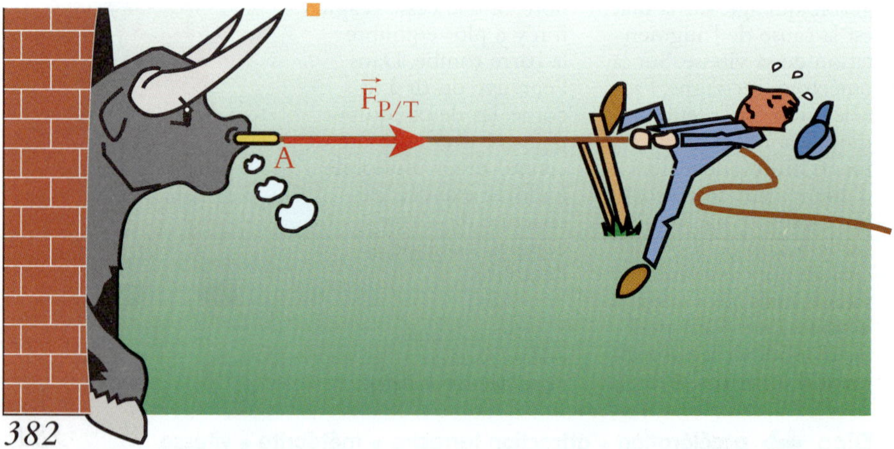

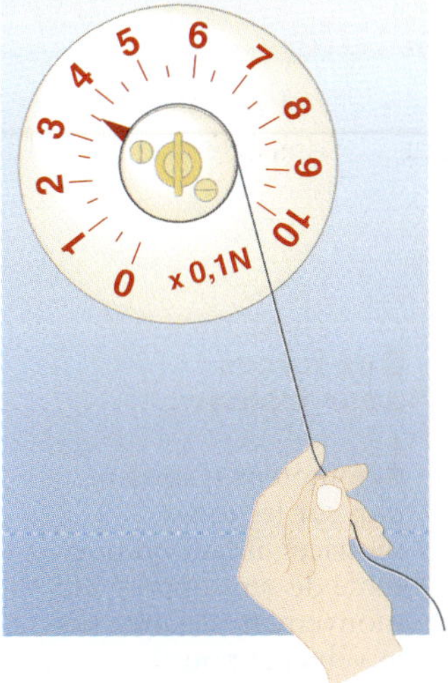

Le dynamomètre mesure l'intensité de la force exercée par la main sur le fil.

droite. La droite support du vecteur-force est la droite d'action de la force, matérialisée ici par la corde. Il reste à connaître la longueur du vecteur-force. On la prend proportionnelle à l'intensité $F_{P/T}$ de la force. On choisit une échelle de représentation et on calcule la longueur. Par exemple, ici, en supposant $F_{P/T} = 400$ N et 1 cm pour 200 N, le vecteur-force a pour longueur 2 cm. Dans le cas où plusieurs forces sont représentées sur un même dessin, une seule échelle est employée. ■

Le cas d'une action répartie

Les actions que l'on veut représenter peuvent être des actions de contact réparties en surface. C'est le cas lorsqu'un livre L est posé sur une table t. En chaque point, la table exerce une action verticale vers le haut sur le livre. On convient de représenter cette multitude d'actions par une force localisée $\vec{F}_{t/L}$ appliquée au milieu de la surface de contact. Un autre cas est celui d'un objet dont une partie est immergée dans un liquide. Sur toute la surface en contact avec le liquide, l'objet est soumis à des forces pressantes. On leur substitue une seule force de direction verticale, s'exerçant de bas en haut : la poussée d'Archimède. Elle est représentée par un vecteur-force vertical, vers le haut, dont l'origine est choisie au centre de gravité du liquide déplacé. Ce point s'appelle « le centre de poussée ». Comme l'intensité de la poussée d'Archimède est égale au poids du volume de liquide déplacé, elle peut être calculée. On connaît alors la longueur du vecteur-force, en utilisant l'échelle choisie. Dans ces deux cas, pour la représentation, on fait comme si les forces étaient localisées. Pour le poids d'un corps, on procède de même. ■

Un seul vecteur-force représente l'action répartie de la table sur le livre.

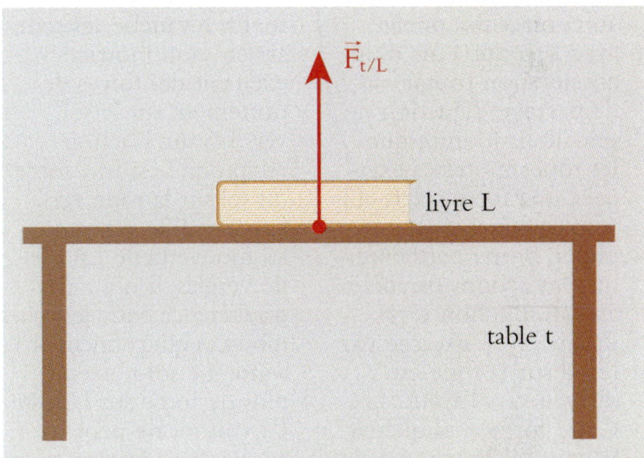

Dico → dynamomètre

Points clés 3

Des forces pour faire démarrer ou pour arrêter un véhicule

L'utilisation d'une voiture ou d'un deux-roues n'est pas sans danger. La connaissance, même imparfaite, de ce qui se passe lors du démarrage et du freinage du véhicule améliore la sécurité.

Des forces pour accélérer

La force $\vec{F}_{S/V}$ exercée par le sol sur la voiture vers l'avant la fait accélérer.

Une voiture sur cales dont les roues motrices tournent est immobile par rapport au sol. Son mouvement est donc lié au contact des pneus avec la route. Lors d'une accélération brutale au démarrage, l'éjection de gravillons montre que les roues motrices exercent une force sur le sol vers l'arrière (pour simplifier, on ne considère que les actions parallèles au sol). L'action réciproque $\vec{F}_{S/V}$ exercée par le sol sur la roue est dirigée vers l'avant. Cette force appliquée à la voiture est la cause de son mouvement accéléré. En revanche, les roues arrière non motrices exercent des forces de frottement sur le sol, vers l'avant. L'action réciproque est une force du sol sur la roue vers l'arrière. Elle s'oppose au mouvement. En cas de verglas, il n'y a pas d'adhérence entre les roues motrices qui patinent et la route. Le sol n'exerce plus de force sur la roue. La voiture ne peut ni accélérer ni freiner. ■

Des forces pour freiner

Le moteur n'agissant plus sur les roues motrices, il faut qu'une force de sens opposé au mouvement s'exerce sur le véhicule pour le ralentir.
On agit sur les roues par l'intermédiaire de freins. Ce sont de simples patins frottant sur la jante pour les bicyclettes, et des freins à disques pour les voitures et les motos. Des plaquettes frottent sur un disque d'acier solidaire de chaque roue. Cette action entraîne une force exercée par la roue sur le sol, vers l'avant. L'action réciproque est une force $\vec{F}_{S/V}$ exercée par le sol sur la roue vers l'arrière. De sens opposé à celui du mouvement, cette force appliquée à la voiture (à chacune de ses roues) est la cause de son ralentissement. Les forces de frottement statique (forces d'adhérence) sont

plus grandes que les forces de frottement dynamiques (forces de glissement).
Il est donc important de ne pas bloquer les roues pendant le freinage. Cela diminue la force de freinage exercée par le sol sur chaque roue. La distance d'arrêt augmente alors. Sur les voitures actuelles, un système empêche le blocage. ■

La route exerce sur la voiture une force de freinage $\vec{F}_{S/V}$.

Quelle distance pour s'arrêter ?

Les automobilistes ont tendance à sous-estimer la distance de freinage, distance parcourue entre la perception du danger et l'arrêt complet du véhicule. Dans de bonnes conditions – route sèche, freins et pneus de la voiture en bon état, conducteur vigilant – la distance d'arrêt dépend de la vitesse du véhicule. Le conducteur doit d'abord réagir au signal qui le pousse à freiner. Il faut au moins 0,75 s pour que le freinage soit effectif. Pendant cette durée, en ville où la vitesse est limitée à 50 km.h^{-1}, la distance parcourue est 10,4 m. Sans perte d'adhérence, qui diminuerait la force de freinage exercée par le sol sur la voiture, l'arrêt ne se produit qu'au bout de 26,5 m. Sur autoroute, à 130 km.h^{-1} dans les mêmes conditions, il faut plus de 135 m pour s'arrêter. Quand la route est mouillée, les forces d'adhérence diminuent, et les distances de freinage augmentent. Il faut alors réduire la vitesse du véhicule. ■

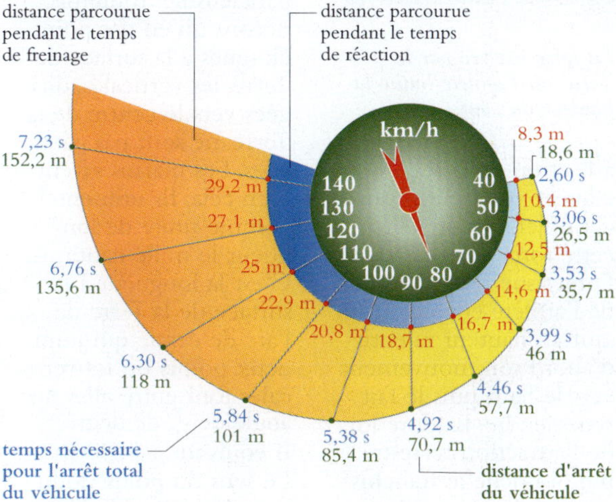

La distance de freinage augmente très vite quand la vitesse de la voiture croît.

Points clés

La Terre nous attire

3

Un objet lâché à proximité de la surface de la Terre tombe sur le sol. La force d'attraction exercée par la Terre sur cet objet est son poids. Quelles sont ses caractéristiques ?

La chute des corps sur la Terre

La force exercée par la Terre sur l'athlète limite la hauteur du saut.

Un objet lâché à proximité de la Terre tombe vers le sol. Son mouvement est d'abord accéléré comme le montre la chronophotographie du début de la chute d'une bille. La trajectoire de la bille est un segment de droite vertical, et les espaces parcourus pendant des durées égales augmentent régulièrement. La croissance de la vitesse exprime une modification du mouvement. Elle est due à l'action de la force exercée par la Terre sur cet objet. On appelle cette force le poids de l'objet sur Terre. Le poids de l'athlète effectuant un saut en hauteur ralentit d'abord son mouvement vers le haut puis le fait redescendre. La dure loi de l'attraction terrestre rend difficile le franchissement de la barre ! ■

Les caractéristiques du poids

Comme toute force, le poids d'un corps est caractérisé par sa direction, son sens, son intensité, son point d'application. La direction du poids d'un corps est la verticale du lieu. C'est une direction qui rend compte du parallélisme de fils à plomb placés en des points peu éloignés à la surface de la Terre. Par exemple, dans une même pièce, on peut aisément vérifier par visée ce parallélisme. Toutefois, notons qu'en des points éloignés à la surface de la Terre, les verticales, dirigées vers le centre de la Terre, ne sont pas parallèles. Les marins savent bien cela. Ils utilisent comme unité de longueur le mille nautique. C'est la longueur à la surface de la Terre de l'arc de cercle qui joint deux points où les verticales font entre elles un angle de $\frac{1}{60}$ de degré. Il équivaut à 1852 m. Le sens du poids va du haut vers le bas. La notion

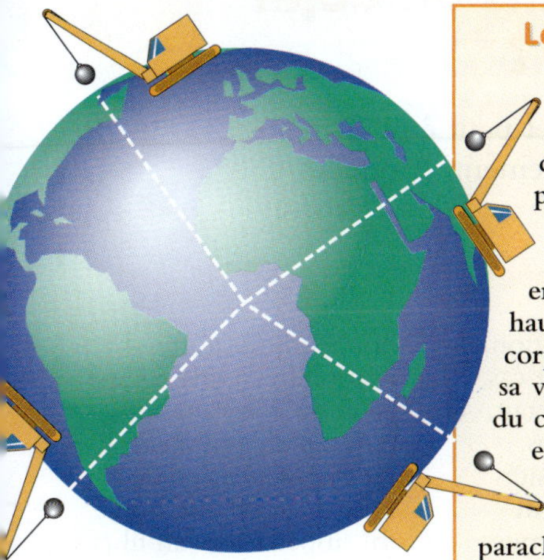

Sur la Terre, toutes les verticales ne sont pas parallèles.

La descente d'un parachutiste

La chute verticale vers le bas d'un corps lâché près de la Terre est un mouvement accéléré. Cela entraîne que plus la hauteur de chute du corps est grande, plus sa vitesse au moment du contact avec le sol est élevée. Fort heureusement, la vitesse d'un parachutiste n'augmente pas continuellement pendant sa descente. L'air agit sur lui en exerçant des forces pressantes, négligeables, et des forces de frottement visqueux, importantes à cause de la grande surface du parachute ouvert. Pendant la chute, ces forces dirigées vers le haut viennent compenser exactement l'attraction de la Terre dirigée vers le bas. Le parachutiste continue alors sa descente à vitesse constante peu élevée, jusqu'au sol.

de bas sur Terre est d'ailleurs liée à l'attraction terrestre : les Australiens ont bien les pieds en bas et la tête en l'air...

L'intensité du poids s'exprime en newtons (N) et peut se mesurer avec un dynamomètre ou se calculer. Il n'y a pas de point d'application particulier, le poids est une action répartie en volume. Dans tout objet, un point se singularise cependant. En suspendant successivement l'objet par des endroits différents, on s'aperçoit que la verticale au point de suspension passe toujours par un même point appelé centre de gravité de l'objet. ■

Représenter le poids d'un corps

Ici, il est question de la représentation d'une action répartie en volume. Spontanément, on a tendance à dessiner une multitude de petites flèches vers le bas pour faire sentir que chaque grain de matière du corps est soumis à une force d'attraction à distance exercée par la Terre. On convient de représenter toutes ces actions par une seule force : le poids $\vec{P}$ du corps. Le vecteur-force représentant le poids $\vec{P}$ a pour origine le centre de gravité G : on fait comme si le poids était appliqué en G. Il est porté par la verticale passant par G, et a pour sens du haut vers le bas. Sa longueur est proportionnelle à l'intensité du poids qui a pu, soit être mesurée avec un dynamomètre, soit être calculée. ■

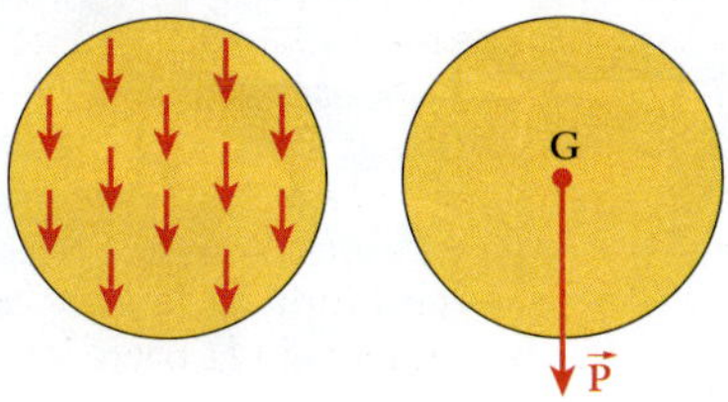

Le vecteur-force unique $\vec{P}$ représente le poids du corps, action répartie en volume.

Points clés

3

À quelles conditions un objet est-il en équilibre ?

Soumis à l'action de deux forces, un objet peut être au repos (on dit alors «en équilibre») ou en mouvement. À quelles conditions est-il en équilibre ?

Un solide soumis à deux forces opposées

Une barque flottant immobile sur l'eau calme d'un lac est dite au repos, ou en équilibre. Le bilan des forces qui agissent sur la barque est facile à faire.
D'une part, la poussée d'Archimède, force verticale vers le haut exercée par l'eau sur la barque.
D'autre part, le poids du bateau, force verticale dirigée vers le bas, exercée par la Terre.
Les deux forces qui s'exercent sur le bateau ont nécessairement même droite d'action. Si ce n'était pas le cas, la barque s'inclinerait, or elle est au repos.
De plus, les intensités des deux forces sont égales, sinon la barque aurait un mouvement vertical. La condition nécessaire pour qu'un solide soumis à deux forces soit en équilibre est que les deux forces appliquées aient même support, même intensité, mais des sens différents : on les appelle des forces opposées. L'exemple d'un bouchon qui flotte immobile est analogue à celui de la barque. La poussée d'Archimède $\vec{F}_{e/b}$ est opposée au poids $\vec{P}$.
Dans le cas d'une boule (b) suspendue à un fil (f), les forces opposées sont $\vec{F}_{f/b}$ exercée par le fil sur la boule, et le poids $\vec{P}$.

Attention, cette condition nécessaire n'est pas suffisante : ainsi, un objet initialement en mouvement, soumis à deux forces opposées, se déplace à vitesse constante.

Le poids d'une barque qui flotte, immobile sur l'eau calme du lac, est exactement compensé par la poussée d'Archimède qu'elle subit.

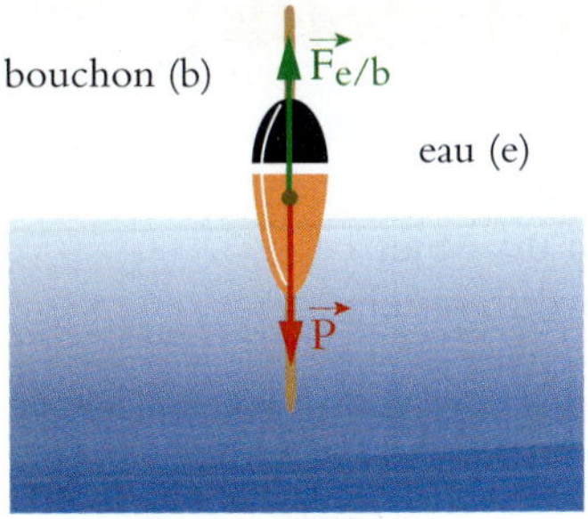

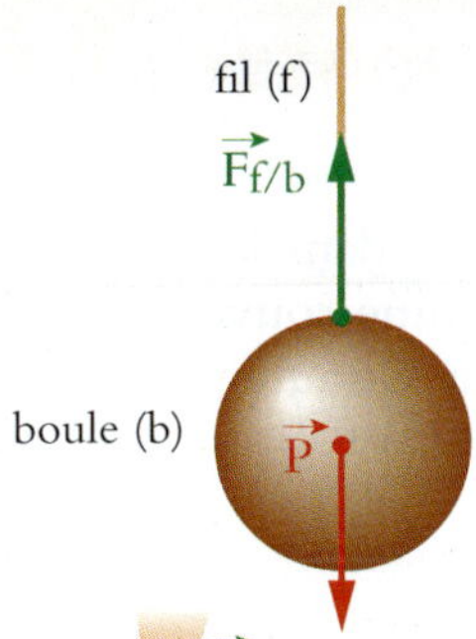

Points clés

Le bouchon qui flotte et la boule suspendue sont des objets en équilibre. Chacun d'eux est soumis à deux forces opposées.

Agissant sur la valise, les forces extérieures qui provoquent sa mise en mouvement vers le haut ont des intensités inégales.

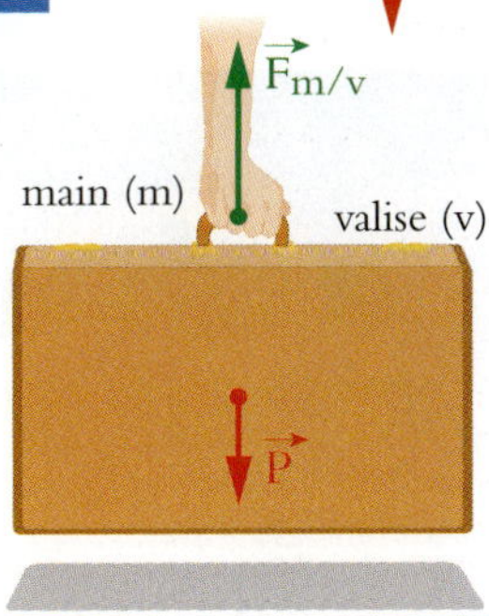

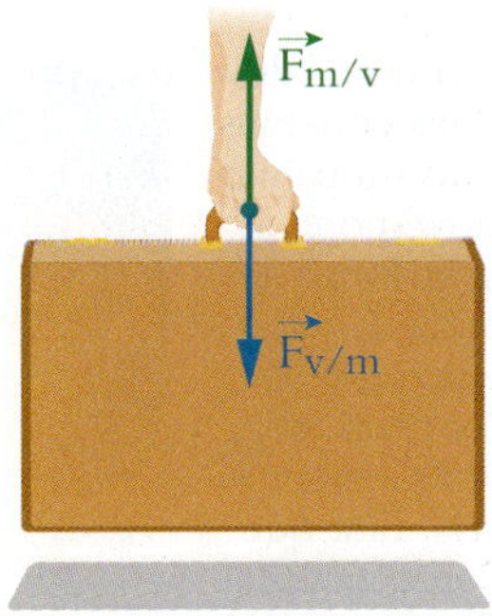

Solide mobile autour d'un axe

Une porte est un solide qui peut avoir un mouvement de rotation autour d'un axe matérialisé par la ligne des gonds. On exerce sur la porte une poussée, perpendiculaire au plan de la porte, par l'intermédiaire de la poignée. La porte, initialement immobile, se met en mouvement et tourne autour de l'axe. Pour que la porte reste immobile, il faut exercer aussi une poussée de l'autre côté de la porte. Parmi différentes possibilités, on remarque que si les deux forces qui s'exercent sur la poignée ont la même droite d'action, la même intensité, et des sens contraires, la porte reste immobile.
D'une façon générale, deux forces opposées appliquées à un solide sont sans action sur le mouvement du solide. ■

Attention, confusion !

**Pour étudier l'équilibre ou le mouvement d'un objet, on s'intéresse aux forces qui agissent sur lui.
Quand on soulève une valise comme sur le dessin ci-dessus, $F_{M/V} > P$: l'intensité de la force exercée par la main sur la valise est plus grande que le poids de la valise. La poignée peut casser à ce moment là.
Une valise en équilibre, tenue immobile à la main, est soumise à deux forces opposées : son poids $\vec{P}$ et l'action de la main sur la valise $\vec{F'}_{M/V}$ avec $\vec{F'}_{M/V} = -\vec{P}$, forces de même support.
Que se passe-t-il pour les forces d'interaction entre la main et la valise dans les deux cas ?
Le principe des interactions s'applique, que la valise soit en équilibre ou mise en mouvement.
À l'équilibre, $\vec{F'}_{M/V} = -\vec{F'}_{V/M}$ forces de même support.
Lors de la mise en mouvement de la valise, $\vec{F}_{V/M} = -\vec{F}_{M/V}$ forces de même support.**

Dico → équilibre • force • intensité • rotation

Points clés

Poids ou masse : il faut choisir !

4 3

Le mot poids est très utilisé dans la vie courante. Malheureusement, on nomme souvent poids d'un objet ce qui en réalité est sa masse. Comment peut-on différencier ces deux grandeurs, et existe-t-il une relation entre elles ?

La masse d'un corps

La masse des fruits contenus dans un panier correspond à la quantité de matière que représentent ces fruits, et uniquement à cela. Tant que l'on n'ajoute rien et n'enlève rien au contenu du panier, la masse reste constante. Le changement de lieu du panier, de Rennes au mont Blanc – ou même sur la Lune – n'y fait rien : la masse est une grandeur invariable. La mesure de la masse du panier, effectuée en ces différents lieux avec une balance, pourrait le prouver. En revanche, en ajoutant des fruits dans le panier, on augmente la masse : le panier rempli à ras bord de fruits a une plus grande masse que l'autre. Ce qui intéresse le consommateur, c'est la quantité de fruits à déguster, donc la masse de ces fruits. Dans le commerce, les étiquettes informatives devraient indiquer la masse nette. Souvent on lit : « poids net *X* kg », mais cette expression est incorrecte. L'unité principale de masse est le kilogramme (kg) dans le système international (SI) d'unités. Par définition, c'est la masse d'un petit cylindre fabriqué dans un alliage d'un métal précieux, le platine. Il est conservé à Sèvres près de Paris et sert de référence depuis 1889. C'est la plus ancienne unité de base du système international. ■

La masse des fruits dans chaque panier ne dépend que de la quantité de fruits. Elle ne varie pas avec le lieu.

Relation entre poids et masse

Le panier rempli de fruits a une masse plus grande que le panier seulement à demi plein. Sur le lieu de la cueillette, il est aussi plus lourd à porter. Son poids – on devrait dire l'intensité de son poids – est plus grand que le poids de l'autre panier. En un lieu donné, à une masse plus grande correspond manifestement un poids plus grand.

Cela peut se vérifier en accrochant à un dynamomètre des charges de masses *m* connues, par exemple des masses marquées, pour mesurer leur poids P. Il apparaît rapidement que le poids et la masse sont des grandeurs proportionnelles, à l'endroit où a lieu l'expérience. Le graphique qui fait correspondre P en newtons à *m* en kilogrammes le confirme. C'est un segment de droite qui passe par l'origine des coordonnées.

La pente de la droite fournit le coefficient de proportionnalité.

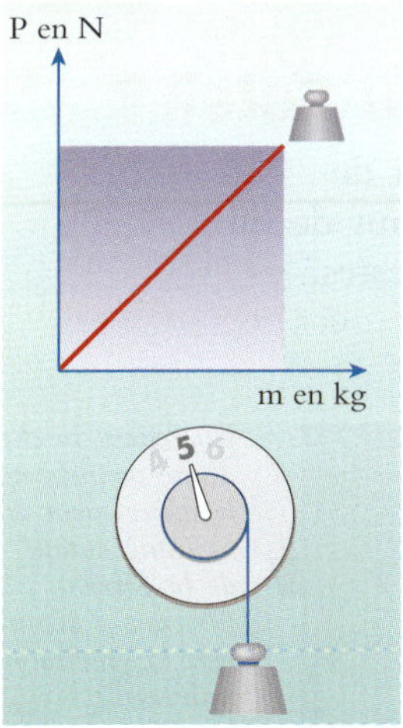

Poids et masse sont des grandeurs proportionnelles.

Sur Terre, à quelques millièmes près, sa valeur est 9,8 $N.kg^{-1}$. On note ce coefficient g, et il est appelé intensité de la pesanteur. La relation entre le poids et la masse peut donc s'écrire: $P = mg$ avec P exprimé en N ; m en kg; g en $N.kg^{-1}$. Fréquemment, pour les calculs rapides à la surface de la Terre, on utilise $g = 10$ $N.kg^{-1}$. L'intensité du poids d'une masse de 1 kg est donc proche de 10 N. Il est alors aisé de faire correspondre la masse d'une charge et son poids. ■

Le poids est une grandeur variable

Sur Terre, un astronaute engoncé dans sa combinaison spatiale a une démarche pesante. Sur la Lune, pareillement harnaché, il gambade. Qu'est-ce qui a changé? Ce n'est pas la masse de la combinaison: la masse est une grandeur invariable. C'est donc le poids de cette combinaison. La relation $P = mg$ avec m constante, montre que la diminution du poids P est due à la diminution de l'intensité de la pesanteur g.
Sur la Lune, voisine de 1,6 $N.kg^{-1}$, elle est plus faible que sur la Terre.
Le poids d'un même corps est environ six fois plus faible sur la Lune que sur la Terre : l'astronaute n'a plus de peine à porter son équipement.
L'intensité de la pesanteur g est caractéristique du lieu considéré. Ses variations et donc les variations du poids d'un corps peuvent être grandes d'un astre à un autre. Une masse de 1 kg a un poids voisin de 3,7 N sur Mars, 9,8 N sur la Terre et aurait un poids proche de 25 N sur Jupiter. À la surface de la Terre, il existe aussi des variations de g.
Le poids d'un corps que l'on déplace augmente d'environ 1/200 de sa valeur lorsqu'on le transporte de l'équateur à un pôle, en restant au niveau de la mer.
De même, le poids d'un corps diminue quand l'altitude augmente.
Pour ces deux variations, c'est la distance entre l'objet et le centre de la Terre qui est en cause.
Plus cette distance est grande, plus le poids du corps est faible. ■

Le poids de l'astronaute et de son équipement sur la Lune est environ six fois plus faible que sur la Terre.

Comment les planètes tournent-elles autour du Soleil ?

Tous les objets qui ont une masse s'attirent. Du fait de l'importance de sa masse, le Soleil fait graviter autour de lui les planètes et de nombreux autres petits corps célestes.

De la chute d'une pomme à la gravitation

Depuis Galilée, nous savons que la mise en mouvement d'un objet au repos est due à l'action d'une force.
Né l'année de la mort de Galilée en 1642, Newton qui a comme livre de chevet son ouvrage *les Dialogues* le sait aussi. On raconte qu'un soir d'automne, alors qu'il se repose sous un pommier, une pomme se détache d'une branche et tombe. C'est logique : l'action de la branche support qui compensait le poids de la pomme a cessé. Soumise à la force d'attraction de la Terre, la pomme s'est mise en mouvement vers le sol. Mais alors, pourquoi la Lune, qui n'a pas de support, ne tombe-t-elle pas sur la Terre ? Newton se pose la question et trouve en même temps la réponse : la Lune « tombe ». Elle est attirée par la Terre, ce qui courbe sa trajectoire vers elle. Elle est en état de chute permanente, tournant sans arrêt autour de la Terre. Sans cette attraction, la Lune continuerait tout droit. La Lune tourne autour de la Terre comme tous les satellites tournent autour de leur planète et les planètes autour du Soleil. Ces mouvements résultent de l'attraction exercée par les planètes sur les satellites et par le Soleil sur les planètes. Tous les corps qui ont une masse s'attirent : c'est la loi de la gravitation universelle. Elle est primordiale dans l'Univers, s'exerçant théoriquement à l'infini. ■

En reliant la chute d'une pomme et le mouvement de la Lune autour de la Terre, Newton a découvert la gravitation universelle.

Le mouvement des satellites galiléens autour de Jupiter est analogue au mouvement des planètes autour du Soleil.

L'attraction du roi Soleil

D'après la loi de la gravitation, deux corps de masses m et m' situés à la distance d l'un de l'autre s'attirent avec une force d'intensité

$$F = G\frac{mm'}{d^2}$$ avec F en N, m et m' en kg, et d en m.

La constante de gravitation universelle G est très faible, ($G = 6{,}67 \times 10^{-11}$ unités SI) et la force F n'a un effet sensible que si l'un au moins des deux corps en présence a une masse élevée. À la surface de la Terre, le seul effet sensible des forces de gravitation – en dehors des marées – est celui de la pesanteur. Tout corps à la surface de la Terre est soumis à l'action de son poids, les interactions gravitationnelles avec les autres objets étant négligeables. La masse énorme du Soleil par rapport à la masse des objets qui l'entourent, les planètes et leurs satellites, les astéroïdes, les comètes, rend son influence liée à la gravitation primordiale. Elle a pour effet de faire tourner les planètes autour de lui. Leurs trajectoires sont des ellipses, peu différentes de cercles. En revanche, les trajectoires elliptiques des comètes sont allongées. Du fait des grandes différences de masses, l'effet de l'action gravitationnelle des planètes et des autres éléments du système solaire sur le Soleil est négligeable. Jusqu'à environ deux années-lumière, à mi-chemin de l'étoile voisine la plus proche, le Soleil règne en maître. ■

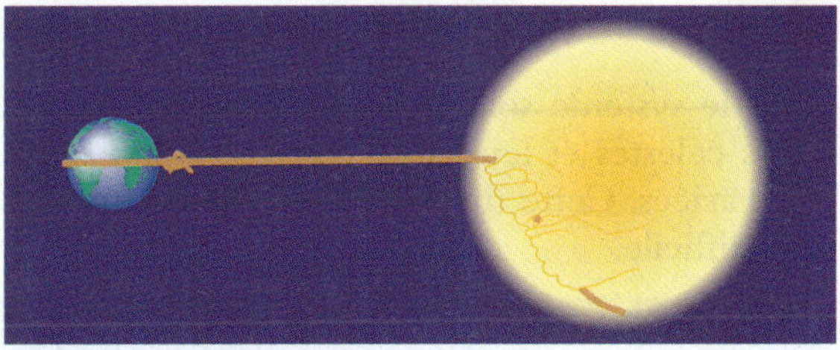

La force d'attraction du Soleil sur les planètes les fait tourner autour de lui.

Les mouvements des satellites

Les habitants de la Terre ont toujours vu la Lune tourner autour de leur planète. Cela confortait d'ailleurs l'idée que la Terre était au centre de tout. En janvier 1610, Galilée observe le ciel avec une lunette. Près de Jupiter, il découvre des petits astres brillants. Il note leurs positions pendant plusieurs nuits et comprend. Il a découvert quatre satellites de Jupiter qui tournent autour de la planète en la suivant dans son mouvement autour du Soleil. L'attraction gravitationnelle d'une planète sur ses satellites a pour effet leur mouvement autour de la planète, tout comme l'attraction gravitationnelle du Soleil sur les planètes a pour effet leur mouvement autour du Soleil. ■

Dico → année-lumière • comète • pesanteur

Points clés

4

Réalisons un système solaire miniature

Dans le système solaire, les dimensions des corps célestes et leurs distances au Soleil sont très variées. Cette diversité rend sa représentation difficile.

Les neuf planètes du système solaire ont des dimensions très variées.

Les planètes du système solaire

À partir de la Terre, cinq planètes sont visibles à l'œil nu. De ce fait, elles sont connues depuis que l'homme observe le ciel. À une distance de plus en plus grande du Soleil, il y a Mercure, Vénus, la Terre, Mars, Jupiter et Saturne. Uranus a été découverte en 1781 par l'Allemand William Herschel, à l'aide d'un télescope utilisé pour explorer systématiquement le ciel étoilé. Le calcul astronomique a permis à l'astronome français Le Verrier, en 1846, d'annoncer l'existence d'une autre planète, effectivement découverte à l'endroit prévu : Neptune. Et il a fallu attendre 1930 pour que Clyde Tombaugh repère Pluton sur des clichés photographiques. C'est la dernière planète du système solaire digne de ce nom. On classe les planètes en deux familles. Les quatre premières sont les planètes telluriques constituées de minéraux et de roches. Les quatre suivantes, les planètes géantes, sont très riches en hydrogène et en hélium. Outre de nombreux satellites, elles offrent la particularité de posséder des anneaux, ceux de Saturne étant les plus spectaculaires. Pluton est à part, et reste mal connue. ■

Des maquettes pour les planètes

En dépit d'un léger aplatissement et de reliefs, les planètes peuvent être considérées comme des sphères. Le Soleil aussi. Pour réaliser des maquettes, la difficulté première provient des dimensions. D'un rayon 110 fois plus grand que celui de la Terre, le Soleil peut difficilement être représenté entier à la même échelle. Souvent, comme sur le dessin ci-contre, on se contente de représenter un fragment de son bord. Quant aux planètes, leur diamètre va de 2 320 km pour la plus petite, Pluton, à près de 143 000 km pour la plus grosse, Jupiter. On peut utiliser l'échelle 1 cm pour 2 000 km. Une bille de 1,2 cm de diamètre sera trouvée pour Pluton, et un ballon de plage gonflé de telle façon que son diamètre approche 72 cm sera utilisé pour Jupiter. La Terre est alors une balle de 6,4 cm de diamètre. Une encyclopédie fournit toutes les dimensions, et il reste à colorier chaque boule : Mars la « planète rouge », Terre la « planète bleue »… On peut s'inspirer des photographies des planètes par les sondes Voyager. ■

La fabrication d'un planétaire simple

Pour placer les cinq planètes connues depuis l'Antiquité sur leur trajectoire à une date donnée, on construit un système solaire miniature. Toutes les trajectoires sont supposées circulaires dans un même plan, avec le Soleil pour centre. On superpose des disques de carton indépendants, mobiles en rotation autour d'un centre commun qui est la position S du Soleil. Chaque disque a un rayon proportionnel à la distance moyenne entre le Soleil et la planète, par exemple 2,3 cm pour Mercure, 4,3 cm pour Vénus, 6 cm pour la Terre, 9 cm pour Mars (il faut une autre échelle pour la Terre, Jupiter, Saturne). Ces disques sont posés sur un carton plus grand où la demi-droite Sγ permet de repérer la position des planètes par la longitude héliocentrique *l* de la planète. Sur le dessin, les planètes sont placées à la date du 01/01/2000. Connaissant la période de leur révolution, on peut les placer à une autre date. Par exemple, un mois plus tard, *l* aura augmenté de

$$30° = \frac{360°}{12}$$

pour la Terre. ■

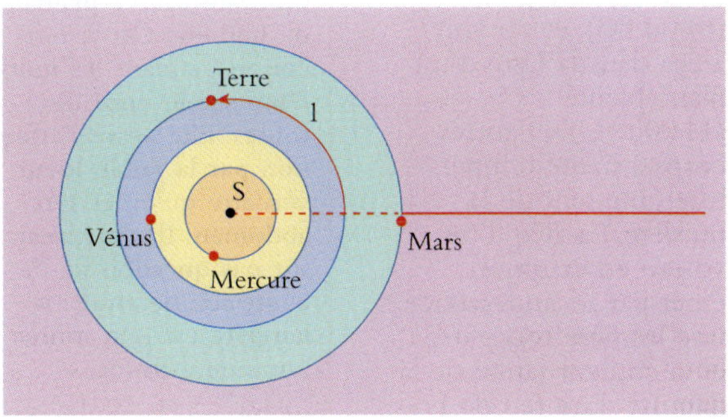

Chaque planète est placée sur sa trajectoire circulaire grâce à l'angle l.

Des sources primaires de lumière

L'étoile Soleil est une source primaire de lumière. Sa couleur jaune est liée à la température de sa surface.

Il existe de nombreux objets qui produisent et émettent de la lumière. On trouve certains d'entre eux dans la nature alors que d'autres sont fabriqués par l'homme.

Des lumières produites dans la nature

Une seule étoile est visible de jour, c'est le Soleil, notre étoile. En revanche, par beau temps, chacun peut voir scintiller une multitude d'étoiles dans le ciel nocturne. Toutes les étoiles émettent de la lumière qu'elles produisent elles-mêmes. On les appelle des sources primaires de lumière. La couleur de la lumière émise dépend de la température de leur surface. Bételgeuse dans la constellation d'Orion est vue rouge. Sa température de surface est de 3 350 °C. Le Soleil est une étoile jaune (6 000 °C), et on voit Véga dans la Lyre d'un blanc bleuté (11 000 °C). D'autres corps à haute température émettent de la lumière. La lave d'un volcan en éruption émet par incandescence une lumière rougeâtre, et la couleur jaune de la flamme d'un feu de bois est due à l'incandescence de petits grains de carbone. Annonciatrices d'orage, il apparaît parfois des lueurs bleutées à l'extrémité d'objets pointus. Pendant l'orage, l'air s'échauffe sur le trajet des intenses décharges électriques entre les nuages et le sol. Il devient lumineux : ce sont les éclairs. ■

Un ver luisant

Madame lampyre – seule la femelle, dépourvue d'ailes, jouit de cette propriété – est une modeste source primaire de lumière. On la rencontre pendant les nuits d'été sur le bord des routes. Elle attire l'attention par la faible lueur verdâtre qu'émet son abdomen. Il n'est bien sûr pas question ici de haute température : le lampyre est une source lumineuse froide. La lumière provient du retour à leur état « normal » - on dit fondamental - de molécules excitées pendant des réactions chimiques. Il s'agit de chimiluminescence. D'autres êtres vivants, des poissons et des bactéries, émettent aussi de la lumière de cette façon.
C'est également le cas des lucioles, parfois confondues avec les lampyres.

Des sources primaires artificielles

Une ville brille la nuit. Un grand nombre de sources primaires artificielles, créations de l'homme, produisent et émettent de la lumière. Parmi elles, les lampes à incandescence utilisent l'échauffement provoqué par la circulation d'un courant électrique dans un fin filament métallique en tungstène. Le spectre de la lumière émise est continu, mais peu riche en violet. Pour d'autres sources, l'émission de lumière n'est pas liée à l'élévation de température. Dans les tubes à décharge, il n'y a pas de filament, et la couleur de la lumière émise ne dépend que du gaz contenu dans le tube. Par exemple, les tubes au néon émettent une lumière rouge. Ils sont fréquemment utilisés pour les enseignes lumineuses. En électronique, les diodes électroluminescentes rouges, jaunes ou vertes, traversées par un courant de faible intensité, sont aussi des sources primaires de lumière. ■

Le ver luisant émet une lumière verdâtre grâce à des réactions chimiques.

L'éclairage public est assuré par des sources artificielles : les lampes.

Voir une source primaire de lumière

Il ne viendrait à l'idée de personne de tourner le dos à un téléviseur ou de se placer derrière une cloison opaque pour suivre son émission préférée. Une condition est en effet absolument nécessaire à la vision complète de l'écran, source primaire de lumière : de la lumière provenant de l'écran entier doit entrer dans l'œil du téléspectateur. Cela justifie son installation en face de l'appareil, les yeux dirigés vers lui. Plus généralement, quand un objet est vu, cela veut dire que de la lumière issue de cet objet pénètre dans l'œil de celui qui le regarde. La rétine détecte cette lumière et le nerf optique transmet l'information au cerveau qui la décode. Mais attention : l'œil est fragile et il est déconseillé de regarder certaines sources de lumière sans précaution. Fixer le Soleil est un jeu dangereux qui peut entraîner des lésions irréversibles de la rétine. Lors d'une éclipse totale de Soleil – comme celle du 11 août 1999, visible en France – il est impérativement prescrit de ne suivre la course du Soleil qu'à travers un filtre efficace. On peut utiliser un verre de masque de soudeur. C'est un très bon filtre qui permet d'observer en toute sécurité. La lumière d'un pointeur laser pénétrant dans l'œil risque également de l'abîmer. La vente de ces objets a d'ailleurs été réglementée pour éviter les accidents. ■

Dico → spectre de la lumière • tube à décharge

Points clés

Les objets diffusent la lumière

4

Des objets éclairés renvoient une partie de la lumière qu'ils reçoivent. Ils peuvent alors être vus et éclairer eux-mêmes d'autres objets.

Des sources secondaires de lumière

Les astronautes voient de l'espace «la planète bleue» : la Terre. Elle ne produit pas elle-même de la lumière visible. Sa face éclairée renvoie dans toutes les directions une partie de la lumière qu'elle reçoit du Soleil. On dit qu'elle diffuse la lumière solaire. Les planètes : la Terre, Vénus, Mars, etc. et les satellites comme la Lune ne font que diffuser une partie de la lumière solaire qui les atteint et absorber l'autre partie. La couleur de la planète observée dépend de la lumière diffusée. Par exemple, sur la Terre, l'eau des mers absorbe les lumières rouges et renvoie les lumières bleues de la lumière solaire (voir p. 400). Comme les océans recouvrent l'essentiel du globe terrestre, la couleur dominante observée est le bleu. On peut cependant remarquer la couleur brunâtre des sols nus d'Afrique. Elle rappelle la teinte de «la planète rouge», Mars, dont le sol est riche en oxydes de fer, comme la latérite africaine. Tous les objets diffusants peuvent à leur tour éclairer d'autres corps. Ce sont des sources secondaires de lumière. La lumière diffusée par la Lune les nuits de pleine Lune, éclaire et rend visibles les arbres et les autres éléments du paysage qui sont aussi des objets diffusants. En fait, tout objet que l'on voit et qui n'est pas une source primaire de lumière est un objet diffusant ou source secondaire de lumière. ■

La Terre est une source secondaire de lumière. Elle diffuse une partie de la lumière blanche qu'elle reçoit du Soleil.

Diffusion et éclairage indirect

Le parapluie diffuse la lumière du projecteur.

Pendant une prise de vue en studio, le sujet photographié peut être éclairé de différentes façons, suivant l'effet recherché. Le photographe peut, par exemple, braquer sur lui un projecteur, pour l'éclairer directement. Cette façon de faire accentue les contrastes : les zones d'ombre et de lumière se côtoient. Au contraire, l'utilisation d'un parapluie diffuseur, source secondaire étendue de lumière, permet d'obtenir une transition progressive entre zone d'ombre et zone éclairée. La lumière est mieux répartie et plus douce. En outre, en modifiant la couleur de la lumière diffusée vers le sujet, la teinte du parapluie peut contribuer à accentuer l'impression de douceur. La diffusion est aussi utilisée pour l'éclairage à la maison. Des lampadaires éclairent le plafond, généralement peint en blanc. Celui-ci diffuse pratiquement toute la lumière qu'il reçoit et sert ainsi de source secondaire. Par ailleurs, certaines lampes sont recouvertes d'un globe en verre dépoli qui diffuse la lumière émise par le filament incandescent. Cela évite l'éblouissement. ■

Des explications pour les couleurs du ciel

Le sol lunaire renvoie une faible partie de la lumière solaire qu'il reçoit. Cette lumière diffusée suffit à rendre la Lune visible. En revanche, l'absence d'atmosphère sur la Lune fait qu'aucune particule dans le ciel ne diffuse de lumière vers l'œil de l'observateur. Le ciel lunaire est noir. Sur Terre, il existe une atmosphère qui diffuse la lumière solaire. Cette diffusion, liée à la présence des molécules des gaz de l'air, privilégie le renvoi des lumières bleues dans toutes les directions, les autres lumières étant beaucoup moins diffusées. En plein jour, le ciel dégagé est bleu, partout.
Quand le Soleil descend sur l'horizon, l'épaisseur de l'atmosphère traversée par la lumière solaire augmente. La diffusion appauvrit cette lumière en lumière bleue. Le disque solaire est vu rougeâtre. Dans le ciel terrestre, les gouttes d'eau ou les cristaux de glace des nuages renvoient la lumière sans en modifier la couleur. Éclairés par la lumière blanche du jour, les nuages sont blancs. Au crépuscule, on les voit plutôt rosâtres en direction du couchant. ■

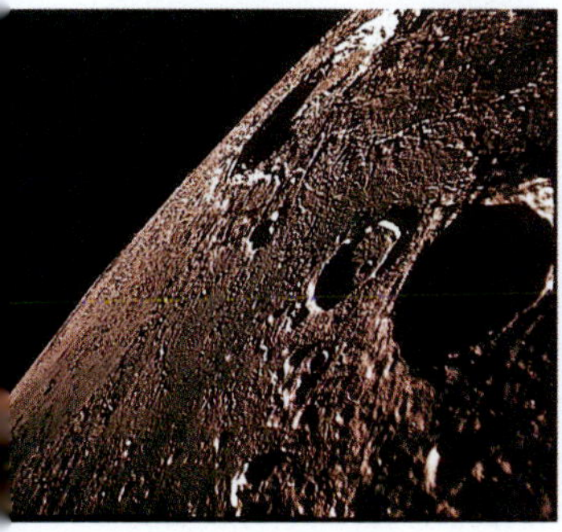

Sur la Lune, sans atmosphère, le ciel est noir.

Dico → atmosphère • lumière blanche

Analysons la lumière

4

Éclairés par la lumière blanche du jour, les objets qui nous entourent apparaissent de toutes les couleurs. L'analyse de la lumière blanche permet d'expliquer l'existence de ces couleurs.

La décomposition de la lumière blanche

Un arc-en-ciel : la lumière solaire est décomposée.

Avec le Soleil dans le dos et de la pluie devant soi, on peut observer un arc-en-ciel sur un fond sombre. Il en existe un second au-dessus, pâle et peu visible, aux couleurs inversées. En français – car c'est une question de langue – on dit qu'il y a sept couleurs dans l'arc-en-ciel : rouge, orange, jaune, vert, bleu, indigo, violet, à partir de l'extérieur pour le plus brillant. Ces lumières colorées proviennent de la décomposition de la lumière blanche du Soleil par les gouttes d'eau.

La lumière blanche du jour est une lumière complexe, composée d'une infinité de lumières colorées.

Au laboratoire, la lumière blanche émise par une lampe à incandescence peut être décomposée en traversant un réseau ou un prisme de verre. Le résultat observé sur un écran blanc est un spectre continu constitué d'une infinité de couleurs.

Newton a montré le premier que les lumières colorées obtenues après un prisme proviennent bien de la décomposition de la lumière blanche. ■

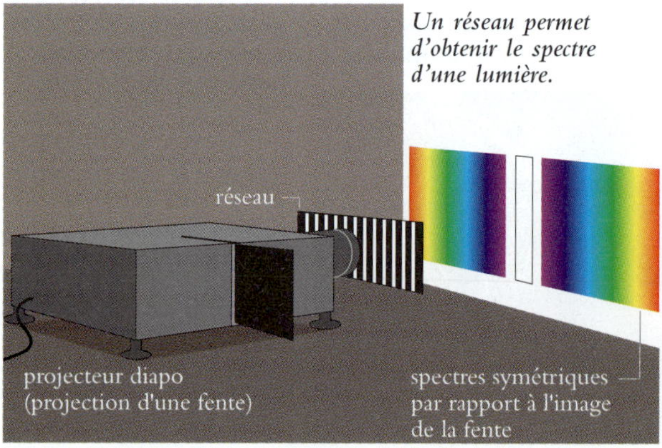

Un réseau permet d'obtenir le spectre d'une lumière.

Le rôle d'un filtre

Un filtre est une feuille de matière plastique ou une lame de verre transparente et colorée. De la lumière blanche du jour arrive sur un filtre rouge. L'analyse de la lumière qui a traversé le filtre conduit à un spectre constitué uniquement d'une bande rouge.

> ### Le rayon vert
>
> **Quand le Soleil se couche, sa lumière est décomposée par l'atmosphère qui joue le rôle d'un prisme. Les lumières colorées «du côté du bleu» sont plus déviées que les lumières colorées «du côté du rouge». Il en résulte deux disques solaires un peu décalés : l'un plutôt bleu, l'autre plutôt rouge. Seulement la grande épaisseur d'atmosphère traversée diffuse surtout les lumières «du côté bleu», et il reste l'image rouge du Soleil. Mais parfois on peut voir brièvement un rayon vert au moment où le Soleil disparaît derrière l'horizon. C'est la partie du disque solaire plutôt bleue qui a échappé à la diffusion.**

Après un filtre, il manque des couleurs dans les spectres des lumières.

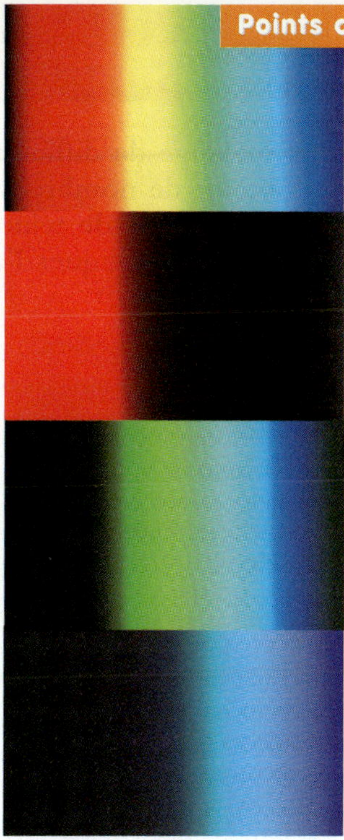

Le filtre a transmis les lumières rouges et a absorbé les autres lumières colorées. On peut faire une remarque analogue avec un filtre bleu : ce filtre transmet les lumières bleues et absorbe les autres lumières colorées. Avec un filtre vert, les seules lumières transmises sont vertes. De manière schématique, on peut dire qu'un filtre absorbe certaines lumières colorées et transmet les autres. La réalité est un peu plus nuancée : des lumières sont en partie transmises et en partie absorbées. ■

Un objet a-t-il vraiment une couleur ?

La couleur d'un objet dépend de la lumière qui l'éclaire. Cela se vérifie avec une voiture dont la carrosserie est vue bleue à la lumière du jour. Dans un tunnel routier, uniquement éclairée par des lampes qui émettent une lumière jaune bien définie, elle devient quasiment noire. À la lumière de jour, elle diffuse les lumières bleues et absorbe les autres lumières colorées (son comportement s'apparente à celui d'un filtre bleu). Dans le tunnel routier, elle ne reçoit pas de lumière bleue. Elle absorbe la lumière jaune qui l'éclaire et ne diffuse rien. L'absence de lumière, c'est le noir. Dans la pratique, l'état de surface de la carrosserie, lisse et polie, entraîne des reflets jaunes. Absorption et diffusion ne se font jamais réellement à 100%. ■

Dico → lumière blanche • prisme

Points clés 4

Composer une lumière par addition ou par soustraction

Le mélange de différents pigments en arts plastiques permet d'obtenir de nombreuses couleurs. Sur l'écran d'un téléviseur une multitude de teintes est aussi créée.
Comment expliquer l'apparition de ces lumières colorées ?

La lumière blanche retrouvée

La décomposition par un prisme de la lumière blanche émise par une lampe à incandescence donne sur un écran blanc un spectre continu du rouge au violet. Une lentille convergente permet de regrouper sur l'écran les lumières colorées dispersées par le prisme. On observe une tache blanche : la lumière blanche est retrouvée. Si on supprime les lumières du bleu au violet après le prisme, la tache sur l'écran devient jaune.
L'infinité de lumières colorées regroupées, du vert au rouge, ne reconstitue pas la lumière blanche. Cependant, pour synthétiser une lumière blanche, toutes les lumières présentes dans la lumière du début ne sont pas indispensables, mais leurs couleurs doivent être bien choisies. ■

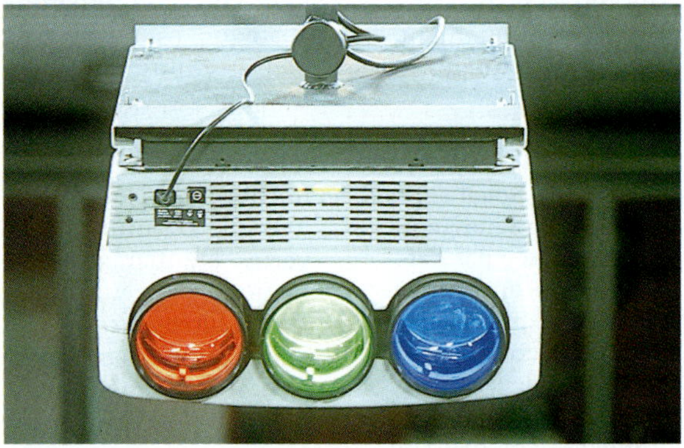

Ce vidéoprojecteur projette trois faisceaux rouge, vert et bleu. L'image est reconstituée en couleur sur un grand écran.

La synthèse additive des couleurs

Un paysage enneigé est vu bien blanc sur l'écran d'un téléviseur. Mais avec une loupe, on observe de minuscules pastilles lumineuses appelées « luminophores ». Elles sont regroupées par trois, chacune spécialisée dans l'émission d'une lumière, bleue, verte ou rouge. Ces trois couleurs sont les couleurs primaires. Sur la rétine du téléspectateur, les lumières émises par ces points se superposent et l'écran est vu blanc. Quand le spectacle est très coloré, toutes les teintes vues sur l'écran résultent de l'addition des seules lumières bleue, verte et rouge. L'éclat lumineux de chaque type de luminophore est alors différent. Par exemple, dans la bande cyan, seuls brillent les points bleus et verts. ■

La synthèse soustractive des couleurs

En arts plastiques, les trois couleurs primaires utilisées sont les couleurs cyan, magenta et jaune. Les pigments employés, souvent des oxydes métalliques, absorbent une partie de la lumière qui les éclaire et diffusent l'autre partie. Éclairé en lumière blanche, le pigment cyan lui ôte la lumière rouge en l'absorbant, le pigment magenta lui ôte la lumière verte et le pigment jaune la bleue. Le comportement d'un pigment peut être rapproché de celui d'un filtre. Sur la rétine de l'observateur arrivent les lumières restantes, qui synthétisent de nouvelles couleurs. En peignant, on réalise une synthèse soustractive des couleurs. L'impression d'une illustration en couleur utilise aussi la synthèse soustractive. Elle se fait avec trois encres transparentes, cyan, magenta et jaune, appliquées successivement. La superposition des trois encres permet d'obtenir toutes les couleurs et du noir. Dans la pratique, on utilise cependant une quatrième encre, noire, d'où le nom de quadrichromie donné à ce procédé d'impression. ■

La vérification d'une impression en quadrichromie.

L'azur dans votre lessive

Le linge blanc en coton jaunit petit à petit en vieillissant. Pour masquer ce défaut, les fabricants de lessive mettent une teinture bleutée dans leur détergent. Le linge ainsi traité diffuse simultanément de la lumière jaune et de la lumière bleue. Ces deux lumières de couleurs complémentaires donnent de la lumière blanche en s'additionnant. Le linge paraît bien blanc.
En exagérant la quantité d'azurant dans la lessive, on pourrait même avoir du linge plus blanc que blanc, c'est-à-dire légèrement bleuté.
Sans connaître forcément la synthèse additive des lumières, les lavandières utilisaient déjà cette méthode en dissolvant « du bleu » dans la dernière eau de rinçage du linge blanc.

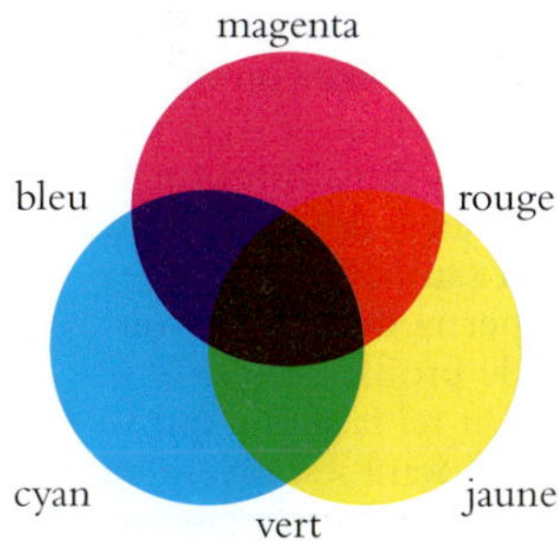

Synthèse soustractive des couleurs avec des filtres.

Dico → prisme • quadrichromie • spectre

Points clés

Comment se propage la lumière ?

4

Les sources de lumière éclairent les objets qui nous entourent. Mais comment la lumière se propage-t-elle de la source au récepteur ?

Les lasers émettent d'étroits faisceaux de lumière parallèle.

Un faisceau de lumière

Dans la vie courante, on parle du faisceau lumineux d'un phare marin, ou de celui d'une lampe torche. Dans les deux cas, l'idée d'un cône lumineux ayant la source primaire de lumière comme sommet s'impose. Des particules diffusantes sur son trajet – des gouttelettes d'eau par exemple – permettent de le voir de profil.
Un tel faisceau, qui va en s'évasant, est divergent. Il existe d'autres faisceaux lumineux. Derrière une bouteille d'eau éclairée par la lumière solaire, on voit sur la table des traits lumineux qui se rejoignent : le faisceau est convergent. La table, objet diffusant, rend le faisceau visible. Dans les spectacles, le faisceau d'un laser garde un diamètre constant : c'est un faisceau de lumière parallèle. Lorsque la dimension transversale d'un faisceau est faible, on l'appelle plutôt un pinceau lumineux. Chacun a pu en observer, issu d'un petit trou dans les volets clos d'une pièce obscure. Les fines poussières en suspension dans l'air qui diffusent sa lumière permettent d'en suivre le trajet. ■

La propagation rectiligne de la lumière

Les spectacles avec des lasers nous montrent toujours des pinceaux lumineux bien rectilignes. Un faisceau rendu visible par de la poussière présente aussi des bords rectilignes. Ces observations nous laissent penser que la lumière se propage en ligne droite dans l'air. L'image obtenue à l'aide d'une boîte noire confirme cela. Un petit trou sur une face permet l'entrée de la lumière provenant d'une source lumineuse. La face opposée est translucide. On observe sur le calque une « image » en couleur, en tout point semblables à l'objet diffusant, mais inversée, haut/bas et droite/gauche. Seule la propagation rectiligne de la lumière peut rendre compte de ces observations. Dans un milieu transparent et homogène, la lumière se propage en ligne droite. Pour indiquer le trajet de la lumière entre deux points d'un milieu homogène, on trace le segment qui relie ces deux points. On lui adjoint un sens : de la source, vers le récepteur. Il devient un rayon lumineux. C'est seulement un mode de représentation. Le rayon lumineux n'a pas d'existence réelle. ■

La propagation rectiligne de la lumière explique la figure observée sur le calque de la boîte noire.

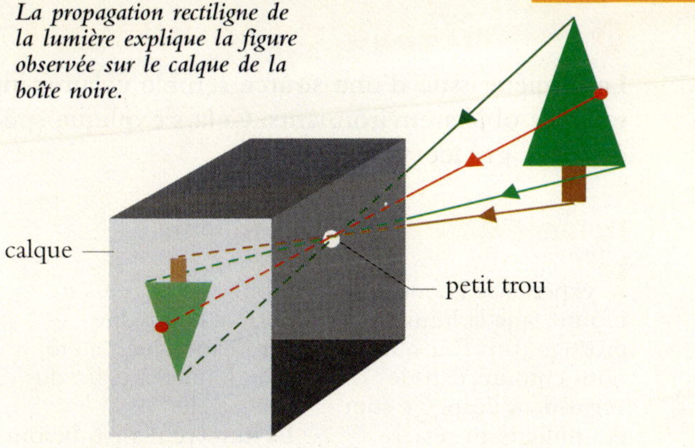

Des accidents de parcours de la lumière

Sauf accident, la lumière se propage en ligne droite. Le premier « accident » correspond au passage de la lumière d'un milieu transparent à un autre milieu transparent, par exemple de l'eau à l'air. Quand une règle rectiligne est plongée dans un récipient contenant de l'eau, on la voit brisée au niveau de la surface du liquide. En observant plus attentivement, on s'aperçoit que la partie immergée paraît rapprochée de la surface. Ces impressions sont dues au fait que la lumière venant de la règle immergée ne traverse pas en ligne droite la surface entre l'eau et l'air. Elle s'écarte de la perpendiculaire à la surface de séparation, en la traversant. Parfois, autre « accident », un même milieu n'est pas homogène. C'est le cas de l'air dans un désert, en fin de journée. La température de l'air, très élevée près du sol surchauffé, diminue quand on s'en éloigne. Il en résulte une courbure du trajet de la lumière, concave vers le haut. On voit alors sur le sol le bleu du ciel qui peut être pris pour de l'eau. C'est un mirage. ■

Un mirage : on voit les dromadaires marcher sur l'eau ! L'air surchauffé près du sol n'est pas homogène. La lumière ne se propage plus en ligne droite.

Dico → milieu transparent

Points clés

4 L'époustouflante vitesse de la lumière

La lumière issue d'une source semble éclairer instantanément tous les objets environnants. Cela s'explique grâce à sa très grande vitesse.

La lumière traverse aussi le vide

L'expérience quotidienne montre que la lumière se propage dans l'air qui nous entoure, dans le verre, dans l'eau. Ce sont des milieux matériels transparents. Par ailleurs, nous recevons de la lumière émise par des objets célestes situés à des distances... astronomiques. Pour expliquer la propagation de la lumière entre ces astres lointains et nous, les physiciens ont présumé pendant presque deux siècles qu'il existait un milieu fluide impalpable, infiniment subtil, «l'éther». Cette notion, contredite par l'expérience, a été abandonnée à la fin du XIXe siècle.
La lumière n'a pas besoin de support matériel pour se propager. Entre les étoiles et nous, elle traverse de grands espaces vides avant de pénétrer dans notre œil. ■

La lumière diffusée par la planète géante Jupiter et son satellite Io se propage dans le vide interplanétaire. Le disque noir est l'ombre portée de Io sur Jupiter.

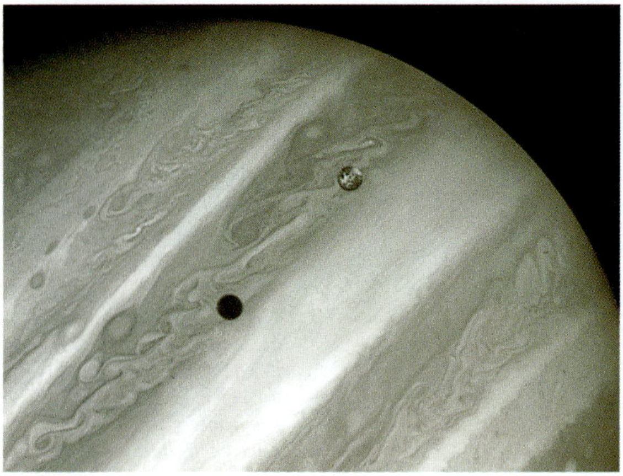

La vitesse de la lumière est finie

Jusqu'au XVIe siècle, on se contente d'avoir d'intimes convictions sur la vitesse de la lumière. Soit on considère que la lumière se propage très vite à vitesse finie, soit on croit que sa vitesse est infinie. Au début du XVIIe siècle, Galilée tente de déterminer expérimentalement la vitesse de la lumière, en mesurant son temps de parcours entre deux collines distantes de quelques kilomètres. Il n'y arrive pas tellement cette durée est courte. Cet essai montre que si la vitesse de la lumière est finie, elle est certainement très grande. Au milieu du XVIIe siècle, l'amélioration des techniques et des instruments fait faire un bond en avant à l'astronomie. Directeur de l'Observatoire de Paris, l'astronome Cassini établit des tables donnant l'heure de lever vu de la Terre (émersion) du satellite Io de la planète Jupiter. Rœmer, un jeune astronome danois,

La lumière se propage dans tous les milieux transparents. Dans l'eau, sa vitesse est plus petite que dans l'air.

est chargé par Cassini de poursuivre ce travail. Il s'aperçoit rapidement que les levers observés n'ont pas toujours lieu aux heures prévues par les tables. L'écart peut même approcher la vingtaine de minutes. En septembre 1676, il annonce à l'Académie royale des sciences que le lever de Io du 9 novembre aura 10 minutes de retard sur les valeurs des tables de Cassini. L'observation confirme la prévision. Rœmer explique l'écart en attribuant à la lumière une vitesse finie. L'observateur terrestre en T_1 (conjonction) est plus près de Jupiter que l'observateur proche de T_2 (presque l'opposition). La lumière pour aller de T_1 à T_2 parcourt une distance supplémentaire égale à près de deux fois la distance Terre-Soleil et met un temps non nul, pour parcourir cette distance. La vitesse finie de la lumière était prouvée... mais pas forcément admise par tous. Au XIXe siècle, les déterminations expérimentales s'affranchissent de l'astronomie. Fizeau trouve 315 000 km.s^{-1} en 1849 et, en 1850 Foucault montre que la lumière se propage moins vite dans l'eau que dans l'air. Aujourd'hui, la détermination expérimentale de la vitesse de la lumière est réalisée par les élèves des classes préparatoires scientifiques. ■

Points clés

Quelle valeur pour la vitesse de la lumière ?

La valeur de la vitesse de la lumière a évolué au fur et à mesure que se sont affinées les méthodes de mesure. En 1676, Rœmer trouve (peut-être) 215 000 km.s^{-1} et Foucault 298 000 km.s^{-1} en 1862. La valeur couramment utilisée actuellement pour la vitesse de propagation de la lumière appelée célérité est $c = 300\,000$ km.s^{-1}. Dans le vide, on la définit avec une grande précision : $c = 299\,792{,}452$ km.s^{-1}. Dans les autres milieux transparents, la vitesse est plus faible que dans le vide. La différence est négligeable dans l'air. Dans l'eau, on trouve approximativement $c = 225\,000$ km.s^{-1} et dans le verre $c = 200\,000$ km.s^{-1}. ■

À partir de l'observation du satellite Io de Jupiter, Rœmer a prouvé que la lumière a une vitesse finie.

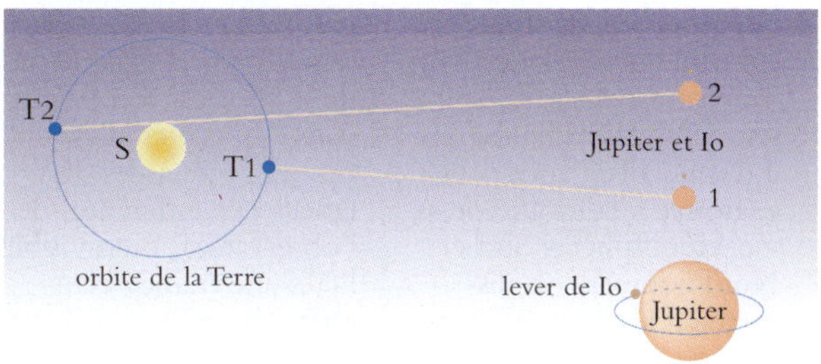

Dico → vitesse finie • vitesse infinie

Points clés

4

L'Univers nous envoie de la lumière

Malgré sa très grande vitesse, la lumière met parfois un temps très long pour venir d'astres lointains jusqu'à la Terre.

Une unité pour les grandes distances

Sur la Terre et à proximité de celle-ci, les longueurs des trajets sont mesurées en kilomètres. Dans le système solaire, on prend comme référence la distance Soleil-Terre appelée unité astronomique. Mais pour les étoiles, les distances sont tellement grandes, qu'on les exprime en années-lumière (a.l.), distance parcourue par la lumière en une année, à la vitesse $c = 300\,000\ km.s^{-1}$, soit 1 a.l. = $9{,}46 \times 10^{12}$ km. Cette unité de longueur, très grande, avoisine les 10 000 milliards de kilomètres ! L'étoile la plus proche du système solaire, Alpha du Centaure, est à environ 4,4 a.l. La lumière que nous en recevons est partie voilà 4,4 ans… ■

Décelable à l'œil nu, la galaxie d'Andromède est à plus de 2 millions d'années-lumière de nous.

Le Soleil, une étoile parmi tant d'autres

Source de vie pour les hommes, le Soleil est la seule étoile suffisamment proche de la Terre, pour pouvoir en observer des détails. Sa masse de 2×10^{30} kg et son rayon de 700 000 km en font un astre énorme par rapport aux planètes qui gravitent autour de lui. Mais c'est une étoile tout à fait moyenne, banale, de couleur jaune. Il brille depuis 4,6 milliards d'années et se trouve à la moitié de sa vie. Hémisphères Sud et Nord compris, on distingue à l'œil nu environ 5 000 étoiles dont la couleur va du rouge au bleuté. Depuis longtemps, les hommes ont donné des noms à des groupes d'étoiles, projetant leurs mythes dans le ciel. Les constellations d'Andromède, Cassiopée, Orion, etc. en sont la preuve. Les étoiles ainsi regroupées visuellement ne le sont pas forcément dans l'espace et elles peuvent être à des distances très différentes de l'observateur. Bien visible l'été, une traînée blanchâtre barre le ciel : c'est la Voie lactée. Observée avec un instrument, on y découvre une myriade d'étoiles. Toutes ces étoiles font partie d'un même ensemble : la Galaxie (avec un grand « G » : c'est notre galaxie). On estime qu'elle contient plus de 150 milliards d'étoiles. Notre Soleil n'est pas unique, et comme Giordano Bruno dès le XVIe siècle, on peut présumer que, autour d'autres étoiles, la vie existe aussi sur des planètes. ■

Des galaxies par milliards

La Galaxie où nous nous trouvons a la forme d'une galette avec un renflement en son centre et, vue de dessus, l'aspect d'une spirale. Son diamètre mesure 100 000 al, l'épaisseur ne dépassant pas quelques milliers d'années-lumière en dehors du bulbe central. De la position du système solaire, à 30 000 al du centre, on voit beaucoup d'étoiles en regardant dans le plan de la Galaxie : c'est la Voie lactée. Perpendiculairement au plan, le ciel est beaucoup plus transparent. En 1923, l'astronome Edwin Hubble détermine la distance de la nébuleuse d'Andromède, vue comme une petite tâche floue à l'œil nu. Il trouve 900 000 al C'est moins que la réalité, 2 000 000 al, mais beaucoup plus que la dimension de la Galaxie ! Cet objet céleste, extérieur à notre Galaxie, est une autre galaxie renfermant des milliards d'étoiles. Parmi les 103 nébuleuses recensées à la fin du XVIIIe siècle, il s'avère alors que 33 sont des galaxies. ■

Dans une galaxie spirale, les étoiles se trouvent essentiellement dans le bulbe et dans les bras. La Galaxie où nous sommes est une galaxie de ce type, avec le Soleil loin du centre.

Le chasseur mythique Orion a donné son nom à la plus belle constellation du ciel. Bételgeuse (l'épaule) est une géante rouge à 520 a.l. et Rigel (le pied) une géante bleue à 1300 a.l.

Dico → nébuleuse • unité astronomique • Voie lactée

Des récepteurs de lumière

4

Des corps éclairés réagissent ou se transforment sous l'action de la lumière qu'ils absorbent. Ce sont des récepteurs de lumière. On utilise certains d'entre eux dans des dispositifs détecteurs.

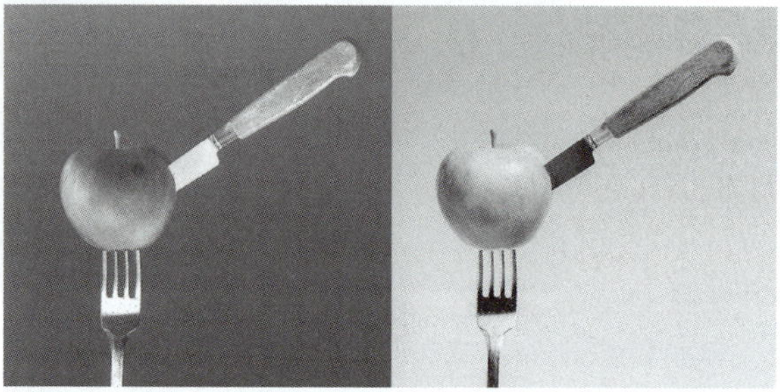

Plus une zone de l'objet est éclairée, plus elle apparaît sombre sur le négatif.

Des récepteurs chimiques de lumière

L'énergie lumineuse reçue par un récepteur est transformée en une autre sorte d'énergie qui peut être de l'énergie chimique. Au collège, il est classique d'exposer un précipité blanc de chlorure d'argent à la lumière solaire, pendant qu'un autre est maintenu à l'obscurité. À l'obscurité, il reste blanc. À la lumière solaire, il noircit. Le chlorure d'argent est un récepteur chimique de lumière. Une pellicule pour la photographie en noir et blanc contient des cristaux microscopiques de bromure d'argent et d'iodure d'argent, analogues au chlorure d'argent, sur un support. L'objectif de l'appareil photographique (voir p. 430) forme l'image du sujet photographié sur cette pellicule. Sous l'action de la lumière, des ions argent Ag^+ deviennent des atomes d'argent Ag. Le développement de la pellicule fait devenir entièrement noirs les cristaux qui contiennent des atomes d'argent.

Sur le négatif, les parties claires du sujet apparaissent sombres, et les parties sombres apparaissent claires. La rétine de l'œil est également un détecteur de lumière, avec des cellules spécialisées dans la vision en couleur ou en noir et blanc. Les cônes, surtout présents dans la partie centrale de la rétine, réagissent aux lumières colorées intenses.

Les bâtonnets détectent des lumières de faible intensité, et assurent une vision en noir et blanc. L'expression « la nuit tous les chats sont gris » rappelle l'incapacité des bâtonnets à différencier les couleurs. ■

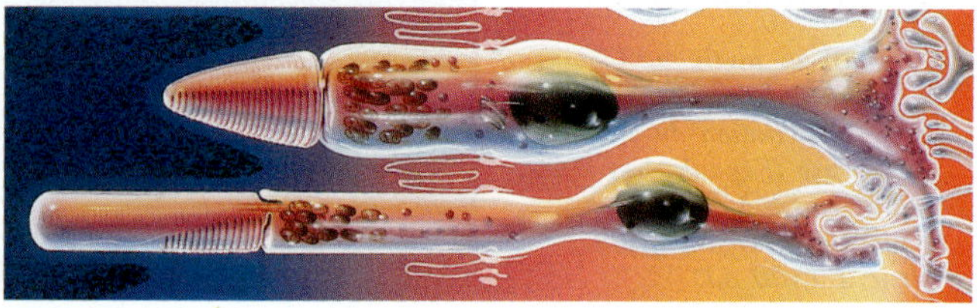

Les cônes et les bâtonnets sont les détecteurs de lumière de la rétine.

Des composants électriques sensibles

Il existe de nombreux composants électriques sensibles à la lumière. Une photorésistance est couramment employée comme capteur. Peu éclairée, sa résistance est très grande. Placée en série dans un circuit, elle ne laisse circuler qu'un courant extrêmement faible. Très éclairée, sa résistance devient faible. L'intensité du courant augmente et permet éventuellement le fonctionnement d'un récepteur électrique, lampe ou petit moteur. Comme les photodiodes et les phototransistors, les photorésistances peuvent être le premier maillon d'une chaîne servant à déclencher des mécanismes : sirène, allumage d'un éclairage, etc. Dans les camescopes, les microscopiques pastilles de silicium des cellules CCD acquièrent une charge électrique proportionnelle à l'énergie lumineuse reçue. La mesure de la charge de chaque cellule, renouvelée régulièrement dans le temps, permet d'obtenir des images après traitement informatique. Les photopiles reçoivent de l'énergie lumineuse et fournissent de l'énergie électrique. Elles peuvent alimenter une calculatrice, qui se contente d'une faible puissance reçue. Mais il faut grouper un grand nombre de disques de silicium, constituants des photopiles, pour obtenir un générateur capable de faire fonctionner des lampes et des moteurs qui doivent recevoir quelques dizaines de watts. ■

Plus on éclaire la photorésistance, moins elle s'oppose au passage du courant.

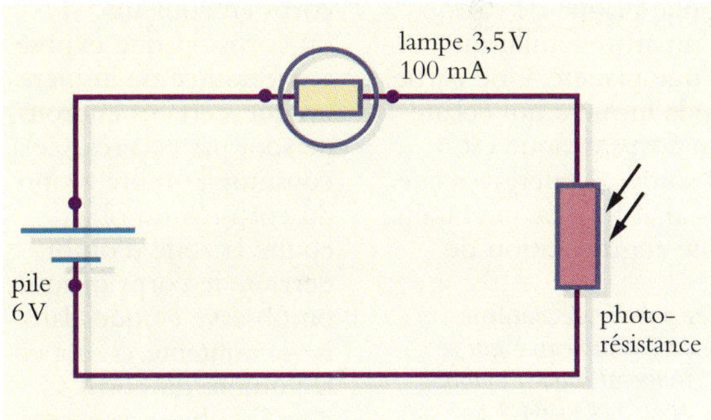

D'autres récepteurs de lumière

Pénétrer dans une automobile laissée en plein soleil l'été est une épreuve pénible. L'énergie lumineuse reçue par la carrosserie entraîne une élévation de sa température et de celle de l'air contenu dans l'habitacle, qui peut devenir brûlant pour l'utilisateur. Toute la surface de la Terre reçoit, en plus ou moins grande quantité, de l'énergie lumineuse solaire et la transforme. La Terre est un gros récepteur de lumière. Comme pour la voiture, une partie de l'énergie reçue entraîne l'échauffement du sol. Celui-ci réémet un rayonnement partiellement capté par certains gaz de l'atmosphère : c'est l'effet de serre. À terme, il risque d'élever la température moyenne de notre planète. Les végétaux utilisent l'autre partie de l'énergie reçue. Elle est transformée en énergie chimique lors de la photosynthèse. ■

Dico → atome • cellule CCD • ion • photosynthèse

Points clés

Des lumières et des ombres

4

Quand une source de lumière éclaire un corps opaque, une partie de l'espace autour ne reçoit pas de lumière. Cette zone est alors dans l'ombre.

La lumière et les corps opaques

La lumière ne traverse pas de nombreux corps. Sur eux et derrière eux, des zones d'espace sont privées de lumière : ce sont des zones d'ombre. On dit que ces corps sont opaques. C'est le cas d'une plaque de carton, d'un arbre feuillu ou d'une planète. Une partie de la lumière qui éclaire un corps opaque est absorbée. L'énergie reçue est transformée et entraîne une augmentation de l'agitation des particules qui constituent le corps. La partie non absorbée est diffusée (parfois réfléchie) et un peu de cette lumière arrivant dans l'œil d'un observateur permet la vision du corps en couleurs. Sur un corps opaque exposé à une source de lumière unique, certains endroits ne sont pas éclairés. Cela constitue l'ombre propre du corps. Si un objet coupe la zone d'ombre derrière le corps opaque, on observe ce que, dans la vie courante, on appelle l'ombre du corps : c'est l'ombre portée. ■

Les parties de Saturne et de ses anneaux qui se trouvent dans l'ombre ne sont pas visibles.

Des ombres nettement floues

La zone d'ombre derrière un corps opaque ne se remarque pas.
Sa présence n'est mise en évidence que par l'existence d'un objet diffusant. Par exemple, en disposant un écran derrière le corps opaque, on peut observer par contraste avec la partie éclairée l'ombre portée du corps sur l'écran : c'est l'intersection entre l'écran et la zone d'ombre. Une source quasi ponctuelle, comme le filament d'une lampe de poche, et une source étendue, comme un globe diffuseur, conduisent à des résultats différents. Avec une source ponctuelle, la limite entre la partie éclairée de l'objet et sa partie non éclairée (l'ombre propre) est franche. Sur l'écran, l'ombre portée est noire et ses bords sont nets. Dans le cas d'une source étendue de lumière blanche, sur l'écran on observe une ombre floue. L'ombre portée proprement dite, noire, est

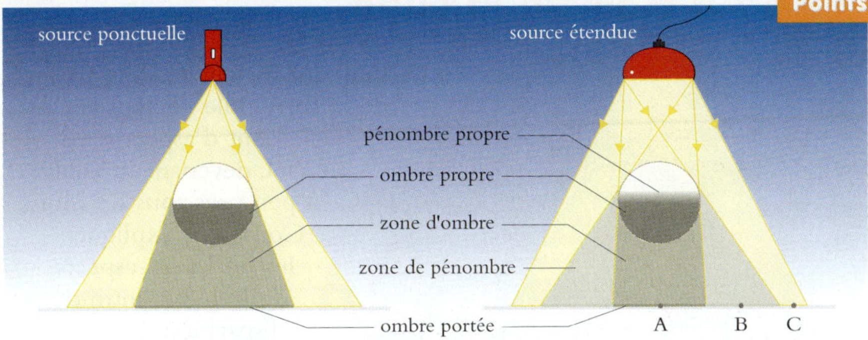

Avec une source ponctuelle, la limite entre ombre et lumière est nette. Avec une source étendue, la pénombre rend la limite floue.

entourée d'une zone de pénombre portée, grise de plus en plus pâle en s'éloignant de l'ombre, d'où le manque de netteté. En plaçant l'œil derrière des petits trous de l'écran en *A*, *B* et *C*, on en comprend la raison. En *A*, dans l'ombre, la source n'est pas du tout visible. En *C*, dans la pleine lumière, la source est entièrement visible. En *B*, dans la pénombre, seulement une partie de la source est visible (elle grandit au fur et à mesure que la pénombre s'éclaircit). Sur le corps lui-même, il existe une zone de pénombre propre entre l'ombre propre et la zone éclairée. ■

Le jour et la nuit

Le Soleil éclaire toutes les planètes du système solaire. Chaque planète a une moitié éclairée où il fait jour, et une moitié sombre où il fait nuit. La rotation de la Terre autour de l'axe des pôles en 24 heures fait qu'en tout point et chaque jour de l'année –sauf aux latitudes extrêmes– il y a alternance du jour et de la nuit. Mais le passage de l'un à l'autre n'est pas brusque, car la Terre est entourée d'une atmosphère qui diffuse la lumière solaire. Aussi ne fait-il pas tout à fait nuit alors que le Soleil n'est pas encore levé ou déjà couché. C'est le phénomène du crépuscule : crépuscule du matin dans un cas et crépuscule du soir dans l'autre. ■

Il fait jour sur la moitié éclairée de la Terre, et nuit dans l'ombre propre.

Points clés

Au clair de la Lune

4

La Lune est le seul satellite naturel de la Terre. Elle change continuellement d'aspect dans le ciel, devenant invisible à peu près tous les mois. Comment expliquer les différents aspects de la Lune entre deux disparitions ?

Sur la pleine Lune toute ronde, on distingue des zones sombres et claires.

La Lune est menteuse !

Quand son lever est le matin, la Lune dessine dans le ciel un croissant en forme de C. On pourrait se dire que la Lune croît, mais en réalité elle décroît. L'observateur est trompé : la Lune est une menteuse !

La Terre n'a qu'un satellite

La Lune, située à une distance moyenne d'environ 384000 km de la Terre, est notre plus proche voisine de l'espace. Liée à la Terre par l'interaction gravitationnelle, c'est un gros satellite : son diamètre dépasse le quart du diamètre terrestre. À l'œil nu, on discerne sur le disque lunaire des zones sombres appelées mers – en fait, des bassins de lave – et des zones plus claires. Grâce à sa lunette, Galilée découvrit l'existence des cratères. L'amélioration des instruments d'observation a permis de cartographier la face de la Lune toujours tournée vers la Terre, et l'envoi de sondes a fait connaître la face cachée. Le grand moment reste le 20 juillet 1969. Avec le vol Apollo 11, pour la première fois l'homme pose le pied sur un autre astre que la Terre : la Lune. ■

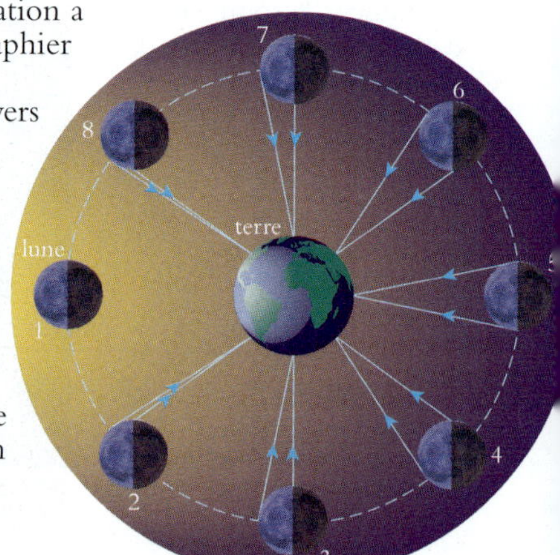

Les phases de la Lune

Comme les planètes, la Lune est une source secondaire de lumière. Elle diffuse une faible partie, environ 7 %, de la lumière qu'elle reçoit du Soleil. Sa face tournée vers le Soleil, est éclairée, alors que c'est la nuit lunaire sur l'autre moitié. Si l'on pouvait regarder de l'extérieur le système Soleil-Terre-Lune, on verrait sur la Terre et sur la Lune le même côté éclairé. C'est ce qui est représenté sur le dessin p. 414, pour plusieurs positions de la Lune sur son orbite. Les modifications continuelles des positions relatives des trois astres entraînent sur la Terre une variation de la forme de la partie visible de la Lune. Ce sont les phases de la Lune. Dans la position 1, la Lune tourne sa face non éclairée vers le côté jour de la Terre. Elle n'est pas visible de la Terre : c'est la nouvelle Lune. À partir de cette date, la portion éclairée de la Lune visible de la Terre augmente. On dit que la Lune croît. Dans la position 2, un croissant est visible. On reçoit aussi une faible lumière – la lumière cendrée – de la partie non éclairée par le Soleil. Elle correspond au clair de Terre sur la Lune. Quelques jours plus tard, la moitié droite du disque est visible : c'est le premier quartier (en 3) visible l'après-midi et en première partie de nuit. Plus de la moitié de la face tournée vers la Terre est visible en 4. On dit que la Lune est gibbeuse.
Lors de la pleine Lune, visible en pleine nuit, la Lune tourne sa face éclairée vers le côté nuit de la Terre. Après cette phase, la Lune décroît par la droite. Elle devient gibbeuse, puis c'est le dernier quartier (côté gauche éclairé), visible en dernière partie de nuit et le matin (en 7), puis un croissant qui diminue jusqu'à la nouvelle Lune. Le cycle des phases dure environ 29,5 jours. C'est un mois lunaire ou lunaison. Il diffère de la période sidérale, temps mis par la Lune pour faire un tour complet autour de la Terre : 27,3 jours, car la Terre s'est déplacée sur son orbite pendant ce temps. Le Soleil n'éclaire plus le système Terre-Lune de la même façon. Il faut encore environ 2,2 jours pour que la face obscure de la Lune se retrouve vers la Terre. ■

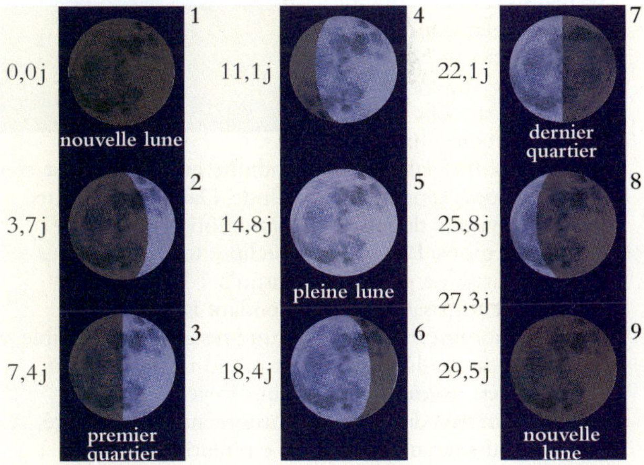

De la nouvelle Lune à la pleine Lune, la partie droite lumineuse de la Lune augmente. Ensuite, la partie gauche lumineuse décroît jusqu'à sa disparition. Une lunaison est accomplie.

Dico → **interaction gravitationnelle • satellite**

Points clés

Les éclipses de Soleil et de Lune

4

Il arrive parfois que la Lune passe entre la Terre et le Soleil et le cache. Elle peut aussi presque disparaître en se trouvant dans l'ombre de la Terre. C'est le phénomène des éclipses.

Les éclipses sont rares en un même lieu

L'orbite de la Lune autour de la Terre est inclinée d'environ 5° sur le plan de l'orbite de la Terre autour du Soleil, appelé plan de l'écliptique. Une éclipse ne peut survenir que si, au moment où la Lune traverse le plan de l'écliptique, les trois astres sont alignés. Cela n'arrive pas à chaque lunaison : il n'y a pas deux éclipses par mois. Pour la Terre entière, il y a entre quatre et sept éclipses chaque année, mais en un même lieu les éclipses totales sont rares. Pendant la décennie 1990-2000, trois éclipses totales de Lune ont été entièrement visibles en France. C'est peu, mais beaucoup plus que pour les éclipses de Soleil. Au XXe siècle, on ne compte que trois éclipses totales de Soleil observables seulement d'une petite partie des départements français. ■

Les éclipses de Lune

Derrière la Terre éclairée par le Soleil existe un cône d'ombre beaucoup plus long que la distance Terre-Lune, et un cône de pénombre. La Lune, lors d'un alignement Soleil-Terre-Lune, traverse le cône d'ombre. Elle n'est alors plus éclairée par le Soleil : c'est une éclipse totale de Lune. Une telle éclipse est visible depuis de vastes régions. La Lune, en phase de pleine Lune, devient grisâtre dans la pénombre. Ensuite, le disque lunaire est peu à peu grignoté par l'ombre terrestre, dont le bord toujours circulaire indique que la Terre est ronde. Dans les meilleurs conditions, la durée de l'éclipse totale peut aller jusqu'à 1 h 45 min. Pendant la totalité, la Lune reste souvent visible, et prend une teinte qui peut varier du rouge sombre au rouge cuivré. Ce phénomène est dû à l'atmosphère terrestre qui, comme un prisme, disperse la lumière solaire. La lumière rouge déviée éclaire la surface de la Lune qui en renvoie une partie jusqu'à nos yeux ■

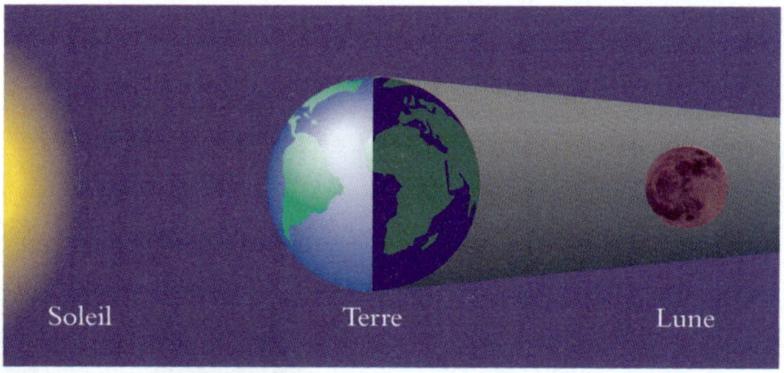

La pleine Lune devient rougeâtre pendant une éclipse de Lune.

Les éclipses de Soleil

Le hasard fait que la Lune, 400 fois plus petite que le Soleil, est 400 fois plus proche que lui de la Terre. Dans le ciel, les deux disques nous apparaissent de la même grandeur. De ce fait, lorsque l'alignement Soleil-Lune-Terre se trouve réalisé, la Lune placée devant le disque solaire nous le cache complètement. C'est une éclipse totale de Soleil. Une petite étendue de la surface terrestre (de 0 à 250 km de large) coupe le cône d'ombre de la Lune. Dans cette zone c'est l'obscurité : il est possible de voir des étoiles et des planètes dans le ciel. Autour de cette zone, l'éclipse est partielle sur une surface beaucoup plus grande. Une partie du disque solaire y reste visible, et même si la luminosité est atténuée, il fait jour. La durée de l'éclipse totale en un endroit donné est courte, quelques minutes au maximum. L'extrémité du cône d'ombre balaie en effet le sol à très grande vitesse, délimitant une bande où les zones obscurcies se succèdent. Pour observer plus longtemps le phénomène, en 1973 une éclipse a été suivie par le Concorde transformé en laboratoire de physique, à plus de 2 000 $km.h^{-1}$. Les éclipses totales ont un intérêt scientifique, car elles permettent d'étudier l'atmosphère du Soleil, notamment la couronne, invisible en temps ordinaire. La longueur du cône d'ombre derrière la Lune équivaut à peu près à la distance Terre-Lune. Parfois, l'ombre est un peu plus courte que cette distance. Si une éclipse se produit à ce moment là, elle est annulaire : un anneau de lumière entoure le disque de la nouvelle Lune. ■

Pendant une éclipse totale de Soleil, la Lune cache en entier le disque solaire. La couronne solaire devient alors visible.

Les dates des éclipses futures

Voici des dates d'éclipses totales de Soleil et des lieux où elles seront visibles.
11-08-1999 : France, Europe, Asie du Sud, Inde.
21-06-2001: Madagascar
04-12-2002 : Australie, Amérique du Sud.
23-11-2003 : Antarctique.
29-03-2006 : Afrique, Moyen-Orient.
01-08-2008 : Alaska, Groenland, Russie.
À Paris, la dernière éclipse totale a eu lieu en 1724, et la prochaine surviendra en 2081 !

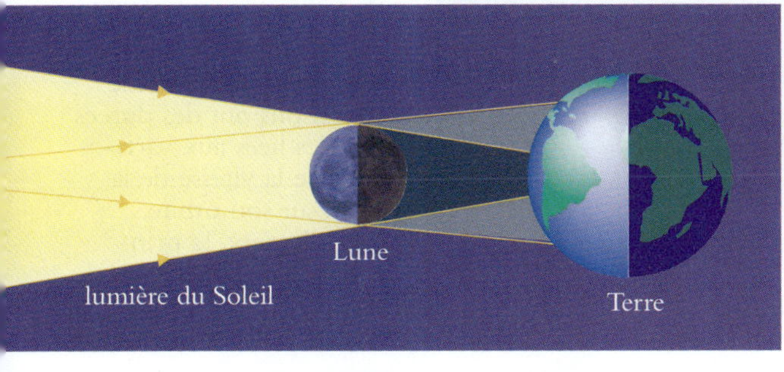

Dans le cône d'ombre de la Lune, il y a éclipse totale de Soleil.

Dico → Lune • orbite

Points clés

À quoi sont dues les saisons ?

4

Sur Terre, dans les régions tempérées, les quatre saisons sont très marquées. Mais quelles sont les causes de la nette différence de température entre la saison chaude et la saison froide ?

Le trajet de la Terre autour du Soleil

À la fin de l'année 1605, l'astronome allemand Kepler formule sa « première » loi : l'orbite d'une planète est une ellipse dont le Soleil occupe un foyer. Il est facile de tracer une ellipse. Il suffit de planter deux clous dans une planche (les foyers), d'accrocher une ficelle aux clous et de la tendre avec un crayon dont on déplace la mine sur la planche. Le résultat est une ellipse, une sorte de cercle aplati. La trajectoire de la Terre est un cercle tellement peu aplati que, sur une page de cahier, il faut tracer un vrai cercle. L'ovale est dans l'épaisseur du trait ! En revanche, le Soleil n'occupe pas exactement le centre de ce cercle. Cette position excentrée entraîne une variation de la distance Terre-Soleil pendant l'année, de $147,1 \times 10^6$ km au minimum à $152,1 \times 10^6$ km au maximum. ■

Dans l'hémisphère Nord, la distance Terre-Soleil est minimale pendant l'hiver.

Les saisons et leurs temps forts

Dans son mouvement autour du Soleil, la Terre passe par quatre positions particulières, opposées deux à deux sur son orbite. Ce sont les équinoxes et les solstices, qui divisent l'année en quatre saisons : printemps, été, automne, hiver. Le printemps commence le 20 ou 21 mars, jour de l'équinoxe, date à laquelle le Soleil se trouve exactement dans le plan de l'équateur. L'été, saison chaude dans l'hémisphère Nord, débute au solstice d'été, le 21 ou 22 juin. Le Soleil passe alors à la verticale (au zénith) du tropique du Cancer. L'automne arrive le 22 ou 23 septembre, jour de l'équinoxe. L'hiver commence quand le Soleil passe au zénith du tropique du Capricorne, le 21 ou 22 décembre, au solstice d'hiver. L'hémisphère Nord connaît sa saison froide. Les saisons ont des durées inégales liées aux variations de la vitesse de la Terre sur son orbite. Actuellement, le printemps dure 92 j 19 h, l'été 93 j 15 h, l'automne 89 j 20 h et l'hiver 89 j. ■

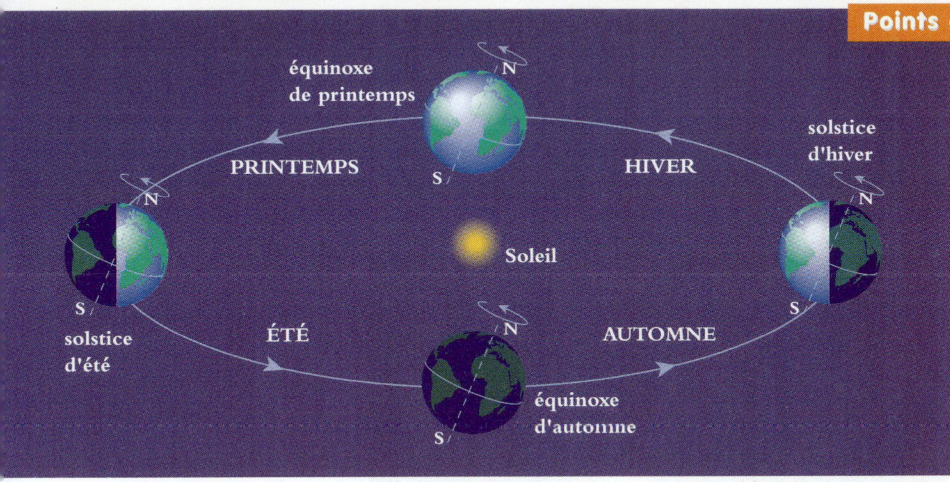

Équinoxes et solstices divisent l'année en quatre saisons.

La durée des jours et des nuits

La Terre passe au plus loin du Soleil vers le 5 juillet, en été pour un habitant de l'hémisphère Nord, et au plus près vers le 2 janvier, en hiver. La distance au Soleil n'est donc pas la cause des saisons. L'existence des saisons est liée à l'inclinaison de l'axe de rotation de la Terre sur le plan de l'orbite. L'axe garde au cours de l'année une direction fixe qui fait un angle de 23°26′ avec la perpendiculaire à l'écliptique. Cela entraîne une forte différence de l'éclairement des hémisphères terrestres au fil des mois. Aux équinoxes, le jour et la nuit ont même durée partout. Le Soleil, dans le plan de l'équateur, éclaire également les deux hémisphères. Après l'équinoxe de printemps, dans l'hémisphère Nord, le Soleil reste de plus en plus longtemps au-dessus de l'horizon et monte de plus en plus haut dans le ciel. Au solstice d'été, en un lieu de latitude 45° N, le Soleil culmine à 68,5° environ, chauffant fortement le sol, et le jour dure à peu près deux fois plus longtemps que la nuit. Il fait chaud. À l'opposé, au solstice d'hiver, au même endroit, le Soleil culmine à 21,5°, sa lumière rasante chauffe peu la Terre, et le jour est deux fois plus court que la nuit. Il fait froid. ■

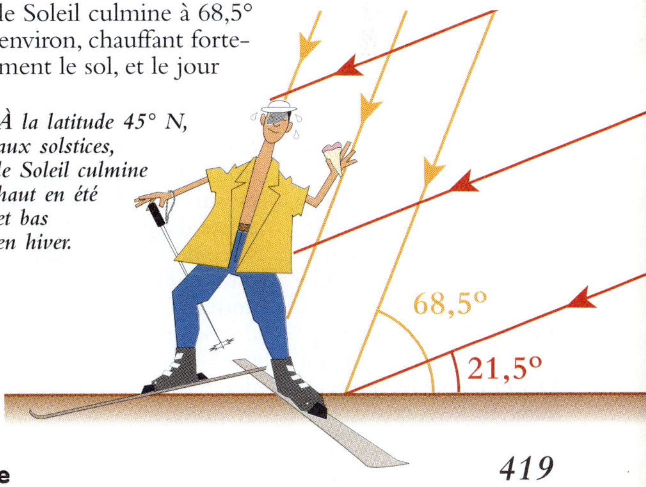

À la latitude 45° N, aux solstices, le Soleil culmine haut en été et bas en hiver.

Dico → écliptique • orbite

Points clés

Connaître l'heure grâce au Soleil

4

Le mouvement apparent du Soleil entre son lever et son coucher paraît régulier. L'homme a pu ainsi fabriquer des appareils qui utilisent ce mouvement pour mesurer le temps et connaître l'heure.

Dans la journée, les ombres tournent et changent de longueur.

Trouver la direction nord-sud

Dans une même journée, l'ombre d'un arbre vertical tourne sur le sol, en changeant de longueur. La longueur la plus courte correspond au passage du Soleil au méridien. Cette observation est à la base d'une méthode de détermination de la direction nord-sud. Une feuille blanche étant fixée sur une table horizontale, on plante une tige bien verticale, appelée style, en un point O. On relève régulièrement, tous les quarts d'heure par exemple, la position de l'extrémité de l'ombre. Cela permet de tracer une courbe. L'ombre la plus courte du style coïncide avec le tracé du méridien local : la direction nord-sud est trouvée. Cette méthode est simple et précise. Il en existe d'autres, comme la visée de l'étoile polaire ou l'utilisation d'une boussole. Cette dernière donne en réalité le nord magnétique, légèrement différent du nord géographique. ■

Construire un cadran solaire simple

Un cadran solaire simple permet de connaître l'heure en observant la position de l'ombre portée d'une tige, le style, sur une surface plane, la table. L'heure ainsi lue est l'heure solaire vraie à l'endroit où se trouve le cadran. Le cadran solaire le plus simple à construire ne se rencontre que peu souvent : c'est le cadran équatorial. Il tire son nom du fait que la table où l'heure peut être lue est dans un plan parallèle au plan de l'équateur terrestre. Le style est perpendiculaire à la table et donc parallèle à l'axe terrestre nord-sud. En 24 heures, la Terre tourne de 360° autour de cet axe. L'ombre du style se déplace en balayant, chaque heure, un secteur angulaire de 15° = 360°/24. En un lieu donné de latitude λ donnée, le style pointé vers le pôle Nord céleste fait un angle λ avec l'horizontale. La table, percée par le style, fait alors un angle 90° – λ avec l'horizontale. Sur les deux faces de la table les lignes horaires sont tracées tous les 15°, la ligne 12 heures coïncidant avec le méridien local. De l'équinoxe de printemps à l'équinoxe d'automne, le Soleil se trouve au-dessus de l'équateur. L'heure solaire vraie est lue sur la face supérieure. Entre le 23 septembre et le 21 mars, la lecture se fait sur la face inférieure de la table. Et par construction, les jours d'équinoxe, le Soleil est juste dans le plan de la table. L'heure lue n'a de validité qu'à l'endroit où on la lit. « Chacun voit midi à sa porte » traduit littéralement cette vérité. Pour connaître à peu près l'heure légale à partir du cadran solaire, en un lieu de longitude *l*, en France, il faut : ajouter 1 heure en hiver et 2 heures en été, ajouter *l* fois 4 minutes pour *l* degrés de longitude (*l*<0 à l'Est du méridien de Greenwich, *l*>0 à l'ouest). ■

Ce cadran solaire indique l'heure solaire vraie à Annecy où il est installé. Pour déduire l'heure légale de cette indication, un calcul est nécessaire.

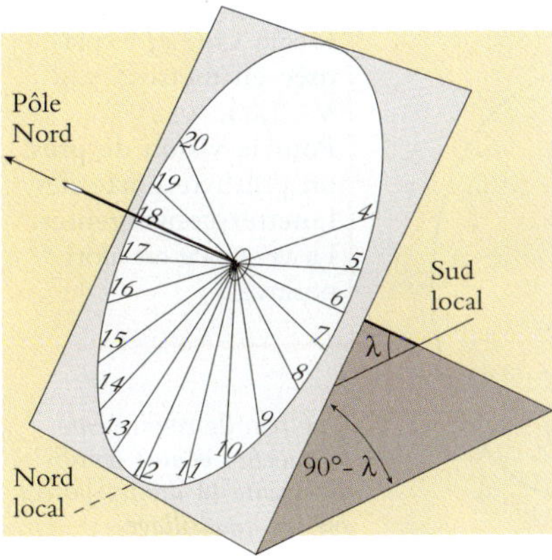

Le style d'un cadran équatorial, perpendiculaire à la table, est dirigé vers le pôle Nord céleste.

D'autres cadrans solaires

La table plane d'un cadran solaire équatorial peut être remplacée par une portion de cylindre dont le style est l'axe. Les lignes horaires sont alors des génératrices du cylindre équidistantes entre elles. Dans un cadran horizontal, le style est encore dirigé suivant la direction nord-sud, et les lignes horaires sont tracées dans le plan horizontal du lieu. Pour les obtenir, il suffit de projeter les lignes horaires du cadran équatorial sur le plan horizontal. Un mur de maison parfaitement orienté est-ouest peut recevoir un cadran vertical. Le style, dans le plan du méridien local, fait un angle 90° – λ avec le mur. Les lignes horaires sont les projections verticales de celles du cadran équatorial. Il est aussi possible de construire des cadrans dits déclinants sur des murs qui n'ont pas rigoureusement la direction est-ouest. ■

Les foyers d'une lentille

3

Un bloc de matière transparente limité par deux faces courbes est une lentille. Il existe des lentilles convergentes et divergentes. Comment peut-on les reconnaître ? Quels effets ont-elles sur la lumière qui les traverse ?

Comment trier les lentilles ?

La simple observation de lentilles permet de les différencier. Certaines présentent un bord épais alors que d'autres sont ventrues. Les lentilles bombées, au bord plus mince que le centre, sont des lentilles convergentes. Les lentilles au bord plus épais que le centre sont des lentilles divergentes. Elles comportent couramment deux faces courbes, en général des portions de sphère, convexes pour les lentilles convergentes et concaves pour les lentilles divergentes.

On peut aussi distinguer les lentilles en les plaçant très près d'un quadrillage ou d'un texte écrit. Si le quadrillage ou le texte est vu grossi, la lentille est convergente. On utilise d'ailleurs certaines lentilles convergentes, les loupes, de cette façon dans le but de mieux discerner de petits détails. Si le quadrillage ou le texte est vu plus petit, la lentille est divergente. Dans la vie courante, les yeux des personnes très myopes apparaissent très petits au travers des verres divergents de leurs lunettes. ■

Des lentilles sur ordonnance

**Un médecin ophtalmologue prescrit des lunettes munies de simples lentilles divergentes pour un patient qui est uniquement myope. Sur l'ordonnance on lit par exemple :
œil gauche – 4 δ ;
œil droit – 5 δ.
Le signe – indique une lentille divergente. La lettre δ est l'abréviation de « dioptrie », unité pour la vergence V (la vergence V est l'inverse de la distance focale OF′ = f exprimée en mètres : V = 1/f).
Pour la vision de près, un presbyte porte des lunettes convergentes. La vergence est alors positive.**

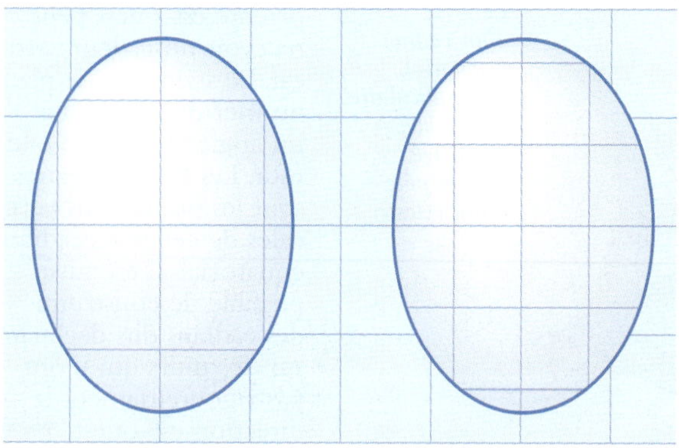

Une lentille convergente (à gauche) et une lentille divergente (à droite) posées sur un quadrillage.

Une lentille modifie un faisceau lumineux

Quand un faisceau lumineux traverse une lentille en verre située dans l'air, le double passage air-verre puis verre-air le modifie. Une lentille convergente a pour effet de refermer un faisceau lumineux. Convergent avant la lentille, il est encore plus convergent après ; parallèle, il devient convergent ; divergent il peut devenir moins divergent, parallèle ou convergent. Une lentille divergente a pour effet d'ouvrir un faisceau lumineux. Par exemple, un faisceau parallèle ressort divergent. ■

La plupart des pinceaux lumineux qui traversent les lentilles sont déviés.

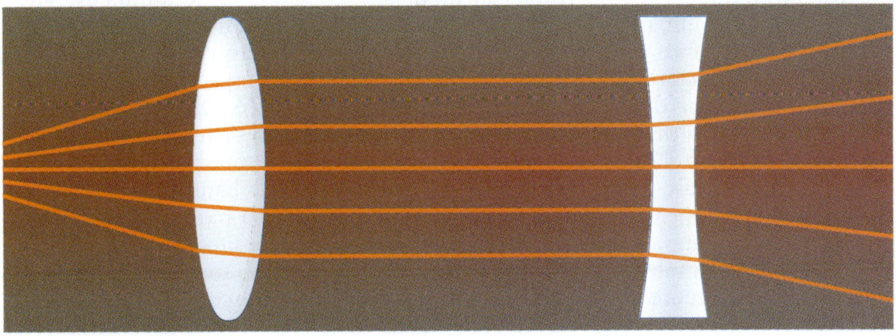

Allumer un feu avec une lentille

On dirige l'axe d'une lentille convergente – une loupe, comme sur le dessin ci-contre par exemple – vers le Soleil et on place derrière une feuille de papier noir, perpendiculaire à l'axe Soleil-loupe. En bougeant la loupe, on obtient sur la feuille une toute petite tache lumineuse ronde très brillante. La lumière du Soleil qui traverse la loupe a été concentrée en ce point. Très vite, de la fumée apparaît : le papier brûle. Ce point où se forme l'image du Soleil est appelé foyer principal image de la lentille et noté F'. ■

La loupe concentre la lumière du Soleil. OF' = f est la distance focale de la loupe.

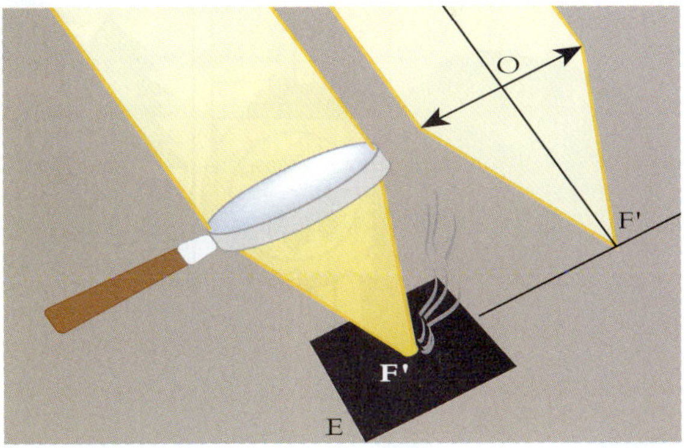

Points clés

3

Des lentilles minces pour former des images

Dans certaines conditions, une lentille convergente donne l'image d'un objet sur un écran. Quelles sont ces conditions ? Quelles caractéristiques présente l'image obtenue ?

Rechercher une image avec un écran

Quand un objet source est très loin d'une lentille convergente, l'image de cet objet peut être recueillie sur un écran, placé à une distance de la lentille égale à la distance focale (voir p. 422). Au collège, on utilise essentiellement des lentilles convergentes. La raison en est simple : une lentille divergente ne donne pas d'un objet lumineux, le filament d'une lampe par exemple, une image visible sur un écran. Ce n'est pas le cas d'une lentille convergente. On dispose l'objet à une distance de la lentille supérieure à la distance focale. Le déplacement d'un écran opaque ou translucide derrière la lentille permet de trouver une position pour laquelle on voit une image nette de l'objet sur l'écran. Il est à remarquer qu'avant ou après cette position, la tache lumineuse vue est floue. L'image n'existe qu'à un endroit dans l'espace : elle est localisée. On observe aussi qu'elle est inversée par rapport à l'objet : le haut de l'objet est en bas sur l'image, et la droite à gauche. En outre, cette image est en couleur. Le choix d'objets aux teintes vives pour les expériences est donc judicieux. ■

La lentille convergente donne sur un écran une image nette, colorée et inversée du chalet et des arbres.

Le déplacement de l'objet et de l'image

Quand l'objet est placé très loin de la lentille convergente (à l'infini), son image se forme à une distance de la lentille égale à la distance focale. Cette image est petite, et toute la lumière qui a traversé la lentille se trouve concentrée sur cette surface réduite. Quand l'objet se rapproche de la lentille, il faut reculer l'écran pour continuer à observer l'image nette. L'objet et son image se déplacent dans le même sens. Au fur et à mesure que l'objet se rapproche, son image s'agrandit sur l'écran reculé. Quand l'objet et l'image ont la même taille, ils sont chacun à une distance de la lentille égale à deux fois la distance focale. L'objet continuant son déplacement vers la lentille, l'image, plus grande que l'objet, grandit toujours sur l'écran qui s'éloigne. Elle est aussi de moins en moins lumineuse. Quand l'objet se trouve à une distance de la lentille égale à la distance focale *f*, l'image très grande est rejetée à l'infini. À partir de cette position, l'image sur un écran n'existe plus. Cela ne veut pas dire que la lentille devienne inutile : on utilise une loupe dans ces conditions. ■

Tout point de la lentille sert à former l'image de S en S′.

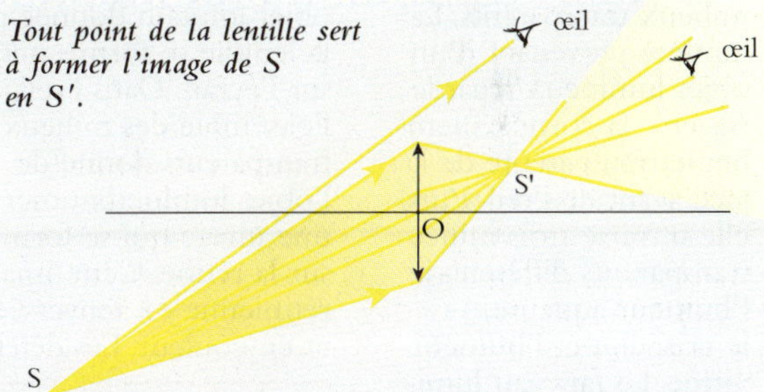

Cacher une partie de la lentille

On peut se demander ce que devient l'image d'un objet, observée sur un écran, quand on cache par un carton opaque la moitié de la lentille. Le raisonnement permet de répondre. Tout point de la lentille concourt à la formation de chaque point de l'image. Une partie du faisceau lumineux issu d'un point source S est arrêté par le carton opaque. Une autre partie du faisceau traverse la lentille et converge en S′. L'image S′ de S existe toujours. Le même raisonnement peut être tenu pour chaque point de l'objet source. Avec une demi lentille, il existe toujours une image entière. En revanche, il arrive moins de lumière sur l'écran en chaque point de l'image. Elle est moins lumineuse que l'image obtenue avec la lentille entière. Le cache sur la lentille peut bien sûr être de n'importe quelle forme et placé n'importe où, le résultat est le même. L'expérience montre que l'image est de qualité (ses contours sont bien nets) si les rayons qui traversent la lentille sont peu inclinés sur l'axe. Couramment, on utilise un diaphragme, cache percé d'un trou central pour limiter l'inclinaison des rayons sur l'axe. Cela diminue la luminosité de l'image mais améliore sa netteté, ce qui est le but recherché. ■

Dico → **diaphragme** • **distance focale**

Points clés

③

L'œil comporte une lentille bien particulière

L'œil est un système optique perfectionné. Il contient une lentille étonnante, à distance focale variable, pour voir net de près comme de loin.

Avoir une vision nette des choses

L'œil humain est un système optique complexe et perfectionné. La vue en coupe de l'œil montre la succession des milieux transparents. La lumière provenant d'un objet lumineux regardé traverse la cornée, membrane transparente de la face avant de l'œil. Puis elle traverse trois milieux transparents différents : l'humeur aqueuse, le cristallin et l'humeur vitrée. Le faisceau lumineux entrant est limité par l'iris, diaphragme qui modifie le diamètre de la pupille par où pénètre la lumière. Minuscule lorsque la lumière est intense, le diamètre de la pupille peut dépasser 6 mm dans la semi-obscurité. Globalement, les divers milieux transparents qui composent l'œil peuvent être assimilés à une lentille convergente de distance focale proche de 16 mm, lors de la vision à l'infini. On peut alors le représenter par une lentille devant laquelle se trouve un diaphragme, un écran recevant l'image formée. C'est ce que l'on appelle l'œil réduit. L'image d'un objet lointain donnée par la lentille se forme, nette, sur l'écran. Dans l'œil, l'ensemble des milieux transparents donne de l'objet lumineux observé une image qui se forme sur la rétine. Cette image rétinienne est renversée et en couleur. Les détecteurs de la rétine, cônes et bâtonnets, transmettent via le nerf optique des signaux à la zone cérébrale appropriée. La vision est le résultat du traitement de ces signaux par le cerveau. Par exemple, il remet systématiquement l'image à l'endroit, et intègre les informations différentes transmises par chacun des deux yeux, ce qui permet la vision en relief. ■

La tache aveugle

Sur la rétine, la petite zone qui correspond au départ du nerf optique est dépourvue de détecteurs de lumière. On l'appelle la tache aveugle. Il est possible de mettre en évidence son existence à l'aide de l'astérisque et du disque dessinés ci-dessous. Tenez le livre à bout de bras et fermez l'œil gauche. Fixez l'astérisque avec l'œil droit tout en rapprochant le livre doucement de cet œil. Lorsque le livre est à une vingtaine de centimètres de l'œil (la distance dépend de chaque individu), le disque devient invisible. Son image se forme alors sur la tache aveugle où aucun capteur ne la détecte. En déplaçant le livre, on voit à nouveau le disque.

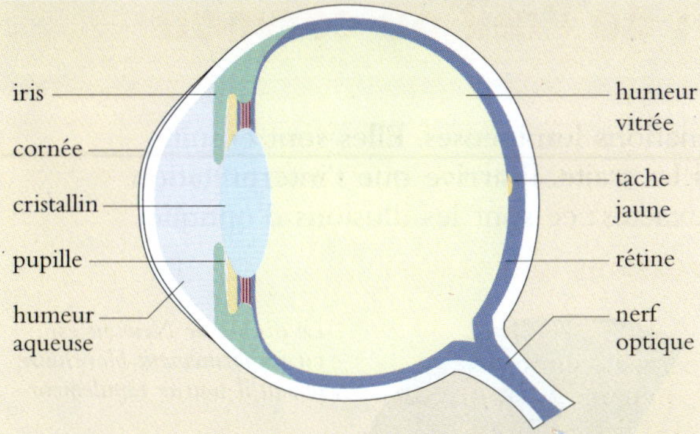

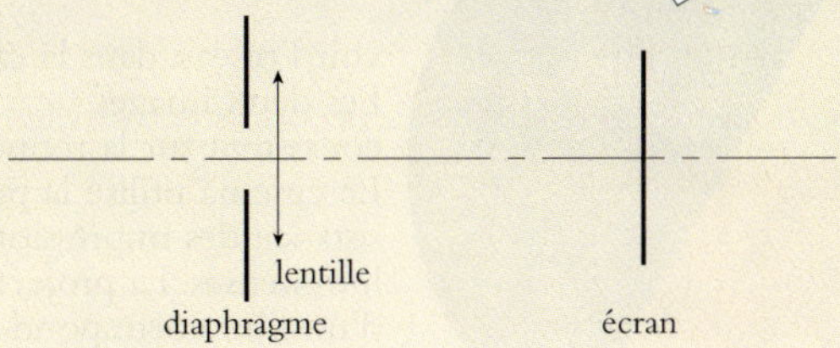

Coupe de l'œil : on voit le cristallin, lentille déformable.

Le cristallin combat le flou

D'un objet lumineux situé à l'infini, les milieux transparents convergents de l'œil donnent une image renversée nette sur la rétine. Lorsque l'objet regardé se rapproche, l'image a tendance à reculer. Si tel était le cas, sur la rétine fixe l'image deviendrait floue, et la vision aussi. Le cristallin, lentille biconvexe déformable, empêche cela. Il effectue une mise au point appelée accommodation, en devenant plus convergent lorsque l'objet se rapproche. Ainsi, l'image ne s'éloigne pas et reste, nette, sur la rétine.

Des enfants sont capables de lire, les yeux placés à une dizaine de centimètres d'une feuille. Leur jeune cristallin, très déformable, permet l'accommodation d'aussi près. Un adulte, dont l'œil est normal, voit net d'un point situé à l'infini à un point situé à environ 25 cm de l'œil. Pour une distance plus courte, le cristallin ne réussit plus à augmenter davantage sa convergence. Cette distance minimale de vision distincte augmente avec l'âge, le cristallin perdant petit à petit de son élasticité. ■

Des yeux avec des défauts

Avec l'âge, l'accommodation devient plus difficile : c'est la presbytie. L'œil n'est plus assez convergent pour la vision proche.
Il faut porter des lunettes dont les verres correcteurs convergents maintiennent une vision de près nette. La vision de loin n'est pas changée. La myopie est un défaut fréquent de la vision. Trop convergent, l'œil myope au repos ne voit pas net un objet lointain. En revanche, il peut accommoder à une distance plus courte qu'un œil normal. Le port de verres correcteurs divergents tend à redonner une vision normale.
L'œil hypermétrope n'est pas assez convergent et il doit déjà accommoder à l'infini. Muni de verres correcteurs convergents, l'œil au repos donne d'un objet éloigné une image nette sur la rétine. Pour des objets plus proches, l'œil hypermétrope corrigé accommode normalement. ■

Dico → bâtonnet • cône • convergence

Points clés

La vision : de l'œil au cerveau

4

La rétine capte des informations lumineuses. Elles sont ensuite transmises au cerveau qui les traite. Il arrive que l'interprétation conduise à des visions inexactes : ce sont les illusions d'optique.

La persistance des impressions lumineuses

L'image rétinienne ne disparaît pas dès que cesse la stimulation des cellules détectrices de lumière. Elle est encore vue, alors que l'objet lumineux qui lui correspond n'envoie plus de lumière dans l'œil. Cette persistance des impressions lumineuses a une durée de l'ordre du dixième de seconde. Si un nouvel objet est vu avant la disparition de l'image précédente, les images se superposent. Ce phénomène peut être mis en évidence expérimentalement. Un disque de Newton comporte des secteurs colorés dont les couleurs recouvrent le spectre de la lumière blanche. En le faisant tourner rapidement, les secteurs ne sont plus perçus séparément, et le disque prend une teinte uniforme blanchâtre. Les images des zones colorées se superposent sur la rétine, et l'addition des lumières colorées détectées reconstitue la lumière blanche. La rotation rapide d'un carton (grâce à des élastiques vrillés par exemple) avec un oiseau au recto et une cage au verso fait voir l'oiseau dans la cage. Les deux images coexistent sur la rétine. Le cinéma utilise la persistance des impressions lumineuses. La projection d'un film correspond à la présentation d'images fixes, changées tous les 1/24 de seconde. Une nouvelle image est vue alors que la perception de la précédente n'a pas disparu. Cela crée une impression de mouvement. ■

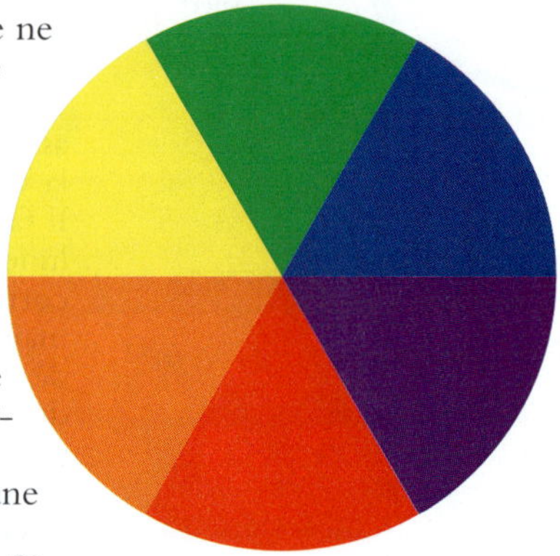

Le disque de Newton est vu uniformément blanchâtre lorsqu'il tourne rapidement.

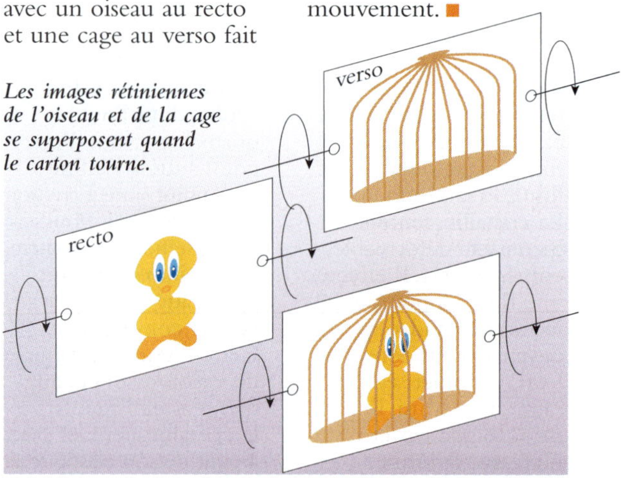

Les images rétiniennes de l'oiseau et de la cage se superposent quand le carton tourne.

Des illusions en noir et blanc

Le cerveau reçoit des informations de la rétine. Parfois il en donne une fausse interprétation, à l'origine des illusions d'optique. Certaines ont trait aux longueurs. Les longueurs de segments terminés par des flèches inversées semblent différentes. Il faut avoir recours à la mesure pour se rendre compte de leur égalité. L'introduction de hachures agit également sur la perception des longueurs. Les architectes trompent les observateurs en rendant plus visible les joints horizontaux. L'assise du bâtiment semble alors plus importante. Habillées de rayures verticales par les couturiers, les personnes un peu fortes paraissent plus longilignes. D'autres illusions se rapportent au parallélisme. Les côtés d'un carré tracé dans un système de cercles concentriques s'incurvent. Il faut placer le bord d'une règle pour se persuader que ce sont bien des segments. Parfois le cerveau hésite entre deux interprétations d'un même dessin. Doit-on voir un vase ou deux visages sur le dessin ci-dessus ? ■

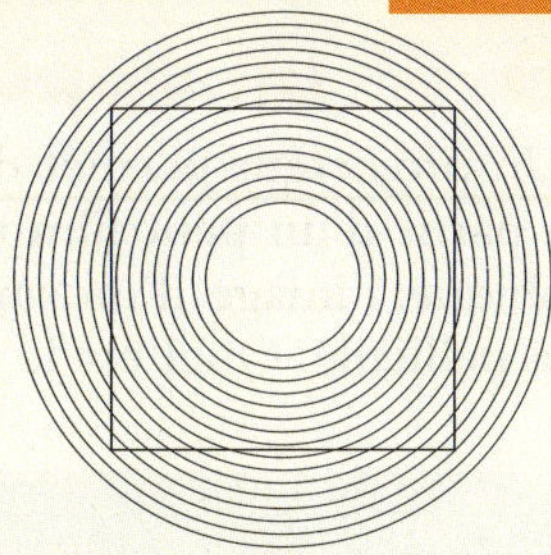

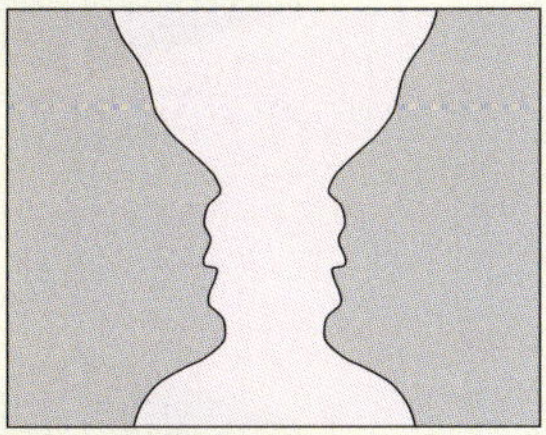

Le cerveau interprète difficilement certaines informations provenant de la rétine.

Des illusions en couleur

Trois sortes de cônes détectent les lumières rouges, vertes et bleues. Fixer une plage monochrome fatigue les cônes stimulés. En portant ensuite son regard sur une feuille blanche, on perçoit une tache de couleur complémentaire… qui n'existe pas sur la feuille. Par ailleurs, la perception d'une couleur dépend du fond. Sur un fond clair, la couleur paraît plus soutenue que sur un fond sombre. ■

Les deux carrés paraissent différents. Ils sont pourtant de la même couleur.

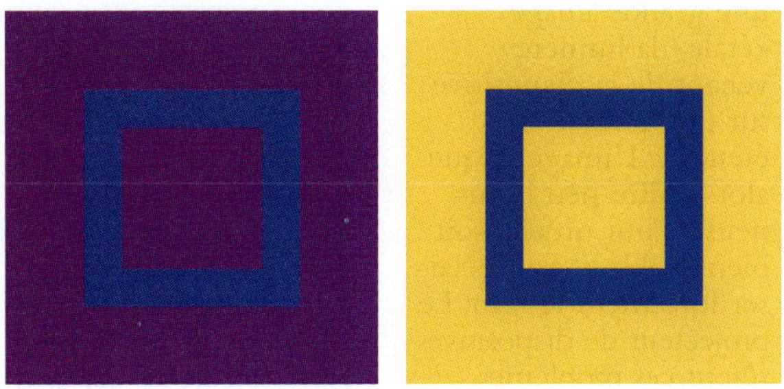

Points clés

3

Comment fonctionne un appareil imageur ?

Un projecteur permet d'obtenir une grande image sur un écran à partir d'un petit film transparent. Avec un appareil photographique, l'image d'un sujet se forme sur un détecteur spécial : la pellicule. Quel est le principe de ces appareils imageurs ?

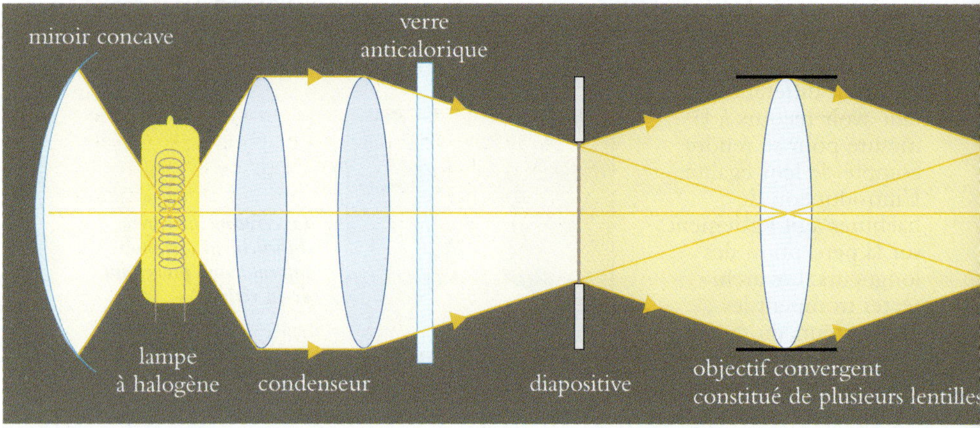

Le projecteur de diapositives

Le projecteur de diapositives donne, sur un écran éloigné, une grande image d'une diapositive.

Une diapositive est un petit morceau de film transparent dont on veut obtenir une grande image nette sur un écran placé à plusieurs mètres. Le fait d'avoir une grande image « étale » la lumière venant de la diapositive sur une surface très étendue. L'image risque alors d'être peu lumineuse. Pour qu'elle soit bien visible, il faut éclairer fortement le film. Le projecteur de diapositives résout ces problèmes.

Il est constitué d'une lampe à halogène puissante, montée devant un miroir concave qui renvoie la lumière vers l'avant. La plus grande partie de la lumière émise traverse un groupe de lentilles très convergent, le condenseur, et est concentrée sur la diapositive. L'élévation de température est limitée par un courant d'air créé par un ventilateur. En plus, un verre anticalorique empêche la détérioration de la diapositive. Celle-ci est placée très près du foyer objet de l'objectif, assimilable à une lentille convergente. L'image obtenue sur l'écran, lointaine, grande et lumineuse est renversée. La diapositive doit donc être posée à l'envers dans le panier prévu à cet effet. En déplaçant légèrement l'objectif, on peut assurer la netteté de l'image sur l'écran : c'est la mise au point. ■

Un appareil photographique simple

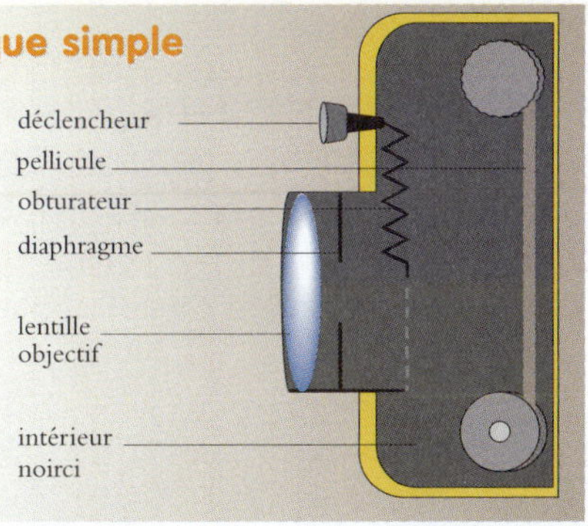

Les organes essentiels d'un appareil photographique simple.

Un appareil photographique donne une image nette d'un objet lumineux sur une surface plane détectrice, la pellicule. Les pièces essentielles d'un appareil simple sont peu nombreuses. Un boîtier étanche à la lumière est muni d'une lentille convergente, l'objectif. Une petite fenêtre permet une visée approximative. Quand on appuie sur le déclencheur, l'obturateur s'ouvre pendant un bref instant derrière l'objectif. De la lumière entre, limitée par le diaphragme. L'image se forme sur la pellicule, placée dans le plan focal de la lentille. Elle est nette si l'objet photographié est à au moins 3 ou 4 mètres de l'objectif. ■

Les réglages sur un appareil perfectionné

L'obtention d'une bonne photographie nécessite des réglages. Pour la netteté, l'image du sujet photographié doit se former exactement sur la pellicule, qui est fixe. Or, quand l'objet se rapproche de l'objectif, l'image s'en éloigne. En déplaçant l'objectif à l'aide de la bague de mise au point, on augmente la distance objectif-pellicule et l'image reste sur la pellicule. Pour que la photo ne soit ni trop claire ni trop sombre, la pellicule doit recevoir une quantité de lumière bien dosée. Le réglage se fait en combinant la durée du temps de pose et l'ouverture du diaphragme. Le temps de pose varie du simple au double entre deux valeurs successives : 1/500 s ; 1/250 s ; 1/125 s, etc ; de même que la surface d'entrée du diaphragme reliée à un nombre : 22 ; 16 ; 11 ; 8, etc. Il entre donc autant de lumière dans l'appareil à ouverture 16 pendant 1/125 s qu'à ouverture 11 (surface double) pendant 1/250 s (temps divisé par deux). Le choix du couple n'est pas indifférent. Plus le diaphragme est petit, plus la profondeur de champ est grande. On a simultanément nettes les images de sujets situés à des distances différentes. Si le sujet se déplace, un temps de pose très court donne une image nette. Sinon le déplacement de l'image induit un flou. ■

Ces deux objectifs sont munis des diverses bagues de réglage.

FICHES PRATIQUES

Pour se documenter

Un guide pour lire et s'orienter vers les livres, les films, les musées, les expositions, le multimédia…

Expérimenter au laboratoire du collège

Faire des expériences en classe permet de mieux comprendre le cours mais toutes les expériences ne sont pas sans danger.

Manipuler au laboratoire de physique

La plupart des collèges disposent de salles spécialisées pour l'enseignement de la physique afin que les élèves manipulent en toute sécurité. Un point très important est l'alimentation en électricité.
Celle des laboratoires des collèges est particulière, car la tension fournie ne doit pas dépasser 24 V pour éviter tout risque d'électrocution. Comme il n'est pas simple de réaliser une installation complète en 24 V, les élèves disposent de petites alimentations transformant le courant du secteur 220 V alternatif en 24 V alternatif ou continu. Pour les petits montages consommant peu d'énergie électrique, on peut utiliser soit des piles plates de 4,5 V plus coûteuses, soit des accumulateurs rechargeables.
De nos jours, il n'est plus question de tout réinventer. Beaucoup d'expériences consistent donc à observer un objet existant. Leur intérêt est de faire découvrir le principe de fonctionnement de l'appareil et de réfléchir sur les innovations techniques qui le rendent performant. Il faut donc se poser les questions : à quoi sert-il ? quand et comment est-il utilisé ? Par exemple, les moteurs électriques de jouets sont basés sur le même principe que ceux des appareils de forte puissance (perceuse, tondeuse, pompe...) mais ont d'autres caractéristiques. Chacun d'entre eux est adapté à un usage. Il est intéressant d'étudier et de comprendre leurs différences. On peut démonter les appareils et observer les diverses parties. Il est aussi possible de consulter la fiche technique du constructeur quand le démontage est impossible ou quand on ne dispose pas de l'appareil.

Une séance de travaux pratiques au laboratoire de sciences physiques.

Manipuler c'est bien, manipuler en toute sécurité c'est encore mieux !

Pour manipuler, il faut respecter quelques consignes qui sont faites, non pas pour vous ennuyer, mais pour vous protéger. Un accident peut détruire une vie.
Les principales règles de sécurité sont :
- porter une blouse (ou une chemise) à manches

Expérimenter au laboratoire du collège

longues en coton et des lunettes pour protéger ses vêtements, ses yeux et limiter les risques de brûlures ;
- attacher les cheveux longs pour éviter qu'ils ne prennent feu ;
- ne jamais aspirer avec la bouche un produit et utiliser des propipettes ;
- ne pas respirer les vapeurs d'une substance ;
- ne pas goûter un produit ;
- pour diluer un produit concentré, le mettre dans de l'eau et ne jamais ajouter de l'eau au produit concentré ;
- reboucher tout flacon après usage ;
- ne jamais chauffer ou faire brûler une matière plastique, certaines dégagent des gaz toxiques parfois mortels ou projettent des gouttelettes enflammées ;
- ne chauffer que de petits volumes de liquide dans un tube à essai (jamais plus du quart du tube);
- lors du chauffage d'un tube à essai, ne pas diriger l'orifice vers soi ou vers un camarade.

Et maintenant, faites de bonnes expériences en toute sécurité !

Les produits chimiques sont parfois dangereux

Les produits chimiques sont vendus en trois qualités : analyse (laboratoires de recherche, pharmacie), pur (laboratoires de lycées et collèges, industrie) et technique (droguerie, jardinage). Les produits purs coûtent cher. Aussi, il ne faut jamais, au laboratoire, utiliser de grandes quantités qui sont par ailleurs plus difficiles à manipuler.

Les six types de dangers présentés par les produits chimiques sont symbolisés sur les emballages par des pictogrammes dont il faut connaître la signification (encadré ci-dessous). On les retrouve, non seulement sur les étiquettes des flacons de laboratoire mais aussi sur les emballages des produits ménagers.

Le code des produits dangereux

Produit inflammable (F) ou très inflammable (F+). À tenir loin d'une flamme ou d'étincelles et bien refermer le flacon après usage.

Produit comburant (O) entretenant les combustions. Ne pas mélanger avec un produit combustible.

Produit irritant (Xi) ou nocif (Xn). Ne pas mettre au contact de la peau ou des yeux. Ne pas respirer les vapeurs.

Produit explosif (E). Éviter les chocs, les frottements, les flammes et les étincelles.

Produit corrosif (C). Éviter tout contact avec la peau, les yeux, les vêtements. Ne pas respirer les vapeurs.

Produit toxique (T). Éviter absolument tout contact avec la peau et les yeux et de respirer les vapeurs.

Peut-on expérimenter sans risques à la maison ?

Faire des expériences, c'est bien souvent répondre à une curiosité. Nous voulons savoir comment ça marche et il est tentant de mélanger deux produits pour voir. Mais cela peut souvent se terminer en catastrophe pour l'expérimentateur imprudent.

Ce qu'il ne faut jamais faire

La tension électrique dans votre maison est 220 V et non 24 V comme au laboratoire du collège. De plus, il s'agit d'un courant alternatif de fréquence 50 Hz. Ces fréquence et tension sont très dangereuses pour le corps humain.

Les risques vont de la brûlure à la mort par électrocution. Autant dire qu'il est interdit d'utiliser le courant du secteur pour faire des expériences à la maison.

Pour alimenter un petit montage, vous avez trois solutions :

- prendre des piles plates de 4,5 V que vous pouvez associer en série (relier la borne - de l'une à la borne + de l'autre avec un trombone métallique par exemple) ;
- prendre des accumulateurs rechargeables (plus chers mais plus économiques que les piles) ;
- acheter une petite alimentation stabilisée dans un magasin d'électronique en expliquant au vendeur l'expérience que vous souhaitez réaliser.

L'autre interdiction formelle concerne les produits chimiques (produits ménagers, produits pharmaceutiques) de la maison. Ce sont des produits techniques de pureté insuffisante ou mélangés à d'autres substances et donc inadaptés aux expériences. Comme ils contiennent d'autres produits, vous risquez la catastrophe : explosion, feu, dégagement de gaz toxiques. Enfin, ne manipulez jamais près de très jeunes enfants. Une seconde d'inattention et ils auront vite fait de prendre un flacon et de porter le produit à leur bouche. Ranger vos produits dans une boîte en bois hors de leur portée.

«Tempo» est un disjoncteur différentiel électronique. Il permet de couper l'alimentation du courant en cas de danger.

Peut-on expérimenter sans risques à la maison ?

Des produits chimiques à la maison ?

On peut acheter :
- de l'eau déminéralisée (celle que l'on utilise pour le fer à repasser) ou prendre de l'eau d'Évian très peu minéralisée ;
- du papier pH ou un pHmètre (appareil électronique) dans un magasin d'aquariophilie ;
- du sulfate de cuivre, des indicateurs colorés chez un pharmacien.

Dans les magasins de jouets, on trouve des coffrets contenant du matériel et des produits chimiques pour faire des expériences. Il faut toujours se limiter aux expériences proposées et lorsque l'on manque de produit, il est toujours possible de passer commande à son pharmacien ou à un magasin spécialisé dont vous trouverez l'adresse dans l'annuaire. Pour manipuler, demandez à vos parents de vous laisser un coin de la cuisine ou du garage. La chimie réclame du soin et de la propreté. Vous pouvez utiliser une toile cirée pour manipuler et protéger ainsi la table à manger ou l'établi. En fin d'expérimentation, lavez la toile cirée avec un peu de produit à vaisselle, rincez-la et essuyez-la avec un chiffon en coton.

Récupérer des objets pour en faire du matériel de chimie

Pots à confiture, pots de yaourt, petits pots pour bébés servent de petits béchers. Les bouteilles plastiques coupées en deux permettent de réaliser des béchers plus grands et des entonnoirs. Les pailles servent pour prélever du liquide (attention ! sans aspirer le liquide, simplement en le laissant monter dans le tube). On peut aussi utiliser les anciens compte-gouttes. Les pots à condiments, avec un couvercle qui se visse, seront les flacons dans lesquels vous garderez vos produits. Vous collerez une étiquette sur laquelle vous indiquerez le nom chimique. Les piques en bois à brochettes sont de bons agitateurs.

Le matériel en verre doit être lavé avec du produit à vaisselle, puis bien rincé et essuyé. Lorsque l'on veut s'en servir, il faut le rincer avec de l'eau déminéralisée pour éliminer toute trace de produit à vaisselle. Pour essuyer, on prend un chiffon propre qui ne «peluche» pas ou du papier absorbant (Sopalin).

Ne mettez jamais directement les récipients en verre à la flamme ou sur une plaque chauffante, car ils se cassent sous l'effet de la chaleur. Seul le Pyrex supporte des variations de température importantes. Pour chauffer des solutions, utilisez un bain-marie (récipient contenant de l'eau très chaude dans laquelle vous plongez doucement le pot en verre à réchauffer).

Les centres anti-poisons

Treize services hospitaliers spécialisés accueillent les personnes ayant ingéré des produits dangereux : produits chimiques, médicaments, nourriture avariée, champignons vénéneux. Les numéros d'appel figurent sur les annuaires.

En cas d'intoxication, il faut appeler, de toute urgence le centre anti-poison ou les pompiers et suivre leurs instructions. Ne pas faire boire, ni faire vomir. Un bon réflexe est d'apporter le reste du produit avalé au centre de traitement. Mais la meilleure conduite consiste à être prudent.

De l'expérience... aux résultats

Mettre en œuvre une expérience pour tenter d'expliquer un phénomène, voilà un premier pas vers la découverte scientifique !

La méthode hypothético-déductive

L'expérience naît d'une interrogation devant un phénomène que nous ne comprenons pas. Mais la question ne nous vient pas par hasard, elle résulte le plus souvent de la confrontation de ce que nous observons avec ce que nous savons déjà.
Prenons l'exemple d'une histoire bien connue, celle du savant Newton et de la pomme. Vers les années 1685, Newton observe qu'une pomme tombe verticalement de la branche et qu'il n'a jamais vu une pomme s'envoler. La pomme qui tombe et qui ne s'envole pas sont deux observations. Ce sont deux faits expérimentaux. Newton réfléchit et pense que si la pomme tombe sur le sol, c'est parce que la Terre attire la pomme. Ceci est une hypothèse.
À partir de celle-ci, il fait des expériences : faire tomber des pommes de hauteurs différentes, prendre des pommes de masses différentes, faire tomber d'autres objets que des pommes. Vous remarquerez qu'il n'est pas question de faire tomber des pommes de masses différentes de hauteurs différentes. Nous dirons que lors des expériences, il faut choisir de faire varier une seule «chose» (en sciences, un facteur) à la fois : soit la masse des pommes, soit la hauteur de la chute. Ensuite, il faut exploiter les résultats obtenus, c'est-à-dire tenter de savoir si les résultats correspondent à ce que nous pensions au départ. Cette confrontation permet de conclure sur le phénomène étudié : la chute de la pomme. La méthode de travail qui part de l'observation, passe par l'hypothèse puis l'expérimentation jusqu'à la conclusion s'appelle la méthode hypothético-déductive.

Essai de simulation de la foudre au laboratoire EDF (centre des Renardières).

De l'expérience... aux résultats

Comment la science progresse-t-elle ?

Reprenons l'histoire de la pomme qui tombe. À partir de ses expériences, Newton a énoncé la loi sur les forces qui attirent les corps les uns vers les autres : la loi de l'attraction terrestre (la pesanteur). Il a même généralisé aux cas des planètes du système solaire : c'est la loi de la gravitation universelle. Pour vérifier ses lois, Newton a étudié les mouvements des planètes.
Des astronomes reprendront les travaux de Newton et il faudra attendre 1916 pour qu'Einstein explique pourquoi le mouvement de la planète Mercure n'est pas conforme aux lois de Newton. Il énonce alors la théorie de la relativité générale. Vous avez compris que les progrès des techniques permettant l'observation des mouvements de planètes ont mis en évidence des «failles» dans la théorie de Newton, failles que Einstein a résolues. Mais la science permet aussi l'amélioration des techniques. Alors il est bien difficile de savoir celle qui fait progresser l'autre.

Les grands centres de recherche

De nos jours, il n'y a plus de chercheur solitaire comme on peut en découvrir en lisant l'histoire des sciences. La recherche nécessite des appareils très coûteux et souvent des installations complexes regroupées dans de grands bâtiments. Il existe donc des organismes de recherche qui emploient un grand nombre de chercheurs. En France, les principaux sont le Centre national de la recherche scientifique (CNRS) dans lequel on fait des recherches dans toutes les disciplines, le Commissariat à l'énergie atomique (CEA) spécialisé dans la radioactivité et l'énergie nucléaire, l'Institut national de la recherche agronomique (INRA) où l'on travaille sur les problèmes de l'agriculture et de l'agronomie. Mais il y en a beaucoup d'autres et il est impossible de tous les citer. En réalité, l'organisation nationale des recherches est plus compliquée. Un même problème est étudié par plusieurs équipes de chercheurs différentes utilisant des méthodes et des techniques diverses. Enfin, les chercheurs vont souvent travailler dans les laboratoires étrangers. Ils échangent alors leurs idées, et leurs compétences. À notre époque, les recherches sont devenues internationales et il n'est pas rare de rencontrer des savants de plusieurs nationalités travaillant sur la même expérience. C'est ainsi, par exemple, qu'en Suisse un centre de recherches a été construit et est financé par plusieurs pays : le Centre européen de recherche nucléaire (CERN). On y traque les secrets de l'atome dans des appareils de plus de 10 km de diamètre !

Petite histoire pour apprendre à ne pas conclure trop vite

Un savant étudiait le saut des puces. Il les posait sur une feuille et leur disait : «Sautez !». Les puces sautaient et il mesurait leur saut. Un jour, il eut l'idée de couper les pattes d'une puce. Il lui dit : «Saute !» mais la puce ne sauta pas. Alors, le savant conclut : «Quand on coupe les pattes d'une puce, elle devient sourde».
Ce n'était pas un bon savant et cette petite histoire ne vous a été racontée que pour vous faire réfléchir !

Rédiger un compte rendu de physique

Communiquer aux autres ce que l'on a trouvé est une étape essentielle dans la connaissance scientifique. Il ne s'agit pas de raconter mais d'utiliser des moyens admis par tous pour décrire l'expérience réalisée et les résultats obtenus.

Les deux appareils numériques mesurent la tension et l'intensité dans le circuit électrique étudié.

Le schéma d'expérience

Au collège, vous n'avez pas à inventer une expérience. Cette démarche est rarement utilisée par les professeurs, car elle demande beaucoup de temps et de matériel. En revanche, le professeur vous distribue du matériel et vous propose de réaliser l'expérience qu'il a choisie pour illustrer le cours. Quand l'expérience est terminée, la première étape est de «dessiner» ce que vous avez fait : c'est la schématisation. Pour cela, on utilise des symboles qui représentent les appareils utilisés. Ces symboles existent dans tous les domaines de la physique.

Par exemple, vous avez alimenté une lampe et un moteur avec une pile et mis un interrupteur dans le circuit. Il faut rechercher dans le tableau des symboles électriques, les symboles de la pile, de la lampe, du moteur, de l'interrupteur et des fils. On schématise toujours en premier l'appareil qui fournit le courant puis le fil qui part d'une des bornes et on cherche le premier appareil rencontré. On dessine son schéma et continue ainsi en suivant méthodiquement le circuit réalisé. Il est souvent bon de vérifier le schéma terminé en reprenant le circuit depuis la première borne jusqu'à la seconde borne du générateur. Un schéma se fait au crayon à papier et à la règle, les traits représentant les fils doivent être perpendiculaires les uns aux autres. On peut terminer en écrivant en dessous le nom de l'expérience «une lampe et un moteur en série aux bornes d'une pile» ou «une lampe et un moteur en dérivation aux bornes d'une pile» selon les positions respectives de la lampe et du moteur.

Rédiger un compte rendu de physique

La présentation des résultats

Lorsque l'on fait des mesures, il faut relever les résultats que l'on obtient. La solution la plus simple est le tableau à deux lignes. Si l'on a fait varier l'intensité qui traverse un dipôle sur l'ampèremètre : une lampe ou une résistance, vous lirez les différentes valeurs de l'intensité et sur le voltmètre celles de la tension aux bornes du dipôle. Sur la première ligne, on relève les valeurs de ce que l'on fait varier : la variable (I), sur la deuxième ligne, les valeurs de ce que l'on étudie (U). Il faut faire attention aux unités.
Il existe un système international des unités : le système S.I., les longueurs y sont exprimées en m, les masses en kg, les temps en s et les intensités en A. On l'a longtemps appelé le système MKSA. À partir de ces quatre unités fondamentales, il est possible de définir toutes les autres unités (unités dérivées) en utilisant les relations mathématiques qui traduisent les lois physiques. Pour des raisons de commodité de représentation graphique, vous pouvez utiliser des multiples ou des sous-multiples de l'unité internationale. Dans ce cas, attention à ne pas oublier les conversions lors des calculs !

L'interprétation des résultats

Il est souvent plus facile de réfléchir à partir de la représentation graphique d'un phénomène que des résultats bruts. Reprenons les exemples de la lampe et de la résistance, les deux graphiques montrent que l'on obtient une courbe et une droite qui passe par l'origine. Il est difficile de trouver l'expression mathématique qui traduit la variation de la tension aux bornes de la lampe. En revanche, dans le cas de la résistance, on peut écrire la fonction affine U = K I. Le coefficient de proportionnalité K est la résistance R du dipôle. Pour la calculer, il faut prendre le dernier point sur la droite, mettre la tension en V et l'intensité en A et faire le rapport U / I. Le résultat est en ohms (W), l'unité S.I. de résistance. On écrira donc U = R I.
Peut-on prolonger la droite au-delà des mesures ? Bien souvent, non ! En effet, dans le cas des deux dipôles étudiés, à partir d'une certaine valeur de la tension, l'intensité qui les traverse est si importante que la lampe claque et la résistance fond. Ces valeurs maximales sont généralement données par le constructeur. Elles sont à respecter pour ne pas risquer de détériorer les appareils. L'expression mathématique permet de comprendre quels sont les facteurs qui influent sur un phénomène physique.

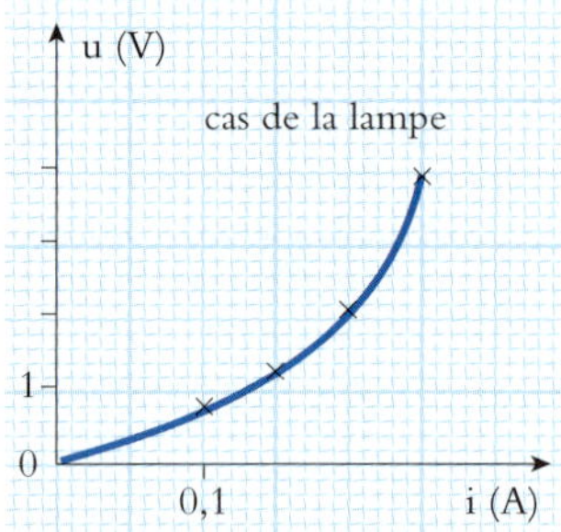

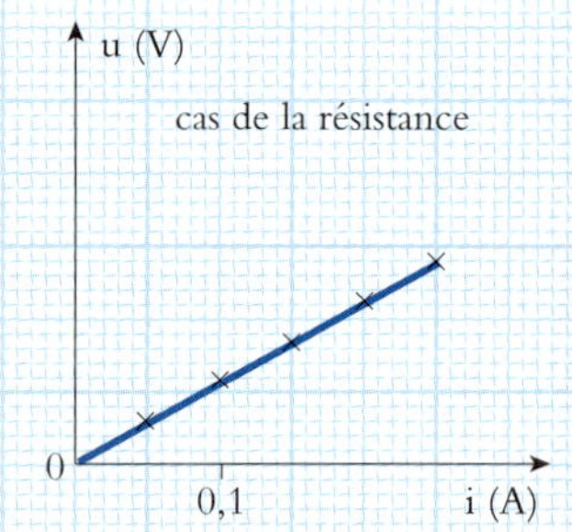

La manipulation de chimie

Mettre en œuvre une expérience pour tenter d'expliquer un phénomène, voilà un premier pas vers la découverte scientifique !

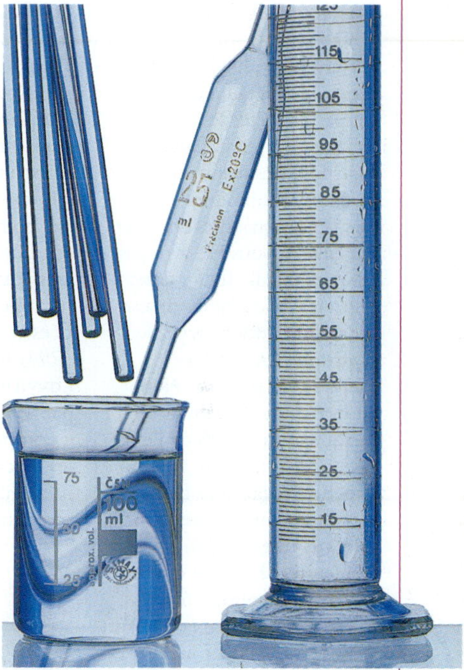

Béchers, éprouvettes graduées, pipettes et agitateurs sont quelques-uns des matériels utilisés par les chimistes au laboratoire.

Les réactions chimiques

Lorsque des produits sont en contact les uns avec les autres, ils peuvent se transformer et donner naissance à d'autres produits. Ce sont les réactions chimiques. Ces transformations de la matière ont lieu à chaque instant partout autour de nous mais aussi en nous. Pour comprendre les mécanismes très complexes de la chimie de la vie, il est intéressant de se placer dans des situations plus simples qui ne font intervenir que deux ou trois réactifs différents. Ce sont ces réactions chimiques que vous étudiez au collège. La chimie est une science expérimentale qui demande beaucoup de soin, d'attention et de propreté.

Pour faire des expériences, on utilise le plus souvent du matériel en verre, car il permet de voir l'évolution de la réaction. Si vous devez chauffer les produits, il faut utiliser un récipient en Pyrex (le verre casserait). Il arrive également que les réactifs ou les produits formés attaquent le verre. Dans ce cas, on se sert de récipients en quartz (très coûteux), en métal ou en plastique.

La schématisation en chimie

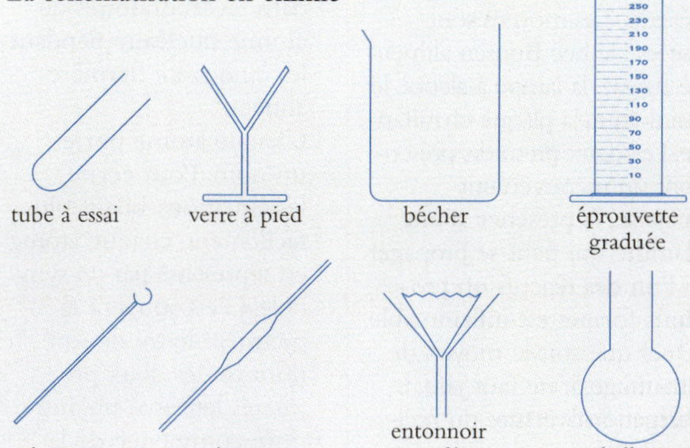

La manipulation de chimie

Les expériences

Avant d'entreprendre une expérience, il faut commencer par respecter les règles de sécurité que vous trouverez page 435. Ensuite, il convient de choisir les produits et de calculer les quantités à utiliser. Au collège, vous ne savez pas faire ces calculs. Il faut donc respecter les quantités (masse ou volume) données par le professeur. En effet, par exemple, un produit coloré, en trop grande quantité, peut masquer les résultats de l'expérience. Il faut faire attention à mettre les produits dans le bon ordre. Ainsi, verse-t-on toujours une solution concentrée dans une solution diluée. Pour introduire un solide dans un tube contenant une solution, il faut incliner ce dernier afin de faire glisser le morceau et éviter toute projection. Une des difficultés en chimie est le chauffage des réactifs. Les moyens sont variés : le bec Bunsen alimenté au gaz, la lampe à alcool, le mini-four, la plaque chauffante. Les deux premiers présentent un inconvénient majeur : la présence d'une flamme qui peut se propager si l'un des réactifs ou produits formés est inflammable. Quel que soit le moyen de chauffage, il ne faut jamais diriger l'ouverture du récipient vers soi, ni évidemment vers un camarade.

De l'expérience à l'équation-bilan

Pour décrire une réaction chimique, il est plus facile d'utiliser des symboles. On peut «raconter» ce que l'on a observé à l'aide des schémas. Mais cela ne suffit pas pour traduire les produits mis en jeu et leurs quantités. À cette fin, on utilise l'équation-bilan. C'est Lavoisier (1743-1794) qui, en étudiant l'oxydation du mercure par le dioxygène de l'air, a compris le premier que les réactions chimiques n'étaient que des réorganisations d'atomes.

Il a écrit «rien ne se perd, rien ne se crée, tout se transforme».

Dans une équation-bilan, il faut respecter l'écriture des molécules. Les coefficients s'obtiennent en vérifiant qu'il y a bien le même nombre d'atomes de chaque espèce de part et d'autre de la flèche.

Par exemple, l'équation-bilan de la réaction du dioxygène sur l'aluminium pour former l'oxyde d'aluminium (ou alumine) est :

$$3\ O_2 + 4\ Al \rightarrow 2\ Al_2O_3$$

Les symboles des atomes

Il y a plus de cent atomes différents. Les uns existent dans la nature, d'autres ont été créés par les savants dans les laboratoires de chimie nucléaire pendant les cinquante dernières années.

Chaque atome porte un nom. Pour écrire les équations-bilans plus facilement, chaque atome est représenté par un symbole. C'est souvent la première lettre de son nom ou les deux premières lettres si un autre nom commence de la même façon. Ainsi, l'atome de carbone s'écrit C, celui de cuivre Cu, celui de calcium Ca, celui de césium Cs...

Ce n'est pas toujours vrai. Ainsi, l'atome de sodium a pour symbole Na de Natrium qui était son nom latin, le tungstène W de wolfram qui est le nom du minerai de ce métal dont on fait les filaments des lampes.

Avec ces cent atomes, on peut faire des millions de molécules. Un super jeu de construction !

Travailler ensemble

Le chercheur solitaire tel qu'il est souvent décrit dans l'histoire des sciences n'existe plus. De nos jours, la science ne progresse que grâce à des équipes de recherches multidisciplinaires et souvent internationales.

Une classe assistant à une conférence sur l'assainissement des eaux usées dans le bassin Parisien.

Préparer et réaliser un projet

Avant de se lancer dans un projet, il est bon de vérifier si le groupe peut dépasser l'amitié pour faire un petit travail commun (un dossier ou un exposé) et constater que chacun fait bien le travail qui lui a été demandé. Dans ce cas, vous pouvez penser à un projet plus important. Pour comprendre les différentes étapes d'un projet, prenons l'exemple du thème : faire de l'astronomie.

1) Définissez très précisément le projet : le sujet (l'astronomie), la forme (un club, une documentation, un journal) et le lieu (au collège, chez l'un d'entre vous, dans une salle de la mairie).

2) Qui va participer au projet ? Il ne faut pas être trop nombreux, car il est plus difficile de gérer un grand groupe qu'un petit groupe. Entre 5 et 10 personnes, cela est raisonnable.

3) Il faut définir plus précisément le projet, c'est-à-dire faire des choix. Imaginons que vous vouliez créer un club pour faire des observations et que vous décidiez que cela sera au collège. Ce choix implique que vous ayez l'autorisation de la direction.

4) Tout projet demande un peu d'expérience. Contactez une association existante. Un seul élève peut prendre le rendez-vous mais le groupe entier doit participer à la séance d'information. Les questions à poser doivent être préparées à l'avance : achat ou prêt d'une lunette astronomique, dates et lieu d'observation (pensez aux adultes accompagnateurs).

5) Si vous avez fait le choix de l'achat de la lunette, il vous faut un budget et donc trouver qui peut vous aider.

6) Gardez une trace écrite de ce que vous avez fait. À moins d'avoir parmi vous un futur écrivain scientifique, répartissez-vous ce travail et pensez à donner à tous les membres du groupe un exemplaire des textes.

Travailler ensemble

Quelques idées de projets...

Pour réaliser un projet, il n'est pas besoin d'avoir de grandes idées. Bien souvent, il suffit de parler de nos centres d'intérêt pour que d'autres se joignent à nous. Un peu d'attention aux manifestations régionales (expositions, conférences, portes ouvertes) et une idée vient à l'esprit.
Pourquoi ne pas constituer un groupe et participer au Nettoyage de printemps organisé le 4e week-end de mars par une association de protection de l'environnement ?
Tous les collèges ne disposent pas de poubelles différentes pour trier les déchets (papier, canettes). Mettre en place une collecte sélective dans son établissement est un projet intéressant et utile.
Les centres départementaux de météorologie ont des observateurs bénévoles. Vous pouvez les contacter et proposer d'appartenir à leur réseau d'observation du climat. Vous participerez à l'élaboration du bulletin météo de votre département. Avec l'aide d'un professeur, vous pouvez réaliser une classe d'eau. C'est un travail sur l'eau potable ou l'eau d'une rivière, d'un lac, d'une mare. Vous avez le choix. Pensez aux problèmes de pollution et à la faune et à la flore, si c'est un milieu naturel. Pour les passionnés d'astronomie, il y a le club astronomie à créer dans votre collège. Si l'un de vos professeurs est d'accord, vous pouvez ouvrir un atelier scientifique pour faire des expériences qui ne sont pas au programme des collèges, comme celles que nous vous proposons dans cet ouvrage.

D'éventuels sponsors pour votre projet

Trouver un sponsor pour vous aider à financer votre projet n'est pas toujours facile. Il faut commencer par faire un dossier de présentation et une évaluation de vos besoins (matériel et financier). Souvent, il vous faudra la caution d'un adulte (parent ou professeur). Voici quelques sponsors possibles :
- la mairie de votre commune ;
- les Agences de l'eau aident à réaliser les « classes d'eau ». Écrivez au siège 51, rue Allende 92027 Nanterre Cedex. Tél. 01 41 20 16 00
- la Fondation Nicolas Hulot pour la Nature et l'Homme (52, boulevard Malesherbes 75008 Paris - Tél. 01 44 90 83 15
- le Ministère de l'Aménagement du territoire et de l'Environnement 20, avenue de Ségur 75302 Paris SP7 (01 42 19 16 49) peut vous conseiller.

Sans oublier que beaucoup de bonne volonté et un grand sourire ouvrent bien des portes.

Communiquer sur une réalisation

Lorsque l'on réalise un projet, il est bien rare que l'on n'ait pas envie de raconter ce que l'on fait. Plusieurs solutions sont possibles : exposé, cassette vidéo, exposition de photos, affiches. Une exposition photos ou des affiches peuvent être réalisées sur des feuilles A3 (deux fois une feuille de classeur) de papier Canson de couleur (pour attirer l'attention du public). N'oubliez pas les légendes des photos, le nom de leur propriétaire et un petit texte explicatif pour raconter votre projet.
Prévoyez une quinzaine de jours entre l'annonce de votre exposition ou de votre exposé et sa date.
Bon courage à tous !

Un stage en entreprise

Pour choisir son orientation au lycée, il est important de se demander quel métier nous souhaiterions exercer. Une étape importante est la rencontre avec les professionnels qui peuvent vous décrire la réalité de leur métier. Connaître les avantages et les inconvénients d'une profession et les filières d'études qui y conduisent.

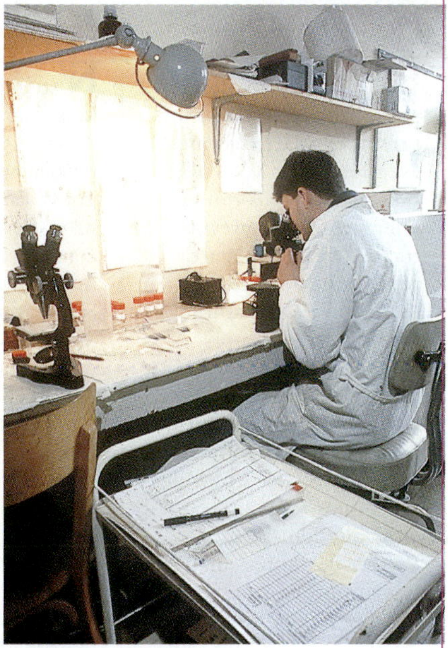

Analyse de l'eau prélevée au lac de Pareloup (Aveyron).

La recherche d'un stage

La première question à se poser est « Quel métier souhaiterais-je faire ? ». Parlez-en à vos parents et à vos professeurs afin de trouver avec eux le type d'entreprise qui se rapproche de votre souhait. Ensuite, recherchez dans les pages jaunes de l'annuaire à la rubrique concernée des adresses d'entreprises. Prenez une carte pour savoir s'il y a des moyens de communication faciles pour vous y rendre. Pensez à chercher non loin de chez un parent qui pourrait vous héberger.

La seconde phase est de vous présenter auprès des entreprises choisies. Pour cela, vous devez faire deux lettres.

La première lettre est le C.V. qui sert à vous présenter et où doivent figurer :

- une photo d'identité ;
- le nom et le prénom ;
- la date de naissance ;
- l'adresse et le n° de téléphone ;
- les études depuis la 6e : avec les classes, le nom et l'adresse du collège ;
- ce que vous aimez (sport, centres d'intérêt, lecture, voyages).

Dans la deuxième, la lettre de motivation, vous expliquez pourquoi vous cherchez un stage et à quelles dates. N'oubliez pas de demander un rendez-vous en indiquant vos heures de sortie du collège et vos demi-journées de congé. Terminez votre lettre par des remerciements.

Vous mettez les deux lettres dans la même enveloppe que vous adressez au responsable du service qui pourrait vous accueillir ou au directeur des ressources humaines ou bien encore au directeur de l'entreprise.

Il faut ensuite être un peu patient et attendre une quinzaine de jours, puis téléphoner pour connaître le résultat. La recherche d'un stage est souvent longue. Il faut compter au moins deux mois.

Un stage en entreprise

Pendant le stage

En arrivant dans l'entreprise, vous devez vous présenter aux personnes avec lesquelles vous allez travailler et vous renseigner sur les horaires de travail (arrivée, départ, repas) afin de vous conformer aux habitudes du service.
Pour faciliter la rédaction de votre rapport de stage, tenez à jour un carnet de stage sur lequel vous notez votre travail, les noms des personnes rencontrées ainsi que leur service.
Prenez des notes sur le travail que vous effectuez. Classez régulièrement la documentation que l'on vous donne. Attention, lorsque vous êtes en stage, vous devez respecter la confidentialité de l'entreprise, c'est-à-dire ne pas divulguer d'informations. C'est pourquoi, il faut demander une autorisation pour prendre des photos et pour faire figurer des documents dans votre rapport de stage.
Pendant votre stage, renseignez-vous auprès des personnes avec lesquelles vous travaillez sur les métiers possibles : conditions d'accès (écoles, concours...), carrières (salaires, travail...) et évolution du métier.

Le rapport de stage

N'attendez pas le dernier jour pour faire votre rapport de stage. C'est un travail relativement long (plusieurs jours). En fin de 3e, pour un stage d'une semaine, il faut compter de 10 à 20 pages maximum.
Sur la première page, vous indiquez vos nom et prénom, le nom et l'adresse de l'entreprise, le nom et l'adresse de votre collège. Au centre de la page, dans un encadré, vous mettez le nom du stage et ses dates. Sur la seconde page, n'oubliez pas de remercier les personnes qui vous ont accueilli.
Ensuite, vous présentez l'entreprise (2 à 3 pages) et le travail effectué lors du stage (4 à 6 pages). Dans la conclusion, vous expliquez ce qui vous a été profitable lors de ce stage. Dans certains cas, terminez par un petit lexique pour expliquer les mots difficiles. Enfin, vous pouvez joindre les documents que vous avez récoltés. Le mieux est de taper son rapport sur ordinateur. Si ce n'est pas le cas, écrivez proprement sur des feuilles blanches uniquement sur le recto des feuilles. Si vous avez pris des photos, mettez-les au milieu du texte pour illustrer ce que vous avez écrit.
N'oubliez pas les légendes explicatives. Donnez un exemplaire à la personne qui s'est occupée de vous pendant votre stage, un autre à votre professeur et gardez un exemplaire pour vous.

Pour vous aider à trouver un métier et des études

Dans chaque département, les Centres d'information et d'orientation (C.I.O.) proposent des fiches sur les métiers et une importante documentation sur des écoles (inscriptions, durée des études, programmes).
À Paris, le C.I.D.J.(Centre d'information et de documentation pour la jeunesse) 101, quai Branly 75015 (01 44 49 12 00) centralise une documentation très fournie. D'autres centres tels que le C.I.D.E. (6, rue Monsigny 75002 - 01 44 55 34 80) et l'ODIEP (45, avenue Georges Bernanos 75005 - 01 43 29 90 70) peuvent vous conseiller utilement. Lisez aussi les brochures de l'ONISEP, les dossiers « métiers » dans diverses revues.

Faire grossir des cristaux

Quand les solides sont organisés de façon très régulière, on dit que ce sont des cristaux. La science qui les étudie est la cristallographie. Dans la nature, on trouve des cristaux très rares par leurs couleurs, leur pureté ou leurs dimensions.

La galerie de minéralogie de l'université de Jussieu.

Créer un marais salant

L'eau de mer contient différents sels dont le plus abondant est le chlorure de sodium. On dit que l'eau de mer est salée. Quand une flaque d'eau de mer se trouve en plein soleil et en plein vent, l'eau s'évapore et il reste un dépôt blanc : le chlorure de sodium.
À la maison, il est possible de réaliser « un marais salant ». Dans une petite casserole, il faut faire bouillir de l'eau déminéralisée (1/4 L). Quand elle est encore très chaude, on ajoute du sel de cuisine en remuant avec une cuillère (un peu moins de 100 g). Quand le sel ne se dissout plus, on arrête de verser du sel et on transvase l'eau salée dans un pot à confiture que l'on recouvre avec une feuille de carton. À partir de ce moment, il ne faut plus bouger le pot et être patient. L'eau va se refroidir et s'évaporer très lentement à travers le carton. Au bout de quelques jours, on peut observer les cristaux de chlorure de sodium dans le fond du pot. Il faut un mois pour que toute l'eau se soit évaporée : il ne reste dans le pot que des cristaux de chlorure de sodium que l'on peut observer avec une loupe.
Plus l'évaporation de l'eau est lente, plus les cristaux seront gros.

Des eaux de mer plus ou moins salées

L'eau de mer contient plus ou moins de chlorure de sodium :
- Atlantique : 28 $g.L^{-1}$
- Méditerranée : 32 $g.L^{-1}$
- Mer morte : 85 $g.L^{-1}$

Des mers disparues

Il y a 24 millions d'années, des mers se sont trouvées enfouies dans les couches géologiques. Puis, très lentement, l'eau s'est évaporée. À l'heure actuelle, il reste le sel : ce sont les mines de sel gemme. On en trouve en France, à Dombasle, à Dieuze et à Saint-Nicolas. Il est possible de visiter les salines.

Faire grossir des cristaux

Faire grossir des cristaux

Cette expérience nécessite soin et patience.

1) Le matériel :

- une balance ;
- 200 g de sulfate de cuivre ;
- un entonnoir avec deux filtres (genre filtre à café) ;
- 2 pots à confiture (1 L) ;
- un agitateur ;
- un fil Nylon (fil à pêche) et une baguette.

2) Faire un petit cristal de sulfate de cuivre.

Dans un pot, verser 1/4 de L d'eau très chaude et 100 g de sulfate de cuivre. Agiter pour dissoudre et verser doucement sur les filtres dans le deuxième pot. Couvrir avec un carton et laisser refroidir. Au bout de quelques jours, récupérer le plus gros des cristaux formés.

3) Faire grossir le petit cristal de sulfate de cuivre.

Attacher le cristal choisi avec le fil Nylon (ou un fil à coudre) à la baguette. Faire chauffer la solution de sulfate de cuivre jusqu'à l'ébullition. Rajouter un peu de sulfate de cuivre. Filtrer à travers les filtres à café. Puis plonger le cristal dans cette solution. Couvrir avec le carton et laisser refroidir. L'eau chaude dissout plus de sulfate de cuivre que l'eau froide. Le sulfate de cuivre va se déposer sur le petit cristal qui va donc grossir. En répétant cette dernière expérience plusieurs fois, on peut obtenir un gros cristal.

Pour conserver le cristal, il faut le ranger dans une boîte plastique à l'abri de l'humidité qui le ternirait (mettre un petit sachet de dessicant).

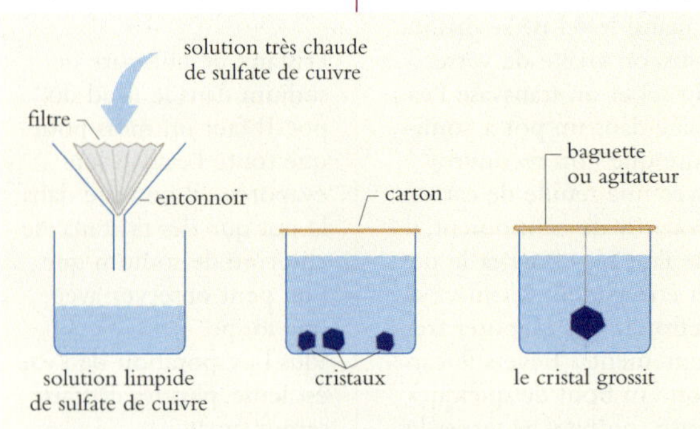

Les collections de minéralogie

Si vous aimez les cristaux, il est possible de se constituer une petite collection. On trouve des boutiques de minéralogie où l'on peut acheter des petites pierres avec un budget restreint. Quand on devient passionné, on peut participer à des bourses d'échange. Il y en a beaucoup l'été et il est bien de profiter ainsi du temps des vacances.

Pour reconnaître les minéraux, il existe de nombreux « guides de minéralogie ». Pour commencer, trouvez ceux qui ont de belles photographies en couleurs qui vous permettront d'identifier facilement vos pierres.

Une collection de minéralogie se range dans des boîtes (de préférence en plastique) en collant sur le couvercle une petite étiquette portant le nom du spécimen et si possible son lieu d'origine.

Attention ! Dans certaines régions, il est interdit de forer pour chercher des minéraux. Donc, ne partez pas sans vous renseigner. Certains minéraux comme les plantes et les animaux sont protégés. Ils font partie de notre patrimoine et il faut absolument les préserver.

Une technique simple de dosage : la colorimétrie

Lorsque l'on dissout un sel dans de l'eau, on obtient une solution. Si le sel est coloré, la solution est colorée. D'après la couleur de la solution, on peut connaître la quantité de sel dissous.

Des solutions colorées

1) Le matériel :

- une balance de cuisine ;
- 150 g de sulfate de cuivre ;
- 1 bocal à confiture (1/2 L) ;
- 1 L d'eau déminéralisée (ou d'eau d'Évian) ;
- un agitateur ;
- 1 verre doseur gradué ;
- 5 pots à yaourt en verre (prendre des pots identiques).

Des mesures plus précises

Au laboratoire, on remplace les pots de yaourts par des fioles graduées plus précises et l'eau déminéralisée par de l'eau distillée. On remplit des petites cuves que l'on introduit dans un appareil appelé «spectrophotomètre». Une cellule photoélectrique mesure la lumière qui traverse la solution contenue dans la cuve et donne le résultat sur un écran ou sur un ordinateur. C'est ainsi que l'on peut faire des mesures en très grand nombre de façon automatique.

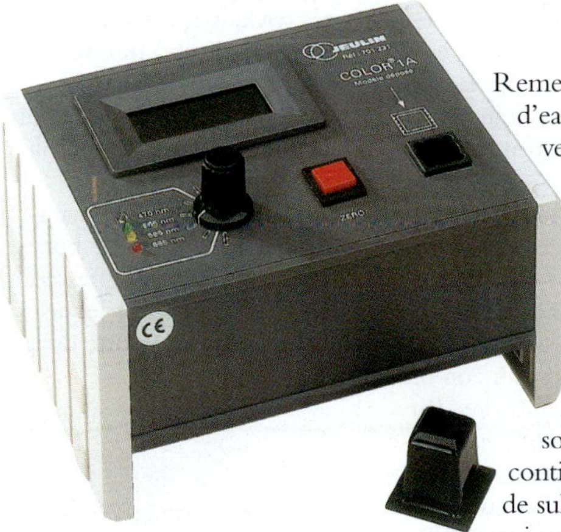

Un spectrophotomètre mesure la quantité de lumière qui traverse la solution.

2) Préparer les solutions témoins.

Dans le bocal, verser 1/2 L d'eau déminéralisée et 100 g de sulfate de cuivre. Agiter et verser doucement sur les filtres dans le verre doseur gradué. Dans le premier pot, verser 100 mL de solution. La solution n° 1 contient 200 g.L^{-1} de sulfate de cuivre. Dans le deuxième pot, verser 50 mL de solution et rajouter 50 mL d'eau. Agiter doucement. La solution n°2 contient 50 g.L^{-1} de sulfate de cuivre. Remettre 150 mL d'eau dans le verre doseur. Agiter doucement. Dans le troisième pot, verser 100 mL de la solution obtenue. La solution n°3 contient 25 g.L^{-1} de sulfate de cuivre.

Dans le quatrième pot, verser 50 mL de solution et rajouter 50 mL d'eau. Agiter doucement. La solution n°4 contient 12,5 g.L^{-1} de sulfate de cuivre.

3) Trouver la quantité de sulfate de cuivre contenue dans un litre de solution inconnue.

Dans un pot, verser 100 g d'eau et ajouter moins de 20 g de sulfate de cuivre. Agiter doucement. Comparer la couleur de la solution avec celles déjà préparées. La quantité cherchée est comprise entre les deux valeurs des solutions les plus proches de la solution inconnue.

Une technique simple de dosage : la colorimétrie

Et si la solution est incolore ?

Certains sels, tels que les nitrates qui polluent les eaux, donnent des solutions incolores. Dans ce cas, il est impossible d'utiliser la méthode précédente mais on peut contourner la difficulté.

1) On pèse un récipient vide. On y verse 100 mL de solution et on attend que toute l'eau soit évaporée. On pèse le récipient contenant le sel sans eau : on dit que le sel est anhydre. Par différence, on obtient la masse de sel dissous dans 100 mL d'eau et en multipliant par 10 dans 1 L d'eau. Vous pouvez faire cette expérience avec du sel de cuisine (le chlorure de sodium) en prenant un pot de yaourt comme récipient. Cette méthode est un peu longue. On peut accélérer l'évaporation en chauffant (mettre le pot dans une petite assiette sur un radiateur et jamais dans une flamme, car il casserait).

2) On peut ajouter un produit qui est d'autant plus coloré qu'il y a de sel incolore dissous. On utilise ensuite un disque coloré ou un photomètre. Par comparaison des couleurs, on détermine la teneur ou concentration de la solution.

Des petits papiers qui changent de couleur

Pour savoir si une solution est acide ou basique, on peut utiliser des indicateurs colorés tels que le bleu de bromothymol (bbt) qui est jaune dans les solutions acides, vert dans les solutions neutres et bleu dans les solutions basiques. Il n'est pas toujours pratique de manipuler une solution de bbt. On peut utiliser un morceau de «papier pH» sur lequel on dépose une goutte de la solution à caractériser. On compare la teinte prise avec les échantillons de couleurs sur le couvercle de la boîte. Les mesures de pH ainsi faites sont approximatives. Pour obtenir des résultats plus précis, on peut utiliser un pHmètre électronique qui affiche le résultat. Si l'on trouve un pH compris entre 2 et 6,5, la solution est acide. Un pH proche de 7 caractérise une solution neutre. Un pH compris entre 7,5 et 14 indique que la solution est basique. On trouve du papier pH dans les magasins d'aquariophilie pour contrôler l'acidité de l'eau des aquariums.

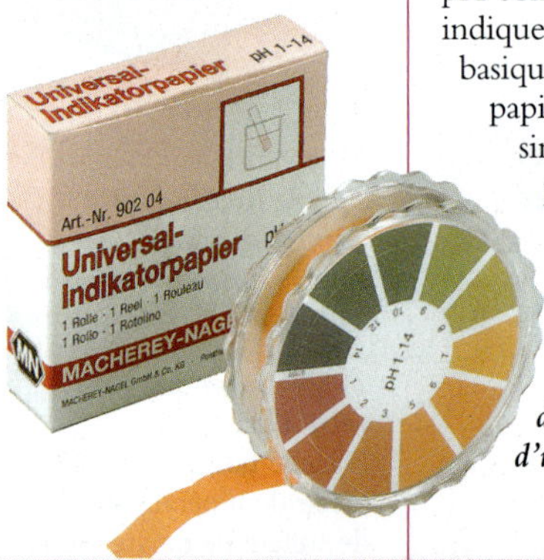

Le papier indicateur permet de déterminer le pH d'une solution.

Des indicateurs colorés naturels

Il n'y a pas que les produits chimiques qui peuvent nous renseigner sur l'acidité d'une solution. Les plantes contiennent parfois des produits dont la couleur varie avec le pH. Ainsi, le jus de chou rouge est rouge en milieu acide et bleu en milieu basique. Le thé devient jaune pâle si on ajoute quelques gouttes de citron. Les sucs des pétales de fleurs colorées telles que les bougainvillées rouges ou violettes sont des indicateurs colorés.

Trier des matériaux métalliques

De nos jours, il n'est plus acceptable de jeter à la poubelle tous nos déchets sans les trier. Mais comment peut-on les trier et pourquoi faire ?

Tri et recyclage de pièces métalliques usagées dans une unité de production sidérurgique.

Trier les métaux

L'un des premiers tris effectué sur le contenu des poubelles consiste à séparer les matériaux métalliques des matériaux non-métalliques afin de les traiter ensuite.

Les métaux usuels sont classés en trois grandes catégories :

- les métaux ferreux qui contiennent beaucoup de fer, tels que le fer blanc, les aciers, les fontes ;
- les métaux non ferreux tels que le cuivre, l'aluminium, le zinc, le plomb ;
- les métaux précieux comme l'or, l'argent, le platine.

Environ 80 éléments chimiques existants sont des métaux. Ceux qui ont été cités précédemment sont les plus utilisés.

Tous les métaux n'ont pas les mêmes propriétés. Le cuivre est rouge et l'or est jaune alors que les autres métaux sont plus ou moins gris. Les uns sont attirés par les aimants, les autres non.

C'est ainsi que les métaux ferreux sont séparés des autres métaux. En effet, le fer et certains de ses alliages comme l'acier sont attirés par des électro-aimants (des courants électriques très intenses circulant dans des bobines).

Les alliages

Les métaux purs ont souvent des propriétés mécaniques qui ne nous permettent pas de les utiliser. Ainsi l'or est-il très mou. Depuis l'Antiquité, les hommes savent que l'on peut chauffer et fondre les métaux. On peut mélanger deux ou plusieurs métaux à l'état liquide. En refroidissant, ils forment un nouveau métal qui est un alliage. L'or des bijoux est un alliage d'or, d'argent et de cuivre. Les aciers sont des alliages de fer, de carbone (qui n'est pas un métal) et d'autres métaux (aluminium, titane, nickel...).
Les alliages n'ont pas les mêmes propriétés que les métaux qui les composent.

Trier des matériaux métalliques

Le recyclage de deux métaux : l'acier et l'aluminium

L'acier est un alliage de fer et de carbone. Il est attiré par un aimant. Il sert à fabriquer des tôles pour les industries aéronautique, automobile, les produits de l'électroménagers et de la construction. Il est utilisé dans l'industrie alimentaire comme emballage : canettes de boisson et boîtes de conserve.

Les métaux radioactifs

Pour fabriquer de l'électricité, EDF a construit des centrales nucléaires. Dans le cœur d'une centrale, on utilise de l'uranium qui est un métal. La radioactivité de l'uranium dégage de la chaleur qui transforme de l'eau liquide en vapeur d'eau.
La vapeur d'eau sert à faire tourner une turbine qui entraîne un alternateur qui produit ainsi de l'électricité.
Il existe d'autres métaux radioactifs. Marie Curie a découvert le premier métal radioactif : le radium.

Quand une ferraille (acier usagé) est inutilisable, elle est récupérée par tri électromagnétique puis fondue dans un four par des arcs électriques très puissants. Le nouvel acier est mélangé à d'autres métaux avant d'être réutilisé dans l'industrie.
L'aluminium est un métal blanc servant dans les industries aéronautiques et alimentaires (canettes). Il est utilisé dans la construction (menuiseries alu).
L'aluminium est un métal non ferreux qui est récupéré par tri sélectif puis refondu et réutilisé par l'industrie. Contrairement à l'acier qui rouille, l'aluminium met très longtemps à se dégrader lorsqu'il est abandonné dans la nature. En effet, il se recouvre d'une couche d'oxyde (l'alumine) qui le protège.
Le recyclage des métaux permet de préserver les ressources naturelles (les gisements de minerais ne sont pas inépuisables) et de satisfaire la consommation. En outre, il réduit les déchets et donc la pollution des sols et des eaux et participe à la préservation du paysage.

Des métaux très polluants : le mercure et le plomb

Le plomb est un métal gris assez mou qui a longtemps servi au transport de l'eau potable. L'eau qui circule dans ces canalisations dissout un peu de plomb.
Il a aussi été incorporé dans l'essence pour en faire du « super ». Les rejets dans l'atmosphère des gaz d'échappement ainsi que les plombs de chasse ont favorisé la diffusion du plomb dans les sols puis dans les plantes. Quand les hommes ou les animaux mangent des aliments ou boivent des eaux contenant du plomb, ils peuvent être atteints d'une maladie nerveuse très grave appelée « le saturnisme ».
Le mercure a longtemps servi à construire des thermomètres (ce qui est interdit maintenant) et des piles électriques dites « piles boutons ». Le mercure peut être transformé par des bactéries et être assimilé par des plantes servant alors de nourriture à des animaux ou aux hommes. Dans ce cas, le mercure devient un poison et provoque des troubles neurologiques graves entraînant la mort.

Trier et recycler les emballages

Nos poubelles ne contiennent pas que les résidus des aliments. Elles contiennent aussi tous les emballages non métalliques qui les ont protégés.

Trier les plastiques des emballages

Les plastiques sont des matériaux synthétiques obtenus à partir du pétrole. On distingue les thermoplastiques qui ramollissent avec la chaleur (PE, PP, PVC, PMMA, PTFE, PET, Nylon) et les thermodurcisables qui durcissent avec la chaleur (PF, UF, MF). Leurs propriétés sont très différentes. Leurs principaux avantages, la longue durée de vie et la faible dégradabilité se transforment en inconvénients lorsqu'ils encombrent nos poubelles. Pour les éliminer, on peut les brûler dans des incinérateurs. Leur combustion dégage beaucoup de chaleur et favorise celle des autres déchets. Mais elle n'est pas sans danger (formations de gaz nocifs). Il faut donc équiper les cheminées des incinérateurs d'ordures de systèmes d'épuration des gaz.
Il est possible de recycler les plastiques même si cela est coûteux. Avant leur retraitement, ils sont triés dans les centres de tri sélectif. Les thermoplastiques sont refondus pour faire des vêtements (fourrure polaire), des films d'emballage, des piquets, des semelles de chaussures... Les thermodurcissables sont broyés et mélangés aux précédents. Les élastomères (pneus) servent aux revêtements de routes. Certains sont retraités chimiquement pour être réutilisés.

Les plastiques sont très utilisés pour la production d'emballages car ils sont légers et imperméables aux liquides. En revanche, ils sont perméables aux gaz.

Attention, danger !

Il ne faut jamais brûler les matières plastiques. Leur combustion consomme beaucoup d'oxygène et dégage des produits dangereux comme le monoxyde de carbone. Les effets vont des maux de tête à la mort. D'autre part, certains, en brûlant, produisent des gouttes enflammées qui peuvent provoquer un incendie.

Trier et recycler les emballages

Avec du papier, on peut refaire du papier !

Cette expérience nécessite soin et patience.

1) Le matériel :

- des vieux papiers, de l'eau ;
- une cuvette plastique et une cuillère en bois ;
- 3 m de baguettes de bois de 2 cm de côté et quelques clous ;
- un rectangle de 21 cm par 30 cm de tulle de nylon (ou un grillage très fin) ;
- 2 planches de bois de 25 cm par 35 cm ;
- des chiffons blancs propres ;
- un rouleau à pâtisserie.

2) Faire des feuilles de papier.

Couper 4 baguettes à 21 cm et 4 autres à 30 cm. Les assembler pour faire les deux cadres. Sur l'un d'eux, tendre le tulle. Étaler un chiffon propre sur une planche. Dans la bassine, bien mélanger les vieux papiers déchiquetés et l'eau en tournant avec la cuillère pour former «la pâte à papier». Il faut beaucoup de pâte. Prendre les deux cadres ensemble (le tulle vers le fond) et ramasser la pâte dans le fond de la bassine. Égoutter puis retourner l'ensemble et déposer la première «feuille» sur le torchon. On remet un torchon sur cette feuille et on refait une autre feuille. On empile les feuilles et les torchons. On termine par un torchon et la deuxième planche sur laquelle on pose un objet très lourd pour presser.

Le lendemain, on prend une feuille très doucement pour ne pas la déchirer que l'on pose sur une planche recouverte de chiffons bien plats. On étale dessus un autre chiffon et on aplatit la feuille avec le rouleau à pâtisserie. Il faut ensuite la laisser sécher avant de pouvoir écrire.

Des emballages sandwich

Les emballages alimentaires sont souvent composés de plusieurs couches de matériaux différents. Par exemple, un pack de lait comporte cinq couches : un film de polyéthylène (PE) au contact du lait, une feuille d'aluminium pour isoler de l'air et de la lumière, une autre feuille de PE, du carton pour la rigidité de l'ensemble et une dernière feuille de PE contre l'humidité.

Les emballages sandwich sont difficilement recyclables.

Le recyclage du verre

Le verre est composé de sable (la silice), de calcaire et de carbonate de soude.

Mais il est possible de fabriquer du verre neuf avec du calcin, c'est-à-dire du verre déjà utilisé.

Le verre est recyclable à 100 % et à l'infini (1 kg de verre récupéré donne 1 kg de verre recyclé).

Les différentes étapes du recyclage sont :

- le dépôt par les usagers des bouteilles et pots dans un « conteneur spécial verre » ;
- la collecte des conteneurs ;
- le contrôle de la qualité du verre au centre de traitement pour retirer les déchets indésirables (plastiques, bouchons, capsules, métaux...).
Le tri manuel est suivi d'un lavage et d'un broyage puis est complété par un tri automatique ;
- le calcin est acheminé vers l'usine verrière où il est fondu dans des fours et réutilisé.

Le recyclage du verre existe en France depuis vingt ans. Les 69 000 conteneurs ne recueillent qu'un emballage sur deux. Il est possible de faire beaucoup mieux !

Les eaux et les sols

L'eau qui ruisselle sur le sol et qui finit par s'infiltrer apporte au sol les substances qu'elle contient et l'enrichit. Mais en même temps, elle dissout les substances contenues dans le sol et l'appauvrit. Si l'eau arrive avec trop de force, elle entraîne des particules. C'est le phénomène d'érosion.

Un champ doit être labouré avant l'épandage d'engrais.

Le cycle de l'eau

L'eau s'évapore des lacs, mers et océans puis se condense dans les nuages. Elle retombe sur la Terre sous forme de précipitations : pluie, grêle, neige. Elle ruisselle ou s'infiltre dans les sols. Si elle rencontre une couche imperméable, elle forme une nappe phréatique. Les eaux de ruissellement se rejoignent pour former ruisseaux, rivières et fleuves qui se jettent dans les mers ou océans. C'est le cycle de l'eau dans la nature.

Les échanges chimiques entre les eaux et les sols

Les expériences sur les cristaux nous ont montré que l'eau est un solvant. Elle dissout des matières solides (les sels minéraux) mais aussi des gaz, en particulier les gaz de l'atmosphère (dioxygène, diazote, dioxyde de carbone et tous les gaz produits par les activités humaines tels que les oxydes d'azote, les oxydes de soufre...).
En observant une tranchée ouverte dans la terre, on voit de haut en bas :
- le sol superficiel dans lequel les plantes s'enracinent : c'est la terre arable ;
- le sous-sol ;
- la roche-mère si la tranchée est profonde.

Avec une bêche, on prélève une motte de terre arable. Celle-ci contient de l'air, de l'eau, des matières minérales (sable, calcaire, argile) et des matières organiques provenant de la décomposition des déchets animaux et végétaux et formant l'humus. Selon les proportions de sable, d'argile et de silice, la terre est dite siliceuse (plus de 70 % de sable), calcaire (plus de 30 % de calcaire) ou argileuse (plus de 30 % d'argile).

Les eaux et les sols

Des expériences pour caractériser un sol

Ces expériences un peu salissantes sont à faire à l'extérieur.

1) Le matériel :

- des bouteilles plastiques coupées en deux (la partie supérieure servant d'entonnoir) ;
- des filtres ;
- de l'eau déminéralisée ;
- des pots à yaourt ;
- un agitateur ;
- un rouleau de papier pH et des morceaux de chalumeau (paille à boire) ;
- différents échantillons de terre (de jardin, des champs, de sous-bois, de bruyère, terreaux divers).

2) Comment déterminer l'acidité d'un sol ?

Dans une demi-bouteille plastique contenant 1/4 L d'eau déminéralisée et bouillie (pour éliminer toute trace de dioxyde de carbone dissous), verser 100 g d'un échantillon de terre. Agiter pour bien mélanger. Laisser reposer un 1/4 h. Verser l'eau surnageante dans l'entonnoir muni de son filtre. Recueillir l'eau dans un pot de verre. Mesurer le pH de l'eau. Comparer les résultats pour les différentes sortes de terre et chercher les plantes qui y vivent dans un livre de jardinage ou de sciences naturelles.

3) Comment déterminer le temps d'infiltration de l'eau dans un sol ?

Laisser sécher la terre plusieurs jours. Mettre 100 g de terre dans un entonnoir placé sur une demi bouteille vide (mettre un petit morceau de filtre dans le fond de l'entonnoir). Verser dans un vaporisateur 1/4 L d'eau et la pulvériser sur la terre sèche. Mesurer le temps qu'il faut pour recueillir la première goutte d'eau, puis celui au bout duquel aucune goutte ne tombe. Comparez les résultats des différentes sortes de sols. Avec ces deux expériences, vous comprendrez que la composition d'un sol influe sur la végétation qui y pousse et sur les échanges qu'il peut avoir avec les eaux.

Les engrais : la juste mesure pour enrichir sans polluer

De nombreux sols manquent d'un ou plusieurs éléments nécessaires à la nutrition des plantes. Pour y remédier, agriculteurs ou jardiniers apportent des éléments fertilisants : les engrais. Ce sont des produits chimiques contenant les trois principaux éléments utilisés par les plantes : l'azote (N), le phosphore (P) et le potassium (K). On peut aussi mettre des fumures (fumier, guano, algues séchées...). L'important est de mettre la juste quantité, car en matière de fertilisation le trop est nuisible.

Des sols pollués : un problème qui nous concerne tous

Les sols peuvent être pollués par les eaux qui s'y infiltrent, si celles-ci contiennent des matières polluantes : engrais, herbicides, insecticides, fongicides, des produits chimiques dissous par les eaux de pluie. Ils peuvent être pollués autour des usines lors du stockage de produits dans des conteneurs non étanches ou chez des particuliers (batteries de voiture usagées, huiles dans des bidons rouillés...). Les eaux traversant un sol pollué entraînent des matières nocives qui vont se retrouver dans les nappes phréatiques d'où l'eau est pompée pour être consommée. Cette eau doit alors être traitée avant d'être bue. Ceci est coûteux, difficile, voire impossible.

Des moteurs

Les moteurs sont les appareils qui transforment différentes sortes d'énergie en énergie mécanique.

Les moteurs à combustion des automobiles

Ces moteurs utilisent un combustible (essence, super, gas-oil, G.P.L.) et un comburant : l'oxygène de l'air. Dans la chambre à combustion, une étincelle déclenche une réaction chimique : la combustion qui produit de la chaleur. Les gaz présents se dilatent et repoussent un piston. Les gaz sont expulsés et le piston remonte. C'est le principe des moteurs à quatre temps.
Pour que le moteur soit efficace, il faut résoudre beaucoup de problèmes techniques. L'essence liquide doit être vaporisée et mélangée à l'air dans des proportions convenables. C'est le rôle du carburateur. La batterie fournit une tension continue de 12 V qui est portée brusquement à 10 000 V par un système électronique qui règle le moment où l'étincelle a lieu.
Seule une partie de la chaleur fournie est convertie en énergie mécanique pour faire avancer la voiture. Le moteur est refroidi par un circuit d'eau.
Dans un moteur Diesel, le mélange air-essence est si comprimé qu'il explose spontanément. Il n'y a donc pas de bougie et le carburant est différent : du gas-oil. Pour réduire la pollution, on étudie de nouveaux types de carburants.

Un moteur Renault. Les moteurs sont constamment améliorés afin de réduire la pollution atmosphérique.

Les moteurs des fusées

Pour arracher les fusées à l'attraction de la Terre, il faut qu'elles possèdent des moteurs de très grande puissance. Ces moteurs utilisent l'énergie produite par la réaction chimique de combustion du dihydrogène (carburant) dans le dioxygène (comburant). Pour stocker de grandes quantités de produits, ceux-ci sont à l'état liquide à des températures très basses et des pressions importantes. Les compartiments de stockage sont séparés. La réaction a lieu dans la tuyère.

Des moteurs

Construire un petit moteur électrique

Une bobine parcourue par un courant se comporte comme un aimant. Près d'un autre aimant, elle est attirée ou repoussée. On peut disposer la bobine de telle sorte qu'elle tourne. L'ensemble est un petit moteur électrique que vous allez construire.

1) Le matériel :

- 2 m de fil électrique fin émaillé ;
- une fine tige en métal (10 cm) ;
- 2 équerres métalliques (ou tiges de bois percées) ;
- un aimant en U ou 2 aimants rectangulaires ;
- 2 clous en fer ;
- une planchette de bois ;
- une pile de 4,5 V,

2 x 10 cm de fil électrique,
4 trombones métalliques.

2) La construction.

Dénuder sur 4 cm les deux extrémités du fil électrique, puis faire une petite bobine de 3 cm de diamètre.
Laisser libre 5 cm à chaque extrémité. Attacher la bobine au milieu de la tige avec un peu de fil de coton. Sur la planchette, fixer une équerre, y introduire la tige et fixer la deuxième équerre.La bobine doit tourner régulièrement avec la tige. Au besoin, déplacer légèrement la bobine. Attacher un trombone à chaque extrémité du fil électrique. Glisser un trombone sur chaque lame de la pile et l'autre sur le clou. Poser les clous de part et d'autre de la bobine de telle façon que lorsqu'elle tourne les deux extrémités viennent frotter les deux clous.
Fixer les clous. Poser l'aimant en U. Lancer la bobine qui tourne ensuite toute seule.

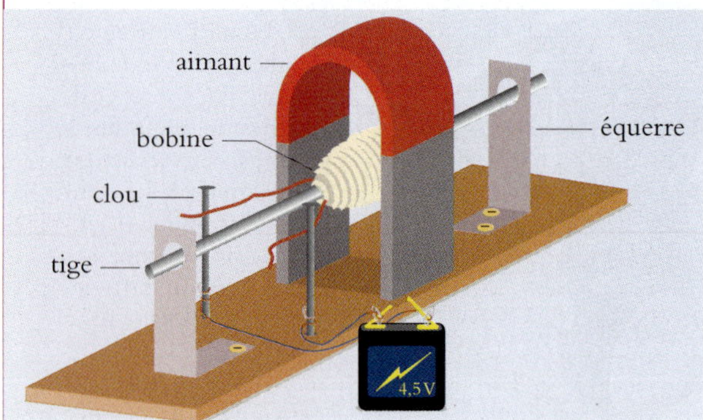

Demain, des véhicules hybrides sur les routes

Les constructeurs automobiles travaillent actuellement sur des projets de véhicules dits hybrides c'est-à-dire équipés d'un moteur à essence et d'un moteur électrique.
L'intérêt de cette innovation est double :
- pour le conducteur : facilité de conduite, plus grande autonomie que les véhicules tout électriques, consommation réduite ;
- pour l'environnement : pas de pollution atmosphérique en ville, rejets moindres sur route puisque chaque moteur est utilisé dans ses meilleures zones de rendement.

Un calculateur installé dans la voiture sélectionne le moteur à utiliser : au démarrage et en ville (à moins de 50 km/h) le moteur électrique, sur route (à plus de 60 km/h) le moteur thermique et lors des dépassements ou en côte, les deux moteurs en même temps pour donner plus de puissance à la voiture. Ces véhicules seront commercialisés vers 2003-2004, c'est-à-dire demain. Depuis 1995, des prototypes sont construits et étudiés afin d'améliorer leurs performances.

Mieux vaut prévenir que réparer, c'est gérer les risques

Aujourd'hui, pour savoir comment évolue un phénomène on utilise des capteurs. Ce sont souvent des composants électroniques qui produisent un courant relativement faible mais qui peut être amplifié pour déclencher une alarme.

Un capteur de fumée peut déceler une atmosphère anormale et déclencher l'alarme.

La cyndinique : la gestion des risques

De nos jours, les conséquences d'une catastrophe naturelle (inondation, avalanche, tornade, cyclone dans les DOM-TOM) ou non naturelle (incendie, explosion) sont parfois dramatiques. Il est souvent possible de les éviter en étudiant les conditions qui les provoqueraient. Ce travail constitue une science très nouvelle : la cyndinique. Les grandes entreprises font appel à des « risk manager » chargés d'étudier les mesures à prendre pour rendre la sécurité maximale à la fois pour les employés et pour le matériel.
Dans les communes, des études sont faites pour repérer les zones à risque et leur degré de gravité. « Le Plan de prévention des risques » est un document qui rassemble ces études. Il comprend des cartes, des recommandations, les travaux à effectuer (consolidation de berges, bassins de retenue, paravalanche, etc.) ainsi que les zones inconstructibles.
Malgré toutes les précautions prises, il est impossible d'empêcher la montée des eaux, une bourrasque ou l'accumulation de neige.
On met en place des capteurs électroniques renseignant sur l'évolution du phénomène et déclenchant une alarme lorsque le niveau d'alerte est atteint. Les populations locales sont alors informées et des mesures d'évacuation peuvent être décidées.

La surveillance de la qualité de l'air

AIRPARIF est une association qui surveille la qualité de l'air en Ile-de-France. Plus de 150 capteurs répartis sur 60 sites prélèvent de l'air qu'ils analysent. Dans le cas d'une aggravation de la pollution, l'alerte est donnée. Les autorités peuvent réduire, voire interdire la circulation automobile dans Paris.

Mieux vaut prévenir que rép c'est gérer les risques

Un système d'alerte à l'inondation

Il est important de connaître le niveau des eaux dans une rivière, un égout, une canalisation. Une inondation peut être grave non seulement du fait des dégâts causés au matériel mais aussi par la mise en danger des hommes. Voici un système d'alarme à l'inondation.

1) Le matériel (à acheter dans un magasin de matériel électronique) :
- 1 alimentation 12 V continu ou 3 piles de 4,5 V en série ;
- 2 résistances de 220 Ω ;
- un transistor NPN de moyenne puissance ;
- une alarme : un buzzer ou une ampoule (3,5 V-0,3 A) ;
- 2 m de fil électrique fin gainé (fil à téléphone) ;
- une barrette de dominos ;
- 2 fiches ;
- un pot de yaourt avec un peu d'eau et 2 clous de 5 cm.

2) Le montage
Couper 4 morceaux de fil électrique de 10 cm. Dénuder les extrémités sur 1,5 cm. À l'extrémité de 2 fils, fixer les 2 fiches. Relier l'extrémité des 2 autres fils aux 2 clous. Sur un domino, relier un fil avec une fiche, un fil avec un clou et le collecteur du transistor. Sur un autre domino, relier un fil avec une fiche, une résistance 1 et un fil de l'alarme. Relier l'autre fil de l'alarme à l'émetteur du tran un 3e domino, reli de la résistance 1, un clou, et le 1er fi résistance 2. Relier de la résistance 2 avec la bas du transistor. Mettre la 1re fiche à la borne + de l'alimentation et l'autre à la borne -. Plonger les 2 clous dans un pot contenant de l'eau. Quand les 2 clous touchent l'eau, l'alarme se déclenche.

Monter un transistor

Sur le boîtier d'un transistor, l'ergot se trouve près de l'émetteur (E). En tournant selon le sens des aiguilles d'une montre, on trouve la base (B) et le collecteur (C)

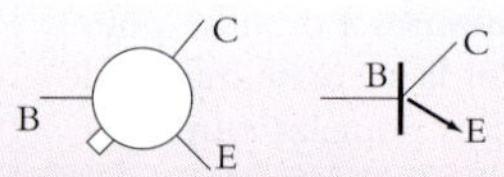

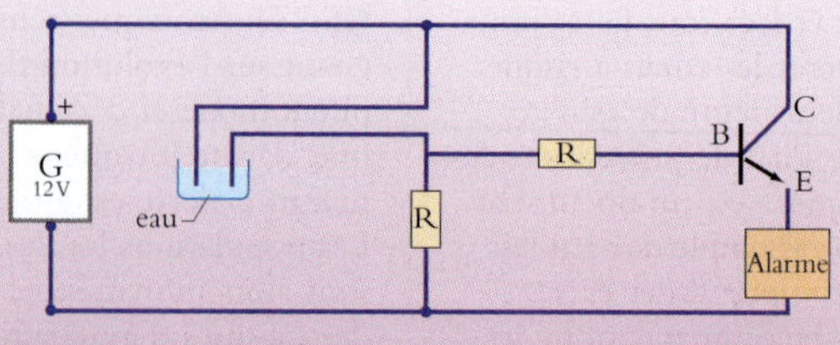

Alerte incendie ou alerte intrusion

Les deux montages sont identiques au montage précédent à l'exception du détecteur qui est une thermistance, (CTN) dans le cas d'une alerte à l'incendie, et une photorésistance, dans celui d'une alerte à l'intrusion. Ces deux détecteurs sont à acheter dans un magasin de matériel électronique. Pour vérifier que le montage fonctionne correctement, approcher doucement de la CTN une bougie d'anniversaire (sans mettre la CTN dans la flamme), le buzzer se déclenche. De même, éclairer la photorésistance avec une lampe de poche, il n'y a pas d'alarme. Si vous couvrez la photorésistance avec un papier noir, le buzzer se déclenche.

L'énergie d'une étoile : le Soleil

Le Soleil est l'étoile la plus proche de la Terre. Elle nous envoie lumière et chaleur. L'atmosphère de gaz qui entoure notre planète est à la fois protectrice et transparente pour les rayons du Soleil. Elle permet la vie terrestre. C'est donc une relation très équilibrée qui existe entre la Terre, l'atmosphère et le Soleil.

L'heure avec le Soleil : le cadran solaire

L'ombre d'un piquet planté verticalement et se déplaçant au cours de la journée constitue le principe du cadran solaire.

1) Le matériel :

- du contre-plaqué (20 cm x 15 cm x 5 mm) ;
- un pyrograveur (facultatif) ;
- un compas, une règle, un rapporteur, un crayon ;
- une tige de métal (style) de 5 cm de long et 4 mm de diamètre ;
- une petite planche (10 cm x 10 cm x 1 cm).

2) La construction.

Partager le contre-plaqué en 2 rectangles par une droite à 5 cm du petit bord. Repérer le milieu. Tracer un demi-cercle de 7 cm de rayon du côté du plus grand rectangle. Partager ce demi-cercle en 12 (pour les 12 h) avec le rapporteur. En partant de la droite, noter les heures de 6 à 18 h. Écrire dans le petit rectangle «été» et repasser tous les traits au pyrograveur. Retourner le contre-plaqué et refaire la même chose mais commencer à noter à 6 h à gauche. C'est le cadran solaire «hiver». Planter le style au centre du cercle afin qu'il traverse le contre-plaqué.
La plaque de contre-plaqué doit être tangente à la surface de la Terre (comme si celle-ci était une grosse boule). Il faut donc tenir compte de la latitude (en France, le 45e parallèle). Votre cadran doit être incliné à 45° par rapport à l'horizontale. Fabriquer deux cales triangulaires en coupant la petite planche de 10 x 10 selon la diagonale et les coller sur la face hiver. Le bas du cadran doit être orienté Est-Ouest.
L'heure solaire est donnée par la position de l'ombre du style.
Ne pas oublier ! : l'heure d'hiver = heure solaire + 1 heure et l'heure d'été = heure solaire + 2 heures !

L'énergie lumineuse reçue par le four de la centrale solaire d'Odeillo permet d'atteindre presque 4 000 °C.

L'énergie d'une étoile : le Soleil

Construire un four solaire

Le principe est de recueillir la lumière du Soleil sur plusieurs miroirs et de renvoyer cette lumière sur la partie à chauffer : le four.

1) Le matériel :

- 6 petits miroirs concaves (de 8 cm de diamètre)
- de la pâte à modeler ;
- une boîte de conserve (20 cm de haut) et une pince coupante ou un morceau de grillage métallique (20 cm x 10 cm) et du papier d'aluminium ;
- une bougie ou une petite boîte métallique pleine d'eau avec un œuf.

2) La réalisation.

Les six petits miroirs concaves (la face réfléchissante est creusée) sont disposés en arc de cercle. On utilise de la pâte à modeler pour les faire tenir et les orienter correctement. Le four proprement dit est fait à partir d'une boîte de conserve coupée en deux dans le sens de la longueur. Cette opération est délicate et pour ne pas vous blesser, il faut demander l'aide d'un adulte. Si vous êtes seul, prenez un morceau de grillage métallique, donnez-lui la forme d'un demi-cylindre et recouvrez-le de papier d'aluminium (la face brillante à l'intérieur). Orientez les miroirs de façon qu'ils réfléchissent la lumière solaire vers le four. Dans le four, vous pouvez mettre une bougie que vous verrez fondre, une petite boîte métallique pleine d'eau avec un œuf que vous ferez cuire.

Un cadran et un four solaires

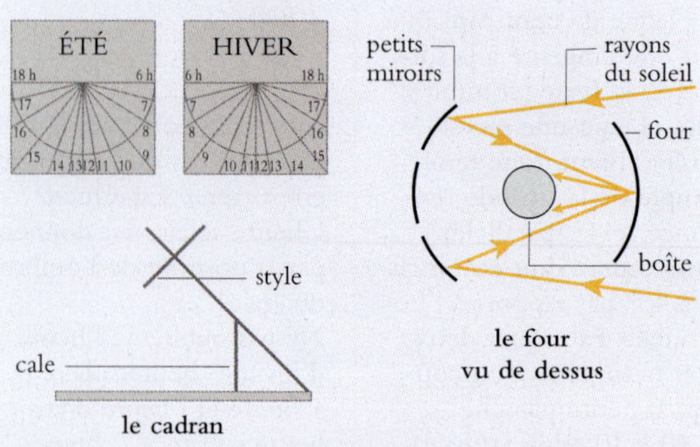

L'effet de serre

L'effet de serre est un phénomène naturel qui permet, la nuit, de maintenir la surface de la Terre à des températures convenables pour la vie des plantes et des animaux.

Le jour, le rayonnement solaire arrive sur la Terre. Une partie de cette énergie solaire est absorbée par le sol et une autre renvoyée vers l'espace. Celle-ci est en partie piégée par les couches très hautes de l'atmosphère. La nuit, la Terre ne reçoit plus de rayonnement solaire. La partie de l'énergie solaire piégée par l'atmosphère empêche le sol de trop se refroidir. C'est l'effet de serre.

De nos jours, l'atmosphère est polluée. L'augmentation de la teneur en dioxyde de carbone du fait des combustions a pour conséquence d'augmenter la quantité d'énergie solaire piégée autour de la Terre. L'effet de serre a augmenté. Le climat de notre planète étant très complexe, les conséquences sont très difficiles à évaluer. Il faut donc être prudent et essayer de limiter les gaz à effet de serre. Cela a été le but des responsables politiques et industriels réunis lors de la conférence de Kyoto au Japon en 1997.

Le temps de demain : la météo

Tous les jours, les télévisions, les radios et les journaux nous communiquent le bulletin météo. Il est vrai que nous aimons bien savoir le temps qu'il fera. Nous aimerions d'ailleurs connaître le temps du prochain week-end ou de nos futures vacances. Les prévisions qui sont faites ne sont pas toujours fiables, car la météorologie est une science très complexe.

Construire sa station météo

Une station météo est une petite « cabane » sur pilotis. Elle contient les appareils mesurant les différents phénomènes qui caractérisent le climat.
Tout d'abord, il faut placer la station au milieu d'un espace dégagé (une pelouse) si l'on veut mesurer le vent et à 1,5 m de hauteur. Vous pouvez construire votre station en bois.
À l'intérieur, on place :
- un thermomètre maxima-minima qui indique la température la plus basse et la plus haute, enregistrées en °C (à acheter) ;
- un baromètre pour mesurer la pression atmosphérique en hPa (à acheter).

A l'extérieur, on peut mettre :
- une girouette qui indique le sens du vent (à construire avec une plaque métallique qui peut tourner autour d'une tige) ou une manche à air en tissu (à faire en Nylon) et une boussole ;
- un anémomètre qui mesure la vitesse du vent en km/h (à acheter ou à construire avec des demi-balles de ping-pong à l'extrémité de tiges de fil de fer) ;
- un pluviomètre qui recueille l'eau de pluie en mm par m². Une éprouvette graduée avec un entonnoir constitue un bon pluviomètre.

Un ballon-sonde, précieux auxiliaire des météorologues.

Au cours de la journée, il faut observer la forme des nuages et le temps d'ensoleillement pour avoir des informations complètes.
Si l'on ne veut pas construire et équiper sa station météo, il existe des petits appareils électroniques qui indiquent la température, la pression et les tendances du climat. Certains possèdent un signal d'alarme qui prévient des orages, ce qui est utile lorsque l'on veut sortir en mer ou en randonnée.

Le temps de demain : la météo

Un bulletin météo

Chaque jour, on peut inscrire les différentes indications relevées dans la station météo.
L'ensemble de ces données est le bulletin météo. Pour comprendre l'évolution du climat et prédire le temps qu'il fera, il est nécessaire de regrouper jour après jour les différentes données recueillies et de les analyser.
Vous pouvez prendre un petit carnet et y noter votre relevé journalier.
Pour effectuer les comparaisons d'un jour à l'autre, il faut utiliser du papier millimétré. Chaque mois, vous ferez un graphique par grandeur mesurée : température, pression, force du vent, pluviométrie... Ces différents graphiques vous montreront l'évolution du climat dans votre région. En comparant avec les informations données par les médias, vous mettrez en évidence le microclimat existant autour de votre habitation.

La météorologie nationale : Météo-France

Météo-France est un établissement qui assure une mission de service public. Il emploie près de 4 000 personnes pour assurer une surveillance de notre climat 24 h sur 24 h et tous les jours de l'année. Le réseau d'observation de Météo-France comporte 600 stations au sol en métropole et dans les DOM-TOM, 21 radars, 19 stations de radiosondage, 94 navires et 38 bouées en mer, un centre (à Lannion) pour recevoir les images des satellites météorologiques comme Météostat.
Météo-France fait partie d'un réseau mondial d'observatoires du climat de la planète : l'Organisation météorologique mondiale.
Les observations faites dans le monde entier sont regroupées et exploitées par les météorologues et communiquées à tous ceux qui en ont besoin : l'aéronautique, la marine, l'industrie du bâtiment, les agriculteurs, les sociétés d'autoroute, les organisateurs de spectacle, sans oublier les particuliers...

Un phénomène fréquent aux États-Unis : les tornades

Une tornade est un tourbillon de vent se manifestant par un cône renversé en forme d'entonnoir, « le tuba » accolé à la base d'un nuage « le cumulo-nimbus », et par « un buisson » de gouttes d'eau, de poussières, de sable. Le tourbillon peut être incliné.
Le diamètre moyen d'une tornade est de 300 à 400 m mais il peut atteindre 3 km.
Elle passe généralement sur une vingtaine de km à des vitesses très variables pouvant aller jusqu'à 100 km/h.
Le phénomène dure quelques minutes mais peut être très dévastateur. En 1986, une tornade aspira douze écoliers chinois et les déposa indemnes 20 km plus loin.

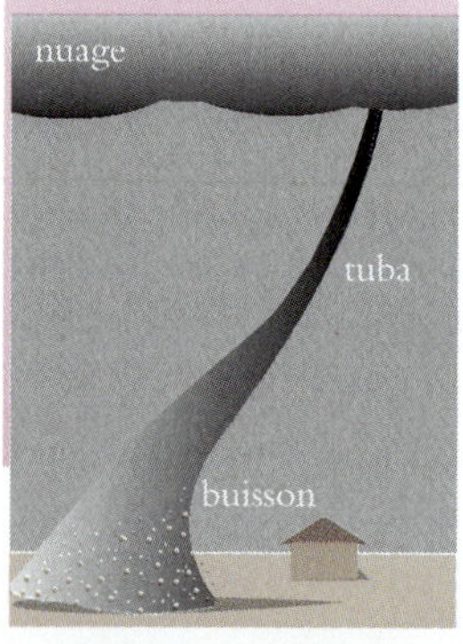

Garder un souvenir : la photographie

De tout temps, les hommes ont souhaité garder un souvenir des événements importants de leur vie. Ils ont peint, dessiné et depuis un siècle et demi, ils photographient. La photographie est une science et un art.

Une petite histoire de la photographie

Le mot photographie est né en 1836 de deux mots grecs signifiant lumière et écriture pour désigner la trace que laissait la lumière sur certaines surfaces imprégnées de substances sensibles. L'appareillage date de 1545 où en Italie fut découverte la chambre noire *(camera oscura)* qui permettait aux peintres de reproduire les scènes à peindre sur leurs toiles. En y ajoutant une lentille convergente, la netteté de la reproduction était très améliorée. Ce fut le premier objectif. Il faut attendre 1822 pour que Niepce le rende réglable comme l'iris de l'œil. En 1839, Daguerre fabrique une plaque sensibilisée avec de l'iodure d'argent qui noircit à la lumière : le « daguer-réotype ». Dès lors, les découvertes concernant les substances sensibles et les améliorations des appareils s'accélèrent. En 1861, Russel effectue le premier développement chimique et en 1888, Eastman conditionne le support du film en bobines. Il faut attendre 1912 pour que Fisher invente le film multicouches couleur.
Les appareils actuels n'ont même plus de pellicule.

Un appareil photo APS, issu d'une technologie récente.

Avec le temps, tout s'efface...

Laisser un message pour les générations à venir est un très vieux rêve des hommes. Mais le temps efface les histoires que nous racontons :
- sur la pierre, en 7 000 ans (et moins avec la pollution atmosphérique) ;
- sur un papyrus, en 3 000 ans ;
- sur du parchemin, en 2000 ans ;
- sur du papier, en 1 000 ans ;
- sur un vidéodisque, en 100 ans ;
- sur une pellicule photographique, en 30 ans ;
- sur une bande magnétique, en 10 ans,

et sur le sable mouillé de la plage, le temps qu'arrive la prochaine marée.

Garder un souvenir : la photographie

Construire une chambre noire

La chambre noire est la première étape avant l'appareil photographique.

1) Le matériel :

- contre-plaqué (50 cm x 40 cm et 5 mm) ;
- colle à bois, colle à papier, scotch ;
- peinture noire ;
- papier Canson noir épais (50 cm x 40 cm) ;
- papier calque (7 cm x 9 cm) ;

2) Le montage.

Réalisez une boîte rectangulaire en contre-plaqué (20 cm x 10 cm x 8 cm). Dans la face arrière (10 cm x 8 cm), ouvrez une ouverture rectangulaire de 6 cm x 8 cm. L'intérieur est peint en noir. Collez sur la face arrière le papier calque.

En Canson noir, faites la boîte intérieure ou «coulisse» (20 cm x 9,6 cm x 7,6 cm). Sur la face avant (9 cm x 11 cm) coupez deux fentes de 7 cm (au cutter) de part et d'autre d'un trou central de 0,5 cm de diamètre. Dans les deux fentes, vous ferez coulisser une petite languette (3,5 cm x 15 cm) dans laquelle vous ferez des trous de plus en plus petits (sur l'axe médian de la languette).

3) Les observations.

La boîte en Canson glisse dans la boîte en bois. Les trous de la languette sont le diaphragme et permettent de laisser entrer plus ou moins de lumière. Sur le papier calque, l'écran, on observe une « image » colorée, renversée d'un objet lumineux. Pour modifier l'image, vous pouvez faire varier :

- la distance objet-diaphragme en vous avançant ou en reculant ;
- la distance diaphragme-écran en sortant ou en rentrant la coulisse ;
- le diamètre du diaphragme en faisant coulisser la petite languette.

Pour améliorer la netteté de l'image, vous pouvez mettre une lentille convergente (verre correcteur pour un hypermétrope) derrière le diaphragme.

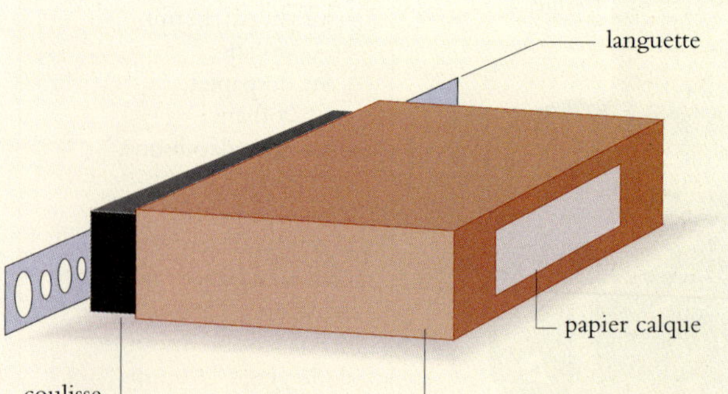

Les appareils sans pellicule

La pellicule photographique est remplacée par des mosaïques de capteurs sensibles à la couleur et à l'intensité de la lumière qu'ils reçoivent. Ils émettent des charges électriques « lues » et emmagasinées dans la « mémoire code » de l'appareil. Un logiciel autonome dans l'appareil permet de visionner l'image sur un écran d'ordinateur.

Observer le ciel étoilé

Les nuits étoilées sont toujours un spectacle fascinant mais l'œil humain n'est pas bien adapté à cette vision du ciel nocturne. Pour se faire vraiment plaisir, il faut utiliser un appareil grossissant. Jumelles, lunette astronomique, télescope : que choisir ?

Le télescope de Mauna Kea, sur l'île d'Hawaii a été construit conjointement par la France, le Canada et les États-Unis.

Comment se repérer dans le ciel nocturne ?

Les étoiles ne sont pas uniformément réparties dans le ciel. Depuis la Terre, elles nous apparaissent groupées à certains endroits, alors qu'en réalité, elles peuvent être très éloignées les unes des autres. Ces regroupements sur le fond du ciel sont les constellations. Leur nom nous fait rêver : la grande ourse, le cygne, le scorpion, Pégase, Andromède... À partir des constellations, il est possible de se repérer et de trouver les étoiles que l'on veut observer. Avec un peu d'habitude, on trouve facilement quelques étoiles particulières telles que l'étoile polaire ou l'étoile du Berger qui n'est pas une étoile, mais la planète Vénus.

Un événement rarissime : l'éclipse de Soleil

La Lune est le satellite de la Terre et tourne autour de celle-ci. La Terre tourne autour du Soleil. Il arrive exceptionnellement que la Lune soit exactement entre la Terre et le Soleil. La lumière du Soleil est alors arrêtée par la Lune et, en plein jour, une partie de la Terre se trouve dans le noir. C'est l'éclipse totale de Soleil. Pour l'observer et ne pas se brûler les yeux, il faut utiliser des lunettes spéciales avec une double feuille de mylar ou deux films photographiques exposés (donc noir) superposés. L'éclipse totale de Soleil que l'on verra dans la partie nord de la France aura lieu le 11 août 1999.

Comme la Terre continue sa course dans l'Univers sans jamais s'arrêter, nous avons l'impression que les étoiles « bougent » au cours de la nuit. Quand nous observons une étoile avec une lunette ou un télescope, il faut continuellement changer leur position pour suivre l'étoile.

Observer le ciel étoilé

Jumelles, lunette ou télescope : que choisir ?

Lorsque l'on veut acheter un instrument, il faut toujours se poser deux questions : pour quoi faire et à quel prix ? Commençons par le débutant qui n'a jamais fait d'observations. Il est raisonnable d'acheter une paire de jumelles qui pourront lui servir en randonnée. Le bon choix est celui de jumelles 7 x 50 ou 11 x 80, ce qui signifie des grossissements de 7 ou 11 fois pour des objectifs de 50 ou 80 mm. Leur prix varie de 700 F à plus de 2 500 F pour d'excellentes jumelles astronomiques.
Si après plusieurs nuits d'observation du ciel étoilé, la passion a envahi notre débutant, il peut envisager d'acquérir une lunette. Le prix conditionne la qualité optique et la stabilité de la monture car, pour faire de longues observations, il faut poser l'appareil.On peut commencer par une lunette 60/800 ou 60/910, ce qui veut dire une lunette de 60 mm qui grossit 60 x 2,5, soit 150 fois ce qui est déjà bien.
Il y a diverses montures (positions sur le support) et qui permettent le réglage de la position. Le bon choix est une monture azimutale.
Et après ? Cela dépend de notre astronome amateur. Il peut s'offrir un télescope commandé par un ordinateur, se construire un petit observatoire.
Il n'y a pas de limites à une passion. L'important est le bonheur que l'on en retire et que l'on partage avec les autres.

Les différents observatoires astronomiques

Les astronomes disposent de deux sortes de télescopes : ceux qui captent de la lumière (optiques) et ceux qui recueillent des ondes radio (radiotélescopes). Ces instruments sont installés dans des grands ensembles de recherche : les observatoires.
Un observatoire astronomique optique doit être construit dans un site où l'air est pur, où il y a peu de nuages et où l'atmosphère est peu humide. L'horizon doit être absolument dégagé. Les observatoires les plus récents sont construits au sommet de montagnes très isolées comme l'observatoire de Hawaï situé à 4 200 mètres d'altitude.
L'énergie des ondes radio reçue des astres étant très faible, il faut disposer d'instruments géants comme le radiotélescope de Nançay (en France) ou le radiotélescope d'Arecibo (au Mexique).
Depuis quelques années, une nouvelle technique d'observation est née. Les télescopes sont envoyés dans l'espace. Les trois types d'observatoires spatiaux sont les avions volant à très haute altitude, les satellites et les sondes. Les instruments embarqués recueillent les informations, les stockent puis les transmettent à la Terre dès que le satellite ou la sonde se trouve en vue des capteurs terrestres (antennes). Par exemple, la sonde Soho observe le Soleil, le télescope Hubble étudie les galaxies très lointaines de l'Univers.
Toutes ces recherches permettent de mieux comprendre la naissance de l'Univers et son devenir dans des milliards et des milliards d'années.

Quand la Science se montre : les musées scientifiques

Comme les œuvres d'art, la science est belle à voir. Les musées scientifiques apprennent à découvrir des idées et des techniques qui nous sont inconnues. Ils donnent aussi une autre vision, souvent inattendue, de ce que nous pensions savoir. Cette rencontre est toujours passionnante.

Découvrons les grands musées scientifiques de Paris

Le Palais de la Découverte, créé en 1937 pour l'Exposition Universelle, expose la science à travers ses salles de manipulations et ses expositions temporaires avenue Franklin Roosevelt (75008). N'oubliez pas le planétarium, les conférences du samedi après-midi et la *Revue du Palais*. (Tél. 01 40 74 80 00).

La Cité des Sciences, 30, rue Corentin-Cariou (75020), depuis 1986, propose expositions permanentes et temporaires, un planétarium et la Géode : à voir absolument (08 36 68 29 30).

Le Musée national des techniques, installé dans l'enceinte du Conservatoire des Arts et métiers, 292, rue Saint Martin (75003), est le plus ancien musée au monde avec plus de 80 000 objets et 15 000 plans et dessins. Allez découvrir le laboratoire de Lavoisier et l'avion de Clément Ader. Le musée a été réorganisé et vous pouvez le découvrir sur un DOC: l'*Album* (Tél. 01 40 27 22 20).

Le musée national des techniques existe depuis 1794.

Le Musée du radium, rue Pierre-et-Marie-Curie (75005), propose la visite du laboratoire et du bureau de Marie Curie ainsi qu'une salle d'exposition (Tél. 01 42 34 67 49).

Pour les passionnés de minéralogie, quelques adresses :
- au Muséum d'histoire naturelle, 36, rue Geoffroy-Saint-Hilaire (75005), la galerie de minéralogie et de géologie. Dans la salle des cristaux géants, arrêtez-vous près des quartz de 700 kg ! Ensuite partez à la découverte de la salle du Trésor (Tél. 01 40 79 30 00).
- Le 4, rue Jussieu (75005) avec les 2 000 pièces du Musée de minéralogie du campus universitaire (Tél. 01 44 27 52 88).
- Le musée de minéralogie de l'École des Mines 60, boulevard Saint-Michel et ses 100 000 échantillons (Tél. 01 40 51 91 45).
- La galerie Michel Cachoux 16 et 29, rue Guénégaud (75006) avec ses expositions à thèmes de minéraux exceptionnels (Tél. 01 43 54 52 15).

Quand la Science se montre : les musées scientifiques

D'autres musées parisiens ...

Certains musées scientifiques parisiens sont moins visités. Cela ne veut pas dire qu'ils soient moins intéressants. Partez à leur découverte !

- Le Musée de la Marine, place du Trocadéro (75016) avec, non seulement des bateaux, mais aussi de superbes instruments (Tél. 01 53 65 69 69).
- Le Musée Branly, 21, rue d'Assas (75006) est un petit musée sur la téléphonie sans fil (Tél. 01 49 54 52 82).
- Le Musée de Radiofrance, 116, avenue du Président-Kennedy (75016) présente l'une des plus belles collections du monde avec 500 pièces consacrées à la radio.
- Le Musée de la Parfumerie au 39, boulevard des Capucines (75002) et la Maison Fragonard, 9, rue Scribe (75009) racontent l'histoire de la parfumerie, expliquent les techniques et présentent de très beaux flacons.
- Au Musée de la Serrurerie 1, rue de la Perle (75003), vous apprendrez tout sur les clés et les systèmes de fermeture.
- À Conflans-Sainte-Honorine (place Jules Gévelot 78700), le Musée d'intérêt national de la Batellerie montre un «aquamoteur» réalisé d'après les plans de l'Encyclopédie de Diderot et d'Alembert (Tél. 01 39 72 58 05).

En province

Le Manoir du Clos-Lucé Léonard de Vinci (2, rue Clos Lucé 37400 Amboise) présente les maquettes des machines et un audiovisuel sur la vie du célèbre artiste-inventeur. Tél. 02 47 57 62 88.
La Saline Royale (lieu dit La Saline d'Arc 25610 Arc-et-Senans) a été une exploitation de sel gemme. C'est aujourd'hui un monument classé au Patrimoine Mondial de l'UNESCO.
Tél. 03 81 54 45 00. Toujours à propos du sel, visitez la maison des paludiers à Guérande et une saline à Saillé.
Si les mines vous intéressent, visitez-les :
- Centre historique minier (rue Erchin 57287 Lewarde) dans le puits et les 450 m de la fosse Deloye).
Tél. 03 27 95 82 82.
- Musée du bassin lorrain au Carreau Wendel (57540 Petite-Rosselle).
Tél. 03 87 87 08 54.
- Musée de mines de fer (lieu-dit Hameviller 57700 Neuchef).
Tél. 03 82 85 76 55.
Pour tout savoir sur le papier, précipitez-vous au :
- Musée des papeteries Canson et Montgolfier (07100 Annonay)
Tél. 04 75 69 88 00.
- Musée du parchemin (rue P. Persil 47120 Duras) Tél. 05 53 20 75 55.
À Toulouse, la Cité de l'Espace (avenue J Gonord 31500 Toulouse) décrit la conquête de l'espace. Vous découvrirez des expositions, des explications sur le système solaire et l'Univers, un planétarium, la station orbitale MIR et le lanceur Ariane 5.
Tél. 05 62 71 48 71.

Le Futuroscope à Poitiers

Depuis 1987, le Futuroscope (A 10, Sortie 28 86000 Poitiers - Tél. 05 49 49 30 30) est le parc européen de l'image. Des millions de visiteurs ont découvert avec l'Omnimax, le Solido et l'Imax 3D les nouvelles techniques du cinéma. D'autres attractions,des documentaires, des expositions offrent des moments inoubliables.

Faire du tourisme industriel

Il n'y a pas que les musées qui se visitent. Plus de 1 500 sites industriels et techniques ouvrent leurs portes. Les visiter est une autre façon de faire des découvertes et de comprendre à quel point science et techniques sont intimement mêlées.

La centrale thermique de Vitry-sur-Seine (94).

À Paris et en région parisienne

Voici la liste de plusieurs sites à visiter. Il n'est pas possible de vous indiquer tout ce qui se visite mais avec un peu d'imagination, vous pouvez trouver des sites insolites. Une partie des 2 000 km (500 m) des égouts parisiens se visite. L'entrée se fait sur la rive gauche de la Seine, près du pont de l'Alma (75007). Vous en ressortirez incollable sur la collecte des eaux usées (Tél. 01 47 05 10 29).
Si vous vous intéressez à l'environnement, sachez que les stations d'épuration des eaux comme celle d'Achères, les centres de traitement des eaux potables comme l'usine de Neuilly-sur-Marne, les centres de tri sélectif comme celui du SICTOM de Rambouillet, les usines d'incinération d'ordures peuvent vous accueillir seul ou en groupe avec votre classe.
Le centre technique d'essais sur les applications de l'électricité (en particulier la foudre) des Renardières à Moret sur-Loing (Tél. 01 60 70 60 70) et le laboratoire de Chatou (Tél. 01 30 87 71 01) sont des établissements de recherche ouverts au public. En bordure du canal de l'Ourcq, vous trouverez deux usines élévatoires de l'eau à Villiers-Les-Rigault et à Trilbardou.

Paris-Nature

Paris-Nature est un service de la Mairie de Paris qui propose plusieurs « maisons » pour s'initier à divers aspects de la nature et de l'environnement. Chacune d'elles est consacrée à un thème. Pour vous familiariser avec les problèmes de pollution de l'atmosphère, rendez-vous à la Maison de l'Air (27 rue Piat 75020 Tél. 01 43 28 47 63) au sommet du parc de Belleville qui a mis en place des ateliers expérimentaux.

Faire du tourisme industriel

Un Tour de France industriel...

La France est très riche en sites industriels qui ouvrent leurs portes au public. Pourquoi ne pas profiter des vacances dans une région que vous n'habitez pas pour faire ces visites parfois amusantes et toujours passionnantes. Pour connaître les sites à visiter, consultez les douze guides régionaux du tourisme industriel et technique dans la collection « EDF - La France contemporaine » aux éditions Solar. Edités en 1992, ils sont régulièrement mis à jour.
Un très grand nombre de centrales EDF : barrages, centrales hydrauliques, centrales thermiques, centrales nucléaires qui sont des centres de production de l'électricité vous attendent. La Direction de la Communication EDF (2, rue Louis Murat, 75008 Tél. 01 40 42 22 22) édite une brochure les recensant. L'Atelier du cuivre (54, rue du Gal Huard, 50800 Villedieu-les-Poêles, Tél. 02 33 51 31 85) se visite toute l'année. Près de Montbard, arrêtez-vous à la Grande Forge de Buffon à Buffon (21500, Tél. 03 80 92 10 35), c'est une pure merveille. Et aussi, au hasard, la maison de l'Eurotunnel à Sangatte, l'usine de Clément Ader et les chaînes de montage de l'Airbus à Toulouse, la cokerie de Carling, le circuit de l'eau de la Source Perrier à Vergèze, la cristallerie Saint-Louis à Saint-Louis-lès-Bitche, la maison du verre et du cristal à Meisenthal, l'atelier des produits résineux à Luxey et l'ancienne mine de Bassompierre, à Aumetz.
N'oubliez pas les centres de culture scientifique et industriel (CSTI) comme ceux de Marseille et de l'Abret, à Pleumer-Bodou. Ce dernier voisine avec le Musée des télécommunications (Tél. 02 96 46 63 64). Enfin, certaines villes organisent des festivals scientifiques comme Cavaillon qui en est à la 16e édition de son Festival Science Frontière.

La Science en fête et les journées du Patrimoine

Une fois par an, dans toute la France, des manifestations de réputation européenne ont lieu : la semaine de la Science en fête (en octobre) et les journées du Patrimoine (en septembre). Lors de la première, les amateurs de science et les professionnels s'ingénient à monter expositions, conférences, ateliers. Lors des secondes, de nombreux industriels, laboratoires de recherche et même particuliers ouvrent leurs portes. Ce sont donc deux occasions uniques à ne pas manquer. Vous trouverez le détail de ces manifestations dans les journaux, ou à 3615 Semaine de la science, à 3615 Culture, à www.education.gouv.fr. ou www.culture.fr.

Les écomusées

Les écomusées et les musées de société racontent les ateliers, les usines et les maisons d'hier.
Ils vous emmènent aussi sur les sentiers et dans les fêtes. Ils sont une partie de notre mémoire et témoignent des origines de notre culture et de nos traditions.

La Fédération des écomusées et musées de société (2, avenue Arthur Gaulard 25000 Besançon Tél. 03 81 83 22 55) édite une plaquette recensant plus de 120 sites et musées en France mais aussi à la Réunion, en Belgique et au Québec.

Observer la Terre et regarder le ciel

Il n'est pas besoin d'être un météorologue ou un astronome professionnel pour faire des observations. Certains sites de Météo-France et des observatoires astronomiques ouvrent leurs portes aux passionnés.

Les sites de Météo-France

Les sites de Météo-France se visitent. Au 26, boulevard Jourdan, dans le parc Montsouris, se trouve le Centre météorologique interdépartemental de Paris-Montsouris qui est la plus ancienne antenne de Météo-France. Il se visite en groupe en deux heures (Tél. 01 45 56 57 62). La station météorologique du Mont-Aigoual a accueilli 160 000 visiteurs en un an. Le centre départemental des Yvelines, à Trappes, a reçu le trophée EDF du tourisme industriel et technique en Ile-de-France. C'est dire à quel point ces visites sont intéressantes. Pour être parmi les visiteurs, contactez le centre qui vous intéresse ou Météo-France (Tél. 01 45 56 71 71).
Le siège parisien de Météo-France 1, quai Branly (75007) a ouvert une librairie au 2, avenue Rapp (75007) (Tél. 01 45 56 71 82). Vous y trouverez des livres, cassettes vidéo, posters, disquettes sur la météorologie, la climatologie... et même une valise pédagogique à faire commander par le CDI.

Des stages scientifiques pendant les vacances

Une autre façon de faire des sciences en dehors du collège est de participer à des stages scientifiques. Les clubs scientifiques proposent expériences, observations, projets en groupe pour une journée ou une semaine.
À la base de loisirs de Draveil (91210 - Tél. 01 69 40 33 10), le Port aux Cerises embarque pour la construction de micro-fusées ou des observations astronomiques. L'Abret, au Cosmopolis de Pleumeur-Bodou (22560 - Tél. 02 96 46 60 50) sillonne les routes avec son « Espace Écureuil ». Ce semi-remorque est un véritable centre de culture scientifique et technique. Et pourquoi pas un séjour découverte de l'astronomie, des télécommunications ou de l'environnement ?

La météorologie fascine tous les âges. On voit ici une classe visitant un site de Météo-France.

Observer la Terre et regarder le ciel

Planétariums et observatoires astronomiques

L'Observatoire de Paris au 61, rue de l'Observatoire (75014) est le plus ancien observatoire encore en activité. Sur le sol de la salle Cassini, une ligne de cuivre matérialise le méridien de Paris. Ce lieu historique où Foucault a travaillé se visite le 1er samedi de chaque mois à 14 h30 et lors des journées du Patrimoine et de la Science en Fête (Tél. 01 40 51 22 21).
La tour d'astronomie de la Sorbonne abrite un petit observatoire, une lunette de 153 mm et un atelier d'optique où l'on peut tailler son miroir et construire son télescope. Pour tout renseignement, appelez la S.A.F.
Les autres observatoires offrent des visites. Citons ceux de Besançon (25), Floirac (33), Saint-Vallier-de-Thiey (06), Saint-Martin-d'Hères (38), Saint-Michel de l'Observatoire (04), Saint-Genis-Laval (69), Marseille (13), Meudon (92), Nice (06), Bagnères-de-Bigorre (65), Strasbourg (67) et l'observatoire de radioastronomie de Nançay (18).Les planétariums de Vaux-en-Velin (69), Le Bourget (93), Cholet (49), Nantes (44), Nîmes (30), Méribel (73), Reims (51), Strasbourg (67) et Paris (Palais de la Découverte, Parc Montsouris et Cité des sciences) proposent un voyage dans les étoiles.
Passez une nuit au Parc aux étoiles de Triel-sur-Seine (2, rue Chapelle 78510 - Tél. 01 39 70 96 78). Après la visite, vous pourrez faire des observations.

Les 109 cadrans solaires de Paris

La commission des cadrans solaires de la S.A.F. a recensé 109 cadrans solaires à Paris et plus de 8 000 en France. Seuls 79 indiquent l'heure solaire. On les trouve sur les façades des églises ou des hôtels particuliers, dans les cours ou les jardins. Le plus récent se situe place René-Cassin (75001). La lumière du Soleil est captée par des fibres optiques qui dessinent sur un muret une vague de lumière. L'heure est donnée par 61 spots. Les cadrans solaires sont de belles œuvres d'art comme en témoigne le livre *les Cadrans solaires de Paris* (CNRS, 1997).

Les associations d'astronomie

La Société Astronomique de France (S.A.F.) a été créée en 1887 par Camille Flammarion. Elle diffuse les connaissances sur l'Univers à travers des publications et des conférences. Elle propose des séances d'initiation à l'astronomie le mercredi, à 18 h. Elle édite une revue *l'Astronomie* et décerne chaque année prix et médailles (3, rue Beethoven, 75016 Tél. 01 42 24 13 74).
L'observatoire du Parc Montsouris abrite l'Association Française d'Astronomie (A.F.A). Elle édite la revue *Ciel et Espace*. Ouvert au public de 14 h à 17 h (sauf le samedi), vous y trouverez en outre photos, posters cassettes, livres... (17, rue Émile-Deutsch de la Meurthe 75014, Tél. 01 45 89 81 44)
La S.A.F. et l'A.F.A. vous renseigneront sur toutes les associations existant dans votre région. Les associations régionales proposent des sorties d'observation, des conférences des expositions. Elles sont des lieux de rencontre, d'apprentissage et d'échanges.

Lire la science pour en savoir plus et être informé

Les journaux et les revues nous permettent d'être informé des nouveautés et de découvrir de nouveaux domaines. Les livres offrent une vue d'ensemble sur la science ou explorent un sujet précis. Ce sont des moyens pour apprendre selon nos envies et à notre rythme.

Les CDI, bibliothèques et médiathèques pour consulter sur place ou emprunter

Il n'est pas toujours utile d'acheter un livre pour faire un travail : on peut l'emprunter. Pensez au CDI de votre collège, à la bibliothèque municipale ou à la médiathèque.
La médiathèque de la Cité de Sciences offre plus de 300 000 documents (livres, revues, cassettes, DOC, logiciels). La salle Science-Actualité donne les dernières nouvelles scientifiques. Elle est alimentée par l'Association des journalistes scientifiques de la presse d'information (A.J.S.P.I.). Mais il n'est pas besoin de vous rendre à Paris, de très nombreuses villes possèdent une médiathèque. Signalons le centre d'information sur l'Europe : Sources d'Europe (Socle de la Grande Arche 92044 Paris la Défense Cedex - Tél. 01 41 25 12 12) qui diffuse, entre autres, des documents de vulgarisation sur la recherche scientifique et sur l'environnement en Europe.

Vue intérieure de la salle de lecture de la BNF François-Mitterrand, à Paris.

La Bibliothèque Nationale de France

Crée en 1666, la Bibliothèque Nationale était installée 58, rue Richelieu (75002). Au fil des ans, elle s'est enrichie de collections très importantes pour atteindre 12 millions de volumes mais aussi des manuscrits, périodiques, cartes et plans, estampes, médailles, disques et partitions musicales, films, photographies et même des costumes de théâtre. Elle s'est enrichie d'un second site : la BN-François Mitterand, quai François-Mauriac (75013). C'est un grand rectangle aux quatre coins desquels se trouvent quatre tours de verre de 79 m de haut. Si l'accès est réservé au public de plus de 18 ans ou ayant le bac et aux chercheurs, vous pouvez visiter le site Richelieu et profiter des expositions présentées.

Lire la science pour en savoir plus et être informé

Livres et revues

Les scientifiques communiquent les résultats et les conclusions des recherches qu'ils effectuent dans des revues très spécialisées telles *Physical Review, Nature* (qui sont en anglais) et lors de conférences internationales au cours desquelles ils peuvent se rencontrer et échanger leurs idées.

Voici quelques revues très abordables :

- *L'Astronomie* (SAF) ;
- *Ciel et Espace* (AFA) avec un numéro spécial : *Astronomie, tout savoir pour débuter*,
- *Éclipse ;*
- *Science et Vie Découvertes* (8 à 12 ans) ;
- *Sciences et Vie junior* pour les adolescents ;
- *Science et Avenir ;*
- *Eurêka.*

Il existe de nombreux livres. Voici notre sélection :

- *Petit guide du ciel* de B.Pellequer (Points Seuil) ;
- *Éclipses totales : histoire, découvertes, observations* (Masson) avec un filtre pour profiter de l'éclipse du 11/08/99 ;
- *Copains des Sciences,* Pince (Milan) ;
- *Méga Expériences* (Nathan) ;
- *Guide du Paris savant*, Alter (Belin) ; et de très beaux livres, à garder toute une vie :
- *Le Trésor. Dictionnaire des Sciences*, Serres (Flammarion) ;
- *Figures du Ciel* (Bibliothèque nationale) ;
- *Encyclopédie de la Nature* (Larousse).

Et tous les livres que vous pourrez découvrir seul chez votre libraire ou à la Librairie de la Cité des Sciences (lors d'une visite) particulièrement bien fournie en livres scientifiques.

Se constituer une revue de presse

Une revue de presse est un véritable outil scientifique. Cela consiste à découper des articles dans des journaux et des revues, puis à les coller (ou les photocopier) en notant le nom du journal et la date de parution. Il faut ensuite les classer par thèmes en mettant au-dessus l'article le plus récent. Cela permet de se constituer une « histoire » du sujet à travers les médias écrits et au cours des années. En les relisant, on se rend compte de l'évolution des idées et de l'apparition des sujets nouveaux.

Classer livres et revues

Le classement est toujours une vraie difficulté, car de nombreux sujets se retrouvent dans plusieurs rubriques. La plupart des grandes bibliothèques ont adopté le système de classement Dewey.

Si l'on veut classer un livre sur les aimants, on numérote ainsi :

- classe : sciences pures n° 500.
- division : physique n° 530.
- subdivision : magnétisme n° 538.
- subdivision : aimants et induction magnétique 538.2

Les nouveaux domaines scientifiques et techniques ont conduit à des codes très longs. Ainsi les ouvrages sur les matériaux fibreux d'origine végétale sont codés 620.197. Il faut donner des chiffres supplémentaires pour faire la différence entre le papier et les tissus.

Même si cette classification est imparfaite, elle rend de très grands services, en particulier, dans la recherche par ordinateur de tous les livres relatifs à un sujet précis dont dispose une très grande bibliothèque. En tapant 620.197, on obtient la liste complète de tous les ouvrages que l'on recherche sur le papier, ce qui fait gagner beaucoup de temps.

En science, la curiosité n'est pas un vilain défaut !

Tous les moyens pour apprendre sont bons. Nous vous avons donné des pistes de musées, usines, livres et revues mais depuis quelques années est apparu un nouveau moyen d'information : le multimédia. Alors, à votre ordinateur et à votre magnétoscope !

Le multimédia permet aussi de s'initier aux problèmes d'environnement.

Des informations par millions sur un seul disque : le DOC

Voici quelques « idées », peut-être, de cadeaux à vous faire offrir :

1) Sur la Science :

- *Matière molle, physique des objets de tous les jours* (Microfolie's) sur les plastiques ;
- *Le Maître des éléments* (Gallimard Jeunesse), résoudre des énigmes scientifiques ;
- *CD-Chimie* (Edusoft), tout sur les 110 éléments chimiques ;
- *E = M 6*, la reprise de l'émission télé ;
- *Une brève histoire du temps* (Flammarion Multimédia), à partir d'un livre très sérieux pour adultes, un étonnant voyage ;
- *Galilée, Et pourtant elle tourne* : l'histoire d'un génie.

2) Sur les techniques :

- *L'encyclopédie des machines ;*
- *Encyclopédie de l'automobile, un siècle d'inventions ;*
- *L'histoire de l'aviation* (Montparnasse Multimédia) ;
- *Le monde des avions ;*
- *Les incroyables machines du Pr. Tim* (Cortel) ;
- *Comment ça marche ?* (Nathan) ;
- *Inventions et inventeurs* (Hachette Multimédia), 133 inventions ;
- *150 idées qui ont changé le monde* (Alsyd), avant d'y ajouter la vôtre.

3) Sur l'environnement :

- *En jeu, ma planète* (Nota Multimédia) ;
- *E.L.I.S.E.*, encyclopédie ludique (Nota Multimédia).

4) Sur l'astronomie :

- *Cosmos, voyage dans l'Univers* (Montparnasse Multimédia) ;
- *Astronomica* (Alsyd), un jeu ;
- *Les passagers du Soleil*, Galilée et le système solaire (Infogrames Multimédia) ;
- *La conquête de l'espace* (EMME) ;
- *Le Ciel, pour ne plus se perdre dans les étoiles ;*
- *Redshift*, toute l'astronomie.

5) Deux encyclopédies (Hachette Multimédia) :

- *Science Interactive,* tout sur les sciences, du plus petit au plus grand ;
- *Dictionnaire Hachette Multimédia 99*, pour tout savoir sur tout.

En science, la curiosité n'est pas un vilain défaut !

Films, cassettes vidéo et émissions de radio et de télévision

Soyez un peu curieux, prenez chaque semaine les programmes radio et télévision. Vous découvrirez non seulement les émissions régulières sur :
- France 3 : *Nimbus ;*
- Arte : *les Coulisses de la science, Archimède ;*
- M 6 : *E = M 6 ;*
- Canal satellite Animaux : *Encyclopedia*

mais aussi des émissions « Documents » consacrées à un sujet particulier.

Des boîtes de jeux scientifiques

Vous connaissez tous les boîtes d'expériences de chimie, d'optique, d'électricité. Mais connaissez-vous le cyber-robot de Lego ? C'est une boîte de construction très intelligente permettant de réaliser des robots que vous piloterez avec un ordinateur. À la librairie du CNRS (151 bis rue Saint-Jacques 75005 Paris), avec la boîte « Moleko » vous construirez des molécules de chimie. Les molécules réalisées sont à prêter à un élève de Terminale pour qu'il révise sa chimie du Bac !

Pour vous procurer les cassettes vidéo, écrivez à la chaîne qui a produit l'émission ou au Service du film de la recherche scientifique (96 boulevard Raspail 75272 Paris Cedex 06) qui en commercialise certains :
- *À vos poubelles, citoyens* (Nimbus n° 29) ;
- *Changements d'état* (SFRS) ;
- *Euro Big Bang : le CERN* (Audiovisuels Images & Co) ;
- *Le siècle des Machines* (6 films réunis en un film de 75 min) (C.N.D.P.) ;
- *Sale temps pour la planète* (Nimbus n°18).

Pensez aussi aux librairies spécialisées en astronomie qui vous fourniront des cassettes de la NASA sur le ciel et l'espace, etc.

L'ordinateur : Internet et les bases de données

Voici quelques sites Internet pour :
- une recherche très pointue à la Bibliothèque Nationale : www.bnf.fr
- trouver des idées de visite de musées : www. culture.fr et www.musexpo.com
- découvrir la météo : www. MeteoMedia.com
- rêver les yeux dans les étoiles : www.windows.umich.edu ou www.cnes.fr ou www.nasm.edu ou www.cite-espace.com
- tout savoir sur la radioactivité : www.cpt.univ-mrs.fr ou www.curie.fr
- vous informer : www.science-et-vie.com ou www.circe.fr ou www.sciencepresse.qc.ca ou www.cite-science.fr ou www.palais-decouverte.fr
- réfléchir sur les problèmes de pollution : www.netfr.com

Le DOC *« La Planète a besoin de nous »* vous renseigne sur les 3 000 sites Internet consacrés à l'Environnement (ADOME 89, rue Pouchet 75017 Paris).

Pour vous tenir au courant :
- deux revues *Le Multimédia des Sciences* et « HACHETTE.net » informent sur les nouvelles du net et les DOC;
- deux sites sur le Minitel : 3615 Culture et ses diverses rubriques « sortir, lire, visiter », « invitation au musée » et 3615 Electre pour trouver des livres, disques, vidéos et multimédia.

DICO

Pour retrouver une définition, une notion

De A à Z, l'explication des mots difficiles et des notions importantes.

Accélérateur de particules

Sous l'effet d'un champ électromagnétique, une particule de charge électrique non nulle ressent une force qui est décrite par les lois de l'électromagnétisme. C'est sur ce principe que l'on peut accélérer des particules chargées et percer les secrets de la matière.

● Le plus grand accélérateur au monde est européen, il se trouve près de Genève et fait 27 km de circonférence. Grâce à sa taille, les particules sont accélérées à des vitesses proches de celle de la lumière. Les lois de la physique classique ne s'appliquent plus et lors de collisions de particules entre elles, on peut observer sur de très courts instants de nouvelles particules et ainsi préciser davantage les constituants fondamentaux de la matière.

➔ **pages : 259, 377**

Accélération

L'accélération exprime la variation de la vitesse dans le temps. Elle s'exprime en m/s^2. C'est le rapport de la vitesse sur le temps.

● Quand la vitesse d'un objet n'est pas constante mais varie, on dit que l'objet est soumis à une accélération. Quand une voiture augmente sa vitesse, elle accélère. Si elle diminue sa vitesse, elle décélère.

● Il existe plusieurs types d'accélérations, celle dont on vient de parler est l'accélération d'un mouvement rectiligne. Dans la suite de vos études, vous aborderez d'autres accélérations comme l'accélération centrifuge qui vous plaque contre la vitre de la voiture, si vous prenez un virage serré trop vite, ou encore celle de la pesanteur qui vaut $g=9.81\ m/s^2$ et qui nous maintient au sol.

➔ **pages : 381, 384**

Acide

Composé de saveur piquante et contenant des ions H^+ faisant virer au rouge la teinture de tournesol.

● Les acides réagissent fortement sur les bases ainsi que sur la plupart des métaux.

● L'acidité d'une solution est donnée par son pH. Une solution est acide pour un pH inférieur à 7.

● L'acide sera d'autant plus fort que son pH sera faible.

● Le pH de l'estomac est très acide, il est compris entre 0,9 et 1,5, tout comme celui du Coca-Cola qui est voisin de 2.

➔ **pages : 195, 237, 266, 280, 281, 283, 285, 287, 292, 293, 296, 297, 300, 302, 303**

Acide chlorhydrique

Solution aqueuse de chlorure d'hydrogène (HCl) contenant des ions Cl^- et H^+, donc se comportant comme un acide.

➔ **pages : 260, 266, 282, 283, 284, 285, 286, 292**

Action réciproque

On appelle action réciproque d'un objet toute force opposée à l'action qu'exerce l'objet lui-même.

● Exemple. Lorsque vous vous appuyez contre un mur, vous exercez une pression avec une partie de votre corps sur le mur. Ceci constitue l'action. Mais vous constatez également que vous ne tombez pas, il existe donc une force qui vous maintient. La résistance du mur qui vous soutient sera appelée l'action réciproque.

→ page : 385

Adhérence

Force de frottement s'opposant au glissement. Elle traduit l'attraction mutuelle entre des molécules provenant de substances différentes.

- Une voiture qui a une bonne adhérence partira moins facilement en glissade si elle est équipée de pneus neufs. Sur verglas, une voiture a une perte d'adhérence d'au moins un facteur 10 par rapport à un sol sec. Les ingénieurs essayent d'améliorer les propriétés d'adhérence des pneumatiques pour diminuer les risques d'accident.

Affinage

Action de rendre plus fin, de débarrasser des impuretés.

- Dans les usines métallurgiques, on affine la fonte avant de lui donner la composition que l'on souhaite.

→ page : 271

Aimant

Corps ayant la propriété d'attirer le fer ou l'acier.

- Les propriétés d'un aimant sont dictées par les lois de l'électromagnétisme.
- Les aimants constituent les aiguilles des boussoles. On en trouve aussi dans les haut-parleurs et les alternateurs des voitures, ils servent aussi à tenir les messages sur les portes des réfrigérateurs.
- Un aimant possède deux pôles : un nord et un sud. Comme dans le cas des charges électriques, deux pôles de même nom se repoussent, et deux pôles de noms différents s'attirent. Ainsi on peut, en mettant par exemple deux pôles nord l'un en face de l'autre, faire se repousser les deux aimants. Mieux, en les supperposant, on arrive à en faire flotter un dans l'air. Sous certaines conditions, on peut même faire flotter un train entier et éviter ainsi une grande perte d'énergie due aux frottements. La recherche sur les matériaux supraconducteurs permet d'envisager dans un avenir proche la réalisation d'un train circulant à plus de 500 km/h par lévitation magnétique. Il existe déjà ce type de train en Allemagne, même s'il n'atteint pas des vitesses aussi élevées.

→ pages : 22, 23, 318, 319, 336, 337, 367

Alchimie

Science occulte du Moyen Âge, qui en se fondant sur un symbolisme minéral et planétaire, cherchait à établir des correspondances entre le monde matériel et spirituel ainsi qu'à découvrir la pierre philosophale.

→ pages : 194, 258

Alimentation

Approvisionnement des machines en énergie nécessaire à leur fonctionnement.

- L'alimentation des machines électriques, est souvent égale à celle du secteur : 220 V à 50Hz.

● Les piles remplacent le secteur dans certains appareils comme les montres, les calculatrices, les voitures électriques et les téléphones portables. La puissance des piles varie selon l'appareil qu'elles alimentent.

● Il faut toujours vérifier avant de brancher un appareil électrique si l'alimentation est adaptée aux besoins de l'appareil. Une alimentation trop faible, exemple 110 V pour un appareil fonctionnant au 220 V représente une alimentation insuffisante, mais ne présente aucun danger. Au contraire, essayer de faire fonctionner un appareil fonctionnant à 110 V avec du 220 V, c'est risquer de le détruire et de déclencher un incendie.

→ **pages : 236, 345, 348, 349**

Alliage

Produit métallique obtenu en ajoutant des éléments à un métal.

● L'alliage le plus connu est l'acier. C'est un mélange de fer et de carbone.

● Généralement, les alliages ont des propriétés plus variées que leurs matériaux d'origine. Ils sont plus résistants, plus durs, inoxydables.

→ **pages : 214, 243, 269, 272, 273, 274, 275, 294, 301, 358, 359**

Alternateur

Machine destinée à produire des tensions alternatives.

● En assurant la conversion d'énergie mécanique en énergie électrique, un alternateur permet d'obtenir des tensions alternatives.

● L'alternateur est une machine reposant sur le principe de l'induction, destinée à produire une tension alternative.

● L'alternateur établit le lien entre l'énergie d'un mouvement et l'énergie électrique. En déplaçant un aimant devant une bobine, on crée par induction un courant dans la bobine. On exploite ce phénomène dans les centrales électriques, par exemple dans les centrales hydroélectriques où la chute d'eau sur les aubes d'une turbine entraîne un alternateur qui produit de l'électricité.

● Les moteurs des voitures disposent d'alternateurs de plus petites dimensions pour recharger en permanence la batterie. Pendant que le moteur est en marche, l'alternateur est entraîné par une courroie reliée au moteur.

● En France, la tension s'inverse tous les 50e de seconde. On dit que la tension est cadencée à 50Hz.

→ **pages : 31, 324, 325, 336, 337, 340, 341, 343, 348, 349, 367, 368, 369, 370, 371**

Alternatif

Se dit de toute chose prenant successivement une valeur positive, puis négative, et ainsi de suite.

● En électricité, si une tension est alternative, sa valeur va osciller d'une valeur maximum positive à une valeur minimum négative. L'exemple le plus courant est donné par la tension du secteur qui s'inverse 100 fois par seconde.

→ pages : 342, 343, 347, 349, 355, 367

Aluminium

Élément métallique de symbole Al.

● C'est un élément très répandu sur Terre. Ce métal est très largement utilisé dans l'industrie. Il entre dans la composition d'alliages légers. Certaines voitures ont même leur coque entièrement construite en aluminium.

→ pages : 272, 273, 277, 279, 284, 285, 286, 290, 291, 294, 298, 300, 301, 303, 309, 311, 319

Ampère (André Marie)

Physicien et mathématicien français (1775-1836)

● Auteur de travaux de mathématiques (*Considération sur la théorie mathématique du jeu*, 1802) et de chimie en 1814, il se rendit célèbre à partir de 1820, par ses découvertes dans le domaine de l'électromagnétisme et de l'électrodynamique.

● Il édifia une théorie dans laquelle il introduisit les courants particulaires et donna la formule de l'action réciproque des courants.

● Il fut le premier à avoir l'idée de l'intensité des courants et il utilisa dans ses calculs une grandeur qui porte son nom.

→ pages : 322, 367

Ampèremètre

Appareil permettant la mesure de l'intensité aux bornes d'un composant.

● L'ampèremètre se branche en série sur le composant. Comme l'intensité le long d'un ensemble de composants en série est constante, on mesure bien l'intensité qui traverse le composant.

→ pages : 276, 322, 343, 346, 352

Amplitude

Écart entre deux valeurs extrêmes d'une même grandeur.

● En électricité, l'amplitude représente la valeur maximale de la tension si celle-ci est sinusoïdale, comme nous le montre la figure ci-dessous.

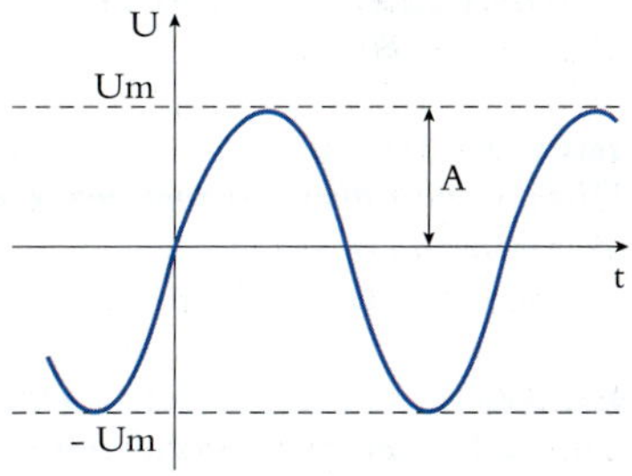

● A est l'amplitude qui vaut Um (on la choisit positive par convention).

● En mécanique, l'oscillateur offre une autre présentation de l'amplitude. Imaginons, par exemple, qu'un ressort est fixé au mur en B. Son autre extrémité, à l'équilibre (au repos) est en O. En étirant le ressort jusqu'en position A, après l'avoir relâché, celui-ci se met à osciller autour de sa position d'équilibre en O. On a alors deux possibilités.

● S'il n'y a pas de frottement, on dit qu'il est idéal (ou harmonique) et son amplitude OA restera constante. S'il y a des frottements, son amplitude va diminuer jusqu'à ce que le ressort retourne à sa position d'équilibre en O. On observe le même phénomène avec une lame qui vibre.

➜ **pages : 339, 338, 340, 342**

Anion

Ion chargé négativement.

● Il possède, par rapport à l'atome ou le groupe d'atomes d'origine, des électrons en plus. Ex : Cl^- (ion chlorure), I^- (ion iodure), SO_4^{2} (ion sulfate).

➜ **pages : 264, 265, 266, 267, 276, 277, 278, 281, 289**

Année lumière

Distance parcourue en une année par la lumière dans l'espace.

● Son symbole est al qui représente l'unité idéale en astronomie.

● Calcul de l'année lumière. La vitesse de la lumière dans le vide est désignée en physique par la lettre c (c'est le même c que dans la célèbre formule d'Einstein : $E=mc^2$) et vaut c=300 000 km/s. En multipliant le nombre de secondes qu'il y a dans une année par c, on obtient la valeur d'1 al. Soit 1 al = 365 (jours) × 24 (heures) × 60 (minutes) × 60 (secondes) × c $=9.46.10^{12}$ km. Une année lumière représente environ dix mille milliards de kilomètres.

● Voici quelques ordres de grandeurs relatifs aux échelles spatiales rencontrées dans l'Univers. La plus proche étoile après notre Soleil est Proxima du Centaure située à 4.3 al de notre étoile. La taille moyenne d'une galaxie spirale comme notre Voie Lactée est d'environ 100 000 al. La galaxie la plus proche de la notre est la galaxie d'Andromède qui est à 2,2 millions d'al. Enfin on estime actuellement la taille de l'Univers à 15 milliards d'al.

➜ **pages : 41, 393, 408**

Archimède

Savant grec (287-212 av. JC)

● Après une formation sans doute acquise à Alexandrie, Archimède se consacre aux recherches mathématiques. Mais il est surtout connu par le célèbre théorème de la poussée d'Archimède : «Tout corps plongé dans un liquide éprouve de ce fait une poussée verticale dirigée de bas en haut égale au poids du fluide qu'il déplace et appliquée au centre de gravité de ce corps déplacé, ou centre de poussée.» Ce théorème est exposé dans un essai, le *Traité des corps flottants*.

➜ **pages : 388**

Astre

Corps céleste visible.

● Le Soleil, les planètes, les autres étoiles sont autant de corps célestes que l'on désigne aussi sous le nom d'astre.

➜ **page : 45**

Atmosphère

Ensemble des molécules légères qui entourent notre planète.

● L'atmosphère terrestre s'est constituée au fil des milliards d'années. Ses constituants essentiels sont : le dioxygène(O_2), le diazote(N_2), le dioxyde de carbone(CO_2) et quelques gaz rares.

- L'atmosphère est divisée en couches. En changeant d'altitude, on passe d'une couche à une autre, chacune possédant des propriétés physiques propres (température, composition...).
- La couche de l'atmosphère la plus connue est la couche d'ozone. L'ozone est une molécule simple O_3. Cette couche protège la Terre des rayonnements cosmiques dangereux. Ramenée au niveau de la mer, elle n'est pas plus épaisse que 3 cm. Ce bouclier naturel est très mince et très fragile. Les scientifiques recherchent des moyens pour le préserver.

→ **pages : 15, 19, 39, 40, 44, 45, 196, 198, 200, 201, 205, 218, 219, 234, 235, 236, 237, 239, 242, 243, 250, 252, 285, 296, 297, 298, 310, 312, 369, 399, 401, 416**

Atome

L'Univers dans lequel nous vivons, des pierres aux êtres vivants en passant par les étoiles, est constitué d'un nombre fini d'éléments fondamentaux : ce sont les atomes.

- Il existe un peu plus d'une centaine d'éléments chimiques qui sont répertoriés dans le tableau périodique des éléments encore abusivement appelé tableau de Mendeleïev, du nom de celui qui, pour la première fois, proposa une classification des éléments naturels.
- La physique moderne a permis de mettre en évidence la structure interne de l'atome. Celui-ci possède en son centre un noyau composé d'un certain nombre de neutrons et de protons. À sa périphérie, des électrons, qui comme les planètes autour du Soleil, gravitent autour du noyau.
- L'ensemble noyau plus électrons est globalement neutre. On peut remarquer qu'en changeant le nombre de neutrons ou d'électrons, on change les propriétés de l'atome.

→ **pages : 194, 254, 255, 256, 257, 258, 259, 260, 261, 262, 263, 264, 265, 266, 267, 268, 269, 274, 286, 304, 313, 410**

Attraction terrestre

Tous les objets à la surface de la Terre ressentent la force gravitationnelle exercée par notre planète. On appelle cette force, l'attraction gravitationnelle.

- C'est l'attraction terrestre qui maintient les corps à la surface de notre planète. Cette force attire toute chose vers le centre de la Terre. Elle est presque identique quelque soit le point de la Terre où l'on se trouve. C'est pour cette raison qu'en étant à Paris ou à Sydney, on ne ressent pas de différence d'attraction.
- Pour envoyer une sonde à travers l'espace, on doit d'abord l'affranchir de l'attraction terrestre. La fusée dans laquelle la sonde est embarquée doit atteindre ce que l'on appelle la vitesse de libération afin de sortir du champ de pesanteur terrestre. Cette vitesse est élevée, il faut en effet atteindre 11.2 km/s !
- L'attraction terrestre est le terme consacré pour parler de la force ressentie par tous les objets proches de la Terre. On peut généraliser cette notion et parler de l'attraction lunaire

qui est la force ressentie par tout objet à la surface de la Lune. La Lune étant plus petite que la Terre et moins dense, l'attraction y est six fois moins forte que sur la Terre.

➜ pages : 378, 379, 380, 381

Balayage

Terme employé pour figurer la variation dans le temps de la tension à l'oscilloscope.

● On peut ainsi visualiser une tension alternative à l'écran.

➜ page : 335

Bar

Unité internationale de pression. La pression atmosphérique usuelle est de 1 bar environ.

● Cette unité est également utilisée quand on parle de pression dans un milieu liquide. Par exemple en plongée, 2 bars de pression signifie que l'on est à 20 m de profondeur. Or les bouteilles d'oxygène liquide des laboratoires sont pressurisées à 200 bars ! Elles sont construites en métal pour résister à de telles pressions.

➜ page : 305

Baromètre

Appareil permettant la mesure de la pression atmosphérique.

● La pression atmosphérique que l'on donne à la météo s'exprime souvent en hectopascal. Ex : 980 hPa ou 1005 hPa soit 0,98 atm ou 1,005 atm.

● À la lecture du baromètre, on peut savoir si l'on est dans une région anticyclonique ou dépressionnaire.

➜ pages : 210, 312

Base

Composé capable de capter les ions H^+.

● Le pH d'une solution basique est supérieur à 7.

● Plus une base est forte, plus son pH est élevé.

● L'intestin a un pH variant de 8 à 9, le sang est légèrement basique vers 7,5.

● La soude est un composé très basique tout comme l'eau de Javel.

➜ **pages : 280, 281, 289, 290, 292, 293, 300**

Batterie

Appareil permettant de stocker de l'électricité sous forme chimique.

● La batterie est constituée d'un ensemble de piles, d'accumulateurs et de condensateurs en séries ou en parallèles. C'est pour le moment le moyen le plus pratique pour emmagasiner l'électricité. En effet, celle-ci est une forme d'énergie difficile à stocker, beaucoup plus que de retenir des km^3 d'eau par un barrage.

● Les centrales électriques ajustent en permanence leur production d'électricité en fonction de la demande de la région qu'elles alimentent. Les batteries rendent des services essentiels, on en trouve dans toutes les voitures, malgré leur composition hautement toxique en produits chimiques. Il est fortement recommandé de ne pas les jeter n'importe où dans la nature, mais plutôt de les rapporter à un garagiste ou à une station essence.

➜ **pages : 20, 292, 314, 324, 332, 333, 336, 345, 348**

Bâtonnet

Cellule nerveuse placée sur la rétine et capable de détecter une lumière de faible intensité.

● Ces cellules sont aussi responsables de la vision en noir et blanc. La nuit, les bâtonnets sont actifs, on distingue beaucoup moins bien les couleurs mais on voit les objets en noir et blanc, d'où l'expression «La nuit tous les chats sont gris».

● Rappelons que l'œil est un instrument suffisamment perfectionné pour détecter un seul photon!

➜ **page : 427**

Biconcave

Se dit d'une lentille qui est formée de deux portions de sphère concave.

● Le cristallin de l'œil humain possède cette géométrie pour des raisons de formation biologique.

● La fonction de lentille convergente peut être remplie par trois types de géométrie données par les figures ci-dessous :

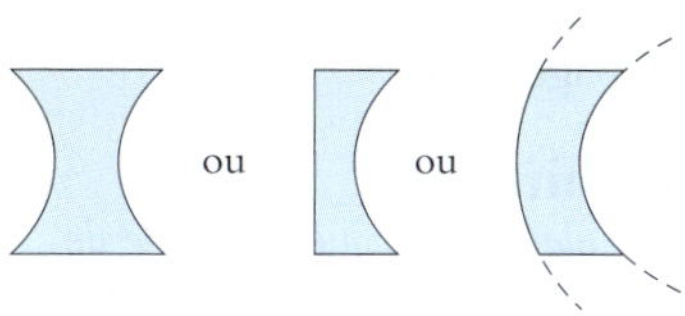

➜ **page : 427**

Biocarburant

Carburant d'origine végétale, prévu pour se substituer aux carburants classiques constitués d'hydrocarbures.

● Les biocarburants les plus connus sont les alcools comme le méthanol ou l'éthanol (l'alcool éthylique). Leur emploi est limité du fait du peu d'intérêt qu'ils suscitent chez les grands groupes pétroliers.

● Les biocarburants sont très volatils et donc relativement dangereux. Des dragsters fonctionnent avec ce genre de carburant.

➜ page : 32

Biodégradable

On dit qu'un produit est biodégradable quand, en l'abandonnant dans la nature, il est détruit par les organismes vivants.

● L'industrie moderne produit des matériaux capables de résister extrêmement longtemps aux micro-organismes, telles les matières plastiques. Leur production massive et leur utilisation abusive conduisent à des accumulations de produits non biodégradables, qui constituent un danger pour l'environnement car ils sont susceptibles de perturber l'équilibre d'un écosystème. Les industriels sont de plus en plus tenus de prévoir pour chaque produit le moyen de le récupérer et de le recycler.

➜ page : 303

Blanchiment

Technique par laquelle la pâte de cellulose nécessaire à la fabrication du papier est décolorée pour la faire devenir blanche.

➜ pages : 223, 232, 233

Borne

Entrée ou sortie de tout composant électronique indispensable pour le passage du courant électrique.

● Un composant électronique ne comportant que deux bornes est appelé un dipôle. Par exemple : résistors, diodes et condensateurs.

Il existe également des composants plus complexes qui possèdent quatre bornes, soit deux entrées et deux sorties. Ce sont des quadripôles. Les transformateurs sont des quadripôles.

➜ pages : 20, 21, 23, 31, 274, 314, 315, 317, 320, 322, 323, 324, 326, 327, 328, 329, 330, 331, 332, 333, 334, 335, 336, 338, 340, 341, 342, 343, 344, 345, 347, 348, 352, 356, 357, 364, 365

Boussole

Instrument possédant une aiguille aimantée qui indique la direction du nord magnétique.

● Une boussole et une carte suffisent à s'orienter dans n'importe quelle situation.

➜ page : 22

Buée

Vapeur d'eau qui se condense en fines gouttelettes, par exemple, une vitre froide.

● La buée est l'ennemie des automobilistes. En s'accumulant sur l'intérieur des vitres, elle rend la visibilité du conducteur nulle. On doit pour cela faire circuler de l'air pour la faire disparaître, on ouvre alors les fenêtres ou on actionne le chauffage.

➜ pages : 14, 196, 249

Brahé (Tycho)

Astronome danois (1546-1601)

● On lui doit le perfectionnement remarquable des instruments astronomiques.

● De son ouvrage *De nova stella anni 1572* et de recueils d'observations, Kepler, son élève, tira les lois qui portent son nom.

➜ page : 38

Cannizaro (Stanislao)

Chimiste italien (1826-1910).

● Il formula la loi selon laquelle les éléments chimiques interviennent toujours dans les composés comme multiples d'une même quantité : l'atome.

➜ page : 258

Captage

Procédé de récupération de l'eau à usage collectif, industriel ou agricole.

● Les techniques sont multiples et peuvent parfois être combinées : récupération d'un cours d'eau, d'une nappe phréatique, ou simplement de l'eau de pluie.

➜ pages : 223, 230

Carburant

Combustible facilement inflammable quand on le mélange à l'air.

● Les carburants sont de plusieurs sortes. Les plus utilisés sont ceux provenant de la distillation du pétrole, ils sont composés d'hydrocarbures. Ce sont l'essence, le gazole ou le kérosène.

● Un deuxième type de carburant est dit synthétique. Synthétisé par la matière vivante, les plantes, il est constitué d'alcools.

● Un troisième type de carburant est celui des propulseurs de fusées, généralement le propergol. Ils sont constitués d'un mélange complexe pour atteindre des rendements optima lors de la phase de combustion.

● Les rejets de ces carburants sont hautement toxiques.

➜ pages : 33, 44, 195, 237, 250, 251, 262

Cassini (Jean-Dominique)

Astronome français d'origine italienne (1625-1712).

● Directeur de l'observatoire de Paris en 1672, il est l'auteur de nombreux mémoires sur Vénus, Mars et Jupiter.

● Il découvrit deux satellites de Saturne.

➜ pages : 406, 407

Catalyseur

Substance accélérant la vitesse d'une réaction chimique, tout en étant régénérée à la fin de la réaction.

● Les catalyseurs prennent diverses formes. On peut avoir des catalyseurs aussi complexes que les enzymes qui vont accélérer des réactions par des facteurs dépassant le million.

➜ page : 304

Cation

Ion chargé positivement.

● Le cation est un atome qui a perdu des électrons. Ex : Na^+(ion sodium), K^+(ion potassium).

➜ pages : 264, 265, 267, 276, 277, 289

Cavendish (Henry)

Physicien et chimiste anglais (1731-1810)

● Il identifia l'hydrogène et fit la première analyse précise de l'air. Il montra le premier, en provoquant la combinaison de l'oxygène et de l'hydrogène sous l'action de l'étincelle électrique, que ces deux gaz s'unissaient en proportions détermi-

nées pour donner de l'eau.
➜ **page : 263**

Cellule

Unité du vivant possédant son matériel génétique ainsi que son propre métabolisme.

● Les cellules sont limitées par une membrane et sont de tailles variables, en général quelques micromètres.

● On classe les cellules en deux groupes : les procaryotes qui ne possèdent pas de noyau et les eucaryotes qui possèdent un noyau renfermant le programme génétique. Ces dernières sont des cellules capables de se différencier. Elles donnent ainsi les cellules nerveuses, rénales, hépatiques...

➜ **page : 218**

Cellule CCD

Composant électronique convertissant l'énergie lumineuse en signal électrique.

● Les cellules CCD reposent sur la technologie du silicium (celle des microprocesseurs).

● L'avantage des caméras CCD réside dans le fait que l'on peut traiter les images qu'elles envoient par l'informatique. Ces caméras sont sensibles aux lumières visibles et proches de l'infrarouge.

● Les astrophysiciens s'en servent fréquemment car le traitement des images par l'informatique apporte des informations supplémentaires. Par exemple, en traitant une tache floue d'étoile, on peut, après traitement, observer un système d'étoile double.

➜ **pages : 410, 411**

Centrale électrique

Usine qui a pour finalité de produire de l'électricité.

● Les différents types d'énergie convertis par les centrales en énergie électrique ont donnés leur nom aux centrales :

- les centrales nucléaires se servent de l'énergie dégagée par la fission des noyaux lourds;
- les centrales thermiques utilisent la combustion des matières fossiles;
- les centrales hydroélectriques se servent de l'énergie accumulée, généralement par les chutes d'eau, au pied des barrages.

● Les futures centrales exploiteront les énergies nouvelles (vent, Soleil...), voire l'énergie fournie par la fusion des atomes légers.

➜ **pages : 31, 32, 223, 248, 324, 325, 337, 340, 348, 360, 362, 368, 369, 370, 371**

Centrifugation

Séparation, sous l'action de la force centrifuge, de particules possédant des masses différentes et qui sont mélangées dans une solution.

● La centrifugation est souvent utilisée en biochimie pour séparer différents constituants d'une cellule.

➜ **page : 206**

Céramique

Matériau composé principalement d'oxydes et dont la température de fusion est élevée.

● Les céramiques ont une structure cristalline. Le revêtement des navettes spatiales est en céramique, ce matériau est fait pour résister à des températures de l'ordre de 3 000°C.

● Il existe aussi des fours en céramique pour la fabrication d'alliages spéciaux nécessitant de hautes températures.

→ pages : 294, 295, 298, 300, 301

Chaleur

La chaleur représente un transfert d'énergie entre deux corps possédant des températures différentes.

● Si l'on met un corps froid (un glaçon) au contact d'un corps chaud (du Coca à la température de la pièce), le corps le plus chaud va céder une partie de sa chaleur au corps le plus froid. Tandis que sa température va baisser (on aura une boisson fraîche), il réchauffera le corps froid.

→ pages : 240, 246, 247, 252, 272, 275, 282, 288, 294, 295, 306, 318, 350, 353, 358, 363, 369, 370

Chalumeau

Instrument fournissant une flamme de haute température par combustion d'un gaz sous pression et servant essentiellement au travail sur métal.

● Les gaz employés dans un chalumeau (propane, butane ou encore acétylène) permettent d'obtenir des températures de flamme plus ou moins élevées (de 700°C à plus de 2 500°C en brûlant de l'acétylène).

● D'autres chalumeaux offrent également la possibilité de fonctionner sans oxygène sous l'eau pour réparer les canalisations des plates-formes pétrolières par 200 m de fond.

→ pages : 244, 245, 253

Changement d'état

Quand les molécules d'eau, par exemple, se réarrangent entre elles pour passer d'un réseau organisé où elles sont immobiles (la glace) à un état moins organisé où elles peuvent bouger les unes par rapport aux autres (eau liquide), on dit qu'il y a eu un changement d'état.

● Trois états sont présents dans la nature : solide, liquide, gazeux.

● Les changements d'état s'accompagnent d'un dégagement de chaleur dans le sens gaz => liquide, liquide => solide et gaz => solide. Les changements d'état requièrent de l'énergie pour le sens solide => gaz, solide => liquide et liquide =>gaz. Ces modifications expliquent qu'un radoucissement intervienne quand il neige : la formation des cristaux de glace a réchauffé l'atmosphère.

→ pages : 14, 16, 198, 199, 200, 207, 209, 212, 213, 216, 217, 239, 260

Charge électrique

Quantité d'électricité que possède toute particule.

● Elle s'exprime en Coulomb, C. La charge électrique élémentaire notée e, vaut $1{,}6.10^{-19}$ C.

● La règle à retenir concernant les charges est la suivante.

Deux charges s'additionnent. La

charge d'une molécule est la somme des charges de ses constituants fondamentaux. Cette charge totale peut dans certains cas être nulle, c'est le cas des atomes.

- On a deux types de charge :

- les négatives : un électron porte la charge -e ;

- les positives : un proton porte la charge +e.

- Deux charges de même signe se repoussent.
- Deux charges de signe opposé s'attirent.

→ **pages : 256, 257, 264, 265, 266, 267, 276, 278, 286, 287**

Charpak (Georges)

Physicien français (né en 1924)

- Chercheur au Cern, il a conçu de nombreux détecteurs de particules. Ses appareils sont utilisés également en biologie et en médecine.
- Il reçut le prix Nobel en 1992.

→ **page : 259**

Chimiluminescence

Production de lumière par une réaction chimique.

→ **page : 396**

Chromatographie sur couche mince

Procédé de séparation de différentes substances en solution ou en suspension dans un liquide par migration sur un papier spécial.

- On se sert de la chromatographie pour extraire et séparer des colorants.
- Généralement, ce procédé est très répandu dans le domaine de la biochimie qui a mis au point des techniques plus avancées pour ses besoins.

→ **page : 227**

Chronophotographie

Décomposition temporelle d'un mouvement par prise rapide d'une série de photographies rapprochées.

- Pour décomposer une action, on peut prendre sur un certain laps de temps, une succession de photos. On suit ainsi l'action pas à pas, de la première photo à la dernière, de façon chronologique.
- Ce procédé sert notamment à déterminer l'ordre d'arrivée des coureurs du 100 m quand ceux-ci sont très proches les uns des autres.

→ **pages : 374, 375, 386, 387**

Circuit électrique

Ensemble d'éléments électriques et de conducteurs en système fermé.

- Le circuit le plus simple contient un récepteur (une ampoule) relié au générateur (une pile) par deux conducteurs (fils électriques). Un pour le sens aller (on part d'une des bornes du générateur au récepteur), l'autre pour le sens retour (du récepteur à l'autre borne du générateur).
- Le circuit électrique peut être plus complexe et dépendre de l'assemblage d'une suite de montages en série et parallèle.
- Dans le cas d'un montage en

série, les composants sont à la suite les uns des autres. Le circuit comporte une boucle. Ses propriétés sont la conservation de l'intensité le long du circuit et l'additivité des tensions.

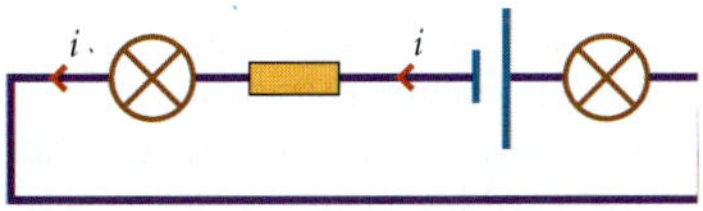

- Dans le cas d'un montage en parallèle, les composants sont les uns en dessous des autres. Le circuit comporte plusieurs boucles. Ses propriétés sont la conservation du courant le long du circuit et l'additivité des courants : i = i' + i".

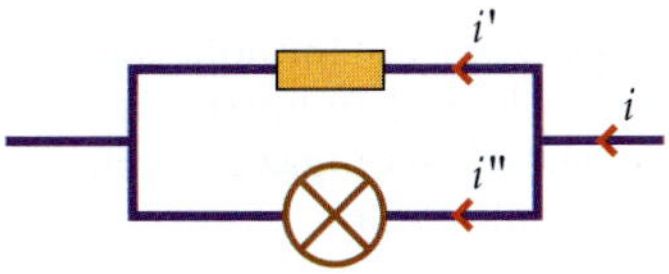

→ **pages : 20, 21, 22, 276, 314, 315, 316, 320, 321, 322, 323, 325, 330, 331, 332, 333, 346, 352,358**

Code des couleurs

Système de bandes couleurs que l'on trouve sur les résistors et qui permet de connaître leur résistance.

- Il y a quatre bandes et il existe un ordre de lecture des bandes. Les trois premières bandes peuvent prendre les couleurs suivantes : noir, marron, rouge, orange, jaune, vert, bleu, violet, gris et blanc. La dernière bande ne peut prendre que deux couleurs : or ou argent.

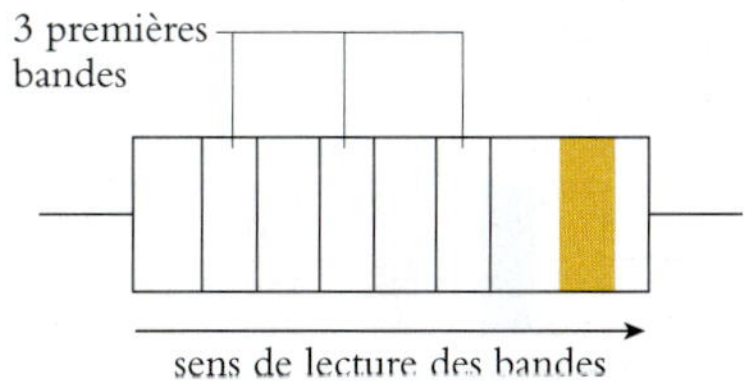

- Le sens de lecture des bandes se fait toujours de la bande n°1 à la bande n° 4.
- À chaque couleur correspond un chiffre.

couleur	chiffre
	0
	1
	2
	3
	4
	5
	6
	7
	8
	9

- Comme on a 10 chiffres, 0 1 2 3 4 5 6 7 8 9, on a 10 couleurs, du noir au blanc. La première bande donne le premier chiffre, la deuxième bande donne le deuxième chiffre, et la troisième donne la puissance de dix par laquelle on multiplie les deux premiers chiffres. La quatrième donne la fourchette d'erreur de la valeur de la résistance annoncée.

Exemples :

$R = 23.10^5\ \Omega = 2{,}3\ M\Omega$ à 10% près

$R = 02.10^2\ \Omega = 200\ \Omega$ à 5% près

● Si la quatrième bande est or, cela signifie que l'erreur sur la valeur annoncée par le code des couleurs est de 5%. Si une résistance affiche dans l'ordre des couleurs noir, marron, rouge et or, sa valeur annoncée sera de 100 Ohm, sa valeur réelle sera comprise entre 95 et 105 Ohm. Si la couleur est argent, l'erreur sera de 10%.

● Les résistors de couleur or sont plus précis que ceux en argent, mais coûtent plus chers. Il est donc important de connaître l'importance que l'on donne aux résistors dans un circuit afin de décider s'il faut l'équiper de résistors or.

➜ **page : 353**

Comburant

Substance chimique censée entretenir la combustion du carburant.

● Le comburant de base est le dioxygène présent dans l'air, mais dans des conditions extrêmes comme l'envoi d'une fusée dans l'espace où il n'y a plus de dioxygène, on stocke le comburant sous forme de poudre ou liquide.

➜ **pages : 246, 249, 263**

Combustible

Substance capable de libérer de l'énergie en brûlant.

● Les combustibles fossiles sont nombreux. Ce sont le charbon, le pétrole et le gaz naturel.

● On trouve aussi le bois et par extension, le combustible nucléaire que représente l'uranium. Attention l'uranium se distingue des autres combustibles. Il ne brûle pas chimiquement, pour libérer de l'énergie il fissionne. C'est-à-dire qu'il se casse en deux.

➜ **pages : 31, 32, 195, 245, 248, 249, 251, 263, 297**

Combustion

Opération au cours de laquelle on transforme de l'énergie chimique en chaleur.

● Lors de sa combustion le bois libère son énergie chimique sous forme de chaleur. L'industrie se sert de matières fossiles (gaz naturel, pétrole, charbon) comme source première d'énergie.

➜ **pages : 44, 194, 195, 235, 244, 245, 246, 247, 248, 249, 251, 252, 253, 261, 262, 263, 304, 307, 316, 369**

Comète

Objet céleste appartenant au système solaire, formé d'un noyau et d'une chevelure.

● Au cours de l'histoire ces objets non habituels, traversant le ciel sur une période de quelques mois, ont marqué la mémoire des hommes (comète de Halley).

● Les comètes sont formées de blocs

de roches et de glaces mélangées qui, à l'approche du Soleil sont chauffés et deviennent lumineux. Ils libèrent alors des gaz ainsi que de petites roches, qui constituent la chevelure de couleur plus ou moins bleue que l'on observe lors de son passage près de la Terre.

● La plus célèbre des comètes est celle de Halley qui revient tous les 76 ans longer les abords de notre planète.

➜ **pages : 40, 393**

Composé

Résultat de l'association de plusieurs éléments.

● En chimie, le composé désigne parfois les atomes (C, N, O) participant à une réaction.

➜ **pages : 195, 264**

Compressible

Un corps est compressible quand on peut lui appliquer une force extérieure tendant à le faire passer d'un certain volume à un volume plus petit.

● Les gaz sont compressibles. Lorque l'on compresse un gaz, on augmente sa pression ainsi que sa température.

● Les solides compacts et les liquides ne sont pas compressibles.

➜ **page : 238**

Compression

Action qu'exerce l'augmentation de la pression sur un corps.

● Un corps compressé diminue de volume.

●Les solides compacts et les liquides ressentent peu les effets de compression. En revanche, les gaz subissent de fortes variations de volume quand on les comprime.

● Les propriétés de faible compression des liquides sont utilisés dans les systèmes hydrauliques.

● L'aggloméré est un assemblage de résidus de bois compressés pour les faire tenir ensemble.

● Les bathyscaphes sont des mini-sous-marins capables de résister à de très fortes pressions extérieures. En effet à 11 000 mètres de profondeur, les parois du bathyscaphe ressentent une pression plus de mille fois supérieure à la pression atmosphérique.

➜ **pages : 238, 299, 300, 303**

Concave

Qui présente une courbe en creux.

● Les feux des voitures sont concaves. Observons la trajet lumineux partant du foyer F sur le dessin ci-dessous :

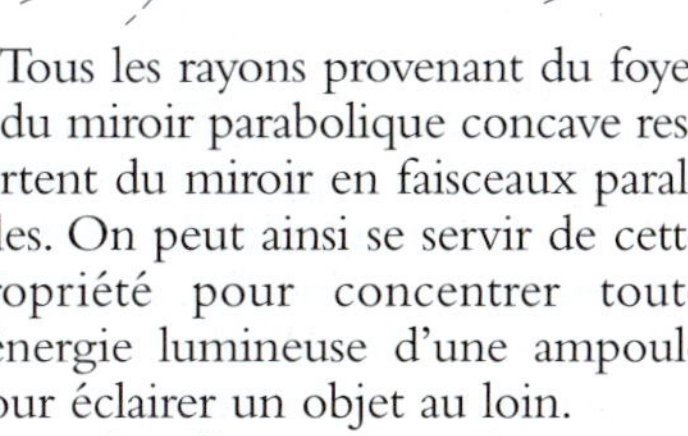

● Tous les rayons provenant du foyer F du miroir parabolique concave ressortent du miroir en faisceaux parallèles. On peut ainsi se servir de cette propriété pour concentrer toute l'énergie lumineuse d'une ampoule pour éclairer un objet au loin.

● Les lentilles qui grossissent sont divergentes et sont constituées de

deux portions de sphères concaves comme le montre la figure ci-dessus.
➜ page : 423

Concentration

Grandeur qui rend compte du nombre de molécules présentes dans un volume donné.

- La concentration correspond au rapport du nombre de molécules d'un composé contenu dans un litre de solution, sur le volume de 1L de solution.
- La mesure de cette grandeur s'exprime en nombre par Litre, nb/L.
- En fait, plus la concentration est élevée, plus il y a de molécules présentes dans la solution pour un même volume de solution.

➜ pages : 224, 225, 229, 292, 293

Concentration massique

Traduit la même grandeur physique que la concentration sauf, qu'au lieu d'avoir le rapport d'un nombre sur un volume, on remplace le nombre de particules par la masse représentée par ce nombre de particules, ce qui revient à multiplier le nombre de particules par la masse d'une particule.

- L'unité de mesure de la concentration massique est le g/L.
- C'est en concentration massique que sont fournis les renseignements concernant les apports en sels minéraux d'une bouteille d'eau minérale. Exemple : si une bouteille affiche 500 mg/L de calcium cela signifie qu'en buvant le contenu de celle-ci en un jour, votre organisme recevra $1{,}5 \times 500 = 750$ mg de calcium par jour.
- Il ne faut pas confondre concentration massique et masse volumique. Alors que la concentration massique d'un corps est définie dans un autre corps (concentration massique du calcium dans l'eau), la masse volumique est la masse d'un corps rapportée à son propre volume.

Condensateur

Appareil composé de deux plaques métalliques séparées par un isolant et servant à emmagasiner de l'énergie électrique.

- Le symbole du condensateur est le suivant :

- Les deux plaques en métal constituent l'armature du condensateur. Le principe de fonctionnement de cet appareil est d'accumuler sur une des plaques des charges positives et sur l'autre, des charges négatives. Il faut cependant faire attention à ne pas trop charger le condensateur, sinon la quantité de charges accumulée entre les deux plaques est si importante que la force qui tend à les attirer l'une vers l'autre devient si forte que l'isolant finit par être traversé par un éclair. Le condensateur, est alors grillé, donc inutilisable.
- On trouve des condensateurs dans tous les appareils électriques, notamment dans les flashs des

appareils photos, qui, en se chargeant, font un bruit caractéristique partant du grave vers l'aigu. C'est ce que l'on appelle la charge du condensateur.
➜ page : 345

Condensation
Passage de l'état gazeux à l'état liquide.
➜ pages : 15, 17, 196, 199, 201, 205, 207

Conducteur électrique
Élément capable de transmettre le courant électrique, caractérisé par une faible résistance.
- Les métaux sont en général bon conducteur électrique; même les solutions ioniques sont bonnes conductrices.
- L'eau est conductrice quand elle contient des impuretés.
- Le conducteur électrique le plus utilisé est le cuivre. De meilleurs conducteurs existent (Au, Pt...) mais leur coût de revient est trop élevé.
- En matière de conduction électrique, le problème suivant se pose : tout conducteur classique possède une résistance, même faible, ce qui implique qu'en faisant circuler un courant d'une grande intensité, on obtient par effet Joule un échauffement. Ce phénomène a des conséquences : la perte d'énergie et le risque de détérioration du conducteur, d'où un risque d'incendie. La physique moderne apporte une solution à ce problème. Les supraconducteurs ont la propriété extraordinaire de présenter une résistance nulle, mais seulement aux très basses températures (environ –90°C).

➜ pages : 20, 194, 240, 269, 272, 274, 275, 276, 281, 282, 287, 300, 316, 317, 318, 353, 355, 358, 370

Cône
Cellule située sur la partie centrale de la rétine et chargée de détecter les lumières colorées intenses.
- C'est la deuxième catégorie de cellules spécialisées de la rétine avec les bâtonnets.

➜ page : 427

Constellation
Certaines étoiles semblant former des motifs faciles à identifier, les astronomes les ont regroupées sous le nom de constellation.
- Chacune des étoiles se trouvant à des distances très différentes, une constellation n'est qu'un effet visuel. 88 constellations occupent la sphère céleste. Ces constellations ont été désignées par des noms tirés de la mythologie, comme Andromède, fille de Céphae et Cassiopée, ou encore Orion, le chasseur bandant son arc.
- Souvent, il n'existe qu'une faible ressemblance entre l'aspect de la constellation et l'être ou l'objet que celle-ci est censée représenter.
- Une constellation utile à retenir est celle de la petite ourse. À la pointe de cette constellation se trouve l'étoile polaire montrant la direction du Nord.

➜ pages : 41, 42, 408, 409

Convergence

Action de faire converger des rayons lumineux en un même point, le foyer.

● Les dispositifs optiques comportant des lentilles, tels les microscopes, appareils photos ou encore télescopes, possèdent des systèmes de convergence des rayons lumineux dans le but de les focaliser en un point et de pouvoir diriger les rayons le long de l'appareil optique.

➜ **pages : 404, 427**

Convexe

Se dit de tout ce qui est bombé, courbé en dehors.

● Les lentilles qui rapetissent sont convergentes et sont constituées de parties de sphères convexes. Pour voir de près, les presbytes portent des lentilles convergentes. Suivons le trajet optique des rayons lumineux à l'aide du dessin ci-dessous :

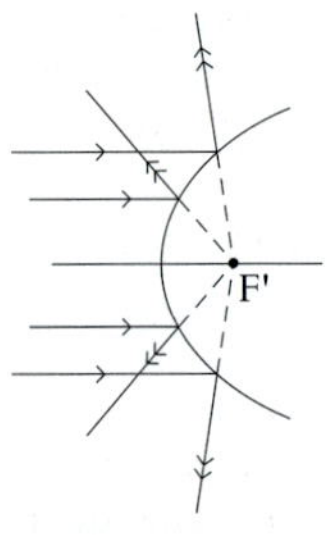

Les prolongements des rayons lumineux réfléchis (double flèches) passent par un même point, c'est le foyer virtuel F'.

➜ **page : 423**

Copernic (Nicolas)

Astronome polonais (1473-1543)

● Dans son traité *De revolutionibus orbium coelestium libri IV* (publié en 1543), il démontre, contrairement aux idées de l'époque, que la Terre n'est pas immobile au centre de l'Univers, mais qu'elle tourne sur elle-même et autour du Soleil.

➜ **page : 38**

Corps

Toute entité matérielle.

● On appelle corps céleste : la Lune, les étoiles, les comètes...

➜ **pages : 18, 35, 40, 45, 194, 195, 210, 215, 258, 260, 271, 313**

Corps pur

Si un gaz, un liquide ou un solide, n'est constitué que par un et un seul constituant, alors on dit que c'est un corps pur.

● Après distillation, on peut obtenir de l'eau à l'état pur, ne contenant que des molécules d'eau.

● Attention, l'eau d'une bouteille n'est pas pure même si elle paraît totalement transparente. Elle contient par exemple, des sels minéraux qui ne sont visibles qu'au microscope.

➜ **pages : 209, 213, 214, 215, 216, 217, 239, 245, 246, 247**

Corrosion

Détérioration superficielle des métaux par processus chimique.

● Le sel de mer a un effet de corrosion sur l'état de la coque des bateaux. Ces derniers doivent régulièrement être mis à sec pour réparer les coques. Cette immobilisation représente une perte d'argent importante pour les compagnies maritimes.

➜ **pages : 241, 242, 243, 252, 269,**

271, 272, 273, 282, 283, 288, 292, 296, 298, 300, 301

Court-circuit

État d'un dipôle électrique où le courant passe directement d'une borne à l'autre sans traverser le dipôle.

- Le court-circuit est à éviter : une batterie en court-circuit risque de se décharger très vite. De plus, si l'intensité qui traverse le fil de court-circuit est importante, elle risque de faire fondre le fil par l'effet Joule crée par le passage du courant et ainsi de produire des étincelles capables de déclencher un incendie.

→ pages : 24, 318, 341, 355, 365

Cristal

Solide formé par la répétition d'un motif d'atomes, d'ions ou de molécules.

- Le motif d'un cristal est la sous-unité du cristal qui en se reproduisant donne le cristal total.
- Le cristal est donc un solide possédant une certaine symétrie que l'on dit cristalline.
- Le diamant est un cristal dont le motif est constitué de 60 atomes de carbone.
- Les métaux sont organisés selon un ordre cristallin qui détermine leur niveau de dureté.
- La disposition des atomes dans un cristal est très importante. Les propriétés de celui-ci vont différer selon sa composition en atomes et la position des atomes entre eux.
- Il existe aussi des cristaux composés d'ions comme le sel qui est composé d'atomes de Sodium, Na^+ et d'ion Chlorure, Cl^-.
- Enfin, les alliages métalliques sont organisés en réseaux cristallins de molécules.

→ pages : 268, 269, 271, 275, 325

Cristallin

Matériau organique transparent aux rayons lumineux. Il joue le rôle d'une lentille convergente et transmet les rayons sur la rétine où se forment les images.

- Le cristallin est une lentille à convexité variable permettant de régler la distance focale par l'intermédiaire du cerveau qui réalise la mise au point grâce aux muscles oculaires qui augmentent ou diminuent son «bombé».
- Vers la quarantaine, la fatigue des muscles oculaires entraîne chez l'homme des troubles de la vision, en particulier la distance minimale de vision distincte augmente. C'est la presbytie. On corrige ce manque de convergence du cristallin, en portant des verres convergents.

→ page : 427

Cristaux liquides

Substances organiques capables de s'orienter sous l'effet d'un champ magnétique.

- Les cristaux liquides ont fait leur apparition avec les montres et les calculettes à écran. Ces écrans ont l'avantage de présenter un faible encombrement comparé aux écrans à tubes cathodiques. De nos jours, des écrans plats grand format sont fabriqués avec la technologie à cristaux liquides.

Dalton (John)

Physicien et chimiste anglais (1766-1844)

● Vers 1794, il publie un premier ouvrage sur la vision anormale des couleurs (daltonisme).

● Vers 1804, il élabora la théorie atomique moderne et la développa dans son ouvrage *New System of Chemical Philosophy* (1808-1827). Il y exprime la discontinuité de la matière.

➜ **page : 258**

Décantation

Procédé consistant à laisser reposer un liquide afin que les particules lourdes (grains, petits cailloux,...) en suspension finissent, sous l'effet de la gravité, par se déposer dans le fond du récipient.

● C'est l'une des premières étapes dans la purification des eaux usées (égouts) en eau potable.

➜ **pages : 206, 226, 231, 233**

Démocrite

Philosophe grec atomiste (vers 460-370)

● Il développe une théorie selon laquelle les qualités sensibles (couleur, odeur, etc.) sont purement subjectives et que les vrais principes des choses sont le vide et les atomes, des particules insécables.

➜ **page : 258**

Densité

Rapport de la masse volumique d'un corps solide ou liquide sur la masse volumique de l'eau liquide.

● La masse volumique de l'eau est notée de la façon suivante : ρ_{eau} vaut: $\rho_e = 1000 \text{ kg/m}^3 = 1 \text{ kg/dm}^3$ =

1 g/cm^3.

● La densité de l'eau vaut donc $d_{eau}=\rho_{eau} / \rho_{eau} = 1$.

● Si $\rho > 1$, la densité du corps est plus élevée que celle de l'eau et le corps mis dans l'eau coule.

● Si $\rho < 1$, la densité du corps est plus faible que celle de l'eau, celui-ci flottera sur l'eau. La densité d'un gaz est évaluée par rapport à l'air.

● Ce raisonnement est valable pour tous les fluides. Par exemple, quand vous lâchez des ballons, ils s'élèvent parce qu'ils sont plus légers que le fluide dans lequel ils sont, c'est-à-dire l'air. Ces ballons sont en fait gonflés à l'hélium qui est un gaz moins dense que l'air. Les ballons s'envolent car ils subissent une poussée d'Archimède verticale et de sens vers le haut.

➜ **pages : 221, 245, 305, 295**

Détergent

Ensemble de molécules douées de propriétés de solubilisation.

● Les saletés, sous forme de graisses et de sucres, adhèrent aux surfaces. Pour les détacher, on emploi des détergents que l'on trouve dans les lessives ou les shampooings.

● Un des inconvénients des détergents est d'être actifs sur le vivant. Ainsi, quand ils partent avec les eaux usées, ils constituent un facteur de pollution important et difficilement contrôlable.

➜ **pages : 230, 232, 290, 291, 306, 307**

Diapason

Pièce métallique en forme de U qui, lorqu'elle reçoit un choc, vibre et émet un son.

- Les diapasons sont employés en musique pour accorder les instruments. Ils sont en effet conçus pour reproduire la note «la» à 440Hz.
- En frappant légèrement la tête en forme de U du diapason, les atomes du métal, organisés en réseau cristallin, vibrent et émettent le «la 440».
- Les anciens téléphones reproduisaient ce son quand on les décrochait.

→ **page : 339**

Diaphragme

Ouverture limitant l'entrée des rayons lumineux devant traverser un instrument d'optique.

- Le diaphragme sert à réguler l'intensité de la lumière dirigée sur un dispositif optique. Ce dispositif, quand il contient un détecteur de lumière, prévient des effets destructeurs qui seraient produits par une trop grande intensité lumineuse sur le détecteur. Il suffit de regarder le Soleil un court instant pour avoir mal aux yeux. Généralement ce genre de système protecteur est utilisé sur les appareils photographiques pour éviter de saturer en lumière la pellicule.
- Au niveau de l'œil humain, la pupille se dilate ou se contracte pour réguler l'énergie lumineuse entrant dans l'œil. On peut soi-même étudier le phénomène en se plaçant devant un miroir, en s'aidant d'une loupe placée devant l'œil de façon à bien distinguer l'ouverture de la pupille. Alors, en allumant, puis en éteignant une lampe torche, pas trop puissante pour ne pas abîmer l'œil, on voit la pupille rétrécir puis se dilater à nouveau.

→ **pages : 425, 426, 431**

Diffraction

Modification de la trajectoire de la lumière au voisinage d'un obstacle ou d'une ouverture.

- Les réseaux sont constitués par une succession de fentes très fines et très proches les unes des autres et possédant la propriété de diffracter la lumière.
- En se servant de ce procédé, on a montré que la lumière blanche du Soleil est en fait une superposition des couleurs que l'on voit dans un arc-en-ciel. Soit dans l'ordre : violet, indigo, bleu, vert, jaune, orange, rouge.

Diffusion

Fait de renvoyer la lumière partout dans l'espace.

- Par temps de brouillard, le faisceau lumineux des phares d'une voiture est diffusé par les gouttelettes d'eau en suspension dans l'atmosphère. La lumière sera diffusée et les phares, au lieu d'éclairer l'asphalte, vont éclairer le brouillard environnant. Donc, plus on met ses phares fort, moins on voit la route et plus le brouillard est illuminé.
- Les phares antibrouillard sont dirigés vers le bas de la route. Leurs faisceaux passent sous le brouillard, qui flotte à une vingtaine de centimètres

au-dessus de la route, et éclairent donc l'asphalte et très peu le brouillard.
➜ pages : 34, 399, 413

Dilatation

Augmentation du volume d'un corps, conservant ses propriétés, quand on le chauffe.

- On remarque que les liquides se dilatent plus que les solides.
- En augmentant la température, on augmente ce que l'on appelle en physique l'agitation thermique, c'est-à-dire que les particules gagnent de l'énergie et s'agitent davantage. Elles occupent donc un volume plus grand, ce qui explique la dilatation des corps quand on les chauffent.
- Ce phénomène n'est pas à négliger, même pour les métaux. Observez les rails de chemin de fer en hiver, vous constaterez qu'entre les deux rails il existe un espace de quelques millimètres qui permet aux rails de se dilater quand il fait chaud en été. On évite ainsi une déformation des rails.

➜ pages : 208, 209

Dilution

Action de rendre moins concentrée une solution.

- Des solvants comme l'eau de Javel, sont vendus très concentrés.
- Pour nettoyer le sol, on n'a pas besoin de Javel pur, ce serait trop puissant. Alors on la dilue dans de l'eau.
- Quand on boit un sirop, on le dilue dans l'eau avant de le boire.
- La dilution est une chose courante en chimie, où l'effet de la concentration d'un produit, peut ou non, déclencher une réaction.

➜ page : 293

Diode

Composant électronique redresseur de courant alternatif.

- Son fonctionnement dépend du signe de la tension appliqué à ses bornes. Si la tension est négative, la diode se comporte pratiquement comme un coupe-circuit. Si la tension est positive, la diode laisse passer le courant. La diode va redresser le courant alternatif qui passe, lui, du positif au négatif. On n'aura plus que la contribution positive du courant : le courant est redressé.
- Attention ! La diode est un dipôle polarisé, c'est-à-dire qu'elle possède un sens de branchement. Si on fait passer le courant dans le mauvais sens, elle ne fonctionnera pas. Son symbole comporte donc une flèche indiquant son sens de branchement.

La diode fonctionne

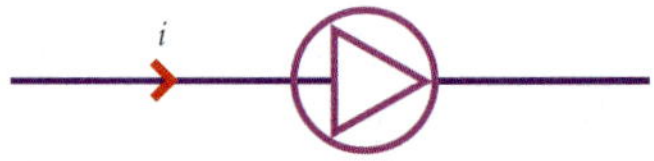

Elle est orientée dans le bon sens par rapport au courant *i*

La diode ne fonctionne pas

Elle n'est pas orientée dans le bon sens par rapport au courant *i*

➜ pages : 21, 314, 315, 317,

320, 330, 331, 344, 345, 356, 397

Diode électroluminescente

Dipôle, qui sous le passage d'un courant, émet une lumière.

- On l'appelle plus couramment DEL (ou LED).
- La majorité des DEL émettent une couleur rouge, mais les progrès technologiques permettent aujourd'hui d'avoir toutes les couleurs. On trouve les DEL sur tous les appareils électriques, télévision, chaîne hi-fi, téléphone sans fil. Leurs fonctions se limitent le plus souvent à indiquer que l'appareil est sous tension.

➜ **page : 315**

Dioxyde de carbone

Molécule provenant d'un processus de combustion ou d'oxydation.

- Le dioxyde de carbone a pour formule CO_2. Il tient un rôle primordial dans l'élaboration de la vie. Les plantes chlorophylliennes, au cours de la photosynthèse, utilisent le CO_2 de l'air pour produire du dioxygène, O_2, et incorporer le carbone, atome occupant une place centrale dans le monde vivant.
- Pendant la respiration, notre organisme rejette du dioxyde de carbone.
- Un deuxième processus de fabrication du CO_2 est la combustion. Les atomes de carbones contenues dans les molécules de pétrole, de bois ou de gaz naturel vont se combiner au dioxygène de l'air lors de la combustion, pour former ce qu'on appelle aussi, le gaz carbonique.
- Le CO_2 est toujours accusé d'être responsable de l'effet de serre.

➜ **pages : 16, 17, 18, 19, 32, 228, 229, 236, 237, 247, 249, 254, 260, 261, 262, 263, 266, 281, 286, 296, 297, 304**

Dioxygène

On appelle dioxygène la molécule O_2 constituée de deux atomes d'oxygène.

- Le dioxygène est un gaz inodore et essentiel au cycle respiratoire. Le dioxygène est présent dans l'air dans une proportion de 21%. C'est sous cette forme que notre organisme utilise l'oxygène.
- À noter que l'oxygène est un fort oxydant surtout si l'atmosphère qui le contient est humide. Il attaque, entre autres, le fer.
- La plupart des gaz ne contenant qu'un seul type d'atome sont constitués de deux atomes : diazote (N_2), dichlore (Cl_2). Il n'y a que les gaz rares qui sont monoatomiques : argon (Ar), néon (Ne), krypton (K_2).

➜ **pages : 19, 194, 214, 229, 235, 236, 238, 239, 241, 242, 243, 244, 245, 246, 247, 249, 252, 253, 254, 261, 262, 263, 276, 289, 298, 312**

Dipôle

Dispositif électrique qui n'a que deux bornes.

- Il est caractérisé par les grandeurs U et I.
- Il est soit récepteur : ampoule, résistance, diode...

Ou bien générateur : pile, accumulateur...

➜ pages : 314, 315, 317, 320, 321, 322, 323, 324, 328, 329, 330, 331, 343, 345, 348, 352, 353, 359

Dipôle passif

Dipôle qui n'a ni intensité ni tension quand on ne l'alimente plus.

● Le résistor est un dipôle ohmique passif, tout comme la diode.

● Les générateurs ne sont pas des dipôles passifs.

➜ page : 321

Disjoncteur

Interrupteur dont l'ouverture se produit automatiquement si l'intensité dépasse une valeur donnée.

● Le disjoncteur sert de système de sécurité dans toute installation électrique.

➜ pages : 24, 31, 331, 360, 361, 364, 365

Dissoudre

Action de disperser les molécules d'un corps dans un liquide.

● L'exemple le plus courant de la dissolution, est le morceau de sucre que l'on met dans de l'eau. Le sucre se désagrège petit à petit, puis disparaît complètement. Les molécules de saccharose constituant le sucre, se sont dispersées dans l'eau. On dit que le sucre s'est dissous.

● Cette propriété est employée dans les lessives qui vont dissoudre les graisses ou les acides capables de dissoudre certains métaux. Mettez une pièce jaune un peu sale dans un verre contenant du Coca-Cola. Attendez quelques jours, vous verrez que le liquide aura dissous toutes les saletés en laissant votre pièce comme neuve.

➜ pages : 17, 18, 204, 206, 215, 220, 221, 224, 225, 226, 227, 228, 229, 230, 237, 245, 281, 282, 285, 288, 296, 312

Distance focale

Pour une lentille convergente et quand les rayons incidents sont parallèles, distance à laquelle on doit se placer de la lentille pour avoir tous les rayons émergents sur un unique point de l'axe de la lentille.

➜ pages : 422, 423, 424, 425

Distillation

Opération consistant à séparer divers constituants d'un mélange liquide en faisant passer celui-ci en phase vapeur.

● Son utilité est multiple : fabrication d'alcools, séparation des sous-produits du pétrole brut (essence, kérozène, gazole,...).

➜ pages : 207, 214, 220, 221, 244, 245

Distillation ménagée

Procédé de séparation, en phase liquide, d'une substance complexe en divers constituants de poids différents.

● Un gaz complexe, c'est-à-dire renfermant plusieurs molécules différentes peut être séparé en ses constituants de base.

● Prenons l'exemple de l'air. L'oxygène est plus lourd que l'azote, mais ses molécules, sous forme gazeuse, sont parfaitement mélangées par l'agitation thermique : les mouvements l'emportent sur le poids. Il est donc très difficile de les séparer. Mais en comprimant l'air, on fait passer les gaz sous forme liquide et les effets de densité l'emportent sur le mouvement des molécules. L'oxygène étant plus lourd que l'azote, en attendant suffisamment longtemps, on retrouvera l'oxygène en bas et l'azote en haut. On aura ainsi séparé les deux constituants principaux de l'air.

● Sur ce même principe, on récupère tous les autres gaz que contient l'air, notamment les gaz rares.

➜ **page : 239**

Durée

Mesure d'une différence de temps, la durée se compte en seconde de symbole s.

● Si l'on prend le TGV pour aller à Lyon, en partant à 12h00 on arrive à 13h58min. La durée du trajet est donc de 13h58min-12h00 = 1h58min = 1h+58 min = 60 min + 58 min = 118 min = 118 × 60s = 7080 s . Dans le langage courant, on dira que l'on a mis 2h. Dans cet exemple qui n'est pas une expérience de physique, l'unité de temps utilisée ne doit pas correspondre à l'unité du système international qui est la seconde. Dans ce cas, on choisira d'exprimer la durée du voyage dans l'unité qui nous paraît la plus pertinente, ici en heure (et non pas en jour, ce qui donnerait 1/12e de jour=0.083j).

➜ **pages : 376, 377, 386**

Dynamomètre

Appareil servant à mesurer les forces en enregistrant la déformation d'un ressort.

● Le résultat des mesures prises avec cet appareil s'exprime en newton, de symbole N.

➜ **pages : 383, 387, 391**

Eau de chaux

Réactif capable de mettre en évidence la présence de dioxyde de carbone.

• La propriété de l'eau de chaux est de devenir trouble en présence de dioxyde de carbone.

→ **pages : 229, 247, 249, 260, 261, 280**

Eau distillée

Eau pure qui a subi des étapes de purification par distillation.

• L'eau distillée ne contient que des molécules d'eau et quelques impuretés en quantités infinitésimales car celles-ci ont été éliminées tout au long des étapes de distillation.

→ **pages : 207, 214, 276, 288, 289**

Eau forte

Mélange d'acide nitrique.

• L'eau forte se comporte comme un acide dilué, elle sert à réaliser de la gravure sur cuivre.

→ **pages : 285, 287**

Ébullition

Passage de l'eau de l'état liquide à l'état gazeux en la chauffant.

• L'eau bout à 100°C à la pression atmosphérique. En augmentant la pression, cette température augmente. Ce principe est exploité dans les autocuiseurs pour diminuer le temps de cuisson des aliments.

→ **pages : 14, 17, 199, 207, 208, 209, 211, 212, 214, 215, 220, 239**

Écliptique

Plan délimité par la rotation de la Terre sur son orbite autour du Soleil.

• C'est dans ce plan que se trouvent les treize constellations du Zodiaque (dont le treizième est Ophiciucus).

• Le plan de l'écliptique n'est pas tout à fait le même pour toutes les planètes du système solaire.

→ **page : 419**

Edison (Thomas Alva)

Inventeur américain (1847-1931)

• Très jeune en 1864, il inventa un télégraphe duplex permettant de faire passer simultanément sur un même fil deux dépêches en sens inverse.

• Devenu riche et célèbre, il fonda une usine en 1876, où il fit de nombreuses inventions dont le phonographe (1877), la lampe électrique à incandescence (1878).

• Avec le kinétoscope, il fut un précurseur du cinématographe.

→ **pages : 316, 367**

Effet de serre

Effet complexe qui serait fortement dû à la réflexion du rayonnement infrarouge par les couches nuageuses et qui serait susceptible de provoquer un réchauffement global de la planète.

• Le CO_2 joue un rôle majeur dans le phénomène de l'effet de serre. Aussi recherche-t-on activement les les sources principales d'émission de CO_2. On trouve aux premiers rangs, les émissions des moteurs à explosion, les rejets des usines dans l'atmosphère mais aussi les émanations de gaz des éruptions volcaniques. Quand au cycle naturel qui régule le taux de CO_2, on a repéré deux voies principales : la consommation du

CO_2 lors de la photosynthèse et la fixation du CO_2 par le plancton marin. Il est actuellement difficile de définir, sur une longue période les répercutions sur notre environnement de l'effet de serre.

- Afin de prévenir de catastrophes éventuelles la législation se fait plus ferme sur la production de gaz qui amplifie l'effet de serre.

➜ **pages : 19, 237**

Effet Joule

Perte en chaleur de l'énergie électrique circulant dans un composant.

- Cette perte est due à la résistance que le composant oppose au passage du courant électrique.
- Ce phénomène n'est pas négligeable car pour de fortes intensités, il peut faire fondre le câble qui transporte le courant et ainsi déclencher un incendie.

➜ **pages : 275, 318, 350, 353, 358, 365, 370**

Élastique

Se dit d'un corps capable de reprendre sa forme d'origine après avoir subit une déformation.

- Le caoutchouc est un matériau élastique. En relâchant un élastique après l'avoir entortillé dans tous les sens, celui-ci reprend sa forme en anneau.

Élastomère

Polymère possédant des propriétés élastiques.

- Les pneus de voiture se comportent comme des élastomères. Ils se déforment légèrement lors du déplacement du véhicule et permettent ainsi de faire le lien entre deux éléments rigides que sont la route et le châssis de la voiture.

Électrisation

Action de rendre électrique un objet qui est normalement neutre.

- L'énergie fournie en frottant un objet (une règle en plastique) provoque l'apparition de charges électriques en surface.
- Les propriétés de l'objet vont alors suivre les lois des corps chargés dictées par l'électrostatique (la règle électrisée peut attirer de petites boules de papier).

➜ **pages : 319, 378, 379**

Électroaimant

Bobine parcourue par un courant électrique qui créé un champ magnétique.

- Approcher un aimant d'une pièce en acier a pour effet immédiat que l'aimant «se colle» au métal. Pour séparer l'aimant de la pièce d'acier, il faut alors le tirer avec force. Ce type d'aimant est un aimant permanent, c'est-à-dire qu'il possède toujours la propriété d'attirer le fer. Dans le cas de l'électroaimant, il ne se comporte en aimant que si on lui applique un courant électrique. Sans courant, il perd sa propriété magnétique et n'attire plus le métal.
- On utilise ce type d'aimant dans les décharges de voitures pour déplacer les carcasses métalliques. On place alors un électroaimant sur le toit de la voiture et on applique

un courant. L'électroaimant attire la voiture. Un opérateur déplace l'électroaimant relié à un bras hydraulique pour porter la voiture jusqu'au concasseur. Là, il coupe le courant et l'électroaimant perd sa capacité d'aimanter. Il n'attire donc plus la carcasse métallique de la voiture. En levant le bras hydraulique, l'opérateur sépare l'électroaimant du toit sans avoir besoin de forcer.

➜ **pages : 23, 270, 309, 318, 319, 337, 359**

Électrocution

Action du passage d'un courant électrique dans le corps humain.

● Le corps humain est composé à plus de 80 % d'eau. Il contient en plus des ions comme le Ca^{+}, K^{+} qui facilitent le passage d'un courant électrique. Le corps parcouru par un courant sert de conducteur si par malheur il n'est pas isolé, c'est-à-dire tant que le corps n'est pas relié à un isolant, ce qui reviendrait à avoir un circuit ouvert.

● Au delà de 12V de tension, l'électrocution est mortelle. Pour cette raison, si quelqu'un proche de vous s'électrocute, il ne faut surtout pas l'attraper à mains nues! Vous vous retrouveriez alors dans la même situation que lui, dans la désagréable position de conducteur de courant. En fait, il faut chercher à le détourner de la source de courant avec laquelle il est en contact au moyen d'un bâton en bois ou de n'importe quel autre isolant que vous trouverez.

➜ **pages : 316, 319, 327, 330, 341, 354, 355, 365**

Électrode

Pièce conductrice, en général un métal conducteur, qui permet l'arrivée du courant électrique en un endroit précis.

● En chimie, deux types d'électrodes sont définis : les électrodes reliées au pôle positif du générateur vers laquelle se dirigent des particules chargées négativement et qui sont appelée anodes; les électrodes reliées au pôle négatif du générateur qui attirent les particules de charges positives qui sont appelées cathodes.

● Dans une batterie de voiture, c'est par l'électrode que l'on récupère le courant électrique.

➜ **pages : 276, 288, 335**

Électrolyse

Procédé reposant sur le passage d'un courant électrique qui aura pour effet de décomposer des substances.

● L'établissement du courant peut se faire au travers d'une anode et d'une cathode. Ainsi on électrolyse de l'eau et on la décompose en gaz. On récupère à l'anode du dioxygène et à la cathode du dihydrogène.

➜ **pages : 254, 255, 263, 273, 276, 277, 283, 289, 291, 311, 319, 366**

Électrolyseur

Appareil composé d'un bac, pour recevoir la solution à électrolyser, et de deux électrodes.

● Les deux électrodes, l'anode et la cathode permettent le passage du courant électrique.

➜ **pages : 276, 282, 288**

Électrolyte

Composé pouvant être décomposé sous l'effet d'un courant électrique.

- Il s'agit souvent d'un acide, d'une base ou d'un sel.
- Le passage d'un courant dans la solution contenant le composé, sépare celui-ci en anions et cations.

→ pages : 276, 278, 282, 288

Électron

Particule fondamentale possédant une charge électrique négative et gravitant autour du noyau d'un atome.

- L'électron a une masse très faible de 9.10^{-31} kg, on dit aussi qu'il porte la plus petite quantité d'électricité notée -e et valant $-1,6.10^{-19}$ Coulomb.
- Les physiciens ont remarqué que la charge que portait un électron était égale, en valeur absolue, à celle portée par les protons du noyau de l'atome. Ceci explique la neutralité de l'atome.
- L'électron joue un rôle primordial en physique. Aussi bien dans les microscopes électroniques, que dans les canons à électrons des tubes cathodiques des téléviseurs, ou encore, plus simplement, ce sont eux qui interviennent dans la propagation du courant électrique dès que l'on appuie sur l'interrupteur d'une lampe.

→ pages : 256, 257, 259, 264, 265, 274, 275

Électroneutralité

Loi de conservation de la charge électrique qui, pour un corps neutre de départ, impose un nombre égal de charges positives et négatives sur les corps d'arrivée.

- Dans une réaction bilan, la quantité de charge électrique est conservée. Puisque la matière est globalement neutre, dès qu'il apparaît une charge positive, il doit aussi en apparaître une négative afin d'obtenir une somme de charges électriques nulle.

→ pages : 264, 265, 285

Électrostatique

Science qui étudie les lois et les propriétés de tous les corps électriquement chargés, immobiles et en équilibre.

- On regarde les forces créées par les charges électriques sur la matière quand tout est en équilibre, on dit alors qu'on est en régime statique.
- L'étude des phénomènes électrostatiques a permis dès 1843 à l'Anglais Michael Faraday d'élaborer une théorie sur l'influence électrostatique.

→ pages : 325, 326, 366

Émulsion

Dispersion d'un liquide au sein d'un autre liquide avec lequel il ne peut se mélanger.

- L'huile et l'eau forment une émulsion. Même en les agitant, ils se séparent en deux couches discernables, on dit deux phases.

→ pages : 221, 226

Équilibre

Si un objet est immobile – ou en équilibre –, alors l'ensemble des forces qu'il subit s'annulent.

● En physique, on définit ainsi des systèmes à l'équilibre où la contribution des forces s'annule. Ex: la tour Eiffel est en équilibre avec le sol car la réaction du sol contrebalance parfaitement son poids.

● En chimie, s'il n'y a pas de réaction ou si la réaction et son inverse ont la même vitesse, la composition du mélange ne varie pas. On dit que le système est à l'équilibre.

➜ **pages : 29, 388, 389**

Équinoxe

Époque de l'année où la durée du jour et de la nuit est égale à 12h.

● À ces périodes de l'année, la distance Terre-Soleil est suffisamment proche pour créer de fortes marées. Ce sont les équinoxes de printemps et d'automne.

● Pendant l'équinoxe, la durée du jour est égale à celle de la nuit.

➜ **pages : 418, 419, 421**

Espace interplanétaire

Zone de l'espace entourant les planètes du système solaire.

● Cette zone ne possède pas la même composition que le reste de l'espace. On y trouve, par exemple, en relativement grandes quantités, des particules éjectées du Soleil, des champs magnétiques créés par certaines planètes et des restes de météorites, comètes et autres débris relatifs à la formation du système planétaire.

➜ **page : 234**

Éther

Dans la physique ancienne, substance qui était supposée remplir l'espace et qui devait servir de support à la propagation de la lumière.

● Le concept d'éther apparaît au début du XVIIIe siècle. Il était à l'époque nécessaire pour expliquer le phénomène de propagation de la lumière qui, se comportant comme une onde, ne pouvait, comme toutes les ondes connues à cette époque, se propager que dans un milieu matériel et non dans le vide. On sait depuis que cette hypothèse était fausse et que la lumière fait partie de ce que l'on appelle les ondes électromagnétiques qui sont les seules ondes à ne pas avoir besoin de support pour se propager.

➜ **page : 406**

Étincelle

Phénomène lumineux de couleur bleue provenant d'une décharge électrique.

● Il existe d'autres types d'étincelles. Celles qui apparaissent lors d'un choc (de deux pierres entre elles, par exemple), ou encore lors d'une combustion de petites particules incandescentes.

➜ **pages : 246, 249, 252, 253, 287**

Étoile

Objet céleste émettant sa propre lumière.

● Le Soleil est une étoile.

● L'étoile la plus proche de la Terre après le Soleil est Alpha du Centaure située à 4,3 années lumières soit environ 40 000 milliards de km de notre propre étoile.

● Les étoiles prennent une suite de couleurs commençant du rouge, puis passant successivement du jaune au blanc et finissant par le bleu. À cette échelle de couleur correspond une échelle de températures de surface. Les plus froides sont les rouges, contrairement aux idées reçues. Leurs températures de surface avoisinent les 3 000°C et les plus chaudes sont celles de couleur bleue d'une température de plus de 20 000°C. Quant à notre Soleil, sa couleur jaune révèle une température intermédiaire proche des 6 000°C.

● Les étoiles ne se distinguent pas seulement par leur masse et leur couleur mais aussi par leur taille. Les plus grosses se nomment les supergéantes et font jusqu'à quelques milliers de fois la taille de notre Soleil. Quand aux plus petites, les naines brunes, elles sont à peine plus grosses que Jupiter.

➜ **pages : 34, 36, 40, 41, 42, 43, 396, 408, 409**

Évaporation

L'eau liquide peut passer à l'état gazeux, sous la forme de vapeur d'eau, à la température ambiante (20°C), par évaporation.

● Ce phénomène naturel qui ne nécessite pas d'apport d'énergie supplémentaire est utilisé dans les marais salants. L'eau de mer s'évaporant naturellement laisse son sel sur le sol que l'on peut récupérer.

➜ **pages : 14, 15, 16, 17, 200, 201, 205, 206, 218, 219, 234, 237, 239**

Expansible

En augmentant le volume d'un gaz, celui-ci va avoir tendance à occuper la totalité du nouveau volume, on dit qu'il est expansible.

● L'expansion d'un gaz s'accompagne d'une baisse de sa pression ainsi que de sa température.

● C'est en utilisant cette propriété que fonctionnent les systèmes de refroidissement des réfrigérateurs.

➜ **page : 238**

Extraction

Procédé qui consiste à obtenir une certaine substance qui, au départ, se trouve mélangée à d'autres matériaux.

● On extrait le pétrole et le gaz naturel du sol.

➜ **page : 207**

Faisceau

Quand un ensemble de rayons suit une même direction de façon groupée, on parle alors de faisceau.

● L'exemple le plus frappant de faisceau est celui sortant d'un laser de chantier. On dit que le faisceau est bien collimaté, c'est-à-dire que les rayons lumineux sortant du laser restent parallèles entre eux sur une grande distance (quelques centaines de mètres).

● De manière plus générale, les lampes torches (une maglight) produisent de la lumière en faisceau grâce à leur géométrie parabolique afin de concentrer l'énergie lumineuse ce qui permet de mieux éclairer l'objet que l'on veut voir.

➜ **pages : 34, 257, 359, 404, 423**

Faraday (Michael)

Chimiste et physicien anglais (1791-1867)

● En 1821, il constate l'action exercée par un aimant sur un courant électrique, complétant les théories élaborées par Ampère.

● En 1831, il réalise sa découverte la plus importante qui permet la transformation du travail mécanique en énergie électrique et qui conduit à la construction des dynamos.

➜ **pages : 23, 336, 366, 367**

Fermentation

Processus biochimique de décomposition de matériaux organiques, impliquant des enzymes et produisant différents composés dont certains sous forme gazeuse.

● L'industrie reproduit ces réactions naturelles à des fins diverses, notamment pour fabriquer de l'alcool.

● Dans l'organisme, les phénomènes de fermentation fournissent l'énergie nécessaire aux effort musculaires de longue durée. Malheureusement ces phénomènes s'accompagnent de la production d'acide lactique qui en s'accumulant peut provoquer l'apparition de crampes ! Ainsi la fermentation peut dans certains cas être dangereuse.

● Dans les silos à blé, la fermentation produit des dégagements gazeux susceptibles de provoquer des explosions en cas de ventilation défaillante.

➜ **page : 228**

Filament de tungstène

Fil très fin de tungstène qui sous le passage d'un courant produit de la lumière. C'est le fil des lampes à incandescence.

● Le tungstène, de symbole W, est le métal qui possède la température de fusion la plus élevée à près de 5 930°C.

● Le fil de tungstène est, dans une atmosphère d'argon, un gaz rare totalement inerte (avec lequel toute réaction chimique est impossible). En appliquant un courant dans un fil très fin, celui-ci va chauffer suffisamment pour émettre de la lumière.

● À l'air libre, le filament brûle en produisant une vive couleur bleue en raison de la présence de l'oxygène.

➜ **pages : 316, 397**

Filtration

Passage d'un liquide contenant de fines particules en suspension au travers d'un matériau poreux ou perméable (le sable, le papier). On élimine ainsi une grande partie de ses impuretés.

● La filtration est une étape importante essentielle dans l'épuration de l'eau.

● Un exemple plus commun consiste à observer le passage de l'eau chaude mélangée au café moulu au travers d'un filtre à café. La filtration achevée, on n'obtient qu'un seul composé liquide, du café. Tout le marc a été retenu par le filtre.

➜ **page : 206**

Fizeau (Hippolyte)

Physicien français (1819-1896)

● En 1849, il mit au point la première méthode physique pour mesurer la vitesse de la lumière, et étendit à l'optique l'effet découvert par Doppler dans le cas des ondes sonores. On a pu mesurer des vitesses d'étoiles et découvrir des étoiles doubles.

➜ **page : 407**

Fluide

Définit tout corps qui prend la forme du récipient qui le contient.

● Tous les liquides et tous les gaz sont des fluides. Parmi ceux-ci, les gaz sont les seuls compressibles et expansibles.

➜ **pages : 198, 199, 299, 305, 309**

Fongicide

Pesticide visant à détruire les champignons et les moisissures.

● Dans les zones où l'on pratique l'agriculture de manière intensive, ce genre de pesticide est abondamment employé.

● Si l'usage des fongicides renforce la lutte contre les attaques de champignons, la pollution engendrée par la dissémination du pesticide dans le sol augmente.

● Les fongicides polluent les nappes phréatiques. Devenant impropre à la consommation, l'eau doit alors être épurée.

➜ **page : 230**

Force

Toute cause capable de modifier le mouvement d'un corps ou de provoquer sa déformation.

● On représente une force par un vecteur. Sa dimension est le newton, N.

● Les forces portant sur un même objet s'additionnent et produisent des effets différents sur le mouvement de celui-ci.

➜ **pages : 378, 379, 380, 381, 382, 383, 384, 385, 386, 387, 388, 389, 392, 393,**

Force centrifuge

Lors d'un mouvement circulaire d'un corps, force qui tend à l'éloigner du centre de sa trajectoire.

● Attachez une pierre à un fil et faites tourner. Le fil va se tendre et va décrire un cercle sous l'effet de la force centrifuge. Vous venez de fabriquer une arme de chasse, la fronde, comme l'ont fait les hommes préhistoriques en leur temps.

Force d'attraction

Force qui s'exerçant sur deux corps a tendance à les rapprocher.

- La force de gravitation est une force attractive. Elle tend à ce que deux corps possédant une masse s'attirent. Elle est donc toujours attractive.
- D'autres forces ne sont pas ainsi. C'est le cas de la force électrostatique qui est attractive dans le cas de charges de signes contraires et répulsive dans le cas où les charges sont de même signe.

➜ **pages : 386, 392, 393**

Foucault (Léon)

Physicien français (1819-1868).

- Il mit au point une méthode de mesure de la vitesse de la lumière, applicable à la fois dans l'air et dans l'eau, les résultats obtenus étant différents dans les deux milieux.
- En 1851, il réalisa une célèbre expérience au Panthéon destinée à mettre en évidence la rotation de la Terre, avec un pendule de 28 kg suspendu à un fil d'acier de 67 m.

➜ **page : 407**

Foyer objet

Point situé sur l'axe optique (en rouge) d'une lentille convergente et situé devant la lentille, tel que tout rayon incident (en vert, une flèche) passant par ce point, F, sort de la lentille (en vert, deux traits) parallèlement à l'axe optique comme le montre la figure ci-contre.

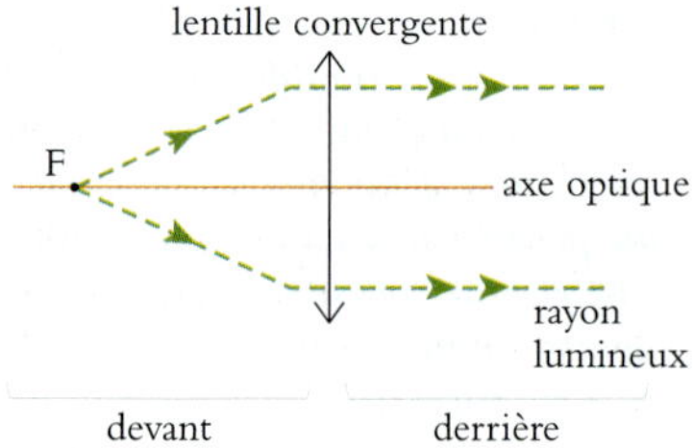

➜ **page : 431**

Fréquence

Nombre de fois qu'un événememt se répète à l'identique en une seconde. On la note par le symbole f ou N.

- On a la relation f =1/T avec T la période.
- Son unité est s^{-1} ou encore le Hertz de symbole Hz.
- Pour le courant alternatif du secteur qui s'inverse toutes les 20ms, f=1/0,020=50Hz.

➜ **pages : 336, 338, 339, 340, 343, 345, 355**

Frottement

Généralement, les forces de frottement s'opposent aux forces donnant naissance au mouvement d'un objet.

- Les forces de frottement sont très courantes : une voiture sur l'autoroute consomme 80 % de son énergie, pour lutter contre les frottements avec l'air et non pour se propulser.
- Expérience : passez votre main très vite sur la moquette, au bout de quelques secondes vous ressentez une forte chaleur causée par les frottements. C'est avec cette technique

que fonctionnent les freins à disques, en convertissant l'énergie du mouvement d'une voiture en chaleur par frottement de plaquettes sur des disques. Les disques de formule 1 s'échauffent si vite qu'ils deviennent rouge comme des braises !

➜ **pages : 287, 325, 379, 384, 387**

Fusible

Élément conducteur qui a la propriété de fondre à une température relativement basse (250°C) et servant à protéger un circuit contre des intensités anormalement élevées.

- Ce système de sécurité simple existe dans chaque maison et, en principe, dans tout appareil électrique qui, supportant des intensités, est susceptible de prendre feu s'il se produit un court-circuit.
- Quand une intensité anormalement élevée traverse le circuit, le fusible «saute». Sa fonction est d'être un interrupteur.

➜ **pages : 24, 318, 364**

Fusion

Quand un élément solide passe de l'état solide à l'état liquide on dit qu'il rentre en fusion.

- La glace fusionne en eau liquide. Quand un métal chauffé entre en fusion, il devient liquide et on peut alors lui donner la forme que l'on veut.
- Le terme de fusion s'applique également pour définir l'association de deux noyaux légers comme l'hydrogène (H). On parle alors de fusion thermonucléaire. Cette réaction dégage énormément d'énergie. Le Soleil tire son énergie de ce principe. En son centre fusionnent des noyaux d'hydrogène qui vont donner à leur tour des noyaux d'hélium (He).

➜ **pages : 14, 16, 18, 199, 200, 212, 213, 214, 215, 225, 240, 241, 272, 273, 294, 295, 303, 306, 318**

Galaxie
Ensemble d'étoiles (100 milliards d'étoiles) liées entre elles par l'interaction gravitationnelle et prenant dans l'espace diverses formes (spirales, ellipses...).

● La Voie lactée est notre galaxie. Elle est de forme spiralée, c'est-à-dire qu'en son centre se trouve un bulbe central, très dense en étoiles autour duquel tournent des bras spiralés contenant aussi beaucoup d'étoile. Le Soleil est placé dans l'un de ses bras. On dit qu'il se trouve dans la proche banlieue de la galaxie.

→ **pages : 42, 43, 408, 409**

Galilée (Galileo Galilei, dit)
Mathématicien, physicien et astronome italien (1564-1642).

● Professeur de sciences à l'université de Padoue à partir de 1592, Galilée incarne, comme Léonard de Vinci, le savant polyvalent de la Renaissance.

● Il est l'auteur de nombreuses expériences scientifiques, concernant notamment la chute des corps, dans le vide ou l'oscillation des pendules (*Dialoga sopra i due massimi sistemi del mondo*, 1632).

● Ses travaux en astronomie, effectués pour le compte du grand-duc de Toscane, Cosme II, l'amènent à prendre le parti de Copernic à propos de la question de la rotation de la Terre, et du fait que celle-ci ne soit pas le centre de l'Univers. Cette théorie étant considérée comme hérétique par l'Église, Galilée est mis à l'Index par l'Inquisition en 1633 et termine son existence en résidence surveillée.

→ **pages : 38, 381, 392, 406, 414**

Galvani (Luigi)
Médecin et physicien italien (1737-1798)

● Galvani met en évidence une électricité propre à l'animal qui fut appelée courant galvanique.

● Sa théorie conduisit Volta à la découverte de la pile électrique.

→ **page : 325**

Galvaniser
Recouvrir d'une couche protectrice de zinc, en se servant de l'action du courant électrique sur un métal.

Gaz
Ensemble de particules légères ayant tendance à occuper la totalité de l'espace délimité qui les renferme.

● Les gaz sont des fluides compressibles et expansibles, contrairement aux liquides. Les interactions des particules du gaz entre elles sont très faibles, ce qui leur permet de se déplacer librement les unes par rapport aux autres, alors que dans les solides (métal, cristal), elles sont toutes reliées entre elles.

● Dans un gaz, on peut définir une pression et une température.

● L'air est un ensemble de gaz. Il n'existe pas de mélange hétérogène possible de plusieurs gaz. C'est pour cette raison que les gaz polluants sont dangereux. En effet, ils se dispersent facilement dans l'atmosphère, contaminant des régions entières.

● Invisibles, ils sont très difficiles à

traiter car on ne peut efficacement les localiser comme on le ferait d'une nappe de pétrole à la surface de la mer.

➜ pages : 14, 15, 17, 19, 30, 33, 34, 40, 42, 44, 195, 196, 198, 199, 206, 209, 217, 228, 229, 234, 235, 237, 238, 239, 244, 245, 248, 249, 251, 253, 260, 276, 282, 284, 287, 288, 289, 290, 297, 307, 310, 362, 369

Gazoduc

Canalisation de grand diamètre permettant l'acheminement du gaz naturel.

- Généralement, les gazoducs sont des conduites très longues qui traversent les continents. Ainsi la France importe une grande partie de son gaz naturel de l'Algérie et de l'ex-URSS. Le gaz est transporté sur des milliers de kilomètres dans des gazoducs.

➜ pages : 248, 249

Générateur

Appareil capable de fournir de l'électricité.

- La source de ce type d'appareil est thermique, mécanique ou chimique. C'est le cas des piles.

➜ pages : 20, 274, 275, 276, 277, 314, 316, 321, 323, 324, 325, 326, 327, 328, 329, 332, 333, 335, 336, 338, 343, 348, 350, 352, 356, 357

Gilbert (William)

Médecin et physicien anglais (1554-1603).

- Il établit une théorie d'ensemble du magnétisme terrestre dans son premier traité du magnétisme, *De Magnete*, en 1600.
- A partir d'expériences, il assimila la Terre à un aimant, remarqua les règles de répulsion et d'attraction des aimants par leurs pôles.
- Il donna également les premières notions sur l'électricité, dont une liste des corps électrisables par frottement.

➜ page : 366

Glissement

Se dit d'un mouvement d'ensemble d'un objet sur une surface plus ou moins lisse sans qu'il y ait roulement.

- Une luge glisse sur la neige.
- Une voiture en freinant sous la pluie bloque ses roues. Il n'y aura donc plus roulement. Elle part en glissade et ses pneus crissent. Le conducteur n'est plus maître de son véhicule et rallonge sa distance de freinage. C'est une des raisons du plus grand nombre d'accidents sur une route mouillée que sur sol sec.

Gramme (Zenobe)

Électricien et inventeur belge (1826-1901).

- Il perfectionna les machines à courant alternatif en 1867.
- En 1869, il imagina le collecteur qui permettait d'obtenir des appareils à courants continus.
- En 1871, il présenta à l'Académie des sciences la première dynamo : la machine de Gramme.

➜ pages : 343, 367

Graphite

Matériau non métallique aux propriétés conductrices constitué essentiellement d'atomes de carbone.

● L'arrangement des atomes de carbone en réseau cristallin favorise le passage d'un courant électrique. Le graphite est donc classé parmi les matériaux conducteurs.

→ pages : 275, 277, 317

Grenaille de zinc

Le zinc est un métal, tout comme l'aluminium. En le broyant en de menus grains, on obtient de la grenaille de zinc.

● On se sert de la grenaille de zinc dans les expériences de chimie simple. Matériau peu cher, elle est issue des déchets des usines travaillant le métal.

→ pages : 285, 290

Hémoglobine

Macromolécule biologique des globules rouges chargée de fixer les molécules de dioxygène de l'air.

● Le fer joue un rôle fondamental dans la fixation du dioxygène sur les quatre sites de fixation de l'hémoglobine, dont il occupe le centre.

➜ pages : 270, 271

Herschel (William)

Astronome anglais d'origine allemande (1738-1822).

● Il construit ses propres télescopes avec lesquels il entreprit l'observation systématique des étoiles doubles.

● En 1781, il découvrit la planète Uranus.

● En 1783, il mit en évidence le déplacement du système solaire vers l'apex dont il donna les coordonnées.

● En 1787, il découvrit deux satellites d'Uranus, Titiana et Obéron, et en 1789, deux satellites de Saturne, Encelade et Mimas.

➜ page : 394

Hydrocarbure

Corps composé d'atomes de carbone et d'hydrogène exclusivement.

● Généralement les atomes de carbone se lient entre eux pour former une chaîne carbonée. Ce sont des composés comme le méthane (qui possède 1 atome de carbone), l'éthane (2 atomes de carbone), le propane (3 atomes de carbone), le butane (4 atomes de carbone) etc. Jusqu'à des chaînes de plusieurs dizaines d'atomes de carbone.

● Il existe aussi des cycles d'atomes de carbone en forme d'anneau comme, par exemple, le benzène (cycle de 6 atomes) qui est très cancérigène.

● Les hydrocarbures sont les constituants du pétrole que l'on extrait du sol.

➜ pages : 262, 237, 304

Hydrofuge

Se dit de tout corps qui préserve de l'humidité, de l'eau.

➜ page : 297

Hydrophile

Se dit d'un corps capable de se dissoudre dans l'eau de façon homogène.

● Le caractère hydrophile des molécules dépend des liaisons qu'elles peuvent réaliser avec les molécules d'eau. L'alcool présente un caractère hydrophile et se mélange à l'eau.

Hydrophobe

Se dit d'un corps qui ne se dissout pas dans l'eau et qui présente alors un mélange hétérogène.

● Ces molécules préfèrent réaliser des liaisons moléculaires entre elles qu'avec les molécules d'eau. Elles cherchent donc à se rassembler entre elles en chassant les molécules d'eau avoisinantes. On se retrouve en milieu hétérogène.

● Les graisses, l'huile, le beurre... ne se mélangent pas à l'eau. Ils présentent un caractère hydrophobe. De ce fait, on les retrouve agglutinés les uns avec les autres.

Impureté

Petites particules réparties dans un matériau ou une solution rendant celui-ci impur.

→ pages : 207, 369

Incinération

Procédé de destruction des déchets de tous types par combustion.

- La combustion présente deux avantages. Elle détruit tous les organismes vivants : champignons, bactéries. Les résidus issus de la combustion prennent beaucoup moins de volume. Mais, en contrepartie, la fumée des incinérateurs charge l'atmosphère de particules qui peuvent se révéler à long terme comme à court terme néfastes pour l'environnement et pour notre santé. À court terme, les particules de métal se fixent dans les poumons et irritent le système respiratoire, déclenchant asthmes, angines en déréglant notre système immunitaire. À long terme, le CO_2 implique un effet de serre.
- Les organismes internationaux fixent des seuils de rejets toxiques à la sortie des cheminées des incinérateurs. Mais il n'existe pas encore de texte de loi qui condamnerait les récalcitrants.

→ pages : 309, 310

Induction

Phénomène électromagnétique faisant apparaître une tension dans une bobine sous l'effet du déplacement d'un aimant devant la bobine.

- Ce phénomène est exploité pour fournir de l'électricité. Dans les centrales électriques, les alternateurs transforment un mouvement en électricité selon le principe de l'induction. Il en est de même sur les alternateurs de voiture ou de bicyclette.
- On retiendra que le phénomène d'induction existe dans l'autre sens : lorsqu'un courant traverse une bobine, on peut perturber le mouvement d'un aimant se déplaçant devant la bobine. Une application pratique du phénomène dans ce sens est le freinage électromagnétique des camions.

→ pages : 309, 336, 337, 344, 367

Infrarouge

Rayonnement électromagnétique se situant juste avant la couleur rouge et transportant moins d'énergie que la lumière visible.

- Notre œil n'est pas capable de détecter ce type de rayonnement qui est émis par tout objet possédant une chaleur.
- Le corps humain garde sa température à 37°C, il émet un rayonnement infrarouge.
- Les militaires ont utilisé cette propriété en mettant au point des lunettes permettant de voir ce rayonnement. On peut donc, quand il fait nuit, voir tous les émetteurs important d'infrarouge, c'est-à-dire, les animaux et les hommes. Les plantes et la terre émettent aussi ce rayonnement mais de façon moins intense que les animaux.
- Ce rayonnement est intercepté par les basses couches nuageuses de l'atmosphère, dont l'effet est de créer

un effet de serre. Ce processus naturel de maintien de la température à la surface de notre planète pourrait se trouver amplifié par l'excès de CO_2 que nous rejetons dans l'atmosphère.

➔ page : 359

Intensité

En physique, l'intensité est la grandeur qui va donner une information quantitative.

● En mécanique, la force étant représentée par un vecteur, elle possède donc une intensité. Plus l'intensité est grande, plus la force est importante.

● En électricité, l'intensité du courant mesure le nombre de charge circulant dans un conducteur en fonction du temps. On la note I, sa dimension est l'Ampère, A :

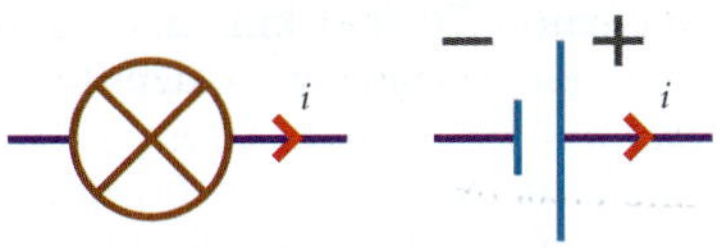

➔ pages : 273, 318, 319, 322, 323, 326, 327, 328, 329, 331, 332, 333, 342, 343, 345, 346, 347, 348, 349, 352, 353, 354, 355, 356, 359, 364, 366, 370, 389, 411

Interaction gravitationnelle

Force qui explique le mouvement des astres.

● Cette force s'exerce entre deux objets possédant une masse, elle est toujours attractive. La Terre reste en orbite autour du Soleil grâce à la force qui les relie tous deux sous l'effet de la gravité.

➔ page : 415

Interrupteur

Appareil mécanique permettant la coupure et le rétablissement du courant électrique dans un circuit.

➔ pages : 20, 21, 314, 315, 316, 317, 321, 330, 331, 365

Ion

Atome ou groupe d'atomes qui n'est plus électriquement neutre, mais qui porte globalement une charge électrique.

● Quand l'atome a perdu des électrons, il est alors chargé positivement, c'est un cation. Ex : Fe^{2+} (ion fer 2).

● Quand l'atome a des électrons en excès, il est alors chargé négativement, c'est un anion. Ex : Cl^- (ion chlorure).

● Les ions ont d'autres propriétés chimiques que les atomes. Du fait de leur charge, ils interagissent plus facilement entre eux.

➔ pages : 195, 256, 259, 264, 265, 266, 267, 276, 277, 278, 279, 281, 282, 283, 284, 285, 286, 287, 289, 290, 410

Isolant

Matériau qui oppose une très grande résistance au passage du courant électrique.

● Le verre, le plastique et le bois sont de bons isolants.

● On se sert du plastique pour

entourer les fils électriques et éviter ainsi les courts-circuits.

- Le verre est utilisé pour isoler de fortes tensions, là où le plastique aurait fondu. On en voit sur les lignes de chemins de fer.
- Le terme isolant ne se prête pas qu'au domaine de l'électricité. Un isolant peut aussi désigner un isolant thermique, comme la laine de verre, ou un isolant phonique, comme les matières alvéolées et fibreuses.

➜ **pages : 20, 274, 275, 276, 285, 295, 300, 316, 317, 370**

Joule (James Prescott)

Physicien anglais (1818-1889)

- En 1841, il énonça les lois sur le dégagement de chaleur produit par le passage d'un courant électrique dans un conducteur : l'effet Joule.
- En utilisant le frottement de l'eau sur elle-même, il mit en évidence la proportionnalité entre le dégagement de chaleur et le travail fourni, il détermina ainsi l'équivalent mécanique de la calorie : le joule.

➜ **page : 350**

Jupiter

Cinquième planète du système solaire, c'est aussi la plus volumineuse et la plus massive.

- On la classe parmi les planètes géantes en raison de sa taille. En effet, elle est 1000 fois plus volumineuse que la Terre. Son rayon est d'environ 70 000 km, sa composition est gazeuse et sa densité vaut 1,32.
- Elle présente la caractéristique de tourner très vite sur elle-même en 10 heures environ. De ce fait, sa surface est constituée de bandes nuageuses. Jupiter se distingue par sa fameuse tache rouge, qui pourrait être un cyclone géant grand comme trois fois la Terre.
- Même si elle est très éloignée du Soleil (780 000 km), Jupiter est l'une des planètes visible de la Terre à l'œil nu par temps clair.
- Il ne faut pas oublier son intérêt historique. Les observations de Galilée sur les quatre plus gros satellites de Jupiter lui permirent de remettre en cause le modèle géo-

centrique adopté par l'Église de l'époque.

➜ **pages : 38, 40, 45, 197, 391, 392, 393, 394, 395, 406, 407**

Kepler (Johannes)

Astronome allemand (1571-1630)

● Il précisa la représentation du système solaire donnée par Copernic et formula trois lois relatives au mouvement des planètes, les deux premières à la suite d'une étude des positions de la planète Mars relevées par Tycho Brahe.

➜ **pages : 38, 418**

Laminage

Procédé par lequel l'acier fondu passant dans des rouleaux compresseurs ressort avec des épaisseurs différentes.

• On peut ainsi fabriquer des plaques d'acier de différentes épaisseurs chacune adaptée à une fonction : fine tôle pour les voitures, plus épaisses pour la construction navale…

➜ **page : 271**

Laser

Émission lumineuse monochromatique qui ne donne qu'une seule couleur très intense.

• Le laser est le plus souvent de couleur rouge; on voit apparaître récemment des lasers bleus.

• Le laser fait partie de notre vie quotidienne. Son champ d'application est vaste. On le trouve dans les lecteurs de CD, sur les chantiers, en chirurgie (pour les opérations), en astronomie (pour mesurer la distance Terre-Lune à 20 cm près), et bientôt sur les autoroutes pour contrôler la vitesse des automobilistes !

➜ **pages : 34, 297**

Latitude

Distance angulaire du lieu où l'on se trouve à l'équateur.

• Cette grandeur est comptée de manière positive si l'on va vers le Nord et négative si l'on va vers le Sud. La figure ci-contre nous montre la latitude :

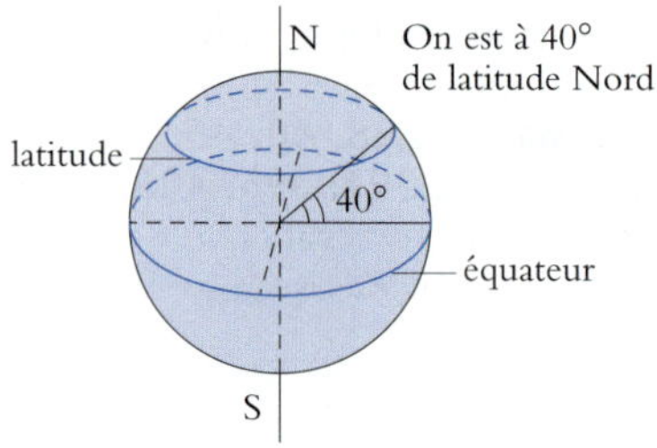

Par exemple, Orléans se trouve à 48° de latitude Nord et Sydney à 34° de latitude Sud.

➜ **page : 413**

Lavoisier (Antoine-Laurent de)

Chimiste français (1743-1794)

• Il mit en évidence la conservation de la masse au cours d'une réaction chimique.

• Il découvrit la nature et le rôle du dioxygène.

• Il établit la composition de l'eau.

• Il montra que la respiration est une combustion de composés carbonés avec formation de gaz carbonique.

➜ **pages : 194, 235, 241, 261**

Lehn (Jean-Marie)

Chimiste français (né en 1939)

• Professeur au Collège de France depuis 1979, il a partagé en 1987 le prix Nobel de chimie avec D. J. Cram et Ch. J. Pedersen pour la synthèse de molécules creuses.

➜ **page : 195**

Lentille

Milieu transparent, généralement un verre, limité par deux surfaces dont au moins une des deux n'est pas plane. Ceci permet, en fonction de la géométrie des verres, de donner soit des lentilles convergentes, soit des lentilles divergentes.

- Les lentilles convergentes se représentent par le dessin suivant :

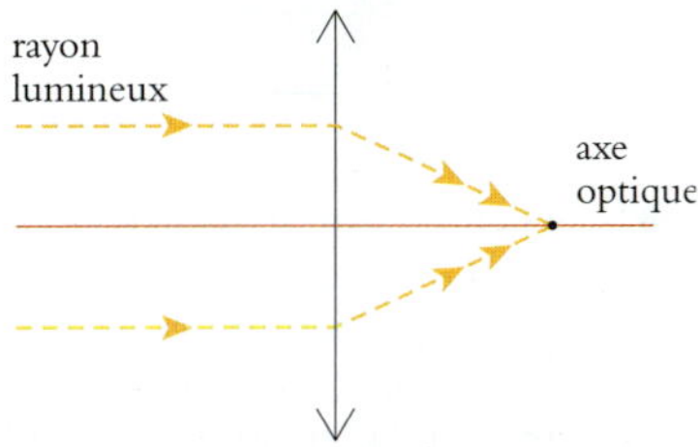

Elles ont la capacité de dévier des rayons parallèles en entrée (on dit rayons incidents) et de les focaliser en un point situé sur l'axe de la lentille (en rouge) à la sortie (on dit rayons émergents).

- Les lentilles divergentes se représentent par le dessin suivant :

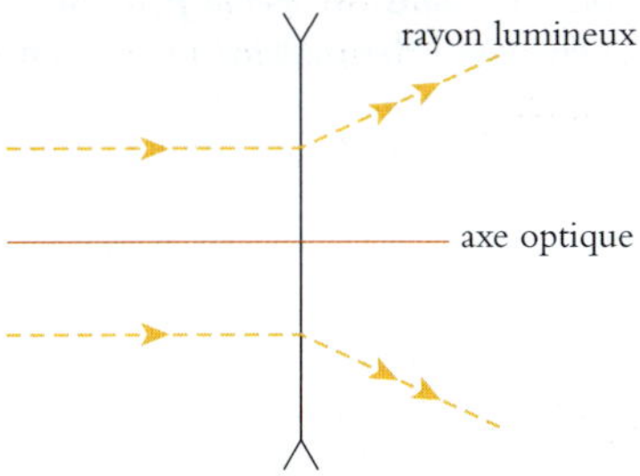

Au contraire des lentilles convergentes, les lentilles divergentes transforment un faisceau incident parallèle en faisceau émergent dont les rayons s'écartent de l'axe de la lentille.

➜ **pages : 402, 422, 423, 424, 425, 426, 427, 430, 431,**

Leucippe

Philosophe grec (vers 460-370)

- Il est l'auteur de la théorie atomiste selon laquelle l'Univers est composé d'atomes et de vide.

➜ **page : 258**

Le Verrier (Urbain)

Astronome français (1811-1877)

- À partir d'observations précises, il remit en cause les premières tables d'Uranus. Il supposa l'existence d'une masse inconnue qui perturbait le mouvement de la planète, et il détermina les éléments de l'orbite d'un corps céleste dont il supposa l'existence : Neptune.

➜ **page : 394**

Liebig (Justus von)

Chimiste allemand (1803-1873)

- Liebig fut l'un des premiers chimistes organiciens ; il est à l'origine de l'extraordinaire développement de la chimie en Allemagne.
- En 1830, il imagine la méthode de dosage du carbone et de l'hydrogène dans les corps organiques.
- Il crée la théorie des cycles du carbone et de l'azote dans la nature.

➜ **page : 267**

Linde (Carl von)

Inventeur et industriel allemand (1842-1934)

- Il est l'inventeur de l'échangeur de températures. Son nom reste lié aux recherches sur les très basses températures, capables de

permettre la liquéfaction de l'air et la séparation industrielle de l'azote d'avec l'oxygène et les gaz rares.
● Il réalisa une machine à absorption (1870), une machine de réfrigération à compression (1873) et mit au point en 1895 un procédé pour la liquéfaction de l'air à l'échelle industrielle.
➜ **page : 239**

Liquéfaction

Passage d'un corps de l'état gazeux ou solide à l'état liquide.
● La glace subit une liquéfaction quand elle se transforme en eau.
● Quand on refroidit un gaz à très basse température, on gagne du volume. Les méthaniers transportent le méthane dans leurs cuves, après l'avoir liquéfié à une centaine de degrés sous zéro.
➜ **pages : 14, 199, 200, 201, 207, 239, 244, 245**

Loi d'Ohm

Pour les conducteurs ohmiques, c'est-à-dire possédant une résistance R, la tension U est reliée à l'intensité I par la relation U=RI. Cette relation est la loi d'Ohm.
➜ **pages : 343, 352, 353, 354, 355, 356, 366**

Longitude

La longitude est un angle, compté de 0° à 180°, dans la direction Est ou Ouest. Cet angle est pris entre un méridien d'origine, celui de Greenwich, et le méridien du lieu où l'on se trouve. La figure ci-contre nous aide à nous représenter le méridien :

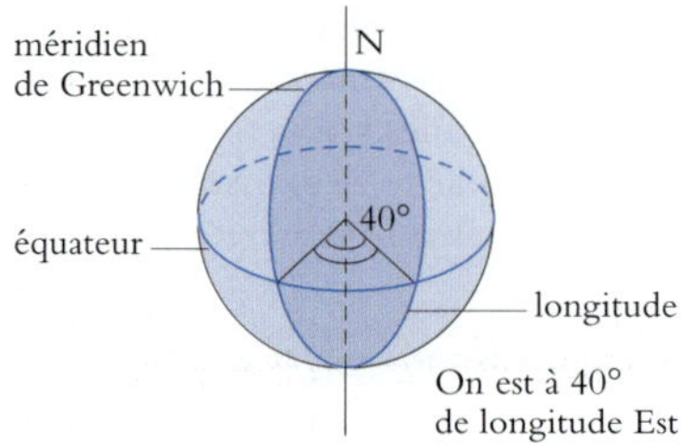

● Si le lieu où l'on se trouve est à 15° à l'est de Greenwich, on dira qu'il se trouve à 15° de longitude Est.
● Autre exemple, New York se trouve à environ 74° de longitude Ouest.
● C'est une des deux coordonnées qui permet de se situer à la surface du globe terrestre. La deuxième coordonnée est la latitude.
➜ **page : 421**

Longitude héliocentrique

En représentant les orbites des planètes dans un même plan, la longitude héliocentrique est la demi-droite du plan d'origine, le Soleil et à partir de laquelle on compte en degrés, noté l, la position des planètes.

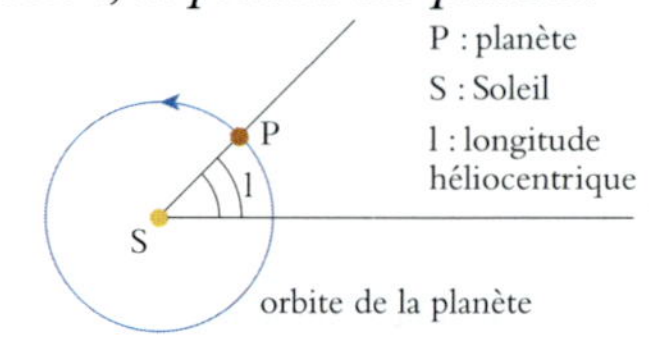

Si la planète est la Terre alors

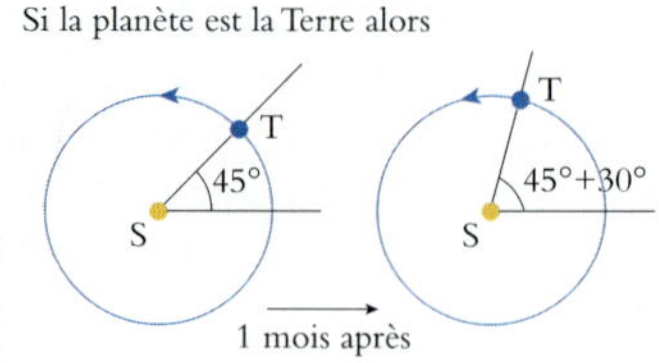

➜ **page : 395**

Lumière

Rayonnement électromagnétique permettant de voir les objets qui nous entourent.

● La lumière est émise par une source d'énergie et se propage en ligne droite.

● On distingue les sources primaires, celles qui émettent leur propre lumière. Ex: le Soleil, une ampoule, un phare... sont des sources d'énergies.

● Les sources secondaires reçoivent de la lumière d'autres sources et elles la renvoient à leur tour. Ces objets ne produisent pas d'énergie, ils ne font que réfléchir la lumière. Ex : la Lune réfléchit la lumière qu'elle reçoit du Soleil (s'il n'y avait pas de Soleil pour éclairer la Lune, on ne la verrait pas).

● Le livre que vous lisez actuellement, lui aussi, réfléchit la lumière.

● Il existe aussi le spectre de lumière (voir à cette entrée, la définition)

➜ **pages : 34, 42, 246, 252, 272, 278, 284, 294, 303, 316, 317, 320, 350, 358, 359, 363,: 396, 397, 398, 399, 400, 401, 402, 403, 404, 405, 406, 407, 408, 409, 410, 411, 412, 413**

Lumière blanche

Lumière possédant un spectre continu et composé de toutes les couleurs.

● Le papier d'une feuille blanche renvoie une lumière blanche car elle est dépourvue de pigments susceptibles d'absorber ou d'émettre une certaine couleur. Dans le cas de la présence d'un pigment, le spectre devient discontinu et on observe alors une couleur.

➜ **pages : 363, 399, 400, 402, 412, 428**

Lune

Unique satellite naturel de la Terre possédant l'extraordinaire propriété de présenter toujours la même face à l'observateur.

● Située à environ 384 000 km de la Terre, elle possède des phases très caractéristiques (pleine Lune, croissant...). La Lune ne possède pas d'atmosphère.

● C'est le seul astre, hormis la Terre, sur lequel l'homme a posé le pied. Pour le moment aucun homme n'est allé plus loin dans l'Univers depuis le mois de juillet 1969, date de la première mission lunaire, Apollo 11.

➜ **pages : 34, 39, 40, 197, 380, 391, 392, 393, 398, 399, 414, 415, 416, 417**

Magnétisme

Science qui étudie les phénomènes d'aimantation et de champs magnétiques.

● L'aiguille d'une boussole est aimantée. Elle possède des propriétés magnétiques. En effet, la Terre possède un champ magnétique sur lequel l'aiguille de la boussole va s'aligner, suivant les lois dictées par le magnétisme, en indiquant le nord magnétique qui est presque confondu avec le nord géographique du globe.

➔ pages : 319, 366, 367

Manomètre

Appareil permettant la mesure de la pression d'un gaz ou d'un liquide.

Mars

Quatrième planète du système solaire qui est facilement reconnaissable à l'œil nu grâce à sa couleur rougeâtre.

● Mars se trouve à environ 228 millions de km du Soleil et fait l'objet de plusieurs missions spatiales.

● Il fut un temps où l'on pensait qu'il y avait de la vie sur Mars. Des missions sont chargées de repérer la présence de vie.

➔ pages : 38, 39, 40, 197, 391, 394, 395, 398,

Masse

Quantité de matière qui rend compte de l'inertie d'un objet.

● La masse s'exprime en Kg. C'est une grandeur extensive. La masse totale d'un objet est la somme des masses individuelles de ses constituants fondamentaux. Elle rend donc compte de la quantité de matière contenue dans l'objet.

● La masse n'est pas le poids : on a tendance à confondre masse et poids. Le poids est une force et est proportionnel à la masse, ce n'est donc pas la masse. De plus, cette force dépend de l'endroit où l'on se trouve. Sur la Lune, le poids d'un objet est six fois moindre que sur Terre, alors que sa masse est invariante. L'objet (un homme) reste le même qu'il soit sur Terre ou sur la Lune.

➔ pages : 14, 17, 19, 25, 194, 210, 213, 214, 216, 218, 221, 225, 235, 256, 259, 260, 261, 267, 269, 272, 308, 390, 391, 392

Masse volumique

C'est le rapport de la quantité de masse d'un objet, contenue dans un volume de 1m^3 sur le volume unité (1m^3).

● L'unité de la masse volumique est donc le kg/m^3.

● On la désigne par la lettre grec ρ (rhô).

➔ pages : 214, 215, 221, 225, 272, 273, 306, 307

Matériau composite

Matériau résultant de l'assemblage de plusieurs fibres maintenues par un liant.

● L'industrie développe les matériaux composites car leurs propriétés sont généralement meilleures que les matériaux classiques. Ils sont à la fois plus légers, plus résistants et plus souples. Ex : le kevlar est utilisé pour augmenter la résistance des skis ou

de la carène des nouveaux catamarans.
→ page : 273

Matière
On parle de matière quand on a affaire à des objets possédant une masse constituée de particules.

● On distingue deux niveaux de la matière qui, en fonction de son organisation, donnent soit la matière vivante (celle composant les organismes vivants) soit la matière inerte, appelée aussi matière minérale, constituant tous les corps non vivants.
→ pages : 194, 195, 206, 216, 217, 218, 232, 246, 258, 265, 268, 391

Médiatrice
On appelle médiatrice d'un segment, la droite perpendiculaire à ce segment en son milieu.

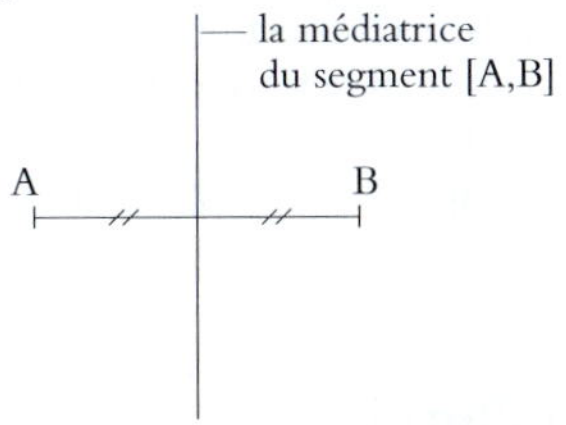

→ page : 421

Mélange
Substance qui a été créée par l'union, sans combinaison, de plusieurs corps.

● Le mélange résulte de la dispersion des molécules des différents corps, les unes au sein des autres.

● Cependant, on distingue deux types de mélanges : les mélanges homogènes, qui ne sont constitués que d'une seule phase, comme le sirop de grenadine où l'on ne distingue plus le sirop de l'eau; et les mélanges hétérogènes, constitués de plusieurs phases, comme l'huile et l'eau, qui au bout d'un certain temps se séparent en deux phases distinctes.
→ pages : 17, 18, 204, 205, 206, 207, 213, 214, 215, 217, 220, 221, 226, 227, 234, 273

Mélange hétérogène
En chimie, quand un mélange est hétérogène, on peut facilement distinguer les constituants qui le composent.

● L'huile et l'eau forment un mélange hétérogène où l'huile ne se mélange pas naturellement à l'eau.
→ pages : 205, 206, 221, 224, 226, 228, 229

Mélange homogène
On obtient un mélange homogène quand on ne peut plus distinguer à l'œil nu les différents constituants du mélange.

● En mélangeant du sirop de fraise à de l'eau, on observe une solution rose où l'on n'arrive plus à distinguer le sirop de l'eau. On est alors en présence d'un mélange homogène.
→ pages : 17, 205, 206, 217, 220, 221, 224, 225, 227, 228, 229, 244, 269

Mendéleïev (Dimitri Ivanovitch)

Chimiste russe (1834-1907)

● Il classa les éléments selon leur masse atomique et démontra que les propriétés chimiques des éléments sont des fonctions périodiques de leur masse atomique.

➜ **pages : 258, 259**

Mercure

Métal possédant la propriété d'être liquide à la température ambiante.

● L'utilité de cette propriété est qu'en augmentant la température, en passant de 10°C à 20° C, le mercure se dilate de manière sensible.

● On peut alors imaginer une échelle graduée pour indiquer la température. En mettant du mercure dans un tube assez fin pour bien voir le mercure se dilater, et en marquant le niveau de mercure correspondant à 0°C, puis à 100° C, on a fabriqué un thermomètre. En divisant la distance entre les deux marques, on retrouve l'échelle Celsius. On peut donc dire que la dilatation du mercure est liée à la chaleur extérieure et que par l'intermédiaire de l'échelle graduée, on a une estimation de la température extérieure.

● Attention à ne pas confondre la chaleur, qui est une énergie avec la température, qui n'est pas une énergie. Ces deux grandeurs sont parfois proportionnelles.

● Depuis le 1er mars 1999, la commercialisation du thermomètre à mercure est interdite.

➜ **pages : 208, 209, 210, 211, 221, 312, 359**

Méridien

Le plan méridien d'un lieu, est celui qui passe par la verticale de ce lieu et par l'axe de rotation de la Terre. C'est le plan dans lequel se trouve le Soleil à midi.

● Les ombres des objets sont donc plus courtes quand le Soleil passe par le méridien.

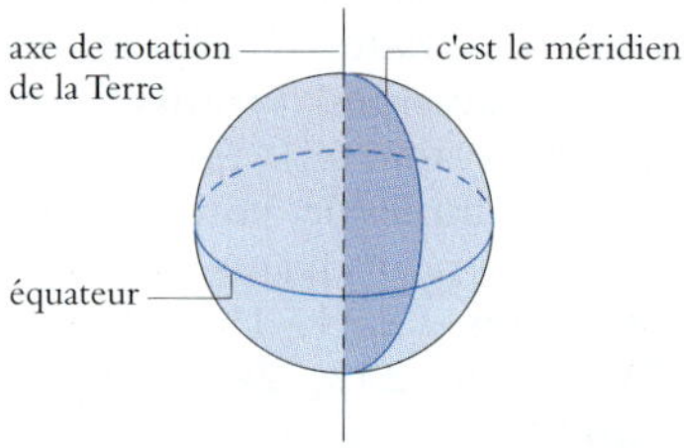

● Il existe un méridien d'origine, à partir duquel on définit la longitude. C'est le méridien de Greenwich, qui passe par cette ville située en Angleterre près de Londres. C'est aussi sur ce méridien que l'on prend l'origine des temps. Le temps sur le méridien de Greenwich est ce que l'on appelle le temps universel ou T.U.

➜ **pages : 420, 421**

Métallurgie

Ensemble des techniques d'extraction, d'affinage et de travail des métaux.

● L'acier, la fonte ou l'aluminium sont autant de matériaux, aux propriétés diverses, dont la fabrication repose sur le savoir-faire et les techniques de la métallurgie.

➜ **pages : 269, 271**

Météorite

Fragments de roches provenant de l'espace qui s'échauffent et deviennent incandescents en traversant notre atmosphère à très grande vitesse.

- La taille des météorites est variable. Leurs effets sur le sol lors de l'impact peuvent être cataclysmiques; certains attribueraient la disparition des dinosaures à la chute d'une météorite de taille gigantesque, il y a un peu plus de 65 millions d'années.
- Le cratère le plus célèbre et dont il reste encore des traces très nettes, est le Meteor Crater situé en Arizona aux États-Unis. Il fait environ 1 400 mètres de diamètre et plus de 170 mètres de profondeur.
- Heureusement, les météorites sont majoritairement de petites tailles, la plupart finissent en étoiles filantes.

➜ **pages : 39, 234, 235, 380, 381**

Météorologie

Science qui vise à comprendre les phénomènes atmosphériques.

- En étudiant les paramètres que sont la température, le vent, la quantité d'eau tombée..., et la façon dont tous ces paramètres dépendent les uns des autres, on peut espérer prévoir à quelques jours près les différents phénomènes atmosphériques pouvant perturber l'activité du monde agricole, les transports ou bien les dates de départ des missions spatiales.

➜ **pages : 202, 203, 210, 219**

Méthane

Hydrocarbure le plus simple, constitué d'un atome de carbone et de quatre atomes d'hydrogène.

- La formule du méthane est CH_4. C'est un gaz inodore et incolore et moins dense que l'air (densité 0.56).
- Il est le constituant majoritaire du gaz de ville.

➜ **pages : 248, 249, 261, 262**

Microscope

Appareil permettant de voir les structures les plus détaillées des organismes vivants ou des matériaux.

- Il en existe de plusieurs sortes. Les microscopes optiques d'abord utilisent un dispositif de lentilles pour agrandir l'objet étudié, mais on ne peut pas obtenir des détails à plus du dixième de micromètre. Les autres, plus perfectionnés, reposent sur d'autres techniques. Très sophistiqués, ils permettent de voir jusqu'aux atomes eux-mêmes (quelques dixièmes de nanomètres).

➜ **pages : 221, 268**

Milieu transparent

Tout milieu qui transmet la lumière sans diffusion est un milieu transparent.

- Le verre est transparent, l'eau également. Ce sont deux milieux peu absorbants et qui ne diffusent pratiquement pas. Mais en plaçant de nombreuses plaques de verre, les unes derrière les autres, on finira par ne plus rien voir.
- Les cristaux liquides peuvent, selon leur orientation, être opaques ou relativement transparents.

● Dans notre œil, il existe trois types de protéines qui assurent une transparence tout en réalisant un milieu matériel supportant le poids des éléments le constituant. Leur transparence varie en fonction de la température et dépend de l'organisation des protéines entre elles. Le moindre défaut peut rendre le milieu opaque à la lumière, on ne voit alors plus.

➜ **page : 405**

Minerai

Élément du sous-sol suffisamment riche en métaux ou cristaux pour subir une extraction.

● Le minerai se trouve à l'état de gisement sous terre ou à ciel ouvert. Il s'agit essentiellement de gisement de métaux. En tête on trouve le fer, avec 900 millions de tonnes de minerai extraits en 1992.

● Des minerais plus précieux, comme celui de l'uranium, sont extraits en plus faibles quantités. Le minerai d'uranium extrait des sols en 1992 s'élèvaitt à 44 000 tonnes seulement.

● Le minerai constitue la matière brute à partir de laquelle on va récupérer l'élément qui nous intéresse, fer, argent, platine, qui constitue un certain pourcentage du minerai.

● Il existe des minerais plus riches que d'autres, c'est-à-dire, qui contiennent proportionnellement plus de métaux ou de cristaux pour un même poids de minerai.

➜ **pages : 195, 243, 273**

Miscible

Se dit d'un composé capable de se mélanger de manière homogène avec un autre composé.

● Le sirop de menthe et l'eau sont miscibles. En les mélangeant on obtient une solution parfaitement homogène : de la menthe à l'eau.

● Le contre-exemple le plus connu reste celui du mélange impossible de l'eau et de l'huile.

● Peu après les avoir mis dans le même récipient, on retrouve deux phases hétérogènes avec celle de l'huile au dessus de celle de l'eau.

➜ **pages : 220, 221**

Molécule

On nomme molécule tout assemblage d'atomes.

● Si les atomes sont de même nature, les molécules sont petites. Ex : O_2 (dioxygène de l'air).

● Si les atomes sont de natures différentes, les molécules sont plus complexes. Ex : H_2O (eau)...et la très grosse molécule d'ADN.

➜ **pages : 194, 195, 216, 217, 219, 229, 235, 238, 250, 251, 254, 255, 256, 258, 259, 260, 261, 262, 263, 276, 281, 286, 304, 311**

Monomère

Unité de base qui regroupée donne un polymère.

● Le monomère donne le nom au polymère qui lui est associé. Si la base est l'éthylène, le polymère résultant de l'association de ces monomères d'éthylène se nommera le polyéthylène ou PE en abrégé.

➜ **page : 304**

Multimètre

Appareil servant à mesurer l'intensité, la tension et la résistance en différents points d'un circuit électrique.

● Un bouton permet de passer d'une grandeur à une autre et les unités ont souvent chacune une couleur différente pour ne pas les confondre.

● Cet appareil moderne est donc capable, grâce aux progrès de l'électronique, de remplir les fonctions d'un ampèremètre, d'un voltmètre et d'un ohmmètre.

● Pour les courants alternatifs, le multimètre donne les valeurs efficaces de la tension et de l'intensité.

Nanomètre

Unité de longueur, de symbole nm et valant un milliardième de mètre soit, $1nm=10^{-9}$ m.

● La double hélice de l'ADN a un diamètre d'environ 3 nm.

➜ page : 268

Nappe phréatique

Nappe d'eau située dans le sous-sol et alimentée par les eaux d'infiltration.

● Cette nappe peut être permanente ou temporaire. Elle repose le plus souvent sur une couche d'argile.

● L'eau provenant de la surface pénètre dans le sol et va s'accumuler au-dessus des couches imperméables.

● Ces réserves naturelles ont depuis longtemps servi à l'homme car l'eau de ces nappes était la plupart du temps potable. Cette situation a changé avec l'emploi massif de pesticides.

➜ pages : 18, 201, 230, 231, 232, 267, 308

Nébuleuse

Ensemble de gaz et de poussières interstellaires.

● La plus connue des nébuleuses reste celle à tête de cheval de couleur rouge.

● Les astrophysiciens pensent que les nébuleuses sont des endroits où naissent les étoiles. En effet l'abondante nourriture que représentent ces formidables volumes de gaz, dispersés sur des distances de plusieurs milliers de milliards de kilomètres, est le combustible de base des étoiles.

● Le télescope spatiale Hubble ne cesse de nous envoyer des images de nébuleuses plus surprenantes les unes que les autres : par exemple, la nébuleuse du Sablier, nous montrant ainsi la diversité des formes et des couleurs des nébuleuses.

→ **pages : 42, 409**

Néon

Gaz rare qui entrait dans la composition des tubes d'éclairage portant ce nom.

● Le néon est un gaz rare, c'est-à-dire qu'il est totalement inerte, il ne réagit chimiquement avec aucun élément.

● On s'en servait dans les tubes à décharges que sont les «tubes à néon» et plus récemment dans la fabrication des lasers légers de chantiers qui fonctionnent à l'hélium et au néon.

→ **page : 239**

Newton (Isaac)

Physicien et mathématicien anglais (1642-1727)

● Il s'intéressa d'abord à l'optique et à l'astronomie, avant de se consacrer à la mécanique des phénomènes naturels (*Principes mathématiques de philosophie naturelle*, 1687). De ses observations, Newton développa la théorie de l'attraction universelle.

→ **pages : 313, 392, 400, 428**

Obturateur

Dispositif mécanique, ne s'ouvrant que pendant un instant pour laisser passer de la matière ou de l'énergie.

● On en trouve dans les appareils photos. Le temps d'ouverture, permet d'avoir des temps de pose et des profondeurs différents. Il règle aussi la quantité de lumière qui impressionnera la pellicule.

➜ page : 431

Ohm (Georg Simon)

Physicien allemand (1789-1854)

● Il découvrit en 1827 la loi fondamentale des courants électriques, qui porte désormais son nom. Il définit avec précision les concepts de résistance et de résistivité, ainsi que leurs inverses.

➜ pages : 352, 353, 366

Ohmmètre

Appareil permettant la mesure de la résistance d'un conducteur ohmique.

● La valeur de la résistance mesurée se lit en ohm, de symbole Ω, ou ses multiples.

➜ pages : 353, 354, 356

Onduleur

Appareil électrique branché sur le secteur et présentant une réserve d'électricité permettant d'éteindre un ordinateur sans interruption brutale du programme en cours.

● Dans les entreprises, les onduleurs sont très répandus, car des programmes peuvent tourner 24 h/24 . S'il survient une panne de courant pendant l'exécution d'un programme, l'onduleur permet d'éviter de perdre des informations essentielles.

● Tous les ordinateurs des marchés boursiers en sont équipés.

➜ pages : 345, 368, 369

Orbite

Parcours décrit par un corps soumis à l'attraction gravitationnelle d'un astre.

● La Terre décrit une orbite quasi-circulaire autour du Soleil.

● Les orbites décrivent des formes différentes. Elles peuvent être circulaires, c'est presque le cas de la Terre autour du Soleil, ou elliptique, c'est le cas de toutes les planètes. L'orbite de Pluton est sur ce point remarquable : elle se trouve par moment plus près du Soleil que Neptune.

● Les astronomes emploient parfois des orbites appelées hyperboles, qui sont des courbes ouvertes, dont se servent les satellites artificiels à l'approche d'une planète ou du Soleil, pour augmenter leur vitesse sans utiliser de carburant supplémentaire.

● Un type d'orbite particulier est réservé aux satellites de communications (télévision, téléphone…). En effet, ces derniers doivent rester à la verticale d'un même point de la surface de la Terre. Ces satellites sont placés à 36 000 km d'altitude sur des orbites dites géostationnaires.

➜ pages : 45, 415, 416, 417, 418, 419

Oscilloscope

Appareil permettant de visualiser sur un cadran la variation de la tension (en ordonnée) en fonction du temps (en abscisse).

● L'oscilloscope permet l'accès aux intensité et tension maximales d'un courant sinusoïdal. Pour la tension maximum que l'on note *Um,* on parle de tension de crête car la tension sinusoïdale prend la forme d'une suite de vagues avec des creux et des crêtes.

➜ **pages : 334, 336, 338, 339, 340, 341, 342**

Oxydation

Tout phénomène produit par l'addition d'un élément avec l'oxygène pour donner ce que l'on appelle un oxyde.

● Des phénomènes comme la combustion et la rouille réalisent l'oxydation des matériaux comme le méthane et l'acier.

➜ **pages : 241, 242, 243, 244, 252, 272, 295**

Particule

En physique, la particule désigne la plus petite partie d'un corps.

● En regardant la matière de plus près, on s'aperçoit qu'elle est constituée de parties que l'on ne peut pas diviser. Ce sont les particules.

● Au cours des siècles, les hommes n'ont pas cessé de s'interroger sur la constitution de la matière. À chaque époque, on élaborait une théorie sur les constituants fondamentaux de la matière. Les Grecs, il y a deux mille ans, supposaient l'existence de l'atome. C'était la particule fondamentale pour l'époque. Avec l'avancée des technologies, les chercheurs ont pu sonder la matière encore plus loin et découvrir que l'atome n'était pas en réalité, la particule fondamentale, mais qu'il était constitué lui-même de particules encore plus petites : les protons, les neutrons et les électrons. De nos jours, les limites de la matière sont repoussées avec la découverte des quarks.

● En fait, on s'aperçoit que la matière est constituée par des classes de particules. Ces particules sont distinguables entre elles par leurs propriétés. Une particule possède une masse, une charge électrique et d'autres propriétés encore que vous aborderez dans la suite de vos études. On peut donc prétendre que la matière est constituée d'un ensemble de particules.

➜ **pages : 216, 217, 226, 231, 237, 349, 254, 257, 259, 276, 313**

Pascal (Blaise)

Savant et philosophe français (1623-1662).

● Manifestant un intérêt précoce pour les mathématiques, Blaise Pascal invente vers 1642 une machine à calculer.

● Sa célèbre expérience au Puy de Dôme développe son étude sur la pesanteur de l'air et le vide. Il se prononce en faveur de l'existence du vide dans la partie du tube libérée par la descente du mercure. La question du vide est vivement controversée à cette époque.

● Il rédige un *Traité du vide* qui n'a jamais paru, puis deux mémoires sur l'équilibre des liquides et la pesanteur de l'air (publiés en 1663).

➜ **page : 312**

Pénombre

Zone créée par une source étendue où la lumière n'arrive pas entièrement car une partie est arrêtée par l'objet. C'est donc une zone moins obscure que l'ombre.

● On peut facilement s'apercevoir de ce phénomène quand, la nuit, on marche dans une rue où les lampadaires ne sont pas trop éloignés les uns des autres. Sous un lampadaire ,on distingue très bien sa propre ombre, puis en marchant on voit que l'ombre projetée à terre se dédouble. On a alors une ombre due au premier lampadaire qui est elle, très nette et celle due au lampadaire suivant qui est beaucoup moins nette, c'est la pénombre. Quand on a une succession de lampadaires, ces deux zones existent tout le temps en théorie. Mais le contraste entre ombre et pénombre, au pied d'un lampadaire fait qu'au départ, on ne s'aperçoit pas de l'existence de la zone de pénombre et qu'il faut donc s'éloigner du premier lampadaire pour pouvoir distinguer précisément l'ombre et la pénombre.

● Aussi quand il existe des zones de pénombre, les objets sont moins nets. Au théâtre et au cinéma, les éclairagistes jouent sur ces effets de lumière.

➜ **page : 413**

Période

Quand un phénomène se reproduit à l'identique et de façon répétée, on peut lui associer une période. Ce sera le plus petit temps écoulé entre deux états identiques d'un système.

● Son symbole est T et s'exprime en seconde.

● Un exemple nous est fourni en électricité* quand on observe la variation du courant alternatif sur un oscilloscope. On peut ainsi calculer sa période. En Europe, le courant du secteur a une période de 20 ms.

● La Terre tourne autour du Soleil en revenant au même point tous les ans.

● Sa période est $T = 1\text{an} = \pi.10^7$ s.

➜ **pages : 338, 339**

Pesanteur

Force ressentie par tout objet à la surface de la Terre. La pesanteur est une force attractive.

● La force de pesanteur est celle qui nous maintient au sol, aussi bien nous, Européens que les Australiens, car c'est une force dirigée vers le centre de la Terre. Elle est due aux forces de gravitation.

● Un fruit mûr se détachant de l'arbre va tomber à terre sous l'effet de la pesanteur.

● Les astronautes ne sont plus soumis à cette force quand ils sont en orbite dans l'espace. On dit qu'ils sont en apesanteur.

● Le corps humain, qui a l'habitude de supporter la pesanteur, une fois en orbite se modifie et se fragilise. Le squelette se décalcifie et la masse musculaire diminue. De tels effets sont étudiés par les scientifiques et montre qu'être en apesanteur permet d'accéder à de nouvelles propriétés de la matière. Les programmes scientifiques tournés vers l'espace sont donc nombreux et porteurs d'avenir.

→ **pages : 391, 393**

Pesticide

Produit chimique empêchant le développement des plantes et des animaux nuisibles, allant même parfois jusqu'à les détruire.

● Plusieurs classes de pesticides ont été mises au point. Parmi les plus connues, on trouve les fongicides qui détruisent les champignons, les insecticides et les herbicides.

→ **page : 230**

Pétrole

huile minérale naturelle de couleur noire, composé d'un mélange d'hydrocarbures.

● Ce mélange d'hydrocarbures provient d'un long processus de transformation de matières organiques sous l'effet de plusieurs phénomènes conjugués (action de bactéries, compressions).

● Le pétrole est une matière première offrant des possibilités très variées. Des pans entiers de technologies lui sont consacrés, comme le forage, le raffinage, la fabrication de matières plastiques. Enfin, tous les produits finis que sont les gaz de ville, les carburants pour automobiles, le kérosène des avions, le fuel domestique, le fuel-lourd pour les usines thermiques proviennent du pétrole. Toutes les matières en plastiques (sacs, PVC) sont fabriquées à partir des différents hydrocarbures que contient le pétrole.

→ **pages : 30, 33, 195, 221, 248, 250, 251, 267, 295, 297, 304, 310**

pH

Le pH est une échelle qui va de 0 à 14. C'est une mesure de la concentration en ion H^+.

● Si le pH est inférieur à 7, la solution est considérée comme acide. On a plus d'ions H^+ que de OH^-.

● Si le pH=7, la solution est dite neutre. On a autant d'ions H^+ que de OH^-.

● Si le pH est supérieur à 7, la solution est considérée comme basique, c'est-à-dire qu'il y a plus d'ions OH^- que d'ions OH^+.

● Le pH de l'estomac est proche de 1, celui des intestins de 8 et celui du citron vaut 1,5.

→ **pages : 280, 281, 283, 289, 296, 307**

Photon

En physique, le photon est un grain de lumière.

● La lumière est une onde électromagnétique. C'est-à-dire qu'elle est composée d'un champ électrique $\vec{E}$ et d'un champ magnétique $\vec{B}$ comme le montre la figure suivante.

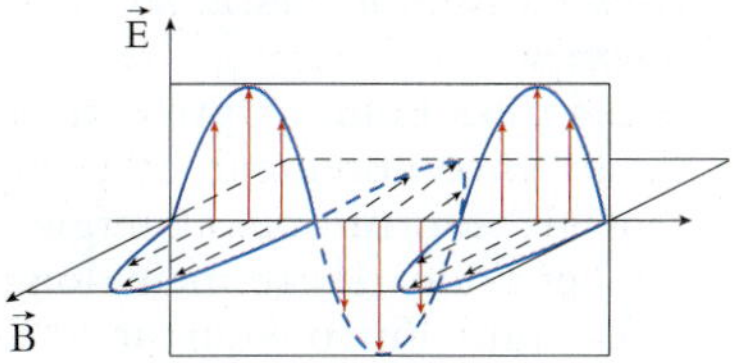

● Le comportement de la lumière est donc ondulatoire, c'est-à-dire que la lumière se comporte comme les vagues à la surface de l'eau. Mais des expériences ont aussi montré que le comportement de la lumière pouvait parfois être le même que celui d'une particule. D'où la découverte du photon et son appellation, grain de lumière par Max Planck en 1900.

● Ces définitions ne sont que des modèles pour essayer de comprendre le fonctionnement des ondes électromagnétiques. Il ne faut en aucun cas prendre au premier degré cette définition du photon. Elle n'a de sens que parce qu'elle nous facilite la représentation de l'onde.

● Les physiciens ont donc associé à cette représentation de l'onde des propriétés. Le photon est une particule de masse nulle et de charge nulle. Il possède une énergie qui dépend de la couleur de la lumière. Un photon de lumière bleue possède de plus d'énergie qu'un photon de lumière rouge. Et un photon de lumière ultraviolet possède plus d'énergie que les photons de la lumière visible (du rouge au violet).

● On ne peut avoir une idée de la quantité de photons que l'on reçoit par seconde par une lampe de 100W. Ce nombre est considérable, plus de 10^{20} photons, soit plus de 100 milliards de milliards de photons!

Photopile

Pile convertissant l'énergie lumineuse en énergie électrique.

● La photopile est ce que l'on appelle couramment une pile solaire. On en trouve sur toutes les calculatrices qui fonctionnent quand elles sont placées à la lumière.

● C'est aussi par ce genre de technique que les satellites sont alimentés en électricité en captant la lumière du Soleil grâce à leurs panneaux. L'énergie solaire constitue une source d'énergie propre pour l'environnement, mais son rendement est encore trop médiocre pour pouvoir l'exploiter pleinement.

➜ **pages : 324, 325, 333, 368**

Photosynthèse

Processus de transformation d'énergie lumineuse en énergie chimique réalisé par les plantes chlorophylliennes.

● Ce processus se caractérise par une suite d'événements physico-chimiques impliquant des protéines et des transferts de charges (ions H^+ et électrons).

- La photosynthèse se situe à l'interface entre le monde minéral et organique, avec pour source d'énergie, la lumière du Soleil.

→ page : 411

Picomètre

Unité de longueur, de symbole pm et valant un millième de milliardième de mètre : 1pm = 10^{-12}m.

Pierre philosophale

Selon les alchimistes, cette pierre devait posséder la propriété de guérir les malades et de transformer le plomb en or.

→ page : 259

Pile

Dipôle fournissant de l'énergie électrique et possédant deux bornes notées + et -.

- Le fonctionnement d'une pile repose sur la transformation d'énergie chimique en énergie électrique. C'est le meilleur moyen de stocker de l'énergie électrique sans avoir recours à un moteur pour réaliser la transformation d'énergie.
- On associe à la pile le symbole suivant :

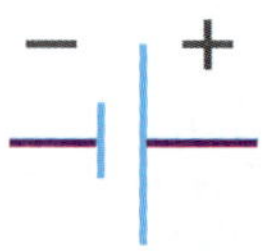

- La composition chimique des constituants d'une pile présente des inconvénients. Certains sont très toxiques.

→ pages : 20, 21, 24, 29, 309, 314, 315, 317, 318, 319, 320, 322, 323, 324, 325, 326, 327, 328, 331, 332, 333, 335, 343, 348, 350, 356, 359, 366, 367, 368

Pile bouton

Petite pile plate que l'on trouve dans les calculatrices et les montres.

- Les piles boutons présentent un faible encombrement et permettent de fournir de l'énergie sur une période relativement longue. Elles ont l'inconvénient de ne délivrer qu'une faible puissance, à peine quelques milliwatts et de contenir du mercure !

→ pages : 348, 349

Planète

Corps non lumineux tournant autour d'une étoile. Il y a neuf planètes connues dans le système solaire.

- Le Soleil et les planètes qui gravitent autour forment le système solaire.
- Les neuf planètes, en partant de la plus proche du Soleil, sont respectivement :
Mercure, Vénus, la Terre, Mars, Jupiter, Saturne, Uranus, Neptune et Pluton.
- Il y a quatre planètes visibles à l'œil nu depuis la Terre : Vénus, Mars, Jupiter et Saturne. On peut les repérer dans le ciel car à la différence des étoiles, elles ne scintillent pas!

→ pages : 34, 38, 40, 44, 45, 196, 313, 392, 393, 394, 395, 408

Plan focal

En optique, on appelle plan focal objet (en rouge) le plan perpendiculaire à l'axe optique (en noir) et passant par le point foyer objet F comme l'indique la figure ci-dessous.

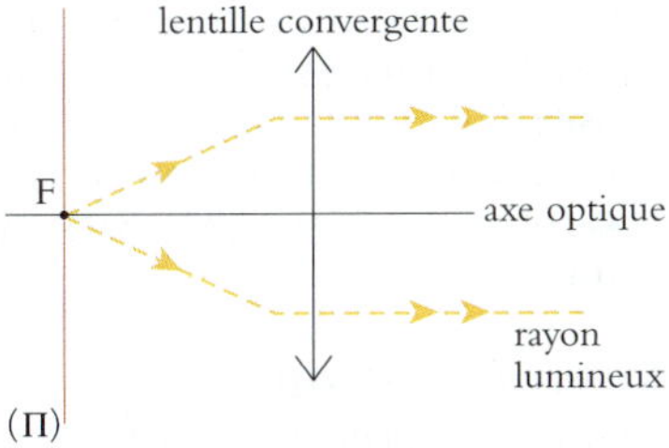

F : foyer objet Π : plan focal

➜ page : 431

Plasturgie

Les usines de plasturgie transforment une matière brute que représente le polymère, pour donner un produit fini, par exemple une bouteille d'eau en plastique.

➜ pages : 16, 305

Poids

Force due à la pesanteur terrestre et agissant sur tout objet possédant une masse.

- Cette force est le produit de la masse par l'accélération de la pesanteur $g=9.81 m/s^2$. On la note P et elle s'exprime en Newton. Alors $P=mg$. L'accélération g qui traduit l'attraction gravitationnelle qu'exerce la Terre sur tout objet, est en fait un vecteur toujours dirigé vers le centre de la Terre. Le poids est donc ressenti par nous de la même manière, que l'on soit d'un côté ou de l'autre de la planète.
- Le poids dépend fortement de l'accélération car la masse d'un objet est invariante.
- Les pilotes de chasse luttent continuellement contre l'accélération qu'ils subissent lors de virages serrés. L'unité d'accélération est le g de la pesanteur. Ainsi, une accélération de deux g revient à supporter deux fois son poids. Au-delà de 9 g, les pilotes subissent ce que l'on appelle le voile noir. Ils perdent connaissance car l'accélération représente 9 fois leur propre poids.
- Les accidents de voitures sont particulièrement dangereux à grande vitesse, car lors du choc brutal avec un obstacle, l'accélération que ressent le corps est énorme. Ainsi, par exemple un bébé non attaché, lors d'un tel choc peut se retrouver propulsé comme un obus. Son poids, au moment de l'impact, atteindra 600 kg !

➜ pages : 210, 218,386, 387, 388, 390, 391, 392, 393

Pôle

Se dit des extrémités d'un objet.

- En géographie, les pôles du globe sont le pôle Nord et le pôle Sud.
- En électricité, les pôles désignent chacune des bornes d'un circuit électrique. Les pôles d'une pile sont + et -.
- Pour les corps magnétiques, les pôles sont les deux extrémités par où sort et par où entre le champ

magnétique. Ce sont les pôles Nord et Sud des aimants, par exemple.
→ pages : 20, 21, 22, 24, 336

Pollution

Terme général désignant toute chose contribuant à la dégradation d'un milieu vivant.

● Il y a différents types de pollution. Des bruits trop élevés comme ceux des automobiles, des camions et des avions constituent ce que l'on appelle une pollution sonore. En fatiguant notre système auditif, ils jouent sur notre santé.

● Un halo rosâtre au-dessus d'une ville est synonyme de pollution lumineuse. On ne peut plus distinguer l'horizon et les détails au loin. La nuit, on ne voit que très peu d'étoiles, une dizaine tout au plus alors que l'on peut en voir plus de dix mille à l'œil nu dans des conditions normales.

● Les rejets de particules des échappements des voitures, gaz toxiques, CO_2, CFC, métaux lourds, dans l'atmosphère contribuent à la pollution atmosphérique, entraînant pluies acides, effet de serre, crises d'asthmes et inflammations du système respiratoire.

● Le suremploi de pesticides et d'engrais s'infiltrant dans les nappes phréatiques, ainsi que les marées noires et les rejets des usines et des eaux usées des villes constituent la pollution des eaux.

● Rappelons que depuis l'espace, les satellites permettent de repérer très facilement les pétroliers, qui dégazent en totale illégalité, c'est-à-dire qu'ils vident entièrement leurs cuves de pétrole en pleine mer.

→ pages : 194, 205, 230, 232, 236, 237, 296, 297, 301, 333, 362, 369

Polyéthylène

Polymère dont le monomère ne comporte qu'un seul atome de carbone, celui de l'éthane.

● Son symbole est (PE) et sa formule est $(CH_2)_n$ où CH_2 est le monomère et n le nombre de monomères constituant le polymère. On retrouve ce polymère essentiellement dans la réalisation des plastiques alimentaires.

→ pages : 250, 303, 304, 305, 306, 310

Polymérisation

Opération pendant laquelle on assemble un nombre important de monomères en chaîne, ce qui donne naissance à un polymère.

● L'industrie fait appel chaque jour à la polymérisation pour créer les produits de synthèse dont elle a besoin.

● Le PVC ou encore polychlorure de vinyl, sert à la fabrication des cuirs artificiels ou de tuyaux.

● Le PS dit aussi polystyrène intervient dans la conception des verres plastiques, des rasoirs jetables,boîtiers divers, etc.

● Les nylons servent à la synthèse des fibres textiles.

→ pages : 304, 305

Poreux

Se dit d'un matériau qui laisse passer le liquide.

● La terre cuite possède une multitude de trous microscopiques qui la rendent perméable à l'eau. C'est un matériau poreux.

→ pages : 310

Poussée d'Archimède

Tout corps plongé dans un fluide subit de sa part une force verticale dirigée vers le haut et égale en intensité au poids du fluide déplacé.

● La poussée d'Archimède explique pourquoi les bateaux, des simples barques aux porte-avions, flottent sur l'eau.

● Le fluide dans lequel on se place est généralement l'eau. Mais ce principe s'applique aussi bien à tout autre liquide comme à tous les gaz, par exemple l'air.

➜ **pages : 383, 388**

Précipitation

Terme désignant toute forme d'eau se déposant sur le sol.

● En météorologie, les précipitations prennent diverses formes dépendant des conditions climatiques. La chute d'eau sur le sol peut se faire sous forme de brouillard, de pluie, de neige ou de grêle.

● Les précipitations constituent une des informations clés permettant le suivi de l'évolution météorologique d'une région.

● Toutes ces formes de précipitations sont traduites en équivalent de quantité d'eau tombée s'exprimant en mm d'eau par m^2 de surface.

➜ **pages : 15, 200, 201, 202, 203, 205, 223**

Précipité

Passage de plusieurs corps liquides, qui en interagissant entre eux, vont former un nouveau corps solide.

● La précipitation est un phénomène physiquement encore mal expliqué. Il reste important sur le plan expérimental, car il permet de déceler la présence de certains corps. Par exemple, des ions Fe^{3+} ajoutés à de la soude vont donner un précipité de couleur rouille et ainsi révéler la présence d'oxyde de fer, ce qui permet d'identifier la présence d'ion Fe^{3+}.

➜ **pages : 223, 278, 279, 283, 284**

Pression

Grandeur physique exercée sur un objet par la matière se trouvant autour de lui. C'est une force par unité de surface.

● Le symbole de la pression est P. Elle s'exprime en Pascal (Pa). Parfois, on l'exprime en atmosphère (atm) avec les relations suivantes :
1atm=1,013.10^5 Pa et 1 Pa=1 N/m^2.

➜ **pages : 19, 44, 210, 211, 217, 238, 239, 253, 263, 297, 304, 305, 312**

Prisme

Dispositif transparent possédant une certaine géométrie et capable de décomposer la lumière polychromatique en raies de différentes couleurs.

● Le dispositif transparent est généralement en verre. Sa forme est celle d'un triangle et sa propriété est d'obtenir d'un objet émettant de la lumière la séparation du faisceau en rayons monochromatiques. On a alors accès au spectre de raies de l'objet dont les chimistes se servent comme source d'information sur la composition chimique et l'état phy-

sique de l'objet.
➜ pages : 400, 401, 403

Produit

Substance obtenue en fin de réaction chimique.
➜ pages : 247, 249, 260, 261, 262, 286

Proportionnalité

Quand deux grandeurs sont proportionnelles, le rapport de ces deux grandeurs entre elles est égal à une constante.
● Si un train, le TGV , se déplace à une vitesse constante, v = 300km/h, alors la distance parcourue et le temps de parcours sont proportionnels. En effet, en deux heures de trajet, la distance effectuée par le train sera deux fois plus longue qu'en une heure. En fait, on a la relation suivante entre x, la distance parcourue et t, le temps de parcours. Le rapport de ces deux grandeurs est une constante, la vitesse v, ainsi $x/t = v$. On dit encore que $x = v.t$ et que x est proportionnel à t avec pour coefficient de proportionnalité v.
➜ page : 391

Propriété physique

Les propriétés physiques représentent les effets créés par l'ensemble des lois d'origine physique s'appliquant à un corps.
● Dire qu'un métal est résistant, c'est énoncer une propriété physique. Le métal a la propriété d'être résistant car les atomes qui le constituent sont disposés en réseau cristallin et sont reliés très fortement entre eux.
● Un gaz possède la propriété d'être expansible, c'est-à-dire d'occuper l'espace entier d'un récipient quand on passe, par exemple d'un petit à un grand récipient. Ce que cette propriété traduit, c'est le fait que les particules du gaz ne sont pas liées les unes aux autres. Donc elles vont pouvoir se déplacer librement dans le volume du récipient et le remplir totalement.
➜ pages : 199, 300

Ptolémée (Claude)

Astronome, mathématicien et géographe grec.
● Son ouvrage le plus célèbre est l'*Almageste* où l'on trouve les principes qui furent à la base de cette astronomie antique que Copernic fut le premier à récuser ; le géocentrisme et le mouvement circulaire uniforme.
➜ page : 38

Puissance

Grandeur physique qui rend compte d'une quantité d'énergie délivrée ou consommée par unité de temps.
● L'unité de temps est la seconde.
● La puissance s'exprime le plus souvent en watt, symbole W.
● Pour les appareils électriques on a la relation $P=UI$.
Si $P>0$, on a à faire à un générateur.
Si $P<0$, on a à faire à un récepteur.
➜ pages : 33, 343, 346, 347, 348, 349, 351, 353, 360

Pyrolyse

Procédé de décomposition par combustion d'un produit.

● À haute température, les corps se décomposent jusqu'à rendre leurs principaux constituants sous forme de résidus. Ces résidus sont plus facilement recyclables car, durant la pyrolyse, on a séparé des éléments qui se trouvaient mélangés et inséparables.

➜ **page : 251**

Quadrichromie

Procédé d'impression des couleurs par emploi de trois encres de couleur et une encre noire.

● Les trois encres utilisées sont le cyan, le magenta et le jaune.

● Les couleurs sont ainsi obtenues par synthèse soustractive car les trois encres sont transparentes et sont appliquées successivement. Par exemple, pour obtenir du rouge, on applique du jaune et du magenta. Pour obtenir du vert, on applique du jaune et du cyan.

➜ **page : 403**

Rayon ultraviolet

Rayonnement invisible de même nature que le rayonnement visible, mais se trouvant avant la couleur bleu.

● Le rayonnement ultraviolet appelé UV transporte plus d'énergie que le rayonnement visible. Il peut être dangereux. Ce type de rayonnement est capable de casser des molécules telles que l'ADN et de déclencher ainsi des cancers. Il est aussi dangereux pour des organes captant la lumière, comme l'œil. C'est pour cette raison que les lunettes de soleil ne sont vraiment efficaces que si elles arrêtent les UV.

● La nature a trouvé son propre moyen de se protéger de ces rayonnements nocifs. Une couche de molécules O_3, l'ozone, nous protège du rayonnement solaire UV qui serait autrement fatal à de nombreuses formes de vie sur Terre.

● Au début de la formation de la Terre, il n'y avait pas d'ozone. Les scientifiques pensent donc que les premières formes de vie sont apparues dans les océans à l'abri des rayons UV et que la libération progressive d'oxygène dans l'atmosphère a permis la formation de notre couche d'ozone permettant ainsi l'accession de la vie à la surface de la planète.

➜ **pages** : 234, 252, 253

Réactif

Substance que l'on utilise pour déterminer la nature d'un corps en observant la réaction qu'elle produit avec celui-ci.

L'eau de chaux est un réactif. En présence de dioxyde de carbone, elle se trouble. C'est un détecteur chimique de CO_2.

➜ **pages : 195, 244, 247, 249, 260, 261, 262, 286, 288**

Réaction chimique

Modification de la nature chimique d'un ensemble de composés pour en produire d'autres.

● Les réactions chimiques sont soient réversibles, c'est-à-dire qu'elles peuvent se produire dans les deux sens comme : $2H_2O$ (<=>) H_3O^+ + OH, ou bien elles sont irréversibles, c'est-à-dire qu'elles ne se passent que dans un seul sens comme : $H_2 + Cl_2 \Rightarrow 2HCl$.

● Les réactions sont soit exothermiques, elles dégagent alors de la chaleur, soit endothermiques, elles ont besoin d'énergie pour se réaliser et refroidissent le milieu environnant, ou bien encore athermiques.

➜ **pages : 194, 229, 242, 244, 246, 247, 249, 252, 253, 258, 260, 261, 262, 264, 265, 278, 282, 283, 284, 286, 287, 290, 319, 324, 350**

Récepteur

Appareil consommant de l'électricité.

● Un moteur électrique, un radiateur électrique, une ampoule, une résistance sont des récepteurs.

➜ **pages : 20, 21, 24, 314, 322, 323, 324, 328, 329, 332, 333, 342, 343, 344, 348, 349, 350, 351**

Recyclage

On parle de recyclage quand,

après avoir utilisé un élément pour la fabrication d'un objet, on réutilise cet élément pour autre chose.

- Les nouvelles voitures sont déjà à plus de 80% recyclables.
- On trouve fréquemment des bennes où l'on dépose le verre en vue d'un recyclage.
- En Allemagne, on sépare les ordures : les plastiques, les verres et les déchets alimentaires. On récupère même l'aluminium.
- La civilisation industrielle entre dans l'ère de la gestion intelligente de ses déchets. Cela est de plus en plus vital étant donné la production journalière de déchets par habitant qui s'élève à plus d'un kilogramme. Un ordre de grandeur peut tout de suite faire prendre conscience du problème. L'Europe produit, à elle seule, plus de 300 milles tonnes de déchets par jour !

→ pages : 250, 251, 272, 273, 298, 301, 303, 308, 309, 310, 311

Réflexion

La lumière est réfléchie quand, en arrivant sur un corps, elle est renvoyée vers l'extérieur sans avoir subi de changement de couleur.

- Les corps ne réfléchissent pas tous la lumière.
- On peut définir un facteur de réflexion qui va de 0, si toute la lumière est transmise à 1, si on a une réflexion totale. Les miroirs ont un pouvoir de réflexion proche de 1. Ils sont constitués d'une fine feuille d'aluminium recouverte d'une plaque en verre et c'est le métal qui a la propriété de réfléchir.
- L'air a un pouvoir de réflexion nul, aucune lumière ne réfléchit.
- Entre ces deux extrêmes, on trouve la majorité des corps comme la surface étale d'une mare qui réfléchira une partie de la lumière. Cas plus compliqué, celui des vitres teintées qui, de l'extérieur nous réfléchissent notre image, mais en laissant passer une partie de la lumière, car de l'intérieur, on voit à travers.

→ pages : 272, 294, 413

Repère

Se dit d'un ensemble d'axes par rapport auquel on définit la position d'un point par ses coordonnées.

→ page : 379

Résine

Substance organique complexe et visqueuse sécrétée par certains végétaux.

- On s'en sert en chimie comme point de départ à la fabrication de matière plastique.

→ page : 297

Résistance

Terme exprimant plusieurs phénomènes physiques.

- En mécanique, on nomme résistance toute force s'opposant au mouvement d'un objet.
- En électricité, la résistance est la grandeur qui mesure l'opposition qu'il offre au passage du courant électrique.
- La résistance d'un conducteur ohmique, le résistor, s'exprime en

ohm, de symbole Ω. On note R la résistance.
On peut se représenter l'opposition au passage du courant électrique dans un résistor comme l'effet qu'aurait un goulot d'étranglement d'une canalisation d'eau sur l'écoulement de ce fluide.
● À noter que l'on emploie souvent le mot résistance à la place du mot résistor pour désigner le composant.
Un résistor possède une résistance s'exprimant en ohm.
● Celle-ci est affichée sur le composant à l'aide de trois bandes de couleurs qui s'interprètent grâce à un code de couleur.
→ **pages : 275, 318, 331, 349, 350, 351, 352, 353, 354, 355, 356, 357, 358, 359, 366, 370, 411**

Résistor

Dipôle ohmique capable de réduire l'intensité du courant dans un circuit.
● Ce composant possède une résistance, R, s'exprimant en ohm.
On le représente dans un circuit par :

Ce dipôle obéit à la loi d'Ohm: U=RI.
● On appelle le résistor, résistance par abus de langage.
● Le résistor se trouve dans tout appareil électrique et électronique. C'est un produit bon marché du fait de sa production massive.

Ressort

Pièce, souvent en forme de tire-bouchon, capable de reprendre sa forme initiale dès que cesse sur lui l'action d'une contrainte mécanique.
● On trouve essentiellement les ressorts dans tous les systèmes d'amortissements. Amortisseurs de voiture, clavier d'ordinateur... Mais aussi dans certains stylos à bille ainsi que dans les boutons poussoirs des toilettes publiques.
● Ce sont eux qui constituent les dynamomètres.

Rétine

Tissu situé au fond de l'œil et sensible à la lumière.
● Les rayons de la lumière rentrant dans l'œil excitent les cellules (cônes et bâtonnets) de la rétine (puisque la lumière transporte de l'énergie, elle est capable d'exciter, c'est-à-dire de fournir de l'énergie à la cellule). Cette énergie lumineuse est transformée en signal électrique avant de parvenir au cerveau qui va décomposer l'image et identifier l'objet comme étant une source de lumière.
● La rétine est une membrane très complexe et très sensible. Il faut donc faire attention à ne pas l'éclairer par une source trop intense, au risque de la détruire définitivement. Par exemple, il ne faut jamais observer le Soleil directement avec une paire de jumelles.
→ **page** : 429

Rhéostat

Appareil dont la résistance, R, varie

en déplaçant un curseur.

● Il permet de régler l'intensité quand il est placé dans un circuit.

➜ **pages : 353, 356, 357**

Rotation

Si un objet tourne d'un certain angle autour d'un axe de rotation, on dit qu'il effectue une rotation.

● Un manège tourne autour d'un axe, il effectue donc une rotation.

➜ **pages : 25, 26, 31, 36, 37, 39, 336, 372, 373, 389**

Roue motrice

Roue qui reçoit l'énergie mécanique du moteur afin d'entraîner le véhicule.

● Le plus souvent, les véhicules ont deux roues motrices. Si celles-ci sont placées à l'avant, on dit que le véhicule est une traction. Si elles sont placées à l'arrière, on parle de propulsion.

● Certains véhicules ont quatre roues motrices. Cela améliore le comportement routier surtout si l'on veut faire du tout-terrain. On les appelle des 4x4.

➜ **pages : 384**

Rouille

Élément résultant de l'oxydation du fer par le dioxygène de l'air.

● La rouille est un oxyde de fer de couleur rouge orangé.

● Le phénomène de corrosion entraîne des frais d'entretien et de réparation considérables. À intervalle régulier, il faut sortir les bateaux de l'eau pour rénover leur coque qui présente des zones de rouille. Celles-ci la fragilisant lui font perdre de son imperméabilité.

● La rouille est aussi synonyme de lieu de développement du bacille du tétanos. Ce qui n'est juste qu'en partie : on trouve aussi le bacille dans la terre. Au Moyen Âge plus d'un quart de la population mourait de cette terrible maladie. C'est pour cette raison que la vaccination a été étendue à l'ensemble de la population. En France, le tétanos tue encore une personne par jour.

➜ **pages : 240, 241, 242, 252, 253, 298, 299, 312, 313**

Rutherford (Ernest)

Physicien anglais (1871-1937).

● Il étudia principalement la constitution de la matière, la radioactivité et les transmutations, l'ionisation des gaz et obtint le prix Nobel de chimie en 1908.

● En 1911, il imagina un modèle dynamique analogue au système solaire et il put déterminer l'ordre de grandeur des noyaux

● En 1919, en bombardant de l'azote avec des rayons de radium, il obtint de l'oxygène, réalisant ainsi la première transmutation artificielle.

● Dès 1920, il émit l'hypothèse de l'existence du neutron.

➜ **pages : 256, 257, 259**

Sainte-Claire Deville (Henri)

Chimiste français (1818-1881).

● En 1854, il découvrit le premier procédé de préparation industrielle de l'aluminium.

➜ page : 272

Satellite

Tout corps gravitant autour d'un autre plus important.

● On distingue deux classes de satellites. Les satellites naturels sont les astres en mouvement autour des planètes. Ex : la Lune est le satellite naturel de la Terre.

● Les satellites artificiels sont les engins envoyés par l'homme dans l'espace et placés en orbite autour d'un corps céleste afin de l'étudier. Ex : les satellites de télécommunication placés en orbite géostationnaire.

➜ pages : 38, 39, 40, 44, 45, 197, 234, 325, 374, 392, 393, 394, 398, 406, 414, 415

Saturation

Quand un système atteint ses limites, on dit qu'il sature.

● Quand un haut-parleur – d'une chaîne hi-fi puissante, est poussé trop haut en volume –, il sature, c'est-à-dire qu'il restitue la puissance maximale pour laquelle il est conçu, mais comme il a atteint ses limites, le son subit des distorsions.

➜ pages : 220, 224, 229

Saturne

Sixième planète du système solaire et deuxième planète en taille de notre système. Elle possède des anneaux.

● Tout comme Jupiter, Saturne est une planète géante de composition gazeuse. Sa densité est plus faible que celle de l'eau, elle vaut 0,7. En imaginant un océan suffisamment grand pour la contenir, elle flotterait! Dernière planète facilement visible à l'œil nu depuis la Terre, elle se situe à 1 430 milliards de km du Soleil.

➜ pages : 38, 40, 45, 197, 394, 395, 412

Sels minéraux

On parle de sels minéraux pour des éléments comme le calcium ou le magnésium qui, à l'état naturel, existent sous forme cristalline dans le sous-sol ou dans les roches de surface.

● Avec l'érosion, on retrouve ces éléments en très faibles concentrations dans l'eau de source par exemple.

➜ pages : 18, 204, 205, 218, 219

S.I.

Initiales indiquant que l'on utilise les unités du Système International.

● La communauté scientifique a adopté un système de mesures pour ne plus avoir à jongler avec les conversions du type «comment passer des mètres en pouces» !, etc. Ainsi, l'unité de longueur est le mètre (m), celle de poids est le kilogramme (Kg), l'unité de temps est la seconde (s) et l'intensité d'un courant électrique s'exprime en ampère (A). On dit alors que l'on est dans le système MKSA ou encore en S.I.

● Par exemple, l'accélération de la

pesanteur g vaut 9.81 S.I.. En se rapportant aux tables du S.I. on trouve que l'unité S.I. de g est le m/s^2.

➜ pages : 390, 393

Silicium

Atome, de symbole Si, possédant des propriétés proches de celles du carbone.

● Le silicium peut, comme l'atome de carbone, se lier de façon simple aux autres atomes. Les scientifiques n'excluent pas l'idée qu'il puisse exister ailleurs dans l'Univers des formes de vies ne reposant pas sur le carbone mais sur le silicium.

● On trouve le silicium dans les verres minéraux, composés de silices et même dans les microprocesseurs dont la technologie repose sur la maîtrise de très fins dépôts de silicium.

➜ pages : 275, 301, 317

Silicone

Matière plastique dont les molécules contiennent du silicium (Si) et de l'oxygène (O).

● Une des propriétés essentielles du silicone est d'être très imperméable à l'eau. On s'en sert comme d'un enduit pour l'isolation, par exemple dans les masques de plongée sous-marine.

➜ page : 297

Soleil

Étoile de couleur jaune et de petite taille, située au centre de notre système planétaire.

● Le Soleil est une étoile banale, c'est-à-dire qu'elle fait partie de la très grande majorité des étoiles existantes dans l'Univers (on estime à plus de 60%, la population des étoiles de sa catégorie).

● De rayon 696 000 km, le Soleil est environ un million de fois plus volumineux que la Terre. Sa température à la surface est voisine de 6 000°C alors qu'en son centre on l'estime à 15 millions de degrés !

● Des réactions nucléaires de fusion nourrissent son énergie colossale. Celle-ci se disperse dans tout l'espace. La Terre n'intercepte qu'une infime partie de cette énergie qui se répand bien au-delà de notre système solaire.

● Le Soleil est à la moitié de sa vie et s'éteindra dans 5 milliards d'années.

➜ pages : 15, 28, 30, 32, 34, 35, 36, 37, 38, 39, 40, 41, 42, 43, 339, 392, 393, 394, 395, 396, 397, 398, 399, 408, 409, 413, 415, 416, 417, 418, 419, 420, 421, 423

Solidification

Passage d'un corps de l'état liquide à l'état solide.

● Un métal porté à sa température de fusion, va, en se refroidissant se solidifier et prendre la forme du moule dans lequel il a été coulé alors qu'il était liquide.

● Le passage de l'état liquide à l'état solide libère de la chaleur. Tous les corps possèdent donc une température de solidification qui peut varier en fonction des conditions extérieures.

● L'eau se solidifie normalement à 0°C, mais au fond des océans, la température descend à –2°C et l'eau est toujours liquide.

● Le méthane est un gaz qui, pour être solidifié, doit être très fortement comprimé. C'est sans doute le cas au cœur des planètes géantes comme Jupiter, où selon les astrophysiciens, une partie du noyau de la planète serait constitué de méthane sous forme solide. En effet, la pression à ces endroits atteint plusieurs millions d'atmosphère !

➜ **pages : 18, 198, 200, 239, 245, 269**

Soluble

Se dit d'un composé que l'on peut dissoudre dans un solvant.

● Quand on place un composé, le soluté, dans un solvant et qu'il se répartit de façon homogène dans celui-ci, on dit que ce composé est soluble.

Ex : le sucre est soluble dans le café.

● Il existe une limite de solubilité. En effet, au delà d'une certaine concentration, le soluté reste localisé à un endroit et ne peut plus se dissoudre car il est en excès par rapport au solvant.

➜ **pages : 17, 19, 220, 221, 224, 226, 227, 237, 245, 267, 282, 286, 287**

Soluté

Substance dissoute dans une solution.

● L'ammoniac (NH_3) se dissout dans l'eau. C'est un soluté.

● Tous les sels minéraux présents dans l'eau sont autant de solutés.

➜ **page : 225**

Solution

Liquide formé d'un mélange homogène de deux ou plusieurs constituants.

● En chimie, les solutions étudiées sont simples. Elles contiennent un solvant, généralement de l'eau et un soluté, un composé du type NaCl,...

● En biologie, les solutions sont beaucoup plus complexes. Par exemple, le lait et le sang renferment un très grand nombre de composés.

➜ **pages : 220, 221, 224, 225, 226, 227, 237, 245, 278, 279, 282, 283, 286, 287, 366**

Solution ionique

Se dit de toute solution contenant des ions.

● Les propriétés d'une solution ionique dépendent de la composition et de la concentration en ions qu'elle renferme.

● La soude est une solution ionique : elle contient de l'eau et des ions Na^+ et OH^-. Une de ses propriétés principales est due à la présence des ions OH^- qui captent les ions H^+. Il s'agit donc d'une base.

● L'acide chlorhydrique contient lui aussi des ions qui sont : H^+ et Cl^-. Il s'agit donc d'un acide car il apporte des ions H^+.

➜ **pages : 282, 288**

Solvant

Agent dissolvant d'une solution.

● L'eau est le solvant le plus répandu. Elle est capable de dissoudre le sucre, les sels minéraux...

➜ **pages : 224, 225**

Soude

Solution aqueuse d'hydroxyde de sodium (NaOH) contenant des ions Na^+ et OH^-, dont le comportement est basique.

➜ pages : 273, 276, 277, 278, 279, 282, 284, 288, 289, 290, 291, 292, 293, 319

Spectre de la lumière

En décomposant la lumière du Soleil grâce à un dispositif de diffraction, on obtient non pas une couleur, mais une suite de différentes couleurs qui vont du violet au rouge. C'est ce que l'on appelle le spectre de la lumière.

- Toute lumière provenant d'une source primaire ou secondaire possède un spectre qui lui est propre. Ce spectre dépend de la composition de l'objet, de sa température, de sa vitesse, etc. Ces propriétés sont essentielles aux astrophysiciens pour connaître la nature d'un astre alors qu'il se trouve à des milliards de milliards de kilomètres de la Terre.
- Ou plus communément, aux chimistes pour déterminer la composition chimique d'un corps.
- Le phénomène naturel de décomposition de la lumière nous est donné par l'arc-en-ciel. Les fines gouttelettes d'eau en suspension dans l'atmosphère séparent les différentes couleurs qui sont mélangées en offrant un spectre qui s'étale du violet vers le rouge.

➜ pages : 397, 402, 403, 429

Sublimation

Passage direct de l'état solide à l'état gazeux.

- Certains corps à l'état solide peuvent passer de l'état solide à l'état gazeux, sans passer par l'état liquide.
- Près du point d'impact d'une bombe atomique, les corps solides de tous types seront portés en une fraction de seconde à une température de plus d'un million de degrés! Ces corps vont subir un choc thermique si énorme, que les atomes qui les constituent vont se retrouver directement libres dans l'atmosphère, sous forme de gaz.

➜ pages : 198, 200

Supernova

Étoile massive qui, après avoir brûlé son carburant nucléaire, va exploser.

- L'explosion d'une supernova est extrêmement violente. L'étoile éjecte à de très grandes vitesses sa matière et brille parfois plus qu'une galaxie entière.
- Ce phénomène remarquable se produit rarement et, à part la supernova détectée en 1987, la dernière remonte à 1054. Elle fut observée par les Chinois pendant plusieurs mois et même en plein jour, tellement elle brillait!

➜ page : 42

Synthèse organique

Transformation de matériaux comportant du carbone et réalisée par le monde vivant.

- Les organismes vivants, en premier lieu les plantes, incorporent de la matière minérale et la transforment en matière organique. En disparaissant, les organismes vivants laissent des produits résultant de la synthèse organique.

● Le pétrole est un exemple de synthèse organique. Les gisements de pétrole indiquent la présence, il y longtemps, d'une zone dense en végétaux (forêts).

→ page : 250

Système solaire

Ensemble d'astres et de corps célestes, dont les déplacements sont soumis à la force d'attraction gravitationnelle du Soleil.

● Le système solaire comporte neuf planètes, qui sont dans l'ordre d'éloignement par rapport au Soleil : Mercure, Vénus, la Terre, Mars, Jupiter, Saturne, Uranus, Neptune et Pluton. Ces neuf planètes, toutes différentes, gravitent autour du Soleil. Elles ne sont pas seules. Des corps célestes comme les comètes, les météores et autres astéroïdes, gravitent eux aussi autour de notre étoile.

● Notre système est encore très mal connu et nous ne cessons d'envoyer des sondes aux quatre coins du système pour l'étudier plus en détails. La sonde spatiale américaine Voyager, lancée en 1973 est depuis longtemps sortie du système solaire. Cette sonde est actuellement à plus de dix milliards de kilomètres de la Terre. Elle voyage à plus de 40 000 km/h et transporte un disque où sont gravés les sons de notre planète au cas où d'éventuelles formes d'intelligence la recueilleraient.

● Le système solaire est un système planétaire. La grande question est de savoir si ce type de système est unique ou si, au contraire, il est très répandu. Des découvertes récentes sur l'existence de planètes extrasolaires, dans notre environnement proche (50 al) montre qu'il est probable que la majorité des étoiles possèdent un système ressemblant au nôtre.

→ pages : 45, 394, 395

Taxe

Impôt perçu par l'autorité publique sur certaines marchandises ou certains services.

● Les taxes ont diverses origines. Sur les produits finis, la taxe la plus répandue, la TVA, est à 20,6 % (en 1999), mais il en existe d'autres. Par exemple, la taxe sur l'essence qui est à plus de 80%. C'est-à-dire que sur un litre à 6F, la part des taxes s'élève à plus de 4,80F.

➜ **page : 361**

Température

La température est fonction de la quantité de chaleur que porte un corps, mais elle ne mesure pas une quantité de chaleur. De symbole T, elle se mesure à partir de divers systèmes unitaires dont le plus courant est le degré Celsius noté °C.

● Les échelles de températures sont : l'échelle Celsius qui a fixé son 0°C à la température de fusion de la glace et 100°C pour l'ébullition de l'eau. Dans d'autres pays c'est le système Fahrenheit. Mais pour le S.I. c'est le degré Kelvin, de symbole K où l'on ajoute 273 degrés par rapport à l'échelle Celsius. Ex: 0°C=273K et 100°C=373K

➜ **pages : 14, 15, 16, 17, 18, 39, 41, 42, 196, 200, 201, 207, 208, 209, 210, 211, 212, 213, 214, 215, 217, 219, 235, 240, 244, 245, 263, 270, 271, 272, 273, 286, 295, 300, 301, 316, 318, 359, 369, 396**

Tension

La tension entre deux points a et b est une mesure de différence de potentiel Uab entre ces deux points.

● On la note en électricité U et son unité de mesure est le Volt, V.

● U peut être positive ou négative. Uab=Va-Vb=-Uba.

➜ **pages : 21, 23, 24, 29, 31, 273, 274, 287, 300, 324, 326, 327, 328, 329, 330, 331, 332, 333, 334, 335, 336, 340, 341, 342, 343, 346, 347, 348, 349, 352, 353, 354, 356, 357, 364, 370, 371**

Tension alternative

C'est une tension qui varie au cours du temps de façon périodique, de la même manière qu'une vague à la surface de l'eau.

● Le schéma représente U en fonction de t.

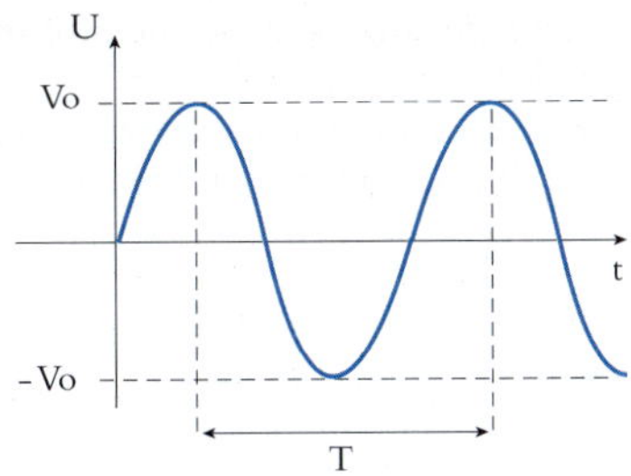

Vo : valeur maximale de la tension
-Vo : valeur minimale de la tension
T : la période

La tension alternative est celle délivrée par le secteur où Ueff =220V. Elle se répete 50 fois par seconde.

➜ **pages : 325, 335, 336, 337, 338, 339, 340, 341, 342, 343, 344, 345**

Tension continue
La tension continue est une tension qui ne varie pas en fonction du temps, elle est constante. C'est la tension délivrée par une pile, une batterie...

→ pages : 325, 336, 342, 344, 345, 352

Terre
Troisième planète gravitant autour du Soleil.
- Elle est quasi-sphérique et est à 70% recouverte par les océans.
- Elle est constituée presque entièrement de roches et de métaux (fer et nickel).
- Elle est à la «bonne» distance du Soleil pour permettre l'existence à sa surface des deux phases de l'eau nécessaire à la vie que sont la phase gazeuse et la phase liquide.
- Son âge est estimé à 4,5 milliards d'années et sa densité est 5,5 fois plus élevée que celle de l'eau. Son rayon vaut 6 400 km.
- Elle accomplit une révolution autour du Soleil en 365,25 jours et tourne sur elle-même en 23h 56min 4s (jour sidéral).
- Elle se situe à 150 millions de km du Soleil.
- Elle possède une atmosphère et pour le moment c'est le seul endroit dans l'Univers où une forme de vie est apparue à sa surface il y a de cela plus de 3,6 milliards d'années.

→ pages : 19, 22, 32, 35, 36, 37, 38, 39, 40, 41, 42, 44, 45, 196, 200, 210, 234, 237, 339, 386, 387, 392, 394, 395, 398, 399, 412, 413, 414, 415, 418, 419

Thalès de Millet.
Mathématicien, physicien, astronome, géographe et philosophe grec (fin du VIIe siècle-début VIe av. J-C).
- Il aurait ramené d'Égypte en Grèce les fondements de la géométrie.
- Il résolut le problème consistant à inscrire un triangle dans un cercle, exprimant la hauteur d'un objet à partir de son ombre.
- Il aurait en outre étudié les angles des triangles et donné la démonstration de l'égalité des angles opposés par le sommet.
- Il aurait affirmé le premier que la Lune était illuminée par le Soleil.

→ page : 366

Thermistance
Composant dont la résistance varie avec la température extérieure.
- Les thermistances se trouvent dans les appareils automatiques aux places de contrôle des paramètres extérieurs, comme la température pour la thermistance, ou l'éclairement pour la photorésistance.
- Dans certaines sécurités incendie, on emploie des thermistances pour contrôler la température

d'une pièce et déclencher la neige carbonique au-dessus d'une température critique que l'on aura évaluée au préalable.
➜ page : 359

Thomson (Joseph John)

Physicien anglais (1856-1940).

● Il s'intéressa à tous les problèmes de la physique en général, mais c'est l'exploration des propriétés électriques de la matière qui fut le but principal de ses recherches.

● En 1897, ses expériences l'amenèrent à découvrir l'électron. L'année suivante, il mesura directement leur charge.

● Il imagina un modèle d'atome où les électrons étaient incorporés dans un noyau positif, qui fut plus tard modifié par Rutherford.

● Il reçut le prix Nobel en 1906.
➜ page : 259

Tournure de cuivre

Copeaux de cuivre servant d'échantillon de cuivre pour les expériences de chimie.

● Ces résidus de cuivre, récupérés dans les industries travaillant ce métal, sont réutilisés dans les expériences de chimie des classes de lycée et collège.

● Le cuivre est un métal largement utilisé, comme le fer, le zinc, ou l'aluminium, pour caractériser des réactions chimiques et leurs réactifs.
➜ pages : 284, 290, 291

Trajectoire

La trajectoire d'un point mobile est l'ensemble des positions occupées successivement dans l'espace par ce point.

● En lançant une pierre vers le haut, sa trajectoire sera en forme de cloche, dite parabolique.
➜ pages : 374, 375, 386, 387, 392

Transformateur

Appareil capable de modifier la tension qu'il reçoit afin de la rendre utilisable. Les transformateurs sont soit abaisseur, soit élévateur de tension.

● On trouve les transformateurs à proximité des pylônes électriques, ils abaissent les hautes tensions circulant dans les fils de ces pylônes.

● Des transformateurs équipent certains jouets et appareils audio et vidéo. Le transformateur des trains électriques convertit la tension du secteur de 220V à du 12V, celui d'un baladeur abaisse la tension à 1,5V.
➜ pages : 31, 337, 340, 343, 344, 345, 367, 370

Translation

Se dit d'un mouvement qui s'effectue parallèlement à une droite.

● Quand un mobile se déplace à vitesse constante en se translatant, on dit qu'il s'agit d'un mouvement de translation uniforme.
➜ pages : 27, 372, 373

Tube à décharge

Dans un tube à décharge, la lumière ne provient pas de l'incandescence d'un filament, mais de l'excitation de particules de gaz sous l'effet d'une décharge électrique.

● Le tube fluorescent, parfois appelé à tort «tube au néon», est un tube à décharge, met un certain temps avant de produire une lumière de façon continue. Au début il clignote, le temps que les décharges ionisent suffisamment le gaz du tube.
● Ce même principe est appliqué à l'éclairage public, à celui des stades de football et même à l'éclairage orange des lampes à sodium très caractéristique de nos autoroutes.
→ **page : 397**

Tube à vide

Tube dans lequel règne une très faible pression et où circulent des courants de charges.
● Quand on a fait le vide en pompant le gaz présent dans le tube, il n'y a presque plus de particules de gaz et la pression est alors cent mille fois plus faible que celle de notre atmosphère. On peut ainsi créer un faisceau d'électrons bien collimaté qui va traverser le tube à vide et ainsi limiter les risques de dispersion du faisceau par collision des électrons avec les particules de gaz.
● Tous les tubes cathodiques des téléviseurs reposent sur ce principe, ce qui permet au faisceau d'électrons d'être étroit et de balayer l'écran à chaque centième de seconde. L'image perdrait en définition si le faisceau arrivait étalé sur une petite surface de l'écran plutôt qu'en un seul point.
→ **page : 367**

Unité astronomique

Unité de longueur adaptée pour situer un objet dans notre système solaire.
● Son symbole est : u.a. Elle vaut approximativement la distance Terre-Soleil, soit 150 millions de kilomètres. La Terre est donc à 1 u.a. du Soleil et Pluton à 40 u.a.
● On pense notamment que les noyaux des comètes proviennent d'un halo sphérique situé à 100 000 u.a. de notre étoile.
→ **page : 409**

Univers

Ensemble de ce qui nous entoure, la Terre, la Lune, le Soleil, notre galaxie et les autres galaxies.
● La science n'arrête pas de sonder l'espace à la recherche de la limite de notre Univers. On estime son âge à 15 milliards d'années et celui-ci pourrait contenir 100 milliards de galaxies.
→ **pages : 43, 45, 196, 197, 408, 409**

Valeur efficace

On parle de valeur efficace pour une tension sinusoïdale quand on fait une mesure de U au voltmètre ou de I à l'ampèremètre.

● La valeur efficace est reliée à la valeur maximum par la relation $U_{eff}=U_m/\sqrt{2}$ ou $I_{eff}=I_m/\sqrt{2}$.

➜ pages : 340, 341, 342, 344, 347, 353

Vapeur d'eau

Fines gouttelettes d'eau en suspension dans l'air.

● En chauffant une casserole pleine d'eau, on s'aperçoit de la formation d'un petit brouillard, c'est la vapeur d'eau. Ces gouttelettes résultent du passage de l'eau liquide à l'eau sous forme gazeuse.

● Plus l'air contient de vapeur d'eau, plus il est humide. Il existe une échelle pour traduire la quantité d'eau que contient l'air. On dit que l'on mesure l'hygrométrie de l'atmosphère, grâce à un hygromètre.

➜ pages : 14, 15, 17, 19, 27, 31, 32, 196, 198, 199, 200, 201, 205, 207, 208, 209, 211, 218, 219, 235, 237, 239, 242, 263, 368, 369

Vase Dewar

Récipient en terre à double paroi métallisée, séparée par le vide, qui constitue une enceinte suffisamment isolante pour conserver un gaz préalablement liquéfié.

● Les bouteilles Thermos sont des vases Dewar contenus dans un emballage plastique qui les protège des chocs.

● Les vases Dewar sont utilisés couramment dans les laboratoires qui utilisent l'air liquide.

➜ pages : 244, 245

Vergence

La vergence d'une lentille est l'inverse de sa distance focale image.

● L'unité est la dioptrie de symbole δ, avec la distance focale exprimée en mètre. Pour les lentilles convergentes, la distance focale est positive, donc la vergence est positive. Pour les lentilles divergentes, la distance focale est négative, donc la vergence est négative.

➜ page : 423

Viscosité

Grandeur physique qui va caractériser l'écoulement d'un liquide en fonction du temps.

● Plus un liquide est visqueux, plus celui-ci s'écoule lentement.

● L'eau est un liquide très peu visqueux, le miel l'est beaucoup plus.

● On parle aussi de la viscosité de la lave d'un volcan qui varie en fonction de sa composition.

● Enfin, dans les liquides biologiques, la variation de la viscosité peut traduire une adaptation à des contraintes extérieures. Dans les pays chauds, le sang est fluide et plus on monte vers les pays froids, plus il s'épaissit et augmente en viscosité.

➜ pages : 288, 291

Vitesse

La vitesse caractérise la variation de la position d'un objet en fonction du temps.

● C'est la grandeur qui va donner une idée de la distance parcourue pour un temps donné.

● La vitesse s'exprime en m/s, et plus fréquemment en km/h sur les compteur des voitures.

➜ **pages : 374, 375, 376, 377, 381, 386, 387, 388**

Vitesse finie

Une vitesse est finie quand on peut lui donner une valeur numérique, aussi grande soit-elle. Elle doit être chiffrable, c'est-à-dire s'écrivant avec un nombre limité de chiffres.

● La vitesse de la lumière dans le vide est finie et vaut environ 300 000 $km.s^{-1}$. La lumière, même si sa vitesse est extrêmement élevée, met un certain temps pour se propager d'un endroit à un autre.

➜ **page : 407**

Vitesse infinie

Une vitesse infinie s'applique à une entité qui se propagerait d'un point A à un point B de manière instantanée, c'est-à-dire qui mettrait un temps nul à parcourir la distance.

● Rien de connu dans l'Univers ne possède une telle propriété. Jusqu'à ce jour, la matière ainsi que l'énergie ne peuvent se déplacer d'un endroit de l'Univers à un autre de manière instantanée.

➜ **page : 407**

Vitesse instantanée et vitesse moyenne

On distingue deux types de vitesse : la vitesse instantanée et la vitesse moyenne. La vitesse instantanée traduit la vitesse d'un objet à un instant précis.

● Par exemple, une formule 1 aura une vitesse de pointe au milieu de la ligne droite d'arrivée de 340km/h. Cette vitesse est dite instantanée, car la voiture ne l'atteint qu'à un instant précis. Elle ne la conserve pas car au bout de la ligne, un virage serré l'oblige à ralentir à 90km/h.

● La vitesse intantanée est aussi celle que mesure le radar de la gendarmerie sur l'autoroute.

● Avec le même exemple de course automobile, on peut aussi définir un autre type de vitesse, la vitesse moyenne. On peut la calculer sur la durée d'un Grand prix. Elle vaudra le rapport de la distance totale parcourue lors de la course (300km) , divisée par sa durée totale (1h20min). La vitesse moyenne de la formule 1 sera alors de 225km/h.

➜ **page : 377**

Voie lactée

Bande lumineuse visible la nuit dans le ciel, formée de milliers d'étoiles trop faibles pour être vues individuellement à l'œil nu. Il s'agit de notre galaxie « vue par la tranche ».

● On l'observe lors d'une nuit dégagée. Elle est de couleur blanchâtre comme le lait, d'où son nom. Elle contient environ 100 milliards d'étoiles.

➜ **page : 409**

Voir

Quand l'œil reçoit de la lumière qu'un objet lui envoie, la rétine

enregistre l'énergie de cette lumière et la transmet au cerveau, par l'intermédiaire des nerfs optiques. On dit alors que l'on voit l'objet.
→ pages : 200, 401, 426

Volta (Alessandro)

Physicien italien (1745-1827)
● En 1792, il comprit l'importance de la découverte de Galvani et refit ses expériences. Ses recherches lui permirent d'ébaucher une classification électrique des métaux (1793) et aboutirent à l'invention de la pile électrique.
● Il donna son nom à l'unité de tension.
→ pages : 24, 325, 343, 366

Voltmètre

Appareil servant à mesurer la tension aux bornes d'un composant.
● Le voltmètre se branche en parallèle, on dit encore en dérivation, sur le composant.
→ pages : 328, 329, 331, 338, 340, 342, 352

Volume

De manière générale, un corps possède trois dimensions. On dit qu'il occupe une partie de l'espace que l'on appellera son volume.
● Les unités utilisées pour mesurer un volume dépendent de la taille du corps que l'on étudie. Pour les liquides usuels, on préférera parler en litre, de symbole L. Pour le volume d'une pièce, on exprimera le volume plutôt en m^3 et pour de très grands volumes, comme ceux des océans, on utilisera le km^3.
→ pages : 14, 19, 199, 202, 203, 208, 213, 214, 215, 216, 217, 220, 221, 238, 288

Zinc

Voir Grenaille de zinc.

INDEX

Index

Index

Index

Crédits photographiques

AESN 445/ **ARTEPHOT** Abecasis 322/ Allemand 237/ Bapier 243/ Meyer 271h/ Nimatallah 38h/ 325b/ Oronoz 194/ Trela 261/ VAL 283b/ **BARIAND** 449/ **BSIP** Villareal 355/ **CHARMET** 161/ 162/ 312/ 366/ **CNAM** Pasquet 471/ **COSMOS** 295b/ 358/ Antinozzi/Neri 198/ Aurness/Westlight 27b/ Bartel/SPL 23b/ Bartholomew/Westlight 313h/ Bavosi/SPL 410b/ Bell Labs/SPL 145/ Bührer 310b/ Burgess/SPL 221/ Buthaud 20b/ 71/ Buxton/SPL 405b/ CERN/SPL 158/ 183/ 313b/ ESA/SPL 36b/ Freund/Westlight 14d/ 455/ Fukuhara/Westlight 377h/ Hers 252b/ Houck 281b/ Krausz 34b/ Kulyk/SPL 42b/ Lesk/LMB/SPL 255/ MCintyre/WC 135/ Menard 25h/ Menzel 48-49/ 121/ Michler/SPL 268/ 275/ Moore/SPL 78/ NASA/SPL/ 45b/ 45h/ 49b/ 105/ 106/ 197b/ 391b/ 412/ NOAO/SPL 408/ NRAO/SPL 409h/ Nunuk/SPL 49h/ 417h/ 432-433/ 469/ Pagnotta 68/ Parker/ESA/CNES/ARIANESPACE/SPL 263b/ Parker/IMI/UBHC/SPL 359b/ Parker/SPL 119/ 157/ Pasieka/SPL 178/ Parviainen/SPL 36h/ Polleross/Anzenberger 35b/ Popperfoto 101/ RI/SPL 214d/ Sanford/SPL 41/ 409b/ Schwanberg/SPL 242/ Seawell/Westlight 16h/ 287b/ 326/ 481g/ SPL 75/ 192-193/ 257/ 258/ 311/ 319/ 353h/ 375b/ 392-393/ Stevenson/SPL 29g/ STSI/SPL 406/ Tompkinson 195b/ Trung 477/ Turpin/Aspect 361h/ Winter/PR 263h/ **CSTB** 93/ 94/ **DAGLI ORTI** 13h/ 28h/ **DIAF** Bouchayer 26h/ Dannic 295h/ Duka 277/ Gerard 351h/ 397b/ Koch 241/ Pratt/Pries 211h/ Rosenfeld 240/ Sabatier 289/ Tiziou 443/ Zemor 360/ **DPPI** Hans 381h/ **EDIMEDIA** 38b/ 287h/ Guillot 294/ 301h/ Universal P. 259d/ **EXPLORER** Berthoule 381b/ Clement 291h/ 292/ 293b Frances 301b/ Fundamental/PR 13b/ 22b/ Hodalic 407h/ Jourdan 420/ Kaiser 30h/ Le Toquin 308/ Maulave 27h/ Plassart 248/ PR 372/ Schuster 30b/ Thomas 299b/ Thouvenin 298/ Wysocki 403h/ **FOURMOND** 214g/ 336/ 349h/ 353b/ 368/ 402/ 410h/ **INRA** Rousseau 226b/ **JACANA** Thouvenin 457/ Tollu 197h/ **JEULIN** 21/ 25b/ 35h/ 211b/ 225/ 265/ 304h/ 314/ 342/ 344b/ 344h/ 357b/ 375h/ 441/ 451/ 452/ **JOUANISSON** 401/ **KEYSTONE** 65/ 259g/ **KHARBINE TAPABOR** 51/ 59/ **KODAK PATHE** 467/ **MEDIATHEQUE EDF** 362h/ Beranger 439/ Bouvier 363/ Charliat 354/ Crepin 310h/ Leonard 321b/ Marquefave 318/ Morceau 31h/ 33/ 330/ 433b/ 463/ Pauquet 333/ 437/ Poidvin 341h/ Roger 447/ Vilboux 351b/ **METEO FRANCE** 122/ 475/ **MUSEE MAREY** 374/ **NESTLE** 224/ **NOTA MULTIMEDIA** 479/ **ORANGINA** 228/ **PALAIS DE LA DECOUVERTE** 244/ **PATTACINI** 24/ 199b/ 220/ 226h/ 303/ 324/ 331/ 332b/ 340/ 399h/ 461/ **PHOTOTHEQUE RHONE POULENC** 282/ **RAPHO** 39g/ 193b/ 325h/ 400/ Ancelet 377b/ Armani 356/ Aviatec 17/ Baret 223b/ 232/ 272/ Beaune 56/ 60/ 346/ Belzeaux 270/ Bourcart 370/ Carlsone 115/ Charles 28b/ Cloaguen 205b/ Cognau 62/ Courtinat 47b/ Cranham 348-349/ 376/ Cuny 296/ 316h Dailloux 20h/ 246/ de Sazo 43h/ 137/ de Seynes 418/ de Soye 327/ Desjardin 281h/ Desmier 239d/ Donnezan 251h/ 309h/ 315h/ 396/ Ducasse 386/ Gazuit 203b/ 397h/ Gerster 302/ Gile 18/ 207/ 250/ 305/ 388/ Giraud 267/ Goivaux 362b/ Grison 19d/ Gritscher 15h/ 212/ Halary 31b/ 128/ 350/ 473/ Jahan 266/ Jordan/Network 367h/ Kalt 19g/ Kerdiles 205h/ Koch 32d/ 236/ Larrier 200/ Le Diascorn 284/ Lewis/Network 367b/ Lova 421/ Mahieu 273d/ Manceau 154/ Mandelmann 174/ Michel 223h/ Millet 39d/ 414/ Monlaü 199h/ Nadau 210/ NASA 102/ 380/ 399b/ 413b/ 481d/ Novak 12-13/ 44/ Nutan 204/ Pasquier 14g/ 16b/ 127/ 193h/ 300/ Phelps Frieman 222/ Philippotin 431b/ Photri 42h/ 43b/ 379h/ Pickerell 404/ PLI 196/ 398/ Rausch 22h/ Riffet 195h/ Rojon 273g/ Segalen 52/ Serraillier 116/ Setboun 47h/ 81/ 297/ Silbersthein/FRPS/FPSA 239g/ Silvester 230/ 299h/ Sioen 15b/ 32g/ 171/ 203h/ 218/ 369/ Sommer 234/ St Clair 433h/ 435/ Talby 373h/ Testelin 34h/ 85/ Uferas 151/ Weiss 286/ Witt/Goivaux 335/ **RENAULT COMMUNICATION** Grace 26b/ 309b/ Labrunie 459/ **SAFILO** 271b/ **SCHINDLER** 359h/ **SYGMA L'ILLUSTRATION** 251b/ Andanson 208/ Annebicque 29d/ Bourseiller 465/ Pitchal 453/ Reuter 291b/

Liste des œuvres reproduites

161 L. SABATIER, Bureau central des télégraphes à Paris, salle des «français» (1901) **162 J. CHERET**, affiche publicitaire (1890), bibliotheque des arts décoratifs, Paris **194 L. PIETRO,** El Alquimista, collection particulière, Venise / **261** portrait de Lavoisier, gravure (XVIIIe) / **322** portrait d' A. Ampère, gravure (XVIIIe), collection particulière / **366** Le physicien C. Oerstred, gravure issue des Merveilles de la Science de Louis Figuier (1867), Collection particulière, Paris / **374** Chute verticale d'une balle à Naples, chronophotographie sur plaque fixe (1886), musée Marey, Beaune / **259g N.A. YAROSHENKO**, Portrait de D. Mendeleiev (XIXe), galerie Tretyakov, Moscou / **283b G. de la TOUR**, The education of the virgin (1650), collection Frick, New York / **287h ECOLE FRANCAISE** (XIXe) château de Meudon, château de Sceaux / **325b N. CIANFANELLI**, A. Volta montrant le fonctionnement de sa pile, musée de Physique et d'Histoire Naturelle, Florence / **38b R. FLEURY**, Galilée devant le Saint-Office (1847), musée du Louvre, Paris / **38h** portrait de Copernic, université de Cracovie

Nous remerçions plus particulièrement les sociétés C.S.T.B., Safilo, Schindler, Nota Multimedia (Bruno Flinois).